大都市の
ひとり暮らし高齢者と
社会的孤立

河合克義 著

法律文化社

まえがき

　本書は，大都市におけるひとり暮らし高齢者の生活実態と社会的孤立問題について，筆者の研究室で行った調査の具体的データを中心に据えて論述したものである。

　昨今，餓死，孤独死が急増し，高齢者の孤立問題が注目されている。その背景として，高齢化率の上昇とひとり暮らし高齢者の増加が取り上げられることが多い。『2009年版 高齢社会白書』によれば，確かに，わが国の高齢者人口は，2008年10月1日現在，2822万人となり，高齢化率も22.1％となっている。また，「65歳以上の高齢者のいる世帯」は2007年現在，1926万世帯で全世帯の40.1％を占め，このうちひとり暮らし高齢者世帯の割合は，1980年には10.7％であったものが，2002年には20％を超え，2008年には22.5％と増加傾向が続いている。

　こうした人口や世帯の動向が孤立問題に一定の影響を与えていることは確かであろうが，それをもって孤立状態の増加，孤独死さらには餓死について説明することは，問題の発生要因の一部分を取り上げているにすぎない。起こっている問題のもっと広い，詳細な分析が必要であろう。

　まず，餓死については，あってはならないことであり，政策・行政のシステムに問題があると言わなくてはならない。餓死事件が継続的に発生している現実があり，これは生存権の問題，人権の問題として緊急の対応が必要である。また，政治の責任とも言える。あってはならないことが起こり続けている現実を真剣に受け止め，発生を防ぐ方策を策定すべきである。

　さて，孤独死や孤立問題の発生要因に関しては，確かにいろいろな角度からの議論が展開されている。最も多い議論は，家族・親族ネットワークと地域ネットワークの脆弱化を問題にするものである。家族・親族との関係が希薄で，なおかつ地域の親しい人間関係が形成されず，孤立している人びとの量的測定とその質を分析する研究は多い。しかし，そもそも家族・親族ネットワークがどうして変化してきたのか，あるいは地域ネットワークがなぜ希薄化してきたのかを問うものは多くはない。筆者は，親族・家族と地域ネットワークの変化の

背後にあるものにもっと注目すべきだと考えている。これはわが国の家族・地域の再生の課題でもあり，大きな問題である。とはいえ，親族・家族と地域ネットワークの状況把握は，孤立問題への対応策を考えるうえで，あるいは研究をするうえでの入り口，基礎的作業と言える。

ところで，親族・家族と地域ネットワークの範囲での議論，その延長線上で対応策が考えられるとき，そこにしばしば出てくるものが「地域での見守り」や「支え合い」である。昨今，それらは政策的にも注目されている。筆者は，住民による見守り活動や支え合い活動の意義を積極的に評価する者であるが，孤立問題が発生してくる構造を考えたとき，こうした活動では解決できないことがあるという認識が大切ではないかと考えている。

つまり，孤立している人の問題に注目したとき，問題の性質上，地域住民では扱えない深刻な問題も存在するということである。例えば，家に閉じこもり，いろいろな困難な問題を抱え，精神的にもゆがみが生じている人に対しては，素人ができることには限界があるだろう。専門的な対応が必要となる。

わが国の社会福祉は，1980年代以降，政策理念として利用者の選択化を重視してきた。2000年の介護保険制度導入により，さらに契約化という理念が加えられ，介護分野が市場に開放されて今日に至っている。選択化・契約化の政策は，制度を主体的に利用できる条件のある人には良い制度であろうが，閉じこもり，自ら情報を遮断して生活する孤立した人びとにとっては，制度が十分に行き届かない。いろいろな問題を抱えつつも，制度を利用しようとは思わず，あるいは制度の知識もない孤立状態にあるひとり暮らし高齢者の実情は軽視されているのではないか。彼らの実態を正しく把握することが必要であろう。

さて，当然のことながら，ひとり暮らし高齢者は全国一律の割合で地域にいるわけではない。地域によってその出現率には違いがある。本書では，まず1995年，2000年，そして2005年の3時点の国勢調査のデータを再集計することによって，ひとり暮らし高齢者の出現率の地域的偏在を分析したい。ひとり暮らし高齢者の問題も地域によってその性格は異なるであろう。

本書では，大都市部のひとり暮らし高齢者を対象に社会的孤立問題を考えていくが，分析対象として選んだ地域は東京都港区と横浜市鶴見区である。港区は大企業の集中する首都圏を代表する地域であり，鶴見区は海岸部に大工場があり，さらに中小の製造業が多く，不安定な労働者が多い地域である。ともに

大都市の典型的地域と言える。

　本書で紹介する港区でのひとり暮らし高齢者調査は過去２回，実施された。１回目は1995年で，ひとり暮らし高齢者の悉皆調査，２回目は2004年のひとり暮らし高齢者の４分の１抽出調査であった。また鶴見区は，民生委員が住民基本台帳上のひとり暮らし高齢者（１万1670人）をすべて訪問し，実質ひとり暮らしを確認して調査票を配布するという大規模な調査であった。この2006年に実施された鶴見区調査は，鶴見区役所から筆者の研究室への委託調査であったが，民生委員の筆舌に尽くしがたい労力の提供があっての大規模調査であり，筆者にとっては非常に恵まれた調査研究であった。また，２次調査の訪問面接調査時に対象者の１週間の日記をお願いし，回収できたことも，この調査の特筆すべき点である。

　本書の構成について述べておこう。

　序章では，地域によってひとり暮らし高齢者の出現率にはどのくらいの差があるのかをみるために，国勢調査のデータを用いて地方自治体ごとにその出現率を算出し，大まかな地域的な特徴を明らかにしてみたい。まず都道府県ごとの傾向を眺め，ついで市区町村単位に分析する。これらの分析を通して，大都市部のひとり暮らし高齢者の位置づけを明らかにしたい。

　第１章では，海外における高齢者の孤立問題研究を概観する。諸研究から学べるものを整理したうえで，本書で行おうとしているひとり暮らし高齢者の生活実態と孤立問題を検討する分析視角を考えたい。海外の研究といっても世界の研究をカバーするものではない。ここで検討するものは，イギリスを中心に，その他フランスとオランダ等の研究の一部を取り上げるにすぎない。その研究も系譜を追うものではなく，基礎的な研究を取り上げ，その研究の視点と方法を中心に検討する。ついで，イギリスとフランスの孤立に関する取り組みの事例を紹介し，最後に，若干の最近の調査研究についてふれたい。

　第２章では，わが国における高齢者の孤立問題研究について検討する。その研究は，大まかには高齢者の孤独や孤独感に関するものと孤立に関するものとの２つをあげることができる。また孤立そのものの研究ではないが，社会的ネットワークという視点からの研究もある。筆者は，客観的な孤立状態，その生活実態の把握を重視するという視点から，研究の主なものをみる際も，高齢者を中心とした孤立や社会的ネットワークに関する研究を中心に概観することとし

たい。

　第3章では，高齢者に関するこれまでの孤立問題研究から得られたものを整理し，本研究の視点を示す。理論のレベルで，イギリスのタウンゼントの家族や地域のネットワークの欠如状態を問題とする社会的孤立の理論が大きな影響を与えてきたが，本書では，もう少し広い分析枠で考えたい。用語のレベルで言うならば，社会的孤立の「社会的」という意味をどのようにとらえるかということでもある。また，ひとり暮らし高齢者に限定した研究の意義についても述べたい。そのうえで，本書では，東京都港区におけるひとり暮らし高齢者調査と横浜市鶴見区でのひとり暮らし高齢者調査について概説する。

　第4章では，港区と鶴見区の調査によって得られたひとり暮らし高齢者の生活の基本的特徴についてそれぞれ述べる。性別，年齢，住まい，ひとり暮らしの期間，職業，経済状況，健康状態といった基本的実態をふまえ，地域と生活上の困り事について述べる。

　第5章では，ひとり暮らし高齢者の親族・地域ネットワークの状態を，調査データから分析し，孤立状態にある高齢者の現実を明らかにしたい。孤立状態となる背景はいろいろであるが，ここでは，親族・地域ネットワークの一般的特徴を分析する。

　第6章と第7章は，私たちが2次調査として実施した訪問面接調査の結果を紹介するものである。第6章では港区について，第7章では鶴見区について述べる。第5章まででみてきたアンケート調査にもとづく量的把握は，個々のひとり暮らし高齢者の生活の現実を知るということでは，限界がある。私たちは，ひとり暮らし高齢者の個々の具体的生活を把握する作業として訪問面接を大切にしてきた。

　私たちの調査は，港区および鶴見区とも2段階の調査を設定した。量的な傾向を把握する1次調査としてのアンケート調査と質的な特徴を測定をする2次調査としての訪問面接調査である。第6章と第7章では，2次調査として実施した訪問面接調査で得られた事例を取り上げ，ひとり暮らし高齢者の生活のより詳細な現実を示したい。

　さらに，鶴見区調査では，前述のとおり2次調査実施の際に1週間の日記を書いていただいた。記入者の負担を考えて，ごく簡単な具体的項目を例示してお願いした。最終的には全部で19ケースの日記を得ることができた。ひとり暮

らし高齢者の生活内容は予想以上に単調で孤立していた。しかし，その生活内容を日記という形で把握できたことは，調査研究として画期的なことだと私たちは考えている。類型ごとにケースの概要を述べ，その後に日記を添付しているので，読者はそこから単調な生活の背後にあるさまざまな現実を知ることができるであろう。

　終章では，大都市の孤立状態にあるひとり暮らし高齢者を量と質の2つの面から分析する。港区と鶴見区それぞれの地域での孤立状態にあるひとり暮らし高齢者を量的に把握し，さらに質をいくつかの側面から分析する。そのうえで社会的孤立をどのようにとらえることができるかを示したい。

　なお最後に，以上のことをふまえて，最近の高齢者福祉政策と住民福祉活動への若干の提言を述べてみたい。

　以上が本書の構成である。本書は調査データを基礎にしたもので，特に第4章と第5章は数値が多く，読みづらい箇所もある。そこで，この2つの章の終わりにはそれぞれ要約を掲載することにした。そこを最初に読んでいただき，その後，前に戻って必要なところを見るといった読み方も可能であることを付記しておきたい。

　　2009年7月

　　　　　　　　　　　　　　　　　　　　　　　　　　河　合　克　義

大都市のひとり暮らし高齢者と社会的孤立

目　次

まえがき

序　章　ひとり暮らし高齢者の地域的偏在――――――――1
　　　　ひとり暮らし高齢者の出現率　1　　都道府県別ひとり暮らし高齢者の出現率　2　　市区町村別ひとり暮らし高齢者の出現率　4　　ひとり暮らし高齢者が集中する大都市　8

第1章　海外における高齢者の孤立問題研究――――――――13
　1　海外における基礎的研究　14
　　　　チャールズ・ブース　15　　シーボーム・ラウントリー　16　　ジョセフ・ハロルド・シェルドン　18　　ピーター・タウンゼント　20　　ジェレミー・タンストール　24　　フィリップ・ピトー　27
　2　海外における取り組み事例と最近の調査研究　29
　　　　イギリス高齢者支援組織・英国ガスによる高齢者の社会的孤立と孤独克服共同キャンペーン　29　　フランスNPO団体による「孤独と戦う」共同行動　31　　最近の調査研究について　34

第2章　日本における高齢者の孤立問題研究――――――――43
　1　日本における主な研究　43
　　　　樽川典子　43　　江口英一　45　　須田木綿子　47　　松崎粂太郎　48　　後藤昌彦　50
　2　餓死，孤独死の続発と孤立問題研究の動向　54
　　　　餓死，孤独死　54　　最近の孤立問題研究　61

第3章　ひとり暮らし高齢者の社会的孤立問題研究の視点――――――――69
　1　その研究の視点　69

vii

　　　　先行研究に学ぶもの　69　　研究の視点　73　　ひとり暮らし
　　　　高齢者に限定した研究の意義　82
　　2　使用するデータ　83
　　　　港区と鶴見区における調査の概要　83　　港区と鶴見区の地域
　　　　特性　84

第4章　ひとり暮らし高齢者の生活の基本的特徴——99

　　1　港区のひとり暮らし高齢者　99
　　　　基本的特徴　100　　生活上の困り事　115
　　2　鶴見区のひとり暮らし高齢者　118
　　　　基本的特徴　119　　生活上の困り事　131
　　3　要　約　140
　　　　港区のひとり暮らし高齢者の特徴　140　　鶴見区のひとり暮
　　　　らし高齢者の特徴　142

第5章　ひとり暮らし高齢者の親族・地域ネットワークと孤立問題——145

　　1　港区のひとり暮らし高齢者とネットワーク　145
　　　　親族ネットワーク　145　　地域ネットワーク　150　　緊急時
　　　　の支援　154
　　2　鶴見区のひとり暮らし高齢者とネットワーク　156
　　　　親族ネットワーク　156　　地域ネットワーク　158　　外出頻
　　　　度　164　　緊急時の支援　165
　　3　要　約　167
　　　　港区のひとり暮らし高齢者の親族・地域ネットワークと孤立
　　　　168　　鶴見区のひとり暮らし高齢者の親族・地域ネットワー
　　　　クと孤立　171

第6章　港区ひとり暮らし高齢者の具体的生活——177

　　1　港区の訪問面接調査の事例　177
　　　　1995年調査の事例　178　　2004年調査の事例　181
　　2　3階層別にみたひとり暮らし高齢者の具体的生活　210

　　　　不安定層の具体的生活　210　　　一般層の具体的生活　212
　　　　安定層の具体的生活　213

第7章　鶴見区ひとり暮らし高齢者の具体的生活── 215
　　1　前期高齢者の訪問面接調査の事例　215
　　2　後期高齢者の訪問面接調査の事例　245
　　3　3階層別にみたひとり暮らし高齢者の具体的生活　280
　　　　不安定層の具体的生活　280　　　一般層の具体的生活　281
　　　　安定層の具体的生活　284

終　章　大都市のひとり暮らし高齢者と社会的孤立── 287
　　1　孤立状態にあるひとり暮らし高齢者の量　288
　　　　港区調査　289　　　鶴見区調査　294
　　2　ひとり暮らし高齢者の孤立の質　296
　　　　港区1割半，鶴見区3割の緊急時に支援者がいない者の基本的特徴　296　　　性別と年齢層の問題　303　　　階層と社会的孤立　305
　　3　政策と住民福祉活動への提言　309
　　　　社会保障・社会福祉の方向性　309　　　住民福祉活動にできないこと　311　　　いのちを守る責任と国・地方自治体　312

あとがき　315

参考文献　321

付　　表　327

―――――― 図表一覧 ――――――

表序-1　1995年, 2000年, 2005年における都道府県別ひとり暮らし高齢者出現率　3
表序-2　1995年, 2000年, 2005年における地域類型別自治体のひとり暮らし高齢者出現率　5
表序-3　東和町における地区別人口および高齢化率　7
表序-4　都市における上位50の地方自治体別ひとり暮らし高齢者出現率（2005年）　9
表1-1　ラウントリー委員会調査における高齢寡婦とその他の高齢単身者の割合　17
表1-2　ウルバーハンプトン市における孤独　20
表1-3　東ロンドンの高齢者の社会的孤立　23
表1-4　東ロンドンの社会的孤立と孤独　24
図1-1　タンストールの社会的孤立と社会的接触　26
表1-5　フランスNPO調査：男女別年齢　32
表1-6　フランスNPO調査：79歳から83歳―ターニングポイントの年齢　33
表1-7　孤立と孤独の発生率：イギリスの主要地域研究の概要　35
表1-8　オランダ調査における年齢階層別社会的接触度の4つのカテゴリー　39
図2-1　樽川典子による孤独の要因関連図　44
表2-1　各階層別消費支出類型（範疇）比率あるいは消費支出構造の比較（1960・70・78年）　45
表2-2　北九州市O地区における高齢者の近隣・職域および近隣・親族関係における老人世帯の分布　50
表2-3　餓死, 孤独死事件新聞記事リスト　57
図2-2　都市再生機構賃貸住宅における孤独死の発生件数　61
表2-4　小川栄二らの調査における「困難事例」の種別と割合　64
表3-1　日本における家族形態別にみた高齢者の割合　76
図3-1　別居している子どもとの接触頻度の国際比較　77
図3-2　日本における高齢者（65歳以上）割合が50％以上の集落数・集落率　77
表3-2　日本における消滅の可能性のある集落の現状　78
表3-3　東京都および港区における産業大分類別事業所（2006年）　85
表3-4　港区町名別人口の推移　86
表3-5　港区における高齢者のいる世帯およびひとり暮らし高齢者世帯の推移　88
表3-6　東京都におけるひとり暮らし高齢者出現率（2005年）　89
図3-3　港区におけるひとり暮らし高齢者数の推移　90
表3-7　鶴見区における産業大分類別就業者数（2005年）　91
図3-4　鶴見区における事業所の種類（2005年）　92
図3-5　鶴見区における産業別従業者数（2005年）　92
表3-8　神奈川県におけるひとり暮らし高齢者出現率（2005年）　94
図3-6　鶴見区生活と健康を守る会会員本人の生涯最長職　95
図4-1　港区ひとり暮らし高齢者の年齢分布　102
表4-1　港区ひとり暮らし高齢者の男女別年齢階層（前期・後期高齢者）　102

図4-2	港区ひとり暮らし高齢者の住宅の種類　104
表4-2	港区ひとり暮らし高齢者の住宅種類別住宅の困り事の有無　105
表4-3	港区ひとり暮らし高齢者の住宅の困り事の内容（複数回答）　106
表4-4	港区ひとり暮らし高齢者の男女別ひとり暮らしの期間　109
表4-5	港区ひとり暮らし高齢者のひとり暮らしになった理由　109
表4-6	港区ひとり暮らし高齢者本人の生涯最長職　111
表4-7	港区ひとり暮らし高齢者（女性）の配偶者の生涯最長職　112
図4-3	港区ひとり暮らし高齢者の年間収入　113
表4-8	港区ひとり暮らし高齢者の地域の困り事（複数回答）　116
表4-9	港区ひとり暮らし高齢者の日常生活の困り事（複数回答）　118
表4-10	鶴見区ひとり暮らし高齢者の男女別年齢階層　120
表4-11	鶴見区ひとり暮らし高齢者の男女別前期・後期年齢階層　121
表4-12	鶴見区ひとり暮らし高齢者の男女別住宅の種類　122
表4-13	鶴見区ひとり暮らし高齢者の男女別ひとり暮らしの期間　125
表4-14	鶴見区ひとり暮らし高齢者の現住所居住年数　125
表4-15	鶴見区ひとり暮らし前期高齢者の生涯最長職　126
表4-16	鶴見区ひとり暮らし高齢者の経済状況に関する意識　127
表4-17	鶴見区ひとり暮らし高齢者の前期・後期年齢階層別男女別健康状態　129
図4-4	鶴見区ひとり暮らし前期高齢者の日常生活の困り事（複数回答）　132
図4-5	鶴見区ひとり暮らし後期高齢者の日常生活の困り事（複数回答）　134
図5-1	港区ひとり暮らし高齢者の子どもの人数　146
表5-1	港区ひとり暮らし高齢者の生存子の有無別最も行き来のある家族・親族　147
図5-2	港区ひとり暮らし高齢者の家族・親族との行き来の頻度　148
図5-3	港区ひとり暮らし高齢者の家族・親族との電話の頻度　149
図5-4	港区ひとり暮らし高齢者の正月三が日を一緒に過ごした人（複数回答）　150
図5-5	港区ひとり暮らし高齢者の最も親しい友人　151
図5-6	港区ひとり暮らし高齢者の友人との電話の頻度　151
図5-7	港区ひとり暮らし高齢者の近所づきあいの程度　152
図5-8	港区ひとり暮らし高齢者の参加団体（複数回答）　153
図5-9	港区ひとり暮らし高齢者の団体・集まりに参加しない理由（複数回答）　153
図5-10	港区ひとり暮らし高齢者の緊急時に来てくれる人の有無　155
図5-11	港区ひとり暮らし高齢者の緊急時に来てくれる人　155
図5-12	鶴見区ひとり暮らし高齢者の子どもの人数　157
図5-13	鶴見区ひとり暮らし高齢者の正月三が日を一緒に過ごした人（複数回答）　157
図5-14	鶴見区ひとり暮らし高齢者の近所づきあいの程度　159
図5-15	鶴見区ひとり暮らし前期・後期高齢者の社会参加活動の内容（複数回答）　161
図5-16	鶴見区ひとり暮らし前期・後期高齢者の社会参加活動に参加しない理由（複数回答）　162
図5-17	鶴見区ひとり暮らし前期・後期高齢者の今後希望する社会参加活動（複数回答）　163
図5-18	鶴見区ひとり暮らし前期・後期高齢者の外出しない理由（複数回答）　165
図5-19	鶴見区ひとり暮らし前期・後期高齢者の緊急時の支援者（複数回答）　166

表6-1	港区ひとり暮らし高齢者調査の2次調査の類型	182
表7-1	鶴見区ひとり暮らし前期高齢者調査の2次調査の類型	216
表7-2	鶴見区ひとり暮らし後期高齢者調査の2次調査の類型	245
図終-1	港区ひとり暮らし高齢者の親族,友人・知人ネットワークの欠如状況(1)	290
図終-2	港区ひとり暮らし高齢者の親族,友人・知人ネットワークの欠如状況(2)	290
図終-3	港区ひとり暮らし高齢者の近隣,友人・知人ネットワークの欠如状況	291
図終-4	港区ひとり暮らし高齢者の親族,友人・知人ネットワークの欠如状況	293
図終-5	鶴見区ひとり暮らし高齢者の親族,友人・知人ネットワークの欠如状況	294
図終-6	鶴見区ひとり暮らし高齢者の近隣,友人・知人ネットワークの欠如状況	295
表終-1	港区ひとり暮らし高齢者の年間収入別にみた緊急時の支援者の有無	296
表終-2	港区ひとり暮らし高齢者の住宅の所有形態別にみた緊急時の支援者の有無	297
表終-3	港区ひとり暮らし高齢者の年間収入別にみた緊急時の支援者の有無	299
表終-4	港区ひとり暮らし高齢者の住宅の所有形態別にみた緊急時の支援者の有無	299
表終-5	鶴見区ひとり暮らし高齢者の経済状況に関する意識別緊急時の支援者の有無	301
表終-6	鶴見区ひとり暮らし高齢者の住宅の所有形態別にみた緊急時の支援者の有無	301
表終-7	鶴見区ひとり暮らし高齢者の年齢階層別男女別にみた正月三が日を一緒に過ごした人(複数回答)	303
表終-8	港区ひとり暮らし高齢者の年齢階層別男女別にみた正月三が日を一緒に過ごした人(複数回答)	304

付　表

1	都道府県別ひとり暮らし高齢者出現率(2005年)	327
2	全市区町村別ひとり暮らし高齢者出現率(2005年)	328
3	東京都におけるひとり暮らし高齢者出現率(1995年)	372
4	東京都におけるひとり暮らし高齢者出現率(2000年)	373

序章

ひとり暮らし高齢者の地域的偏在

(1) ひとり暮らし高齢者の出現率

　ひとり暮らし高齢者が一定地域にどのくらいの割合で住んでいるかは，当然，地域によって異なる。ひとり暮らしの高齢者が多く住む地域が生まれる要因は何か。それは社会，地域，家族その他の複雑な側面をもち，それらを分析することは簡単なことではない。ひとり暮らし高齢者が多く住んでいるのはどのような地域なのであろうか。よく指摘されるのは，都道府県あるいは市町村やUR都市機構等による公営住宅，とりわけ低家賃住宅にひとり暮らし高齢者が多いということである。最近問題となっている孤独死が，こうした公営住宅で多いことはマスコミでもしばしば報道されるところである。また，過疎地は若者の流出傾向があり，高齢者の割合が高くなり，その結果，高齢者夫婦のみ世帯において配偶者が亡くなった後，ひとりで暮らす高齢者が生まれるということも容易に想像できる。では，都市部ではどうなのか。

　実際，地域によってひとり暮らし高齢者の出現率にはどのくらいの差があるのであろうか。この地域差を明らかにするために，ここでは国勢調査のデータを用いて地方自治体を基礎にひとり暮らし高齢者の出現率を算出し，どの程度の差があるのかをみるなかで，大まかな地域的な特徴を明らかにしてみたい。ここでは，まずは地方自治体を単位に分析することにしよう。

　その際，本書では〈ひとり暮らし高齢者の出現率〉を「65歳以上の高齢者のいる世帯中のひとり暮らし高齢者の割合」としたい。一般には，ひとり暮らし高齢者の出現率の算出方法として「65歳以上人口の中のひとり暮らし高齢者の割合」がよく用いられるが，この方法では，同一世帯に暮らす複数の高齢者，例えば高齢者夫婦のみ世帯も個々人に分離されて集計されることになり，数値

を現実より押し下げることになる。それゆえ，ここでは世帯を基軸にみることとしたい。つまり，母数に「65歳以上人口」ではなく「65歳以上の高齢者のいる世帯」を据えて，ひとり暮らし高齢者の割合を算出したい。確かに「65歳以上の高齢者のいる世帯」を母数とすることの妥当性もまた議論のあるところであろうが，ここでは世帯単位に高齢者問題を考えるという意味からそうしておきたい。

以下，国勢調査の結果データを使って，1995年，2000年，2005年という3つの時点においてひとり暮らし高齢者の出現率を分析してみよう。

（2）都道府県別ひとり暮らし高齢者の出現率

ひとり暮らし高齢者の出現率を地域ごとにみる場合，その地域の範囲をどのように想定するかは，利用の目的によって異なるであろう。ただサービスの基本単位ということでは，市区町村の区域が基礎的なものと言える。しかし，その前により広い区域である都道府県における出現率をみてみたい。基礎自治体がおかれている，より広い地域的条件として都道府県のそれを分析することは重要な作業であろう。

表序-1は国勢調査の1995年，2000年，2005年それぞれの時点で都道府県別にひとり暮らし高齢者の出現率を，〈出現率20％以上〉の上位のみ示したものである。このように限定した理由は，上位地域の傾向を簡潔にみることができると考えたからである。

各年次で20％以上の都道府県数は，1995年に15であったものが，2000年に17，2005年には21と増加している。全国平均のひとり暮らし高齢者の出現率をみると，それぞれの時点で17.2％，20.2％，22.5％となっており，こうした増加傾向が都道府県単位でのひとり暮らし高齢者の出現率をも引き上げてきていると言えよう。

次に，〈出現率20％以上〉に含まれる都道府県を分析しよう。この3つの時点すべてで1位となっているのは鹿児島県で，2005年の出現率は33.7％である。次に東京都と大阪府が続く。東京都は4位，2位，2位，大阪府は3位，3位，4位と推移している。2005年の出現率は，東京都が30.9％，大阪府が29.8％である。

高知県は2位，4位，3位と推移し，宮崎県は1995年に5位，2000年に9位

表序-1　1995年, 2000年, 2005年における都道府県別ひとり暮らし高齢者出現率

(出現率20％以上, 単位：％)

	1995年			2000年			2005年		
	都道府県	65歳以上人口割合	出現率	都道府県	65歳以上人口割合	出現率	都道府県	65歳以上人口割合	出現率
全国		14.5	17.2		17.3	20.2		20.1	22.5
1	鹿児島県	19.7	31.1	鹿児島県	22.6	32.6	鹿児島県	24.8	33.7
2	高知県	20.6	25.3	東京都	18.3	28.4	東京都	18.3	30.9
3	大阪府	11.9	23.9	大阪府	18.5	27.7	高知県	25.9	30.0
4	東京都	13.0	23.8	高知県	23.6	27.1	大阪府	18.5	29.8
5	宮崎県	17.4	22.5	北海道	21.4	24.7	宮崎県	23.5	26.7
6	山口県	19.0	21.6	兵庫県	19.8	24.5	山口県	25.0	26.7
7	愛媛県	18.5	21.4	京都府	20.0	24.2	北海道	21.4	26.7
8	長崎県	17.7	21.4	和歌山県	24.1	24.1	愛媛県	24.0	26.3
9	北海道	14.8	21.0	宮崎県	20.7	23.9	福岡県	19.8	26.0
10	和歌山県	18.1	20.8	山口県	22.2	23.8	兵庫県	19.8	25.6
11	広島県	15.8	20.7	福岡県	17.4	23.5	広島県	20.9	25.6
12	福岡県	14.8	20.6	愛媛県	21.4	23.5	京都府	20.0	25.6
13	沖縄県	11.7	20.6	広島県	18.5	23.2	和歌山県	24.1	25.4
14	京都府	14.7	20.6	長崎県	20.8	23.1	長崎県	23.6	24.9
15	大分県	18.6	20.0	大分県	21.8	22.6	大分県	24.2	24.7
16				神奈川県	16.8	22.3	沖縄県	16.1	23.8
17				沖縄県	13.8	20.4	神奈川県	16.8	22.4
18							徳島県	24.4	22.2
19							岡山県	22.4	22.0
20							熊本県	23.7	21.7
21							香川県	23.3	21.7

注：出現率＝（単身高齢者数÷高齢者のいる世帯数）×100
資料：1995年, 2000年, 2005年国勢調査にもとづき筆者が作成

となったが, 2005年にはまた5位になっている。2005年の出現率は高知県が30.0％, 宮崎県が26.7％である。2005年時点でみると, 上記の都府県に続いて山口県, 北海道, 愛媛県, 福岡県, 兵庫県が続いている。なお, 巻末に2005年の国勢調査の全都道府県別の同出現率の一覧を収録しているので参照していただきたい（付表1）。

　さて, こうした都道府県単位でひとり暮らし高齢者の出現率をみても, 大まかな地方の特徴を把握できるが, それだけでは区域の単位としては大きすぎる。地域ごとにもっと詳細にみる必要がある。そこで次に, 市区町村を単位にひとり暮らし高齢者がどのように分布しているのかをみてみよう。

(3) 市区町村別ひとり暮らし高齢者の出現率

　すでに述べたように，ここでのひとり暮らし高齢者の出現率とは〈65歳以上の高齢者のいる世帯中のひとり暮らし高齢者の割合〉であった。その出現率は市区町村という基礎自治体ではどのような割合であろうか。

　そこで，ひとり暮らし高齢者の出現率の高い市区町村から並べ直すと，次のようなことがみえてくる。すなわち，出現率の高い地域が大まかには3つに分類できる。①島嶼，②過疎地，そして③大都市という地域である。

　まず，ここでは出現率上位30位の市区町村をこの3地域ごとに分類してみた。その結果，**表序-2**に示されているように，1995年では島嶼が18，過疎地が10，大都市が2となっていたが，2000年では島嶼が17，過疎地が8，大都市が5となり，そして2005年には島嶼が11，過疎地が6，大都市が13となった。

　1995年と2005年の2時点での自治体数の推移は，島嶼では18から11へ，過疎地では10から6へとともに減少している。他方，大都市は2から13へと著しい増加がみられるのである。この大都市に含まれる自治体数の変化をみると，1995年には大阪市の西成区と浪速区の2自治体のみであったのが，2000年には5自治体，2005年には大阪市の3区，神戸市の2区，広島市の1区，東京都の4区，福岡市の2区，そして名古屋市の1区で，合計13自治体となった。

　以上から言えるのは，まず第1に，ひとり暮らし高齢者の出現率の高い大都市地域が急増していることである。一見繁栄の中心にある大都市にひとり暮らし高齢者が増えてきていることに注目したい。第2に，島嶼と過疎地においては，ひとり暮らし高齢者の出現率の高い自治体が減少してきている。しかし，そのことで島嶼と過疎地でひとり暮らし高齢者の問題が小さくなっているわけではないことを，ここで指摘しておきたい。島嶼と過疎の地域において出現率の高い自治体の数が減少している背景には，町村合併といういわば人為的な操作の結果，高出現率の自治体そのものが解散してしまった事実がある。具体的な例を次の2つの自治体で示そう。

　まず，離島の長崎県高島町である。2005年1月，高島町は長崎市に編入合併された。高島町は，長崎市の南西約14.5kmにあり，高島，端島，中ノ島，飛島の4つの島からなっていた。町の面積は，4島をあわせて1.34km²で，合併前は日本で一番小さな町であった。高島と端島は全国でも有数の産炭地であった。高島炭鉱は江戸時代末期にトーマス・グラバーと佐賀藩によって共同の開発が

表序-2 1995年，2000年，2005年における地域類型別自治体のひとり暮らし高齢者出現率

(上位30位，%)

【1995年】
(1) 島嶼

	自治体名	出現率
1	東京都青ヶ島村	56.7
2	長崎県高島町	52.1
3	東京都御蔵島村	45.9
4	島根県知夫村	43.0
5	山口県東和町	42.7
6	長崎県岐宿町	42.6
7	長崎県玉之浦町	42.6
8	鹿児島県三島村	42.3
9	長崎県伊王島町	42.1
10	長崎県宇久町	41.8
11	鹿児島県住用村	41.0
12	鹿児島県下甑町	40.5
13	長崎県崎戸町	40.2
14	長崎県三井楽町	40.1
15	長崎県富江町	39.7
16	鹿児島県瀬戸内町	38.8
17	鹿児島県十島村	38.5
18	愛媛県魚島村	38.4

(2) 過疎地

	自治体名	出現率
1	愛媛県別子山村	44.7
2	奈良県下北山村	43.8
3	三重県紀和町	42.1
4	和歌山県北山村	42.1
5	鹿児島県知覧町	40.1
6	岐阜県藤橋村	38.2
7	鹿児島県東串良町	37.5
8	鹿児島県鹿村	37.5
9	高知県東洋町	37.3
10	愛媛県瀬戸町	37.2

(3) 大都市

	自治体名	出現率
1	大阪府大阪市西成区	43.3
2	大阪府大阪市浪速区	37.9

【2000年】
(1) 島嶼

	自治体名	出現率
1	東京都御蔵島村	53.7
2	長崎県高島町	50.2
3	山口県東和町	44.6
4	鹿児島県三島村	44.5
5	東京都青ヶ島村	42.9
6	長崎県玉之浦町	42.7
7	長崎県宇久町	42.6
8	鹿児島県下甑町	41.9
9	島根県知夫村	41.6
10	鹿児島県住用村	41.3
11	鹿児島県十島村	41.3
12	長崎県富江町	40.9
13	沖縄県粟国村	40.8
14	長崎県崎戸町	40.7
15	長崎県伊王島町	40.5
16	鹿児島県瀬戸内町	40.0
17	長崎県岐宿町	39.5

(2) 過疎地

	自治体名	出現率
1	奈良県下北山村	43.6
2	三重県紀和町	42.4
3	鹿児島県大浦町	40.6
4	奈良県上北山村	40.0
5	鹿児島県鹿村	39.9
6	愛媛県別子山村	39.7
7	北海道泊村	39.7
8	鹿児島県知覧町	39.4

(3) 大都市

	自治体名	出現率
1	大阪府大阪市西成区	49.6
2	大阪府大阪市浪速区	44.7
3	兵庫県神戸市中央区	42.8
4	兵庫県神戸市兵庫区	40.6
5	東京都豊島区	40.3

【2005年】
(1) 島嶼

	自治体名	出現率
1	東京都青ヶ島村	70.8
2	東京都御蔵島村	67.6
3	東京都小笠原村	46.1
4	長崎県宇久町	44.7
5	鹿児島県三島村	44.0
6	島根県知夫村	43.5
7	東京都利島村	42.0
8	鹿児島県瀬戸内町	41.9
9	鹿児島県大和村	41.2
10	鹿児島県十島村	40.3
11	東京都大島町	39.9

(2) 過疎地

	自治体名	出現率
1	三重県紀和町	46.6
2	鹿児島県大浦町	41.5
3	奈良県上北山村	40.8
4	徳島県東祖谷山村	40.4
5	山梨県早川町	39.8
6	北海道泊村	39.8

(3) 大都市

	自治体名	出現率
1	大阪府大阪市西成区	60.7
2	大阪府大阪市浪速区	52.2
3	大阪府大阪市中央区	46.5
4	兵庫県神戸市中央区	46.2
5	広島県広島市中区	43.2
6	東京都港区	42.6
7	兵庫県神戸市兵庫区	42.4
8	東京都豊島区	42.0
9	東京都新宿区	41.1
10	東京都渋谷区	40.4
11	福岡県福岡市博多区	40.4
12	福岡県福岡市中央区	40.3
13	愛知県名古屋市中区	39.9

資料：1995年，2000年，2005年国勢調査にもとづき筆者が作成

なされた。また端島は軍艦島とも言われ，6.3haほどの面積の小さな島に，5000人を超える炭鉱労働者，関係者が住み，高層アパートが建設された。しか

しエネルギー革命により，炭鉱の閉山が続き，1974年以降，高島以外は無人島となっている。高島炭鉱も1986年には閉山され，人口の流出が激しくなった。

さて，こうした地域特性をもつ高島町であるが，ひとり暮らし高齢者の出現率は1995年時点で全国2位の出現率52.1％（高齢化率［65歳以上人口割合］35.2％）で，2000年時点でも同じく全国2位，出現率は50.2％（高齢化率42.1％）であった。前述のごとく2005年1月に長崎市に編入合併され，高島町の現実は長崎市のなかで平均化・潜在化されることとなった。長崎市のひとり暮らし高齢者の出現率は2005年の国勢調査において28.0％で，全国の自治体中365位となっている（**付表2参照**）。高島町の地域の現実は，長崎市に組み込まれることで統計的にはみえなくなったのである。

もう1つの例として，山口県東和町についてみてみよう。高齢化率が日本で一番高い自治体として知られていた東和町も，2004年10月に大島町，橘町，久賀町と合併し「周防大島町」となり，高齢化率も全国1位ではなくなった。

2008年4月の周防大島町の人口は2万720人，世帯数は1万626戸，高齢化率は46.3％となっている。周防大島町は瀬戸内海で3番目に大きい島である屋代島にある。島と本土とは大島大橋によってつながっている。今回の合併によってこの島全体が同町の区域となった。

さて，旧東和町は屋代島の最東端，大島大橋からは島の一番奥にある。筆者は東和町へ何度か調査に出かけているが，1998年3月調査の報告として次のように記したことがある。

　1998年3月31日現在，町の人口は5,682人（男2,393人，女3,289人），世帯数は2,882人（平均世帯員数2.00人），65歳以上の者は2,803人で49.3％という高齢化率となっている。
　東和町がある屋代島は，山が海岸まで伸びており，平地がほとんどない。海岸ぎりぎりのところに集落があり，港をもち，山側にはみかん畑をもつのが一般的である。1995年の国勢調査によれば，第1次産業が46.4％，第2次産業が13.6％，第3次産業が40.0％となっている。東和町はみかん栽培と漁業を中心とする第1次産業が半数近くを占めている地域である。
　町内には22の地区（集落）があり，居住地域はかなり分散している。世帯数でみると，最低は「伊崎」地区で23世帯，反対に最高は「三が浦」地区が363世帯と格差が大きい。地区別に高齢化率をみてみよう。（中略）高齢化率の一番高い地区は伊崎で88.6％（人口35人，世帯数23），ついで沖家室が71.0％（人口241人，世帯数163），地

表序-3　東和町における地区別人口および高齢化率

(1998年5月31日現在)

地区名	人口 男	人口 女	人口 計	世帯数	65歳以上人口	高齢化率(％)	平均年齢
伊　崎	12	23	35	23	31	88.6	73.4
沖家室	101	140	241	163	171	71.0	67.2
地家室	49	88	137	83	97	70.8	68.5
大　積	39	46	85	46	54	63.5	64.6
雨　振	32	37	69	34	42	60.9	62.5
佐　連	63	94	157	88	94	59.9	63.0
和　佐	101	137	238	126	142	59.7	61.6
内　入	51	76	127	72	70	55.1	62.1
神　浦	29	48	77	45	42	54.6	65.7
小　積	41	60	101	50	52	51.5	59.0
小伊保田	47	50	97	50	49	50.5	58.5
小　泊	100	138	238	110	120	50.4	56.6
和　田	179	246	425	196	209	49.2	57.4
伊保田	253	341	594	302	287	48.3	56.4
外　入	225	309	534	267	252	47.2	56.0
油　宇	200	276	476	224	221	46.4	56.1
三ケ浦	272	426	698	363	324	46.4	56.2
平　野	204	262	466	239	207	44.4	54.7
情	77	76	153	81	61	39.9	53.9
森	132	195	327	157	124	37.9	51.3
船　越	141	166	307	124	114	37.1	51.2
馬ケ原	40	47	87	43	32	36.8	54.9
計	2,388	3,281	5,669	2,886	2,795	49.3	59.6

資料：東和町調べ

家室が70.8％（人口137人，世帯数83），大積が63.5％（人口85人，世帯数46）となっている。反対に一番高齢化率の低い地区は馬ケ原で36.8％（人口87人，世帯数43）である。しかし，この馬ケ原でも高齢化率は4割に近い割合となっている。

1997年5月現在，東和町の一人ぐらし高齢者は768人，在宅の寝たきり高齢者が46人，ホームヘルパーは社協に全面委託され，その総数は24名，そのうち常勤が7名，非常勤が17名となっている。1998年3月現在，身体障害者は405人，知的障害者が31人，母子世帯が22，父子世帯が10となっている。生活保護世帯は29世帯33人（保護率5.8‰）となっている。民生委員・児童委員は36名である。[4]

この報告の中で示した1つの表が「東和町における地区別人口および高齢化率」（表序-3）である。高齢化率が東和町全体では49.3％であるが，前述のご

とく地区によって9割近いところから4割程度まで大きな差があるということである。高齢化率が最も高い伊崎という集落は海までせり出した斜面の下の海岸の狭隘な土地にあり，道路も狭く曲がりくねっており，交通の便はよくない。

　さて，ここで東和町のひとり暮らし高齢者の出現率の推移を国勢調査によってみてみよう。1995年時点では出現率が42.7%で，全国8位（高齢化率47.4%）であった。2000年時点では出現率が44.6%，全国5位（高齢化率50.6%）となっている。4町合併された翌年の2005年に実施された国勢調査の結果では，新しい町「周防大島町」のひとり暮らし高齢者出現率は37.3%で，全国の自治体中61位となった。このような合併後のデータをみると，旧東和町の以前と変わらない現実を見過ごすことになりかねない。この点を強調しておかなければならない。筆者は，こうした現象が他の合併後の自治体でも起こっているのではないかということを言いたい。市町村合併によって地域の問題は平均化されることで薄められ，解決されたかのようにみえるのである。

（4）ひとり暮らし高齢者が集中する大都市

　すでに述べたように，出現率の高い地域は大まかには島嶼，過疎地，大都市の3つに分布している。島嶼と過疎地のひとり暮らし高齢者の分析は今後の課題とし，ここでは大都市のひとり暮らし高齢者の実態について，もう少し分析してみよう。

　表序-4は，2005年の国勢調査のデータから人口5万人以上の都市で，ひとり暮らし高齢者の出現率が高い50の地方自治体を選んで一覧にしたものである。ただし東京都の千代田区は人口が4万人程度であるが，都市という地域特性とその出現率の高さからこの表に加えてある。

　さて，このなかで同一の都・市において2つ以上の区が含む自治体をあげると次のようになる。

① 大阪市18区：西成区，浪速区，中央区，西区，北区，住吉区，天王寺区，阿倍野区，東淀川区，都島区，淀川区，生野区，東住吉区，旭区，東成区，港区，住之江区，福島区
② 東京都13区：港区，豊島区，新宿区，渋谷区，中央区，杉並区，台東区，中野区，千代田区，文京区，目黒区，北区，品川区
③ 神戸市4区：中央区，兵庫区，長田区，灘区

表序-4　都市における上位50の地方自治体別ひとり暮らし高齢者出現率（2005年）

順位	都道府県名	自治体名	人口	65歳以上人口割合（％）	出現率（％）
1	大阪府	大阪市西成区	132,767	29.1	60.7
2	大阪府	大阪市浪速区	54,174	19.8	52.2
3	大阪府	大阪市中央区	66,818	18.2	46.5
4	兵庫県	神戸市中央区	116,591	21.8	46.2
5	広島県	広島市中区	127,763	19.0	43.2
6	東京都	港区	185,861	17.7	42.6
7	兵庫県	神戸市兵庫区	106,985	25.9	42.4
8	東京都	豊島区	250,585	19.6	42.0
9	東京都	新宿区	305,716	18.6	41.1
10	東京都	渋谷区	203,334	18.1	40.4
11	福岡県	福岡市博多区	195,711	14.8	40.4
12	福岡県	福岡市中央区	167,100	13.7	40.3
13	愛知県	名古屋市中区	70,738	18.6	39.9
14	大阪府	大阪市西区	72,591	14.5	39.7
15	大阪府	大阪市北区	100,385	17.6	39.4
16	北海道	札幌市中央区	202,801	17.3	39.3
17	東京都	中央区	98,399	16.3	38.6
18	大阪府	大阪市住吉区	158,999	21.5	38.5
19	福岡県	北九州市小倉北区	183,286	22.0	38.0
20	兵庫県	神戸市長田区	103,791	26.6	37.8
21	大阪府	大阪市天王寺区	64,137	17.8	37.4
22	兵庫県	神戸市灘区	128,050	21.0	37.2
23	大阪府	大阪市阿倍野区	107,354	22.6	36.9
24	大阪府	大阪市東淀川区	178,343	17.1	36.8
25	東京都	杉並区	528,587	18.6	36.8
26	東京都	台東区	165,186	22.8	36.6
27	大阪府	大阪市都島区	99,831	18.0	36.5
28	東京都	中野区	310,627	18.2	36.3
29	大阪府	大阪市淀川区	169,222	17.3	36.3
30	大阪府	大阪市生野区	138,564	23.4	35.9
31	大阪府	大阪市東住吉区	135,016	23.0	35.8
32	東京都	千代田区	41,778	20.2	35.7
33	大阪府	大阪市旭区	95,204	23.5	35.3
34	大阪府	大阪市東成区	78,929	21.2	35.2
35	愛知県	名古屋市東区	68,485	19.4	35.2
36	東京都	文京区	189,632	18.3	35.1
37	愛知県	名古屋市千種区	153,118	19.4	35.0
38	大分県	別府市	126,959	25.0	34.8
39	東京都	目黒区	264,064	17.6	34.7
40	神奈川県	横浜市中区	140,167	19.0	34.7
41	京都府	京都市下京区	75,437	22.7	34.7
42	東京都	北区	330,412	21.6	34.6
43	高知県	高知市	333,484	20.5	34.5
44	鹿児島県	鹿屋市	81,471	21.6	34.4
45	大阪府	大阪市港区	83,191	20.7	34.4
46	広島県	広島市南区	137,874	18.2	34.4
47	福岡県	北九州市戸畑区	63,712	22.7	34.4
48	東京都	品川区	346,357	18.0	34.4
49	鹿児島県	日置市	52,411	27.9	34.4
50	鹿児島県	薩摩川内市	102,370	25.9	34.3

注：出現率＝（単身高齢者数÷高齢者のいる世帯数）×100
資料：2005年国勢調査にもとづき筆者が作成

④ 北九州市3区：小倉北区，戸畑区，八幡東区
⑤ 名古屋市3区：中区，東区，千種区
⑥ 広島市2区：中区，南区
⑦ 福岡市2区：博多区，中央区

　以上のように，大阪市が18区，東京都が13区と，この2つが他の自治体を大きく上回っていることに注目したい。とりわけ大阪市西成区は，ひとり暮らし高齢者の出現率が60.7％と他を大きく引き離している。ついで大阪市浪速区が52.2％，大阪市中央区が46.5％となっており，3位までを大阪市が占めている。東京都は港区42.6％を筆頭に，豊島区42.0％，新宿区41.1％，渋谷区40.4％が上位グループを形成している。この他，神戸市中央区が46.2％，神戸市兵庫区が42.4％，広島市中区が43.2％，福岡市博多区が40.4％，福岡市中央区が40.3％となっている。

　このように，大阪市では大部分の区で，そして東京都やその他の大都市ではその中心部でひとり暮らし高齢者の出現率が高くなっているのである。ひとり暮らし高齢者問題を考えるうえで，大都市部での分析は重要な課題の1つである。

　そこで，本書では，大都市部でのひとり暮らし高齢者の生活実態と社会的孤立問題を中心に分析したい。ただし，その前に社会的孤立問題をめぐってどのような議論・研究があったのかについてみておく必要があろう。その作業は，実態分析の基礎的視点を確定する意味でも欠かすことのできない前提作業と言える。それを次章で概観したい。

⑴　長崎市高島行政センターの「旧町の紹介」を参照。http://www1.city.nagasaki.nagasaki.jp/gyousei/takashima/oldtown_intro.html（2008年4月21日）
　　同ホームページによれば，「離島の特性を活かし，周囲に広がる美しい海を活用する町おこしをはじめました。1997年（平成9年）7月，『飛島磯釣り公園』と『人工海水浴場』がオープン。それまで年間3000人程度であった観光客が，1997年（平成9年）には，約18000人へ増加，翌年には40000人を超えました。近年は『高島町海水温浴施設アイランド・テラピーいやしの湯』，『高島町ふれあい多目的運動公園』がオープンし，多くのかたに楽しんでいただけるまちへと変貌しています」と書かれている。
　　端島については，とりあえず後藤惠之輔・坂本道徳『軍艦島の遺産―風化する近代日本の象徴』（長崎新聞社，2005年）を参照されたい。
⑵　本書での「ひとり暮らし高齢者の出現率」をもとにした「順位」は，同一数値を無視

してナンバリングしている。そのため実際の順位とは異なる場合があるので注意していただきたい。
⑶ 『資料　周防大島町のあらまし』http://www.town.suo-oshima.lg.jp/townguide/plofile/pdf/oshima-aramashi.pdf（2008年4月21日）を参照。
⑷　河合克義「高齢者の親族・地域ネットワークに関する研究のための予備調査―第1次予備調査報告」明治学院大学社会学部付属研究所『年報』30号，2000年3月，103-104頁。
⑸　私の研究室で実施した過疎地や非都市部の調査としては次の論文，報告書があるので参照していただきたい。

　『賃金と社会保障』（旬報社）連載・シリーズ調査報告：日本の高齢者①河合克義・板倉香子「沖縄県読谷村におけるひとり暮らし高齢者の生活状況と社会的孤立」（第1460号，2008年2月），②藍早瀬「長野県高遠町におけるひとり暮らし高齢者の生活と介護予防の方向性」（第1463号，2008年4月），③大平民生「大井町におけるひとり暮らし高齢者の生活実態と孤立問題の地域性」（第1468号，2008年6月），④河合克義・板倉香子「沖縄県読谷村における高齢者二人世帯の生活状況と社会的孤立」（第1471号，2008年8月），⑤大平民生「神奈川県大井町における夫婦二人世帯高齢者の生活実態と孤立問題」（第1478号，2008年11月），⑥藍早瀬「過疎地における高齢者二人世帯の生活と親族・地域ネットワーク―長野県高遠町での実態調査から」（第1494号，2009年7月）。

　河合克義『読谷村におけるひとり暮らし高齢者の生活実態と社会的孤立に関する調査報告書』（明治学院大学社会学部付属研究所，2006年3月）。

第1章

海外における高齢者の孤立問題研究

　孤立に関するこれまでの研究は数としてはそれほど多くはない。しかし高いレベルをもつ研究の一定の蓄積がある。まずは，そうした研究を概観しておきたい。諸研究から学べるものを整理したうえで，次章以下で行うひとり暮らし高齢者の生活実態と孤立問題を検討する分析視角を整理したい。

　そもそも孤立（isolation, isolement）とは何か，また社会的孤立（social isolation, l'isolement social）とは何か，両者はどう異なるのか。さらに，関連する用語である孤独（loneliness, la solitude）をどのようにとらえたらよいのか。先行研究の中では，これらの概念についていろいろな定義がなされ，さまざまな取り上げ方がなされている。まず，こうした諸概念について整理しておくことが必要であろう。

　孤立と孤独に関して，江口英一は，1980年代半ばに世田谷区で私たちが実施した高齢者に関する大規模調査（「巨大都市東京の福祉充足のあり方に関する調査」）の「調査の視点と方法」において，次のように述べている。

　　われわれは孤立，孤独，分散する相対的に下位の階層から，問題を出発させることが必要となるが，実際上この人びとは，何かをするにはどうしたらよいか，何を望むからそれにはどうすべきか，ではなく，どう生きるべきか，どちらへいくべきか，自分の方向自身に途方にくれているといった方がよいのである。[(1)]

　江口は「階層的格差」をベースに下位の階層である貧困・低所得層の人びとの「孤立，孤独，分散」に注目し，その人びとが自らの生活上の問題がどのようなもので，どうしたらよいかわからない状態にあることを前提に福祉充足のあり方を考えるべきことを提起しているのである。確かに本人が自分の生活状

況を客観的に，あるいは主体的に自覚することは，「孤立，孤独，分散」しているほどむずかしい。

その意味では，筆者としては，本人が孤立状態を自覚しているか否か，また寂しさや孤独を感じているかどうかにかかわらず，客観的に孤立状態にあること，そしてその客観的生活実態を的確に把握することを，まずは重視したいと思う。それは，江口も言うような貧困で孤立している人びとの生活態度に注目するからである。この視点は，1980年代から政策的に言われてきた主体的制度利用の態度をすべての人がもっているとする論理とは，大きく異なるものである。

以下，高齢者の孤立に関する諸外国および日本での主要な先行研究を概観していくこととしたい。しかし，その前にもう1つふれておくべきことがある。それは社会問題としての孤立の実態と研究との関係である。言うまでもなく研究というものも実態と無関係ではない。現実の問題，解決の必要性から研究がなされる。しかし，実際には社会問題として孤立問題が取り上げられながら，研究があまりなされないことはよくあることである。

わが国において実態として孤立問題が注目された時期が2つある。1つは1970年代前半の時期，もう1つは1990年代以降の現在である。前者の時期は，高度経済成長過程で生み出された家族・地域の変化により，ひとり暮らし高齢者の孤立や孤独が問題とされ，それらに関する調査が一部でなされたが，研究についてはあまりなかった。他方，後者の時期については，孤独死・餓死が社会問題化し，それへの取り組み活動が展開され始めている。孤立に関する研究は，1980年代からスタートしていたが，1990年代の餓死・孤独死事件が社会問題化するにしたがい，その新たなあり方が問われるようになった。高齢者の孤立問題をどのように研究すべきか。そこで，まず海外の研究を眺め，次にわが国の研究について検討しよう。

1　海外における基礎的研究

諸外国の研究といっても世界の研究をカバーするものではない。筆者の能力もあるが，ここではイギリスを中心に，その他フランスとオランダ等の研究の

一部を取り上げ検討するにすぎない。その研究も系譜を追うものではなく、基礎的な研究を取り上げ、その研究の視点と方法を中心に検討したいと思う。

本節でみるように、筆者は孤立（isolation）という概念が中心に据えられた研究はイギリスのピーター・タウンゼント（Peter Townsend）の調査研究以降ではないかと考えている。それまでは、用語としては孤独（loneliness）という概念が幅広い内容で使われていた。孤立、孤独が生まれる原因が何かについてはいろいろな議論がある。その原因として、一般的には親族関係や地域関係さらには生活水準（貧困問題）等があげられるが、論者によって何を重視するかはさまざまである。まず、イギリスから始まった研究を概観しよう。

（1）チャールズ・ブース

前述のとおり、孤立に陥る背景にはいろいろな要因が考えられる。そのなかで貧困問題を重視する研究は多い。貧困問題について調査を通して分析したチャールズ・ブース（Charles Booth）は、19世紀末に高齢者の貧困問題に関する調査を実施し、1冊の本にまとめている。それが1894年に出版された『イングランドとウェールズにおける高齢貧困者（The Aged Poor in England and Wales）』と題する全527頁の著作である。

ブースは、自ら高齢者の貧困問題に関する研究を以前から行っていたようで、王立高齢者問題検討委員会（The Old Age Commission）が設置され、その委員に任命された。彼は、この本のなかで「自分の調査はこの委員会の委員に任命される前に始めていた」[2]と記している。

ブースは、この本のなかで高齢者を65歳以上と定義し、1891年の国勢調査のデータをもとにイングランドとウェールズにおける65歳以上の男性高齢者60万6505人、女性高齢者76万5917人の分析を行っている。特に地域別、年齢別に、労働者や零細自営業者における高齢者貧困率を推計している。例えば、年齢階層別の貧困率はそれぞれ60～65歳で10％、65～70歳で20％、70～75歳で30％、75歳以上で少なくとも40％と推計している。また65歳以上の労働者階級と零細自営業者の貧困率は40～45％となっているという[3]。

ブースは、また調査の結果から貧困高齢者の特性として親族ネットワークの傾向について述べている。具体的には「子どもからの援助」の特徴として次の7つがあるという。

第1章　海外における高齢者の孤立問題研究　15

① 家族をもつ子どもで，子ども自身が貧困の場合，親への定期的援助はむずかしい。
② 別居の未婚子は定期的な仕送りをするというような，律儀で誠実な行動をしている。
③ 両親と同居している未婚の子どもは両親をサポートしている。
④ 親が離婚した場合，既婚の子どもは親にしばしば家を提供する。
⑤ 金銭支援とか家の提供とは別に，子どもや親戚は高齢者にいろいろな不定期の援助を多くしている。
⑥ こうした援助は都市よりは地方でよく行われている。
⑦ 女性高齢者は男性高齢者より援助を受けやすい[4]。

　ブースは，貧困高齢者の量的測定とその生活の特徴を分析している。この研究では高齢者の孤立問題を言及するまでには至っていないものの，ここで整理された親族ネットワークの実態把握は，社会的孤立問題研究の前史として位置づけることができるであろう。親族ネットワークの欠如状態は孤立研究の入り口である。ブースの上の⑥と⑦の指摘から，都市の男性高齢者は親族からの援助から外れやすいということに気がつく。この指摘は，今日においても吟味すべき非常に重要な論点である。

（2）シーボーム・ラウントリー

　イギリスのヨーク市の製菓会社社長であったシーボーム・ラウントリー（Seebohm Rowntree）は，言うまでもなくブースの影響を受け，ヨーク市で3度にわたる貧困調査を実施した人物である。彼の社会的活動は幅広いものがあったようであるが，「高齢化と高齢者ケア問題に関する調査委員会」の委員長として大規模で総合的な調査研究も指導している。1947年に出版された『高齢者（Old People: Report of a Survey Committee on the problems of ageing and the care of old people under the chairmanship of B. SEEBOHM ROWNTREE）』に，その調査の結果が示されている。調査は，Nuffield財団の援助により，1945年に実施された。

　調査では高齢者は男性が65歳以上，女性が60歳以上と定義されている。この高齢者の割合は，1944年に12.6％であるのが，1949年に13.5％，1959年には14.9％，そして1994年には18.8％になると推計されており，高齢者問題を検討

表1-1　ラウントリー委員会調査における高齢寡婦とその他の高齢単身者の割合

地　域	高齢寡婦とその他の高齢単身者の割合（％）	備　考
ロンドンの2区（Wandsworth, St. Pancras）	45.0	80歳以上の者が7人に1人
Oldham	35.0	80歳以上の者が6人に1人
Wolverhampton	18.5	85歳を超える男性が1人含む
Mid-Rhondda	8.5	男性単身者はいない

注：男性は65歳以上，女性は60歳以上
資料：*Old People: Report of a Survey Committee on the problems of ageing and the care of old people under the chairmanship of B. SEEBOHM ROWNTREE,* Oxford University Press, 1947, p.52.

しなければならないとされる。

　研究の中心にフィールド調査が位置づけられ，ロンドンの2区（Wandsworth, St. Pancras）と5市（Lutterworth, Mid-Rhondda, Wolverhampton, Oldham, Midheurst）が選ばれ，訪問ケースの合計は2302（1カ所：219～552ケース）となっている。この調査委員会は高齢者世帯への訪問調査だけでなく，公的施策と民間団体の活動分析を行い，高齢者問題への対応策が検討されている[5]。

　報告書のなかに，「孤独（loneliness）」について言及している箇所がある。高齢期に直面する困難に孤独の問題があり，このことは福祉の専門家であれば共通認識であるという。表1-1は，高齢寡婦とその他の高齢単身者の割合をロンドンと他の3市ごとにみたものである。高齢寡婦とその他の高齢単身者は，ロンドンでは45.0％，Oldham市で35.0％，一番割合が少ないMid-Rhondda市で8.5％とその割合には地域によって大きな差がある。とりわけ，大都市ロンドンの高齢単身者の割合が高く，孤立問題も他地域より深刻であるが，単身者の割合が少ない農村地域の孤独問題にも注意を向けなければならないと指摘する。

　この調査によって明らかになった典型的な孤独状態を示しているという5事例を次に引用しよう。

(1) 男性，77歳，ひとり暮らし。4年前に妻と死別，寂しさを紛らわすためにフルタイムの仕事をして，夜に洗濯，炊事など家の仕事を自分でしている。週末を恐れ，自分を必要としている人がいないことを強く感じている。

(2) 男性，70歳，孤独は高齢期の最悪の災いで，「少ない年金でやり繰りするより，は

るかに悪い」と考えている。妻が2年前に亡くなった時は，精神的に落ち込み，自殺をしようとしたが，今は元気になっている。天気が悪い時は地域の老人クラブに行けなくなるので，冬が嫌いという。
(3) 女性，81歳，ひとり暮らし。読書と裁縫以外にすることを知らず，裏庭を窓から眺めるのみで，極端に時間をもてあましている。彼女は，身体的にどこも悪くないにもかかわらず，ほとんどをただ座っているか何もしないでいる。生き甲斐はほとんどないようにみえる。施設（ホステル）入居を希望している。
(4) 男性，ひとり暮らし。喘息で苦しんでおり，施設（ホステル）入居を希望。……一人の生活はできないという。
(5) 男性，77歳，数年前に妻と子どもを亡くし，親戚はいない。訪問する人は誰もいない。彼は調査員にまた会いに来てほしいと要望。毎朝，7時に起床，夜は最も寂しさを感じるから6時に就寝しているという[6]。

　この報告書では，孤独の解消には特に多様な高齢者クラブが大きな役割をもっていることを強調している。このことは注目されてよいであろう[7]。ただし，当時のイギリスでは高齢者クラブは男性中心のものであったようである。女性高齢者は家事に従事し，いつも家庭にいたことから，クラブにあまり関心をもっていなかったと記されている。
　興味深いのは，イギリスの当時の退職高齢者が，家庭でやることがなくぶらぶらしていて，妻の「厄介者（positive nuisance）」となっているという。そのこともあり，男性を中心として高齢者がいろいろなクラブに参加し，クラブ組織は発展してきているという[8]。
　前述の孤独状態にある高齢者の5事例からも理解できるように，孤独の解消には多方面の対応が必要である。例えば，この事例のなかでも施設入居を希望している者が2人いる。確かに，この調査報告書は，所得，住宅，家庭と施設，就労している高齢者，そしてリクレーションの各領域について検討しており，まさに総合的研究であり，高齢者の生活保障の領域について示唆に富むものがある。ただ，孤立状態にある高齢者の属性の分析は十分なものではない。

（3）ジョセフ・ハロルド・シェルドン

　イギリスのジョセフ・ハロルド・シェルドン（Joseph Harold Sheldon）は，1948年に『高齢者の社会医学』と題する本を刊行している[9]。彼は，ラウントリーの調査委員会が調査対象地域としたウルバーハンプトン（Wolverhampton）市（人

口約15万人)の王立病院の医師で、同市を対象に調査を行っている。この調査も、ラウントリーの調査委員会の調査同様、Nuffield財団の援助を受けて実施されている。

シェルドンはラウントリー委員会の調査を「社会調査」と名づけ、この調査結果を前提とし、自らの調査を「医学調査」と呼んで区別している。ただし同じ財団からの援助を受けての研究であり、両者は一体的なものであった。

「社会調査」は調査対象を男性65歳以上、女性60歳以上とし、市の配給カード（ration card）台帳からの30分の1抽出である。抽出されたケース数は583（65歳以上の男性186人、60歳以上の女性397人）で、調査期間は1945年1月から4月の間の3カ月間である。調査不能ケースは31、有効回答数は552ケースであった。

シェルドンは、この「社会調査」終了後すぐに、「医学調査」を開始している。調査対象は「社会調査」の有効回収ケースである552ケースとした。調査期間は1945年5月から1947年1月までの21カ月の長期にわたる。調査方法は訪問面接であったが、調査不能が75ケースあり、最終的回収数は477ケースであった。訪問調査は困難を極めたと記されているが、訪問調査で調査不能ケースの数がこの程度であったことには驚かされる[10]。

調査の柱は、身体状態、精神状態、家庭での高齢者ケアにともなう若い世代の負担や高齢者自身のストレス、家庭に病人がいることでのストレスと負担等である[11]。

さて、わが国では、「スープの冷めない距離」という表現がよく使われているが、この表現をシェルドンが言ったことはあまり知られていない。シェルドンは、「医学調査」の調査項目の1つに「親族は近くに住んでいますか？」という設問をおいている。この設問に関する解説のなかで、彼はこの「近く」の基準を「暖かい食事（a hot meal）の冷めない距離」＝「食事を温め直さなくてもよい距離」もしくは「徒歩5分以内」とした。わが国では「スープ」とされてきたが、もともとは「暖かい食事」という表現であった。

本調査では142ケース、29.7％が親族が近くに住んでいるという結果であった。この「近く」も、隣の家、3軒先以内、同じ通り、といった分類をして分析している[12]。

さて、シェルドンは、また精神状態を尋ねる領域に「孤独（loneliness）」についての設問をおいている。結果は表1-2のとおりである。全体でみると、「非

表1-2　ウルバーハンプトン市における孤独

	男　性		女　性		合　計	
	実数	%	実数	%	実数	%
非常に孤独	13	9.1	24	7.2	37	7.8
ときどき孤独	9	6.3	54	16.2	63	13.2
孤独ではない	112	78.3	248	74.3	360	75.5
無回答	9	6.3	8	2.4	17	3.6
合　計	143	100.0	334	100.0	477	100.0

資料：J. H. Sheldon, *The Social Medicine of Old Age: Report of an inquiry in Wolverhampton*, 1948, The Nuffield Foundation, p. 222. の表38にもとづき筆者作成

常に孤独」が7.8%,「ときどき孤独」が13.2%,「孤独ではない」が75.5%となっている。「非常に孤独」と「ときどき孤独」を合わせると21.0%となる。「非常に孤独」について男女別にみると,女性のほうが1.9ポイント少ない。しかし「非常に孤独」と「ときどき孤独」をあわせて,男女別にみると,男性が15.4%,女性が23.4%と,女性のほうが8.0ポイント多くなっている。

　このようにシェルドンの調査結果によれば,ウルバーハンプトン市では,全体として調査対象高齢者の2割が孤独だということになる。シェルドンは孤独問題が今後も調査しなければならない重要な課題であり,それは高齢化にともなう固有の感情といったものではなく,精神的健康を損なわないために援助すべき対象として孤独状態にある高齢者を研究しなければならないと結論で述べている。[13]

（4）ピーター・タウンゼント

　1954年,ロンドンの東地区のベスナル・グリーンに設立された地域社会研究所（Institute of Community Studies）は,都市問題を中心とした研究機関である。多くの研究者がここでいろいろな調査研究を行ってきた。ミカエル・ヤング（Michael Young）やピーター・タウンゼント（Peter Townsend）は,初期の同研究所を担った研究者であった。

　ミカエル・ヤングとピーター・ウィルモット（Peter Willmott）は,ベスナル・グリーンの「家族と親族関係」に関する調査研究を行っている。[14]彼らは成人の親族関係の詳細な分析を行った。

この親族関係に関する調査に触発されて、ピーター・タウンゼントはこの地域社会研究所の研究員となり、高齢者に焦点を絞った家族生活についての調査を開始した。その成果が1957年に出版された『高齢者の家族生活―東ロンドンにおける調査研究』（*The Family Life of Old People: An Inquiry In East London*）である。[15]

1 調査対象と方法

　タウンゼントが行った調査の対象は、ベスナル・グリーン地区の男性65歳以上、女性60歳以上の者である。一般開業医の患者カードから無作為に10分の1抽出し、261名がリストアップされた。最終的に面接できたケースは203であった。3分の2が女性で、その半数は寡婦だった。5分の1弱の者には、生存子はいない。

　1ケースあたりの平均面接時間は2時間とある。調査期間は1954年10月から1955年11月までで、タウンゼント自ら160世帯を訪問し、残りをピーター・マリス（Peter Marris）が行ったとある。タウンゼントだけでサンプル全体の8割を訪問したことになる。さらにほとんどすべて2回訪問し、あるものは3回、4回、またはそれ以上訪問したとのことである。

　調査対象のうち12人の高齢者には、1週間にわたって日記をつけてもらうことに成功している。[16]

2 孤独と社会的孤立

　ラウントリーやシェルドンの研究にみられるように、タウンゼント以前のイギリスの孤独や孤立に関する研究では、「孤独（loneliness）」という用語を幅広くとらえて、そのなかに社会的孤立も含めていたと言える。前述のシェルドンのいう孤独は、感情のレベルを超えて、より積極的に精神的健康の保持を目的にした孤立状態の研究を意識していたが、言葉としては「孤独（loneliness）」を使っている。

　タウンゼントは、概念として孤独（loneliness）と社会的孤立（social isolation）の区別を初めて行った人と言ってよいのではあるまいか。では、どのように区別しているのかをみてみよう。

　タウンゼントは次のように言う。社会的孤立とは「家族やコミュニティとはほ

とんど接触がないということ」であるのに対し，孤独とは「仲間づきあいの欠如あるいは喪失による好ましからざる感じ（unwelcome feeling）をもつこと」だとする。そして社会的孤立は客観的であり，孤独は主観的なものである，と。同時に，タウンゼントは社会的孤立状態にある人と貧困との関わりをとらえ，「社会的にも経済的にももっとも貧しい人びとは，家庭生活からもっとも孤立した人びと」であると述べている。

さらにタウンゼントは次のように説明する。

　社会的孤立は，客観的な標準と関連させて測定される必要がある。問題はいくらか貧困測定におけるそれと似たところがある。「貧困」（poverty）は本来絶対的というよりむしろ相対的な用語であり，その住民中における程度を見出すには，通常2つの段階に分けて行われる。ほとんどの人びとのあいだに一致のみられる第1段階では，個人の所得に応じて尺度に位置づけるのである。しかし，しばしば第2段階では一致がみられない。というのは，尺度のどの高さに貧困「線」（line）を引くかの決定が含まれているからである。孤立を測定するという課題も同様の仕方で，孤立の程度に応じて尺度の上に位置づけることと，その線以下の人びとが共通の合意にもとづき「孤立したもの」（the isolated）と呼ばれるように，尺度のいずれかの点で線を引くこととに分けることができるだろう。(17)

以上のことを前提に，タウンゼントは高齢者ごとの「社会的接触（social contacts）」状況を得点（score）化し，1週間あたりの合計を算出した。しかし，彼も言うように，社会的接触の得点化は「容易な作業ではない」（no easy task）。どのように得点化したのであろうか。彼は，①親族ひとりひとりとの1週間あたり平均接触回数の合計，②隣人や友人のみならず，例えば地区の看護婦，ホームヘルパー，医者をも含めた接触を加える，③その他の社会的活動に一定の得点を加える，の3つの領域を設定した。(18)

得点の加算基準の例示として次のような説明がある。「毎週クラブや映画，教会に行くことには2点が与えられ，フル・タイムの仕事は1週20，パート・タイムは10であった」「同居している場合は親族であろうと，毎日会った人の得点の2倍すなわち14が与えられた。遠くに住む親族と過ごす年1回の休みのような不規則な接触は，全体としては1年間にわたるものを1週間単位に平均している」。(19)

表1-3　東ロンドンの高齢者の社会的孤立

孤立の程度 (Degree of isolation)	高齢者 (Old people)		週あたりの社会的接触 (Social contacs in week)	
	%	実数(人)	平均値	中位数
孤立していない	77	156	72.6	67
やや孤立している*	13	27	29.1	28
孤立している**	10	20	14.6	17
計	100	203	61.3	52

*　1週間22～35の接触（あるいは1日あたり3～5）
**　1週間に21の接触かまたはほとんどなし（あるいは1日につき3またはそれ以下）
資料：Peter Townsend, *The Family Life of Old People: An Inquiry In East London*, Routledge and Kegan Paul, 1957, p.168. 山室周平監訳, 229頁。

　こうした基準で，タウンゼントが実施した調査の対象者203サンプルを，①「孤立していない」，②「やや孤立している」，③「孤立している」の3つの程度で区分し，その分布を示している。それが**表1-3**である。この社会的孤立の3つの程度の基準は，それぞれ1週間に社会的接触得点が①は36点以上，②は22～35点，③は21点以下である。集計結果は，孤立していない世帯が77％，やや孤立している世帯が13％，孤立している世帯が10％となった。得点の最高が208，最低が2となっている[20]。

　表1-4は，社会的孤立と孤独意識のクロス表である。タウンゼントは，この表から孤立している人とやや孤立している人の合計の約半数は，本人として孤独ではないと回答していると説明している。すなわち客観的な孤立状況と本人の孤独意識がずれているということである。

　以上，タウンゼントの研究は，それまで使われてきた孤独（loneliness）概念で実態を説明することから一歩進んで，孤独と社会的孤立（social isolation）の区別をし，社会的孤立を客観的に指標化し，その量と質を把握したところに特色がある。タウンゼント自ら160世帯も訪問し，面接も複数回行うほど，その世帯の実態を丸ごと把握しようとした。タウンゼントは，「統計的な分析や相関関係を通じての行動のパターンの研究が重要」であるとしつつも，「社会調査に関する報告は，個人的および社会的な行動の特質と多様性を伝えるべきである」[21]と述べている。現代の調査研究はややもすると統計的な数値の分析で終わりがちであり，私たちは改めてこの視点を学ぶことが必要であろう。

表1-4　東ロンドンの社会的孤立と孤独

高齢者の回答	孤立の状況			全高齢者
	孤立していない (％)	やや孤立している (％)	孤立している (％)	(％)
非常に孤独（Very lonely）	3	15	10	5
ときどき孤独（Sometimes lonely）	18	41	30	22
孤独でない（Not lonely）	79	44	60	72
計 (実数)	100 (156人)	100 (27人)	100 (20人)	100 (203人)

資料：Peter Townsend, *The Family Life of Old People, An Inquiry In East London*, Routledge and Kegan Paul, 1957, p. 173. 山室周平監訳, 236頁。

（5）ジェレミー・タンストール

　イギリスの社会学者であるジェレミー・タンストール（Jeremy Tunstall）は，1966年に『老いと孤独—高齢者の社会学的研究』（*Old and Alone-A sociological study of old people*）を出版している。

　彼は，この本において次の3つの調査データを分析している。①アメリカ合衆国国立精神保健研究所の研究資金によるデンマーク，アメリカ，イギリスの3国にわたる国際的研究の一環として，イギリス政府社会調査局によって1962年に実施された居宅高齢者（65歳以上）4000人を対象にした全国調査，②イギリスの全国規模の施設調査，③タンストールの独自調査であるイギリス本土の4地域調査である。

　この4地域とは，ハロー（Harrow），ノーサンプトン（Northampton），オールダム（Oldham），サウス・ノーフォーク（South Norfork）である。タンストールは，自分の調査の企画段階で，①の全国調査のなかから孤独状態にある高齢者を抽出して再面接したいと思っていたようであるが，政府の調査では高齢者の名前，住所を得ることができないようになっていた。そこで，彼はイギリス本土の特徴的な4つの地域から16人の医師を選び，それぞれの患者のなかからランダムに65歳以上の538人を選んだのである。この高齢者のなかから，「孤独（alone）」状態にある高齢者をスクリーニングするための面接調査が実施され，その結果，195人が選び出された。この195人に対し孤独の実態をさらに詳細に把握するため，再面接をしている。

　タンストールは「孤独（alone）」を次の4つのカテゴリーに分類した。

① 独居（Living alone）
② 社会的孤立（Social isolation）
③ 孤独不安（Loneliness）
④ 社会的植物人間化（アノミー：Anomie）

　以上の①から④までのカテゴリーが，特定の個人に重複または単独で現れるという。すなわち，ある人は①から④のすべてのカテゴリーが当てはまるが，別のある人はひとり暮らしでも他の3つのカテゴリーに当てはまらないといった具合である。この4つのカテゴリーについてタンストールは次のように説明している。

　　独居：「女子老人，配偶喪失者，75歳以上の人，無子老人は独居である傾向がつよい。社会階層による差はみられない。地域差は大きく，都市中心部やロンドンの割合は最高である。」
　　社会的孤立：「社会的孤立と独居とはひじょうに密接な関係があるが，独居老人すべてが社会的に孤立しているとは限らない。有給労働に従事していた人は，わりに孤立化しないようである。社会的孤立と社会階層，身体的障害度，住居の移動性とは関係がない。孤立化の発生度は都市地域において差がみられるものの，農村地域のパターンと一般的都市地域のパターンとは類似している。孤立化と友人，隣人あるいはクラブ等の社会参加との間にはあまり関連性はみられない。」
　　孤独不安：「孤独不安と社会的孤立とは関連性がある。しかし，『しばしば心細く孤独不安に陥る』人は比較的少数派であった。身体障害者，無子の配偶喪失者や，あまりたずねてもくれない子供をもった配偶喪失者は，みなよく孤独不安に陥る危険性をはらんでいる。特定の人と結びついた形で孤独不安を感じることがあるようだが，その場合は大体において亡くなった人と結びついたものである。最悪の時とは夜と冬とである。」
　　社会的植物人間化（アノミー）：「社会的植物人間化は低社会階層および社会参加の欠落したグループと関連性をもつ。社会的植物人間化の傾向は女性より男性老人のほうにつよい。無子の配偶喪失者および独身とは積極的な関連性が認められない。定年退職が鍵をにぎっているように見受けられる。」

　以上のように，タンストールの理論的特徴は「孤独（alone）」を包括概念として設定し，その下に独居，社会的孤立，孤独不安，アノミーという4つのカテゴリー（あるいは形態）をおいた。彼は，特にデュルケームやロバート・マー

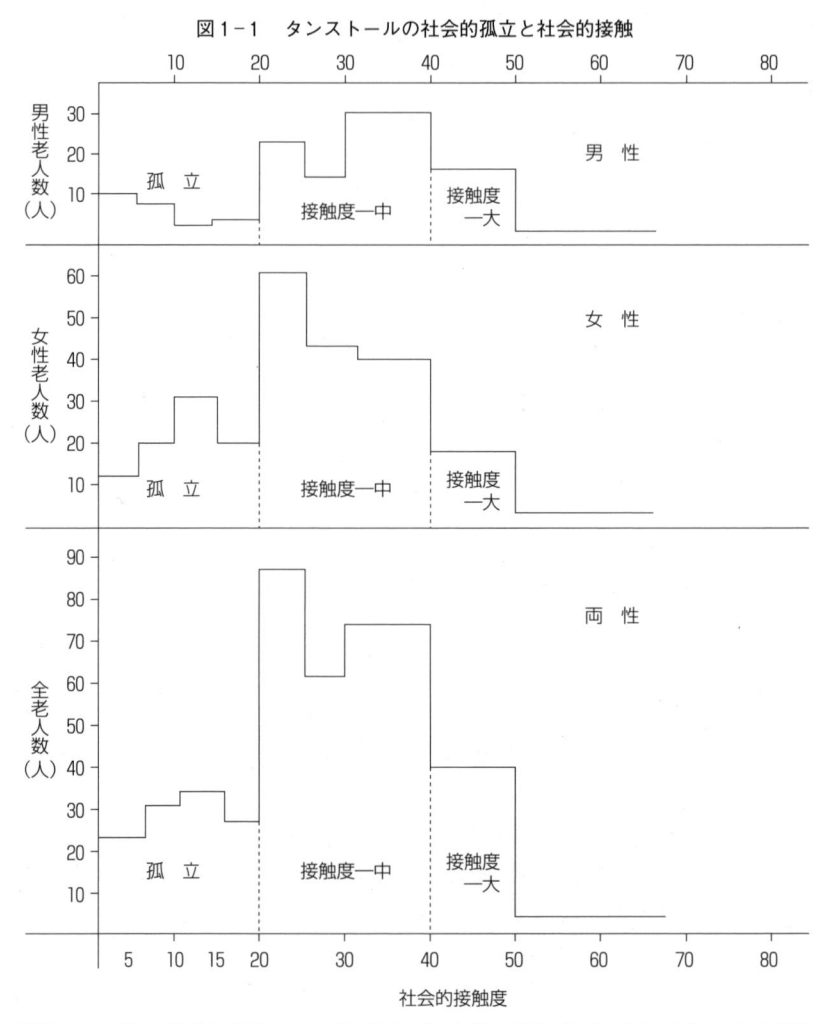

図1-1 タンストールの社会的孤立と社会的接触

資料：Jeremy Tunstall, *Old and Alone: A sociologilcal study of old people*, London: Routledge & Kegan Paul, 1966, p. 68. 光信隆夫訳『老いと孤独―老年者の社会学的研究』（垣内出版株式会社，1985年）105頁。

トン（Robert Merton）のアノミー理論に注目し，自分の「孤独（alone）」理論のなかに取り込んでいる。アノミーは最も深刻な問題を抱えている状態という位置づけとなる。

なお，社会的孤立については，タウンゼントの「社会的接触（social contacts）」

状況の得点化方式を若干修正して、社会的接触の測定を行っている。これについて、彼は「社会的に最も孤立する老人と最高の社会的接触スコアをもつ者とのスコアの連続の線上で、どこに接触の足切り点（カットオフ・ポイント）をもうけるかはどうしても独断的にならざるを得ない。今回のイングランドの4地域における調査では、ゼロ点から100点をこえるものまでのばらつきがあった。足切りは週20と21点の間においた」と述べている。[27]

図1-1は、社会的孤立と社会的接触の尺度区分を男女別に示したものである。孤立の区切りは20点、接触度の中と大との区切りは40点となっている。前掲のごとく、光信隆夫訳ではアノミーを「社会的植物人間化」という日本語を充てている。

すでに述べたように、タンストールは包括概念として「孤独（alone）」を位置づけ、その下位に独居、社会的孤立、孤独不安、アノミーという概念をおいているところに特徴があるが、それは、タウンゼント以前の孤独（loneliness）概念や社会的孤立概念とは多少異なる概念の使い方と言える。イギリス独自の状況があることも否定できないが、独居と社会的孤立については社会階層による差はない、あるいは孤立化と友人、隣人あるいはクラブ等の社会参加との間にはあまり関連性はみられないとタンストールに断言されると、筆者としては疑問をもたざるをえない。ただ、タンストールは、アノミーについては社会的背景との関連性をみているが、それ以外の用語は他の研究者のそれとは異なった使い方をしているためかもしれない。

（6）フィリップ・ピトー

基礎的研究として、最後にフランスのフィリップ・ピトー（Philippe Pitaud）を取り上げたい。先のタンストールの研究は1960年代であるが、ピトーの研究は現代のものである。タンストール以降の研究については次の第2節でふれることとしたい。

さてフィリップ・ピトーは、フランスのプロバンス大学（Université de Provence）教授で、またマルセイユにある社会老年学研究所（Institut de gérontologie sociale）の所長でもあるが、2004年に『高齢者の孤独と孤立』（Solitude et isolement des personnes âgées）という本を出版している。[28] この本は、フランスと南ヨーロッパの3国（スペイン、イタリア、ポルトガル）の研究者による共同研究の成果で

ある。ピトーは，毎年，高齢者問題をテーマに国際的研究交流のシンポジウムを主催している。2004年1月には，マルセイユで「高齢者の孤独と困難状況—連帯をめぐる現状」というテーマのシンポジウムが開かれた。本書はこのシンポジウムの報告を基礎にまとめられたものである。

　ピトーは，孤立と孤独という2つの概念を基礎に高齢者の孤立問題を分析している。その意味では，タウンゼント以降の理論的整理の方法と多少似ているが，彼のこの本の参考文献にはタウンゼントの文献は見あたらない。

　さて，ピトーは孤立および孤独について次のように述べている。

　まず孤立と孤独について，言葉の意味から説明している。孤立（isolement）という言葉は18世紀の初めに現れたもので，「地の東の果ての島のようにすべてのものから切り離された」という意味のイタリア語のisolatoから派生した言葉だという。社会科学分野では，孤立という概念は，客観的な状態としてみることができるもので測定可能である。それに対し，孤独（solitude）は主観的なものである。この言葉は16世紀以前から用いられてきており，「ひとりきりの，単独の」という意味のラテン語のsolitudo, solusから派生したものであるという。

　ピトーによれば，孤立と孤独に関する研究では次の4点を考慮しなければならないとする。

(1) まず，孤立と孤独の2つの現象は多面性をもっており，そのことが，それぞれの概念化の作業に困難をもたらすことになる。孤立と孤独は，客観的な面と主観的な面の2つを同時にともなった諸要素として現れる。「孤独」という現象の現れ方も，感情的なものから社会的なもの，物理的なものまで多様性をもっている。

(2) 孤独の把握は複雑でむずかしいものがある。なぜなら，それはまず「感情」といういわば意識として現れる。この感情のみの研究では限界があると言わなければならない。すなわち，感情の分析からは孤独に陥っている人の社会関係の総体を抽象化することはできないのである。まさに孤独は，抱いた感情であり，そして孤立は人生のある時点での個々人が経験している状態なのである。

(3) 孤独には否定的な側面があることに注目しなければならない。そこに社会関係上の現実と希望との不均衡が潜んでおり，孤独は人が考える以上に暗く

厄介で災いをもたらすものなのである。
(4) 孤立と孤独は高齢化することと連動して発生するというようにとらえがちであるが、そうした確証はない。年をとることで孤立が生まれるわけではない。

このように、ピトーの孤立と孤独のとらえ方は、社会的な背景、特に社会関係の脆弱性（Des liens sociaux fragilisé）を把握し、そのうえで生活のなかで発生する諸問題（Les perturbations du parcours de vie）を総合的に分析している。[29]

ピトーは、また、次のような問題関心をもっている。フランスでは、高齢者の孤立と孤独は、2003年夏の猛暑（la canicule）時にみられたように、主に公衆衛生領域の問題としてとらえられているが、その本質は私たちの社会そのものの問題である。国家は何をすべきか、何をしてはならないのか。公的サービスの役割は何か。民間団体の役割は何かといった課題提起をしている。

彼が所長を務める社会老年学研究所は、マルセイユ市内中心部にあり、1981年設立のNPO団体である。単なる研究機関ではなく、マルセイユに暮らす高齢者（基本的には60歳以上の者、生活問題を抱える者は50歳以上）の無料の健康と生活の診断、高齢者に対する教育活動、孤立している高齢者に対する電話相談、家族への支援（寄り添うこと）、プロバンス大学等との連携による研究・学生への教育等を行っている。無料の診断は年間約600名、孤立している高齢者への支援は2004年で57ケースといった実績が報告されている。[30]

以上、主な研究者による高齢者の孤立に関する基礎的な研究を概観してきた。次に、こうした孤立に関する取り組みの事例を紹介し、さらに若干の最近の調査研究についてふれたい。

2　海外における取り組み事例と最近の調査研究

（1）イギリス高齢者支援組織・英国ガスによる高齢者の社会的孤立と孤独克服共同キャンペーン

2000年10月、英国ガス（the British Gas）と高齢者支援組織（Help the Aged）は、高齢者の社会的孤立と孤独の問題を明らかにする共同キャンペーンを開始した。この取り組みは、調査研究を基礎に社会的孤立と孤独の実態を分析し、

それらを克服するための社会的提言を行っている。このキャンペーンのためのパンフレットは，48頁からなるわかりやすく，なおかつカラーの上質のものである。その裏表紙にはポケットがあり，そこにエージ・コンサーン（Age Concern）をはじめとしたイギリスの高齢者関係の13団体の活動紹介をした各2頁仕立てのパンフレットまでついている。(31)

　この共同キャンペーンのために，具体的には高齢者の社会的孤立と孤独問題を検討し，提言を考えるための次の5つの作業を行ったとある。
(1)　高齢者の社会的孤立と孤独に関する先行研究の調査
(2)　北イングランドの298の公私の機関，団体，グループへの活動に関する郵送調査
(3)　調査に回答を寄せてくれた19団体から23人のスタッフを選び，その23人による高齢者への面接にもとづいた事例研究を実施
(4)　22グループにインタビューを実施，高齢者は全部で145人が参加
(5)　25人の高齢者へのより詳細な面接調査の実施

　結論として，高齢者の20％は時々，寂しさを感じており，また16％以上の高齢者はしばしば寂しいあるいは非常に寂しいと感じているという。そして約10％の高齢者は社会的孤立状態にあるという。したがって，イギリス全体では100万人に近い高齢者が孤立していること，100万人以上の高齢者が家に閉じこもっているという。

　他方，上記(2)の調査の結果，社会的孤立と孤独を克服する139のプロジェクトがイギリスの国内で展開されていることが明らかになった。また，低所得，健康状態の悪さと社会的孤立，孤独との関係性が深いことを調査は浮き彫りにしたとある。

　社会的孤立と孤独についての概念について，このパンフレットはタウンゼントやウェイス（Weiss）(32)の伝統的なとらえ方でまとめられている。すなわち，社会的孤立とは「高齢者と周囲の幅広い社会的ネットワーク間の接触と相互作用に関わる客観的状態」であり，孤独とは「仲間づきあいの欠如あるいは喪失による好ましくない感情（unwelcome feeling）で，主観的なもの」としている。(33)

　この共同キャンペーンで注目したいのは，英国ガスをスポンサーにして資金を確保し，Mima Cattanをはじめとする3名からなる研究チーム，さらに助言者として11名の専門家が組織され，先行研究とイギリスの全国規模での実態

調査を行い，高齢者の社会的孤立と孤独克服の提言を行っていることである。

　結論では，孤立と孤独の状態をふまえ，サービス提供者の実態を評価し，サービスのあるべき方向性を示している。「私たちの研究では，社会的孤立と孤独を予防し，問題を軽減するためには，調査によって発見された事実，実際の実践と高齢者のニーズや要望との間に重大なギャップがあることが浮き彫りにされた。サービスの計画立案や実施にあたっては，高齢者自身の考えていることを取り込むことが必要である」(34)と述べている。

（2）フランスNPO団体による「孤独と戦う」共同行動

　2003年8月の猛暑（la canicule）は，フランス全体で約1万5000人の死者を出し，同時に孤独死が大問題になった。それ以降，社会的孤立問題，孤独問題は各方面で大きな関心事となっていた。

　カトリック救済会やフランス赤十字をはじめとする「高齢者の孤独と戦う」NPO組織8団体は，2005年11月から2006年3月までの期間をかけて，フランス全国の60歳以上の高齢者4989人を対象とした大規模な調査を実施した(35)。調査は高齢者個人への1時間以上に及ぶ面接によって行われ，その調査報告書が2006年10月に発表されている。調査対象者のうち，46％はNPO組織が把握している高齢者，32％は今回の調査で面接した高齢者，22％はボランティア活動に参加している高齢者であったとある。

　調査の結果を紹介しよう。男女別年齢をみると（表1-5），まず女性が3911人，男性が999人と全体の8割が女性となっている，また各年齢階層とも女性が圧倒的に多い。

　住宅については，個人住宅が47.1％，家具付きアパートが34.4％，集合住宅が17.0％（うち「老人ホーム」が8.3％），親しい人の家が0.7％，安定した住居なしが0.5％となっている。

　最愛の人を喪失した者が37.5％，家族との関係が疎遠な者が30.7％，病気や障害をもつ者が27.5％，知的理解力のない者あるいは耳が聞こえない者が16.9％となっている。

　この調査研究では，孤立と孤独の概念については，古典的な2つの区分を採用している。すなわち社会的孤立は客観的な状況で測定可能であるが，孤独，孤独感は主観的な状況である，と。そのうえで，孤立と孤独について調査対象

表1-5 フランスNPO調査：男女別年齢

	男		女		無回答		合 計	
	実数	（%）	実数	（%）	実数	（%）	実数	（%）
60～65歳	233	(23.3)	586	(15.0)	12	(15.2)	831	(16.7)
66～72歳	254	(25.4)	763	(19.5)	19	(24.1)	1,036	(20.8)
73～78歳	201	(20.1)	801	(20.5)	13	(16.5)	1,015	(20.3)
79～83歳	114	(11.4)	654	(16.7)	9	(11.4)	777	(15.6)
84～89歳	87	(8.7)	653	(16.7)	12	(15.2)	752	(15.1)
90歳以上	52	(5.2)	387	(9.9)	9	(11.4)	448	(9.0)
無回答	58	(5.8)	67	(1.7)	5	(6.3)	130	(2.6)
合 計	999	(100.0)	3,911	(100.0)	79	(100.0)	4,989	(100.0)

資料：Le collectif, "Combattre la solitude des personnes âgées", 2006.

を次の3類型に分類している。

〈第1グループ〉　孤独感をほとんど感じていないグループ。年齢が若く，夫婦世帯が多く，子どもとは同居していない。個人住宅に住んでおり，経済的問題のない者である。彼らは集まる場所があり，クラブ活動等に参加し，健康に問題がなく，定期的に外出している。彼らは経済的に安定しており，孤独ではない。

〈第2グループ〉　年齢の高いグループで，配偶者がもともといないか，亡くなっている者で，健康上に問題があり，外出はあまりしない。集まる場所をまったくもたないか，ほとんどもっていない。人間関係が希薄で，孤立しており，孤独感をしばしば感じている人びとである。このグループは加齢にともなう排除（exclusion）を受けている。

〈第3グループ〉　このグループは，第1グループ同様に比較的若い人たちで，かなり頻繁に孤独を感じ，失業とか安定した住居をもたない深刻な経済的困難を抱えた人びとである。彼らは外国人であったり，収入がなかったり，経済的に不安定な人びとである。信頼を寄せる人，助けを求める人がいなく，彼らは実際に孤立し，孤独感に頻繁に苦しめられている。このグループは経済面での排除（exclusion）を受けている。

　調査結果の分析で興味深いのは，同じ年齢では，女性が男性より社会参加活動への参加度が高いことである。例えば60～78歳の女性で社会参加活動に参加

表1-6　フランスNPO調査：79歳から83歳―ターニングポイントの年齢　　（％）

	ひとり暮らし	身体的に問題がある	定期的な外出なし	1人であることを時々あるいはかなり頻繁に感じる
60～65歳	63.7	42.1	16.6	31.4
66～72歳	68.4	45.4	18.8	28.2
73～78歳	82.3	57.3	28.7	33.5
79～83歳	89.8	70.9	42.6	39.1
84～89歳	94.2	79.1	52.4	43.0
90歳以上	95.6	88.6	69.8	44.0

資料：Le collectif "Combattre la solitude des personnes âgées", 2006.

している者が70％であるのに対し，男性は56％となっている。また「人に会うことが好き」な女性は57％，男性は47％であった。

　しかし，グループとかクラブに頻繁に通う者は年齢が高くなるにしたがって減少する。60～78歳で66％，79～83歳で46％，84歳以上で37％となっている。身体的自立性の喪失は孤立と孤独感をもたらすことになるという。さらに表1-6は，調査のいくつかの設問を年齢階層別に一覧にしたものである。表のタイトルにあるように，とりわけ79～83歳の高齢者に人生の中での最も大きな変化が訪れるということが明らかになったとまとめている。

　すなわち「ひとり暮らしの割合」，「身体的に問題がある者」，「定期的な外出なしの者」，「1人であることを時々あるいはかなり頻繁に感じる者」のいずれも，79～83歳のところで割合が高くなっている。わが国の場合，75歳で前期高齢者と後期高齢者に分けているが，このフランスNPO調査の年齢区分は実態からの区分であり，参考にすべきであろう。

　さて，調査報告書では，次のような「孤立，孤独と戦う戦略と方策の提案」を行っている。
① 孤立の多様性をふまえること
②「誰かのためにする」から「個々人の能力を考慮してともに行動する」へ
③ 個々人の生活を基本にした連携・調整の強化
④ 近隣関係の拡大
⑤ 社会的諸関係の総体としての社会関係資本（le capital social）の強化
⑥ 実践や研究の国際的交流の促進

フランスのNPO組織8団体のこの取り組みは，組織の数，調査の規模，そして研究集団の組織，実践的提言といった点で大いに学ぶところがある。

（3）最近の調査研究について

最後に，海外での最近の注目すべき研究のいくつかを紹介しておきたい。

まず，第1は，イギリスのヴィクター（C. Victor）らの研究である。[36] ヴィクターらは，表1-7のとおり，これまでのイギリスの各研究者による主要地域研究での孤立と孤独の発生率を一覧にしている。この表では，最も古い調査が1948年のシェルドンのものであり，最新の調査が1991年のボーリング（Bowling）によるものとなっている。

表1-7をみると，孤独と孤立の両方の量を測定したものは多くはない。1957年のタウンゼントの調査では孤独感をもつ者が5％，社会的に孤立している者が10％，同じくすでに紹介したタウンゼントの国際的調査のうちのイギリス調査（1962年）では孤独が7％，社会的孤立が2％となっている。1966年のタンストールの調査では孤独が9％，社会的孤立が20％，1984年のウエンガー（Wenger）の北ウエールズでの調査では孤独が5％，社会的孤立が6％となっている。

ヴィクターらによれば，これまで高齢者についての孤独，社会的孤立，ひとり暮らしの関係についての意義のある研究がなされてきたが，現在の問題を理解するには明らかに多くの限界があるという。その理由として次のような点をあげている。

まず第1に，主要な研究は30年以上も前のもので，社会における今日の高齢者の位置を示すことができるものではない。検討しなければならない多くの重要な変化がある。例えば，国の年金と手当の減額，家族規模の縮小，ひとり暮らし高齢者の増加，高齢者人口の増加，イギリス社会におけるエスニックな多様性の増加，退職年齢の早期化，世代的な高齢者理解の変化つまりその意味，関係そして高齢期の開始時期等に変化があること。これらのあらゆる変化は，基礎的研究と新しい要素の両方の見方をもって検討されなければならない。

第2に，シェルドン，タウンゼント，タンストールといったパイオニア的研究は1950年代と1960年代になされた古い研究であり，ほとんどの調査・研究は全国レベルよりは特定地域をベースにしたもので，結論の一般化には難点があ

表1-7　孤立と孤独の発生率：イギリスの主要地域研究の概要

年	研究者	調査対象地域	サンプル数	65歳以上	
				「非常に」あるいは「しばしば」孤独を感じる(%)	社会的に孤立している(%)
1948	シェルドン (Sheldon)	ウルバーハンプトン (Wolverhampton)	400+	10	—
1957	タウンゼント (Townsend)	ロンドン	203	5	10
1962	タウンゼント (Townsend)	イングランド	4044	7	2
1966	タンストール (Tunstall)	ハロー (Harrow), ノーサンプトン (Northampton), オールダム (Oldham), サウス・ノーフォーク (South Norfork)	538	9	20
1978	ハント (Hunt)	イングランド	2622	13	—
1982	ボンドとカーステアーズ (Bond and Carstairs)	クラックマンナン (Clackmannan)	1000+	7	—
1984	ウエンガー (Wenger)	北ウエールズ (North Wales)	534	5	6
1985	ジョーンズ他 (Jones et al.)	南ウエールズ (South Wales)	654	5*	—
		中央ウエールズ (Mid Wales)	628	2*	—
1989	カーシとウォーカー (Qureshi and Walker)	シェフィールド (Sheffield)	306	12**	7
1991	ボーリング (Bowling)	ハックニー (Hackney)	1053	16	—
		エセックス (Essex)	288	8	—

＊　70歳以上
＊＊75歳以上

出所：Christina Victor, Sasha Scambler, John Bond, Ann Bowling, Being alone in later life: loneliness, social isolation and living alone, Reviews in *Clinical Gerontology*, 2000, 10, p. 409. 筆者による若干の修正あり。

ると言える。さらには，最近ではアメリカやオーストラリアでの研究も多くみられるようになってきており，研究が国際的広がりをもってきている。ともあれ明らかなことは，今後，高齢期における孤立と孤独の全国レベルの研究が必要だということである。

第3に，孤独と社会的孤立の概念は多様で，その測定方法もいろいろであり，したがってその理解も多様である。また社会的接触の量と質の間での違いも問題であろう。例えば，接触が多いことは「良いこと」とされている。また友人や近隣との接触より親族との接触に優位性があたえられている。電話や，最近

では e-mail といった個人間の接触形態があるが，その重要性は全体としては研究者には注目されていない。こうした課題は今後，検討されなければならない。

　第4に，これまで孤独と社会的孤立のレベルを決定する既存のスケールが幅広く使われてきたが，そうしたスケールを使うことによって，その研究は一定の孤独あるいは孤立のとらえ方を無批判に受け入れていることになる。イギリスの高齢者に関して使われているそうしたスケールの有用性，妥当性，信頼性は疑わしい。孤独と孤立測定のスケールの批判的検証が求められている。

　第5に，これまでの研究の主流は質的研究ではなく量的研究にあった。重視してきたことは理解することより計算することにあったのではないか。これまで質的研究は少なく，今後は質的研究が必要であろう。多変量解析も求められている。一般に排除されている変数，例えばエスニシティとか社会階層といった変数を含めることも求められている。

　第6に，高齢期，孤独，社会的孤立を理解するための理論的枠組みを発展させる研究が求められている[37]。

　以上の6点にわたる孤独と社会的孤立に関する研究課題はすべて重要なものであり，わが国での研究においても考慮されるべき指摘と言えよう。

　さて，最近の注目すべき調査研究の第2は，フランス議会のものである。前述のとおり，2003年8月にフランスをおそった猛暑（la canicule）による約1万5000人の犠牲は，高齢者を中心とした孤独死そして社会的孤立問題を社会に提起した。それ以後，フランス社会は孤独死や社会的孤立問題に大きな関心を示すことになる。NPO8団体による「孤独と戦う」共同行動が生まれたのもこうした背景があることは明らかである。

　しかし注目したいのは，2003年8月の猛暑以前からフランスにおいて社会的孤立問題が政策課題になっていたことである。2003年9月15日，国会議員クリスティーヌ・ブータン（Christine Boutin）委員長による孤立問題検討委員会の報告書（『孤立から脱出するために―新しい社会計画』）が発表されているが，これは同年4月17日付で首相であるジャン-ピエール・ラファラン（Jean-Pierre Raffarin）の諮問によるものである。諮問内容は孤立問題の解決方策に関するもので，9月15日，「首相への報告」（Rapport au Premier ministre）としてまとめられた[38]。社会的孤立問題解消の必要性は，猛暑以前の4月にすでに政府として諮

問せざるを得なかったとも言えるのである。

この報告書は全347頁からなる。報告書では，冒頭，次の２点を強調する。第１は，ジャック・アタリが言うように「すべての死の根本的原因は猛暑にあるのではない。また高齢の問題でもない。それは孤立にある」(Jacques Attaliのエクスプレス〔l'Express〕，2003年８月21日付コラム)のであり，また公的医療は完全ではないものの（猛暑の時，救急医療体制，病院や施設の体制に問題があることが指摘されていた），その制度の問題でもないということである。第２は，男性にしろ女性にしろ孤独死はいつも発生しており，猛暑であるからということではないこと。

また，同報告書では孤立のリスクは普遍的広がりをもっていることを指摘し，具体的作業として384人の現場職員や専門家への聞き取りを行い，最後に次のような４つの改革の必要性を提言している。

(1) 問題を扱う専門家に問題がある，社会関係・人間関係を扱う職業の再評価，家族特に親への支援が求められていること
(2) 社会的要求を認識する力量を高めること，社会福祉，社会への参入方策が優先的に充実されなければならないこと，精神保健特に自殺を防ぐ予防施策の強化が必要であること
(3) 国家と民間との役割に混乱があること，したがって公私の明確な役割分担が求められていること
(4) 市民の諸権利の再確立，そのための政治レベルの計画を策定すること

これらは，フランスの民主主義の再活性化の課題，政治の責任であると言う[39]。

民主主義の課題，政治の責任という結論でまとめていることはフランスの国会の委員会の水準を示すものと言える。ともあれ前述のとおり，猛暑による孤独死問題が発生する以前に諮問がなされていることは注目したい。

さて，上の報告書以外にも2003年猛暑による犠牲者をめぐる問題を分析した報告書がいくつかある。ここでは内容まで言及しないが，特に注目されるものとしては国会両院とパリ市の報告書をあげることができるであろう。

前者のものとして，元老院（Sénat）は2004年２月３日に「猛暑に直面するフランス及びフランス人─危機の教訓」調査委員会報告書を出した。総頁数は399頁である[40]。ついで，同月25日，国民議会（Assemblée Nationale）の「猛暑の保健衛生と社会的な影響に関する調査委員会」が報告書を発表している。これは

全2巻からなり，総頁数は810頁にも及ぶものである[41]。

他方，パリ市は「パリ市における猛暑の影響に関する調査および評価委員会報告」として2003年11月に報告書を発表している[42]。パリでの猛暑による犠牲者の3分の2が75歳以上の高齢者で，ひとり暮らし高齢者の数が多いことは，この報告の方向を大きく規定している[43]。この委員会では2003年9月8日から11月3日まで，約60人に及ぶ聴聞（ヒアリング）が行われた[44]。

パリ市の委員会報告の最後にある勧告の1つに「孤立に対する戦いと連帯のネットワーク」という項目があるが，そこでは次のような7つの勧告をしている。

① 社会的諸サービスを知らない孤立した高齢者を近いところで探知し，彼らのサインに気づく仕組みの構築
② 近隣の高齢者のネットワークを構築することを目的としている「パリ地域サービス拠点〈エメラルド〉（Points Paris Emeraude）」を活用したネットワークの強化
③ 緊急通報システムの需要調査と利用者の拡大
④ ホームヘルプサービスと孤立問題と戦うNPOへの実験的財政支援
⑤ 老人ホームに住む高齢者の外出を保障するためのエアコン付きミニバスの購入
⑥ 在宅の援助を必要とする高齢者がヴァカンスへ出かけることを援助する活動を発展させること
⑦ 市民の年長者へのサービス活動を発展させるために，NPOや地域民主組織である各種委員会と一緒に小地域でのボランティア（volontariat）や無料奉仕（bénévolat）を発展させること[45][46]

この7項目の勧告のうち「サービスを知らない孤立した高齢者」の発見システム，すでにパリ市が行政として展開している「パリ地域サービス拠点〈エメラルド〉（Points Paris Emeraude）」，ヴァカンスへの出発を促す施策，民間活動への支援等は，わが国の高齢者の孤立問題を考えるための行政施策として参考になるものがある。

最近の注目すべき調査研究の第3としては，オランダでの社会的孤立に関する調査をあげておきたい[47]。この調査は，1997年にオランダ政府が行ったもので，調査対象は18歳以上の者で，調査対象地域は4つの自治体が選ばれている。

表1-8　オランダ調査における年齢階層別社会的接触度の4つのカテゴリー（%）

年齢*	十分な社会関係あり（64%）	社会関係が縮小しているが孤独ではない（8%）	孤独（22%）	社会的孤立（6%）
18～29歳	66.7	7.6	22.0	3.7
30～44歳	68.3	7.0	19.8	4.9
45～64歳	64.9	7.0	22.2	5.9
65歳以上	53.4	10.1	24.6	11.9

＊P＜0.001
資料：Roelof Hortulanus, Anja Machielse and Ludwien Meeuwesen, *Social Isolation in Modern Society*, Routledge, 2006, p. 56.

大都市としてアムステルダム（Amsterdam）とユトレヒト（Utrecht），地方都市としてBinnenmaasとHet Oldambtである。第1次調査は訪問面接調査で，回収数は2462，第2次調査は第1次調査から抽出した460のケースを対象に実施されている。

社会的孤立を測定する方法としては，古典的な社会的接触度を用いているが，2次調査で得た460ケースを対象に重回帰分析も行っている。

表1-8は「年齢階層別社会的接触度の4つのカテゴリー」の構成割合をみたものである。社会的孤立は年齢があがるにつれて増加しており，65歳以上で社会的に孤立している者は11.9%という結果が示されている。

最後に最近の調査研究としてオーストラリアの質的研究をあげておこう。それは「Ageing and Society」誌に掲載された論文で，チェリー・ラッセル（Cherry Russell）とトニー・ショフィールド（Toni Schofield）による「18人の高齢者ケアを担当する現場の実践者への聞き取り調査」である。高齢期の社会的孤立に関してサービス提供者のフラストレーションや力量不足といった面から分析した質的調査による論考である。[48]これまで，社会的孤立に関しての高齢者自身を対象とする分析はあったが，サービスを提供する専門家を対象にした研究はなかったということでは注目される。

以上，海外の高齢者の孤立問題に関する研究動向と取り組みについて概観してきた。ではわが国ではどのような研究がなされてきたのであろうか，次章で述べたい。

(1) 江口英一「世田谷調査の概要 1．調査の視点と方法」『地域福祉の確立めざして―巨大都市東京の福祉充足のあり方に関する調査報告書』(東京都区職員労働組合，1988年7月) 6－7頁。本調査は，東京都区職員労働組合が調査主体となり，佐藤嘉夫と私が全体のとりまとめを行った。
(2) Charles Booth, *The Aged Poor in England and Wales*, Macmillan And Co., 1894, p. 419.
(3) Ibid., pp. 419–420.
(4) Ibid., pp. 425–426.
(5) *Old People: Report of a Survey Committee on the problems of ageing and the care of old people under the chairmanship of B. SEEBOHM ROWNTREE*, Oxford University Press, 1947. pp. 1–5.
(6) Ibid., p. 53.
(7) Ibid., p. 54.
(8) Ibid., pp. 80–83.
(9) Joseph Harold Sheldon, *The Social Medicine of Old Age-Report of an inquiry in Wolverhampton*, 1948, The Nuffield Foundation.
(10) Ibid., p. 2, pp. 10–11.
(11) Ibid., pp. 2–3.
(12) Ibid., pp. 150–152.
(13) Ibid., p. 190.
(14) 調査結果については次の文献を見よ。Michael Young & Peter Willmott, *Family And Kinship*, Routledge & Kegan Paul, 1957. ヤングの中心となる調査はベスナル・グリーンの選挙人名簿からの36分の1抽出で987人を対象にした訪問面接調査である (pp. xvii-xviii)。

　なお，地域社会研究所は，2005年に相互扶助センター (the Mutual Aid Centre) と合併し，ミカエル・ヤングの名前をとってヤング財団 (The Young Foundation) として再組織され，現在の活動はより多様化している。
(15) Peter Townsend, *The Family Life of Old People: An Inquiry In East London*, Routledge and Kegan Paul, 1957. なお，邦訳は2つ出版されている。①Routledge and Kegan Paul版の邦訳：一番ヶ瀬康子・服部廣子共訳『老人の家族生活―社会問題として』家政教育社，1974年1月。②1963年のPelican Books版の邦訳：山室周平監訳『居宅老人の生活と親族網―戦後東ロンドンにおける実証的研究』(垣内出版株式会社，1974年12月)。1963年のPenguin Books版には「家族構造の一般理論化のために」(Postscript 1963: Moving towards a General Theory of Family Structure, Peter Townsend, *The Family Life of Old People, An Inquiry In East London*, Penguin Books, 1963, pp. 235–255.) と題する後書きが追加されている。
(16) Peter Townsend, *The Family Life of Old People: An Inquiry In East London*, Routledge and Kegan Paul, 1957, pp. 6–10. 山室監訳，19–23頁。
(17) Ibid., p. 166. 山室監訳，227頁。
(18) Ibid., pp. 166–167. 山室監訳，227–228頁。

(19) Ibid., p. 167. 山室監訳，228-229頁。
(20) Ibid., p. 168. 山室監訳，229頁。
(21) Ibid., p. 10. 山室監訳，22頁。
(22) Jeremy Tunstall, *Old and Alone:A sociological study of old people*, Routledge & Kegan Paul, 1966. 光信隆夫訳『老いと孤独―老年者の社会学的研究』（垣内出版株式会社，1985年）。
(23) 調査の結果は次の本として公刊されている。Ethel Shanas, Peter Townsend, Dorothy Wedderburn, Henning Friis, Poul MilhoJ, Jan Stehouwer, *Old People In Three Industrial Societies*, Atherton Press, 1968, reprint edition by Arno Press, 1980.
(24) この調査の中間報告として次の本がある。Peter Townsend, Dorothy Wedderburn, *The aged in the welfare state: the interim report of a survey of persons aged 65 and over in Britain*, 1965, reprint edition by G. Bell, 1970.
(25) Jeremy Tunstall, op. cit., pp. 4-10. 光信訳，38-44頁。
(26) Ibid., p. 11. 光信訳，44-45頁。
(27) Ibid., p.67. 光信訳，104頁。
(28) Philippe Pitaud（sous la direction de）, *Solitude et isolement des personnes âgées*, Editions Erès, 2004.
(29) Philippe Pitaud en collaboration avec Marika Redonet, Solitude de l'âge, solitudes des âges, ibid., pp. 25-76.
(30) *Rapport D'Activité et Rapport Moral 2004*, Institut de gérontologie sociale.
(31) Mima Cattan, *Supporting older people to overcome social isolation and loneliness*, Help the Aged, 2002.
(32) Robert S. Weiss "Issues in the Study of Loneliness." In Leititia Peplau and Daniel Perlman（Eds.）, *Loneliness: A Source Book of Current Theory, Research and Therapy*, John Wiley and Sons, 1982, pp. 71-80. なお，Weiss は Harvard Medical School の教員で，以下の著書もある。Robert S. Weiss, *Loneliness, The Experience of Emotional and Social Isolation*, The Massachusetts Institute of Technology, 1973. この本は Weiss の編著で、Peter Townsend が "Isolation and Loneliness in the Aged" というタイトルの論文を執筆している（ibid., pp. 175-188）。
(33) Mima Cattan, op. cit., p. 11.
(34) Ibid., p. 42.
(35) Le collectif "Combattre la solitude des personnes âgées" 2006. 参加8団体は次のとおりである。① Association Des Cités Du Secours Catholique，② Croix Rouge Française，③ Fédération De L'Entraide Protestante，④ Fédération Française De La Société De Saint-Vincent-De-Paul，⑤ Fonds Social Juif Unifié，⑥ Les Petits Frères Des Pauvres，⑦ Religieuses Présentes Dans Le Monde De La Santé，⑧ Secours Catholique/Caritas France.
この報告パンフレットは全18頁からなる。前出のプロバンス大学のフィリップ・ピトーもこの調査に参加している。報告書原文は次を見よ。http://www.croix-rouge.fr/goto/actualites/2006/journee-personnes-agees-enquete.pdf（2008年9月8日）。

(36) Christina Victor, Sasha Scambler, John Bond, Ann Bowling, Being alone in later life: loneliness, social isolation and living alone, Reviews in *Clinical Gerontology*, 2000, 10, pp. 407-417.
(37) Ibid., pp. 413-414.
(38) Pour sortir de l'isolement, un nouveau projet de société-Rapport au Premier ministre, La documentation Française, 2003.
(39) Ibid., pp. 143-172.
(40) Sénat, Rapport D'Information fait au nom de la mission commune d'information 《La France et les Français face à la canicule: les leçons d'une crise》, le 3 février 2004. なお，この委員会の提言はこの報告書の241-242頁を見よ。
(41) Assemblée Nationale, Rapport fait au nom de la commission D'enquête sur les conséquences sanitaires et sociales de la canicule, No. 1455-Tome 1, Tome 2, le 25 février 2004. なお，この委員会の提言はこの報告書の213-218頁を見よ。
(42) Mairie De Paris, Mission D'Information et D'Evaluation Sur Les Conséquences De La Canicule A Paris, Rapport définitif-novembre 2003. この報告書は全60頁からなる。
(43) Ibid., p. 5.
(44) Ibid., p. 6.
(45) Ibid., pp. 48-49.
(46) 「パリ地域サービス拠点〈エメラルド〉(Points Paris Emeraude)」は，高齢者とその家族の相談，諸権利の情報提供，問題解決の方向づけをする地域ごとのセンターである。パリは全部で20区あるが，1区から4区の区域に拠点が1カ所，5区と6区の区域に拠点が1カ所あり，7区から20区にはそれぞれ1カ所の拠点が配置されている。設置主体，運営はパリ市で，2カ所の拠点のみNPOへ委託されている。なお，パリ市のこのサービス拠点は，その他の自治体にある「高齢者地域情報・調整センター(Centres Locaux d'Information et de Coordination gérontologique)」と同じものである。「パリ地域サービス拠点〈エメラルド〉」は「高齢者地域情報・調整センター」のパリ・バージョンと言われている。http://www.paris.fr/portail/Solidarites/Portal.lut?page_id=8111&document_type_id=5&document_id=10838&portlet_id=18696（2008年9月15日）.
(47) Roelof Hortulanus, Anja Machielse and Ludwien Meeuwesen, *Social Isolation in Modern Society*, Routledge, 2006.
(48) Cherry Russell, Toni Schofield, "Social isolation in old age: a qualitative exploration of service providers' perceptions," *Ageing and Society*, 19, Cambridge University Press, pp. 69-91.

第2章

日本における高齢者の孤立問題研究

1　日本における主な研究

　わが国における高齢者の孤立問題に関する研究は，海外の研究と比べて多くはない。第1章においてみてきた海外の研究と同様，大まかには高齢者の孤独や孤独感に関するものと孤立に関するものとの2つがある。また孤立そのものの研究ではないが，社会的ネットワークという視点からの研究もある。第1章の冒頭で述べたように，筆者は，客観的な孤立状態，その生活実態の把握を重視するという視点から，以下，研究の主なものをみる際も，高齢者を中心とした孤立や社会的ネットワークに関する研究を中心にみていきたい。

　さて，すでにふれたタウンゼントの著作がわが国において翻訳されたのは1974年，タンストールのそれは1978年であったが，わが国における高齢者の孤立問題についての本格的研究は1980年代以降のことである。

(1) 樽川典子

　1981年に，樽川典子は「老人の孤独」という論文を書いている。その冒頭で「孤独は，現代社会における疎外の具体的あらわれのひとつであるとみなされている。つまり，それは，工業化，都市化あるいはそれにともなう共同体の崩壊などの社会変動がもたらす人びとの生活の変化のひとつとして生じるものである。このような孤独は，老人たちではどのようにあらわれ，その原因はなにか。ここでは，以上のことがらを日本の老人たちのばあいで明らかにしていくことが課題である」と述べているように，樽川は孤独という概念を「孤独感」

図2-1　樽川典子による孤独の要因関連図

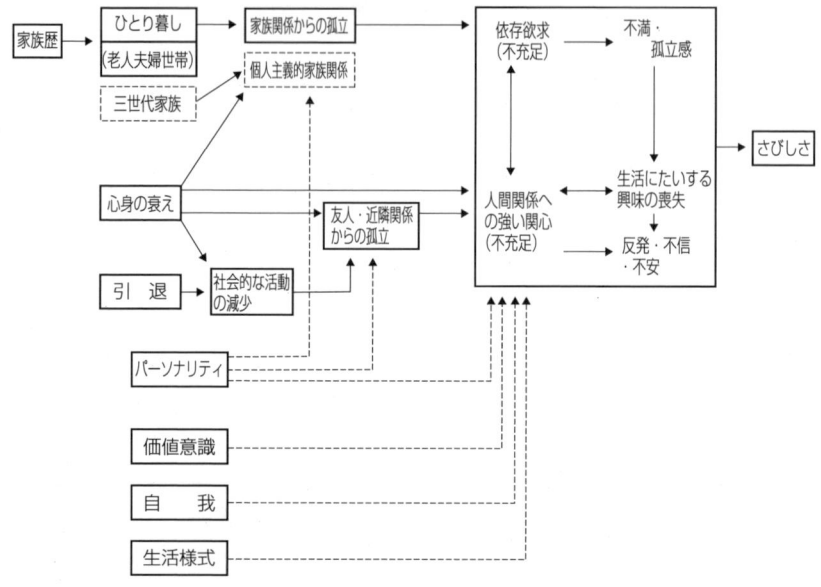

注：◀---- さびしさの促進あるいは阻止のいずれにも作用する場合を示す。
資料：樽川典子「老人の孤独」副田義也編『老年社会学Ⅰ　老年世代論』（垣内出版株式会社，1981年）272頁。

という概念に限定するのではなく，イギリスの初期の研究で使われた「孤独（loneliness）」に含められていたような広い意味を込めて使っている。

したがって樽川による「欧米諸国において論じられている老年世代の孤独の形態」の整理では，孤独の下位概念に孤立を位置づけ，次の４つにまとめている。「第一は社会的ネットワークからの孤立で，第二がその状態になりやすい一人暮らしである。これらは，孤独の客観的な状態を示す。孤独のあらわれかたの第三はさびしさを感じること，第四は自己の存在が無意味に感じられることである。これらは孤独の主観的な状態を示している」と。

次に，樽川は，日本における既存データを使って孤独な高齢者の実態を統計的に確認する作業を行っている。具体的には，厚生省や東京都の調査のデータ，杉並区の調査の事例を使って分析し，結論として図2-1のような「孤独の要因関連図」を示している。

樽川自身が「孤独が疎外の具体的あらわれのひとつ」であることを前提にして論を展開していることからするならば，この図においても疎外あるいは社会

表2-1　各階層別消費支出類型（範疇）比率あるいは消費支出構造の比較（1960・70・78年）

年		I 個人再生産費目	II 社会的強要費目		III 社会的固定費目	IV 個人裁量費目	計
			家具什器自動車等	交際費教養娯楽費等			
1960	被保護世帯(A)	61.0	0.7	5.5	29.2	3.7	100
	第Ⅰ5分位層世帯(B)	58.1	3.3	17.1	16.5	5.1	100
	勤労者世帯総数(C)	49.2	5.0	21.0	15.3	9.5	100
1970	被保護世帯(A)	55.0	2.5	11.6	27.1	3.9	100
	第Ⅰ5分位層世帯(B)	44.9	8.0	22.3	17.3	7.3	100
	勤労者世帯総数(C)	39.5	8.2	26.3	15.1	10.5	100
1978	被保護世帯(A)	48.1	3.1	14.9	29.4	4.5	100
	第Ⅰ5分位層世帯(B)	37.0	8.8	25.6	20.3	8.2	100
	勤労者世帯総数(C)	32.7	8.8	30.0	17.2	11.3	100

注：各年度総理府家計調査および厚生省被保護者生活実態調査から算出
資料：江口英一「『低消費』水準生活と社会保障の方向」小沼正編『社会福祉の課題と展望—実践と政策とのかかわり』（川島書店，1982年）128頁。

的背景との関連を反映させてほしかった。

（2）江口英一

さて，「社会階層」の視点から貧困・低所得層の問題を研究してきた江口英一は，1970年代の日雇労働者調査を通して，彼らの社会的孤立にも注目してきていたが，1982年の「『低消費』水準生活と社会保障の方向」という論文において「低消費」水準生活が社会的孤立と孤独をもたらすことを指摘している。表2-1は，被保護世帯，第Ⅰ5分位層世帯，勤労者世帯の各階層ごとの消費支出類型比率あるいは消費支出構造の比較を1960年，1970年，1978年の3時点でみたものである。このデータについて，江口は次のように分析している。

　ここで示されている第Ⅰ5分位層は，AとCつまり一般勤労世帯全体の平均と被保護者世帯の中間にあるようであるが，わたしは，第Ⅰ5分位の構造的性格が強調されて示されたのが，被保護者世帯の場合であると考えている。みられるように，被保護および第Ⅰ5分位では，Ⅱすなわち高度経済成長期に大量に生産され浸透してきた諸商品，すなわち家電商品やその時期に増加したレジャー関係の費用などをふくむ教養娯楽関係費目，交際費などにおいてその比重が減少し，削られ，公共料金としていわ

ゆるⅢ「社会的固定的」経費の比重が一般よりもずっと増大し，突出している構造，そうしていずれにしてもⅠ「個人的再生産費目」としての食料，被服等が極端に大きいという構造を明示している。このような一般とはちがった，いわゆるゆがんだ構造を示すのである[(3)]。

　江口は，「低消費」生活の構造は，「被保護者世帯の生活に典型的に現われている」こと，さらに重要なことは，その構造が「この階層にとどまらず，一般勤労者世帯の第Ⅰ5分位階層の中にひろがり，さらにいっそう拡延しつつある」ことを強調している。こうした「低消費」水準に暮らす人びととは「『個人的再生産費目』と『社会的固定費目』に挟撃されて，低所得・低収入なるがゆえに，社会生活を維持するために必要不可欠な『社会的強要費目』の支出をも削減せざるを得ず，したがってその社会生活は圧縮され，社会的欲望や要求(ニード)それ自体もしだいに畏縮し，長期的には心身の衰退，荒廃をまねき，社会的孤立と孤独のなかに追いこまれざるを得ないような，そして現にその中にあるような生活の世帯あるいは人びと」であると述べている。江口のこの研究は高齢者に限定したものではないが，孤立と孤独の原因を解明する重要な視点と言える。

　こうした視点から都市高齢者を対象にした調査研究が，前述の私も参加した世田谷区での高齢者に関する大規模調査（「巨大都市東京の福祉充足のあり方に関する調査」1983～1986年）であった。このなかで，江口は，世田谷区の位置づけをするための前提として，巨大都市東京中心部（インナーシティ）の労働と生活の衰退，「空洞化」の問題を，新しい貧困と孤立の側面から論じた。

① 「『生活基盤』の不足と低水準，とくに住宅の貧困が，都市住民とくに高齢者世帯，1人暮らし老人世帯の孤立化・孤独化をもたらしやすい大きな要因のひとつ」であること。
② 「これらの『生活基盤』の負担が個々の世帯に負わされている結果，住宅ローンをはじめとしたさまざまな"ローン漬け"となり，その圧迫から少しでも逃れようとして，共働き世帯，多就業世帯，夫の残業・夜勤の増大がもたらされ，家族間の接触が極端に少なくなり，世帯が一種の"合宿所・下宿屋"となるとともに，重荷となる被扶養家族を切りつめる（核家族化の）傾向を強めることになる。こうした中で，都市住民とくに高齢者世帯，1人暮

らし老人世帯などの孤立化・孤独化が一層すすむ」ことになる。
③ 「資本の管理機能あるいは商業資本などの都市への集中が一層進み，そこで働く事務・販売・サービスに関係したサラリーマン層が都市に集中することになる。彼らの下層の低所得—低生活が，先の第２の傾向に拍車をかける」。「以上の３つの要因が相互に作用しながら，低所得＋住環境の貧困—核家族化—孤立・孤独化という図式が成り立ち，そして，その孤立化の傾向は，社会的にもっとも弱い層の一つである高齢者世帯，１人暮らし老人世帯，寝たきり老人にしわよせされてゆく傾向がある」[4]。

以上のように，労働と生活の衰退が社会的に最も弱い層である高齢者世帯，ひとり暮らし高齢者世帯に社会的孤立をもたらすのである。

（３）須田木綿子

前述の世田谷調査と同時期の1984年に，須田木綿子は川崎市の川崎区と中原区の２地域でひとり暮らしの男性高齢者に対する調査を実施している[5]。90名を分析対象としている。須田は「Social Network とは，単に『交流がある』とか『親しい人』なのかということではなく，『老人が生活上援助を必要とした時に，助けてくれる関係の人かどうか』ということである」としている[6]。

また須田は，援助 Network を「日常的援助 Network」（独力で生活を営める段階のもの）と「介護的援助 Network」（独力での生活が危ぶまれる段階のもの）の２つに区分し，これらを測定する具体的項目を次のように設定している。

　　日常的 Network—うちとけて話しができ，風邪などで２〜３日寝込んだ時には買い物を頼めるような人がいますか。
　　介護的援助 Network—病気の為に何ヶ月も不自由な生活が続く時に世話をしたり，必要ならば一緒に住むことを頼めるような人がいますか。[7]

調査の結果，明らかになったことを次の６点にまとめている。

１）日常的援助 Network のあり方には，親族のみからなる群と，地域的人間関係を中心とする非親族を含む群があった。
２）日常的援助 Network の形成にかかわる要因として，近くに住む子供（親戚）の

存在，地域への結びつきの強さ，老人の近所づきあいに対する積極性，の3点が示唆された。そして，日常的援助 Network の形成・維持を促すような援助を模索する上で，ひとりぐらし老人の住条件の改善が重要であることが指摘できた。
3）介護的援助 Network は，子供を中心に構成されていた。
4）介護的援助 Network の形成にかかわる要因として，子供の存在，老年期以前の家族生活が安定していたことが示唆された。そして，介護的援助 Network の無い老人が老年期に至ってこれを獲得するのは難しいと考えられ，この領域における行政の積極的援助が望まれた。
5）日常的援助 Network と介護的援助 Network は，基本的に異なる人間関係からなることがわかった。
6）援助 Network の形態によって，ひとりぐらし老人のおかれている状況，予測される問題は異なるのであるから，それらに対応したケアのあり方が必要であることが指摘できた。[8]

以上のように，ここには親族と地域ネットワークをふまえ，ネットワーク形成の要因分析，そして高齢期以前の生活条件，また「介護的援助ネットワーク」がない場合の行政の位置づけ等，重要な指摘がなされている。

(4) 松崎粂太郎

松崎粂太郎は1986年に『老人福祉論―老後問題と生活実態の実証的研究』を公刊している。この著書は，松崎のそれまで行ってきた多くの調査を整理して論究したものである。松崎は，高齢者世帯の生活水準を社会階層区分を基礎におき，世帯類型，居住水準，健康状態等を重視し，さらには近隣，職域，親族の各人間関係についても分析し，高齢期の社会的孤立問題が新たな課題であることを指摘している。

松崎は孤立問題を近隣，職域，親族の各人間関係の側面から分析している。これについては，川崎市Ｔ（田島）地区での65歳以上の高齢者調査（1975年），北九州市Ｏ（大蔵）地区での65歳以上の高齢者調査（1977年）から得られたデータを使って論じている。川崎市での調査も全体的傾向は同様であると松崎自身が述べているが，ここでは北九州市での調査をみておこう。

さて，松崎は孤立の問題をどのような方法で測定したのか。松崎は疎遠の状況をわかりやすくするために，人間関係を次のように集約して各タイプ別に整理している。[9]

① 近隣人間関係
　親密：「相談ごとや金品の貸借をする」ことのできる近隣人間関係が，必ず成立している場合
　中間：「一緒に買い物に行く」ような近隣人間関係が成立している場合
　疎　：「立話をする」や「挨拶をするのみ」など近隣人間関係の成立していない場合
② 職域人間関係
　親密：「困ったとき相談し助け合う」や「家族ぐるみの交際が成立している」場合
　中間：「仕事の後で，レジャーを共にする」ような場合
　疎　：「職場内だけのつき合い」や職場人間関係をもたない場合
③ 親族人間関係
　親密：親しく交際している親族が，同一区内同一市内にいる場合
　中間：親しく交際している親族が，県内や隣接する県内にいる場合
　疎　：親密・中間タイプ以外の親しい親族しかもたない場合

こうした高齢者世帯類型が近隣・職域・親族とどのような人間関係を成立させているかを親密，中間，疎という3つのタイプに分け，その分布状況を表2-2のように示している。

松崎は，この北九州市O地区の高齢者世帯の地域における人間関係が川崎市T地区のそれとよく似ていることを調査結果から示している。そして，次のように述べる。

　老人世帯層は高齢化の進行に伴う老人単身世帯の増加とともに，しだいに生活の物的基盤も一層不安定な状況になり，しかもその生活水準も低く，そのうえ近隣人間関係や職域人間関係の網からもれているという停滞・沈殿層を形成している[10]。

　老齢化の進行とともに世帯の縮小化がすすみ，老人のみ世帯，老人単身世帯になる。そして，その家族的弾力性の喪失にともない生活水準の低下が起こる。この結果，人間関係が密から疎のほうへずれて，しだいに片寄ってくる。つまり，老人が扶養同居されている場合よりも，老人のおかれている生活状態のなかから人間関係を疎外させるような条件が，より強く働いてくると考えてよい[11]。

表2-2 北九州市O地区における高齢者の近隣・職域および近隣・親族関係における老人世帯の分布

【近隣・職域人間関係】　　　　　　　　　　　　　　　　　　　（ ）内：％

近隣＼職域	親密タイプ	中間タイプ	疎タイプ	世帯数の合計
親密タイプ	13 (33.3)	2 (5.1)	24 (61.5)	39 (100.0)
中間タイプ	2 (15.4)	0 (0.0)	11 (84.6)	13 (100.0)
疎 タ イ プ	8 (20.0)	2 (5.0)	30 (75.0)	40 (100.0)
世帯数の合計	23 (25.0)	4 (4.3)	65 (70.7)	92 (100.0)

【近隣・親族人間関係】

近隣＼親族	親密タイプ	中間タイプ	疎タイプ	世帯数の合計
親密タイプ	27 (69.2)	10 (25.6)	2 (5.1)	39 (100.0)
中間タイプ	10 (76.9)	2 (15.4)	1 (7.7)	13 (100.0)
疎 タ イ プ	30 (75.0)	5 (12.5)	5 (12.5)	40 (100.0)
世帯数の合計	69 (72.8)	17 (18.5)	8 (8.7)	92 (100.0)

資料：松崎粂太郎『老人福祉論―老後問題と生活実態の実証的研究』（光生館，1986年）165頁。

　松崎は，近隣・職域・親族との人間関係を職業階層別，世帯類型別に詳細に分析しているが，特に人間関係を疎外させる条件すなわち社会的孤立をもたらす要因を高齢者の生活状態のなかそのものにあるとして自らの地域調査のデータから明らかにしようとした。階層性，世帯類型，家族と社会ネットワークをふまえた実証的研究であり，方法論的に学ぶべきものが多い。

（5）後藤昌彦

　さて，次にタンストールとタウンゼントの研究に依拠して，わが国で具体的調査を実施した後藤昌彦らの研究を取り上げたい[12]。

　この研究は，後藤が明言するように「老人の内的・心理的孤独の状態とその要因を明らかにすることを最終的な目標としている」。しかし，「その第一段階として老人の孤独に深くかかわりを有すると指摘されている社会的孤立の実態を明らかにすることを目的としている」とされる。後藤がここで使用する社会的孤立という用語は「家族関係と友人・近隣を含む地域関係からもれてしまった生活状態を示す」と述べられている[13]。つまり，この研究は，孤独感とは何か，その発生要因を明らかにしようとするもので，そのための手段として社会的孤立の解明をしようとしていると言える。

調査対象は北海道の農村地帯である沼田町のひとり暮らし高齢者世帯全数82および高齢者夫婦のみ世帯全数140と，都市部としての札幌市の北区と東区の「老人台帳」をもとに無作為に抽出したひとり暮らし365世帯，老夫婦のみ407世帯，計772世帯である。調査時点は，前者が1989年10月，後者が1990年9月である。回収率は，沼田町が80.1％，札幌市が60.6％となっている。

後藤らは社会的孤立の分析をするため，まず家族関係と地域関係のそれぞれの類型化をしている。「孤立している者」を選び出す規準として，後藤らは次の6項目を設定している。[14]

【家族関係の質問項目】
① あなたはこの1年間に1泊以上の旅行（観光を目的とした）を誰としましたか
　　〇：親せき
　　×：ひとり，夫婦，まったくしない
② 今年のお正月（1月1日～1月7日まで）は誰と過ごしましたか
　　〇：子ども，兄弟姉妹，孫，おい・めい，おじ・おば
　　×：ひとり，夫婦
③ あなたは子どもさんとどのくらい電話で話をしますか
　　〇：ほぼ毎日，週1回くらい，月1回くらい
　　×：年数回くらい，年1回くらい，ずっと話していない
④ 子どもさんとどのくらい会われますか
　　〇：ほぼ毎日，週1回くらい，月1回くらい，年数回くらい
　　×：年1回くらい，ずっと会っていない，子どもはいない
⑤ 子ども以外で親しくつきあっている親せきの人は誰ですか
　　〇：兄弟姉妹，いとこ，おい・めい，おじ・おば
　　×：誰もいない
⑥ 子どもさんから仕送りはありますか
　　〇：毎月ある，年5～6回ある，年2～3回ある，年1回ある
　　×：まったくない

この6つの規準のうち，×を有する世帯から×のない世帯まで7つのタイプに分類し，「"×"が0～1の世帯を『A型』（家族関係濃密型），"×"が2～3の世帯を『B型』（家族関係標準型），"×"が4～6の世帯を『C型』（家族関係疎遠型）の3つの型に分類」している。その結果，A型は32.3％，B型は54.0％，C型は13.7％となっている。[15]

同様の手法で，地域関係の分析規準を次のように設定する。[16]

【地域関係の質問項目】
① あなたはこの1年間に，1泊以上の旅行を誰としましたか
　○：友人，老人クラブ・サークル，町内会，その他
　×：ひとり，まったくしない
② あなたは，今年のお正月（1月1日～1月7日まで）は誰と過ごしましたか
　○：友人，隣人，その他
　×：自分ひとり，夫婦
③ あなたはきのう，家族以外の誰かと会って話をしましたか
　○：友人，隣人，お店の人，その他
　×：誰とも会ったり話したりしなかった，親せきの人，集金・セールスの人，郵便局の人，役場の人
④ あなたは，隣り近所の人とどのようにつきあっていますか
　○：会って世間話をする程度，ときどき互の家を行き来する程度，用事をたのんだり困ったと時に相談する程度
　×：まったくつきあいがない，あいさつをする程度
⑤ あなたは，ここ1ヶ月の間に親しい友人と何回くらい会いましたか
　○：ほぼ毎日，週2～3回，週1回，月数回
　×：月1回，1回も会わない，親しい友人はいない
⑥ あなたは町内会に参加していますか
　○：積極的に参加している，ときどき参加している
　×：会費だけ払っている，町内会に入っていない
⑦ あなたは老人クラブに参加していますか
　○：加入し，積極的に参加している，加入し，ときどき参加している
　×：加入しているが，ほとんど参加していない，老人クラブに加入していない
⑧ あなたは今年の敬老会に出席しましたか
　○：出席した
　×：欠席した
⑨ あなたは今年の「夜高あんどん祭り」を見物しましたか
　○：見物に行った
　×：見物に行かなかった，関心がない

「地域関係において"×"が「なし」または「1つだけ」の人を『A′型』（地域関係濃密型），"×"が2つから4こまでの人を『B′型』（地域関係標準型），"×"

が5こ以上の人を『C′型』（地域関係疎遠型）と分類」している。この結果，A′型は21.1％，B′型は60.9％，C′型は17.4％となった。[17]

以上の家族関係と地域関係の類型をクロス集計し，そのうち主なものを類型として抽出したものが次のとおりである。[18]

【沼田町調査における高齢者世帯の社会関係の類型】
　社会関係濃密型　　総数　14世帯（ 8.7％）
　社会関係標準型　　総数 102世帯（63.3％）
　地域関係疎遠型　　総数　22世帯（13.6％）
　家族関係疎遠型　　総数　16世帯（ 9.9％）
　社会関係孤立型　　総数　 6世帯（ 3.7％）

後藤らは，この最後の社会関係孤立型に属する6事例（単身世帯5世帯，夫婦世帯1世帯）を詳しく分析している。それによれば，「すべての世帯主の過去の職業が，純農村地帯にありながら，農業従事者はひとりもいない」と述べている。2ケースは無回答であるが，その他は炭鉱労働者あるいは会社員であった。「1ヶ月の生活費は単身世帯では5万円未満が1世帯，5～9万円が3世帯，15～19万円が1世帯，夫婦世帯では10～14万円であった。また『現在いだいている心配なこと』という質問に対して，すべての人が『生活費のこと』をあげている。このことをあわせて考えてみると社会階層は極めて低い」とコメントしている。[19]

以上の調査手法を札幌市に適用して実施した結果をまとめた論文が「都市における高齢者の社会的孤立」である。地域関係の質問項目の⑨を次のように，地域に合わせた変更を加え，あとは同じ項目となっている。[20]

⑨ あなたは今年になってから，札幌市の大通り公園に何回くらい行ったり通ったりしましたか
　　○：1週間に1回くらい，2週間に1回くらい，1ヶ月に1回くらい，2ヶ月に1回くらい，今年になって2～3回くらい，今年になって1回くらい
　　×：今年になって1回もない

沼田町調査と同様に，家族関係と地域関係をクロス集計し，そのうち主なも

第2章　日本における高齢者の孤立問題研究

のを類型として抽出したものが次のとおりである。[21]

【札幌市調査における高齢者世帯の社会関係の類型】
　社会関係濃密型　　総数　23世帯（ 4.9％）
　社会関係標準型　　総数187世帯（40.0％）
　地域関係疎遠型　　総数178世帯（38.0％）
　家族関係疎遠型　　総数　19世帯（ 4.0％）
　社会関係孤立型　　総数　54世帯（11.5％）

　このように，社会関係孤立型は札幌市調査では11.5％となっており，沼田町調査の3.7％と比較すると札幌の割合が3倍近く高い。後藤らは「このことは，都市における高齢者家族の方が農村に暮らす高齢者家族よりも孤立した社会関係にあり，不安定な状況の中におかれていることを示している」と評価しているが，それに続けて「しかし，大都市に暮らす高齢者にとって社会関係が孤立しているということが，生活のしにくさに直結するとは断言できない。むしろ大都市における高齢者のQOL（生活の質）は，違った要因に支えられているのではないかとも考えられる」と述べているように，[22]後藤らの見解としては，都市部における社会的孤立については「生活しにくい」ことだと結論づけることに疑問をもっているようである。なお，札幌市調査では「社会関係孤立型」の事例の記述がないことは残念である。
　とはいえ，後藤らの調査はタンストールとタウンゼントの研究を参考に，わが国の高齢者の社会的孤立の状態を都市と農村という2つの対照的地域において，孤立の量と質の両面から調査を実施した点で注目すべき研究と言えよう。

2　餓死，孤独死の続発と孤立問題研究の動向

（1）餓死，孤独死
　1990年代に入り，わが国では孤独死あるいは餓死が社会問題として注目され，孤立問題にも関心が向けられるようになってきた。端緒は1987年1月に起きた「札幌母親餓死事件」である。日本テレビ系列でドキュメンタリー番組(「母さんが死んだ─生活保護の周辺」)として放映され，また関連の本が出版され，注[23]

目を集めた。

餓死，孤独死はどの程度発生しているのであろうか。その実態を把握することはむずかしい。なぜならその背後には孤立状態があり，問題の潜在化傾向があるからである。筆者は，かつて新聞報道の範囲でその数を把握しようとしたことがある。1987年の札幌市白石区で起こった母子世帯の母親の餓死事件から2000年までの餓死事件のうち，朝日新聞，毎日新聞，読売新聞に載った記事を一覧にしてみると，その数は年に数件であった。[24]

他方，東京都監察医務院の検案・解剖データから東京都23区における1990〜1999年の10年間にわたる餓死者数の推移をみると，東京都23区だけでも毎年平均18人の餓死者が出ている。[25]

孤独死については，1995年1月の阪神・淡路大震災後，大きな問題となった。1987〜2000年の孤独死の記事を同3紙でみると，年間5件以内で推移していたものが，阪神・淡路大震災以後に急増している。新聞報道された数をみると，1995年が21，1996年が39，1997年が49，1998年が34，1999年が8となっている。2000年1月14日付の読売新聞によれば，震災仮設住宅での「独居死」は5年間で233人にのぼっているとのことである。

額田勲は，著書『孤独死―被災地神戸で考える人間の復興』において「仮設住宅で見えてきたこと」として次のように述べている。

　　震災後の仮設住宅のありさまは，年金生活を送る高齢者，母子家庭，身体障害者など，いやそればかりではなく慢性疾患の罹病者を中心とした中壮年の生活保護受給層（もしくは潜在的な群）など，年収100万前後といわれる日本の低所得層の絶対的貧困の生態を赤裸々に描きだすことになった。戦後に多数みられたショッキングな餓死のような死にざまは，もはやこの社会では絶無と考えられてきた。だが，そうではなくて，現代の弱者層に広範に発生する可能性があることが，仮設住宅で次々と目撃された。[26]

額田が指摘するように，孤独死が阪神・淡路大震災被災者の特殊な例ではない。重要なことは，私たちが目にするケース，あるいは気がついたケースは氷山の一角にすぎないということである。そしてさらに深刻なことは，それらが今日まで連続して発生しているという事実である。

表2-3は，2001年以降の朝日新聞，毎日新聞，読売新聞3紙において記事

となった餓死・孤独死事件の一覧である。この記事リストを見て気がつくことは、記事となった事件の数が2000年以前よりも多くなっているということ、またこれまで記事としてはなかった虐待による児童の餓死がめだつこと、さらに最近では制度、特に生活保護制度の引き締めによる餓死・孤独死事件が起こっていることである。その端的な例が、2007年7月に北九州市で起きた、52歳の男性が福祉事務所から生活保護を辞退させられ、「オニギリ食いたい」と日記に書いて孤独死＝餓死した事件である。男性が住んでいた家は、外壁が壊れ外気が直接入る廃屋と言えるような想像を絶する状態であった。

また、都市再生機構（UR都市機構）は、2007年8月に「孤独死に関する対策等について」と題する文書において同機構の賃貸住宅内で孤独死した人（自殺、他殺を除く）の数を公表している。図2-2は、孤独死発生件数の年次推移をみたものある。まず総数をみると、1999年に207人であったものが、2003年に318人、翌年2004年には400人を超え、2006年には517人と、この間に2.5倍にもなっている。このうち、65歳以上の者の孤独死数は、1999年に94人であったものが、2006年には326名と3.5倍になっている。また、65歳以上高齢者の割合は1999年に45％であったものが、2006年には63％と増加している[27]。

最近、都道府県ごとあるいは地域単位の孤独死の集計を目にすることが多くなっている。例えば、熊本県の2006年におけるひとり暮らし高齢者の孤独死数は、前年比19％増の277人で過去最多であることが、熊本県警のデータで明らかになっている[28]。

また、東京都監察医務院の「事業報告」をみると、2006年1月から12月までの間に、東京都23区において65歳以上で孤独死した男性が1460人、女性が1151人で、合計2611人にもなっている。他方、兵庫県警によると、阪神・淡路大震災の被災者が入居する兵庫県内の災害復興公営住宅（約300カ所、約2万5000戸）で、2007年に孤独死した人が60人となっている。2000～2007年の復興住宅での孤独死は、合計で522人となるという[29]。

さて、以上のような今日の餓死・孤独死問題に直面し、さまざまな取り組みが各地で始まっている。そして、そうした取り組みについて紹介する本が公刊されてきている[30]。

表2-3　餓死，孤独死事件新聞記事リスト

年　月　日	掲載新聞	記　事　の　ヘ　ッ　ド　ラ　イ　ン
2001年1月29日	朝日	岩井の倉庫から男性の身元不明死体が見つかる（茨城県岩井市　男性）
2月7日	毎日	老夫婦死亡（大阪）
2月8日	読売	70歳代の夫婦が孤独死，夫病死後痴呆症の妻衰弱死，大阪高槻の公営住宅
2月18日	朝日	数種の対策，機能せず　国東町で死後1カ月で独居老人発見（大分県国東町　86歳男性）
2月20日	朝日	マンションの浴槽室の遺体，路上生活者か（福岡県福岡市　男性）
2月21日	毎日	老夫婦，自宅で餓死（名古屋）
2月22日	朝日	公団住宅に男女の遺体　79歳男性　69歳女性（愛知・名古屋）
2月23日	読売	名古屋の老夫婦餓死後約1カ月，退去執行官が発見，公団の家賃滞納9カ月
3月1日	読売	そして今大阪ニュース検証高槻老夫婦孤独死高齢者世帯の異変どう察知
3月2日	朝日	ホームレス，69歳の死　遺体は献体に（山梨県甲府市　69歳男性）
3月13日	朝日	マンションの部屋の中で52歳男性変死（愛知・豊明）
5月11日	朝日	制度にすき間，高齢者福祉「老老介護」相次ぐ共倒れ（大阪府高槻市　79歳男性　74歳女性，愛知県名古屋市　男性女性）
5月19日	毎日	奈良　母親（19歳）食事を与えず，1歳長男衰弱死
5月29日	毎日	阪神大震災被害の61歳が県営住宅で餓死　死後2，3カ月―尼崎（兵庫県尼崎市　61歳男性）
5月29日	読売	男性が県営住宅で餓死2カ月布団に寝た状態で死亡（兵庫尼崎）
6月23日	朝日	先月末70歳男性マンションで孤独死（岩手・盛岡）
7月18日	毎日	「安否センサー」誤認，81歳が孤独死―赤平（北海道赤平市赤平　81歳女性）
7月21日	朝日	30代姉妹，自宅で餓死（福岡県北九州市　39歳女性　35歳女性）
7月21日	朝日	30代の姉妹が餓死，1カ月後に発見　電気，水道止められ―北九州（北九州市若松区　39歳女性・35歳女性）
7月21日	読売	北九州で30代の姉妹が餓死，収入なく水も止められ約1カ月後，知人が発見
7月24日	毎日	北九州・若松区の姉妹餓死　伝わらなかった窮乏（福岡県北九州市若松区　39歳女性，35歳女性）
8月18日	朝日	高齢者の孤独死増加　県警，10年の集計（長崎県佐世保市　30代男性）
8月29日	朝日	32歳と26歳の兄弟，自宅で餓死　2カ月間気づかれず（宮城県鹿島台町　32歳男性　26歳男性）
8月29日	毎日	32歳・26歳兄弟が餓死　役場と警察，住民の通報を1カ月放置―宮城県・鹿島台町（宮城県鹿島台町　32歳男性・26歳男性）
10月13日	毎日	仙台　88歳と59歳の親子，栄養失調で衰弱死
10月27日	朝日	段ボールに座り孤独死（大阪・枚方　50歳男性）
10月28日	朝日	兄弟孤独死，死後1カ月以上（滋賀・草津　74歳　68歳）
10月29日	毎日	兵庫　弟を餓死させ遺体放置　兄（46歳）弟（44歳）
12月1日	朝日	出稼ぎブラジル人，孤独な死　解雇，行き場失う（愛知県豊橋市　51歳男性）　【計29件】
2002年1月1日	朝日	元社員寮から男性白骨遺体（滋賀県草津市　男性）
1月8日	朝日	79歳夫・介護の82歳妻，自宅で死亡　妻が発作，夫は衰弱死か（東京都杉並区）
2月9日	毎日	福井県今立町男性孤独死1カ月余放置（53歳）
2月14日	朝日	84歳の男性が自宅で衰弱死，痴ほうの妻，気づかず食事用意
2月16日	毎日	1歳男児が餓死？食事あたえられず？兄も衰弱　両親が通報―神戸
3月5日	朝日	71歳男性，自殺（兵庫・神戸）
3月10日	朝日	24歳男性が餓死，3カ月後発見　横浜のアパート（神奈川県横浜市）
3月10日	毎日	ミイラ化の遺体発見　24歳男性，3カ月前に餓死―横浜・港南区・神奈川
4月19日	朝日	83歳女性，水死（兵庫・神戸）
5月3日	朝日	60歳男性，自殺（兵庫・尼崎）
5月9日	毎日	親娘の変死体―ひたちなか／茨城
6月26日	朝日	59歳女性，自殺（兵庫・神戸）
7月6日	毎日	愛知・1歳児餓死，容疑者，発見前の2日間「放置」未必の故意の疑いも
7月13日	朝日	70歳男性，自殺（兵庫・神戸）

7月22日	朝日	76歳女性，自殺（兵庫・神戸）
7月25日	朝日	借金2000万円で餓死の可能性　関宿町の男女変死体（千葉県関宿町　55歳男性　53歳女性）
9月5日	毎日	二人暮らしの姉（76）弟（66）孤独死（東京西東京市）
9月6日	朝日	西東京市で姉弟孤独死（東京・西東京　76歳女性　66歳男性）
9月28日	朝日	77歳男性，自殺（兵庫・神戸）
10月11日	朝日	4歳児餓死（埼玉・所沢）
10月15日	朝日	60歳男性，自殺（兵庫・尼崎）
10月17日	毎日	11歳の娘を餓死させる　致死容疑で母逮捕―岡山県警
10月30日	朝日	77歳男性，凍死（兵庫・神戸）
11月6日	毎日	高齢者世話付き住宅で男性孤独死（神戸市　73歳）
11月9日	朝日	人目避け，窮乏の日々　11歳少女餓死（岡山・倉敷）
11月26日	朝日	被害者の兄「流す涙も枯れた」36歳同居女性餓死（群馬・伊勢崎）【計26件】
2003年1月6日	朝日	54歳男性，事故死（兵庫・神戸）
1月16日	朝日	60歳男性，病死（兵庫・神戸）
1月20日	朝日	57歳男性，病死（兵庫・高砂）
2月1日	朝日	両親が自宅の押し入れに放置，3歳女児餓死（東京・町田）
2月17日	朝日	46歳女性，自殺（兵庫・神戸）
2月20日	朝日	32歳女性，自宅で衰弱死　意識薄れた友人も　昭島のマンション（東京都昭島市）
2月20日	毎日	東京昭島市　昭島マンション，無職女性（32歳）衰弱死
2月25日	朝日	後絶たぬ孤独死　近所づきあい必要　先月，長浜・守山で発見（滋賀県長浜市　60代女性）
4月8日	朝日	55歳男性，病死（兵庫・神戸）
4月9日	朝日	80歳男性，病死（兵庫・神戸）
4月14日	朝日	62歳男性，病死（兵庫・神戸）
4月24日	朝日	49歳男性，死後1カ月半で発見・病死（秋田・南秋田）
6月1日	朝日	68歳男性，復興住宅で死因は不明（大阪）
6月7日	朝日	67歳男性，病死（兵庫・神戸）
6月8日	朝日	75歳男性，病死（兵庫・神戸）
7月13日	読売	札幌の75歳孤独死昨秋病気で？＝北海道
7月17日	朝日	73歳男性，病死（兵庫・神戸）
7月17日	毎日	札幌で孤独死，相次ぐ　実年「福祉の谷間に」―長期間放置される（北海道札幌市中央区　62歳男性，同市厚別区　57歳男性）
7月30日	朝日	54歳男性，病死（兵庫・神戸）
8月3日	朝日	天白の公園に男性死体　名古屋（愛知県名古屋市）
9月23日	朝日	55歳女性，病死（兵庫・神戸）
10月3日	読売	孤独死？白骨遺体　東大阪のマンションで見つかる（大阪府東大阪　56歳男性）
10月5日	朝日	72歳男性，病死（兵庫・神戸）
11月4日	朝日	72歳男性，病死（兵庫・神戸）
11月6日	読売	豊平川河川敷でテント内に餓死した男遺体＝北海道
11月11日	朝日	77歳女性，水道の警報で発見（兵庫・神戸）【計26件】
2004年1月10日	毎日	愛知・豊川の女児虐待死　二男出産後，愛情薄れ―夫の連れ子へ暴力加速
1月10日	朝日	阪神大震災・復興住宅での孤独死者，4年で251人　兵庫県内
1月10日	朝日	阪神大震災復興住宅，絶えぬ孤独死，様々な死，重い問い
1月19日	朝日	66歳男性，自宅ふろ場で病死（兵庫・神戸）
2月1日	朝日	65歳男性，布団の上で病死（兵庫・神戸）
3月8日	読売	70歳妻死亡の後，76歳夫が餓死？／大津
4月1日	朝日	76歳男性，自宅で首つり（兵庫・神戸）
8月3日	毎日	19歳少年，死亡「金なく医者に見せず」―大阪・阪南
8月3日	読売	19歳の男性餓死　母親，容態隠す　別居の夫に「元気」／大阪
8月6日	毎日	民家から白骨化した遺体　病死か餓死の危険大―大月／山梨
9月1日	読売	福井の市営住宅団地で1歳児餓死？母も死亡，菓子空袋散乱，父，1週間前に姿消す

日付	新聞	記事
9月3日	朝日	母が病死し，長男衰弱死 福井の2遺体発見（福井県福井市）
10月1日	朝日	隣人通報，市が放置 昭島で女性孤独死，10カ月後発見（東京都昭島市 70代女性）
10月1日	読売	昭島で78歳孤独死 死後10カ月 隣人通報，市対応せず（昭島松原町 女性）
11月16日	毎日	［記者ノート］プライバシー／茨城（下館市 80歳男性）
11月25日	朝日	同居していた男性，19歳男性を餓死（大阪・阪南）
11月30日	読売	仮設住宅で74歳孤独死 7・13豪雨被災者（新潟県）
12月9日	毎日	野宿の男性橋の下で体凍らせ孤独死（名古屋70歳） 【計18件】
2005年1月19日	朝日	東大阪の民家で男女3人餓死？（大阪・東大阪）
1月19日	読売	民家に3遺体，餓死か81歳姉，78歳妹，妹の53歳長男／東大阪
1月20日	毎日	東大阪の一家3人餓死：胃に食べ物なし―大阪府警
1月25日	毎日	餓死：3歳長女に食事与えず 母と同居男，殺人容疑で逮捕―埼玉・所沢
1月28日	読売	50代兄弟が孤独死？ 普段着姿，死後1カ月以上 大曲の民家（秋田県）
2月1日	朝日	マンション内母子2人餓死？（大阪・大阪）
2月2日	毎日	餓死：さいたまのマンションに2遺体，母と男児か
2月3日	読売	さいたまのアパートで母子？が餓死 身元不明，死後数週間＝埼玉
3月6日	読売	死亡男女の死因判明大阪・生野区のマンション遺体
3月23日	朝日	仮設住宅で54歳孤独死（新潟・小千谷）
3月23日	毎日	新潟中越地震：被災者，初の孤独死―仮設住宅で（小千谷市上ノ山 54歳女性）
3月24日	読売	仮設住宅で45歳男性が孤独死／新潟・小千谷
4月21日	読売	55歳と48歳姉妹，自宅で餓死？ 死後1カ月，こたつの脇，滋賀・大津
5月25日	朝日	拒まれた生活保護 八幡の要介護者孤独死，所持金数百円 年金担保の融資尽き（福岡・北九州）
5月26日	朝日	寝たきり夫を餓死させる 介護疲れ原因か（三重・四日市）
8月9日	毎日	三条・新潟豪雨の仮設住宅 拡張型心筋症で孤独死（新潟，78歳男性）
8月10日	読売	仮設住宅で78歳男性が孤独死昨年に続き2人目＝新潟
8月30日	毎日	51歳と57歳の兄弟の遺体発見（大阪堺市）
9月7日	読売	孤独死1カ月後の発見心筋こうそく，67歳，都営村山団地で（武蔵村山市）
9月22日	朝日	16歳次女餓死（東京・羽村）
10月8日	朝日	生後5カ月の長女を餓死させた（大阪府大阪市）
10月29日	毎日	大阪・ミナミの乳児遺体遺棄：殺人容疑で母再逮捕
11月2日	毎日	文化住宅で白骨遺体発見（大阪門真市一人暮らし高齢女性病死）
11月2日	毎日	白骨化遺体：文化住宅で発見―大阪・門真（大阪府門真市常磐町 70～80歳女性，同府堺市51歳男性）
11月5日	朝日	携帯「圏外」車内で餓死か（山形・西置賜）
11月16日	毎日	60代独居女性病死 火事で消火中に発見（岩手盛岡市） 【計26件】
2006年1月15日	朝日	見守り役みとられず 復興住宅で独居者世話 植木さん，昨夏に独り逝く（兵庫・神戸）
1月24日	毎日	24時：土岐の火災遺体，死後数カ月以上／岐阜
1月25日	朝日	寝たきりの母，餓死させる（大阪・貝塚）
1月26日	毎日	保護責任者遺棄致死：母親を看病せず死なす 49歳長男を容疑で逮捕（大阪・貝塚）
2月2日	朝日	横浜の高齢者用住宅で2人孤独死（神奈川区69歳男性，磯子区68歳男性）
2月11日	朝日	安否確認システム「不在」表示 「孤独死」を防げず（神奈川県横浜市）
2月15日	朝日	横浜市営住宅69歳男性安否確認されず 肝硬変で孤独死（横浜市磯子区）
2月26日	毎日	火災：ぼやで出動，孤独死発見 ネズミが配線かじる―東京都・新宿区のアパート（西落合73歳女性）
2月26日	読売	73歳女性孤独死 火事現場に遺体（新宿区）
4月20日	読売	孤独死発見遅れ 横浜市が対策 監視盤設定不備を改善（神奈川）
4月22日	朝日	門司の2遺体1人身元確認（福岡・北九州）
4月23日	毎日	餓死？：母と長女，遺体で 3人家族，二女も衰弱激しく―北九州・門司区の団地
5月28日	朝日	9歳の長女を餓死させようとした（京都府福知山市）
6月2日	朝日	49歳と78歳の女性孤独死（福岡県北九州市 49歳女性，78歳女性）
7月5日	朝日	「孤独死」また発見遅れ 援助員，安否確認を省略（神奈川県横浜市）

日付	新聞	内容	
7月5日	読売	安否確認住宅でまた孤独死　5日後発見　再発防止策守れず（横浜市）	
7月6日	毎日	高齢者用市営住宅81歳女性安否確認されず　胸部動脈瘤破裂で孤独死（横浜市中区）	
7月17日	朝日	障害者の男性孤独死（福岡・北九州）	
8月22日	朝日	一人暮らし76歳女性　死後1カ月（富山・黒部）	
9月5日	毎日	生活保護男性自宅で孤独死（福岡水巻町）	
9月6日	朝日	生活保護受給男性が孤独死（福岡・遠賀）	
9月7日	毎日	市営住宅一人暮らし高齢者3人孤独死（福岡市）	
10月23日	朝日	京都・3歳餓死「おむつ取れずしつけ」（京都・長岡京）	
10月24日	毎日	虐待：体重7キロ男児餓死　容疑で父と同居の女逮捕—京都・長岡京	
11月21日	毎日	一人暮らし83歳女性自宅で孤独死（名古屋東区）	
12月1日	読売	北九州・小倉のマンション3遺体、1人は餓死か	
12月2日	朝日	小倉3遺体　部屋所有者は祈祷信者（福岡・北九州）	
12月6日	毎日	北九州・3遺体：2人の死因不明（北九州市小倉北区　40〜60代女性・40〜50代男性）	
12月27日	朝日	川口町の仮設で53歳女性孤独死（新潟・北魚沼）	
12月28日	毎日	新潟中越地震仮設住宅　53歳女性急性心不全で孤独死（新潟川口町）	【計30件】
2007年2月21日	朝日	物置に1歳の三男の遺体　21歳母を逮捕（北海道・苫小牧）	
2月22日	毎日	物置に男児遺体　21歳母、容疑で逮捕—北海道苫小牧	
4月2日	朝日	団地暮らしの男性が孤独死（北九州市　53歳男性）	
4月2日	読売	53歳男性孤独死　福岡門司の市営住宅	
4月5日	朝日	49歳母、知的障害がある19歳長男に1カ月食事与えず、餓死（熊本・水俣）	
4月6日	毎日	餓死：知的障害19歳、布団の中で　母親を保護責任者遺棄容疑で逮捕	
4月20日	朝日	遺体発見：73歳女性、孤独死？死後数カ月—近江八幡の市住／滋賀	
6月14日	読売	福岡門司の孤独死　生活保護面接記録に加筆問題発覚後職員が独断で	
6月23日	毎日	郡山の保護責任者遺棄；致死罪に訴因変更　介護放棄長女、死因判明で／福島	
7月11日	朝日	生活保護「辞退」52歳男性孤独死（福岡・北九州）	
7月12日	毎日	孤独死：北九州市小倉の男性、4月に生活保護辞退届	
7月13日	毎日	保護責任者遺棄致死：2週間食事与えず、父死なす　容疑の28歳息子逮捕（愛媛・今治）	
7月14日	読売	生活保護辞退、52歳男性が孤独死／北九州	
7月27日	朝日	あえぐ遺体：孤立する独居高齢者　横浜で4月、81歳孤独死	
12月12日	朝日	孤独死悲し、業者が後始末　増える独居、看取られず　遺品の整理依頼急増	
12月14日	毎日	30歳長女放置して餓死　57歳父懲役5年6カ月（福島）	【計16件】
2008年1月15日	毎日	阪神大震災13年：復興住宅60人孤独死　07年集計、うち8人が自殺—兵庫（神戸市垂水区　81歳女性）	
1月23日	毎日	82歳一人暮らし無職の男性自宅で病死　17日発見（横浜市鶴見区）	
1月24日	毎日	一人暮らし59歳女性自宅で病死（鶴見区下野谷）	
2月29日	毎日	66歳無職生活保護男性自宅で孤独死　虚血性心疾患　4日発見（大阪あいりん区）	
4月26日	朝日	30歳母、子ども置き去り死傷　次男餓死（埼玉・三郷）	
7月6日	毎日	76歳独居男性自宅で孤独死（東京足立区）	
8月21日	朝日	母、幼児3人置き去り（埼玉県　2歳双子）	
8月21日	毎日	三郷の2幼児放置死：「育児煩わしかった」—地裁初公判／埼玉	
9月17日	読売	孤独死、悲しい遺品（神奈川県相模原市）	【計9件】

注：各紙とも原則として同一事件についての複数の記事は省略してある。特に2005年以降の北九州市での餓死・孤独死事件関係の記事数は多い。なお、朝日新聞の2004年1月10日付には、「2003年の孤独死者で発見まで5日以上経過」した25事例のリストがあり、それを加えてある。2008年は9月末日までを集計。

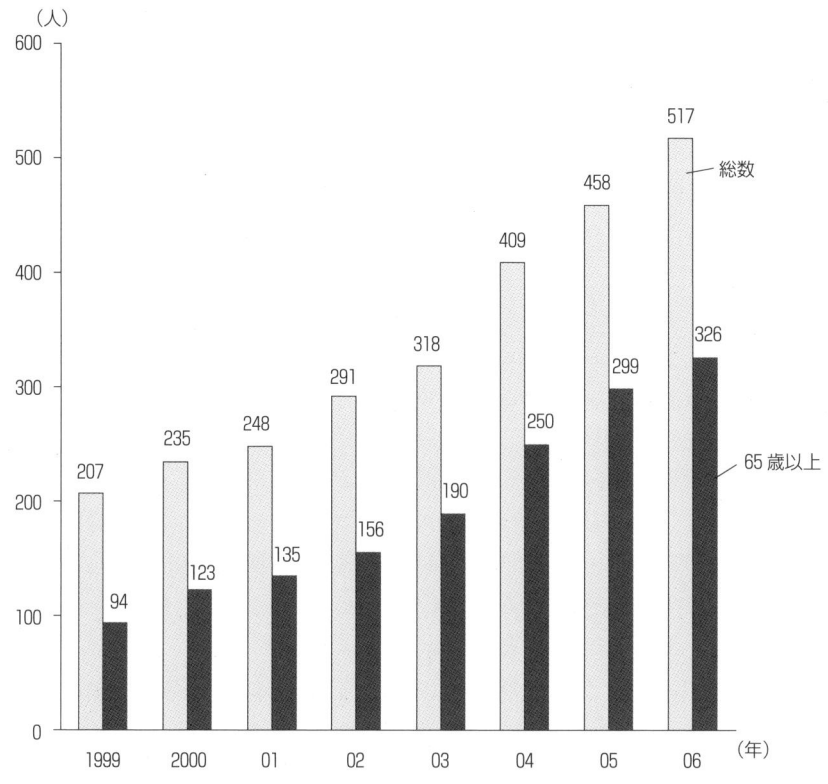

図2-2 都市再生機構賃貸住宅における孤独死の発生件数

(人)
- 1999: 総数 207, 65歳以上 94
- 2000: 総数 235, 65歳以上 123
- 01: 総数 248, 65歳以上 135
- 02: 総数 291, 65歳以上 156
- 03: 総数 318, 65歳以上 190
- 04: 総数 409, 65歳以上 250
- 05: 総数 458, 65歳以上 299
- 06: 総数 517, 65歳以上 326

資料：都市再生機構「孤独死に関する対策等について」(2007年8月29日)のデータをもとに筆者が作表

(2) 最近の孤立問題研究

こうした現在の状況のなかで，高齢者の孤立問題についてどのような研究があるのかを整理しておこう。

最近の研究動向をみると，いくつかの流れがある。1つは介護保険制度の「介護予防」事業との関連で，高齢者の「孤立」，「ひきこもり」あるいは「閉じこもり」の状態を研究するものである。これには竹内孝仁[31]，横山博子[32]らの研究がある。

まず，竹内は「社会的孤立，ひきこもり」を「寝たきり」や認知症の原因の1つとして重視し，高齢者の外出の実態に注目している。そして高齢者が「閉じこもらぬように働きかける」，「行動変容」のシステムとして，「啓発活動」，

「対象者発見」,「誘い出し」,「集団活動」を提案している[33]。

横山らは「閉じこもり」を「外出頻度が週1回未満」の者と定義して，日常生活自立度の違いによって「閉じこもり」の要因を分析している。それは「家に閉じこもっている状態」のなかには，「外出をする能力が低下したために外出をしない人と，外出する能力があるにもかかわらず外出をしない人がいるはずであり，その背景は異なる」からだとする[34]。確かに，外出しない理由には健康状態が影響していることも事実であり，1つの研究視点を示していると言える。

関連論文として，以上のような介護予防の阻害要因としての孤立という把握の仕方に疑問を投げかける岩田正美と黒岩亮子の論文がある[35]。岩田らは，「高齢者の『孤立』問題への今日的な対策の特徴は，それが介護対策の一部として，その中に位置づけられようとしていることにある」とし，その「対策」の方向性に関して次のような指摘をしている。

すなわち「『介護予防』が介護保険の財政の観点からおそらくは『身体維持改善型』に傾斜していく一方で，高齢者の『孤立』解消が地域住民の自主的な活動にだけますます委ねられることは，もっとも『つながり』を喪失した高齢者の『孤立』解消をますます遅くする」と[36]。

岩田・黒岩による，この指摘は今日の孤立問題のみならず，社会福祉政策のあり方を考える際の重要な論点と言えよう。

さて，最近の高齢者の孤立問題に関する研究の流れの第2は，続発する餓死，孤独死の問題を射程に入れつつ，研究としては広く孤立問題を扱うものである。主なものとしては，新井康友・棚山研・木脇奈智子の大阪府の泉北ニュータウンの高齢者調査[37]，成富正信・小幡正敏の新宿区の戸山団地の入居者調査[38]をあげることができる。そして本書で紹介する筆者の東京都港区や横浜市鶴見区等におけるひとり暮らし高齢者調査をそれに加えさせていただきたい。

新井らの調査研究は，大阪府堺市と和泉市にまたがる泉北ニュータウンの高齢者問題を研究する一環で，孤独死の実態調査を実施している。泉北ニュータウンを管轄する警察署管内で起きた独居の変死者（自殺も含む）を孤独死とし，その件数を明らかにしている。2003年25件，2004年38件，2005年47件と増加傾向にあり，3年で約2倍になっている。このうち，孤独死の約6割が府営住宅に住む者であったことが示されている。

泉北ニュータウンの孤独死数には65歳未満の者も含まれているが，2003年から2005年までの3年間で孤独死した者の合計のうち，65歳以上の者は65.5％を占めており，大半は高齢者であった。新井は，孤独死研究は「『死』に注目しているのではなく，『生』に注目」し，その研究目的は「今住んでいる地域で暮らし続けるために，地域には何が必要かを探求すること」，そして「今後の地域のあり方を検討すること」だとしている。

　成富正信らは，2007年12月から2008年1月にかけて東京都新宿区にある都営住宅「戸山団地」の入居者全世帯を対象にした「くらしとコミュニティ」に関する調査を実施している。調査票配布数は1439で回収数は548，回収率は38.1％である。回答者の79.1％が65歳以上の者で，調査としては高齢者を対象にしていると言える。なお，戸山団地を含む百人町4丁目の高齢人口比率は50％を超えている。

　世帯構成をみると，「ひとり暮らし」が50.2％，「夫婦世帯」が22.6％となっているが，65歳以上の世帯中でみると，「ひとり暮らし高齢者」が57.5％，「高齢者夫婦のみ世帯」が23.0％を占めている。

　また65歳以上の世帯のなかで，「困った時の連絡先」がない者が2.6％，「最も親しい家族・親戚」が「特にいない」者が5.1％，「親しい友人・知人」が「特にいない」者が15.1％，「団地内で頼りにする人」が「いない」者が33.2％となっている。

　さらに，この調査報告書ではひとり暮らし世帯の分析も行っている。64歳以下の者が8.1％いるが，それも含めたひとり暮らし高齢者について，「困った時の連絡先」がない者が4.1％，「最も親しい家族・親戚」が「特にいない」者が4.4％，「親しい友人・知人」が「特にいない」者が13.7％，「団地内で頼りにする人」が「いない」者が28.4％という結果が示されている。

　この調査は，暮らしと意識の実態把握と同時に，もうひとつ「コミュニティとしての戸山団地」の分析，具体的には住民の諸活動と問題への対応・解決活動の把握と課題の整理を行っている。特に戸山団地における「孤独死」ケースとその対応に関する分析は，孤独死問題研究の新たな進展へのヒントを含んでいる。

　次に越田明子は，高齢者，特に後期高齢者の「孤独」や「孤立」が発生する前の「生活変調」に注目した研究を行っている。越田によれば，「生活変調」

表2-4 小川栄二らの調査における「困難事例」の種別と割合

	度数	総回答数に対する割合(%)	回答者に対する割合(%)
1 食事・清潔・室内の整頓など日常生活の内容が極端に悪化していた例	196	21.0	64.3
2 健康状態が悪化していた例	145	15.5	47.5
3 近隣関係が悪化していた例	78	8.4	25.6
4 認知症などによる問題行動がありどのように援助してよいのか困った例	171	18.3	56.1
5 経済的困窮などにより援助が困難であった例	153	16.4	50.2
6 虐待（介護放棄なども含む）等のためにどのように対応してよいのか困った例	97	10.4	31.8
7 その他の生活上の問題があった例	94	10.1	30.8
合計	934	100.0	306.2

注：有効回答数：305，無効回答数：121
資料：立命館大学医療・福祉エンパワーメントプロジェクト・サブプロジェクト高齢者の援助拒否・社会的孤立・潜在化問題研究会『要援護高齢者の援助拒否・社会的孤立・潜在化問題に関する調査報告書（第1次）』(2006年) 52頁。

とは「相互関係を通じて一定の範囲内に保たれた生活構成要素が，何らかの要因により不安定となり生活が一定範囲外へ変化する兆しの状態であり，高齢者の生活を時間軸における状況の変化でとらえるもの」とされている。そして過疎地の後期高齢者の事例から，この「生活変調」になんらかの支援を展開し「孤立」を回避あるいは予防する方策を検討している。

孤立問題の予防として，後期高齢者の「生活変調」という初期段階の問題を把握し，方策を検討する視点には学べるものがある。

小川栄二は，「高齢者の援助拒否・社会的孤立・潜在化問題」について諸調査を通して研究してきている。小川は，2005年，中央社会保障推進協議会加盟団体，京都在宅介護支援センター協議会，京都市山科区在宅介護支援事業者連絡会に所属する介護支援専門員に対し，困難事例や援助拒否・孤独・潜在化の事例とそれへの対応状況を把握する調査を実施している。分析ケース数は426である。調査の結果，高齢者の深刻な生活状況と援助拒否という実態が明らかになり，そこから社会的孤立・潜在化防止の課題を整理しようとしている。

この調査結果によれば，介護保険制度施行（2000年4月）以降，高齢者の初回面接の際に，すでに対象者の介護・生活問題が深刻な状態にあり，対応に困っ

た事例(「困難事例」)の相談の経験がある者は,全体の72.6%であった。困難事例の種別で最も多いものは(表2-4),「食事・清潔・室内の整頓など日常生活の内容が極端に悪化していた事例」で,回答者全体の64.3%を占めている。また援助拒否あるいは援助に対して消極的な態度の事例を経験している者が58.6%となっている。⁽⁴⁴⁾

　小川の研究は,高齢者の深刻な生活状況のなかで援助を拒否する者が多く存在し,彼らが社会的に孤立し,地域に潜在化している現実を明らかにし,予防方策を考えるための課題を整理しようとしている。こうした孤立し潜在化している困難ケースの研究は,現代の重要なテーマである。

　最後に,最近の孤立問題研究として,筆者の研究室が実施してきた東京都港区,横浜市鶴見区,沖縄県読谷村,神奈川県大井町,長野県高遠町等での調査研究をあげよう。⁽⁴⁵⁾これらのうち,都市部の研究として港区と鶴見区を次章以下で取り上げてみたい。

---

(1) 樽川典子「老人の孤独」副田義也編『老年社会学Ⅰ　老年世代論』(垣内出版株式会社,1981年) 246頁。
(2) 同上, 252頁。
(3) 江口英一「『低消費』水準生活と社会保障の方向」小沼正編『社会福祉の課題と展望──実践と政策とのかかわり』(川島書店, 1982年) 128-129頁。
(4) 『地域福祉の確立めざして──巨大都市東京の福祉充足のあり方に関する調査報告書』(東京都区職員労働組合, 1988年) 19頁。この箇所は江口英一が監修し,金沢誠一が執筆した。
(5) 須田木綿子「大都市地域における男子ひとりぐらし老人のSocial Networkに関する研究」『社会老年学』No.24 (1986年) 36-51頁。
(6) 同上, 36頁。
(7) 同上, 38頁。
(8) 同上, 49頁。
(9) 松崎粂太郎『老人福祉論──老後問題と生活実態の実証的研究』(光生館, 1986年) 165-166頁。
(10) 同上, 169頁。
(11) 同上, 170-171頁。
(12) 『北海道高齢者問題研究』(財団法人北海道高齢者問題研究協会):後藤昌彦・山崎治子・飯村のぶこ・松坂裕子・菊池弘明「農村における老人の社会的孤立」(No.6, 1990年3月)および同「都市における高齢者の社会的孤立」(No.7, 1991年3月)。
(13) 後藤・山崎・飯村・松坂・菊池・前掲注(12)「農村における老人の社会的孤立」163頁。

⒁　同上，167-168頁。
⒂　同上，168頁。
⒃　同上，172-173頁。
⒄　同上，173頁。
⒅　同上，174頁。なお，社会関係孤立型は家族関係疎遠型と地域関係疎遠型が重なった部分である。
⒆　同上，174-176頁。
⒇　後藤・山崎・飯村・松坂・菊池・前掲注⑿「都市における高齢者の社会的孤立」80頁および86頁。
㉑　同上，88頁。
㉒　同上，89頁。
㉓　寺久保光良『「福祉」が人を殺すとき』（あけび書房，1988年）および水島宏明『母さんが死んだ』（ひとなる書房，1990年）。
㉔　河合克義「公的扶助の行政組織と福祉労働」『講座社会保障法　第5巻　住居保障法・公的扶助法』（法律文化社，2001年）261-263頁。
㉕　同上，264-265頁。
㉖　額田勲『孤独死―被災地神戸で考える人間の復興』（岩波書店，1999年）236-237頁。
㉗　河合克義「地域における見守り活動のあり方」『ゆたかなくらし』No. 314（本の泉社）18～23頁参照。
㉘　『熊本日日新聞』2007年2月22日付。
㉙　『しんぶん赤旗』2008年1月15日付。
㉚　NHKスペシャル取材班・佐々木とく子『ひとり誰にも看取られず―激増する孤独死とその予防策』（阪急コミュニケーションズ，2007年），佐々木とく子「隣にある悲劇―孤独死の大量発生が止まらない」『中央公論』2007年11月号（中央公論新社），168-175頁，中沢卓実著，結城康博監修『孤独死ゼロ作戦―生きかたは選べる！』（本の泉社，2008年）。
㉛　竹内孝仁「高齢者支援をめぐる課題―孤立化，ひきこもり高齢者への対応」『社会福祉研究』第89号（鉄道弘済会，2004年4月）。
㉜　横山博子・芳賀博・安村誠司・藺牟田洋美・植木章三・島貫秀樹・伊藤常久「外出頻度の低い「閉じこもり」高齢者の特徴に関する研究―自立度の差に着目して」『老年社会科学』第26巻第4号（2005年1月）。
㉝　竹内・前掲注㉛。
㉞　横山ほか・前掲注㉜。
㉟　岩田正美・黒岩亮子「高齢者の『孤立』と『介護予防』事業」『都市問題研究』第56巻第9号（2004年）。
㊱　同上，31-32頁。なお，次の黒岩論文も参照のこと。黒岩亮子「『地域社会における孤立者』への福祉政策についての一考察―世田谷区の『地域住民巻き込み型』政策について」日本女子大学社会福祉学科・日本女子大学社会福祉学会『社会福祉』第44号（2003年）。
㊲　新井康友「泉北ニュータウンの高齢者問題―調査結果から明らかになったこと」『総合

社会福祉研究』第31号（総合社会福祉研究所，2007年）96-105頁。新井康友「孤独死の実態と今後の課題—泉北ニュータウン調査から考える」『ゆたかなくらし』No. 314（本の泉社，2008年6月）24-28頁。なお，報告書としては次を参照のこと。羽衣国際大学・泉北ニュータウン研究会『泉北ニュータウンと高齢者の居住・福祉—先行ケースとしての千里ニュータウンとの比較を通じて』(2006年)。

(38) 成富正信・小幡正敏『戸山団地・くらしとコミュニティについての調査報告書』（新宿区社会福祉協議会，2008年）。

(39) 新井康友「孤独死の実態と今後の課題—泉北ニュータウン調査から考える」『ゆたかなくらし』No. 314（本の泉社，2008年6月）26-28頁参照。

(40) 成富・小幡・前掲注(38)，9-10頁，38-40頁，46-49頁参照。

(41) 越田明子「後期高齢者の生活変調と社会的孤立—過疎地域における単身高齢者の事例より」『長野大学紀要』第290巻第4号（2008年），9-19頁。

(42) 同上，12頁。

(43) 立命館大学医療・福祉エンパワーメントプロジェクト・サブプロジェクト高齢者の援助拒否・社会的孤立・潜在化問題研究会：『要援護高齢者の援助拒否・社会的孤立・潜在化問題に関する調査報告書（第1次）』(2006年)，『要援護高齢者の援助拒否・社会的孤立・潜在化問題に関する調査報告書（第1次報告別冊自由回答）』(2006年)，『要援護高齢者の援助拒否・社会的孤立・潜在化問題研究会・第二期研究報告書（第1分冊）』(2008年)，『要援護高齢者の援助拒否・社会的孤立・潜在化問題研究会・第二期研究報告書（第2分冊） 生活保護費削減による生活保護受給者の生活への影響—全大阪生活と健康を守る会2006年度夏季アンケート・冬季アンケート再集計』(2008年)，『要援護高齢者の援助拒否・社会的孤立・潜在化問題研究会・第二期研究報告書（第3分冊）—「地域支援事業」における「うつ予防・支援」実施状況調査報告』(2008年)を見よ。なお立命館大学人間科学研究所学術フロンティア推進事業「対人援助のための『人間環境デザイン』に関する総合研究」福祉情報プロジェクト・サブプロジェクト・孤立高齢者調査チーム（加藤薗子，佐藤順子との共同研究）『京都市上京区における見守りと支援を必要とする高齢者と民生児童委員の活動に関する調査報告』(2004年)も参照されたい。

(44) 同上，『要援護高齢者の援助拒否・社会的孤立・潜在化問題に関する調査報告書（第1次）』20頁。

(45) 序章の注(5)に私の研究室で実施した調査に関する論文，報告書のリストをあげてあるので参照していただきたい。

第3章

ひとり暮らし高齢者の
社会的孤立問題研究の視点

1 その研究の視点

(1) 先行研究に学ぶもの

　第2章までにおいて，高齢者の孤立問題に関するこれまでの研究について概観してきた。ここで，それらの研究から得られたものを整理しておきたい。

　まず用語に関してであるが，孤立と孤独をどのように区別するかについて吟味する必要がある。タウンゼント以前の研究では，孤独（loneliness）という概念を幅広い意味で使っており，このなかに孤立と孤独意識が含まれていたと言ってよい。ラウントリーおよびシェルドンともに「孤独（loneliness）」を包括概念ととらえていた。

　それに対し，タウンゼントは孤独（loneliness）と社会的孤立（social isolation）の区別を明確にし，社会的孤立とは「家族やコミュニティとほとんど接触がないということ」であるのに対し，孤独とは「仲間づきあいの欠如あるいは喪失による好ましからざる感じ（unwelcome feeling）をもつこと」であり，社会的孤立は客観的であり，孤独は主観的なものであるとした。この定義は今日まで多くの研究に引き継がれている。

　そしてタウンゼントは，高齢者ごとの「社会的接触（social contacts）」状況を得点（score）化し，1週間あたりの合計を算出した。得点化するために次の3つの領域を設定したのである。①親族ひとりひとりとの1週間あたり平均接触回数の合計，②隣人や友人のみならず，例えば地区の看護婦，ホームヘルパー，

医者をも含めた接触得点，③社会的活動に対する得点，である。
　さらにタウンゼントは，社会的孤立の量を測定する場合，客観的な標準を設定する必要性があることを述べているが，その設定は貧困を測定する場合と類似しているとしている。彼は2つの段階を設定している。第1段階は，個人の所得に応じての尺度化であり，第2段階は，明らかに孤立しているという人びとの「共通の合意」による一定の線である。
　このようにタウンゼントは，社会的孤立という概念を貧困と同様に，絶対的というよりは相対的なものととらえたうえで，その量の測定をした。1950年代半ばのロンドン東地区での調査の結果，「やや孤立あるいは孤立している世帯」は23％と，全体の4分の1弱を占めていることを明らかにした。なお，タウンゼントは社会的孤立状態にある人と貧困との関わりをとらえ，「社会的にも経済的にももっとも貧しい人びとは，家庭生活からもっとも孤立した人びと」であると述べていることは注目しておきたい。
　また，タウンゼントは調査のクロス集計から，孤立している者とやや孤立している者の合計の約半数が孤独ではないと回答していることを指摘している。すなわち客観的孤立状況と本人の意識には〈ずれ〉があるということである。すでに述べたように，筆者は「本人が孤立状態を自覚しているか否か，また寂しさや孤独を感じているかどうかにかかわらず，客観的に孤立状態にあること，そしてその客観的生活実態を的確に把握すること」を重視しているが，このことの1つの根拠をタウンゼントも示しているのである。
　さらに，タウンゼントの社会的孤立に関する個別事例を重視する姿勢も大切である。この調査で面接した全ケースは203であるが，1ケースあたりの平均面接時間は2時間とある。そしてタウンゼント自らが160世帯，すなわち全体の8割を訪問しているのである。ほとんどすべて2回訪問し，あるものは3回，4回，またはそれ以上訪問したとある。こうした丁寧な訪問調査にもとづく事実の把握は報告に具体性をもたらしている。また12人の高齢者の1週間の日記も生活の現実をいきいきと私たちに示している。
　「個人的および社会的な行動の特質と多様性を伝える」ものとしての社会調査の重要な一側面を強調するタウンゼントの姿勢が，160ケースを彼1人で訪問するエネルギーをもたらしたとも言えようか。
　さて次に，タンストールは「孤独（alone）」を包括概念として位置づけ，そ

の下に独居，社会的孤立，孤独不安，アノミーという概念をおいているが，それは，タウンゼント以前の孤独（loneliness）概念や社会的孤立概念とは多少異なる概念の使い方であった。ただタンストールの研究で注目すべきは，社会的接触の得点化方法について次のように述べていたことである。「社会的に最も孤立する老人と最高の社会的接触スコアをもつ者とのスコアの連続の線上で，どこに接触の足切り点（カットオフ・ポイント）をもうけるかはどうしても独断的にならざるを得ない」と。

タンストールの社会的接触スコアによる測定方法は，タウンゼントの手法をベースにし，多少の修正を加えているものの，基本的には共通している。こうした方法の重要な問題は，上記の「接触の足切り点（カットオフ・ポイント）」をどこにおくかということである。これはむずかしい問題を含む。つまり，タウンゼントにおいては人びとの「共通の合意」のレベルをどのように設定するかということ，タンストールの場合には線引きが「独断的にならざるを得ない」という面があるということ，これらは検討しなければならない課題である。

こうした測定方法を含めて，孤立に関する現代的研究課題を提起したのはヴィクターらである。その課題とは次の6点であった。
① 主要な研究が30年以上も前の古いもので，今日の状況をふまえた研究が必要であること
② タウンゼントをはじめ，これまでのパイオニア的研究は特定地域をベースにしたもので，今後全国レベルの研究が求められていること
③ 孤独と社会的孤立の概念と測定方法の多様性をいかに克服するかということ，新しいネットワークの形態の出現も，概念と測定方法の変化を求めることになっていること
④ 現在使われている孤独と孤立測定のスケールの批判的検討が必要であること
⑤ これまでの量的研究だけはなく，質的研究が求められていること，特に一般に排除されている変数，例えばエスニシティとか社会階層といった変数を追加すること
⑥ 高齢期，孤独，社会的孤立を理解するための理論的枠組みを発展させる研究が求められていること

ここで示されたなかで，とりわけ今日の社会状況をふまえた孤立論の研究，

全国レベルの研究，孤立の概念と測定方法の検討，これらについてはわが国の研究でも受け止めなければならない研究上の課題であろう。

さて，わが国では，前述のとおり1974年のタウンゼントの著作の邦訳，1978年のタンストールの邦訳が，孤立と孤独問題についての課題提起となったことは明らかである。しかしながら，この問題に関する本格的研究は1980年代以降のことであった。本書では日本における研究のごく限られたものを紹介したにすぎないが，そのなかで特に注目すべきものとして2つの研究をあげたい。

1つは，タウンゼントの研究を援用する形で調査を実施した後藤昌彦らの研究である。北海道の農村と都市部の2地域で実施した貴重なものである。後藤らの研究で特に注目したいのは，孤立している者を選び出す方法である。家族関係で6つの指標，地域関係で9つの指標を設定し，それぞれの指標（設問）で〇と×の回答を得て，その×の数で類型化している。そのうえで，家族関係と地域関係の類型をクロス集計し，そのうち主なものを類型として抽出したのである。

後藤らの調査結果をみると，「社会関係孤立型」（家族関係疎遠型でかつ地域関係疎遠型の世帯）は札幌市調査で11.5％，沼田町調査で3.7％と，札幌での「社会関係孤立型」の割合が3倍近くになっている。

こうした後藤らの孤立を測定する方法は，タウンゼントやタンストールの社会的接触スコアによる方法とは異なるが，孤立（関係疎遠）状態にあるかどうかを×の数で判断することは，タンストールの「足切り点（カットオフ・ポイント）」と同様の曖昧さを含むものと言えよう。

わが国の研究で，もう1つ取り上げておきたいのは江口英一の研究である。孤立問題についての本格的研究は1980年代以降であることはすでに述べたが，江口は，前述のとおり1970年代の不安定就労者の調査を通して，彼らの社会的孤立にも注目していた。そして1982年の「『低消費』水準生活と社会保障の方向」という論文において「低消費」水準生活が社会的孤立と孤独をもたらすことを指摘している。すなわち，「低消費」生活の構造は，「被保護者世帯」に典型性があり，さらに一般勤労者世帯の第Ⅰ5分位階層」にも拡延していると言う。こうした人びとは「『個人的再生産費目』と『社会的固定費目』に挟撃されて，低所得・低収入なるがゆえに，社会生活を維持するために必要不可欠な『社会的強要費目』の支出をも削減せざるを得ず，したがってその社会生活は

圧縮され，社会的欲望や要求（ニード）それ自体もしだいに畏縮し，長期的には心身の衰退，荒廃をまねき，社会的孤立と孤独のなかに追いこまれざるを得ないような，そして現にその中にあるような生活の世帯あるいは人びと」だとしている。

世田谷調査では，高齢者世帯とりわけ社会的に最も弱い層にあるひとり暮らし高齢者の社会的孤立の背後にある「労働と生活の衰退」という事実をみなければならないことを指摘している。

さて以上みてきたように，社会的孤立を，タウンゼントは「家族やコミュニティとほとんど接触がないということ」と定義した。そして，この概念がこれまで大きな影響を与えてきた。しかし，いま，もっと大きな視点が求められているのではあるまいか。タウンゼントの，少なくとも社会的孤立に関する測定尺度そのものは限定的である。そこで，次に本書での研究の視点を整理しておきたい。

（２）研究の視点

筆者はこれまで孤立，社会的孤立に関する研究を中心にみてきた。孤独，孤独意識に関する研究は取り上げていない。それは，筆者の視点として本人が孤立状態を自覚しているか否か，また寂しさや孤独を感じているかどうかにかかわらず，客観的に孤立状態にあること，その客観的生活実態を的確に把握することを重視しているからである。

ところで，孤立と社会的孤立という２つの用語について，本書ではこれまであまり区別することなく使ってきている。時には「孤立問題」と表現もしてきた。しかし厳密には孤立と社会的孤立は区別されなければならないであろう。筆者は，次に示すような視点から，孤立状態を，厳密には「孤立」ではなく「社会的孤立」という用語で表現したいと考えている。その理由は孤立状態が生まれる社会的背景を問題にしなければならないと考えるからである。しばしば孤立を親族あるいは地域のネットワークの欠如といったレベルにとどめる研究が少なくないが，そうではなく孤立状態に追い込まれる社会的背景とは何かを問い，孤立を防ぐ社会的方策を検討したいのである。以上はあくまでも概念的な問題で，以下でも単に「孤立」あるいは「孤立問題」という言葉で表現することがあることを断っておきたい。

さて，社会的孤立問題を研究する視点として次の３つの要素を考えたい。

1 階 層 性

　まず，ひとり暮らし高齢者の孤立は，それが独立して他と無関係に，また個人的な事情で発生するわけではない。特定の生活状態が孤立を生み出すと言える。その〈特定の生活状態〉を規定するものは何か。その基底的要素として「階層的格差」がある。高齢者の生活は非常に大きな格差を含んでいる。単純化して言うならば，例えば，安定層の高齢者，一般層の高齢者，低所得・貧困層の高齢者それぞれ生活条件が大きく異なるであろう。ひとり暮らし高齢者の場合，一般に生活条件は良くない。そして大きい格差を含む。

　ところが高齢者をめぐる生活保障政策の議論では，1980年代以降今日まで，豊かな社会を前提にした「生活の平準化論」が政策主体から繰り返し語られてきた。例えば1980年代には「民間活力」活用論が言われ，その一環で「シルバー産業」の育成策が進められたが，当時の文書のなかで典型的なものを１つだけ紹介しよう。それは，1986年６月に厚生省の「高齢化に対応した新しい民間活力の振興に関する研究会」が発表した『シルバー・サービスの振興に関する研究報告書』である。

　同報告書では次のように述べる。「かつて老人は，社会的・経済的弱者，マイノリティという考え方が一般的であった。しかし，今や高齢者は社会的にも経済的にも主役の一翼を担いつつある」。その根拠として掲げているのが，「活力ある高齢者の増加」とともに「高齢者の購買力の高まり」である。「各種統計によれば，高齢者１人当たりの所得や消費の月額は10万円前後にのぼっている。これに高齢者の貯蓄額が1130万６千円と平均を大きく上回っていることを考慮すれば，高齢者の（潜在的）購買力はむしろ若い世代を上回る力があるとみることができる」と。

　こうした現状認識から，これからの福祉サービス分野では「民間の参入を拒む理由はなく，むしろ有効性，効率性の観点からすれば，民間ベースの供給が可能な場合は公的供給を縮小しても良いと考えられる。換言するならば，大多数の分野では民間による供給を基本とし，公は民間の呼び水としてモデル事業的な場合のほか，地域的に民間によることが期待できないような場合等過渡的，経過的に供給を行うと考えることが適当である」としているのである。[1]

この報告書では，民間サービスの参入を正当化するために豊かな高齢者像がどうしても必要であったのである。ともあれ，高齢者の所得や貯蓄額を平準化し，「若い世代より上回る力」があるとする見方は，階層的な格差をみないものである。その結果は平均以下の高齢者の生活は存在しないとされ，無視されることになる。同時に問題は地域に潜在化していくのである。ひとり暮らし高齢者の孤立問題を分析する場合，まずは階層性の視点を据えたいと思う。

2 家族と地域社会の脆弱化と孤立問題

　孤立状態にあるかどうかについては，親族ネットワークと地域ネットワークの状況と密接な関係をもつ。ネットワークのレベルは，子ども家族との交流，兄弟姉妹やその他の親族との交流の程度，さらには地域社会の安定性や近隣関係の状況に大きな影響を受けている。

　ひとり暮らし高齢者にとっての親族ネットワークは，子どもあるいは兄弟姉妹が基本的なものである。ひとり暮らし高齢者の一定割合は未婚の者もいるが，子どもの有無は親族ネットワークの内容を大きく規定している。

　表3-1は，わが国の家族形態別の高齢者の割合をみたものである。子どもと同居している高齢者の割合は，1980年には69.0％であったものが，2000年には49.1％，2006年には43.9％となっている。このように同居率の減少は著しい。他方，ひとり暮らし高齢者については，1980年に高齢者世帯中の8.5％であったものが，2000年には14.1％，2006年には15.7％に増加している。またひとり暮らし高齢者と高齢者夫婦のみ世帯をあわせると，2006年現在，52.2％と過半数を超えているのである。

　このように日本の高齢者世帯の形態は短期間に大きな変化をみせている。こうしたなかでの親族との接触の程度はどうなっているのであろうか。内閣府は，2005年度に「高齢者の生活と意識に関する国際比較調査」を実施している。この調査のなかで「60歳以上の高齢者の別居している子どもとの接触頻度」を国際比較している。図3-1のとおり，日本は他の4カ国に比べて別居している子どもとの接触頻度が低いという結果となっている。特に「ほとんど毎日」と「週に1回以上」の割合の合計をみると，アメリカが80.8％，韓国が66.9％，ドイツが58.6％，そしてフランスが67.2％となっているのに対し，日本は46.8％にすぎない。海外の4カ国がほぼ6割を超えているにもかかわらず，日本は5

表3-1　日本における家族形態別にみた高齢者の割合　　　　　　　　(%)

年	ひとり暮らし	夫婦のみ	子どもと同居	その他の親族と同居	非親族と同居
1980	8.5	19.6	69.0	—	—
85	9.3	23.0	64.6	—	—
90	11.2	25.7	59.7	—	—
95	12.6	29.4	54.3	—	—
96	12.6	30.6	53.1	—	—
97	12.7	31.6	52.2	—	—
98	13.2	32.3	50.3	—	—
99	13.0	33.7	49.3	—	—
2000	14.1	33.1	49.1	—	—
01	13.8	33.8	48.4	—	—
02	14.2	35.1	47.1	—	—
03	13.8	34.3	47.8	—	—
04	14.7	36.0	45.5	—	—
05	15.5	36.1	45.0	—	—
06	15.7	36.5	43.9	3.7	0.1

注：1「ひとり暮らし」とは、上記調査における「単独世帯」のことをさす。
　　2　1995年は兵庫県の値を除いたものである。
資料：1985年以前は厚生省「厚生行政基礎調査」、1986年以降は厚生労働省「国民生活基礎調査」
　　　2008版高齢社会白書
　　　(http://www8.cao.go.jp/kourei/whitepaper/w-2008/zenbun/html/s1-2-1-02.html、2008年11月6日)

割以下にとどまっている。

　この国際比較調査で、別居している子どもと「ほとんど毎日」接触している内容は電話での連絡も含まれているが、毎日会えなくても連絡を取り合っているということは日常的なつながりがかなりあると判断してよいであろう。とにかく、図3-1のとおり、〈別居している子どもと「ほとんど毎日」接触している〉者は、アメリカが41.2%、フランスが28.0%であるのに対し、日本が16.7%でしかない。このように日本は別居している子どもとの接触頻度は、これらの国との比較では明らかに低いのである。従来、日本の子どもとのネットワークは、少なくともこれらの国よりも強固であると考えられてきたが、現実は大きく変化してきたと言わなくてはならない。

　また、親族と地域ネットワークの状況は、労働力の流動化の程度、地域社会の安定性に大きく規定されている。地域に関するデータをいくつかあげてみよう。まず、過疎地域の人口について1985年から5年間ごとの減少率をみると、4.9%（1990年／1985年）、3.9%（1995年／1990年）、4.2%（2000年／1995年）そし

図 3-1　別居している子どもとの接触頻度の国際比較

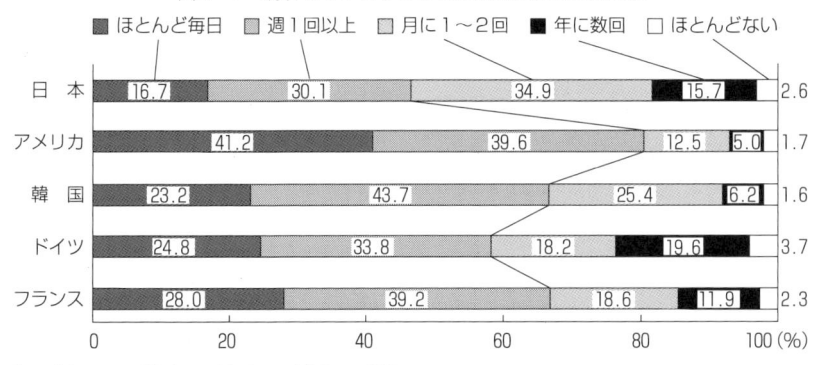

凡例：■ほとんど毎日　■週1回以上　□月に1～2回　■年に数回　□ほとんどない

国	ほとんど毎日	週1回以上	月に1～2回	年に数回	ほとんどない
日本	16.7	30.1	34.9	15.7	2.6
アメリカ	41.2	39.6	12.5	5.0	1.7
韓国	23.2	43.7	25.4	6.2	1.6
ドイツ	24.8	33.8	18.2	19.6	3.7
フランス	28.0	39.2	18.6	11.9	2.3

注：別居している子どもが1人以上いる高齢者への設問
資料：内閣府『第6回高齢者の生活と意識に関する国際比較調査結果』（2005年度調査）
　　（http://www8.cao.go.jp/kourei/ishiki/h17_kiso/pdf/youyaku.pdf, 2008年11月16日）

図 3-2　日本における高齢者（65歳以上）割合が50％以上の集落数・集落率

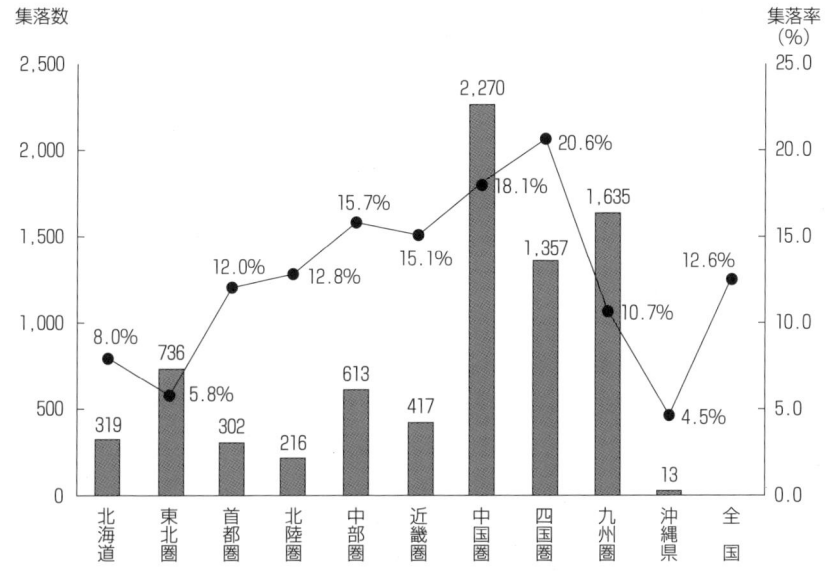

地域	集落数	集落率(%)
北海道	319	8.0
東北圏	736	5.8
首都圏	302	12.0
北陸圏	216	12.8
中部圏	613	15.7
近畿圏	417	15.1
中国圏	2,270	18.1
四国圏	1,357	20.6
九州圏	1,635	10.7
沖縄県	13	4.5
全国		12.6

注：高齢者割合が50％以上、合計7,878集落
資料：総務省自治行政局過疎対策室『過疎地域の現況』（2007年9月）29頁。
　　（http://www.soumu.go.jp/c-gyousei/2001/kaso/pdf/kasokon19_01_s4.pdf, 2008年11月21日）。

第3章　ひとり暮らし高齢者の社会的孤立問題研究の視点

表3-2　日本における消滅の可能性のある集落の現状　（　）内：％

	10年以内に消滅	いずれ消滅	存　続	不　明	計
北海道	23 (0.6)	187 (4.7)	3,365 (84.2)	423 (10.6)	3,998 (100.0)
東北圏	65 (0.5)	340 (2.7)	11,218 (88.1)	1,104 (8.7)	12,727 (100.0)
首都圏	13 (0.5)	123 (4.9)	1,938 (77.2)	437 (17.4)	2,511 (100.0)
北陸圏	21 (1.3)	52 (3.1)	997 (59.6)	603 (36.0)	1,673 (100.0)
中部圏	59 **(1.5)**	213 (5.5)	2,715 (69.6)	916 (23.5)	3,903 (100.0)
近畿圏	26 (0.9)	155 **(5.6)**	2,355 (85.7)	213 (7.7)	2,749 (100.0)
中国圏	73 (0.6)	**425** (3.4)	10,548 (84.0)	1,505 (12.0)	12,551 (100.0)
四国圏	**90** (1.4)	404 **(6.1)**	5,447 (82.6)	654 (9.9)	6,595 (100.0)
九州圏	53 (0.3)	319 (2.1)	13,634 (89.2)	1,271 (8.3)	15,277 (100.0)
沖縄県	0 (0.0)	2 (0.7)	167 (57.8)	120 (41.5)	289 (100.0)
全　国	423 (0.7)	2,220 (3.6)	52,384 (84.1)	7,246 (11.6)	62,273 (100.0)

2,643集落（4.2％）

注：　**太字**　各消滅の可能性において該当集落数・割合が最も大きい圏域
　　　太字　各消滅の可能性において該当集落数・割合が2番目に大きい圏域
　　　国土交通省・総務省「過疎地域等における集落の状況に関する調査」（平成19年3月とりまとめ）にもとづき筆者が作成
資料：総務省自治行政局過疎対策室『過疎地域の現況』（2007年9月）29頁
　　　（http://www.soumu.go.jp/c-gyousei/2001/kaso/pdf/kasokon19_01_s4.pdf, 2008年11月21日）

て5.4％（2005年／2000年）となっている。ついで，65歳以上の高齢者割合が50％以上の高齢化率のきわめて高い集落は（図3-2），2007年3月現在，全国に7878の集落があり，その割合は12.6％となっている。集落数でみると，中国圏が2270集落と最も多く，ついで九州圏が1635集落，四国圏が1357集落と続いている。集落率では四国圏が20.6％と最も多く，次に中国圏の18.1％，中部圏の15.7％

となっている。さらに消滅の可能性のある集落についてみると（表3-2），「10年以内に消滅」する可能性のある集落が全国で423（0.7%），「いずれ消滅」する可能性のある集落が2220（3.6%），両者あわせて2643集落で，その割合は4.2%となっている。圏域別にみると，「10年以内に消滅」の可能性において該当集落数が最も大きい圏域は四国圏の90，同集落率で最も大きい圏域は中部圏の1.5%である。「いずれ消滅」の可能性において該当集落数が最も大きい圏域は中国圏の425，同集落率で最も大きい圏域は四国圏の6.1%となっている。総務省によれば，今後消滅の可能性のある集落数の変化を1999年時点と2006年時点とで比較すると，集落の消滅は中国，四国をはじめとする各圏域にあり，緩やかながらすべての圏域において増加傾向を示しているとのことである。[3]

　他方，商店街での「シャッター通り」化は全国的に進み，さらに町内会・自治会の衰退や消滅は地域社会を脆弱なものにしている。

　ともあれ，わが国では，労働者の地域移動が激しく，地域の解体が進むことにより親族，地域両方のネットワークが脆弱になり，その結果とりわけ社会的に最も弱い層で孤立問題が深刻化しているのである。いま，わが国の親族関係・地域社会の基盤の弱体化は深刻な事態となっている。それが孤立，孤独問題をもたらす背景の1つにある。

　家族と地域への視点をもたず，現状を所与のものとした孤立問題へのアプローチは，単純な技術主義に陥る傾向がある。現実の問題への対応は必要であるが，それだけで終わってはならない。予防の視点は，家族関係・地域関係の再構築，さらには地域社会の再創造が課題とならざるを得ない。この点は改めてふれたい。

3 政策がつくり出す孤立と餓死，孤独死

　すでに述べたように1990年代に入り，わが国では孤独死あるいは餓死が社会問題として注目されるようになってきた。そしてその背後にある孤立問題にも関心が向けられるようになっている。孤立状態から孤独死や餓死に至る要因については，個人的なものから社会的なものまで幅があるが，わが国の場合，政策が孤立そして餓死，孤独死を生み出している面があることを指摘せざるを得ない。1987年1月の「札幌母親餓死事件」以来，餓死・孤独死事件は発生し続けており，その数が増加しつつあることはすでに指摘したとおりである。

最近の餓死事件について，いくつかの事例を紹介しよう。その第1は1996年の豊島区の母子餓死事件である。1996年4月27日，豊島区のアパートで77歳の母親と41歳の息子が栄養失調で半ミイラ化の状態で発見された。餓死である。死亡推定日は4月4～5日頃とのことである。母親がA6版のノート10冊に書き綴った日記（1993年12月～1996年3月）からうかがえる生活は，悲惨極まるものである。

　母親はふらつき，頭痛，発熱，腰痛を繰り返し，外出はもちろん少しの動きにも大変な苦痛をともなっていた。息子は長期にわたって寝たり起きたりの状態でまったく外出できないようであった。生計費中の食費月額は1994年・95年は3～4万円，95年12月頃からは2万円程度である。食べている物の内容は，駄菓子類がほとんどで，ふらつきや栄養失調からの下痢の繰り返しだった。入浴については，母親は10年，子供は15年ほど入ったことがなく，母親の髪も10年ほど洗っていない。洗濯はここ7，8年ぜんぜんせず，ガスはお茶のお湯を1日2回ほど沸かすだけ，電気はまめ球のみ，というもの。日記の最後（96年3月11日）には「とうとう，今朝までで，私共は，食事が終わった。明日からは何1つ口にするものがない」と書かれている。死亡したと思われる4月4～5日までの期間の母子の苦痛は私たちの想像を超えるものである。

　この事件をめぐって，当時,「母親が他との関係を断つ特異な生活態度をもっていた」とか「プライバシーに関わるから年金課から得た情報で福祉事務所は動けない」とか言われていたが，深刻な生活問題に直面する人ほど，残念ながらその問題解決に関わる公的施策の正しい情報をもたず，さらに生活力そのものの後退がみられるのである。それゆえ行政側からのアプローチが必要となる。

　ところが行政の体制は，非常に消極的となってきていた。生活保護制度はその典型で，1981年のいわゆる「123号通知」以降，生活保護制度がもつ「安全網」の役割は縮小させられてきた。生活保護受給者は1980年の143万人から1996年の89万人へと減少し，この過程で貧困問題はいわば政策的に隠されることとなった。同時に，問題を抱える住民自身が生活保護と結びつけた意識をもてないような機能が働いてきたといえる。その意味で，豊島区の母子餓死事件は起こるべくして起こったものであり，問題の性格は他地域にも普遍性をもつものである。まさに，この事件は氷山の一角であり，政策的につくり出された側面

をもつ(4)。

　川上昌子は，この餓死事件について次のように述べている。

　　第１に，このように純粋に餓死という形で死ぬことは多くはないだろう。都監察医務院調べによると，1994年の病気以外の餓死者は19人ということである。毎年10人から20人の間の餓死者があるようである。これだけの人が死んでいるとしたら十分多いといえるかもしれない。そしてこれらのうち８割は１人暮らしであったものということである。
　　餓死は多くはないと上に書いたのは，実質的には生活にいきづまって亡くなる場合でも，大抵は栄養失調による抵抗力の低下から何らかの病気にかかり，死亡原因としては何らかの病名がつくことになるからである。また路上で，つまり家の外で倒れたのならば，行路病人を含め救急医療の対象となり，そこから社会福祉の施策に結びつけられるかもしれない。
　　第２に，とはいえ，この老婦人と同じような生活状況になる者は少なくないだろう。年金と家賃を比較した時，年金の方が下回ることはままあることである。低家賃の家に引っ越したくても年をとっている者に新たに貸してくれる大家は希だろうし，入居時のまとまったお金を捻出することも，その前に家探しをする労力の点からも非常に困難なことである。
　　この老婦人のように先々困ることはわかっていても，どうにも動きがとれない状況になるだろう。問題は生活保護行政だけではない。彼女は息子と一緒に２人で生きたかったのである。社会福祉の対応は２人を別べつの施設へ収容し，切り離してしまうだろう。したがって，年金や住宅保障の問題でもある。それらの最低限＝ナショナルミニマムが明確でないわが国では同じ状況に追い込まれる可能性は大きいといえる。
　　第３に，現在のわれわれの社会の質が問われなければならないと思う。社会福祉の歴史の研究者である吉田久一先生は，現在ほどエゴイズムとニヒリズムが横行している時代をわたしは知らないと語られる。生活困難にあるものを見過ごし，切り捨てる社会はどうなるのだろう。誰かが注意深くあれば，もしかしたら，この老婦人の窮状を察し，対応することが出来たかもしれないが，現実には誰も，行政も，しなかったのである。誰もしなかったことをわれわれの問題として受け止めるべきであろう。
　　（川上昌子「都会の中の『餓死』」『社会福祉原論読本』〔学文社，2007年〕22-23頁。
　　　　　　　　初出『賃金と社会保障』〔労働旬報社〕1996年９月上旬号）

　こうした政策がつくり出す貧困・孤立そして餓死・孤独死は，これ以降も続発している。そこで最近の餓死事件の事例として第２にあげたいのは，2005年から2007年にかけて北九州市において連続して発生している事件である(5)。

① 2005年1月：八幡東区で，68歳のひとり暮らしの男性が，生活保護の申請をしたが，年金担保融資の使い道を説明できなかったことなどを理由に申請を認められず，ライフラインを止められ，孤独死
② 2006年4月：門司区で，78歳の女性，その長女である49歳の女性が餓死
③ 2006年5月：門司区で，56歳の男性が，無職で収入がなく，2度，生活保護を申請したが，家族の扶養義務を理由に申請を認められず，うっ血性心不全，栄養失調で餓死
④ 2007年7月：小倉北区で，52歳の男性が福祉事務所から生活保護を廃止され，「オニギリ食いたい」との日記を残して餓死

　これらの餓死・孤独死は，明らかに生活保護制度の運用の仕方に問題があると言わなくてはならない。政策がつくり出す孤立そして餓死，孤独死が続いているのである。生活保護制度に限らず，その他の制度・政策の方向性についての認識，政策のあり方についての視点が重要となる。

（3）ひとり暮らし高齢者に限定した研究の意義

　高齢者の孤立問題を考える場合に，問題の深刻さという点でひとり暮らし高齢者の問題をまず最初に検討することは合理的な根拠をもつ。経済的にみると，多くの高齢者はひとり暮らしになると収入が明らかに低下する。またひとり暮らし高齢者の所得が一般に低いことは各種の調査データを引用するまでもないであろう。さらに親族ネットワークはひとり暮らし高齢者にとって大きな意味をもつものの，未婚のひとり暮らし高齢者，親族とのつながりが切れているひとり暮らし高齢者が一定割合で存在し，問題が起こったときの援助という点でこれらのひとり暮らし高齢者は不利な点が多い。他方，地域ネットワークの形成ができず，社会参加活動への参加の程度が低く，諸制度をはじめとする各種情報から取り残されているひとり暮らし高齢者も同様である。餓死・孤独死はひとり暮らし高齢者に多いことも指摘されているとおりである。

　ひとり暮らし高齢者は，社会的に弱い立場にある人が多い。そうした人びとはまた社会的孤立状態にある可能性が大きい。こうした最も弱い立場の高齢者の生活を支える方策を考えることは，そのうえに連なるそれ以外の高齢者・住民の生活問題を防ぐことにもつながるであろう。こうして筆者はまず，社会的孤立問題をひとり暮らし高齢者のところから考察をしたいと思うのである。

ただし，ひとり暮らし高齢者のみが孤立状態にあるわけではない。例えば，高齢者夫婦のみ世帯の孤立状態は，夫婦で支え合っているがゆえに潜在化してみえないことが多い(6)。また，子ども等との同居世帯での高齢者の孤立問題もあり得るであろう。これらについては本書では扱わない。

2 使用するデータ

(1) 港区と鶴見区における調査の概要

次章以下において，筆者が実施した大都市におけるひとり暮らし高齢者の生活実態調査をふまえ，社会的孤立の量と質について考察したい。そこで本書で使用するデータについて若干述べておきたい。本書のデータは，東京都港区におけるひとり暮らし高齢者調査と横浜市鶴見区でのひとり暮らし高齢者調査により得られたものである。調査の概要を述べよう。

1 港区調査（1995年，2004年）

まず，港区ひとり暮らし高齢者調査は，過去2回実施した。2回とも調査主体は港区社会福祉協議会であるが，調査の設計から集計，報告書の執筆まで筆者の研究室が行った。第1回目の調査は1995年（調査時点：1995年1月15日現在）で，悉皆（全数）調査であり，回収数は1963ケース，回収率は72.6%であった。第2回目の調査は2004年に実施された。2004年調査（調査時点：2004年12月1日現在）はひとり暮らし高齢者の40%抽出による調査で，その回収数は964ケース，回収率は57.9%であった。この調査では2次調査として訪問面接を2005年3～4月に実施している。

2 鶴見区調査（2006年）

次に鶴見区のひとり暮らし高齢者調査では，民生委員が住民基本台帳上のひとり暮らし高齢者全員1万1670人を対象に訪問し，実質ひとり暮らしである世帯に調査票を渡し，後日回収した。調査は横浜市鶴見区の委託で筆者の研究室が行った。この調査の対象は，実質ひとり暮らしであることが確認された高齢者である。その数は5998名であった。調査の回数総数は4226名，回収率は70.5%

となった。

　訪問対象数が1万世帯を超えることから民生委員の負担を考慮して，次のように前期高齢者と後期高齢者の2つに分けて調査を実施した。

① 前期高齢者（65～74歳）調査

　住民基本台帳のひとり暮らし前期高齢者全員5556人（2005年10月31日現在）を鶴見区の民生委員が直接訪問し，実質ひとり暮らしかどうかを確認し，実質ひとり暮らしの高齢者に調査票を配布し，その後民生委員が再度訪問し回収した。調査時点は2006年1月1日現在。有効回収数は2565ケース，有効回収率は75.1％。2次調査は2006年7月で，日記による1週間の生活調査を含む。

② 後期高齢者（75歳以上）調査

　住民基本台帳のひとり暮らし後期高齢者全員6114人（2006年6月15日現在）を鶴見区の民生委員が直接訪問し，実質ひとり暮らしかどうかを確認し，実質ひとり暮らしの高齢者に調査票を配布した後，郵送で回収した。調査時点は2006年10月1日現在。有効回収数は1661ケース，有効回収率は64.3％。2次調査は2007年2月で，日記による1週間の生活調査を含む。

　さて，港区と鶴見区の調査結果にふれる前に，それぞれの地域の特徴をみておく必要があろう。

（2）港区と鶴見区の地域特性

■1 港区の地域特性

　港区の人口は，2008年12月1日現在で19万8487人である。戦後の人口の推移をみると，1960年が26万7024人で戦後の最高数となり，以後減少傾向を示し，1980年には20万1257人，1985年には19万4591人と20万人を割り，1990年15万8499人，1995年には14万4885人となっている。この1995年が戦後最も少ない人口数となった。その後は微増傾向であったが，2000年以降，明確な増加傾向に転じた。区の総人口は2000年に15万9398人，2003年に16万4171人，2005年には17万971人となり，前述のとおり，いま20万人に迫る勢いである。こうした人口増加は，1996年，臨海副都心開発によるお台場地区開発から始まり，2000年以降は，地価と住宅価格の値下がりを背景に中高層の住宅建設が進んでいることによると言われる。

　港区は，どのような産業構造になっているのか。表3-3は，2006年の東京

表3-3 東京都および港区における産業大分類別事業所(2006年)

( )内:%

	東京都	港　区
総　　数	690,556 (100.0)	44,916 (100.0)
農　業	322 (0.0)	7 (0.0)
林　業	27 (0.0)	2 (0.0)
漁　業	6 (0.0)	3 (0.0)
鉱　業	79 (0.0)	9 (0.0)
建設業	43,157 (6.2)	1,164 (2.6)
製造業	63,104 (9.1)	1,791 (4.0)
電気・ガス・熱供給・水道業	451 (0.1)	46 (0.1)
情報通信業	21,326 (3.1)	3,536 (7.9)
運輸業	20,435 (3.0)	1,045 (2.3)
卸売・小売業	176,284 (25.5)	9,251 (20.6)
金融・保険業	9,830 (1.4)	918 (2.0)
不動産業	51,676 (7.5)	2,966 (6.6)
飲食店,宿泊業	100,909 (14.6)	7,946 (17.7)
医療,福祉	40,143 (5.8)	1,665 (3.7)
教育,学習支援業	20,343 (2.9)	675 (1.5)
複合サービス事業	2,693 (0.4)	150 (0.3)
サービス業(他に分類されないもの)	137,639 (19.9)	13,670 (30.4)
公務(他に分類されないもの)	2,132 (0.3)	72 (0.2)

資料：http://www.toukei.metro.tokyo.jp/jigyou/2006/jg06t21200.htm (2008年12月27日) にもとづき筆者が作成

都および港区の産業大分類別事業所数およびその構成割合をみたものである。港区の事業所についてみると，「サービス業（他に分類されないもの）」が30.4％と最も多く，ついで「卸売・小売業」が20.6％，「飲食店，宿泊業」が17.7％，「情報通信業」が7.9％，「不動産業」が6.6％であり，これらが主なものである。広い意味でのサービス業が多い地域であるが，「情報通信業」が1割弱を占めるのも港区の特徴と言える。

さて，前述のとおり最近は人口増加の傾向にある港区であるが，1985年を基点に2007年までの人口増の割合をみると（表3-4），1985～2000年の期間では，区全体でマイナス21.2％，1985～2007年の期間をとるとマイナス5.9％となっている。そして2008年12月1日現在の人口は，1985年の数字を上回ることとなった。確かに区全体としては人口数はプラスに転じてきている。しかしながら，表3-4のとおり，町名ごとにその動向をみると，依然として人口減の著

表3-4　港区町名別人口の推移

町名＼年	1985	1995	2000	2005	2007	増加率（％） 1985／2000	増加率（％） 1985／2007
台場	0	4	3,143	4,428	5,068	—	—
東新橋	461	287	268	1,427	1,520	-41.9	229.7
港南	5,206	4,607	5,565	7,443	13,397	6.9	157.3
海岸	2,861	2,810	2,851	4,337	4,794	-0.3	67.6
麻布十番	4,820	3,996	4,376	5,089	5,519	-9.2	14.5
芝浦	8,710	9,025	8,638	8,446	9,402	-0.8	7.9
白金	14,723	12,454	12,822	13,378	14,898	-12.9	1.2
高輪	19,061	14,930	15,004	17,647	18,863	-21.3	-1.0
東麻布	3,938	2,781	2,975	3,644	3,823	-24.5	-2.9
三田	15,681	12,314	13,860	14,298	14,886	-11.6	-5.1
南麻布	12,499	10,345	10,888	11,603	11,828	-12.9	-5.4
西麻布	9,416	7,022	7,298	8,589	8,613	-22.5	-8.5
麻布狸穴町	317	255	253	290	287	-20.2	-9.5
白金台	11,973	10,063	9,643	9,607	9,970	-19.5	-16.7
芝	12,425	8,175	8,029	9,215	10,299	-35.4	-17.1
芝公園	1,205	774	766	797	959	-36.4	-20.4
元麻布	4,691	3,612	3,520	3,707	3,707	-25.0	-21.0
麻布台	1,984	1,409	1,427	1,474	1,555	-28.1	-21.6
赤坂	14,315	9,482	10,270	10,952	11,062	-28.3	-22.7
六本木	11,703	8,290	7,732	8,432	8,929	-33.9	-23.7
北青山	5,747	3,891	3,618	4,532	4,268	-37.0	-25.7
麻布永坂町	215	144	130	138	152	-39.5	-29.3
芝大門	1,924	1,287	1,340	1,323	1,360	-30.4	-29.3
南青山	18,653	13,776	13,507	13,082	13,072	-27.6	-29.9
元赤坂	909	716	535	509	553	-41.1	-39.2
虎ノ門	4,111	2,586	2,307	2,152	2,239	-43.9	-45.5
新橋	4,362	2,700	2,359	2,139	2,216	-45.9	-49.2
浜松町	2,096	1,007	959	957	956	-54.2	-54.4
西新橋	2,484	1,343	1,128	1,067	1,115	-54.6	-55.1
愛宕	675	256	183	269	300	-72.9	-55.6
合計	197,165	150,341	155,394	170,971	185,610	-21.2	-5.9

資料：港区住民基本台帳各年1月1日現在

しい町がほとんどであることに気がつく。人口増となった地域でも，住民が大規模に入れ替わっており，そのことが地域生活の安定性を大きく揺るがす要因となっていることは明白である。

　1985～2000年の期間の町名別傾向をみると，人口の減少が著しい町としては愛宕のマイナス72.9％を筆頭に，西新橋のマイナス54.6％，浜松町のマイナス

54.2％，新橋のマイナス45.9％，虎ノ門のマイナス43.9％の順になっている。港南が唯一プラスの6.9％であった。

次に1985〜2007年の期間でみるとどうか。最も減少が著しいのは，1985〜2000年の期間と同じく愛宕のマイナス55.6％，ついで西新橋のマイナス55.1％，浜松町のマイナス54.4％，新橋のマイナス49.2％，虎ノ門のマイナス45.5％となっている。これらは1985〜2000年の期間と同じ順番であった。他方，人口が増えている主な町は，東新橋229.7％，港南157.3％，海岸67.6％，麻布十番14.5％である。台場は1985年には無人であったが，2007年には5068人となった。表3-4に示したとおり，台場から白金までの7町（台場，東新橋，港南，海岸，麻布十番，芝浦，白金）は人口増加地域である。その他のほとんどでは人口減少の割合が低くなっているものの，減少は依然として続いている。そのなかで西新橋，浜松町，新橋，虎ノ門，南青山で人口減少率が1985〜2000年の期間よりも増加していることは，注意を要する。

このように港区を町名ごとにみると，地域住民の流出・流入が激しく，地域社会としては非常に不安定であると言わなくてはならない。

他方，港区は昼間人口指数が高い。国勢調査でみると，2005年では489となっている。昼間の人口が約5倍にもなっているのである。港区は大企業の本社が多く，それが豊かなイメージをつくり上げている。また最近の傾向であるが，高額所得者が区内に移り住み，区の税収額を増加させてきている。2006年度の港区の一般会計の決算をみると，68億8306万4000円の黒字となっている[7]。このように，一般会計の決算のみでみても他の自体とは比較にならないほどの余裕のある状況で，まさに日本のトップレベルの豊かな自治体と言ってよいだろう。

さて，港区の高齢者人口の割合は1995年時点で15.1％であったが，2005年現在は18.1％となった。10年間で3ポイントの増である。ところが，次に示すようにひとり暮らし高齢者の増加は著しい。

表3-5によって，ひとり暮らし高齢者の出現率（高齢者のいる世帯中のひとり暮らし高齢者の割合）の年次推移をみると，1975年に12.9％であったものが，1985年に20.4％，1995年に31.5％，2000年に38.4％そして2005年には42.6％と著しい増加の傾向を示している。港区のこの出現率について，全自治体のなかでの順位を示すと次のようになる。データはすべて国勢調査によるものである

表3-5 港区における高齢者のいる世帯およびひとり暮らし高齢者世帯の推移

年	高齢者のいる世帯の数(A)	ひとり暮らし高齢者世帯数(B)	ひとり暮らし高齢者世帯の出現率(B÷A×100)(%)
1975	13,471	1,734	12.9
1980	15,565	2,569	16.5
1985	16,660	3,399	20.4
1990	16,206	4,379	27.0
1995	17,775	5,599	31.5
2000	21,420	8,233	38.4
2005	24,789	10,559	42.6

資料：国勢調査（各年）

が，1995年時点では全自治体中123位であったものが，2000年には37位，2005年には13位となった。

　東京都内での港区の位置づけはどうか。表3-6に明らかなように，港区のひとり暮らし高齢者の出現率は，2005年現在，島嶼部を除いて第１位となっている。2000年時点では１位が豊島区（40.3％），２位が港区（38.4％）の順位であったが，この５年間に豊島区を追い越して，港区が１位となった（付表3，4参照）。このように港区のひとり暮らし高齢者の出現率は，都内では島嶼部を除いて１位であり，全国では13位という高い位置にある。

　ところで，当然のことながら，以上のひとり暮らし高齢者がすべて実質ひとりの暮らしをしているとは言えない。住民票上，世帯は分離していても同一敷地内に子どもの家族が住んでいる場合もあるだろうし，また近所に兄弟あるいは姉妹がいることもある。港区は，1982年から民生委員を調査員として，実質ひとり暮らしの高齢者数を把握する調査を実施している。港区によれば，この調査でひとり暮らし高齢者とは「近隣（同一建物等）に，３親等以内（親，子，兄弟姉妹，孫，おじ，おば，甥，姪，ひ孫）の親族のいない人」とされている。この調査の初期には，「近隣」を「半径500メートル以内」という定義もあったが，今は厳密には考えていないとのことである。

　図3-3は，1985年から今日までの主要年における数の推移をグラフにしたものである。このグラフをみると，ひとり暮らし高齢者の数は，増加傾向にあることがわかる。そして2006年からその数が急に増えている。これは調査方法の変更によるところが大きい。

表3-6　東京都におけるひとり暮らし高齢者出現率（2005年）

		人口	65歳以上人口割合(%)	単身高齢者数	65歳以上人口	高齢者のいる世帯数	出現率A(%)	出現率B(%)
	東京都	12,576,601	18.3	498,443	2,295,527	1,611,556	21.7	30.9
1	青ヶ島村	214	12.1	17	26	24	65.4	70.8
2	御蔵島村	292	16.1	23	47	34	48.9	67.6
3	小笠原村	2,723	8.5	82	232	178	35.3	46.1
4	港区	185,861	17.7	10,559	32,983	24,789	32.0	42.6
5	利島村	308	22.7	21	70	50	30.0	42.0
6	豊島区	250,585	19.6	15,261	49,158	36,367	31.0	42.0
7	新宿区	305,716	18.6	17,237	56,746	41,938	30.4	41.1
8	渋谷区	203,334	18.1	10,885	36,892	26,950	29.5	40.4
9	大島町	8,702	28.6	697	2,487	1,749	28.0	39.9
10	三宅村	2,439	37.4	258	911	659	28.3	39.2
11	中央区	98,399	16.3	4,579	15,998	11,857	28.6	38.6
12	八丈島町	8,837	28.6	668	2,524	1,793	26.5	37.3
13	杉並区	528,587	18.6	25,896	98,350	70,415	26.3	36.8
14	台東区	165,186	22.8	9,910	37,719	27,080	26.3	36.6
15	中野区	310,627	18.2	14,903	56,518	41,067	26.4	36.3
16	千代田区	41,778	20.2	2,141	8,422	6,003	25.4	35.7
17	文京区	189,632	18.3	8,792	34,721	25,068	25.3	35.1
18	目黒区	264,064	17.6	11,526	46,361	33,204	24.9	34.7
19	北区	330,412	21.6	17,930	71,497	51,790	25.1	34.6
20	品川区	346,357	18.0	15,672	62,121	45,604	25.2	34.4
21	板橋区	523,083	18.7	23,193	98,017	68,779	23.7	33.7
22	武蔵野市	137,525	17.6	5,679	24,244	16,909	23.4	33.6
23	世田谷区	841,165	16.9	33,767	142,197	101,337	23.7	33.3
24	三鷹市	177,016	18.0	7,056	31,889	22,094	22.1	31.9
25	国立市	72,667	17.4	2,849	12,678	8,931	22.5	31.9
26	墨田区	231,173	20.2	10,626	46,658	33,716	22.8	31.5
27	大田区	665,674	18.4	27,676	122,342	88,172	22.6	31.4
28	小金井市	114,112	17.2	4,218	19,610	13,492	21.5	31.3
29	練馬区	692,339	18.9	28,418	130,755	91,529	21.7	31.0
30	立川市	172,566	17.9	6,645	30,918	21,524	21.5	30.9
31	荒川区	191,207	20.8	8,588	39,762	28,161	21.6	30.5
32	江東区	420,851	17.3	15,469	72,739	52,732	21.3	29.3
33	福生市	61,074	16.9	2,036	10,291	7,042	19.8	28.9
34	調布市	216,119	16.7	7,143	36,007	24,922	19.8	28.7
35	足立区	624,807	19.8	24,692	123,586	87,029	20.0	28.4
36	狛江市	78,319	18.2	2,832	14,288	9,992	19.8	28.3
37	清瀬市	73,529	21.5	2,866	15,777	10,168	18.2	28.2
38	西東京市	189,735	18.7	6,865	35,575	24,476	19.3	28.0
39	東村山市	144,929	20.3	5,175	29,382	19,007	17.6	27.2
40	府中市	245,562	16.1	7,331	39,578	26,971	18.5	27.2
41	葛飾区	424,878	19.8	15,720	84,332	59,095	18.6	26.6
42	国分寺市	117,604	17.4	3,670	20,437	13,915	18.0	26.4
43	昭島市	110,143	17.9	3,475	19,673	13,249	17.7	26.2
44	東久留米市	115,330	19.6	4,036	22,561	15,532	17.9	26.0
45	江戸川区	653,944	15.4	18,201	100,653	71,286	18.1	25.5
46	小平市	183,796	17.4	5,290	31,926	21,293	16.6	24.8
47	新島村	3,161	31.3	164	990	662	16.6	24.8
48	多摩市	145,877	15.8	3,751	22,980	15,488	16.3	24.2
49	町田市	405,534	18.2	12,043	73,705	50,046	16.3	24.1
50	東大和市	79,353	18.2	2,387	14,435	9,977	16.5	23.9
51	日野市	176,538	17.2	4,898	30,366	20,498	16.1	23.9
52	武蔵村山市	66,553	17.3	1,797	11,482	7,924	15.7	22.7
53	八王子市	560,012	17.2	14,075	96,210	63,084	14.6	22.3
54	稲城市	76,492	14.2	1,590	10,888	7,143	14.6	22.3
55	檜原村	2,930	40.6	153	1,190	693	12.9	22.1
56	奥多摩町	6,741	36.6	303	2,465	1,403	12.3	21.6
57	青梅市	142,354	18.8	3,172	26,814	15,429	11.8	20.6
58	羽村市	56,514	15.8	1,163	8,912	5,843	13.0	19.9
59	神津島村	2,068	24.9	66	514	334	12.8	19.8
60	瑞穂町	33,691	17.0	573	5,721	3,563	10.0	16.1
61	あきる野市	79,587	19.2	1,499	15,308	9,596	9.8	15.6
62	日の出町	15,941	23.8	236	3,799	1,901	6.2	12.4

注：出現率A＝（単身高齢者数÷65歳以上人口）×100
　　出現率B＝（単身高齢者数÷高齢者のいる世帯数）×100
資料：2005年国勢調査にもとづき筆者が作成

図3-3　港区におけるひとり暮らし高齢者数の推移

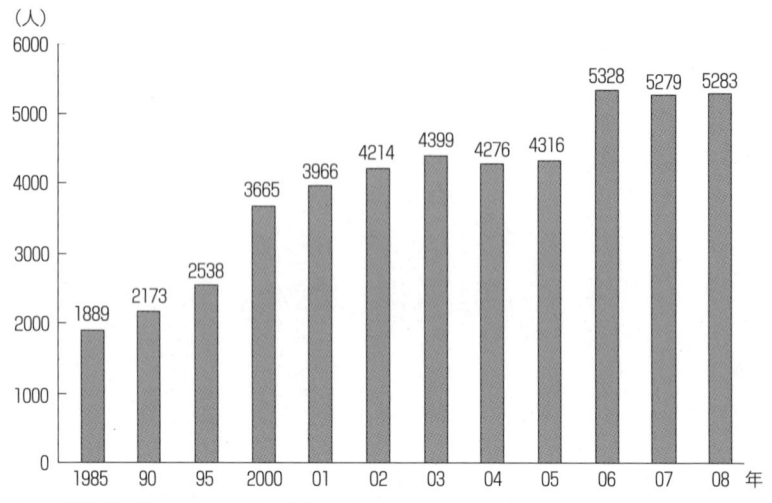

(人)
- 1985: 1889
- 90: 2173
- 95: 2538
- 2000: 3665
- 01: 3966
- 02: 4214
- 03: 4399
- 04: 4276
- 05: 4316
- 06: 5328
- 07: 5279
- 08: 5283

資料：港区保健福祉部のデータにもとづき筆者が作成

　2005年までの調査は，初年度すなわち1982年の住民票のひとり暮らし高齢者の全数調査を実施したリストに，毎年，その年65歳になる単身の高齢者を民生委員が訪問して，実質ひとり暮らしかどうかを確認し，ひとり暮らしの者をリストに加え，他方，亡くなった者はリストから外す方式をとってきた。

　区の調査担当者によれば，この従来方式ではひとり暮らし高齢者の捕捉が十分ではないという認識から，2006年度から次のような調査方法に変更したとのことである。新方式は，住民基本台帳で単身の65〜69歳は郵送調査，70歳以上は民生委員による訪問調査で実質ひとり暮らしの高齢者を確定するというものである。この調査を3年ごとに行い，中間年は，従来方式の調査を行った。新方式による調査の結果，2006年で5328人，2007年で5279人，2008年で5283人という実質ひとり暮らしの高齢者数が明らかになった。ただし，新方式の3年に1度の大規模調査では65〜69歳の郵送による調査は回収率が低く（例えば2006年調査では30％程度の回収率），調査担当者によれば，新方式によって把握されたこれらの数字も実態よりは少ない数字と考えるべきだとのことである。

　いずれにしても，港区におけるひとり暮らし高齢者の増加傾向は深刻と言える。

2 鶴見区の地域特性

2005年の国勢調査によれば,横浜市鶴見区の人口は26万4548人,65歳以上人口の割合は15.8%となっている。人口の推移をみると,1945年の9万5290人から一貫して増加してきたが,1968年7月の26万777人をピークに減少傾向を示し,1981年4月には22万9945人までに減少している。その後は横這いまたは緩やかな増加傾向を示している。2008年12月1日現在の人口は26万9764人となっている。

鶴見区は港区同様,広い意味での東京圏に位置する。まさに大都市の特徴をもつが,港区と鶴見区では地域特性はかなりの違いがある。

鶴見区は川崎市に隣接し,海岸地域は大工場地帯,内陸地域は丘が連なる住宅地となっている。2005年の産業分類をみると(表3-7),第1次産業は0.1%,第2次産業は27.9%,第3次産業は71.9%となっている。鶴見区は京浜工業地帯の中核の1つであり,製造業とりわけ工業関係の事業所が多い。

2005年の工業関係の事業所数は494で,そのうち,最も多い業種は一般機械の125事業所(構成比25.3%)で,ついで金属製品の116事業所(同23.5%),電気機械の46事業所(同9.3%)となっており,この3業種で全体の58.1%を占めている。このように機械,金属関係の事業所のみで全体の6割近くを占めている(図3-4)。

表3-7 鶴見区における産業大分類別就業者数(2005年)

		実数	割合(%)	産業別割合(%)
第1次産業	農林水産業	172	0.1	0.1
第2次産業	建設業	15,321	11.2	27.9
	製造業	22,938	16.7	
第3次産業	情報通信	8,516	6.2	71.9
	運輸業	9,669	7.1	
	卸売・小売業	22,452	16.4	
	飲食店・宿泊業	7,347	5.4	
	サービス業	23,462	17.1	
	その他	27,069	19.8	
	合計	136,946	100.0	100.0

注:その他の内訳は電気・ガス・熱供給・水道業,金融・保険業,不動産業,医療・福祉,教育・学習支援,複合サービス業,公務,分類不能
資料:『2006年度つるみ区の白書』(鶴見区,2007年)16頁のデータにもとづき筆者が作成

図3-4　鶴見区における事業所の種類（2005年）

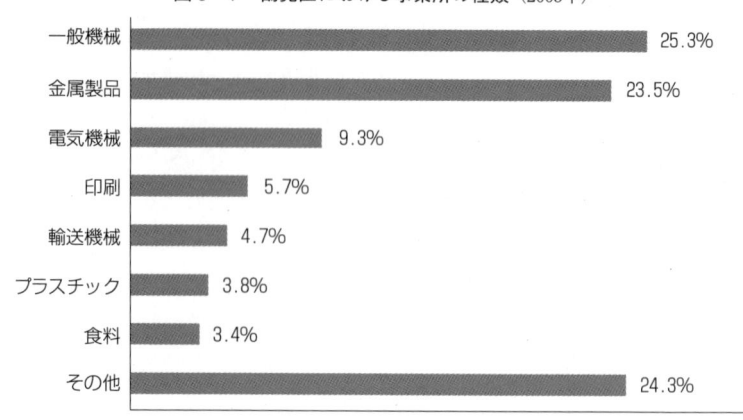

- 一般機械　25.3%
- 金属製品　23.5%
- 電気機械　9.3%
- 印刷　5.7%
- 輸送機械　4.7%
- プラスチック　3.8%
- 食料　3.4%
- その他　24.3%

資料：『2006年度つるみ区の白書』（鶴見区，2007年）21頁のデータから筆者が作成

図3-5　鶴見区における産業別従業者数（2005年）

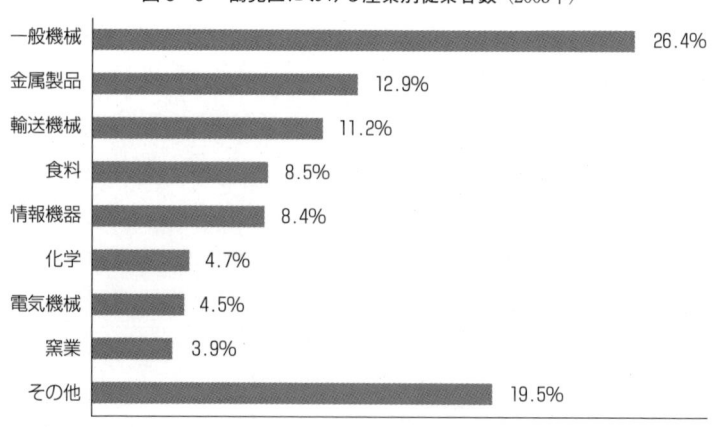

- 一般機械　26.4%
- 金属製品　12.9%
- 輸送機械　11.2%
- 食料　8.5%
- 情報機器　8.4%
- 化学　4.7%
- 電気機械　4.5%
- 窯業　3.9%
- その他　19.5%

資料：『2006年度つるみ区の白書』（鶴見区，2007年）21頁のデータから筆者が作成

　次に同年の工業関係の産業別従業者数をみてみよう。まず従業者総数は1万4824人である。産業別に構成割合をみると（図3-5），一般機械が26.4%と最も多く，ついで金属製品が12.9%，輸送機械が11.2%となっている。この3事業所の従業者数は，全体の50.5%を占める。
　近年，鶴見区では第2次産業の製造業の就業者が減少傾向にあるものの，生

産現場労働者が多い町であることは確かである。

　昼夜間人口比率は2005年現在で93.0％と，流出超過となっている。この比率は1980年の106.1％をピークに，その後減少傾向にあり，1990年以降100を下回って現在に至っている。

　高齢者人口比率は，1990年に10.1％と１割を超え，2005年には15.6％となっている[8]。

　さて，次に国勢調査によって鶴見区におけるひとり暮らし高齢者の出現率がどういう位置にあるのかをみてみよう。付表２の2005年における「全市区町村別ひとり暮らし高齢者出現率」を見ていただきたい。鶴見区は，この時点で人口26万4548人，高齢者人口比率は15.8％，ひとり暮らし高齢者は8201人，ひとり暮らし高齢者の出現率（Ｂ）は27.2％となっており，この表では406位のところに鶴見区がある。ただし，この数字は，同じ出現率の自治体が複数あるので，実際の順位ではない。また，鶴見区のひとり暮らし高齢者の数は，国勢調査では8201人とあるが，区の住民基本台帳上では１万2000人弱（前述の私たちが実施した調査の時点では住民基本台帳上で前期高齢者が5556人，後期高齢者が6114人，合計１万1670人）と差が大きい。なぜ国勢調査の数字が少ないのかについては，今のところ不明である。

　ともあれ，この表から鶴見区のひとり暮らし高齢者の出現率は全国の自治体中で上から400番台に位置していることがわかる。では，神奈川県下での鶴見区の位置はどうか。表３-８のとおり，鶴見区は県下で上から７番目に位置する。第１位は横浜市中区，ついで西区，南区と続き，以下，川崎市川崎区，湯河原町，神奈川区そして鶴見区となる。

　さて，ここで鶴見区の住民の生活状態の特徴についてもう少しふれておきたい。ひとり暮らし高齢者は一般に所得水準も低くなる。筆者は，1990～1991年に低所得者を中心とした住民組織である「横浜市鶴見生活と健康を守る会」の全会員790世帯を対象に，生活実態調査を実施した[9]。

　図３-６は，この調査の調査対象者本人の生涯最長職をみたものである。「単純労働者」と「販売・生産労働者」の２つで45.2％と全体の約半分を占めているように，不安定就業層が多いことがわかる。「単純労働者」の仕事の例示としては「清掃，建築，木材会社，失業対策事業，手伝い，付添い，建設作業員，守衛，雑役婦，土木職，高齢者事業団，警備，会社パート，土方，炭鉱夫，港

表3-8 神奈川県におけるひとり暮らし高齢者出現率（2005年）

順位		人口	65歳以上人口割合(%)	単身高齢者数	65歳以上人口	高齢者のいる世帯数	出現率A(%)	出現率B(%)
	神奈川県	8,791,597	16.8	226,119	1,480,262	1,007,366	15.3	22.4
	横浜市	3,579,628	16.9	97,621	603,839	410,830	16.2	23.8
	川崎市	1,327,011	14.6	32,877	194,176	133,496	16.9	24.6
1	横浜市中区	140,167	19.0	6,186	26,596	17,843	23.3	34.7
2	横浜市西区	84,944	18.9	3,751	16,091	11,406	23.3	32.9
3	横浜市南区	196,822	20.2	8,483	39,705	28,465	21.4	29.8
4	川崎市川崎区	203,804	18.3	7,685	37,323	26,276	20.6	29.2
5	湯河原町	27,430	27.1	1,355	7,437	4,850	18.2	27.9
6	横浜市神奈川区	221,845	17.0	7,350	37,800	26,492	19.4	27.7
7	横浜市鶴見区	264,548	15.8	8,201	41,800	30,130	19.6	27.2
8	横浜市磯子区	163,525	19.3	5,880	31,543	21,897	18.6	26.9
9	逗子市	58,033	25.3	2,644	14,680	10,102	18.0	26.2
10	川崎市幸区	144,487	17.4	4,674	25,108	17,892	18.6	26.1
11	川崎市中原区	210,543	13.1	5,019	27,662	19,301	18.1	26.0
12	横浜市保土ヶ谷区	204,266	18.9	6,640	38,605	26,302	17.2	25.2
13	川崎市高津区	201,792	12.7	4,354	25,564	17,649	17.0	24.7
14	横浜市港北区	311,722	14.4	7,315	44,795	30,909	16.3	23.7
15	鎌倉市	171,158	24.4	6,589	41,830	27,978	15.8	23.6
16	川崎市多摩区	205,389	13.2	4,156	27,078	18,348	15.3	22.7
17	藤沢市	396,014	16.5	10,007	65,408	44,564	15.3	22.5
18	横須賀市	426,178	21.0	13,659	89,292	60,967	15.3	22.4
19	大和市	221,220	15.3	5,253	33,883	23,472	15.5	22.4
20	茅ヶ崎市	228,420	18.3	6,266	41,721	28,347	15.0	22.1
21	横浜市旭区	249,680	20.2	7,310	50,552	33,209	14.5	22.0
22	横浜市金沢区	210,658	18.0	5,666	38,023	26,039	14.9	21.8
23	平塚市	258,958	17.6	6,722	45,563	30,920	14.8	21.7
24	真鶴町	8,714	26.6	363	2,320	1,673	15.6	21.7
25	座間市	128,174	15.1	2,889	19,387	13,622	14.9	21.2
26	川崎市麻生区	153,101	16.3	3,316	24,890	16,092	13.3	20.6
27	葉山町	31,531	23.5	1,043	7,423	5,084	14.1	20.5
28	川崎市宮前区	207,895	12.8	3,673	26,551	17,938	13.8	20.5
29	川崎市港南区	221,837	17.7	5,377	39,338	26,613	13.7	20.2
30	横浜市緑区	169,831	15.7	3,542	26,693	17,548	13.3	20.2
31	相模原市	628,698	14.6	12,519	92,011	62,174	13.6	20.1
32	小田原市	198,741	19.9	5,403	39,538	26,887	13.7	20.1
33	横浜市瀬谷区	127,405	18.3	3,133	23,329	15,605	13.4	20.1
34	二宮町	30,247	22.0	894	6,650	4,514	13.4	19.8
35	横浜市青葉区	295,603	12.3	4,753	36,502	24,007	13.0	19.8
36	横浜市戸塚区	261,616	16.7	5,656	43,752	28,806	12.9	19.6
37	三浦市	49,861	23.9	1,514	11,903	7,860	12.7	19.3
38	横浜市栄区	123,802	18.4	2,965	22,721	15,488	13.0	19.1
39	相模湖町	10,347	20.6	263	2,132	1,397	12.3	18.8
40	横浜市都筑区	179,008	10.6	2,330	18,921	12,440	12.3	18.7
41	厚木市	222,403	13.8	3,850	30,590	20,882	12.6	18.4
42	大磯町	32,590	22.7	902	7,407	5,013	12.2	18.0
43	秦野市	168,317	15.7	3,167	26,502	17,741	12.0	17.9
44	松田町	12,399	21.9	341	2,714	1,911	12.6	17.8
45	横浜市泉区	152,349	17.8	3,083	27,073	17,631	11.4	17.5
46	伊勢原市	100,579	15.3	1,798	15,367	10,359	11.7	17.4
47	海老名市	123,764	14.3	1,950	17,644	11,881	11.1	16.4
48	綾瀬市	81,767	15.3	1,378	12,496	8,634	11.0	16.0
49	寒川町	47,457	15.3	730	7,243	4,834	10.1	15.1
50	津久井町	28,695	17.6	508	5,053	3,528	10.1	14.4
51	城山町	23,067	15.4	352	3,544	2,463	9.9	14.3
52	藤野町	10,823	23.1	201	2,500	1,433	8.0	14.0
53	清川村	3,507	20.4	59	717	422	8.2	14.0
54	山北町	12,655	24.7	294	3,128	2,121	9.4	13.9
55	愛川町	42,045	15.3	607	6,445	4,434	9.4	13.7
56	南足柄市	44,134	19.9	798	8,800	5,878	9.1	13.6
57	開成町	15,123	18.6	222	2,807	1,698	7.9	13.1
58	大井町	17,530	15.8	226	2,763	1,885	8.2	12.0
59	中井町	10,173	19.1	116	1,944	1,205	6.0	9.6
60	箱根町	14,206	24.0	222	3,405	2,307	6.5	9.6

注：出現率A＝（単身高齢者数÷65歳以上人口）×100
　　出現率B＝（単身高齢者数÷高齢者のいる世帯数）×100
資料：2005年国勢調査にもとづき筆者が作成

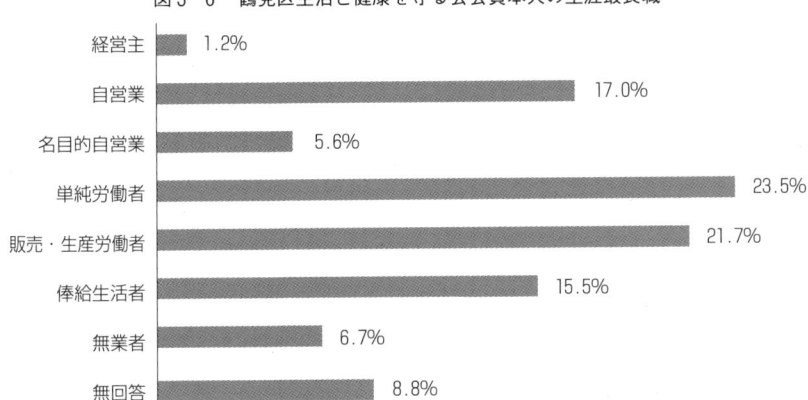

図3-6　鶴見区生活と健康を守る会会員本人の生涯最長職

- 経営主　1.2%
- 自営業　17.0%
- 名目的自営業　5.6%
- 単純労働者　23.5%
- 販売・生産労働者　21.7%
- 俸給生活者　15.5%
- 無業者　6.7%
- 無回答　8.8%

資料：河合克義「都市における貧困・低所得層の生活と地域―横浜市鶴見生活と健康を守る会会員生活実態調査報告（その1）」〔本章の注(9)参照，9頁〕

湾労働者，土工夫」があり，また「生産労働者」の例示として「日雇電気工事，フォークリフト運転，ネジ加工，菓子製造，旋盤，板金，化学工場，鉄工，電気会社，おもちゃ会社，縫製，鉄筋加工，溶接，グリス製造，ゴム工場，特殊製鋼，和裁，塗装，印刷，トンネル工夫，造船，製本業」等があった。

　この調査は全会員に対する調査であったが，筆者は高齢者の120世帯を取り出し，その生活上で直面している諸問題を明らかにしようとした。その概要を述べると次のようになる。

　鶴見生活と健康を守る会会員全体の平均年齢は56.9歳であり，この組織は中高年層からなっていると言える。65歳以上の者が全体の35.2%，そのうち女性が65.8%を占めている。高齢者世帯のうち，ひとり暮らし高齢者世帯が54.2%と半数以上を占め，夫婦のみ世帯が18.3%となっている。生涯最長職では単純労働者が32.5%と販売・生産労働者が18.3%，両者をあわせて50.8%であり，彼らは不安定で低い賃金生活を送ってきたと言える。年間所得も150万円未満の者が53.3%となっている。また高齢者世帯の35.8%が生活保護を受給している。

　住宅の状況については，持ち家が48.4%，借家・アパート等に住む者は51.6%である。そのうち，アパートに住む高齢者でトイレ共用の者が31.3%，お風呂

がない者が64.8％となっている。借家・アパートに住む者でお風呂がない者となると76.1％にもなる。その家賃は5万円未満が71.0％となっていることからしても，高齢者の住宅環境は悪く，それに関する悩み，困り事は深刻であった。

　第1次調査から高齢者の生活を，①最長職，②年間所得，③住宅，④家族形態の4つの指標で類型化した。その分布は次のとおりである。

A：自立同居型　　10.3％
B：自立可能型　　 9.3％
C：非自立同居型　10.3％
D：不安定独立型　16.5％
E：困窮型　　　　53.6％

　生活と健康を守る会が低所得者を中心とする地域住民を組織対象としているとはいえ，高齢者世帯においては困窮型のみで半数以上を占め，さらに不安定独立型の層も含めると7割にもなっていることは予想を超えるものであった。

　上記の困窮型に分類される事例を1つだけ紹介したい。

　Aさんは73歳の女性で，3歳で父の友人（艀の船乗り）のところへ養子として出された。教育はまったく受けていない。17歳で養父が亡くなったため船を出てから，水商売などを転々とした。宮大工をしていた最初の夫と結婚したが，1年で夫が結核で亡くなり，兄のやっていた艀を手伝いながら子育てをする。21歳で兄のところを出て自殺しようとしたが警察に止められた経験をもつ。その後，土木現場でセメントの袋集めなどをする雑役をして生活していた。22歳で土木現場で働いていた人と再婚し，飯場を開いて，7年間そこで飯炊きをした。飯場が火事で焼けたため夫が出稼ぎに行くようになった。Aさんは農家で草取りなどの軽作業をしていた。45歳で現在の居住地に引っ越してきてからは，運送会社の電話番をしていたが，怪我をして辞めた。50歳から60歳の定年までは材木屋の雑役をし，その後はビル清掃の仕事を5年間，そして高齢者事業団の仕事を5年間した。夫とは55歳の頃に離婚している。

　Aさんは，2次調査のあと病死されるまで，生活と健康を守る会の班長をし，守る会事務所の電話番をしていた。筆者にも事務所でいろいろな話をしてくださった。5人の子どもとは別居し，ひとり暮らしであった。自分のことを年寄りだと思い，しかし自分は幸福で，孤独ではないと答えていた。

　鶴見区のひとり暮らし高齢者と言っても，いろいろな生活水準の人びとがいるであろう。そのなかで生活と健康を守る会の会員は，会員以外のひとり暮ら

し高齢者とは性格を異にするという言い方もできよう。しかし低所得・貧困層の部分では，生活と健康を守る会会員内外を問わず，高齢者が抱える問題には共通するものが多い。そして両者ともに鶴見区という地域的特性にも大きく規定されているのである。

(1) 厚生省「高齢化に対応した新しい民間活力の振興に関する研究会」『シルバー・サービスの振興に関する研究報告書』(1986年6月) 2頁および11頁。なお，この報告書については河合克義「これからの在宅福祉サービス—住民の生活実態に根ざして」河合克義編『これからの在宅福祉サービス〔増補版〕』(あけび書房，1991年) 201-203頁を参照していただきたい。
(2) 総務省自治行政局過疎対策室『過疎地域の現況』(2007年9月) 2頁 (http://www.soumu.go.jp/c-gyousei/2001/kaso/pdf/kasokon19_01_s4.pdf, 2008年11月21日)。
(3) 総務省自治行政局地域振興課過疎対策室『過疎地域における集落の現状と総務省の取組』(国土審議会第21回計画部会資料, 2007年2月15日) 10頁 (http://www.soumu.go.jp/menu_03/shingi_kenkyu/kenkyu/community/pdf/070305_1_s4.pdf, 2008年11月21日)。
(4) 河合克義「政策がつくりだす貧困と社会的孤立」『住民と自治』1996年9月号 (自治体研究社) 73-75頁を参照していただきたい。
(5) 藤藪貴治・尾藤廣喜『生活保護「ヤミの北九州方式」を糾す』(あけび書房，2007年) 1頁および192頁参照。
(6) 筆者は1996年に東京都中野区において高齢者2人世帯の生活と親族・地域ネットワークに関する調査を行ったことがある。調査は，主体が中野区社会福祉協議会であるが，調査の企画から集計，報告書の作成まで筆者の研究室が行った。調査方法としては4分の1抽出(抽出標本数1814世帯)の郵送調査，有効回収数が1127，有効回収率が62.1%であった。抽出は住民基本台帳において世帯員がいずれも65歳以上の2人世帯から行った。当然，配偶者以外も含まれることになるが，調査の結果は同居人が配偶者である者が94.7%であった (『東京都中野区における高齢者2人世帯の生活と親族・地域ネットワークに関する調査報告書』〔中野区社会福祉協議会，1996年10月〕)。

　この調査で明らかになったことの一端を紹介しよう。第1は，何かあった時に支援してくれる人がいない世帯が，高齢者2人世帯全体の11.4%あったということである。これらの世帯は，今はどうにか2人でやっていたとしてもひとたび問題が起これば，世帯レベルの努力では対応できないことは明白である。第2は，友人・知人・近隣ネットワークが欠如している高齢者2人世帯が全体で少なく見積もって2割，多くて3割いるのではないかということである。

　そして，高齢者2人世帯の問題として，今は必死に暮らしている，またはどうにかやっているが，将来についてはまことに深刻とも言える生活不安をもっていることがみえてきた。詳しくは，上記の報告書をみていただきたいが，自由回答に記入された意見のいくつかを，ここで引用したい。

○主人は15年前に，くも膜下出血を患い，少々痴呆になり医薬物に頼り，もっと進むと病院で受け入れて入院出来るかが心配です。私も高血圧で医薬物を長く飲んでおりますので，もし倒れたら心配です。(男77歳 女70歳)
○高齢者介護を1人で取りしきっておりますので自分の事が何も出来ません。体も疲れがとれません。(男65歳 女96歳)
○昨年度から家内が身体の具合を悪くして色々と困った事にあい，2人だけで生活する事がとっても心配になって来ました。(男71歳 女73歳)
○夫は2年前くらいからぼけがひどくなり，私もこれ以上ぼけが進んだら1人では面倒が見られるかと不安な毎日をすごしております。(女73歳 男84歳)
○私達夫婦を例にとれば私は87歳で難聴がひどく，妻は永年の腰痛で外出殆ど不能である。両者とも常時医者通いをしているが，幸い，臥すことがないので，何とか日常生活はこなしている。しかし，どちらかが倒れた時の事を考えると恐ろしい気がする。特に，妻が心臓病を持っており，時折夜中に痛みを訴える時には全く困ってしまう。(男87歳 女78歳)
○今は体が動けるけれど，動けなくなったらどうしたら良いかと考えてしまいます。家も古くなって来ましたが，子供が働いていないのでどうしたら良いかといろいろ考えます。何とか死ぬまで元気でいたいと思います。(男77歳 女76歳)
○2人世帯だが，2人が続けて介護を要するようになったらどうなるかという将来に対する不安が常になる。(男79歳 女76歳)
○今は何とかやっているが何時どこでどうなることか不安である。子供がいないので具体的な方策が立たない。なにかあった時とりあえずの処置を頭に入れておきたい。(男81歳 女74歳)

(7) 港区一般会計歳入決算および一般会計歳出決算，http://www.city.minato.tokyo.jp/joho/tokei/zaisei/sainyukessan/index.html（2008年12月13日）および http://www.city.minato.tokyo.jp/joho/tokei/zaisei/saisyutukessan/index.html（2008年12月13日）参照。
(8) 『2005年度版つるみ区の白書』（鶴見区，2006年）および『2006年度版つるみ区の白書』（鶴見区，2007年）を参照。
(9) 生活と健康を守る会では会員を世帯単位と規定している。そこで本調査では調査対象者を，その世帯において生活と健康を守る会への活動参加程度の最も高い者とした。第1次調査を1990年9月，第2次調査を1991年2月にそれぞれ実施した。第1次調査の回収率は43.2％。第2次調査は，第1次調査で回答を得た者のなかの65歳以上の高齢者世帯120世帯から類型ごとに抽出した38世帯に対して，訪問面接を行った。報告書は次のとおり。河合克義「都市における貧困・低所得層の生活と地域—横浜市鶴見生活と健康を守る会会員生活実態調査報告（その1）（その2）」『明治学院大学社会学部付属研究所年報』第23号（明治学院大学社会学部付属研究所，1993年）1-26頁，同第25号（1995年）49-84頁。

第4章

ひとり暮らし高齢者の生活の基本的特徴

1　港区のひとり暮らし高齢者

　すでに述べたように，港区のひとり暮らし高齢者について筆者は，1995年に悉皆調査を実施する機会を与えられた。当時すでにひとり暮らし高齢者を狙った犯罪が多く発生し，調査をすること自体，非常に困難なものとなっていた。しかし，幸いなことに港区社会福祉協議会の地域福祉活動計画策定委員会（委員長：山崎美貴子）として，この調査を実施することとなったのである。山崎委員長の指導のもと，筆者は研究室に所属する大学院生や学部学生とともに，この調査の企画，実施，分析，報告書の執筆を担った。調査時点は1995年1月15日現在であった。調査票を郵送で送り，回収は港区の民生委員の方々にお願いした。

　さて，調査時点から2日後の1月17日，阪神・淡路大震災が発生した。被災地では孤立している高齢者の深刻な実態が問題とされた。港区の民生委員のなかでもそのことが取り上げられ，孤立している高齢者へのアプローチが普段から大切であることが話された。このことが民生委員の方々によるこの調査への積極的協力をもたらす要因の1つとなった。民生委員のなかには対象者宅を何度も訪ね，回答を代筆までして調査票を集めてくれた方もいた。その結果，私たちの調査は72.6％というきわめて高い回収率となったのである。

　さて，一般にアンケート調査は数量的把握が中心となり，調査対象者の個々の生の声を把握することには困難がともなうことが多い。それゆえ，私たちとしては自由回答と2次調査での訪問面接を重視した。集計作業を始めてすぐに

目にした自由回答の次の記述は，私たちにとって衝撃的なものであった。

　一人暮らしは淋しい，泣きたいほどに悲しいと思います。75歳になりますと身にしみます。娘1人，孫1人いますが，忙しそうなのでなかなか会えません。でも月に3回位は会います。だれかいっしょに住めるような人がいればいいと思いますが，思うようにはなりません。精神的に気がはっているので疲れます。身も心も寄りかかりたい人が欲しいと思います。男の子を亡くしましたので息子が欲しいとつくづく思います。70歳の時に脳血栓をやり，その後また3回も倒れましたので心配です。毎日毎日が心配で心休む時がありません。色々と考えますと頭がしびれて来ます。うつ病になったように思います。どうすればよいでしょうか。助けてくださいませお願い致します。

　この方は，確かに精神的に不安定で，健康上の不安もあり，孤独感がとても強い。港区社会福祉協議会から刊行されたこの調査報告書の裏表紙に，上記の文章の直筆コピーを掲載させていただいた。
　しかし私たちはやがて次のような考えをもつに至った。それは，この方が娘さんと月に3回ほど会っており，家族の支えという点では客観的には一定以上の生活条件をもっていると言えるのではないか。他方，このケース以上に生活上不安定な状態にありかつ孤立状態の深刻な高齢者が明らかに存在しているということ，そしてもう1つ大切なことは，孤独感，孤立状況もそれぞれの生活基盤，生活水準でかなり異なるのではないかということであった。
　こうした視点をもってひとり暮らし高齢者の孤立問題を分析したいと考えているが，その前提として，まずはその生活の基本的特徴を，2004年調査を基本に1995年調査時点からの変化も含めて概観したい。[1]

（1）基本的特徴
■1 性別と年齢
　わが国の高齢化率（65歳以上人口の割合）は2007年10月1日現在，21.5％である。その男女比をみると，男性が42.6％，女性が57.4％と，大まかには男性4割，女性6割であり，女性のほうが多い。[2]
　港区の場合はどうか。区の住民基本台帳における高齢者の男女比を2つの調査時点でみてみよう。まず，1995年1月1日現在では，男性が37.9％，女性が62.1％であった（高齢者総数2万4073人）。2004年12月1日現在では，男性が

38.8％，女性が61.2％となっている（同総数3万853人）。このように両時点とも，男女比は4対6と，全国平均とほぼ同じである。

次にひとり暮らし高齢者の男女比をみてみよう。2005年の国勢調査によれば，全国レベルのひとり暮らし高齢者の男女比は，男性は27.2％，女性が72.8％と，3対7となっている[3]。それに対し，港区のひとり暮らし高齢者の男女比は，2004年1月1日現在の住民基本台帳によれば，男性22.8％，女性77.2％とほぼ2対8の割合となっている（ひとり暮らし高齢者総数は1万1085人）。

では，私たちが実施した調査での港区のひとり暮らし高齢者，すなわち実質ひとり暮らしの高齢者の男女比はどうか。1995年時点では男性が14.0％，女性が85.7％，2004年時点では男性が16.6％，女性が83.4％である。このように港区の実質ひとり暮らし高齢者の男女比は男性が1割半，女性が8割半と，女性の占める割合が非常に高くなっている（無回答：1995年 0.0％，2004年 0.3％）。このように住民基本台帳上のひとり暮らし高齢者よりも，実質ひとり暮らし高齢者のほうが女性の割合が6ポイントほど高い。そしてこの約10年の間，男女比はほとんど変化がない。

以上のことをまとめると，港区における高齢者の男女比は全国平均と同様，男性が4割，女性が6割であるが，住民基本台帳上のひとり暮らし高齢者となると，女性のほうが7割と1割ほど高くなる。さらに実質ひとり暮らし高齢者の場合は，女性の割合がさらに高くなって8割半となっているのである。

ところで，住民基本台帳あるいは国勢調査によってひとり暮らし高齢者の数は把握可能であるが，実質ひとり暮らしの高齢者がどのくらいの数になるのかは，調査を実施しないとわからない。自治体によっては実質ひとり暮らし高齢者の調査を実施していないところも少なくない。ただ港区のデータに示されているように，男女比については，一般的には住民基本台帳上のひとり暮らし高齢者よりも実質ひとり暮らし高齢者のほうが，女性の割合が高いと考えることは間違いではないだろう。

さて，私たちの調査のデータに戻ろう。まず，ひとり暮らし高齢者の年齢分布をみてみたい（図4-1）。2つの調査時点を比較すると，特徴的なことは65～69歳層が36.2％から20.4％と15.8ポイント減少し，その分が70歳以上の各年齢層に分散している。

同じく図4-1から前期高齢者（65～74歳）と後期高齢者（75歳以上）の割合を

図4-1　港区ひとり暮らし高齢者の年齢分布

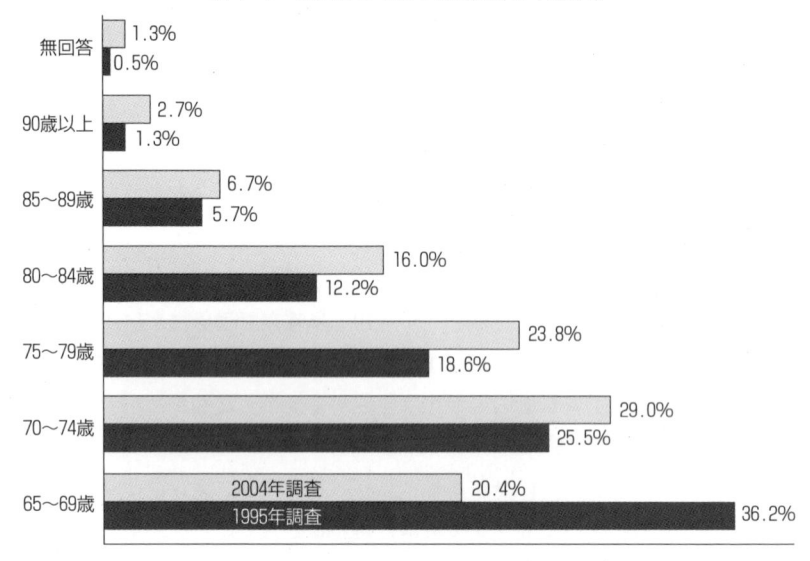

年齢	2004年調査	1995年調査
無回答	1.3%	0.5%
90歳以上	2.7%	1.3%
85～89歳	6.7%	5.7%
80～84歳	16.0%	12.2%
75～79歳	23.8%	18.6%
70～74歳	29.0%	25.5%
65～69歳	20.4%	36.2%

表4-1　港区ひとり暮らし高齢者の男女別年齢階層
（前期・後期高齢者）　　　　　　　（　）内：％

	男	女	合　計
前期高齢者	101（63.1）	376（46.8）	477（49.4）
後期高齢者	59（36.9）	415（51.6）	474（49.2）
無回答	0（0.0）	13（1.6）	13（1.4）
合　計	160（100.0）	804（100.0）	964（100.0）

注：2004年調査

みると，1995年には前期高齢者が61.7％，後期高齢者が37.8％と6対4の割合であったものが，2004年には前期が49.4％，後期が49.2％と半々となった。これを男女別でみると（**表4-1**），特に女性のところで大きな違いがでている。すなわち，1995年には女性の前期高齢者と後期高齢者は6対4の割合であったが，2004年には半々となっている。女性において後期高齢層が増加しているのである。このように，女性ひとり暮らし高齢者の高年齢化が明らかに進んでいると言ってよいだろう。

2 住まいとひとり暮らし

【住宅の種類，住宅に関する困り事】

住宅は生活条件の重要な基盤の1つである。大都市地域においては公営住宅の果たす役割は大きい。東京都の場合，特に都営住宅が生活を支える基盤として重要な役割を担っている。他方，民間アパートがどのくらいの割合を占めるかも地域の住宅事情を評価する重要な指標となる。

2005年の国勢調査によって住宅の所有関係別世帯数の割合が，東京都，区部，港区のそれぞれでどうなっているかをみてみよう。なお，以下の構成比は四捨五入の関係で合計は100％にはならない。

東京都：①持ち家48％，②都営・公社等の借家9％，③民営の借家39％，④給与住宅4％，⑤間借り2％

東京都区部：①持ち家47％，②都営・公社等の借家8％，③民営の借家41％，④給与住宅4％，⑤間借り2％

港　区：①持ち家49％，②都営・公社等の借家10％，③民営の借家34％，④給与住宅7％，⑤間借り1％

港区の特徴としては，まず持ち家が全体の半分であり東京都および区部平均とほぼ同じであること，都営・公社等の借家も1割程度で同レベル，給与住宅の割合については東京都および区部より多いこと，民営の借家は逆に少ないことがあげられる。

さて，港区のひとり暮らし高齢者の場合，その住まいの実態はどのようになっているのであろうか。図4-2は，ひとり暮らし高齢者が暮らす住宅の種類を1995年と2004年とを比較したものである。この10年間での変化の主なものをあげてみよう。その第1は「持ち家（分譲マンション）」が22.2％から34.2％と12ポイント増加していること，第2は「都営住宅」が19.7％から22.5％と2.8ポイント増加していることである。第3は，反対に「持ち家（一戸建て）」が19.7％から15.2％と4.5ポイント減少していること，第4は「民間賃貸アパート」が10.5％から6.6％と3.9ポイント減少したことである。

「民間賃貸アパート」，「民間借家」と「間借り」を合計すると，1995年に16.9％であったものが，2004年には9.8％と7.1ポイントも減少している。港区内の民間アパート群の多くは古い建物で，ビルの谷間とか表通りから入った裏通りにあり，それらがどんどん取り壊され，10年前との比較では半分近くまで減少し

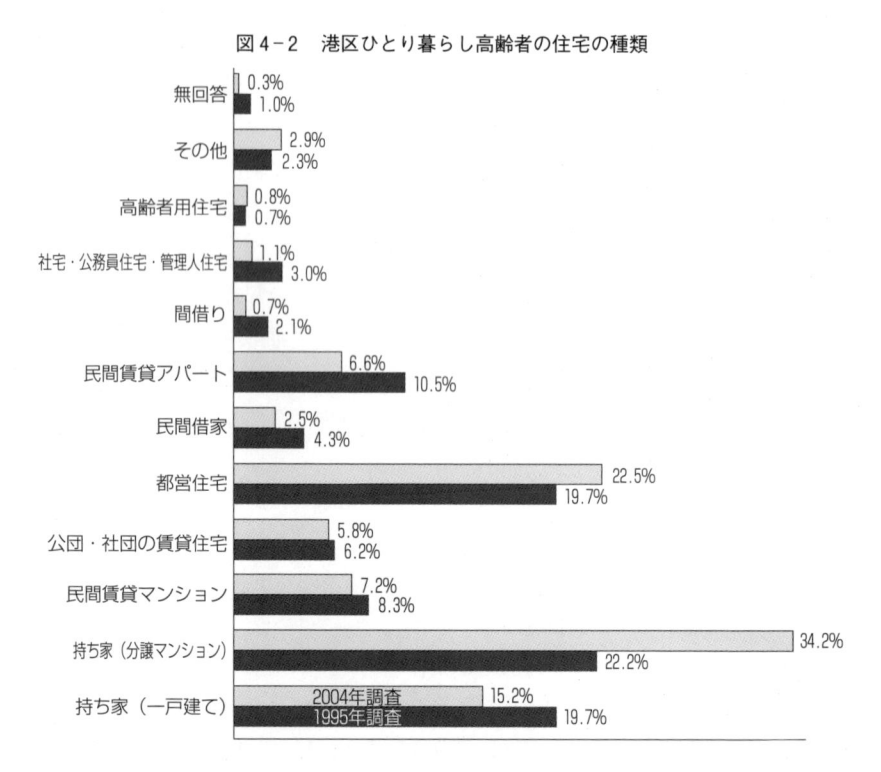

図 4-2　港区ひとり暮らし高齢者の住宅の種類

住宅の種類	2004年調査	1995年調査
無回答	0.3%	1.0%
その他	2.9%	2.3%
高齢者用住宅	0.8%	0.7%
社宅・公務員住宅・管理人住宅	1.1%	3.0%
間借り	0.7%	2.1%
民間賃貸アパート	6.6%	10.5%
民間借家	2.5%	4.3%
都営住宅	22.5%	19.7%
公団・社団の賃貸住宅	5.8%	6.2%
民間賃貸マンション	7.2%	8.3%
持ち家（分譲マンション）	34.2%	22.2%
持ち家（一戸建て）	15.2%	19.7%

ている。

　2004年時点で，港区のひとり暮らし高齢者が居住する住宅の種類をまとめると次のようになる。まず指摘できることは持ち家が49.4％と，半数を占めることである。次に都営住宅と公団・公社の賃貸住宅をあわせると28.3％と約3割となっている。公営住宅の割合が高いことは，東京の特徴と言える。また民間の借家（「民間賃貸アパート」，「民間借家」と「間借り」）は，少なくなったとはいえ約1割を占めている。なお，高齢者からの入居希望の多い「高齢者用住宅」は1％にも満たない現状である。

　住宅の種類別の割合は以上のとおりであるが，こうした住宅に関してどのような困り事があるのか。まず，困り事の有無についてみてみよう（表4-2）。全体として住宅に関する困り事がある者が37.7％と約4割を占めている。住宅を種類別にみると，困り事がある者の割合は民間借家が75.0％と最も高く，ついで民間賃貸アパートと公団・公社の賃貸住宅がともに62.5％，民間賃貸マン

表4-2　港区ひとり暮らし高齢者の住宅種類別住宅の困り事の有無

（　）内：％

	住宅の困り事			
	ある	ない	無回答	合計
持ち家（一戸建て）	62（42.2）	65（44.2）	20（13.6）	147（100.0）
持ち家（分譲マンション）	101（30.6）	210（63.6）	19（5.8）	330（100.0）
民間賃貸マンション	35（50.7）	31（44.9）	3（4.3）	69（100.0）
公団・公社の賃貸住宅	35（62.5）	17（30.4）	4（7.1）	56（100.0）
都営住宅	51（23.5）	149（68.7）	17（7.8）	217（100.0）
民間借家	18（75.0）	4（16.7）	2（8.3）	24（100.0）
民間賃貸アパート	40（62.5）	22（34.4）	2（3.1）	64（100.0）
間借り	3（42.9）	4（57.1）	0（0.0）	7（100.0）
社宅・公務員住宅・管理人住宅	2（18.2）	8（72.7）	1（9.1）	11（100.0）
高齢者用住宅	1（12.5）	7（87.5）	0（0.0）	8（100.0）
その他	13（46.4）	15（53.6）	0（0.0）	28（100.0）
無回答	2（66.7）	1（33.3）	0（0.0）	3（100.0）
合　計	363（37.7）	533（55.3）	68（7.1）	964（100.0）

注：2004年調査

ションが50.7％となっている。

　他方，都営住宅では困り事があると答えた者は23.5％と4分の1程度で，公団・公社の賃貸住宅の6割を超えている状況とは大きな違いがある。「持ち家」では「一戸建て」で住宅の困り事があると答えた者が42.2％，「分譲マンション」で30.6％となっている。

　このように，「民間借家」，「公団・公社の賃貸住宅」，「民間賃貸アパート」で住宅の困り事を感じている者がそれぞれ6～7割を占めていることは注目されなければならない。

　では，その困り事とはどのようなものか。表4-3は，その内容（複数回答）である（回答者363）。「家が老朽化している」が34.4％と最も多く，ついで「家賃が高い」が19.3％，「家が狭すぎる」が16.5％，「騒音がある」が12.1％となっている。持ち家に住む高齢者にとって，家の老朽化が大きな問題であることはもっと注目されてよい。私たちの調査の結果では，住宅の困り事がある者のうち，持ち家一戸建てに住む者の6割（61.3％）が家の老朽化を困り事としている。阪神・淡路大震災以降の大きな地震発生の際，家屋倒壊等の被害が多いのは高齢者世帯であったこと，さらに地震の犠牲となる人びとは住宅の補修ができない低所得の高齢者が多かったことは私たちの記憶に新しい。

表4-3 港区ひとり暮らし高齢者の住宅の困り事の内容（複数回答）

( )内：%

家が老朽化している	125（34.4）
立ち退きを迫られている	9（2.5）
家が狭すぎる	60（16.5）
家が広すぎる	4（1.1）
風呂がない	39（10.7）
階段の上り下りが大変	52（14.3）
家賃が高い	70（19.3）
騒音がある	44（12.1）
近隣住民との関係が良くない	18（5.0）
固定資産税，相続税など税金の問題に悩んでいる	29（8.0）
その他	81（22.3）
無回答	1（0.3）
合　計	363（100.0）

注：2004年調査。複数回答の「合計」は全体応答人数である。また，%は全体応答人数に対する割合である。

　他方，ここでは図表を示すことはしないが，持ち家ではない者にとっては家賃の負担が深刻である。民間賃貸マンションに住む約7割の者，民間借家，民間賃貸アパート，公団・公社の賃貸住宅に住む者の約4割は，「家賃が高い」ことを困り事としている。

　また注意したいことは，困り事があると答えたひとり暮らし高齢者の1割は自宅にお風呂がないことである。港区内でも銭湯がどんどん少なくなり，こうした高齢者はバスで遠くの銭湯まで通っている。このことは，後でふれる私たちの2次調査の際に訴えられたことでもある。

　さて2004年調査で，調査票の最後に「行政や社会福祉協議会に対する意見，地域での困り事」に関して自由に記述してもらう欄を設けた。回答総数は278ケースにのぼったが，そのなかから住宅問題に関する記述のいくつかを紹介しよう。お風呂の問題，都営住宅への入居が非常にむずかしいこと，年金額は上がらず家賃ばかりが上がること，立ち退きを迫られていること等，住宅に関する不安が切々と語られている。ただ，家の老朽化については，調査票の設問にあったせいか，自由回答の記述にはなかった。

女（80歳，都営住宅）　　住宅が建って41年もなり，お風呂場を狭いベランダの半分を

使って無理に設置したため，ベランダに出るサッシも狭くなり布団を干すのも，布団をもってベランダに出るのも困難で，洗濯物を干す場所も少なく大変です。お風呂場は狭く，湯船は足をまげてやっと入れる位だし，洗場も狭く，身体を洗おうと手を延ばせば壁にぶつかる始末で1回入っただけで，今は銭湯に通っており，風呂場は物置になっています。どんな物でもただ設置すればいいと思う役所の考えは間違っております。お風呂を都が設置してから6年になります。

女（71歳，民間賃貸マンション）　　単身者向け，シルバーピア住宅，住宅希望です。落選10回。

男（70歳，民間賃貸マンション）　　収入がほとんど無く困っている。高齢者用の住宅（集合）をつくってほしい。例えば，一案として増上寺の隣の公園広い空き地あたりにそんなに立派でなくてもよいが外観を損なわない程度のものを作ってほしい。尚，共同浴場を設置すればなお良い。それで常勤職員をお願いして緊急時の（各）機関への通報システムを設ける。又，隣接して託児所か幼稚園をつくればなお良い。子供の声がすればよいのではないか。聞くところによると区の財政は比較的豊かと聞くが。無理なお願いか？

女（73歳，公団・公社の賃貸住宅）　　足腰が冷えるのでお風呂やトイレのある部屋に住みたい。都営住宅も，なかなかあたらない。何とかしていただきたいと思います。私も脳梗塞の心配があります。病院には時々行っていますが，ひどくなった時はどうすれば良いのかわかりません。それが困った事です。お願い致します。近く（青山）の都営住宅に入りたいのです。

女（68歳，都営住宅）　　現在住んで居る都営住宅は，老朽化して風呂もないので，南向きの日のあたる場所に住みたい。

女（75歳，都営住宅）　　都営住宅に入居して7年になりますが，環境にずーっと悩んできました。何とかここから遠くへ離れたい一心で過ごしてきました。2度住替えを頼みに行きましたが，認められませんでした。今夏他の高齢者住宅へ問い合わせましたが「収入」が足元にもおよばず，自分に経済力がないことがわかり，ここで落ちつかねばと思いました。自治体の方針もあることと思いますが，どうぞ防犯にお力添え宜しくお願い申し上げます。

女（73歳，民間賃貸マンション）　　今，区からの家賃援助で，年金と少々のアルバイトで生活しております。平成19年度より家賃援助が半額になることに決まっております。年をとっていきアルバイトも出来なくなります。今の住まいは家賃が高いので非常に不安になっております。都営住宅や区のシルバーピアなどの募集に出しておりますがなかなか当たりません。これからひとりで生活していかなければなりませんのでほんとに不安です。

女（75歳，民間賃貸アパート）　　これから寒くなります，家がすきまだらけで都営区営住宅を申し込んでもぜんぜん当たりません。港南の郷も申し込んでいますが，一度

で当たる人もいるのに公平でないと思います。区役所に話しても都庁に話してもだめです。もう限界です。よろしくお願いします。

女（66歳，民間賃貸アパート）　今，アルバイトをしていますが，年金だけで生活することは出来ないので，住居の事が一番心配です。都営住宅へ申し込みをしていますが，何度も落選しています。

女（83歳，間借り）　移転したいのですが，高齢者に貸してくれる所はなく，高齢者住宅の募集も年に２，３部屋に千人近い応募者で，応募しても外れるばかり，どうにかならないでしょうか。スモン病で，脊髄にマヒがあり急な階段のある今の住宅を，何とか移れないか不自由で困り果てています。

女（67歳，民間賃貸アパート）　学校を卒業以来，勤務場所もほとんどが港区，また1974年以来港区に住んでいる。来年から収入が減少するので出来ればもう少し安い家賃の都営・公団あるいは民間アパートに移りたいと考えている。出来れば港区内に高齢者が住める場所を提供あるいは斡旋をしていただければと願っています。

女（75歳，公団・公社の賃貸住宅）　年金わずかばかりなのに値下げとなり，公団家賃は値上がりで不安さです。

女（69歳，民間借家）　お家賃が高いので都営住宅に入れたら幸せです。又はお家賃の援助があれば幸せです。港区に住んで40年近くなります。

男（72歳，民間賃貸アパート）　都営住宅がなかなかあたらない。今の家賃が高い。

女（84歳，持ち家：一戸建て）　環状２号線のため，来年にはどこかへ行かねばなりませんので大変です。今長男が時々来てくれますし，港区に70年おりますのであまり遠くに行きたくないのです。出来れば港区に住みたいです。どうぞ宜しくお願い致します。

女（78歳，持ち家：一戸建て）　現在，「開発」といって数人の人が一緒に来ていろいろと言うので困っています。出来れば何とかしてほしいです。長年住んでいるところですので，また年もとっております故に困っております。週に１回くらいは来ますので周りの人達も同じ思いでいると思います。来ないようにしてくだされば有り難いです。

女（68歳，民間借家）　自営，借家，国民年金受給，この土地に長く住みなれているが，高いビルに囲まれて，風の吹くたび家のことが心配ですが，移ることに対しても心配です。

【ひとり暮らしの期間，ひとり暮らしになった理由，在住期間】

　高齢者はどのくらいの期間，ひとりで暮らしているのであろうか。表４-４をみると，全体として「20年以上」が43.6％，「10～19年」が21.5％となっている。このように10年以上の者を合計すると６割半となる。他方，５年未満は

表4-4 港区ひとり暮らし高齢者の男女別ひとり暮らしの期間

( )内:%

	男	女	合計
2年以下	8 (5.0)	32 (4.0)	40 (4.1)
3～4年	25 (15.6)	93 (11.6)	118 (12.2)
5～9年	32 (20.0)	120 (14.9)	152 (15.8)
10～19年	37 (23.1)	170 (21.1)	207 (21.5)
20年以上	52 (32.5)	368 (45.8)	420 (43.6)
無回答	6 (3.8)	21 (2.6)	27 (2.8)
合 計	160 (100.0)	804 (100.0)	964 (100.0)

注:2004年調査

表4-5 港区ひとり暮らし高齢者のひとり暮らしになった理由

( )内:%

配偶者の死亡	332 (34.4)
配偶者との別居	27 (2.8)
子の別居もしくは結婚	53 (5.5)
子の死亡	1 (0.1)
兄弟の死亡	4 (0.4)
離 婚	105 (10.9)
未 婚	231 (24.0)
その他	53 (5.5)
配偶者の死亡+子の別居もしくは結婚	63 (6.5)
配偶者の死亡+子の死亡	6 (0.6)
配偶者の死亡+その他	5 (0.5)
配偶者との別居+その他	2 (0.2)
子の別居もしくは結婚+離婚	10 (1.0)
子の別居もしくは結婚+未婚	1 (0.1)
子の別居もしくは結婚+その他	3 (0.3)
子の死亡+離婚	1 (0.1)
兄弟の死亡+未婚	8 (0.8)
配偶者の死亡+子の別居もしくは結婚+子の死亡	1 (0.1)
配偶者の死亡+子の別居もしくは結婚+その他	1 (0.1)
配偶者の死亡+子の死亡+その他	1 (0.1)
未婚+その他	21 (2.2)
配偶者の死亡+配偶者との別居+離婚	2 (0.2)
配偶者の死亡+子の別居もしくは結婚+離婚	1 (0.1)
無回答	32 (3.3)
合 計	964 (100.0)

注:2004年調査

16.3%である。これを男女別にみると，10年以上ひとりで暮らしている者は，女性が7割弱（66.9%）であるのに対し，男性は5割半（55.6%）と，女性のほうがひとり暮らしの期間が長い。

次に，ひとり暮らしになった理由をみてみよう（表4-5）。この表は各項目を組み合わせて集計したものであるが，主なものをみると「配偶者の死亡」を含むものが42.6%と最も多い。ついで「未婚」を含むものが27.1%，「離婚」を含むものが12.3%となっている。

2005年の国勢調査によれば，65歳以上高齢者の全国平均の未婚率は3.5%であり，またひとり暮らしの場合は10.6%となっている。一般に都市部の未婚率は高い傾向をもつが，港区の場合，ひとり暮らし高齢者の未婚率が27.1%であり，全国平均より16.5ポイントも高いことは注目される。

ところで2004年調査で港区内へ移り住んだ時期をみると，「昭和40年代から50年代」が35.4%と最も多く，ついで「昭和20年代から30年代」が30.6%，「昭和60年代から平成10年以前」が13.0%である。「生まれたときから」の者は7.6%，「昭和19年以前（終戦前）」が5.4%，「平成11年以降」が7.5%となっている。このように終戦以前から港区に住んでいる者が全体の13.0%，高度経済成長期の前半までに移り住んだ者の合計が43.6%，高度経済成長期の終わりまでに移り住んだ者の合計は79.0%と約8割を占める。反対に最近5年間以内，すなわち平成11（1999）年以降に移り住んだ者は7.5%と1割に満たない程度である。

3 職業と経済状況

生活水準はその人の職業の種類，従業上の地位等によってある程度推測できる。その職業の種類を確定する際，よく用いられるのは「生涯で最も長く就いた職業」すなわち「生涯最長職」を尋ねるやり方である。確かに，その人の高齢期の経済的生活基盤を測定するには有効なものの1つと言えよう。また，この一定期間の職業の種類でとる方法とは別に，「定年前の55歳頃の職業」で高齢者の社会階層を測定しようとするものもある。[4]

いずれにしても，実際にこの生涯最長職を調査票のなかで，とりわけアンケート調査で対象者本人に記入してもらうことにはさまざまなむずかしさをともなう。つまり，職業についての相当細かい設問を用意しないと分類作業はできな

いのである。しかし設問が細かくなると調査票の内容がむずかしくなり，回答率が落ちることになる。直接面接による調査でないと，職業の種類を適切に確定することはかなり困難である。

　筆者の調査の場合，第１次のアンケート調査段階では生涯最長職を尋ね，ついで第２次調査の面接調査では，生活歴のなかで「長子が学校を出て働き始めた頃または本人が50歳前後」の職業を尋ねた。筆者が行ってきたアンケート調査では調査票の頁数を押さえてできるだけ簡単なものにしようとしてきた。そのため，職業についての設問は設問数を制限せざるを得ず，職業からの社会階層分類はおおまかなものとなっている。

　その限界を補う意味で，筆者は年間収入額の項目を調査の設問においている。収入額は生活水準を計る直接的な指標であろう。ただ，経済的状況を尋ねるこの設問は抵抗があり，調査の設計段階でカットされることが多い。実際，鶴見区調査では収入についての設問を最終段階で除くことになってしまった。しかし生活の実態を知るためには収入は重要な指標であることを強調しておきたい。

　以下では，まずは職業について，次に経済状況についてみてみたい。

表４-６　港区ひとり暮らし高齢者本人の生涯最長職

（　）内：％

会社経営者・会社役員	70 （ 7.3）
自営業者・家族従業者	165 （17.1）
臨時職・日雇い・アルバイト	44 （ 4.6）
勤労者（事務職）	173 （17.9）
勤労者（生産現場・技術職：工員，運転手など）	57 （ 5.9）
勤労者（販売サービス業：店員，外交員など）	57 （ 5.9）
専門的技術的職員（医者・弁護士・研究者など）	38 （ 3.9）
公務員	40 （ 4.1）
自由業（執筆業・芸術関係など）	36 （ 3.7）
農林漁業	2 （ 0.2）
主　婦	144 （14.9）
無　職	16 （ 1.7）
その他	43 （ 4.5）
無回答	79 （ 8.2）
合　計	964 (100.0)

注：2004年調査

表4-7　港区ひとり暮らし高齢者（女性）の配偶者の生涯最長職

（　）内：％

会社経営者・会社役員	97	(16.7)
自営業者・家族従業者	64	(11.0)
臨時職・日雇い・アルバイト	1	(0.2)
勤労者（事務職）	42	(7.2)
勤労者（生産現場・技術職：工員，運転手など）	28	(4.8)
勤労者（販売サービス業：店員，外交員など）	11	(1.9)
専門的技術的職員（医者・弁護士・研究者など）	13	(2.2)
公務員	34	(5.8)
自由業（執筆業・芸術関係など）	22	(3.8)
無　職	2	(0.3)
その他	5	(0.9)
無回答	263	(45.2)
合　計	582	(100.0)

注：2004年調査

【職　業】

　まず，2004年調査においての本人の生涯最長職をみてみよう。表4-6のとおり，「勤労者（事務職）」が17.9％と最も多く，ついで「自営業者・家族従業者」が17.1％，「会社経営者・会社役員」が7.3％，「勤労者（生産現場・技術職）」と「勤労者（販売サービス業）」がともに5.9％となっている。「主婦」は14.9％となっている。なお，「専門的技術的職員」が3.9％，「自由業」が3.7％，「公務員」が4.1％いた。

　「勤労者」を合計すると，29.7％と全体の約3割を占めることになる。また「自営業者・家族従事者」が17.1％と2割弱を占める。

　本調査は対象者の8割半が女性である。調査対象者本人が主婦あるいはアルバイトのような仕事の場合，配偶者の仕事をみないと生活の現実はわからない。そこで配偶者の生涯最長職の設問をおいた。

　表4-7は女性の回答者に限定し，その配偶者の生涯最長職についてみたものである。ただし，この項目について分析する際，注意しなければならないのは，この2004年調査では全体の半分（45.2％）が無回答であることである。このことを考慮すると，以下の数値からの判断は限定的にならざるを得ない。

　配偶者の生涯最長職については「会社経営者・会社役員」が16.7％と最も多く，ついで「自営業者・家族従業員」が11.0％と続く。さらに「勤労者（事務

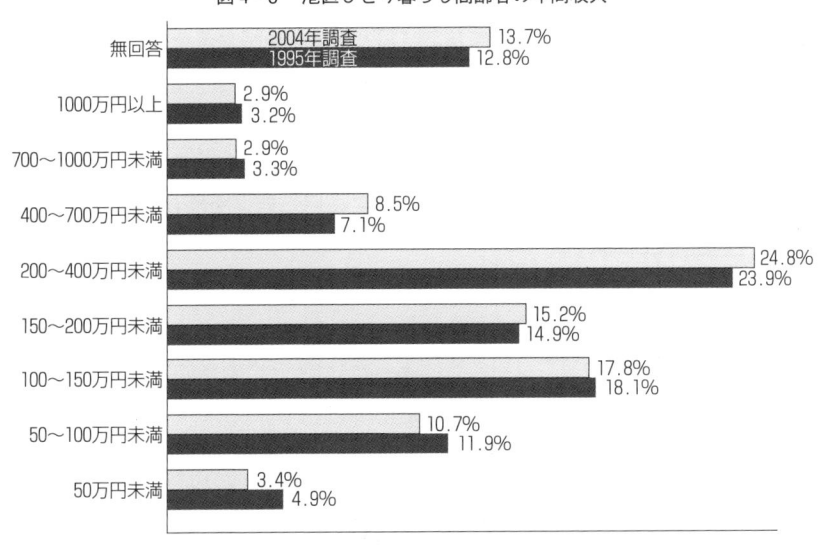

図4-3 港区ひとり暮らし高齢者の年間収入

年間収入	2004年調査	1995年調査
無回答	13.7%	12.8%
1000万円以上	2.9%	3.2%
700～1000万円未満	2.9%	3.3%
400～700万円未満	8.5%	7.1%
200～400万円未満	24.8%	23.9%
150～200万円未満	15.2%	14.9%
100～150万円未満	17.8%	18.1%
50～100万円未満	10.7%	11.9%
50万円未満	3.4%	4.9%

職)」が7.2％,「公務員」が5.8％,「自由業」が3.8％となっている。「勤労者」の3つを合計すると13.9％と,全体の約1割半となる。

【経済状況】

ひとり暮らし高齢者の主な収入の種類を2004年調査でみると,「年金」が63.8％と最も多い。ついで「仕事の収入」が11.6％,「利子,配当,家賃,地代」が7.2％と続き,「生活保護」が5.2％,「貯金引き出し」が3.7％となっている。

図4-3は年間収入をみたものである。大まかに言うならば,1995年と2004年の2つの時点間で収入階層の分布は大きくは変わっていない。

2004年調査の年間収入の分布についてみると,「200万円以上400万円未満」層が最も多く24.8％となっている。100万円未満が14.1％,150万円未満の合計31.9％,200万円未満の合計が47.1％となる。逆に400万円以上の収入がある者の合計は14.3％となっている。高齢者ひとり暮らし世帯の生活保護基準は年間でほぼ150万円程度であるので,港区のひとり暮らし高齢者の3割が生活保護基準以下の生活をしていることになる。港区の豊かなイメージとは対照的な経済的にも厳しい生活を送っているひとり暮らし高齢者の生活の現実を見過ごし

てはならない。

　なお，前述のとおり，ひとり暮らし高齢者のうち生活保護を受給している者は5.2%であるが，高齢者単身世帯の生活保護年間基準額を150万円未満として，生活保護の捕捉率（生活保護基準以下で生活保護を受給している者の割合）を算出すると16.2%となる。1995年調査におけるひとり暮らし高齢者の生活保護の捕捉率は12.7%であった。したがって，この間，捕捉率はわずか3.5ポイント上昇したにすぎない。

　このように，2004年時点でも生活保護基準以下の生活をしているひとり暮らし高齢者の8割以上が生活保護制度と関わりのない生活をしているということになる。2004年調査の母数は4161人であった。150万円未満の者が31.9%であるので，150万円未満の者の母数推計値は1327人となる。すなわち港区の実質ひとり暮らし高齢者の3割にあたる1327人が生活保護基準以下の生活をしていることになる。

4 健康状態

　健康状態は，家庭生活と同時に社会活動にも大きな影響を与える。高齢者の場合も体が弱く，体力に自信がないと外出を控えることにもなる。

　調査対象者の健康状態に関しては，自分自身の健康に対するイメージをとらえようとした。たとえ病気をもっていても自分の判断で健康であると答えていれば「健康」とする考え方が基礎にある。

　2004年調査と2005年調査との比較では，調査対象者の健康状態については大きな変化はない。2004年調査では，「非常に健康」が5.8%，「まあ健康」が63.0%，「弱い」が22.1%，「非常に弱い」が7.2%と分布している。このように全体の約7割が健康であり，反対に約3割は健康上弱いと答えている。

　過去1年間の通院状況をみると，「現在も通院している」者が63.8%，「一時的に通院した」者が16.1%であり，「通院していない」者は11.1%であった。

　「過去1年間の通院状況」で「現在も通院している」と「一時的に通院した」と答えた者に対し，病気やけがによって日常生活に支障があるかどうかを尋ねた。日常生活に「支障がある」と答えたのは38.4%であった。約4割の者が日常生活になんらかの支障をきたしていることがわかる。自由回答の記述のいくつかを引用しよう。

女（74歳，民間賃貸アパート）　慢性閉塞性肺疾患なので酸素を外すと息ができませんので何もできません。是非社会福祉協議会の方に私の本来の姿を見ていただきたいと思います。朝6時には起床していますが，病院へ参り点滴診察，薬をいただくと8～9時間かかります。

女（73歳，公団・公社の賃貸住宅）　私も脳梗塞の心配があります。病院には時々行っていますが，ひどくなった時はどうすれば良いのかわかりません。それが困った事です。

女（70歳，持ち家：一戸建て）　12月に肝臓癌の治療のため，入院します。精神的不安と物理的不便を感じています（以前は来て下さる友人がいましたが亡くなってしまい，休日にご家族のお見舞いのある方達が多いとつくづく淋しさを感じます）。

女（75歳，持ち家：一戸建て）　私も大分元気にはなりましたが，未だ普通の体調にはもどれず（14年に多発性骨髄症で）入退院をくり返して，今は外来通院中です。だましながら，少しでも元の体にもどれるよう努力しております。

女（67歳，分譲マンション）　私は20年前に腰を痛め，今日迄痛くない日は1日も有りません。その間，お灸，マッサージ，針，カイロ，整形外科，婦人科などあらゆる所に通いました。5年前，脊柱間狭窄症と云う事で手術も受けました。不安の日々を過ごし心配性になり，ネガティブな性格になってしまい，神経科にも10年以上行っていますが，なかなか治りません。40年間営業して来た店も本年末で閉めると決め，現在後始末で1人胸も苦しくドキドキ不安を感じると速，腰に痛みが走ります。安定させる為，薬がかかせません。娘がおりますが，遅く産んだ孫が1月で3歳を迎え，今は大変な日々を過ごしているので心配もかけられず1人苦しんでます。私のような方も他においでと思いますが，どの様にこの先心配せず生きたらいいのでしょうか。助けて欲しいです。

（2）生活上の困り事

1 地域の困り事

前章ですでに述べたように，港区という地域は首都圏の中心部に位置し，企業のオフィス・ビルが多く，昼間の人口が約5倍にもなっている。昼間の賑わいとは別に，夜の港区はひっそりとしてしまう。また，日常生活用品を購入するための店が非常に少なく，高齢者にとって買い物は大きな悩みとなっているなど，地域生活の基礎的条件が脆弱である。

表4-8は，2004年調査のなかで地域の困り事を尋ねた結果である（複数回答）。これをみると，「防犯上の不安がある」が18.2％と最も多く，ついで「近所に買い物をする店がない」が12.4％，「近所に銭湯がない」が6.5％，「訪問販売員が多い」5.4％となっている。

表4-8　港区ひとり暮らし高齢者の地域の困り事（複数回答）

（　）内：％

項目	人数	(%)
近所に銭湯がない	63	(6.5)
近所に洗濯する場所がない	12	(1.2)
近所に外食する店がない	34	(3.5)
近所に散歩する場所がない	18	(1.9)
そばや寿司等の店屋物をとる店がない	44	(4.6)
近所に買い物する店がない	120	(12.4)
仲間・友人などと集まる場所がない	31	(3.2)
訪問販売員が多い	52	(5.4)
防犯上の不安がある	175	(18.2)
特に困っていることはない	455	(47.2)
その他	101	(10.5)
無回答	85	(8.8)
合　計	964	(100.0)

注：2004年調査

「外食する店がない」，「店屋物をとる店がない」，「買い物する店がない」の3つをあわせると20.5％にもなる。なお，「特に困っていることはない」は全体の47.2％と半数弱となっている。

地域の困り事として記載された自由回答の内容のいくつかをみてほしい。近くにあるのはコンビニばかりで買い物ができる店が少ないこと，銭湯が遠く少ないことが訴えられている。

▼買い物をする店がない

女（89歳，都営住宅）　現在の処は，老人や一人暮らしの者は大変不便です。日常必要な野菜や魚肉等のお店がなく，遠くまで行かねばなりません。乗物にのれないので歩いて行ける処に買物ができる処があれば良いのですが，コンビニばかりでは用がたりません。大変不便になってしまいました。今治療をしながら家にいるので，子供の所へ行ったり来たりです。

女（79歳，都営住宅）　買い物に大変不自由しております。近所に歩いて10分か15分位の所にスーパーを作ってほしい。

女（87歳，持ち家：一戸建て）　ごく近くに買い物をする店がない。例えば，魚屋さん，肉屋さん，八百屋さん等，日常生活に不便。駅近くにはあるが，遠方で足が悪いため困る。コンビニはあるが，年配者老人向けの食品がない。

女（78歳，持ち家：一戸建て）　商店街が余り芳しくないので来客におもてなしが出

来ない。前々から来客が分かっている時は渋谷まで買いに行きます。魚・野菜・肉屋さんなど申し訳ないのですが新鮮な品がない。しばしばデパートの地下へ買い物に行きます。夜は非常に淋しい所なので絶対に用足しや買い物は出来ません。ポストまでも行きにくいです。

▼お風呂について

女（69歳，民間借家）　　月・水・金は福祉会館が近いのでお風呂に入れていただけますが，銭湯は日・祝・木と3回お休みです。その時は遠く迄出かけなければなりません。これから寒くなったら困ります。近い所にお風呂がほしいです。ボランティアをしている都合上，月・水・金と福祉会館でいただけない時が多いので困っています。

女（71歳，自社ビル）　　銭湯が欲しい。自宅の風呂は掃除だけでも大変だし危険だ。風呂券発券に差をつけないで欲しい。

2 日常生活の困り事

次に日常生活の困り事について表4-9でみてみよう（複数回答）。家事に関わる項目として「家の掃除」が17.9％と，「洗濯」が4.6％となっており，この2つをあわせて22.5％となる。また「買い物」が12.2％，「食事の準備」が10.0％となっている。

また「バスや電車，車を使って外出すること」が11.3％，「通院・薬とり」が7.8％となっているほか，「区役所等での手続き」が9.3％となっている。

このように家庭内では，掃除，洗濯，食事の準備，地域では外出手段，買い物，通院・薬とり，その他行政手続きが日常生活での困り事の主なものである。他方，全体の56.0％の者が「特に困っていることはない」と答えている。日常生活の困り事として記載された自由回答の内容のいくつかを次に引用しよう。

女（79歳，持ち家：一戸建て）　　先日，調査の時，千代田区の新聞切抜きを送りましたが（千代田区の住人のみ使用できる）港区でもすぐやる課のような課があればいいと思います。安い料金で（おむすびサービスは1時間800円）。女一人で生活しているので，この半分くらいで。男の人からみたら「こんな事」が出来ません。自分でもなんでこんな事が出来ないのと思いますが，足が心配で台の上にのれません。小さなつまらない事を考えると，とても不安です。

女（72歳，公団・公社の賃貸住宅）　　現在は頑張っていますが，目にみえてお世話になる日が近づいており，その時どうしたいかも思いつきません（特に経済的に）。

女（76歳，都営住宅）　　現在は元気ですが，風邪などひいて熱がでて食事の準備が辛

表4-9 港区ひとり暮らし高齢者の日常生活の困り事(複数回答)

( )内:%

バスや電車，車を使って外出すること	109	(11.3)
買い物	118	(12.2)
家の掃除	173	(17.9)
洗　濯	44	(4.6)
食事の準備	96	(10.0)
暖房（灯油の購入など）	17	(1.8)
銀行預金などの出し入れ	55	(5.7)
お風呂のしたく	34	(3.5)
区役所等での手続き	90	(9.3)
通院・薬とり	75	(7.8)
新聞・雑誌を読むこと	33	(3.4)
特に困っていることはない	540	(56.0)
その他	49	(5.1)
無回答	54	(5.6)
合　計	964	(100.0)

注：2004年調査

い時，またギックリ腰になった時，一時的に介護が受けられたら安心できるのですが，妹達も年が近いし，家族がいるので，来てもらえません。その事が不安です。

無回答（70歳，分譲マンション）　現在は健康で，家庭の事や外出，何でもできるので特に困っていることはないのですが，いざ身体が悪くなった時を考えると，姉妹は皆高齢（私は末），息子は海外生活（約10年），あてにできる人がいません。それを考えると不安です。

女（80歳，分譲マンション）　未婚で一人暮らしなので老後は社会福祉施設でお世話にならないとは思っていますが，具体的に（ひとりで暮らして行くには）どんな方法があるのか研究してないし，どうしたら良いかと考えている。

無回答（96歳，都営住宅）　毎日が淋しい日が続き，この苦しみを何とかしたい。96歳永い生涯です。死んでよし生きてよしの端まで生きる事の難しさに弱っています。

2　鶴見区のひとり暮らし高齢者

鶴見区における私たちのひとり暮らし高齢者調査で強調したいことは，調査規模が大きいことである。前述のとおり，民生委員が鶴見区内のひとり暮らし高齢者全員1万1670人を対象に訪問している。その訪問時に高齢者が実質ひとり暮らしであるかどうかを確認し，ひとり暮らしであった場合に調査票を手渡

ししした。

　訪問対象数が1万世帯を超えることから民生委員の負担を考慮して，対象を前期高齢者と後期高齢者の2つに分け，調査時点を変えて調査を実施した。前期高齢者（65～74歳）調査の調査時点は2006年1月1日，有効回収数は2565ケース，有効回収率は75.1%であった。後期高齢者（75歳以上）調査の調査時点は2006年10月1日，有効回収数は1661ケース，有効回収率は64.3%となった。前期高齢者調査の場合は回収も民生委員によってなされた。後期高齢者調査については，回収のみ郵送とした。

　前期と後期の高齢者を合計した調査対象数は5998名で，合計回収数は4226名，したがってその回収率は70.5%となった。回収率が高いことも注目に値する。こうした調査をできること自体，筆者とっては恵まれた機会であった。[5]

　ここでは，この調査の基本的特徴をまず述べるが，集計は前期高齢者調査と後期高齢者調査のデータを結合させて分析したい。この2つの調査の質問項目は，大部分共通であるが，異なっているところもあるので，その部分は必要に応じて独自に分析することにしたい。後期高齢者調査では，郵送による回収方法をとったこともあり，調査票の質問項目を少なくし，調査対象者の負担を軽減し回収率を高めようとしたのである。

　以下，回収された鶴見区の実質ひとり暮らし高齢者4226名の基本的特徴を概観しよう。

（1）基本的特徴

１ 性別と年齢

　鶴見区の住民基本台帳における高齢者全体の男女比を2006年1月1日現在でみると，男性が43.9%，女性が56.1%である。前述のとおり，全国レベルの高齢者の男女比は4対6（2007年10月1日現在，男性42.6%，女性57.4%）であり，鶴見区の高齢者の男女比もほぼ同じ割合である。

　次に，鶴見区のひとり暮らし高齢者の男女比を2005年の国勢調査によってみると，男性が37.2%，女性が62.8%とほぼ4対6となっている。港区の場合，男女比がほぼ2対8であることからすると，鶴見区は港区よりも男性の割合が多いことがわかる。

　さて，私たちの調査で実質ひとり暮らし高齢者の男女比をみてみると，男性

表4-10 鶴見区ひとり暮らし高齢者の男女別年齢階層 （ ）内：%

	男	女	無回答	合 計
65～69歳	584（41.4）	634（23.2）	1（1.1）	1,219（28.8）
70～74歳	414（29.4）	794（29.1）	3（3.4）	1,211（28.7）
75～79歳	160（11.3）	498（18.2）	3（3.4）	661（15.6）
80～84歳	108（7.7）	417（15.3）	3（3.4）	528（12.5）
85～89歳	61（4.3）	227（8.3）	3（3.4）	291（6.9）
90歳以上	22（1.6）	63（2.3）	0（0.0）	85（2.0）
無回答	61（4.3）	96（3.5）	74（85.1）	231（5.5）
合 計	1,410（100.0）	2,729（100.0）	87（100.0）	4,226（100.0）

注：2006年調査

は33.4%、女性は64.6%であった。このように男性は3割強であり、港区の男性が1割半であることと比較すると、鶴見区のひとり暮らし高齢者においては男性の割合が多い。

　私たちの調査結果から、まず年齢の分布をみてみよう。年齢階層別にみると（表4-10）、「65～69歳」が28.8%、「70～74歳」が28.7%となっており、この2つの年齢階層で全体のほぼ6割を占めている。そして80歳代が19.4%と約2割、90歳以上が2.0%となっている。

　年齢を男女別にみると、男性の場合、「65～69歳」の階層が最も多く41.4%であり、女性の場合は「70～74歳」の階層が最も多く29.1%となっている。

　男女別年齢階層をもう少しみやすくするために、年齢を前期高齢者と後期高齢者の2つに括ってみてみよう。表4-11に明らかなように、前期高齢者と後期高齢者の割合は、全体ではほぼ6対4と前期と後期の割合は港区と違いはない。しかし、男女別にみると大きな違いが出てくる。その違いは、鶴見区の場合男性の前期高齢者が7割、女性のそれが5割となっていることである。前出の表4-1のとおり、港区の男性前期高齢者は6割であり、鶴見区のほうが男性前期高齢者が多くなっている。

　このように鶴見区の男女別の特徴としては、全体に男性の占める割合が多く、さらに男性のなかでも特に前期高齢者層が多いということが言えるであろう。

表4-11　鶴見区ひとり暮らし高齢者の男女別前期・後期年齢階層　（　）内：％

	男	女	無回答	合　計
前期高齢者	998（70.8）	1,428（52.3）	4（4.6）	2,430（57.5）
後期高齢者	351（24.9）	1,205（44.2）	9（10.3）	1,565（37.0）
無回答	61（4.3）	96（3.5）	74（85.1）	231（5.5）
合　計	1,410（100.0）	2,729（100.0）	87（100.0）	4,226（100.0）

注：2006年調査

2 住まいとひとり暮らし

【住宅の種類】

　まず2005年の国勢調査のデータで，住宅の所有関係別の世帯数の割合について，横浜市と鶴見区を比較してみよう（以下の構成比は四捨五入の関係で合計は100％にはならない）(6)。

横浜市：①持ち家59％，②公営・公団・公社の借家7％，③民営の借家28％，
　　　　④給与住宅4％，⑤間借り1％

鶴見区：①持ち家57％，②公営・公団・公社の借家2％，③民営の借家35％，
　　　　④給与住宅5％，⑤間借り2％

　横浜市全体と鶴見区を比較すると，持ち家率についてはほぼ同じである。大きな違いは公営・公団・公社の借家の割合が鶴見区では2％と横浜市より5ポイントも少なく，またその分，民営の借家が7ポイントも多く3割半を占めていることである。

　ひとり暮らし高齢者の場合はどうか。表4-12は，私たちの調査による鶴見区ひとり暮らし高齢者の男女別住宅の種類をみたものである。

　まず全体合計でみると，持ち家が55.0％，民間の借家・賃貸アパートが27.7％，民間賃貸マンションが5.2％，公営・公団・公社の借家が5.3％となっている。港区では公共住宅（公営・公団・公社の借家）が28％と3割近くを占めていたが，鶴見区は1割にも満たない。他方，鶴見区では民間の借家（民間借家，民間賃貸アパートと間借り）が29.6％と3割を占めており，港区の民間の借家の1割とは大きな差がある。

　これを男女別にみると，男性と女性で大きな違いがあるのは持ち家と民間の借家の部分である。持ち家については，男性が35.5％であるのに対し，女性は66.2％と女性の持ち家率が30.7ポイント高い。これは大きな違いである。また

表 4-12　鶴見区ひとり暮らし高齢者の男女別住宅の種類　　　（　）内：％

	男	女	無回答	合　計
持ち家（一戸建て）	358 (25.4)	1,292 (47.3)	17 (19.5)	1,667 (39.4)
持ち家（分譲マンション）	142 (10.1)	516 (18.9)	0 (0.0)	658 (15.6)
民間賃貸マンション	107 (7.6)	109 (4.0)	3 (3.4)	219 (5.2)
公団・公社の賃貸住宅	30 (2.1)	53 (1.9)	2 (2.3)	85 (2.0)
市営・県営住宅	41 (2.9)	98 (3.6)	0 (0.0)	139 (3.3)
民間借家	139 (9.9)	250 (9.2)	7 (8.0)	396 (9.4)
民間賃貸アパート	481 (34.1)	287 (10.5)	6 (6.9)	774 (18.3)
間借り	45 (3.2)	33 (1.2)	1 (1.1)	79 (1.9)
社宅・管理人住宅	14 (1.0)	30 (1.1)	1 (1.1)	45 (1.1)
高齢者用住宅	16 (1.1)	25 (0.9)	1 (1.1)	42 (1.0)
その他	11 (0.8)	11 (0.4)	0 (0.0)	22 (0.5)
無回答	26 (1.8)	25 (0.9)	49 (56.3)	100 (2.4)
合　計	1,410 (100.0)	2,729 (100.0)	87 (100.0)	4,226 (100.0)

注：2006年調査

民間の借家では，男性が47.2％，女性が20.9％とその差は26.3ポイントもあり，ここでも大きな差がある。このように，鶴見区においては男性のひとり暮らし高齢者の住宅状況は，女性よりかなり不安定であることが明白である。

　さて，鶴見区の調査では前期高齢者と後期高齢者の2つの調査を実施したが，調査票の設問数の制限から港区で尋ねたような住宅に関する困り事については設問をおかなかった。ここでは，調査票の最後の自由記述欄に記載された意見から，住宅問題に関する主なものを紹介したい。個別の事情を超えた背後の普遍的問題性を汲み取りたいものである。

▼立ち退き
女（66歳，民間借家）　　住むところがこの歳になって立ち退きを通告され，市営住宅に申し込みましたが落選しました。何のために申込書に「立ち退きを要求されている」等の項目があるのでしょうか。今年の4月で出なければいけないのに不動産のアパートは高すぎます。安心して住める所があって初めて健康に過ごせるのではないでしょうか。
男（80歳，民間賃貸アパート）　　賃貸アパート立ち退きの心配。

▼高齢者用住宅
女（72歳，持ち家：一戸建て）　　高齢者用マンションの情報提供・斡旋等をしてほし

い。
男（74歳，民間賃貸マンション）　高齢者独身用の安価な住宅に生活したい。

▼家の老朽化，災害の不安
女（76歳，その他：父名義の一戸建て）　現在住んでいる家が昭和8年のもので，手入れが大変。家の維持にお金がかかる。隣の空き地の草が伸びてきて困る。
女（65歳，持ち家：一戸建て）　家の老朽化が心配。
女（66歳，持ち家：一戸建て）　家の補修費がかかる。
女（83歳，持ち家：一戸建て）　一人暮らしですが，家が古いので心配。
女（89歳，持ち家：一戸建て）　家の築年数が長く，ねずみが出てきたり雨が漏ったりするが，引越し費用や他の地域へ行く不安もあり，困っている。
女（82歳，持ち家：一戸建て）　築41年のため，地震，台風が一番心配。市の賃貸住宅があったならお聞きしようと思っていた。
男（74歳，民間賃貸マンション）　マンションの耐震強度が分からないので不安。
女（77歳，持ち家：分譲マンション）　室内の修理のとき専門の事業所がわからない。修理のとき仕事の出来る方を教えてほしい。

▼保証人，転居問題
男（72歳，民間賃貸アパート）　部屋を借りる際の保証人になってくれる人がいないので困っている。
男（76歳，民間賃貸アパート）　住居の変更の困難さで高齢者の受け入れが妨げられている。区役所には，高齢者の住居の問題・介護福祉問題など善処して欲しい。
男（年齢無回答，民間賃貸アパート）　もうすぐ80歳になる。保証人が居りますが高齢者になるとなかなか民間賃貸アパートに入所するのが大変です。今後必要にせまられています。シニアリブインなどの高齢者住宅に入所したく4，5回申し込みしたが入所できなかった。
男（年齢無回答，民間賃貸アパート）　県営住宅に移ろうかと思って今運動中です。
男（77歳，民間賃貸アパート）　ストレスを避けるため市営住宅に移住したり，運動が出来るように足の膝を痛みから解放したり，6回も入居申し込みをしたがどうして当選しないかわからないけど，もう少し親身になって協力，抽選してもらいたいと思う。
女（86歳，民間賃貸アパート）　今住んでいるアパートが2階建てのため，毎日の生活が大変です。建物が古いため，市の住宅に入れていただきたいと思います。年金が少ないため高い家賃のところには住めないためによろしくお願い致します。
女（年齢無回答，民間賃貸アパート）　一人暮らしでも市営住宅に入りたい。
男（76歳，民間賃貸アパート）　現在市営住宅を希望しているがなかなか入れない。

9回申込み落選。

▼お風呂がない
- 男（65歳，民間借家）　　風呂がないので困る。古い住居なのか家が地震で傾いてきて隙間が多く，冬はかなり寒い。
- 女（78歳，民間借家）　　日当たりがよくないため干し物ができない。お風呂もないため市営住宅へ入れることを希望しています。
- 女（77歳，民間賃貸アパート）　　お風呂のある住宅に行きたい。

▼住宅環境
- 男（78歳，民間借家）　　現在介護保険利用などで自立した生活を送ってはいるが，借家の2階での暮らしは半身麻痺での一人暮らしには不自由で危険なものである。1階で安全な生活を望む。
- 女（78歳，その他：民間賃貸マンション）　　5階に住んでいるが，エレベーターが無く不自由。
- 男（85歳，持ち家：一戸建て）　　植木のせん定を格安でしてほしい。
- 女（92歳，持ち家：一戸建て）　　家が大きすぎて管理が大変である。

【ひとり暮らしの期間，ひとり暮らしになった理由，在住期間】

　次に，ひとりで暮らしてきた期間について表4-13でみてみよう。全体としては，10年以上ひとりで暮らしてきている高齢者が54.1%と大半を占めている。また5年以上10年未満は19.4%と2割程度，5年未満は23.1%と2割強を占めている。港区の場合，10年以上で6割半を占めていたことと比較すると，鶴見区のひとり暮らし高齢者は10年以上が5割半であり，鶴見区のほうがひとり暮らしの期間が若干短いと言える。

　これを男女別にみると，男性のほうがひとり暮らしの期間が長いことがわかる。すなわち10年以上ひとりで暮らしてきている者が，男性の場合60.9%，女性の場合51.5%と，男性のほうが9.4ポイント多くなっている。反対に5年未満の者は，男性が20.6%，女性が25.1%と，女性が4.5ポイント多い。

　さて，ひとり暮らしになった理由についてみてみたい。ただしこの設問は，後期高齢者調査では省略されたので，前期高齢者についてしか示すことができない。

　前期高齢者がひとり暮らしになった理由で最も多いのは，「死別」で46.3%，

表4-13　鶴見区ひとり暮らし高齢者の男女別ひとり暮らしの期間

（　）内：％

	男	女	無回答	合　計
1年以内	57（ 4.0）	138（ 5.1）	1（ 1.1）	196（ 4.6）
1～2年	81（ 5.7）	205（ 7.5）	3（ 3.4）	289（ 6.8）
3～4年	153（10.9）	340（12.5）	2（ 2.3）	495（11.7）
5～9年	220（15.6）	593（21.7）	8（ 9.2）	821（19.4）
10～19年	305（21.6）	728（26.7）	9（10.3）	1,042（24.7）
20年以上	554（39.3）	677（24.8）	11（12.6）	1,242（29.4）
無回答	40（ 2.8）	48（ 1.8）	53（60.9）	141（ 3.3）
合　計	1,410（100.0）	2,729（100.0）	87（100.0）	4,226（100.0）

注：2006年調査

表4-14　鶴見区ひとり暮らし高齢者の現住所居住年数　　（　）内：％

	男	女	無回答	合　計
5年未満	248（17.6）	288（10.6）	6（ 6.9）	542（12.8）
5年以上10年未満	196（13.9）	240（ 8.8）	2（ 2.3）	438（10.4）
10年以上20年未満	284（20.1）	341（12.5）	1（ 1.1）	626（14.8）
20年以上30年未満	203（14.4）	421（15.4）	5（ 5.7）	629（14.9）
30年以上	471（33.4）	1,400（51.3）	58（66.7）	1,929（45.6）
無回答	8（ 0.6）	39（ 1.4）	15（17.2）	62（ 1.5）
合　計	1,410（100.0）	2,729（100.0）	87（100.0）	4,226（100.0）

注：2006年調査

ついで「離別」が22.3％，「未婚」が21.4％となっている。港区のひとり暮らし前期高齢者（65～74歳）の場合，未婚率は33.3％であるので，鶴見区とは11.9ポイントの差がある。ともあれ前述のとおり全国のひとり暮らし高齢者の未婚率が10.6％（2005年国勢調査）であることからすると，鶴見区も全国平均の約2倍の未婚率となっている。

　現住所での居住年数を，表4-14でみてみよう。男女合計でみると，20年以上が60.5％と大半を占めている。逆に5年未満は12.8％と1割程度である。男女別にみると，20年以上では男性が47.8％，女性が66.7％と，女性のほうが18.9ポイントも多い。このように女性の場合，約7割の者が現住所に20年以上住んでいる。逆に5年未満では，男性が17.6％，女性が10.6％と男性のほうが7ポイント多い。現住所での居住期間については，明らかに女性のほうが長い。

3 職業と経済的状況

鶴見区の調査で職業に関する設問をおいたのは前期高齢者調査のみで，後期高齢者調査では省略された。したがって，前期高齢者のデータしか示すことができないが，その生涯最長職についてみてみたい。

表4-15のとおり，最も多いのが「勤労者（生産現場・技術職など）」で25.3%と全体の4分の1を占めている。ついで「勤労者（事務職・販売サービス業など）」が19.9%，「臨時職・パート・アルバイト」が12.7%と続いている。また「主婦」は13.9%，「自営業者」は11.9%であった。生産現場・技術職などの勤労者と臨時・パート・アルバイトをあわせると，38.0%と全体の4割弱を占めている。

さて，鶴見区の調査では，収入を調査票の設問に入れることができなかったが，経済的状況に関する本人の意識を設問としておくことができた。表4-16によってそれをみてみよう。

まず表4-16の(a)の男女合計でみると，経済的に余裕がある（「かなり余裕がある」＋「やや余裕がある」）者は12.3%と1割強であるが，逆に経済的に苦しい（「やや苦しい」＋「かなり苦しい」）者が29.6%となっている。経済的に不安定な者がひとり暮らし高齢者全体のほぼ3割に達するのである。

これを男女別にみると，余裕がある者は，男性では9.7%であるのに対し，

表4-15 鶴見区ひとり暮らし前期高齢者の生涯最長職

（　）内：％

会社経営者・会社役員	101	(3.9)
自営業者	306	(11.9)
臨時職・パート・アルバイト	325	(12.7)
勤労者（事務職・販売サービス業など）	510	(19.9)
勤労者（生産現場・技術職など）	650	(25.3)
専門的技術的職業（医者・弁護士・研究者など）	42	(1.6)
公務員	74	(2.9)
自由業（執筆業・芸術関係）	23	(0.9)
農林漁業	9	(0.4)
主　婦	356	(13.9)
無　職	83	(3.2)
無回答	86	(3.4)
合　計	2,565	(100.0)

注：2006年調査

表4-16 鶴見区ひとり暮らし高齢者の経済状況に関する意識

(a) 男女別   ( )内:%

	男	女	無回答	合 計
かなり余裕がある	21(1.5)	37(1.4)	1(1.1)	59(1.4)
やや余裕がある	116(8.2)	338(12.4)	8(9.2)	462(10.9)
余裕はないが生活には困らない	674(47.8)	1,605(58.8)	37(42.5)	2,316(54.8)
やや苦しい	321(22.8)	490(18.0)	18(20.7)	829(19.6)
かなり苦しい	221(15.7)	192(7.0)	10(11.5)	423(10.0)
無回答	57(4.0)	67(2.5)	13(14.9)	137(3.2)
合 計	1,410(100.0)	2,729(100.0)	87(100.0)	4,226(100.0)

注:2006年調査

(b) 前期・後期年齢階層別   ( )内:%

	前期高齢者	後期高齢者	無回答	合 計
かなり余裕がある	29(1.2)	29(1.9)	1(0.4)	59(1.4)
やや余裕がある	211(8.7)	240(15.3)	11(4.8)	462(10.9)
余裕はないが生活には困らない	1,268(52.2)	938(59.9)	110(47.6)	2,316(54.8)
やや苦しい	552(22.7)	227(14.5)	50(21.6)	829(19.6)
かなり苦しい	294(12.1)	99(6.3)	30(13.0)	423(10.0)
無回答	76(3.1)	32(2.0)	29(12.6)	137(3.2)
合 計	2,430(100.0)	1,565(100.0)	231(100.0)	4,226(100.0)

注:2006年調査

(c) 前期・後期年齢階層別男女別   ( )内:%

	前期高齢者		後期高齢者	
	男	女	男	女
かなり余裕がある	11(1.1)	17(1.2)	9(2.6)	20(1.7)
やや余裕がある	62(6.5)	149(10.7)	53(15.4)	184(15.6)
余裕はないが生活には困らない	448(46.8)	819(58.8)	205(59.6)	730(61.9)
やや苦しい	261(27.2)	289(20.8)	45(13.1)	179(15.2)
かなり苦しい	176(18.4)	118(8.5)	32(9.3)	67(5.7)

注:2006年調査,無回答を除く。

女性は13.8%となっており,女性の方が4.1ポイント多い。反対に,経済的に苦しい者は,男性が38.5%,女性が25.0%となっている。経済的に苦しいとする男性が女性より13.5ポイントも多い。このように,女性より男性のほうが経済的に不安定な者が多くなっている。

経済状況を年齢階層別にみるとどうか。年齢階層を前期高齢者と後期高齢者

で区分して経済状況をみたものが表4-16の(b)である。経済的に苦しい者をみると，前期高齢者では34.8%であるが，後期高齢者では20.8%と，その差は14ポイントもある。余裕がある者については，前期高齢者が9.9%，後期高齢者が17.2%と，その差は7.3ポイントとなっている。このように，後期高齢者のほうが経済的に安定していると言える。

次に，経済状況について前期・後期年齢階層別，男女別にみてみよう（表4-16の(c)）。経済的に苦しい者は，前期高齢者では男性が45.6%，女性が29.3%とその差は16.3ポイントとなっている。ところが，後期高齢者の場合，男性が22.4%，女性が20.9%となっておりほとんど差がない。このように，後期高齢者の場合は男女で差がほとんどなく，差が出るのは，前期高齢者である。とりわけ前期の男性高齢者は経済的にもいろいろな困難を抱えていることに注目したい。収入に関する自由記述を引用しよう。

女（66歳，民間借家）　年金だけでは家賃を払って生活していけないので仕方なくまだ働いていますが，いつまで元気で働けるのか心配です。

男（68歳，民間賃貸アパート）　健康な生活にはお金が必要です。今は食べるだけの毎日です。

女（65歳，民間賃貸マンション）　体に悪いところがありますが，お金が無いため病院にも行けず困っています。

女（68歳，持ち家：分譲マンション）　病院等でお金がかかるので，あまり年金を減らさないで下さい。

男（71歳，持ち家：一戸建て）　収入が少ないので食生活・ライフスタイルが貧しくなる。

男（93歳，持ち家：一戸建て）　年金生活が大変なので，蓄えを取り崩して生活しています。もう少しゆとりのある生活がしたいです。

女（77歳，持ち家：一戸建て）　国民年金が少ないため困っている。

男（80歳，民間，公団，公社の賃貸住宅）　現在の年金制度が維持されるよう希望。

女（84歳，持ち家：一戸建て）　年金額が少なくガス，水道，電気代などでなくなってしまい将来が心配。

男（77歳，民間賃貸アパート）　生活保護費が数年前，1万円ダウンしてから毎月借金の連続であり，食費を切り詰め生計を立てようと思うが，体のほうが心配で，それも出来ず困っている。

男（76歳，民間賃貸アパート）　国民年金での生活だが，月6万に家賃を払うと大変。特に病気のときは困る。年金をかけずに生活保護を受けたほうが良かった。なぜ年金

をかけた人の収入が少なくて，かけない人が多いのか分からない。

女（76歳，その他の住宅）　年金収入だけの人から税金が増えていくのか。独身で働いてきた人たちに税金がかかって，遺族年金の人は非課税化なのか。

女（85歳，持ち家：一戸建て）　介護保険料と地代が高くて支払いが大変です。

女（69歳，持ち家：一戸建て）　私の場合は，2カ月1回の安い年金の中から4500円の介護保険料をひかれています。

女（82歳，市営住宅）　これ以上の経済的負担が増えないように願っています。

女(85歳，持ち家：分譲マンション)　生活保護費をもらいたいが，申請方法が分からない。収入がなく，生活に困る。働く場所がほしい。

女（83歳，民間賃貸アパート）　生活が苦しく，困っている。

4 健康状態

健康状態については，健康な者（「大変健康である」＋「まあまあ健康である」）は63.3％，健康ではない者（「あまり健康ではない」＋「健康ではない」）は，33.0％となっている。

さて，表4-17は前期・後期年齢階層別，男女別に健康状態をみたものである。この表をみると，後期高齢者では男女に差はないが，前期高齢者では男性のほうが健康状態が悪い。すなわち健康ではない男性は37.9％であるのに対し，女性は25.6％と，その他は12.3ポイントとなっている。健康な女性は72.2％，男性は59.0％である。このように，男性前期高齢者の健康状態に女性と差があることがみえてくる。健康状態に関する自由記述の内容は次のようである。

表4-17　鶴見区ひとり暮らし高齢者の前期・後期年齢階層別男女別健康状態

（　）内：％

	前期高齢者		後期高齢者	
	男	女	男	女
大変健康である	101（10.1）	173（12.1）	24（6.8）	66（5.5）
まあまあ健康である	488（48.9）	858（60.1）	190（54.1）	649（53.9）
あまり健康ではない	218（21.8）	248（17.4）	74（21.1）	267（22.2）
健康ではない	161（16.1）	117（8.2）	50（14.2）	177（14.7）
無回答	30（3.0）	32（2.2）	13（3.7）	46（3.8）
合計	998（100.0）	1,428（100.0）	351（100.0）	1,205（100.0）

注：2006年調査，性別の無回答を除く。

▼現在の病気のこと

男（65歳，持ち家：一戸建て）　腰痛の為，排尿や排便が困難。

男（65歳，持ち家：一戸建て）　緑内障で左目を失明しているが医師の証明がなくて手続きができない。

女（66歳，持ち家：一戸建て）　突然の病気の怪我のときに信頼できる方に手伝っていただければ心強いと思います。昔，発作が起こったときに救急車のお世話になりましたが，病院へ行くときに身の回りの荷物，保険証やお金など場所は分かっていても用意が出来ませんでした。

男（86歳，持ち家：一戸建て）　現在老人病といわれている手足の関節の痛みで悩んでいる。医師に手当の方法を聞いても処置はないと云われる。

女（79歳，持ち家：一戸建て）　骨粗しょう症があり，時には3ヶ月ほど動けなくなる。困っていることはあるが紙面には書きたくなく，直接会って話したい。

女（年齢無回答，持ち家：一戸建て）　足腰の痛みがあり，50メートル程歩くと呼吸が苦しくなり，腰がつるが，横になると腰が伸びる。病院に通いながら毎日頑張って暮らしているが，体が働かなくなったら買い物や掃除に困る。

女（78歳，持ち家：一戸建て）　慢性関節リウマチを患っています。15年になります。でもなんとか頑張っています。これからもよろしくお願いします。

男（77歳，市営・県営住宅）　肝臓病，糖尿病，高血圧，胃腸病，白内障等から生活活動の困難を生じていることから介護保険制度の利用を検討した結果，利用した場合の自己負担する余裕がないことで見合わせている状況です。

男（83歳，持ち家：一戸建て）　戦後捕虜時の左足の怪我の後遺症が出て，歩行に不便を感じてきた。

女（82歳，持ち家：分譲マンション）　健康優良児だったが，60歳で胃の3分の2，子宮卵巣を失い，脳血栓で右脚が動かない。脳梗塞にもなったが，先生の指導と努力で，生かしていただいた。今後も先生を信じ，悔いのないよう明るい余命にしたいと思っている。今は，自活しているが，SOS時には適切な処置をお願いする。

男（78歳，高齢者用住宅）　原爆症のため入退院。仕事も家庭も崩壊し死んだほうが良いと思ったこともあるが，今は生き抜こうと改心している。

女（76歳，民間賃貸アパート）　聞いて頂きたい事は幾つもありますけれども，全身とくに手足の麻痺と目の不自由ゆえに残念ですが詳しくは記入できません。身寄りのいない私は，孤独感と偏見や差別に苦しむ日々です。

女（85歳，民間賃貸アパート）　足が悪くて4年も毎日通院しています。今は毎朝タクシーを呼んで通っていますが，身体障害手続きをしたのですが，5級なので何の役にもたちません。

女（86歳，持ち家：分譲マンション）　交通事故でクモ膜下出血になり，匂いが分からない。耳鳴で聞こえが悪く，ブザーの音も聞こえなくて困る。声が聞こえるが意

味が分からない。

▼将来の病気への不安
女（73歳，持ち家：分譲マンション）　そのうち外出が出来なくなることが不安。
女（74歳，民間賃貸アパート）　自分が痴呆になった時に自覚できないことが一番心配。
男（67歳，民間借家）　現在は健康だが成人病は心配している。そのため外食は出来るだけしないで自分で作っている。
女（81歳，持ち家：一戸建て）　あまり頼らず，自分なりに規則を作り，それを守って周りの人たちと楽しく助け合って日を暮らします。いつ健康が変わるか不安。
女（79歳，持ち家：一戸建て）　すべてが健康にかかわってくると思います。加齢と共に身体的に不自由になります。不自由に逆らわず受け入れて，ゆっくり生きたいと心がけております。

（2）生活上の困り事

日常生活の困り事については，前期高齢者と後期高齢者の調査票で，設問の選択項目が一部異なるのでデータを一緒にして分析はできない。ここでは，前期高齢者と後期高齢者のそれぞれの日常生活の困り事について述べたい。

1 前期高齢者の困り事

前期高齢者の日常生活の困り事についてみると（図4-4），「健康のこと」が35.8％と最も多く，ついで「体調を崩したときの身の回りのこと」33.7％，「災害時のこと」26.4％，「防犯について」20.7％が主なものである。なお，「収入が少ない」が18.2％と約2割を占めていることも注目したい。他方，「特に困っていることはない」と回答している者は22.1％であった。すなわち全体の8割の高齢者がなんらかの困り事があると答えていることになる。

このように健康に関することや病気になった時の支え，また防犯や災害などへの不安，さらには経済的不安をあげているのである。自由回答のなかから困り事についての記述を紹介しよう。

▼生活環境が悪い
女（69歳，持ち家：一戸建て）　徒歩圏内で買い物が出来た商店街が年々無くなり不自由になっている。宅配では費用もかかるため，地域に平均的に買い物が出来るスー

図4-4　鶴見区ひとり暮らし前期高齢者の日常生活の困り事 (複数回答)

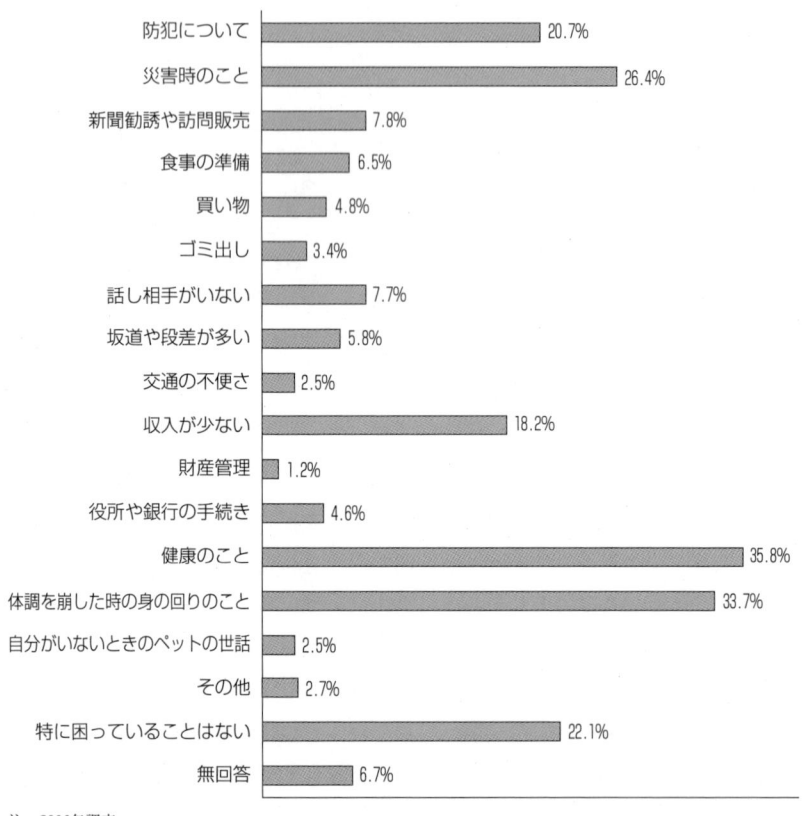

項目	%
防犯について	20.7%
災害時のこと	26.4%
新聞勧誘や訪問販売	7.8%
食事の準備	6.5%
買い物	4.8%
ゴミ出し	3.4%
話し相手がいない	7.7%
坂道や段差が多い	5.8%
交通の不便さ	2.5%
収入が少ない	18.2%
財産管理	1.2%
役所や銀行の手続き	4.6%
健康のこと	35.8%
体調を崩した時の身の回りのこと	33.7%
自分がいないときのペットの世話	2.5%
その他	2.7%
特に困っていることはない	22.1%
無回答	6.7%

注：2006年調査

パー，生協等を配置して頂きたい。

男（72歳，持ち家：一戸建て）　車での買い物が殆どなので車が使えなくなったとき，困ると思います。

女（71歳，持ち家：一戸建て）　今はまだバスを利用して通院できるが，近くに医療施設が無い為，将来がとても不安である。

▼交通に関して

女（70歳，持ち家：一戸建て）　週4回も来るゴミ収集車の走るスピードを落として通ってもらいたい。地盤軟弱な住宅街の狭い道路のため通る度振動がひどく，嫌な気分にさせられる。また家のコンクリートの接合部分に隙間が出来たらと心配してい

る。このことで大変健康に良くない影響を受けていると思う。忙しいのは分かるけどもう少し気を遣ってもらいたい。
女（69歳，持ち家：一戸建て）　　バスをもう少し増やしてほしい。
女（67歳，民間賃貸マンション）　　事故の多い所に信号を付けてほしいです。
女（66歳，持ち家：一戸建て）　　自転車等があぶないと感じる事が多くなった。歩く人と自転車を切りはなした道路をつくってほしい。1人住まいの年金生活者のバス代を半額にして下さい。

▼歩道・道路の点検・整備，交通機関・公共施設等のバリアフリー
男（73歳，民間賃貸マンション）　　バス停，鉄道の駅の階段等の乗り降りが困難。
女（69歳，持ち家：一戸建て）　　生活道路の安全保護と整備・バリアフリー化。商店街の整備・広報等の文字の大型化。
女（67歳，民間賃貸マンション）　　事故の多い所に信号を付けてほしいです。
女（74歳，持ち家：分譲マンション）　　歩道のある停留所では，歩道とバスとの間が広いと段差の昇降が苦しいので，きちんと幅寄せして停車してほしい。
女（67歳，持ち家：分譲マンション）　　仕事帰り，地域が暗いので，事故防止も兼ねて街灯を設置してほしい。

▼家のこと，ゴミ出し等が大変，困難
女（70歳，持ち家：分譲マンション）　　重たい買い物が多いため高齢になってくるにつれ如何なものかと案じております。
女（71歳，持ち家：分譲マンション）　　蛍光灯の取替え等，家の中の小さな電気関係の作業を安心して頼める所を知りたい。
女（70歳，持ち家：分譲マンション）　　ダンボール，紙類などゴミ出しが困難なことがある。体調が悪いとき掃除・食事の準備など家事全般が大変なときがある。
女（71歳，持ち家：分譲マンション）　　エレベーターの無いマンションなので，粗大ゴミを出す時等，玄関まで運ぶ事ができず，やむなく値段の高い業者に依頼しなければならない。

▼近所づきあいが無い，近隣関係に問題がある
女（73歳，持ち家：分譲マンション）　　そのうち外出が出来なくなることが不安。ご近所と触れ合いもなく，溶け込むのも大変。よい方法を指導してほしい。
女（67歳，持ち家：分譲マンション）　　上の階の住人のマナーがなっていない。直接注意しても，聞く耳を持たず，マンションの管理人等に相談しても取り合ってくれない。
女（69歳，持ち家：一戸建て）　　引っ越してきたため，町会や老人会からの情報がな

く，何にも分からない。誘いがないと，なかなか参加しづらいので，今後はもっと新しい住民を受け入れてくれるような地域を作ってほしいと願っている。

▼孤独で寂しい
女（69歳，持ち家：一戸建て，アパート）　一人暮らしで声を出す機会が余りありませんので，うつや認知症の途中かもしれません。
女（年齢無回答，民間賃貸アパート）　話し相手がほしい。1人では生きられない・寂しさが怖い。

2 後期高齢者の困り事

　後期高齢者の日常生活上での困り事についてみると（図4-5），「健康のこと」が45.2％と最も多い。ついで「体調を崩した時の身の回りのこと」が44.0％，「災害時のこと」が42.1％となっている。健康，病気時の支え，災害に関する困り事，不安がそれぞれ4割強を占めている。「防犯について」は30.7％と3

図4-5　鶴見区ひとり暮らし後期高齢者の日常生活の困り事（複数回答）

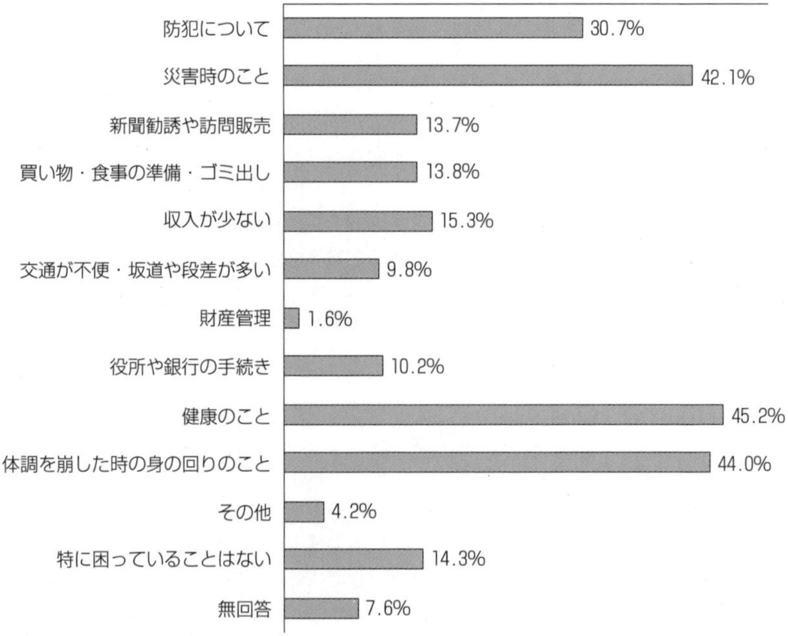

項目	割合
防犯について	30.7%
災害時のこと	42.1%
新聞勧誘や訪問販売	13.7%
買い物・食事の準備・ゴミ出し	13.8%
収入が少ない	15.3%
交通が不便・坂道や段差が多い	9.8%
財産管理	1.6%
役所や銀行の手続き	10.2%
健康のこと	45.2%
体調を崩した時の身の回りのこと	44.0%
その他	4.2%
特に困っていることはない	14.3%
無回答	7.6%

注：2006年調査

割である。「特に困っていることはない」は14.3%であった。

前期高齢者よりもいずれの項目も割合が多い。困っていることがないと答えた者も，前期高齢者より少ない。ここでも自由記述の内容を引用したい。

▼将来に対する不安

女（79歳，持ち家：分譲マンション） 今のところ1人で頑張っているが年はいらないのについてくる。これから力を借りる事があった場合はよろしくお願いしたい。主人は療養所，胃潰瘍の手術・術後低血糖の発作，入退院の繰り返し，定年前に退社，62歳で亡くなる。次女は5歳の時心室中隔欠損症で心臓手術。少しばかりの主人の退職金は葬儀費用・病院の支払いで無くなる。住居だけ（築35年のマンション）は残してくれたので助かっている。主人と子どもの介護をしながら自身もパート勤務。73歳からは週1・2回のパート。7月に足痛でやめる。年金で暮らしている。主人が生前生命保険に入っていなかったため蓄えなし。これから先がとても心配。年金だけが頼り。次女の頚椎捻挫も心配。自身も足痛を頑張って治す。8月から杖をついている。年は取りたくない。

女（77歳，持ち家：一戸建て） 現在は元気に暮らしているが，体調を崩した時を考えると（経済的にも）不安。

女（80歳，公団・公社の賃貸住宅） 長生きしてもいいことがない。長生きは不幸の始まりだと思う。

女（79歳，持ち家：一戸建て） 先行き不安でいっぱいですが，延命措置など受けずに天寿を全うしたいと思う。

男（83歳，持ち家：一戸建て） 現在は単独行動である。健康上の理由と全て1人でやらなくてはいけないから。長男夫婦と孫と4人生活をしているが3年ほど前から他人状態。身体が不自由になったときに家族に頼れないので保護機関を利用したい。

女（78歳，高齢者用住宅） 物忘れがひどく認知症といわれている。一人暮らしで不安。

女（78歳，持ち家：一戸建て） 今は健康で歩き廻って介護に明け暮れているが，脳出血で倒れた妹のように，いつ自分にも急に倒れてしまうような事が起るか不安である。

女（87歳，民間賃貸アパート） 妹一家が鶴見で生活しておりましたので，それを頼りに昭和53年に山形から出て参りました。職を得て過ごして参りましたが，妹の夫は大分前にそして妹も去年の3月に亡くなりました。姪達はおりますが，私としては郷里山形に帰りたいと思っています。いつになりますか，今のところ予定も予想も出来ないでおります。いろいろお世話になりますが宜しくお願い申し上げます。

女（82歳，持ち家：一戸建て） 同番地の敷地内に建っている2軒の家に息子夫婦と別々に住んでおります。生活費も食事も総て別世帯で独りで生活しております。息子

夫婦は勤め人でございますので，朝早く出勤致し夜はおそく帰宅で主張転勤等で，留守がちで，あまり会う事もなく，独りで生活しております。82歳になった今，健康面で不安な日々でございますので，民生委員の方に見まわっていただきたいと思い，今回初めてお会い致しました。

男（78歳，民間賃貸アパート）　今現在のところ動けるので何の心配していないが，動けなくなる前兆がきたら，相談したい。

▼緊急時に対する不安

女（77歳，持ち家：一戸建て）　一人暮らしの問題は緊急時の連絡。常に身につけていて押せば連絡出来るものが公的負担であればいい。

男（79歳，民間賃貸アパート）　緊急に必要な入院のときに保証人（通常連帯2名必要）がありませんので，入院拒否されるのが心配。

女（81歳，持ち家：分譲マンション）　体調には常に気づかっておりますが実際家の中で具合が悪くなり電話もできない状態の場合どうなるか高齢のひとり住居は目下それのみ心配です。区役所に一度相談に伺いたいと思っています。

女（77歳，持ち家：一戸建て）　一人で居ますと急に動けないような病気になって電話のところまでも行かれないときを心配しています。このようなとき笛のようなものを身につけていてそれを吹けば御近所の方が来て頂けるようなものが配られていて安心できると関西の方の独り暮らしの方が言っていらっしゃいました。もちろん余程のことでなければ鳴らしませんが，持っているだけでも安心だと思います。鶴見区でも何かそういうものを考えていただければ有難いと思います。よろしくお願いします。一人暮らしの老人のことをいろいろ考えてくださることは嬉しいことです。これからもよろしくお願いします。

女（76歳，持ち家：分譲マンション）　一人で部屋で死ぬことが心配。月1回でも民生委員の電話が欲しい。

男（77歳，民間賃貸アパート）　過去に1度，夜中に急に胸痛があって，近くに携帯もなく鍋を叩いて呼んだが誰も来なかった。トイレで腹痛になり，携帯が無く，壁を叩いたが誰も来なかったことがある。風邪で3日間寝込んだが，誰も訪ねて来ず独りだった。

女（83歳，持ち家：一戸建て）　緊急時に不安を感じている。近所の人には気軽に頼めない。

男（86歳，持ち家：一戸建て）　何かあった時のために，声かけをしてほしい。

女（79歳，持ち家：一戸建て）　緊急時の連絡に役立つような持ち歩きできてワンタッチで110番できるものがあれば。1年ほど前，急なめまいで電話機のところまでいけず心細い思いをした。

▼生活に対する不安
男（88歳，持ち家：一戸建て）　健康に過ごすには食事作りと買い物が大切で，（自分では長距離を歩いたり，重い荷物を運べないため）それをしてくれる人がいればありがたい。独居の高齢者は心細さを感じる。
女（79歳，持ち家：一戸建て）　腰痛が出て5年以上障子の張替えができていない。信用ができる人で安くやってくれる人の紹介などは民生委員に伺えばよいのか。
女（87歳，持ち家：一戸建て）　現在健康には気をつけ元気でいる。年のせいか体の動きが鈍くなってきて，入浴や調理も心細くなってきている。隣がデイサービスなので連絡したが介護の資格がないと利用できないとの事でした。自費でもお願いできないでしょうか。長い間一人で自由にこの家で過ごしてきたので，この家で最後を静かに過ごしたい。
女（85歳，民間賃貸アパート）　何もありません。生きているのがつらいから早く逝きたい。
女（79歳，持ち家：一戸建て）　あるような，ないような今です，健康に恵まれ，色々，ボランテア活動，又奉仕，又自分のしたい事をさせていただいております。今80歳をむかえ，身辺整理をしなくてはと，試行錯誤して居ります。生活にミスが多くなり，年令のせいか決断が出来ない始末です。
女（79歳，持ち家：分譲マンション）　何をどこからやればよいのか，アドバイスがほしい。何もできずに困っています。

▼家事が困難である
男（85歳，持ち家：分譲マンション）　日常の食のことが一番難儀。食事の選択，食べた後の，後始末等が難儀。
女（79歳，持ち家：一戸建て）　掃除が大変。掃除機の使用で，足腰が痛くなる。食事は自分で作っている。
女（77歳，持ち家：分譲マンション）　家事援助を頼めるところを教えてほしい。
女（85歳，持ち家：一戸建て）　古い一戸建てで家事一切の一人暮しは老体にとって，時間がかかります。身辺整理をしながら，ゆっくりと好きな事をするのが望みですが，時には体調が悪い時が有ります。そうゆう時は頭の動きも悪く不安になります。安心して手助けを受けられる申込む場所や金額を知りたいと思っております。
女（83歳，持ち家：一戸建て）　食料品の買出しに困っている。
女（85歳，持ち家：一戸建て）　高台なので，店屋，ポストなどがないため，一寸した買い物や，期日までに出したい郵便物などが出せず，困っている。

▼ゴミの処分について
女（85歳，持ち家：一戸建て）　ゴミの分別が高齢者には，大変難しくなってきてい

る。ちょこっとゴミ出しの手伝いをしてくれるボランティアが欲しい。
女（86歳，持ち家：分譲マンション）　大きなゴミなどひとりで持てないゴミの処分に困ります。電気製品などが壊れた時どこに修理を頼んで良いか困っている。
女（81歳，持ち家：一戸建て）　ゴミを自分で歩いて捨てにいけないので家の前まで取りに来てくれるサービスがあると嬉しい。現在は娘に持って帰ってもらい出してもらっている。
女（80歳，持ち家：一戸建て）　ゴミ集積場所に重いゴミ（雑誌など）を出すの大変。

▼手伝いを頼みたい
男（76歳，持ち家：一戸建て）　庭の手入れ，家の小さな修理・補修など，町会・地区で依頼できるようになれば良いと思う。
女（77歳，持ち家：一戸建て）　階段の電気修理に困っている。
女（82歳，持ち家：一戸建て）　物置の整理や庭の手入れを手伝ってもらいたい。

▼施設への入居
女（79歳，持ち家：一戸建て）　子どもがいないため老人ホームに入るかもしれないので詳しい情報を知りたい。
女（89歳，持ち家：一戸建て）　一人では動けないので施設に入所したい。
女（95歳，民間賃貸アパート）　早く老人ホームに入りたいと思って頼んでいる。早く入れてほしいです。
女（76歳，持ち家：分譲マンション）　高齢者の一人暮らしが楽しく楽しく過せる収容施設がほしいです。特に寝たっきりになった時を思うと不安です。

▼高齢者向け住宅について
男（年齢無回答，民間賃貸アパート）　高齢者住宅に入所したく４，５回申し込みしたが入所できなかった。
女（79歳，持ち家：分譲マンション）　介護機能を備えた高齢者住宅が増えるとありがたいと思う。将来は入居を考えている。
女（78歳，持ち家：分譲マンション）　経済状態に応じた高齢者向け賃貸マンションを建設してほしい。
男（76歳，民間賃貸アパート）　同年代の集合住宅があればよいと思います。
女（78歳，持ち家：分譲マンション）　糖尿病の治療をしているので，今後医療付きマンションに引っ越そうか迷っている。

▼医療費について
女（78歳，民間賃貸アパート）　病気になったとき医療費のことなど困ると思います。

男（77歳，民間借家）　　治療費が足りない。役所に相談したい。

▼精神的な不安
女（78歳，持ち家：一戸建て）　　地震など災害がくる度にストレスがかかる。また，血圧が上がったり眠れなかったりする。
女（84歳，持ち家：一戸建て）　　夜，1人でいる事が心配です。
女（76歳，持ち家：分譲マンション）　　眠りが浅く，夜中何度もトイレに立つので，いつも睡眠不足の感がある。

▼災害時への不安
女（84歳，持ち家：分譲マンション）　　急病時電話ができない時に連絡できる機器が欲しい。耳が悪いので火災が心配。
無回答（79歳，公団公社の賃貸住宅）　　高齢者一人暮らし者への，役所の災害時の対応はどうなっているのか。
女（76歳，持ち家：一戸建て）　　補聴器を通常使用しているが，使用していない時の震災時等の場合が心配。
女（80歳，持ち家：分譲マンション）　　地震時の避難場所が遠い。
女（78歳，持ち家：一戸建て）　　地区の町会に入っていないため，災害，または事故のとき，どうしたらよいかとても心配。

▼バスについて
女（81歳，持ち家：一戸建て）　　交番の近くの高台に住んでいる。そこではバスの便が悪く，帰りはタクシー利用。高齢者パスは持っていても利用できずにいる。道幅が狭いので困難であろうが，マイクロバス等の小型の車が廻る様になると大変便利。
女（89歳，民間賃貸アパート）　　市営バスが一部なくなることが困る。
女（75歳，民間借家）　　老人が多いためミニバスが通ってくれればと希望する。
女（85歳，持ち家：一戸建て）　　区役所に行くのが非常に不便である。区役所に行くバスが現在1時間に1本で，そのバスもなくなると聞いている。どういうことでしょうか。年寄りを粗末にすると良いことはないです。年寄りが一生懸命働いて今の日本があるのです。
女（78歳，持ち家：一戸建て）　　バス代の運賃を安くしてほしい。

▼交通費について
女（85歳，民間賃貸アパート）　　足が悪くて4年も毎日通院しています。今は毎朝タクシーを呼んで通っていますが，身体障害手続きをしたのですが5級なので何の役にもたちません。毎日の通院の足代を少しでも頂けないでしょうか。

女（78歳，持ち家：一戸建て）　身体が不自由なため，買い物その他どこにでもひとりでは出られません。殆どタクシー利用の状態です（約45分バス停までかかります）近くにもう1本の道路がありますが又100段の階段を降ります。身障者に対してもう少し温かい目差しで接して頂きたい。外出したいと思いますが，通院以外は殆ど出かけることはありません。通院は週一回。淋しいですね，涙が出る程。

女（85歳，持ち家：一戸建て）　タクシー券が1カ月6枚では足りない。

女（79歳，持ち家：一戸建て）　外出が思う様に出来ない事です，その理由は，当地は坂が多い，それにバス停までが遠い，現在，私は歩行困難なので外出はタクシーを呼んで目的地まで参ります，タクシーの利用方法に何かよい方法があれは助かります，たとえば高齢者には料金が少しでも安くなるとかよろしくお願いします。

3　要　約

　本章では私たちの調査から得られた港区と鶴見区におけるひとり暮らし高齢者の生活状態の基本的特徴を述べてきた。ここでは，その生活の特徴を大まかにまとめておきたい。

（1）港区のひとり暮らし高齢者の特徴

　港区におけるひとり暮らし高齢者の特徴として，まず女性が8割半になっていることがあげられる。そして，女性の年齢構成が高齢化してきていることである。

　住宅の所有状況については，持ち家が半数を占めること，都営住宅と公団・公社の賃貸住宅をあわせて約3割となっている。公営住宅の割合が高い。また民間の借家は，少なくなったとはいえ約1割を占めている。

　住宅に関する困り事がある者が約4割を占めているが，住宅を種類別にみると，「民間借家」，「公団・公社の賃貸住宅」，「民間賃貸アパート」で住宅の困り事を感じている者が6～7割を占めている。その内容（複数回答）については，「家が老朽化している」が3割半で最も多く，ついで「家賃が高い」が2割弱，「家が狭すぎる」が1割半，「騒音がある」が1割強となっている。

　持ち家ではない者にとっては家賃の負担が深刻である。民間賃貸マンションに住む約7割の者，また民間借家，民間賃貸アパート，公団・公社の賃貸住宅

に住む者の約4割は「家賃が高い」ことを困り事としている。

　また，困り事があると答えたひとり暮らし高齢者の1割は，自宅にお風呂がないことは注目する必要がある。近年，銭湯がどんどん少なくなってきていることを考えると，お風呂がないことは重大な問題と言える。

　ひとり暮らしの期間は長く，10年以上の者が6割半となる。反対に5年未満は1割半であった。

　ひとり暮らしになった理由については，「配偶者の死亡」を含むものが4割と最も多い。ついで「未婚」が3割弱，「離婚」が1割強となっている。2005年の国勢調査によれば，ひとり暮らし高齢者の全国平均の未婚率は1割であるのに対し，港区の未婚率はその3倍になっていることは注目される。

　年間収入（2004年調査）については，100万円未満が1割半，150万円未満の合計3割，200万円未満を合計するとひとり暮らし高齢者の5割がそこに含まれていることになる。高齢者ひとり暮らし世帯の生活保護基準は年間でほぼ150万円程度であるので，港区のひとり暮らし高齢者の3割が生活保護基準以下の生活をしているということになる。豊かな区と言われる港区のイメージとはほど遠い生活の現実がある。他方，400万円以上の収入がある者の合計は1割半程度であった。

　なお，ひとり暮らし高齢者の生活保護の捕捉率は16％であった。つまり，生活保護基準以下の生活をしているひとり暮らし高齢者の8割以上が，生活保護制度と関わりのない生活をしているということになる。

　健康状態は基礎的生活を規定するものであり，さらに，高齢者の外出や社会参加を可能とさせる基盤的条件となる。ひとり暮らし高齢者の7割は健康であり，3割は健康に関しては弱いと答えている。

　港区は都心にあり，なおかつ大企業のオフィスビルが建ち並ぶ地域であり，住居をもつ者にとって地域の環境は良くない。特に，日常生活用品を購入するための店が非常に少なく，高齢者にとって買い物は大きな悩みとなっている。地域の困り事としては（複数回答），「防犯上の不安がある」が2割弱，「近所に買い物をする店がない」が1割強，「近所に銭湯がない」が1割弱となっている。「外食する店がない」，「店屋物をとる店がない」，「買い物する店がない」という悩みは，都市に住みながらまるで過疎地の地域環境にあるかのようである。

日常生活の困り事では掃除，洗濯，食事の準備，外出手段，買い物，通院・薬とり，その他行政手続きが大変となっている。

（2）鶴見区のひとり暮らし高齢者の特徴

鶴見区の高齢者の男女比は4対6で全国平均とほぼ同じである。2005年の国勢調査によれば，鶴見区のひとり暮らし高齢者の男女比も4対6となっている。港区の場合，男女比は2対8であり比較すると，鶴見区は港区よりも男性の割合が多い。

私たちの調査で実質ひとり暮らし高齢者の男女比をみると，男性は3割強であり，港区の男性が1割半であることと比較すると，鶴見区のひとり暮らし高齢者は男性の割合が多い。

前期高齢者と後期高齢者の割合は全体でほぼ6対4と，港区のそれと違いはない。しかし，男女別にみると，鶴見区の場合男性の前期高齢者が7割，女性のそれが5割となっている。なお，港区の前期高齢者では男性は6割，女性は4割である。鶴見区の男女別の特徴としては，全体として男性の占める割合が多く，さらに男性のなかでも特に前期高齢者層が多いと言える。

ひとり暮らし高齢者の住宅の所有状況については，持ち家が5割半，民間の借家・賃貸アパートが3割弱，民間賃貸マンションと公営・公団・公社の借家がともに5％となっている。港区では公共住宅（公営・公団・公社の借家）が3割近くを占めていたが，鶴見区は1割にも満たない。他方，鶴見区では民間の借家が3割を占めており，港区の民間の借家の1割とは大きな差がある。

住宅の状況を男女別にみると，男性と女性で大きな違いがあるのは持ち家と民間の借家の部分である。持ち家については，男性が3割半であるのに対し，女性は6割半と女性の持ち家率が高く，大きな違いがある。また民間の借家では，男性が5割弱，女性が2割と，逆に男性の占める割合が多い。明らかに，男性のひとり暮らし高齢者の住宅状況が女性より不安定だと言ってよい。

ひとり暮らしの期間は，10年以上が5割半となっている。また5年以上10年未満は2割程度，5年未満は2割強を占めている。

ひとり暮らしになった理由についての設問は前期高齢者調査のみであるが，最も多いのは「死別」で4割半，ついで「離別」が2割強，「未婚」が2割となっている。鶴見調査の年齢階層が限定されているので，比較はできないが，

港区の前期高齢者の未婚率は3割強であったので鶴見区とはかなり差がある。ともあれ前述のとおり全国のひとり暮らし高齢者の未婚率が約11％（2005年国勢調査）であることからすると，鶴見区も全国平均の2倍の未婚率となっている。

現住所に住む年数をみると，20年以上が6割強で大半を占めている。逆に5年未満は1割程度である。男女別にみると，20年以上では男性が5割，女性が7割と，女性のほうが現住所に住む年数が長い。

経済状況についての意識では余裕がある（「かなり余裕がある」＋「やや余裕がある」）者は1割強であるが，逆に経済的に苦しい（「やや苦しい」＋「かなり苦しい」）者が3割となっている。経済的に不安定な者がひとり暮らし高齢者全体の3割に達するのである。

これを男女別にみると，経済的に苦しい者は男性が4割弱，女性が2割半と，男性のほうが経済的に不安定な状態にある者が多い。前期・後期年齢階層別にみると，経済的に苦しい者は，後期高齢者では男女の差はほとんどないが，前期高齢者では男性が4割半，女性が3割と差がある。このように，前期の男性高齢者は経済的にもいろいろな困難を抱えているのである。

健康状態については，健康な者（「大変健康である」＋「まあまあ健康である」）は6割半弱，健康ではない者（「あまり健康ではない」＋「健康ではない」）は，3割強となっている。前期・後期年齢階層別，男女別に健康状態をみると，男性前期高齢者の健康状態がよくない。

前期高齢者の日常生活の困り事については（複数回答），「健康のこと」が3割半と最も多く，ついで「体調を崩したときの身の回りのこと」が3割強，「災害時のこと」が2割半，「防犯について」が2割となっている。なお，「収入が少ない」が約2割を占めている。他方，「特に困っていることはない」と回答している者は2割であった。

後期高齢者の日常生活上での困り事については（複数回答），「健康のこと」が4割半と最も多い。ついで「体調を崩した時の身の回りのこと」と「災害時のこと」が4割強となっている。「防犯について」は3割であった。他方，「特に困っていることはない」は1割半程度であった。後期高齢者のほうが日常生活の困り事がある者の割合は多い。

さて，以上の事実を前提に，次章ではひとり暮らし高齢者の親族・地域ネッ

トワークの実態と孤立状態にある人びとの特徴について分析したい。

(1) 1995年調査と2004年調査の報告書は次のとおりである。ともに港区社会福祉協議会から発刊されている。『東京都港区におけるひとり暮らし高齢者の生活と社会的孤立に関する調査報告書──地域ネットワークの新たな展開を求めて』（東京都港区社会福祉協議会，1995年8月），『東京都港区におけるひとり暮らし高齢者の生活実態と社会的孤立に関する調査報告書』（東京都港区社会福祉協議会，2006年8月）。両報告書とも港区社会福祉協議会のホームページからPDFファイルでダウンロードできる。
(2) 内閣府編『2008年版高齢社会白書』（佐伯印刷株式会社，2008年）2頁。
(3) 同上書，22頁。
(4) 川上昌子『都市高齢者の実態〔増補改訂版〕』（学文社，2003年）28頁。川上は千葉県習志野市での60歳以上の者を対象とした調査で，高齢者の社会階層をとらえるために，職業を次のように測定しようとした。「60歳以上の高齢者であるから，現在はすでに退職していたり，職業についている者でも，再就職し，嘱託や臨時雇いの地位のものが多い。そこで，過去および現在の経済的・社会的地位を捉えるためには，定年前の55歳頃の職業でもって判断することにした。また，女性が老人の代表者の場合は，50歳をすぎて亡くなった場合は夫の生前の職業によることとし，そうでない場合には妻本人の職業によることとした」。（同書，29-30頁）
(5) 鶴見区調査の報告書は，次のとおり横浜市鶴見区福祉保健センターサービス課から出されているが，発行部数が限られており，すでに入手できない。
  ①『横浜市鶴見区におけるひとり暮らし前期高齢者の生活と介護予防に関する実態調査報告書』（横浜市鶴見区福祉保健センターサービス課，2007年3月）。
  ②『横浜市鶴見区におけるひとり暮らし後期高齢者の生活と介護予防に関する実態調査報告書』（横浜市鶴見区福祉保健センターサービス課，2007年3月）。
(6) 『2006年度版つるみ区の白書』（鶴見区総務課統計選挙係，2007年）18頁。
(7) 前述のとおり港区のひとり暮らし高齢者調査では，区内へ移り住んだ時期を設問としている。鶴見区の前期高齢者調査ではその質問がおかれていたが，後期高齢者調査では，区役所職員との議論のなかで，「現住所での居住年数」の質問に変更された。これも調査対象者がより高齢であることを考慮し，答えやすい設問内容にすべきだという考えからの変更であった。
　参考までに前期高齢者の鶴見区内での居住期間を示すと次のとおりである。「5年未満」が6.2％，「5年以上10年未満」が4.9％，「10年以上20年未満」が10.9％，「20年以上30年未満」が15.8％，「30年以上」が58.2％となっている。20年以上で全体の約7割半を占めている。

第5章

ひとり暮らし高齢者の親族・地域ネットワークと孤立問題

　前章では，港区と鶴見区におけるひとり暮らし高齢者の生活の基本的特徴をみてきた。それらを基礎に，本章ではさらにそれぞれの地域における親族と地域ネットワークの状態を分析し，孤立状態にある高齢者の実態を明らかにしたい。

　すでにみてきたように，孤立状態となる背景にはさまざまな要素が考えられるが，直接的に大きな影響を与えているものとして，まずは親族ネットワークと地域ネットワークをあげることができる。本章では，この親族・地域ネットワークの一般的特徴を調査データにもとづき，概観したい。

1　港区のひとり暮らし高齢者とネットワーク

　港区調査については2つの調査時点のデータがあるが，ここでも2004年調査を基本に記述し，必要に応じて1995年調査との比較を行う。

（1）親族ネットワーク
■1　子 ど も

　高齢者，とりわけひとり暮らし高齢者の親族ネットワークの状態は，容易に想像がつくように子どもがいるかどうかによってかなり異なってくる。親族ネットワークのなかで，子どもあるいはその家族が占める位置は大きい。子どもがいない高齢者は，それ以外の兄弟姉妹，友人，近隣等のネットワークが重

図5-1　港区ひとり暮らし高齢者の子どもの人数

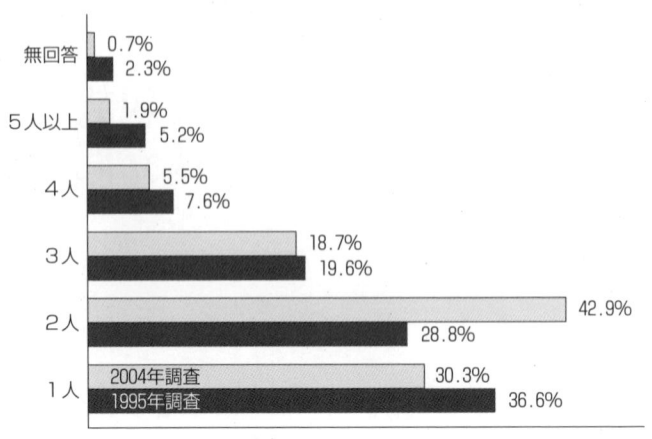

無回答　0.7%
　　　　2.3%
5人以上　1.9%
　　　　5.2%
4人　　　5.5%
　　　　7.6%
3人　　　18.7%
　　　　19.6%
2人　　　42.9%
　　　　28.8%
1人　　　30.3%（2004年調査）
　　　　36.6%（1995年調査）

注：1995年調査 N＝872、2004年調査 N＝475

要な位置を占めるのであろうが，実態はどうなっているのか。

　港区の1995年調査では，生存子のいる者が44.4％，いない者が47.9％，無回答が7.7％，2004年調査では，生存子のいる者が49.3％，いない者が44.7％，無回答が6.0％となっている。このように子どもがいない者は1995年調査では5割程度であったが，2004年調査で4割半と少なくなっている。しかし，ここで無回答の数値をあえて示したのは，このなかにも子どものいない者がいることが推測できるからである。むしろ子どもがいる者より子どもがいない者のほうが，無回答の可能性は大きいかもしれない。

　子どもの人数をみてみよう（図5-1）。最も多い子どもの数は，1995年調査では「1人」（36.6％）であったが，2004年調査では「2人」（42.9％）となっている。2004年調査でみると，「2人」が4割強，「1人」が3割，「3人」が2割弱の順になっている。1995年調査との比較では，2004年調査で2人のところが増えた分，他のところはすべて減少している。

2 家族・親族

　次に最も行き来のある家族・親族が誰かについてみてみよう。表5-1はそれを生存している子どもの有無別にみたものである。子どもがいる者では，「娘とその配偶者」が41.1％と最も多く，ついで「息子とその配偶者」が34.3％，

表5-1　港区ひとり暮らし高齢者の生存子の有無別最も行き来のある家族・親族

（　）内：％

	生存子の有無			
	あ　り	な　し	無回答	合　計
誰とも行き来していない	5（　1.1）	28（　6.5）	1（　1.7）	34（　3.5）
息子とその配偶者	163（34.3）	3（　0.7）	4（　6.9）	170（17.6）
娘とその配偶者	195（41.1）	0（　0.0）	2（　3.4）	197（20.4）
親	4（　0.8）	2（　0.5）	0（　0.0）	6（　0.6）
兄弟姉妹	51（10.7）	221（51.3）	24（41.4）	296（30.7）
おじ・おば	1（　0.2）	2（　0.5）	0（　0.0）	3（　0.3）
いとこ	3（　0.6）	29（　6.7）	2（　3.4）	34（　3.5）
甥・姪	7（　1.5）	77（17.9）	8（13.8）	92（　9.5）
孫	13（　2.7）	1（　0.2）	0（　0.0）	14（　1.5）
その他	18（　3.8）	42（　9.7）	2（　3.4）	62（　6.4）
無回答	15（　3.2）	26（　6.0）	15（25.9）	56（　5.8）
合　計	475（100.0）	431（100.0）	58（100.0）	964（100.0）

「兄弟姉妹」が10.7％となっている。このように最も行き来がある者のうち，「孫」も含めた〈子ども家族〉の合計は78.1％と8割弱を占めることになる。子どもがいる場合は，子ども家族との行き来が大方を占めていることに注目する必要があろう。

他方，子どもがいない場合はどうか。最も多いものが「兄弟姉妹」で51.3％，ついで「甥・姪」が17.9％，「いとこ」が6.7％となっている。このように子どもがいない者にとっては，兄弟姉妹とのつながりが重要な位置を占めていることを指摘しておきたい。

なお，「誰とも行き来していない」者については，子どもがいる者で1.1％，いない者で6.5％となっている。このように，子どもがおらずかつ親族・家族とのつながりがない者が7％近くおり，子どもがいる者よりも5.4ポイント多いことは注目しなければならない。反対に子どもがいる場合には，「誰とも行き来していない」者はほとんどいない。

以上のとおり，ひとり暮らし高齢者にとっての家族・親族とのネットワークは，子どもがいるかいないかで大きく異なり，子どもがいる場合は子ども家族とのつながりが大半を占め，他方，子どもがいない場合は兄弟姉妹とのつながりが重要となっているのである。

家族・親族との行き来の頻度はどうなっているのであろうか。図5-2をみ

図5-2　港区ひとり暮らし高齢者の家族・親族との行き来の頻度

- 無回答　1.6%
- ほとんど会っていない　5.7%
- その他　5.4%
- 年に数回　31.4%
- 月に数回　36.3%
- 週に数回　12.2%
- ほとんど毎日　7.4%

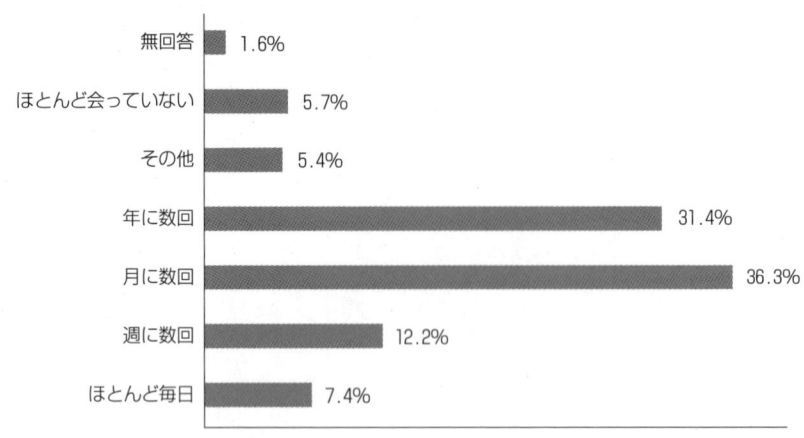

注：2004年調査　N＝874

ると，「ほとんど毎日」が7.4%，「週に数回」が12.2%である。「月に数回」が36.3%，「年に数回」が31.4%となっている。「週に数回」以上の行き来がある者，つまり家族・親族とのつながりが比較的深いと判断できる者は19.6%と，全体の約2割を占めていることになる。これに「月に数回」行き来している者を加えると全体の6割弱となる。反対に家族・親族と「ほとんど会っていない」者は5.7%である。

　家族・親族との電話の頻度についてはどうか。図5-3でそれをみると，「ほとんど毎日」が10.4%，「週に数回」が21.6%で，この両者を合計すると32.0%となり，全体の3割強の者が家族・親族との電話でのつながりが深いと言える。なお，「月に数回」が34.4%，「年に数回」が16.5%であった。他方，「ほとんど電話をかけあっていない」が6.6%となっている。

　第3章で紹介したように，内閣府の「高齢者の生活と意識に関する国際比較調査」(2005年度)で「60歳以上の高齢者の別居している子どもとの接触頻度」が示されている。日本の場合，「ほとんど毎日」と「週に1回以上」の合計は，46.8%であった。また，〈別居している子どもと「ほとんど毎日」接触している〉者（電話も含む）は，16.7%しかない。

　港区調査の対象は65歳以上のひとり暮らし高齢者であり，内閣府調査のそれは60歳以上の高齢者である。対象，地域，そして設問の指標が異なるので，単

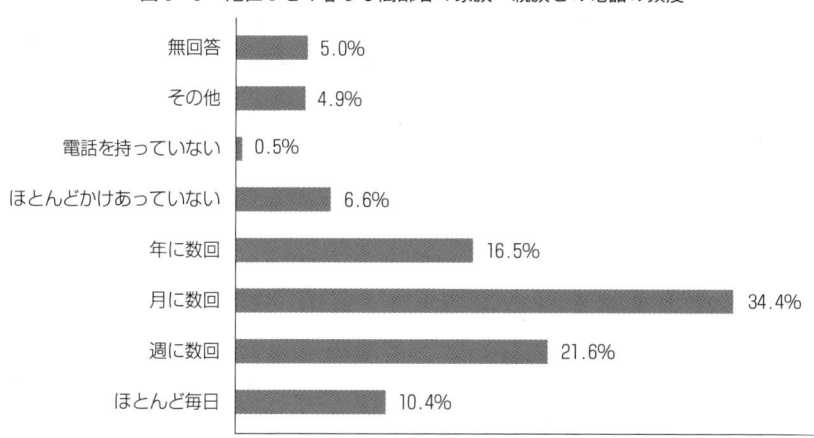

図5-3　港区ひとり暮らし高齢者の家族・親族との電話の頻度

- 無回答　5.0%
- その他　4.9%
- 電話を持っていない　0.5%
- ほとんどかけあっていない　6.6%
- 年に数回　16.5%
- 月に数回　34.4%
- 週に数回　21.6%
- ほとんど毎日　10.4%

注：2004年調査　N＝874

純な比較はできないが，港区調査では「週に数回以上」の接触がある者が約2割，この内閣府の調査では「週1回以上」の接触がある者が5割弱である。また「ほとんど毎日」接触している者については，港区調査で1割，内閣府の調査で2割弱である。

このように，ひとり暮らし高齢者のほうが高齢者全体より子どもとの接触頻度は低いことがわかる。

3 正月の過ごし方

1年間のなかで高齢者が親族とのつながりの深い時期は，いくつか考えられるであろう。例えばヨーロッパやアメリカで，第1にあげられる時期はクリスマス休暇の期間である。わが国の場合，それに該当するのは正月の時期と言える。地域によって差はあるであろうが，正月はお盆以上に親族との接触機会が多い。そこで，私たちがこれまで実施してきた調査では〈正月三が日を誰と過ごしたか〉という設問をおき，この時期の親族ネットワークの実情を把握してきた。

図5-4をみてみよう。正月三が日を誰と過ごしたか（複数回答）については，まず，1995年調査と2004年調査では，各項目の分布がほぼ同じで変化は少ない。そこで2004年調査の結果についてみると，「子ども」が31.1％，「子どもの

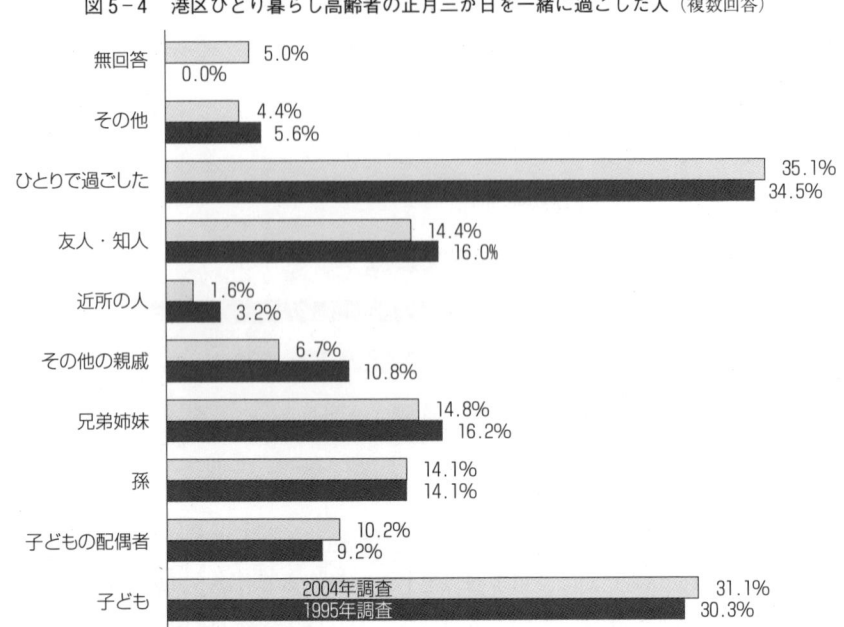

図5-4 港区ひとり暮らし高齢者の正月三が日を一緒に過ごした人（複数回答）

項目	2004年調査	1995年調査
無回答	5.0%	0.0%
その他	4.4%	5.6%
ひとりで過ごした	35.1%	34.5%
友人・知人	14.4%	16.0%
近所の人	1.6%	3.2%
その他の親戚	6.7%	10.8%
兄弟姉妹	14.8%	16.2%
孫	14.1%	14.1%
子どもの配偶者	10.2%	9.2%
子ども	31.1%	30.3%

注：1995年調査 N＝1963，2004年調査 N＝964

配偶者」が10.2％，「孫」が14.1％となっている。この3つを合計すると55.4％となり，子ども家族は5割半を占めることになる。また「兄弟姉妹」が14.8％，「友人・知人」が14.4％となっている。

他方，「まったくひとりで過ごした」者が35.1％にもなっている。港区のひとり暮らし高齢者の3割半が正月三が日をひとりで過ごしている現実がある。

(2) 地域ネットワーク

次に地域ネットワークについてみてみよう。地域レベルのネットワークと言っても，いくつかの種類が考えられるが，ここでは友人関係，地域関係，社会参加の3つの側面からみてみたい。

1 友人関係

親しい友人がいるかどうかについては，1995年調査と2004年調査でほとんど変化がない。1995年調査では「いる」が84.7％，「いない」が11.3％，2004年

調査では「いる」が84.1%,「いない」が12.9%となっている。8割半の高齢者が親しい友人がおり,反対にいない者は1割強である。

最も親しい友人は誰かについて,2004年調査でみると(図5-5),「近所の人」が31.2%で最も多く,ついで「学校時代の友人」が18.2%,「もとの(今の)職場の人」が17.3%,「趣味の会の人」が15.3%であった。「老人クラブの人」

図5-5 港区ひとり暮らし高齢者の最も親しい友人

- 無回答 1.8%
- その他 13.2%
- 病院で知り合った人 0.5%
- 老人クラブの人 2.5%
- 趣味の会の人 15.3%
- 学校時代の友人 18.2%
- もとの(今の)職場の人 17.3%
- 近所の人 31.2%

注:2004年調査 N=811

図5-6 港区ひとり暮らし高齢者の友人との電話の頻度

- 無回答 5.3%
- その他 7.4%
- 電話を持っていない 0.4%
- ほとんどかけあっていない 3.2%
- 年に数回 13.4%
- 月に数回 42.9%
- 週に数回 20.6%
- ほとんど毎日 6.8%

注:2004年調査 N=811

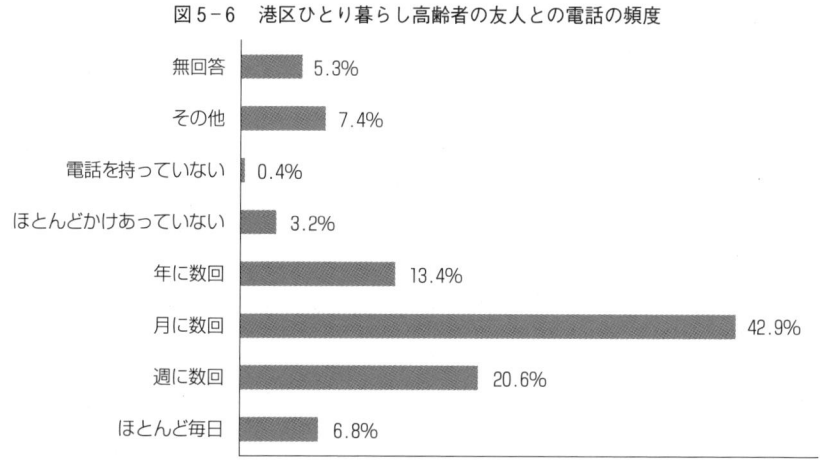

は2.5%と少なかった。

その友人との接触頻度として、電話をかけ合う回数をみると（図5-6）、最も多いのが「月に数回」で42.9%である。「ほどんど毎日」が6.8%、「週に数回」が20.6%である。このように週に数回以上の接触がある者は全体の3割弱を占める。他方「年に数回」が13.4%となっている。

2 近隣関係

図5-7は、日頃の近所づきあいの程度についてみたものである。最も多かったのは「挨拶を交わす程度」で35.9%、ついで「会えば世間話をする」が25.9%であった。「よく行き来する」が13.8%、「時々行き来する」が11.8%となっており、こうした比較的つながりがあるケースは全体の2割半となっている。反対に近所づきあいがあまりないと思われる「つきあいがない」(6.7%)と「挨拶を交わす程度」(35.9%)をあわせると全体の4割強を占める。

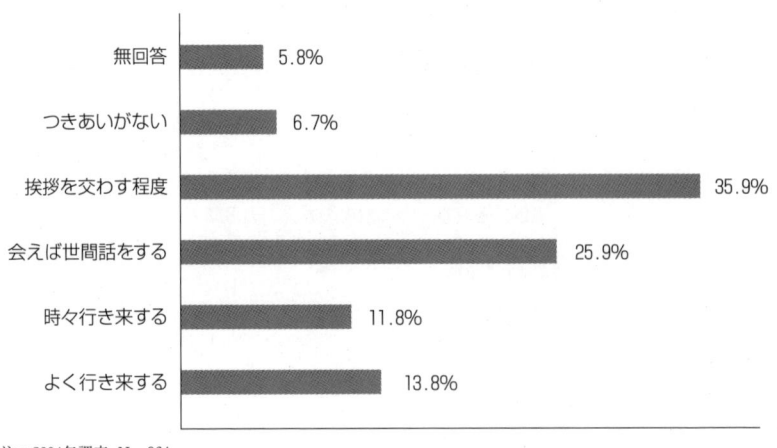

図5-7　港区ひとり暮らし高齢者の近所づきあいの程度

項目	割合
無回答	5.8%
つきあいがない	6.7%
挨拶を交わす程度	35.9%
会えば世間話をする	25.9%
時々行き来する	11.8%
よく行き来する	13.8%

注：2004年調査　N＝964

3 社会参加

地域組織、趣味のグループ等の社会諸団体や各種集まりへの参加状況についてみたものが図5-8である（複数回答）。「趣味の会」が21.0%と最も多く、ついで「スポーツ」が13.4%、「社会活動（ボランティア、同窓会、P.T.A.などの子

図5-8 港区ひとり暮らし高齢者の参加団体 (複数回答)

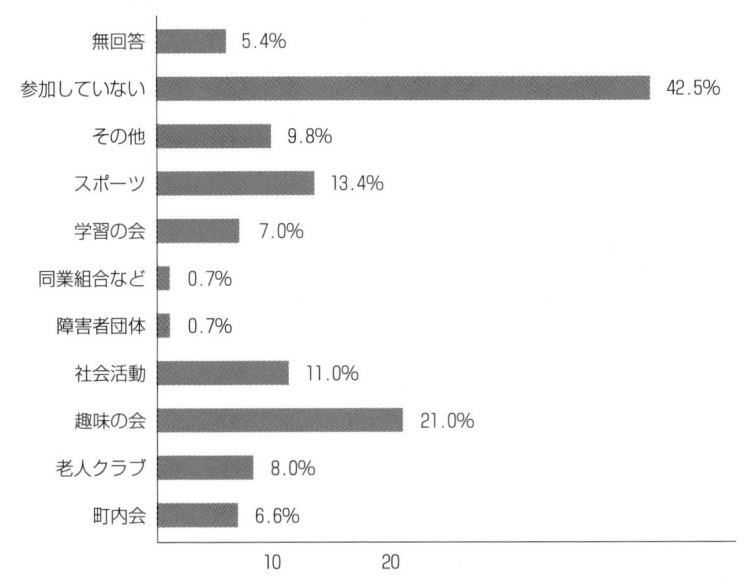

- 無回答 5.4%
- 参加していない 42.5%
- その他 9.8%
- スポーツ 13.4%
- 学習の会 7.0%
- 同業組合など 0.7%
- 障害者団体 0.7%
- 社会活動 11.0%
- 趣味の会 21.0%
- 老人クラブ 8.0%
- 町内会 6.6%

注：2004年調査 N = 964

図5-9 港区ひとり暮らし高齢者の団体・集まりに参加しない理由 (複数回答)

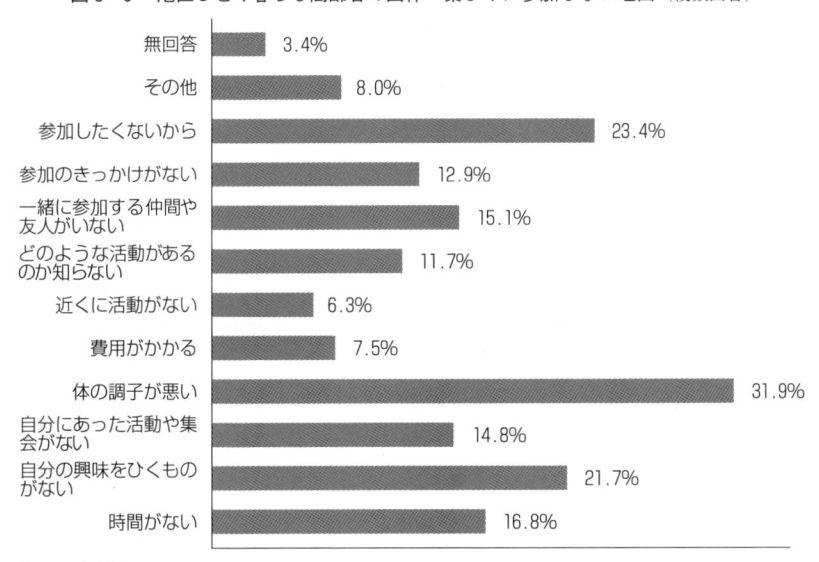

- 無回答 3.4%
- その他 8.0%
- 参加したくないから 23.4%
- 参加のきっかけがない 12.9%
- 一緒に参加する仲間や友人がいない 15.1%
- どのような活動があるのか知らない 11.7%
- 近くに活動がない 6.3%
- 費用がかかる 7.5%
- 体の調子が悪い 31.9%
- 自分にあった活動や集会がない 14.8%
- 自分の興味をひくものがない 21.7%
- 時間がない 16.8%

注：2004年調査 N = 411

育ての頃の団体,生協活動など)」が11.0%,「老人クラブ」が8.0%,「学習の会」が7.0%となっている。「町内会」への参加は6.6%である。なお団体や集まりにまったく「参加していない」者は42.5%であった。

次に,団体・集まりに「参加していない」と答えた者に対し,参加しない理由(複数回答)を尋ねた(図5-9)。最も多かったのは「体の調子が悪い」が31.9%であった。健康状態が社会参加活動への参加に一定の影響を与えていることがわかる。

また,「参加したくないから」と答えた者が23.4%となっている。さらに「自分の興味をひくものがない」が21.7%,「自分にあった活動や集会がない」が14.8%といった参加したいと思える活動が見つからないことや,「参加のきっかけがない」(12.9%),「一緒に参加する仲間や友人がいない」(15.1%),「どのような活動があるのか知らない」(11.7%)など参加の機会・きっかけがないために参加できないとみられる者が1割から1割半いることに注目したい。

(3) 緊急時の支援

私たちは,病気などで体が不自由な時に来てくれる人がいるかどうかという指標を重視している。緊急時に誰も来てくれる人がいないという状態は,明らかに親族ネットワーク,地域ネットワークからもれ,孤立状態にあるとみることができるからである。

私たちの調査では,質問項目としては「病気などで体が不自由な時に来てくれる人の有無」を尋ね,さらに来てくれる人がいる場合にその人は誰かを尋ねることにしている。

図5-10は,1995年調査と2004年調査での緊急時に来てくれる人の有無をみたものである。2つの調査時点での差はほとんどないので,2004年調査でみると,誰か来てくれる人が「いる」が78.4%,「いない」は15.9%となっている。このように,港区の場合,緊急時の支援者がいないひとり暮らし高齢者は1割半いるということになる。

他方,緊急時の支援者が「いる」と回答した者について,その相手は誰かを尋ねた。図5-11は,それを1995年調査と2004年調査の比較をしたものである。両調査の間でそれほどの差はないが,強いて言うならば,「親戚」と「近所の人」の割合が若干低下してきている。2004年調査の数値をあげると,「子ども」

図 5-10　港区ひとり暮らし高齢者の緊急時に来てくれる人の有無

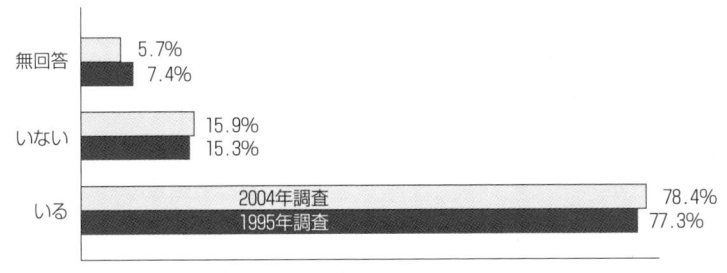

無回答　5.7%／7.4%
いない　15.9%／15.3%
いる　2004年調査 78.4%／1995年調査 77.3%

注：1995年調査 N=1963，2004年調査 N=964

図 5-11　港区ひとり暮らし高齢者の緊急時に来てくれる人

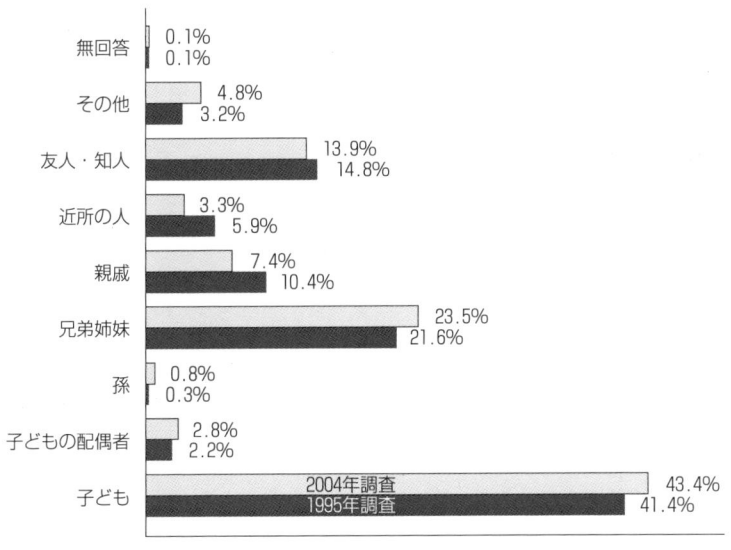

無回答　0.1%／0.1%
その他　4.8%／3.2%
友人・知人　13.9%／14.8%
近所の人　3.3%／5.9%
親戚　7.4%／10.4%
兄弟姉妹　23.5%／21.6%
孫　0.8%／0.3%
子どもの配偶者　2.8%／2.2%
子ども　2004年調査 43.4%／1995年調査 41.4%

注：1995年調査 N=1518，2004年調査 N=756

が43.4％と最も多く，ついで「兄弟姉妹」が23.5％，「友人・知人」が13.9％，「親戚」が7.4％の順となっている。

　ともあれ，1割半を占める緊急時にも支援者が誰もいないひとり暮らし高齢者は，明らかに孤立していると言ってよい。

2　鶴見区のひとり暮らし高齢者とネットワーク

　さて，次に鶴見区におけるひとり暮らし高齢者の親族ネットワークと地域ネットワークの実態についてみてみよう。すでに第4章で鶴見区調査の基本的特徴を述べたが，その際，前期高齢者調査と後期高齢者調査のデータを結合させて分析した。ここでも2つの調査データをできるだけ一緒にして概観したい。しかし，すでに述べたように，鶴見区調査は調査員である民生委員の負担を考え，前期高齢者と後期高齢者の2つに分け，さらに，とりわけ後期高齢者に対する配慮から，後期高齢者調査は調査票を簡略化し，設問数も制限した。その結果，前期高齢者調査と後期高齢者調査の間で結合できる設問は限られることとなった。同じタイトルの設問でも選択肢が異なるものもある。そのため，調査の結果得られた前期高齢者と後期高齢者のそれぞれのデータを，別々に紹介せざるを得ない項目も少なくない。
　なお，以下の記述のために，前期高齢者と後期高齢者の2つを総称して全高齢者とよぶ。

（1）親族ネットワーク
■1　子　ど　も
　まず，生存する子どもがいるかどうかについてみてみよう。ここでのデータは全高齢者を対象にしたものである。子どもが「いる」は58.0％，「いない」が38.1％となっている（無回答3.9％）。港区調査（2004年調査）では，子どもがいる者は49.3％であったので，鶴見区のひとり暮らし高齢者のほうが子どものいる者が港区より8.7ポイント多くなっている。
　子どもの人数をみると（図5-12，全高齢者データ），「2人」が47.5％と最も多く，ついで「1人」が28.0％，「3人」が16.5％と続いている。「2人」が最も多いのは港区も同様であった。

■2　家族・親族
　鶴見区調査では，家族・親族との行き来に関する設問をおくことができなかった。そこで家族・親族とのつながりについては，正月の過ごし方からみて

図5-12　鶴見区ひとり暮らし高齢者の子どもの人数

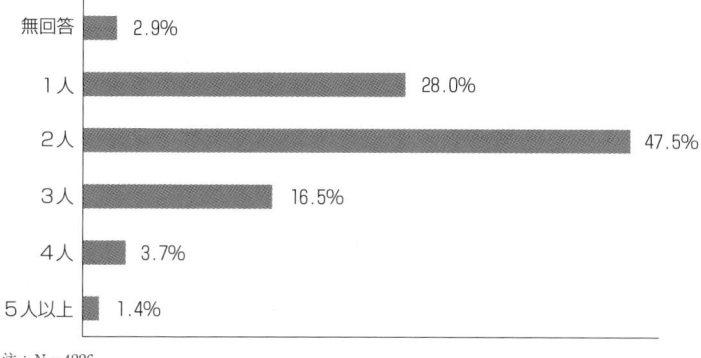

- 無回答　2.9%
- 1人　28.0%
- 2人　47.5%
- 3人　16.5%
- 4人　3.7%
- 5人以上　1.4%

注：N = 4226

図5-13　鶴見区ひとり暮らし高齢者の正月三が日を一緒に過ごした人（複数回答）

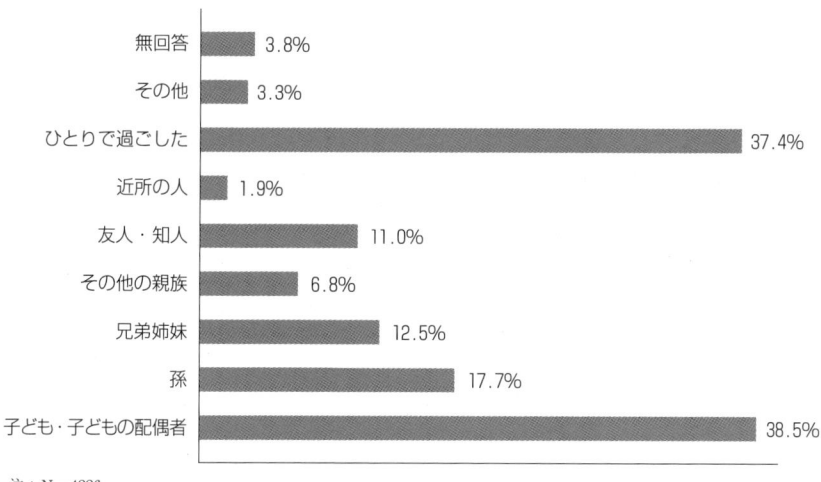

- 無回答　3.8%
- その他　3.3%
- ひとりで過ごした　37.4%
- 近所の人　1.9%
- 友人・知人　11.0%
- その他の親族　6.8%
- 兄弟姉妹　12.5%
- 孫　17.7%
- 子ども・子どもの配偶者　38.5%

注：N = 4226

みたい。正月は家族・親族との交流が盛んな時期であることは明らかである。

　図5-13は，正月三が日を過ごした人をみたものである（複数回答，全高齢者データ）。「子ども・子どもの配偶者」が38.5%と最も多い。ついで「孫」が17.7%，「兄弟姉妹」が12.5%，「友人・知人」が11.0%となっている。他方，「ひとりで過ごした」は37.4%となっている。

　子ども・子どもの配偶者そして孫を合計すると，全体の56.2%，5割半とな

る。「兄弟姉妹」と「友人・知人」はともに1割程度である。「近所の人」と正月を過ごした者は2％にも達しておらず，非常に少ない。

このように，鶴見区のひとり暮らし高齢者の約4割が，正月三が日をひとりで過ごしている。港区の場合，正月三が日をひとりで過ごした者が3割半であったのと比較すると，鶴見区のひとり暮らし高齢者の家族・親族ネットワークはより脆弱と言えるであろう。

(2) 地域ネットワーク
① 友人関係

鶴見区調査では，港区調査のような「親しい友人の有無」，「最も親しい友人は誰か」，「友人との接触頻度」といった設問をおいていない。そこで，ここでは友人関係に関わる設問のなかから実態を推測してみよう。

私たちは，相談相手に関する設問をおいたが，そのなかに相談相手として友人を含めた。相談相手として友人はどのような位置を占めるのであろうか。鶴見区調査は前期高齢者と後期高齢者の2つの調査からなるが，相談相手に関する設問の選択肢は両者で一部異なることからデータを1つにできない。そこで，前期と後期の2つの結果をそれぞれみることにしたい。

前期高齢者で相談相手がいる者は77.1％，いない者は19.2％である。相談相手がいる者の相談相手で（複数回答），「友人」は34.6％を占めている。最も多いのは「子ども・子どもの配偶者」で52.3％，ついで「兄弟姉妹」で45.5％となっている。その次が「友人」である[1]。

後期高齢者で相談相手がいる者は90.7％，いない者は6.0％である。相談相手がいる者の相談相手で（複数回答），「友人」は27.5％であった。最も多いのは，ここでも「子ども・子どもの配偶者」で65.4％，ついで「兄弟姉妹」の27.7％である。これに「友人」が続く[2]。

このように相談相手として友人をあげている者は，前期高齢者で3割半，後期高齢者で3割弱である。この設問は相談相手がいる者に対しての設問であるので，調査対象全体のなかでの割合を算出すると，前期高齢者で26.7％，後期高齢者で24.9％となる。このように，相談相手として友人をあげているひとり暮らし高齢者は，全体で約2割半となる。他方，前述のとおり正月三が日を友人と過ごした者は全体の1割程度であった。

こうして，友人との関係が重要な位置にあるひとり暮らし高齢者は，全体の1～2割半程度と言ってよいであろう。

2 近隣関係

次に，日頃の近所づきあいの程度についてみてみよう（図5-14）。「会った時に立ち話をするくらい」は38.1％と最も多く，ついで「挨拶を交わすくらい」が34.7％である。「お互いの家を訪ねあうくらい」は18.4％，近所づきあいが「まったくない」者は5.3％であった。

近隣との一定以上のつながりがある者を「お互いの家を訪ねあうくらい」と「会った時に立ち話をするくらい」を合計したものとすると，その割合は56.5％と6割弱を占めている。他方，近隣とのつながりがあまりないあるいはまったくない者（「挨拶を交わすくらい」＋「まったくない」）は40.0％となっている。

港区との比較では，近隣とのつながりがあまりない，あるいはまったくない者は，両地域とも全体の4割程度で同じであるが，近隣とのつながりがある者については，港区が2割半であったのに対し，鶴見区は4割と，両地域で差がみられる。

図5-14 鶴見区ひとり暮らし高齢者の近所づきあいの程度

無回答	3.5%
まったくない	5.3%
挨拶を交わすくらい	34.7%
会った時に立ち話をするくらい	38.1%
お互いの家を訪ねあうくらい	18.4%

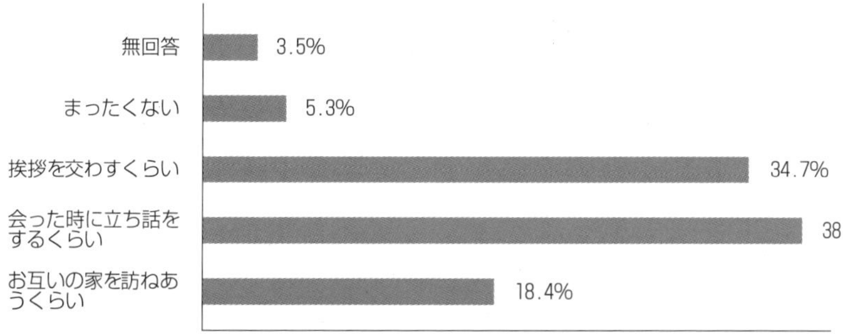

注：N＝4226

3 社会参加

地域組織，趣味のグループ等の社会諸団体や各種集まりへの参加状況も地域ネットワークを形成する重要な要素である。そうした参加活動の状況についてみてみよう。この設問内容も前期高齢者調査と後期高齢者調査で異なるところ

があるため，それぞれについて分析することとしたい。

まず，全高齢者が社会参加活動に参加しているかどうかについてみよう。活動に「参加している」者が40.6％，「参加していない」者が55.9％となっている。このように社会参加活動に参加している者は全体の4割である。

以下で，社会参加活動について前期高齢者と後期高齢者それぞれについてみていこう。

【前期高齢者】

まず，前期高齢者の社会参加活動への参加の有無については，「参加している」者が37.5％，「参加していない」者が59.5％である。この約4割の前期高齢者が参加している活動内容を図5-15によってみてみると（複数回答），「旅行」が32.3％と最も多く，ついで「カラオケ・音楽」が22.4％，「体操」が21.0％，「老人会」が18.4％，「町内会」が18.2％，「ウォーキング・山登り」が14.1％，「ダンス」が11.7％，「ボランティア」が10.5％，「裁縫・手芸など」10.1％となっている。分野的には旅行が高い割合を占めていることが特徴で，あとは趣味関係，スポーツ関係，町内会関係が主なものである。

また社会参加団体が「ない」と回答した者について，参加しない理由を尋ねた（複数回答）。図5-16から，参加しない理由として最も多かったのは「体の調子が悪い」で29.2％と約3割を占めており，社会参加活動の阻害要因として健康上の問題が大きいことがわかる。ついで，「どこでどんな活動があるか知らない」が21.8％，「参加のきっかけがない」が19.7％となっており，こうした人びとについては適切な情報提供や参加のきっかけづくりを進めていく必要があると思われる。

また「一緒に参加する友人がいない」者が13.3％となっている。つまり1割半近くの者は，社会参加する際に顔見知りの人がいるかどうかが，重要な要素となっているということである。

さて，今後参加したいと思う社会参加活動は何かについてみると（図5-17，複数回答），最も多いものは「旅行」の29.7％となっている。ついで「カラオケ・音楽」が18.4％，「体操」が16.0％，「ウォーキング・山登り」が15.2％，「パソコン教室等」が13.7％などとなっている。この集計では無回答を除いているが，その割合は約3割となっている。これら無回答の者は希望する社会参加活

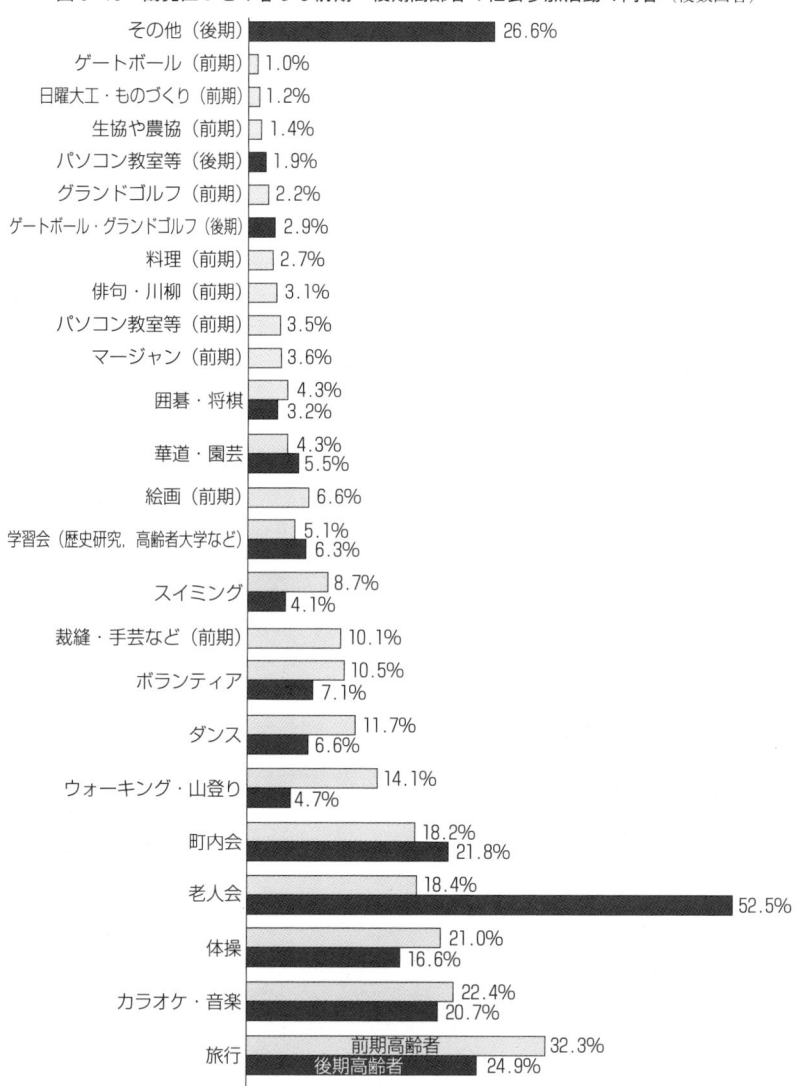

図5-15 鶴見区ひとり暮らし前期・後期高齢者の社会参加活動の内容（複数回答）

- その他（後期） 26.6%
- ゲートボール（前期） 1.0%
- 日曜大工・ものづくり（前期） 1.2%
- 生協や農協（前期） 1.4%
- パソコン教室等（後期） 1.9%
- グランドゴルフ（前期） 2.2%
- ゲートボール・グランドゴルフ（後期） 2.9%
- 料理（前期） 2.7%
- 俳句・川柳（前期） 3.1%
- パソコン教室等（前期） 3.5%
- マージャン（前期） 3.6%
- 囲碁・将棋 4.3% / 3.2%
- 華道・園芸 4.3% / 5.5%
- 絵画（前期） 6.6%
- 学習会（歴史研究，高齢者大学など） 5.1% / 6.3%
- スイミング 8.7% / 4.1%
- 裁縫・手芸など（前期） 10.1%
- ボランティア 10.5% / 7.1%
- ダンス 11.7% / 6.6%
- ウォーキング・山登り 14.1% / 4.7%
- 町内会 18.2% / 21.8%
- 老人会 18.4% / 52.5%
- 体操 21.0% / 16.6%
- カラオケ・音楽 22.4% / 20.7%
- 旅行 前期高齢者 32.3% / 後期高齢者 24.9%

注：無回答を除く，前期高齢者 N＝863，後期高齢者 N＝748

図5-16　鶴見区ひとり暮らし前期・後期高齢者の社会参加活動に参加しない理由（複数回答）

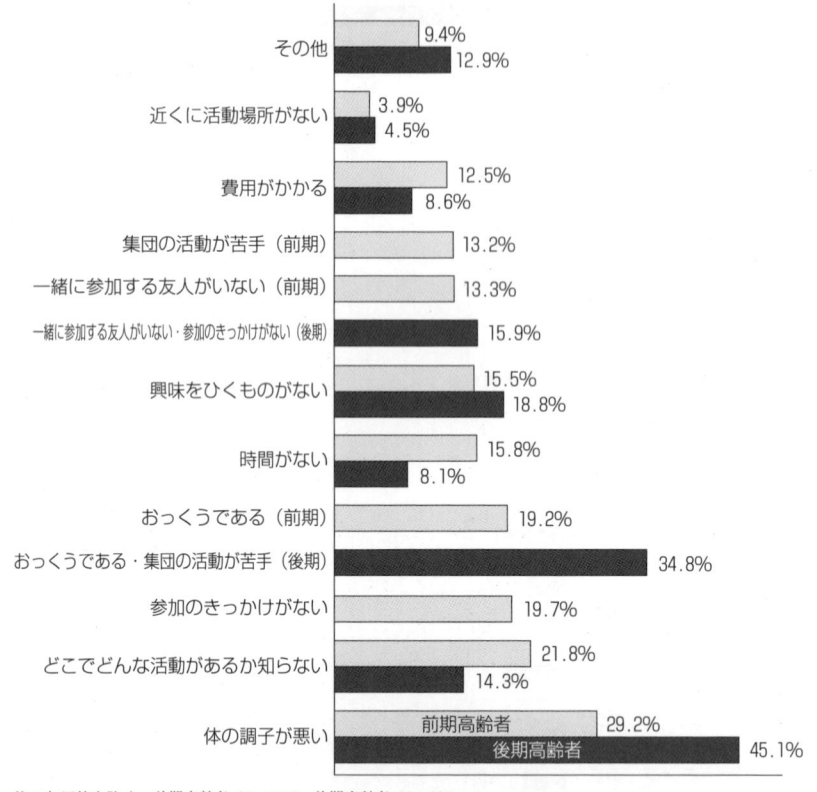

- その他：9.4% / 12.9%
- 近くに活動場所がない：3.9% / 4.5%
- 費用がかかる：12.5% / 8.6%
- 集団の活動が苦手（前期）：13.2%
- 一緒に参加する友人がいない（前期）：13.3%
- 一緒に参加する友人がいない・参加のきっかけがない（後期）：15.9%
- 興味をひくものがない：15.5% / 18.8%
- 時間がない：15.8% / 8.1%
- おっくうである（前期）：19.2%
- おっくうである・集団の活動が苦手（後期）：34.8%
- 参加のきっかけがない：19.7%
- どこでどんな活動があるか知らない：21.8% / 14.3%
- 体の調子が悪い：前期高齢者 29.2% / 後期高齢者 45.1%

注：無回答を除く，前期高齢者 N＝1452, 後期高齢者 N＝804

動がない，あるいは参加する意志がない者とみなしてよいであろう。

【後期高齢者】

　次に，後期高齢者の社会参加活動についてみよう。まず，活動に「参加している」者が45.3%，「参加していない」者が50.3%と，参加していない者のほうが若干多い。前期高齢者との比較では，社会参加活動に参加している後期高齢者が7.8ポイント多い。後期高齢者のほうが，前期高齢者より活動への参加率が高いことは注目される。

　参加している社会参加活動の内容については（図5-15, 複数回答），「老人会」

図 5-17 鶴見区ひとり暮らし前期・後期高齢者の今後希望する社会参加活動（複数回答）

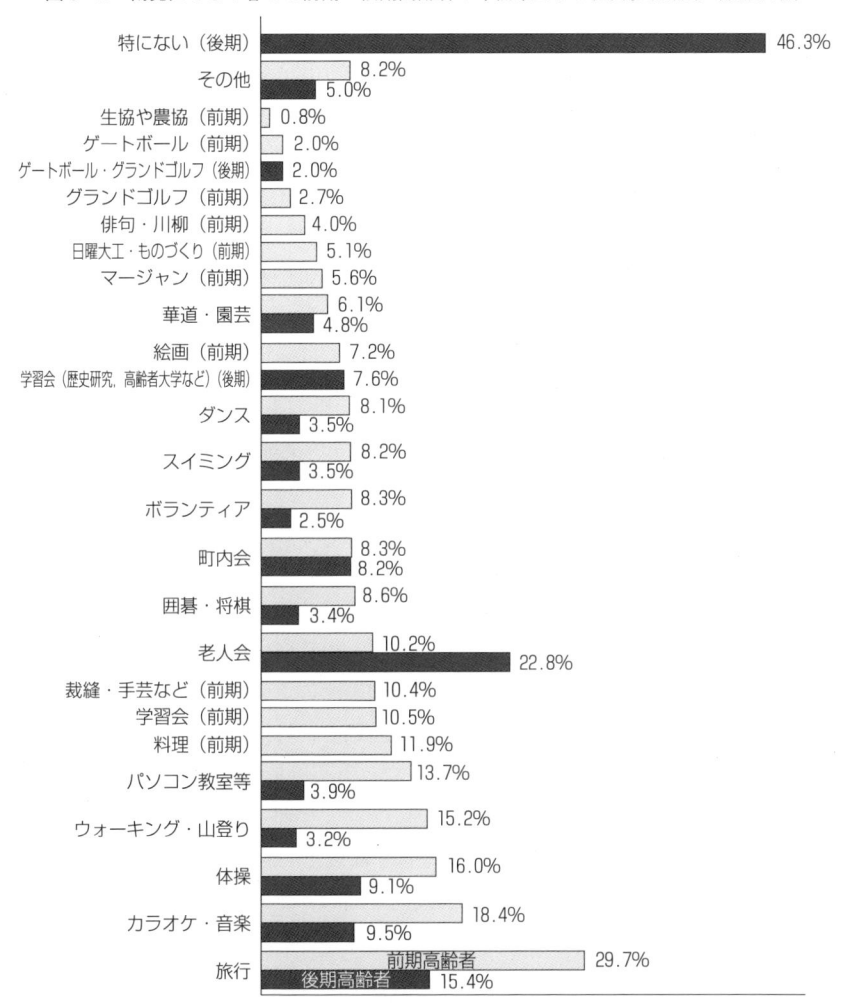

項目	割合
特にない（後期）	46.3%
その他（前期）	8.2%
その他（後期）	5.0%
生協や農協（前期）	0.8%
ゲートボール（前期）	2.0%
ゲートボール・グランドゴルフ（後期）	2.0%
グランドゴルフ（前期）	2.7%
俳句・川柳（前期）	4.0%
日曜大工・ものづくり（前期）	5.1%
マージャン（前期）	5.6%
華道・園芸（前期）	6.1%
華道・園芸（後期）	4.8%
絵画（前期）	7.2%
学習会（歴史研究，高齢者大学など）（後期）	7.6%
ダンス（前期）	8.1%
ダンス（後期）	3.5%
スイミング（前期）	8.2%
スイミング（後期）	3.5%
ボランティア（前期）	8.3%
ボランティア（後期）	2.5%
町内会（前期）	8.3%
町内会（後期）	8.2%
囲碁・将棋（前期）	8.6%
囲碁・将棋（後期）	3.4%
老人会（前期）	10.2%
老人会（後期）	22.8%
裁縫・手芸など（前期）	10.4%
学習会（前期）	10.5%
料理（前期）	11.9%
パソコン教室等（前期）	13.7%
パソコン教室等（後期）	3.9%
ウォーキング・山登り（前期）	15.2%
ウォーキング・山登り（後期）	3.2%
体操（前期）	16.0%
体操（後期）	9.1%
カラオケ・音楽（前期）	18.4%
カラオケ・音楽（後期）	9.5%
旅行 前期高齢者	29.7%
旅行 後期高齢者	15.4%

注：前期 無回答（全体の31.5%）を除く，N＝1758，後期 無回答を除く，N＝1531

が52.5％と最も多い。ついで「旅行」が24.9％，「町内会」は21.8％，「カラオケ・音楽」が20.7％，「体操」が16.6％となっている。前期高齢者では，最も多い活動は3割の「旅行」であったが，後期高齢者では5割を占める「老人会」であり，参加活動の第1位は前期と後期では異なっている。

図5-16によって社会参加活動に参加していない者がその活動に参加しない理由をみてみよう。最も多い理由としては「体の調子が悪い」が45.1％であった。前期高齢者と同様，社会参加活動の阻害要因として健康上の問題が大きい。ついで「おっくうである・集団の活動が苦手」が34.8％，「興味をひくものがない」が18.8％，「一緒に参加する友人がいない，参加のきっかけがない」が15.9％，「どこでどんな活動があるか知らない」が14.3％となっている。社会参加を促進するためには魅力的な活動を用意し，情報提供のあり方が重要となる。前期高齢者の場合と同様，顔見知りの人と一緒に参加できるような配慮，あるいは仲間づくりが重要となる。

　今後参加したいと思う社会参加活動は何かについては，図5-17のとおり，「老人会」が22.8％と最も多く，ついで「旅行」が15.4％，「カラオケ・音楽」が9.5％，「体操」が9.1％となっている。他方，今後参加したい活動が「特にない」者は46.3％と4割半を占めている。

（3）外出頻度

　外出頻度だけで，孤立しているか否かは判断できない。しかし，最近「閉じこもり」という概念をよく目にするように，どの程度外出しているか，家に閉じこもっていないかどうかは，生活状態を判断する重要な要素であろう。ここでも，前期高齢者と後期高齢者それぞれについて，外出頻度をみてみたい。

【前期高齢者】
　前期高齢者の外出頻度をみると，「毎日1回以上」が49.1％とほぼ半数を占めている。ついで「2，3日に1回程度」が33.4％であった。また「1週間に1回以下」は11.6％となっている（無回答5.9％）。

　この「1週間に1回以下」と回答した者について，外出しない理由を尋ねたものが図5-18である（複数回答）。最も多かった理由は「身体が不自由・健康上の心配が大きい」で41.1％，ついで「行く場所や用事がないから」が32.0％，「家にいるのが好きだから」が27.9％，「出かけるのがおっくうだから」が26.6％などとなっている。身体的状況や健康状態などが高齢者の外出にとって大きな阻害要因となっている一方で，「行く場所や用事がない」等，社会参加の機会や社会関係の乏しさが外出を少なくする要因となっていることにも注意が必要

図5-18 鶴見区ひとり暮らし前期・後期高齢者の外出しない理由（複数回答）

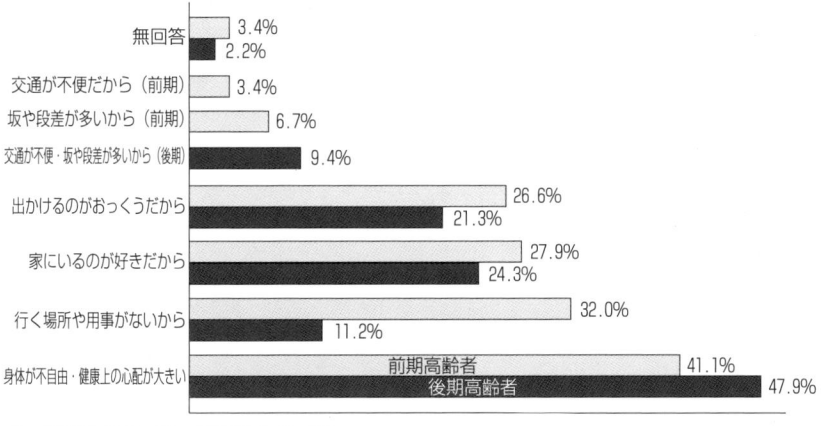

理由	前期高齢者	後期高齢者
無回答	3.4%	2.2%
交通が不便だから（前期）	3.4%	
坂や段差が多いから（前期）	6.7%	
交通が不便・坂や段差が多いから（後期）		9.4%
出かけるのがおっくうだから	26.6%	21.3%
家にいるのが好きだから	27.9%	24.3%
行く場所や用事がないから	32.0%	11.2%
身体が不自由・健康上の心配が大きい	41.1%	47.9%

注：前期高齢者 N＝297，後期高齢者 N＝267

である。

【後期高齢者】

後期高齢者の場合，どの程度の頻度で外出するのであろうか。「毎日1回以上」が36.4％，「2，3日に1回程度」が37.7％，そして「1週間に1回以下」が16.1％となっている（無回答9.8％）。

図5-18で，外出頻度が「1週間に1回以下」と答えた者の外出しない理由をみてみよう。「身体が不自由・健康上の心配が大きい」が47.9％と最も多くなっている。ついで「家にいるのが好きだから」が24.3％，「出かけるのがおっくうだから」が21.3％を占めている。なお，「行く場所や用事がないから」も11.2％となっている。

最後に前期高齢者と後期高齢者をまとめた全高齢者の外出頻度をみておこう。「毎日1回以上」が44.1％，「2，3日に1回程度」が35.1％，「1週間に1回以下」が13.3％となっている（無回答7.4％）。鶴見区のひとり暮らし高齢者の1割強が，1週間に1回以下しか外出していないのである。

（4）緊急時の支援

すでに述べたように，病気などで体が不自由な時に来てくれる人がいるかど

うかという指標，すわなち緊急時の支援があるかどうかを私たちは重視している。緊急時に支援者がいない状態は孤立しているとみることができるからである。

ここで，前期高齢者と後期高齢者それぞれの緊急時の支援の状況をみる前に，まず全高齢者の緊急時の支援者の有無をみておこう。支援者が「いる」者が69.4％，「いない」者が27.4％となっている（無回答3.2％）。このように鶴見区のひとり暮らし高齢者の全体の3割は，緊急時でも誰も来てくれる人がいないということになる。

図5-19　鶴見区ひとり暮らし前期・後期高齢者の緊急時の支援者（複数回答）

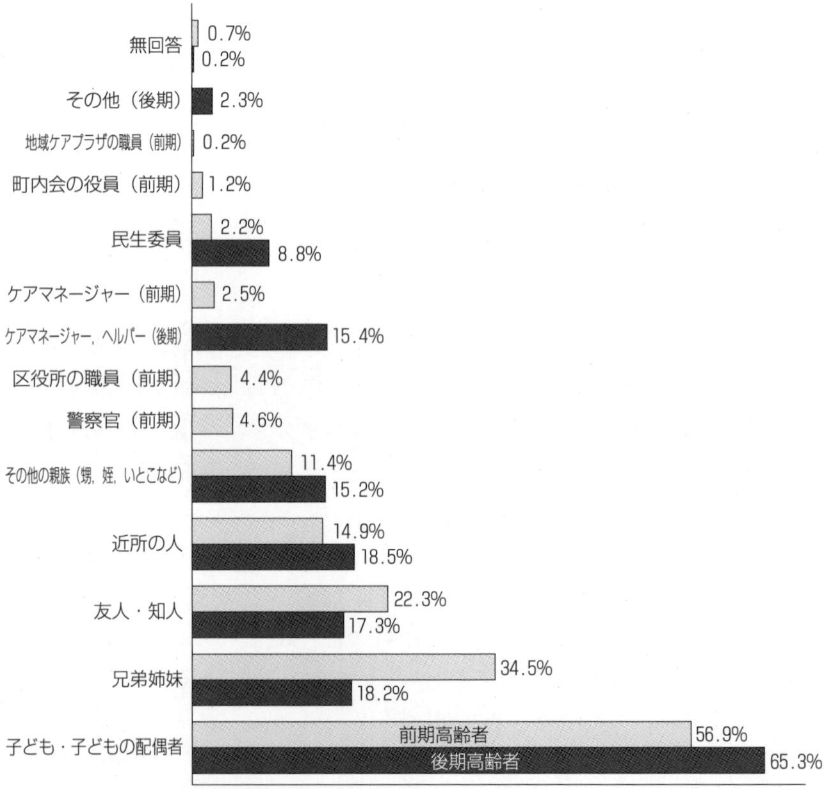

項目	割合
無回答	0.7% / 0.2%
その他（後期）	2.3%
地域ケアプラザの職員（前期）	0.2%
町内会の役員（前期）	1.2%
民生委員	2.2% / 8.8%
ケアマネージャー（前期）	2.5%
ケアマネージャー，ヘルパー（後期）	15.4%
区役所の職員（前期）	4.4%
警察官（前期）	4.6%
その他の親族（甥，姪，いとこなど）	11.4% / 15.2%
近所の人	14.9% / 18.5%
友人・知人	22.3% / 17.3%
兄弟姉妹	34.5% / 18.2%
子ども・子どもの配偶者	前期高齢者 56.9% / 後期高齢者 65.3%

注：前期高齢者 N = 1604，後期高齢者 N = 1327

【前期高齢者】

　では，前期高齢者の場合，緊急時の支援はどうなっているのか。支援者が「いる」者が62.5％，「いない」者が34.3％となっている（無回答3.1％）。支援者がいる者について，支援者が誰かをみたものが図5-19である。最も多いのが「子ども・子どもの配偶者」で56.9％，ついで「兄弟姉妹」が34.5％，「友人・知人」が22.3％，「近所の人」が14.9％，さらに「その他の親族」が11.4％となっている。

【後期高齢者】

　後期高齢者の緊急時の支援者の有無をみると，支援者が「いる」者が79.9％，「いない」者が16.8％となっている（無回答3.3％）。この「いない」者については，前期高齢者が27.4％であったので，後期高齢者とは10.6ポイントもの差がある。すなわち，前期高齢者のほうが緊急時に支援者がいない者が多いのである。

　図5-19をみると前期高齢者と同様，「子ども・子どもの配偶者」が最も多いが，後期高齢者のその割合は65.3％に及ぶ。前期高齢者のそれは56.9％であったので，その差は8.4ポイントになる。「兄弟姉妹」，「その他の親族」，「近所の人」，「友人・知人」は，だいたい2割弱で横並びとなっている。前期高齢者と異なるのは，「ケアマネージャー，ヘルパー」と「民生委員」の占める割合が後期高齢者のほうが高いことであり，特徴的である。

3　要　約

　本章では，私たちが調査のなかで得たデータにもとづいて，ひとり暮らし高齢者の親族・地域ネットワークと孤立の状態を述べてきた。以上は数字が多い記述でもあり，ここで何が言えるかを整理しておくことは，読者の理解の助けになるであろう。

（１）港区のひとり暮らし高齢者の親族・地域ネットワークと孤立
◼ 親族ネットワーク

　ひとり暮らし高齢者の親族ネットワークの状態は，子どもがいるかどうかによってかなり異なってくる。親族ネットワークのなかで，子どもあるいはその家族が占める位置は大きい。子どもがいない高齢者は，それ以外の兄弟姉妹，友人，近隣等のネットワークが重要な位置を占めている。

　港区のひとり暮らし高齢者で子どものいない者は，2004年調査で半数程度である。子どもの人数は，2004年調査でみると「2人」が4割強，「1人」が3割，「3人」が2割弱の順になっている。

　最も行き来のある家族・親族が誰かについて，子どもの有無別にみると，子どもがいる者では，「娘とその配偶者」が41％と最も多く，ついで「息子とその配偶者」が34％，「兄弟姉妹」が11％となっている。このように最も行き来がある者のうち，「孫」も含めた〈子ども家族〉の合計は8割弱を占めることになる。子どもがいる場合は，子ども家族との行き来が大方を占めていることに注意を向けたい。

　他方，子どもがいない場合はどうか。最も多いものが「兄弟姉妹」で51％，ついで「甥・姪」が18％，「いとこ」が7％となっている。このように子どもがいない者にとっては，兄弟姉妹とのつながりが重要な位置を占めている。

　なお，子どもがおらずかつ親族・家族とのつながりがない者が7％近くおり，子どもがいない者よりも6ポイントほど多いことに注目したい。他方，子どもがいる場合には「誰とも行き来していない」者はほとんどいないのである。

　ともあれひとり暮らし高齢者にとっての家族・親族とのネットワークは，子どもがいるかいないかで大きく異なり，子どもがいる場合は子ども家族とのつながりが大半を占め，他方，子どもがいない場合は兄弟姉妹とのつながりが重要となっているのがわかる。

　家族・親族との行き来の頻度はどうなっているのであろうか。「週に数回」以上の行き来がある者，つまり家族・親族とのつながりが比較的深いと判断できる者は，全体の約2割を占めている。これに「月に数回」行き来している者を加えると全体の6割弱となる。反対に，家族・親族と「ほとんど会っていない」者は6％であった。

　家族・親族との電話の頻度についてはどうか。「週に数回」以上電話する者

は全体の3割強となっている。他方、「ほとんど電話をかけあっていない」者は7％である。

ところで、内閣府の「高齢者の生活と意識に関する国際比較調査」(2005年度)によれば「60歳以上の高齢者の別居している子どもとの接触頻度」で、「ほとんど毎日」と「週に1回以上」の合計は、日本の場合、46.8％であった。また日本の〈別居している子どもと「ほとんど毎日」接触している〉者（電話も含む）は、16.7％しかない。

調査の対象は、港区は65歳以上のひとり暮らし高齢者、内閣府は60歳以上の高齢者であり、対象、地域、そして設問の指標が異なるので単純な比較はできないが、港区調査では「週に数回以上」の接触がある者が約2割であったが、内閣府の調査では「週1回以上」の接触がある者が5割弱である。また「ほとんど毎日」接触している者については、港区調査で1割、内閣府の調査で2割弱である。このように、ひとり暮らし高齢者のほうが高齢者全体より子どもとの接触頻度は低いことがわかる。

地域によって差はあるだろうが、正月はお盆以上に親族との接触機会が多い。そこで、私たちがこれまで実施してきた調査では、〈正月三が日を誰と過ごしたか〉という設問をおき、この時期の親族ネットワークの実情を把握している。

正月三が日を誰と過ごしたか（複数回答）について2004年調査の結果をみると、「子ども」が31％、「子どもの配偶者」が10％、「孫」が14％となっている。この3つを合計すると、子ども等家族は5割半を占めることになる。また「兄弟姉妹」、「友人・知人」はともに1割半程度であった。他方、港区のひとり暮らし高齢者の3割半は、正月三が日をひとりで過ごしている現実がある。

2 地域ネットワーク

地域レベルのネットワークと言ってもいくつかの種類が考えられる。ここでは友人関係、地域関係、社会参加の3つの側面からみてみた。

親しい友人がいるかどうかについては、1995年調査と2004年調査でほとんど変化がない。2004年調査の結果では8割半の高齢者に親しい友人がおり、反対にいない者は1割強であった。

最も親しい友人は誰かについて2004年調査でみると、「近所の人」が31％で

最も多く，ついで「学校時代の友人」が18％，「もとの（今の）職場の人」が17％，「趣味の会の人」が15％であった。「老人クラブの人」は３％弱と少なかった。

その友人との接触頻度として電話をかけ合う回数をみると，最も多いのが「月に数回」で43％である。「ほどんど毎日」が７％，「週に数回」が21％である。このように週に数回以上の接触がある者は，全体の３割弱を占める。

近隣関係について，近所づきあいの程度でみると，最も多いのは「挨拶を交わす程度」で36％，ついで「会えば世間話をする」が26％であった。「よく行き来する」が14％，「時々行き来する」が12％となっており，こうした比較的つながりがあるケースは全体の２割半となっている。反対に近所づきあいがあまりないと思われる「つきあいがない」（７％）と「挨拶を交わす程度」（36％）をあわせると全体の４割強を占める。

社会参加活動への参加状況についてみると（複数回答），「趣味の会」が21％と最も多く，ついで「スポーツ」が13％，「社会活動（ボランティア，同窓会，P.T.A.などの子育ての頃の団体，生協活動など）」が11％，「老人クラブ」が８％，「学習の会」が７％となっている。「町内会」への参加は７％である。なお団体や集まりにまったく「参加していない」者は43％であった。

この４割に及ぶ団体・集まりに「参加していない」者に対し，参加しない理由（複数回答）を尋ねた。その結果，最も多かったのは「体の調子が悪い」が32％であった。健康状態が社会参加活動への参加に一定の影響を与えていることがわかる。

また，「参加したくないから」と答えた者が23％となっている。さらに「自分の興味をひくものがない」が22％，「自分にあった活動や集会がない」が15％といった参加したいと思える活動が見つからないことや，「参加のきっかけがない」（13％），「一緒に参加する仲間や友人がいない」（15％），「どのような活動があるのか知らない」（12％）など参加の機会・きっかけがないために参加できないとみられる者が１～１割半いることに注目したい。

3 緊急時の支援

病気などで体が不自由な時に来てくれる人がいるかどうか，という指標を私たちは重視している。緊急時に誰も来てくれる人がいないという状態は，親族

ネットワーク,地域ネットワークからもれ,孤立状態にあるとみることができるからである。

2004年調査で緊急時に誰か来てくれる人が「いる」者が78%,「いない」者は16%となっている。緊急時の支援者がいないひとり暮らし高齢者は,港区の場合,1割半を占める。

他方,緊急時の支援者が「いる」者の支援者を2004年調査でみると,「子ども」が43%と最も多く,ついで「兄弟姉妹」が24%,「友人・知人」が14%,「親戚」が7%の順となっている。

ここでは,1割半を占めている緊急時にも支援者が誰もいないひとり暮らし高齢者は,明らかに孤立していると言ってよいことを強調したい。

(2) 鶴見区のひとり暮らし高齢者の親族・地域ネットワークと孤立
1 親族ネットワーク

鶴見区のひとり暮らしの全高齢者のうち子どもが「いる」者は58%,「いない」者は38%であった。港区調査(2004年調査)では,子どもがいる者は49%だった。子どものいる者は鶴見区のひとり暮らし高齢者のほうが港区より9ポイント多い。鶴見区のひとり暮らし高齢者の子どもの人数について言うと,全体の半数が2人となっている。

家族・親族とのつながりを正月の過ごし方からみてみよう。正月三が日を過ごした相手は,「子ども・子どもの配偶者」が39%と最も多い。ついで「孫」が18%,「兄弟姉妹」が13%,「友人・知人」が11%となっている。他方,「ひとりで過ごした」は37%となっている。子ども・子どもの配偶者そして孫を合計すると,全体の56%となる。「兄弟姉妹」と「友人・知人」はともに1割程度である。「近所の人」と正月を過ごした者は2%にも達しておらず,非常に少ない。

鶴見区のひとり暮らし高齢者の約4割が,正月三が日をひとりで過ごしている。港区の場合,正月三が日をひとりで過ごした者が3割半であったのと比較すると,鶴見区のひとり暮らし高齢者の状況はより深刻と言えるかもしれない。

2 地域ネットワーク

　鶴見区調査には，港区調査のような「親しい友人の有無」，「最も親しい友人は誰か」，「友人との接触頻度」といった設問をおいていないので，友人関係に関わる設問のなかから実態を推測した。

　鶴見区調査では，相談相手に関する設問のなかに友人を含めている。相談相手として友人はどの位の位置を占めるのであろうか。鶴見区調査は前期高齢者と後期高齢者の2つの調査からなるが，相談相手に関する設問の選択肢が異なるので，前期と後期の2つの調査結果のデータをそれぞれみることにする。

　前期高齢者で相談相手がいる者は77％，いない者は19％である。相談相手のうち（複数回答），「友人」は35％を占めている。最も多いのは「子ども・子どもの配偶者」で52％，ついで「兄弟姉妹」で46％となっている。その次が「友人」となっている。

　後期高齢者で相談相手がいる者は91％，いない者は6％である。相談相手のうち（複数回答），「友人」は28％であった。最も多いのは，ここでも「子ども・子どもの配偶者」で65％，ついで「兄弟姉妹」の28％である。これに「友人」が続く。

　このように相談相手として友人をあげている者は，前期高齢者で3割半，後期高齢者で3割弱である。これは相談相手がいる者に対しての設問なので，調査対象全体のなかでの割合を算出すると，前期高齢者で27％，後期高齢者で25％となる。このように，相談相手として友人をあげているひとり暮らし高齢者は，全体で約2割半となる。他方，前述のとおり正月三が日を友人と過ごした者は，全体の1割程度であった。

　こうして，友人との関係が重要な位置にあるひとり暮らし高齢者は，全体の1～2割半程度と言ってよいであろう。

　次に，日頃の近所づきあいの程度については，近隣との一定以上のつながりがある者は6割弱を占めている。他方，近隣とのつながりがあまりない，あるいはまったくない者は4割である。

　港区と比較すると，近隣とのつながりがあまりない，あるいはまったくない者は，両地域とも全体の4割程度であるが，近隣とのつながりがある者については，港区が2割半であったのに対し，鶴見区は4割と，両地域で差がみられる。

地域組織，趣味のグループ等の社会諸団体や各種集まりへの参加状況も地域ネットワークを形成する重要な要素である。そうした参加活動の状況について，前期高齢者調査と後期高齢者調査それぞれでみてみよう。

　まず，全高齢者が社会参加活動に参加しているかどうかについては，活動に「参加している」者が41％，「参加していない」者が56％となっている。このように社会参加活動に参加している者は全体の4割である。

　次に，前期高齢者の社会参加活動への参加の有無については，「参加している」者が38％，「参加していない」者が60％である。この約4割の前期高齢者が参加している活動内容をみてみると（複数回答），「旅行」が32％と最も多く，ついで「カラオケ・音楽」が22％，「体操」が21％，「老人会」が18％，「町内会」が18％，「ウォーキング・山登り」が14％となっている。分野的には旅行が高い割合を占めていることが特徴で，あとは趣味関係，スポーツ関係，町内会関係が主なものである。

　また，社会参加団体が「ない」と回答した者については，参加しない理由（複数回答）として最も多かったのは，「体の調子が悪い」（29％）で約3割を占めている。社会参加活動の阻害要因として健康上の問題が大きいことがわかる。ついで，「どこでどんな活動があるか知らない」が22％，「参加のきっかけがない」が20％となっており，こうした人びとについては適切な情報提供や参加のきっかけづくりを進めていく必要があると思われる。

　さて，今後参加したいと思う社会参加活動は何かについては（複数回答），最も多いものは「旅行」の30％である。ついで「カラオケ・音楽」が18％，「体操」が16％，「ウォーキング・山登り」が15％，「パソコン教室等」が14％となっている。この集計では無回答を除いているが，その割合は約3割となっている。これら無回答の者は希望する社会参加活動がない，あるいは参加する意志がない者とみなしてよいであろう。

　さらに，後期高齢者の社会参加活動についてみよう。まず，活動に「参加している」者が45％，「参加していない」者が50％と，参加していない者のほうが若干多い。前期高齢者との比較では，社会参加活動に「参加している」後期高齢者が7.8ポイント多い。後期高齢者のほうが，前期高齢者より活動への参加率が高いことは注目されるところである。

　参加している社会参加活動の内容については（複数回答），「老人会」が53％

と最も多い。ついで「旅行」が25％，「町内会」は22％，「カラオケ・音楽」が21％，「体操」が17％となっている。最も多い活動は前期高齢者では，「旅行」（3割）であったが，後期高齢者では5割を占める「老人会」である。参加活動の第1位は前期と後期では異なっている。

　後期高齢者の社会参加活動に参加しない理由について最も多い理由は，「体の調子が悪い」が45％であった。前期高齢者と同様，社会参加活動の阻害要因として健康上の問題が大きい。ついで「おっくうである・集団の活動が苦手」が35％，「興味をひくものがない」が18％，「一緒に参加する友人がいない，参加のきっかけがない」が19％，「どこでどんな活動があるか知らない」が14％となっている。社会参加を促進するためには魅力的な活動を用意し，情報提供のあり方が重要となる。

　今後参加したいと思う社会参加活動は何かについては，「老人会」が23％と最も多く，ついで「旅行」が15％，「カラオケ・音楽」が10％，「体操」が9％となっている。他方，今後参加したい活動が「特にない」者は4割半を占めている。

3 外出頻度

　外出頻度だけで孤立しているか否かは判断できない。しかし，どの程度外出しているか，家に閉じこもっていないかどうかは，生活状態を判断する重要な要素であろう。

　前期高齢者の外出頻度については，「毎日1回以上」が49％とほぼ半数を占めている。ついで「2，3日に1回程度」が33％であった。また「1週間に1回以下」は12％となっている。

　この「1週間に1回以下」と回答した者の「外出しない理由」について（複数回答），最も多かったものは「身体が不自由・健康上の心配が大きい」で41％，ついで「行く場所や用事がないから」が32％，「家にいるのが好きだから」が28％，「出かけるのがおっくうだから」が27％などとなっている。身体的状況や健康状態などが高齢者の外出にとって大きな阻害要因となっている一方で，「行く場所や用事がない」等，社会参加の機会や社会関係の乏しさが外出を少なくする要因となっている。

　後期高齢者の外出頻度は，「毎日1回以上」が36％，「2，3日に1回程度」

が38％，そして「1週間に1回以下」が16％となっている。

　後期高齢者の外出頻度が「1週間に1回以下」の者の「外出しない理由」については（複数回答），同じく「身体が不自由・健康上の心配が大きい」が48％と最も多くなっている。ついで「家にいるのが好きだから」が24％，「出かけるのがおっくうだから」が21％を占めている。なお，「行く場所や用事がないから」も11％となっている。

　ここで，前期高齢者と後期高齢者をまとめた全高齢者の外出頻度をみると，「毎日1回以上」が44％，「2，3日に1回程度」が35％，「1週間に1回以下」が13％となっている。鶴見区のひとり暮らし高齢者の1割強が，1週間に1回以下しか外出していない事実に注目したい。

4 緊急時の支援

　私たちは，病気などで体が不自由な時に来てくれる人がいるかどうかという指標，すわなち緊急時の支援があるかどうかを重視している。緊急時に支援者がいない状態は孤立しているとみることができるのではないか。

　まず，前期高齢者と後期高齢者をまとめて，全体の緊急時の支援者の有無をみると，「いる」者が69％，「いない」者が27％であった。鶴見区の場合，ひとり暮らし高齢者全体の3割は緊急時でも誰も来てくれる人がいないということに注目したい。

　前期高齢者の緊急時の支援については，支援者が「いる」者が63％，「いない」者が34％となっている。支援者がいる者の支援者が誰かについては，最も多いのが「子ども・子どもの配偶者」で57％，ついで「兄弟姉妹」が35％，「友人・知人」が22％，「近所の人」が15％，さらに「その他の親族」が11％となっている。

　後期高齢者の緊急時の支援者については，支援者が「いる」者が80％，「いない」者が17％となっている。この「いない」者については，前期高齢者が27％だったので，後期高齢者とは10ポイントもの差がある。前期高齢者のほうが緊急時に支援者がいない者が多いのである。

　後期高齢者の緊急時の支援者が誰かについては，「子ども・子どもの配偶者」が最も多く，65％となっている。前期高齢者の割合より8ポイント多い。「兄弟姉妹」，「その他の親族」，「近所の人」，「友人・知人」は，およそ2割弱で横

並びとなっている。前期高齢者と異なる点は,「ケアマネージャー,ヘルパー」や「民生委員」の占める割合が後期高齢者のほうが高いことであり,特徴的である。

(1) その他の相談相手では,「その他の親族」が14.1%,「民生委員」が7.9%,「区役所の職員」が6.4%,「町内会の役員」が3.4%が主なものである(『横浜市鶴見区におけるひとり暮らし前期高齢者の生活と介護予防に関する実態調査報告書』〔横浜市鶴見区福祉保健センターサービス課,2007年3月〕9頁)。
(2) その他の相談相手では,「その他の親族」が19.3%,「民生委員」が19.2%,「ケアマネージャー,ヘルパー」が11.6%,「地域ケアプラザ・区役所の職員」が7.4%となっている(同上書,7頁)。

第6章

港区ひとり暮らし高齢者の具体的生活

　これまで述べてきた港区と鶴見区のひとり暮らし高齢者のアンケート調査にもとづく量的把握は，個々のひとり暮らし高齢者の生活の現実を知るということでは，当然，限界がある。私たちはひとり暮らし高齢者の個々の具体的生活を把握する作業を大切にしてきた。それによって量的傾向の分析では発見することのできない新たな発見をともなうものであることは，私たちの調査で実際に体験していることでもある。また，とりわけ生活に関わる調査としての水準は，どれだけ対象者の特徴を生き生きと描けるかにかかっているとも言える。

　私たちの調査は，港区および鶴見区とも2段階の調査を設定してきた。量的な傾向を把握する1次調査としてのアンケート調査と質的な測定をする2次調査としての訪問面接調査である。本章では，港区調査の2次調査として実施した訪問面接調査で得られた事例を取り上げ，ひとり暮らし高齢者の生活のより詳細な現実を明らかにしたい。鶴見区調査の事例は次章で取り上げる。

1　港区の訪問面接調査の事例

　ここでは，2004年調査の2次調査によって得られた事例を中心に紹介しよう。1995年調査の事例は次の1ケースしか紹介することができない。その理由は，1995年調査でも2次調査として事例調査を実施したが，調査としては全体的にバランスよくケースを得ることができなかったからである。

　1995年調査の時点では，1次調査から個人を特定する手段が厳しく制限され，2次調査は改めて原票からランダムに対象を選び，往復葉書で調査受け入

れの可否を尋ねることにした。その結果をもとに，受け入れを承諾してくれた約20ケースを訪問したが，2ケースを除いて階層的には上層の安定したひとり暮らし高齢者で，非常に元気で，自分を高齢者とは思わない，そして孤立とは無縁の人びとばかりであった。この2次調査が失敗した最大の理由は，類型化の指標なしに原票から訪問対象を選んだことにある。結果は，家の中に他人を入れることに抵抗感のない，安定層の人びとがほとんどとなってしまったのである。

さて，安定層以外の2ケースとは，1つは港区内の特別養護老人ホームに入所しているケース，もう1つは次に紹介するケースである。私たちの調査は在宅の高齢者を対象にするもので，施設入所者は対象外となるが，ぜひお話を伺おうと特別養護老人ホームに入居するケースを訪れた。ところが，この高齢者は耳が遠く，お話を伺うことはとうていできる状態ではなかった。唯一，聞き取りができたのが以下に示すケースである。

(1) 1995年調査の事例

訪問は1996年1月23日の14～16時30分と2月5日の16～20時の2回実施することができた。訪問者は，筆者と私の研究室に所属する大学院生である。

▼**男性**，68歳，都営住宅

Aさんは，日本を代表する大企業の1つの高層本社ビルに隣接する都営住宅の最上階に住んでいる。脳梗塞の後遺症により半身麻痺で，身障者手帳2級を持っており，生活保護を受給している。

Aさん宅の玄関へ到着したものの，ドアの呼び出しブザーの線が引きちぎられていたので，ドアをノックするが返事がない。ドアに鍵がかかっていないので，開けて入る。玄関に車椅子がたたんで置いてあった。

部屋からAさんが上下ラクダ色の下着姿のまま出てくる。盗られるものがないのでドアの鍵をしたことがないという。耳が少し遠いようで補聴器をつけている。居間に通されるが，2DK（6畳，4.5畳，台所，お風呂，トイレあり）の2部屋の窓のカーテンが閉められたままで，第1回目の訪問中はとうとう窓の外を見ることはできなかった。電気カーペットの上にコタツが置かれた居間で話を伺うことができた。以下は，上記2回の訪問聞き取りから得られたものである。

生活歴：Aさんは，1927年12月，B県に生まれる。5人兄弟で，長男の兄（郷里に住んでいたが4年ほど前に死亡）次男（本人）と姉妹が3人。うち1人は早く死亡し，姉と

妹がいる。しかし，現在では両親も死去し，姉妹とのつきあいはない。

　父は初めタバコのきざみ切りの会社に勤務していたが，足を悪くして退職，自宅でお菓子屋（一部製造・卸も）を営業していた。1942年3月，国民学校を卒業（15歳），同年4月に広島県の呉の海軍工廠に旋盤工として勤務する。そこで船と飛行機を作っていた。気管支炎となり1カ月ほど入院した経験をもつ。1945年，敗戦となり，郷里へ戻る（17歳）。

　5～6年郷里で暮らし，その後，大阪へ出て水商売の仕事に従事する。ところが，1957年頃に結核となり，また郷里へ戻る。地元の病院で3年ほど療養し，治癒後も7年ほど地元で板前の仕事をして暮らした。1965年頃，調理師の免許をとっている。

　1967年頃，また大阪へ出て水商売の仕事を始める。働いていた店がつぶれるものの，近所の店の社長に声をかけられ名古屋の店に行くことになる。その後，いくつかの店で板前としての腕を磨き，1981年8月には，甲府の店の店長となる。家は一軒家で，家賃は会社もちであった。この時が一番よかったとAさん。

　ところが，甲府の店長として働き始めて2カ月後の10月，心筋梗塞で倒れる。過労が原因であった。その時は，3～4カ月間入院した。入院費がなく，姉さんに来てもらい，入院費を借りる。その後，1982年3月に，肺に出来物があるということで手術をする。退院が間近な頃，結核菌が出たという診断で甲府の診療所に収容される。半年そこにいたが，結核菌は出なかった。1982年9月に退院する。会社はすでに首になっていた。そこで名古屋の頃の社長を頼って東京の支店を紹介してもらう。

　1982年10月，港区内の「割烹半分炉端半分の店」で板前として働き始める。港区内の急な階段を上がった2階の4畳半1間のアパートに住む。家賃は，はじめは2万5000円で会社もち，のち4万円まで上がる。都内の支店をいくつか転勤する。

　1988年，当時61歳の時，仕事が終わって店でお酒を飲んでいるとき，今度は脳梗塞で倒れる。区内の病院に入院するが，健康保険未加入で手持ち金が3万円しかなく，病院の紹介で生活保護を受けることになる。年金にも加入しておらず，無年金である。Aさん曰く，「水商売の世界では掛けてくれるところはなかった」と。

　4カ月で退院，左半身麻痺となる。アパートに帰るが階段が急で手すりもなく，階段を這ってやっと上る。次の日から自分の衣服でまるで掃除するように大変な時間をかけ，階段を這って上り下りし，そして通院，買い物も含め，まさに生きていくために自転車に乗る練習をする。練習中，何度も倒れ，けがをした。またトラックに接触したこともあるという。約1カ月かかって片手片足でどうにか乗れるようになった。

現在の状況：1994年8月から現在の都営住宅へ入居（当初家賃1万8000円，現在2万6600円）する。保健所が関わる中途障害者の会に所属しているが，現在はほとんど活動に参加していない。姉妹，親戚とのつきあいはまったくない。同棲の経験はあるものの，結婚したことはない。住環境についての困り事では，なんと言っても近くにスーパーがなく，食料品，日常生活用品が買えないこと。自転車で20分ぐらい行かないとスーパーが

ないとのこと。また，出前をしてくれる店がなくなってきている。コンビニエンス・ストアーや弁当屋で買って済ませている。ご飯はいっさい炊かない。冷凍庫がないため，弁当屋でご飯だけ買ってきてそれを冷蔵庫に入れ，だいたい1週間で食べている。レトルトのご飯も売っているが，固くて食べられないという。買い物を同じ階の人に時々お願いすることもあるが，気がひける。最近，社会福祉協議会のボランティアによる週1回の配食を受けている。

日頃親しくしている友人はいない。寂しい時や悩み事があった時の相談者もいない。病気や身体の不自由な時の援助者もいない。緊急通報システムが設置されているが，ボタンを押すと近所に知らせる大きな音が鳴り，迷惑をかけるので使わないという。1995年12月に急に喉の痛みと高熱におそわれた時も，結局救急車を呼んだ。緊急入院となり，今年のお正月は病院で過ごした。

訪問前1週間をどのように過ごしたかを尋ねたが，4日前までは覚えていたが，それ以前は思い出せなかった。ほとんど家から出ていないようである。心臓が悪く，家の周りの横断歩道を信号が変わる前に渡りきれないということも理由の1つ。

1日前（月曜日）：終日在宅。区の職員がホームヘルプサービスの件で来る。また社会福祉協議会の人が掃除のボランティアが可能となったと言いに来た。
2日前（日曜日）：1日寝ていた。
3日前（土曜日）：1日家にいた。お茶を飲んでテレビを見ていた。
4日前（金曜日）：同じ階の友人のところにお茶を飲みに行った。この人は保健所のリハビリ教室で知り合った人とのこと。
5日以前　　　　：思い出せない。

Aさんは自分の人生を振り返り，一番のマイナス要因は戦争だったと語っていた。Aさんは社会福祉，保健の諸制度との関わりがまだあるほうであろう。しかし，福祉サービスの選択システムにうまくのる人とはとうてい思えない。日常的には孤立状況にあり，生活態度としてはきわめて控えめであることが印象的であった。Aさんへはホームヘルパーが以前派遣されていたが，今は中断している。文化的な生活をもてるように，地域に引き出すなんらかの方策がほしいと思う。そうした意味も含めて，Aさんへは生活総体への援助が大切であろう（この事例は，河合克義編著『ホームヘルプの公的責任を考える』〔あけび書房，1998年〕50-53頁で紹介している）。

(2) 2004年調査の事例

　事例を検討する場合，重要な事はその事例が全体のなかでどのような位置にあるのかということである。その位置が明確であれば，事例は典型性，そして普遍性をもつからである。

　2004年調査に際し，私たちはまず１次調査の結果を類型化し，それにもとづいて事例を把握したいと考えた。そのためには，１次調査の個人を特定できなければならない。そこで，私たちは次のような方法を考えたのである。１次調査の調査票の最後に，訪問調査の受け入れが可能ならば調査対象者の名前と連絡先を記入してくださるようにお願いした。２次調査は訪問調査ということでもあり，当初それほど多くは受け入れてくれないだろうと考えていた。しかし結果は私たちの予想をはるかに上回り，１次調査の回答者の実に28.7％，276名もの方が訪問の受け入れを承諾してくださったのである。ひとり暮らし高齢者に対する犯罪が多いなか，こうした調査はきわめて困難なものであるが，私たちには非常に恵まれた条件が与えられたと言える。なによりも調査を受け入れてくださった高齢者の方々に心から感謝したい。

① 類型化の方法

　私たちは，１次調査の結果を以下のように類型化し，その類型ごとに訪問面接調査を実施した。調査は2005年3月から4月にかけて実施された。調査員は，筆者の研究室に所属する学部の学生および大学院生である。

　私たちは，ひとり暮らし高齢者で孤立している者の生活実態を，収入を基礎に階層ごとにみたいと考え，次の４つの指標を選び類型化を試みた。

(a) 年間収入
(b) お正月三が日をひとりで過ごしたかどうか
(c) 近所づきあいの有無（「つきあいがない」＋「挨拶を交わす程度」を「近所づきあいなし」とした）
(d) 緊急時の支援者なし（病気などで身体が不自由な時にすぐ来てくれる人がいない者）

　年間収入については①150万円未満，②150万円以上200万円未満，③200万円以上400万円未満，④400万円以上の４区分とした。また近所づきあいについては，①つきあいのある者，②つきあいのない者の２区分としている。年間収入

表6-1 港区ひとり暮らし高齢者調査の2次調査の類型

類型	指　標
1	150万円未満×正月ひとり×近所づきあいある×緊急時の支援者なし
2	150万円未満×正月ひとり×近所づきあいない×緊急時の支援者なし
3	150万円未満×正月ひとりではない×近所づきあいある×緊急時の支援者なし
4	150万円未満×正月ひとりではない×近所づきあいない×緊急時の支援者なし
5	150万円以上200万円未満×正月ひとり×近所づきあいある×緊急時の支援者なし
6	150万円以上200万円未満×正月ひとり×近所づきあいない×緊急時の支援者なし
7	150万円以上200万円未満×正月ひとりではない×近所づきあいない×緊急時の支援者なし
8	200万円以上400万円未満×正月ひとり×近所づきあいある×緊急時の支援者なし
9	200万円以上400万円未満×正月ひとり×近所づきあいない×緊急時の支援者なし
10	200万円以上400万円未満×正月ひとりではない×近所づきあいある×緊急時の支援者なし
11	200万円以上400万円未満×正月ひとりではない×近所づきあいない×緊急時の支援者なし
12	400万円以上×正月ひとり×近所づきあいある×緊急時の支援者なし
13	400万円以上×正月ひとり×近所づきあいない×緊急時の支援者なし

注：2004年調査

から階層的位置をみたうえで，親族とのつながりが最もあると思われるお正月の過ごし方，近所づきあい，緊急時の人的つながりという3つの指標から孤立状態にある者を類型化しようとしたのである。これらの指標で組み合わせを作ると（該当ケースがない類型は除く），表6-1のとおり，全部で13類型となる。

② 類型ごとの対象ケースと調査の実施状況

2次調査として訪問調査の受け入れを承諾してくれた276名のなかから，私たちの13類型に合うケースを選び出した。該当ケースは全部で41となった。類型ごとのケース数は次のとおりである。なお，（　）内は訪問調査ができたケース数である。

類型1：3ケース（3）　類型2：8ケース（6）　類型3：1ケース（0）
類型4：2ケース（2）　類型5：3ケース（1）　類型6：8ケース（5）
類型7：1ケース（0）　類型8：5ケース（2）　類型9：2ケース（2）
類型10：1ケース（1）　類型11：2ケース（1）　類型12：1ケース（0）
類型13：4ケース（1）

13類型中，拒否，不在等で調査ができなかったのは類型3，類型7，類型12の3つであった。こうして実際に調査員が訪ね，直接話を伺うことができたケースは全部で24となった。

③ 事例の記述
　ここでは，訪問調査の結果得られたケースを類型ごとに主なもののみ示すことにしよう。以下の内容は，第1次調査の結果も含めてまとめたものであり，記述の項目は次のとおりとした。

　①住宅状況　　　　　②就労状況　　　　　③収入
　④健康・身体状況　　⑤生活歴　　　　　　⑥現在の生活
　⑦親族，友人について⑧正月三が日の過ごし方⑨近所づきあい
　⑩社会活動　　　　　⑪地域環境　　　　　⑫生活上の困り事
　⑬諸制度の利用状況　⑭その他（調査員の所見等）

　なお，記述に際しては，プライバシー保護のため，地名，住宅名等を省略してあることをお断りしておきたい。また⑭項目の「その他」には，「調査員による所見」を記載してある。前述のように，調査員には学部学生も含まれており，所見は多少稚拙なものもあるが，あえてそのままにしてある。

■ 類型1：150万円未満×正月ひとり×近所づきあいある×緊急時の支援者なし
事例1-1 女性，75歳

① 住宅状況：都営住宅に在住。6畳1間と台所のみで部屋が狭く，人が来た時に困る。押し入れが半間しかなく，収納の場所が足りない。抽選で都営住宅に住めるようになったことは幸運だったという。
② 就労状況：現在は仕事をしていない。最長職は，配偶者が呉服屋を自営し，本人はその店を手伝っていた。
③ 収　入：主な収入は年金で，年間収入は100〜149万円。経済的には「余裕はないが生活していくには困らない」と言う。
④ 健康・身体状況：健康状態は「まあ健康」。病院に通院中で月1回大学付属病院に行く。身体的には不自由はないが，肺ガンで肺を手術したばかりなので，いそぐと苦しい。入院期間は1カ月ほどであった。会話中に声がかすれることがあり，声を出しづらそうであった。
⑤ 生活歴：本人は首都圏のA県に生まれる。県内の女学校を卒業する。1年間，代用教員として働いた経験あり。親戚がいる宮崎で1年ほど会社の事務の仕事をする。親戚が東京へ転勤となり，一緒に東京へ移り住む。東京では2年ほど水商売の仕事をしていた。26歳で呉服屋を営む夫と結婚。六本木に住んでいた。子どもはいない。御主人が3〜4年前に死亡。その後，区役所に住宅のことで相談したら，都営住宅の申し込みを勧められた。申し込んですぐに抽選が当たり，現在の住宅に移り住んだ。

⑥ 現在の生活：起床は7時から8時。食事は，朝8時，掃除，洗濯をする。12時に昼食をとり，午後は散歩をする。野球観戦が好きで，夜7時頃野球の試合をテレビで見ながら，夕食。買い物は麻布十番に出かける。3日前に買い物に出かけた。
⑦ 親族，友人について：子どもはいない。姉，妹，弟がA県下の市に住んでいて，月に数回，電話がかかってくる。会うのは年に数回。亡くなった夫の兄弟とも電話で話す。自分から電話することはあまりない。以前住んでいた六本木の友人とたまに会う程度のつきあいをしている。
⑧ 正月三が日の過ごし方：ひとりで過ごした。
⑨ 近所づきあい：都営住宅の同じ階の人で，仲のよい人がいる。月に数回，お話をしたり，電話したりする。
⑩ 社会活動：生活上の楽しみはない。社会参加活動は何もしていない。参加しない理由は自分にあった活動や集会がないから。
⑪ 地域環境：買い物をする店がない。野菜や魚，総菜など普通のものが買える場所がない。コンビニはあるが，スーパーがない。まるで陸の孤島である。一番近いスーパーはピーコックでバス路線もなくなってしまい，歩いて20分かかる。週2回，八百屋が車で売りに来る。また生協の共同購入を利用しており，週1回の配達がある。月に2回ぐらい麻布十番まで買い物に出かける。
⑫ 生活上の困り事：病気や体の不自由な時にすぐ来てくれる人はいない。自分は子どもがいないので「おばあちゃん」と呼ばれたことがない。自分は高齢者だとは思われたくないところがあるという。高齢者扱いされることに抵抗を感じる。ひとりで暮らしていることについては不安を感じている。困り事や悩み事がある時，相談するのは兄弟姉妹。
⑬ 諸制度の利用状況：会食・配食サービス，高齢者訪問電話，おむすびサービス，福祉会館のすべてを利用していない。福祉会館については知らないと答えている。社協が始めようと検討中の「ふれあい協力員」については利用したいと言う。また「いきいきサロン」についても参加したいと答えている。
⑭ その他（調査員の所見等）：高齢者扱いされることにとても抵抗を感じている方で，プライドをもっていて，自分を高齢者と認めたくないということを強くおっしゃっていたことが印象的であった。近所づきあいがある程度あり，兄弟や以前住んでいたところの友人などと連絡をとっているようで，特に寂しさは感じていないようだ。ただ，何かあった時の不安はあるようだ。活発な方で，ボランティアなど自分に何かできることがあればやりたいという。自分が高齢者と見られることに抵抗があることから，高齢者向けのプログラムには参加する気が起きないようであった。何かお手伝いをしたい，役に立ちたいという気持ちが強いので，このような方が活躍できる場がもっとあればよいように思った。同世代だけでなく，さまざまな世代との交流活動があればよいのではないか。

事例1−2 女性，71歳

① 住宅状況：面接は仕事場の美容室のほうで行われたので，以下の自宅の状況は聞き取りによるもの。住宅街にある木造の賃貸民間アパート。専有のトイレ・台所あり，お風呂はない。部屋数は2部屋で広さは合計12畳。1カ月の家賃は5万2000円。今は近くの銭湯が改装中のため，バスに乗って別の銭湯まで行っている。以前に住んでいたアパートで立ち退きを迫られ，3年前に現在のところに引っ越して来た。その引越時の段ボールを，今もほとんど開かないで積んだままであると言う。また立ち退き問題が起きるのではないかと不安。品川の都営住宅に申し込みをしたが入居できなかった。また，お風呂がないことは困っていることの1つ。

② 就労状況：最長職は自営業で美容室を経営。従業員はいない。現在も営業をしているが，高齢で多くの客を受けられないので，10時半から16時までの営業時間で，完全予約制としているとのこと。すでに店の名前の入った外の看板をはずしている。昔からの客を電話で受けて細々と営業している。火曜日と水曜日が定休日。

③ 収　入：年金額は月5万円位で年間約60万円。1次調査では年間収入は「49万円以下」と答えている。美容室は賃貸で，その家賃は月8万5000円。美容室の収入では足りず，さらに住宅の家賃，週2回の通院にかかる費用もあり，預金の引き出しでどうにかやっている。

④ 健康・身体状況：日常生活動作には問題ないが，健康状態についての自己評価は「非常に弱い」と答えている。1955年，22歳の時，鼻の手術をする。1992年，59歳の時，C型肝炎になる。本人は，鼻の手術時の輸血が原因かもしれないと思っている。現在は完治したが，薬の副作用に苦しみ，ノイローゼになった。週2回通院している。病気によって日常生活に支障がある。コレステロール値が高く，食事には気をつけている。

⑤ 生活歴：銀座の生まれ，銀座で育つ。父はマッサージの仕事をしていた。父の出身は新潟県で地主の家に生まれる。都立高校から新潟の県立高校へ転校するが中退する。18歳の時に東京に来て，5年間赤坂の古美術商で働く。夏には軽井沢に行き書道家などと交流する。

　20歳の頃，美容学校に通い，美容師の免許を取得し，銀座のある店で1年間インターンをする。40歳くらいの時，港区内のある美容室で5年間働く。その時が一番よい仕事ができたという。1978年，45歳の時，現在の美容室を開店する。外国人でパーティに行く人，有名なモデルやホステスが来店していた。

　未婚で子どもはいない。ずーっとひとり暮らし。そろそろ美容室の閉店を考えている。

⑥ 現在の生活：ひとり暮らしについての自分の感じ方は「不安に感じる」と答えている。特に将来への不安が大きい。

　病院に週2回通い，その時近くのレストランで800円のお昼の定食を食べている。

夕食はほとんどパンを食べる。
⑦ 親族，友人について：行き来している親族はいない。甥・姪と年1回くらい電話で話す程度でほとんど会っていない。日頃親しくしている人は「アパートの家主の方」とのことで，月に数回会う程度という。親しい友人はいない。
⑧ 正月三が日の過ごし方：ひとりで過ごした。6日まで美容室はお休みで自宅にいた。
⑨ 近所づきあい：アパートの隣に住んでいる人と会うと世間話をする程度。
⑩ 社会活動：生活上での楽しみはあると答えているものの，仕事で時間がないことと体調が悪いという理由から社会参加団体や集まりにはいっさい参加していない。
⑪ 地域環境：仕事場の美容室の近くにはスーパーが2つあるが，アパートの近くにはないので困っている。食事はアパートの近くに24時間営業のお弁当屋があり，その店を利用している。
　地域の困り事については，近所に銭湯がないことをあげている。
⑫ 生活上の困り事：病気や身体の不自由な時にすぐ来てくれる人はいない。困り事や悩み事がある時，相談できる人がいて，その人は友人である。日常生活で困っていることとしては，家の掃除と食事の準備をあげている。日常生活で困った時などは「介護保険以外のホームヘルパー」の援助を受けると答えている。
⑬ 諸制度の利用状況：会食サービス，配食サービス，高齢者福祉電話，おむすびサービス，福祉会館すべて利用していなく，すべてのサービス・施設を知らないと答えている。
　ふれあい協力員制度については利用したくない。なお，ふれあい協力員制度については「訪問協力員による外からの見守り」を望んでいる。また，いきいきサロン事業については，「収入がないし身体も疲れるので」参加したくないと答えている。
⑭ その他（調査員の所見等）：育ちの良い方であるという印象を強く受けた。美容師として成功していた頃の話をしている時はとても楽しそうであった。体調を崩してからは，悪いことが続いてしまったようだ。現在の生活は預金の引き出しでどうにか成り立っており，とても不安定。美容室を閉店した後の生活がとても心配である。収入が低く，孤立することが予測される。特に3年前の引越時の段ボールを，今もほとんど開かないで積んだままであるということが非常に気になる点である。
　美容室での聞き取りであったため，自宅の様子を把握できないことは残念であった。

❷ 類型2：150万円未満×正月ひとり×近所づきあいない×緊急時の支援者なし

事例2-1　女性，83歳

① 住宅状況：間借りしている。4.5畳1間・専有台所のみで，台所には調理台が無く，水道・ガスコンロのみである。木造で家賃は月3万2000円。とにかく狭くて収納する

場所や洗濯機を置くところがなく，食事の準備や洗濯に困っていると答えている。大きいものはコインランドリーを利用し，また惣菜を購入することで対処されている。2階へ上がる階段が急すぎるため，手すりにつかまりながら後ろ向きで降りていた。収納する場所がないため，使わない洋服でもぶら下げるようにしていた。
② 就労状況：現在仕事はしていない。最長職は家政婦で，住み込みで働いていた。
③ 収　入：主な収入は国民年金で，他に預金を引き出したりしている。年収は「100～149万円」，「生活していくには困らない」と答えている。
④ 健康・身体状況：健康状態は「弱い」。現在病院に通院しており，病気のため脊髄に麻痺があり，たまに痺れや怠さを感じている。また軽い白内障だが，生活に支障はない様子。身体状況は，最近病院でインフルエンザをうつされたが，現在は良好。
⑤ 生活歴：九州に生まれる。両親は早くに亡くなり，おばさんに面倒をみてもらい，家事手伝いとして地元で暮らしていた。上京し，住み込みで家政婦として働きながら，休みを使い，週2回，1年間，鍼の専門学校に通う。卒業し資格を取得。その後，病気になり地元に戻り10年ほど治療したあと，港区にあった家政婦会に入り，寮暮らしを始めるが，その会が7～8年前につぶれてしまったのでひとり暮らしを始めることになった。5人兄弟だが，兄弟もみんな亡くなっている。未婚。
⑥ 現在の生活：8時起床，遅めの朝食をパンと珈琲牛乳ですませ，軽い昼食をとり，夜はご飯・味噌汁・惣菜などを食べる。日中は毎日，趣味の鍼を30分ほどし，週に何度か病院や買い物やお風呂に行ったり，テレビを見て過ごしている。またいろいろな方向行きのバス停が近くにあるので目黒・恵比寿・東横線沿いの大型スーパーまで買い物に行ったりもしている。
⑦ 親族，友人について：子どもが1人（男性）いる。日頃行き来している親族はいないが，元の職場の人と月に数回あったり，電話をかけ合ったりしている。
⑧ 正月三が日の過ごし方：ひとりで過ごした。
⑨ 近所づきあい：ゴミ出しなどで会えば，挨拶を交わす程度の関わりがある。大家さん（95歳男性で耳が遠い）や大家さんの別居の娘さんとはつきあいがある様子で，大家さんの娘には電話で大家さんに伝言を頼まれる関係。
⑩ 社会活動：生活上の楽しみはない。社会参加活動には参加していない。参加していない理由は「一緒に参加する仲間や友人がいない」と答えている。
⑪ 地域環境：特に困っていることはない様子。スーパーは1本売りや切り売りを充実していて買いやすく，バス停も近く，病院は徒歩10分で行ける距離。
⑫ 生活上の困り事：困り事や悩みがある時相談できる人も，病気やからだの不自由な時すぐに来てくれる人もいないと答えている。友達のなかには亡くなった人，施設に入所している人もいるようだが，身近に相談相手がいないだけで，1人で解決しようと抱え込むタイプではない。話し相手がいないので寂しく感じる。もし部屋が広ければ人を呼び，鍼をやってあげたいと答えている。

⑬　諸制度の利用状況：会食サービス，配食サービス，福祉会館，おむすびサービス，高齢者訪問電話のどれも利用してない。会食サービス，配食サービス，おむすびサービスは知っていると答えている。「ふれあい協力員」制度，「いきいきサロン」事業についての回答はない。
⑭　その他（調査員の所見等）：隣の部屋は誰も住んでいない。大家さんは耳が遠いのでコミュニケーションをとることがむずかしい。急な階段のある今の住まいは不自由で，転居を強く希望しているが，高齢者に貸してくれるところはなく，高齢者住宅の募集も年に1000人近い応募者で応募しても当たらないとのこと。

　家政婦会がつぶれてしまった際，一時しのぎで借りた部屋でとても狭く，部屋が２階のため急な階段を上り下りしなくてはならず，高齢者にとってはかなり負担になる。地下鉄駅近くに自宅があるが，付近に立ち並ぶマンションやビルの低階層部分を単身高齢者用にするなどの高齢者に配慮した建物の建設，また高齢者でも借りられる賃貸関係の緩和化といった取り組みがあればよいと思う。

　本人の近所との関係は挨拶をする程度だが，地域交流の場があれば話し相手ができると思う。高齢者は家にこもりがちで，毎日同じことの繰り返しなので，地域での何かの取り組みがあればよいのではないか。

事例2-2 女性，75歳
①　住宅状況：家賃６万5000円の木造民間賃貸アパートに在住。家が老朽化していて隙間だらけで寒いうえに風呂がない。都営住宅に申し込むが，外れてしまうため住み替えることはあきらめている。
②　就労状況：現在仕事をしていない。最長職はマッサージ師。27歳で離婚した後に，その資格を取得し，独立して店を営んでいた。
③　収　入：主な収入は生活保護。経済的に「かなり苦しい」。
④　健康・身体状況：健康状態は「弱い」で，病院に通院しており，病気やけがによる日常生活への支障がある。身体的には「ゆっくりなら歩ける，杖があればひとりで歩ける」状態で狭心症。
⑤　生活歴：出身は静岡県で８人兄弟。他の兄弟は先生をしていて校長先生になっている兄弟もいる。最終学歴は洋裁学校で，21歳に結婚（配偶者は旧家の人）し，27歳で離婚。その後，マッサージ師の資格をとり独立して店を営業するが，50歳で乳ガンになり，店をやめて，ホテルの外国人対応のマッサージの受付を18年間行う。港区には1960年代半ばに移り住んだ。
⑥　現在の生活：朝11時に起きて13時くらいから散歩を１時間する。就寝は２時。食事は自炊をしており，週に１回13時30分〜15時30分にヘルパーが来る。昨日新宿で友人に会った。
⑦　親族，友人について：娘が２人いるが，日頃行き来している親族は兄弟で，７人の

なかの4人と月に1度会っていて，電話も月に数回かけ合っている。孫（32歳）と月に1度新宿で会っている。
⑧ 正月三が日の過ごし方：ひとりで過ごした。
⑨ 近所づきあい：近所づきあいは挨拶を交わす程度で，友達は多いようだが悩みなどは相談できない。隣の住人とは外においてあった洗剤などを盗まれたりしたため関係が悪い。
⑩ 社会活動：生活上の楽しみはない。趣味の会に参加しているが一緒に参加する仲間や友人がいないと言う。
⑪ 地域環境：買い物に困ることはないが，防犯上心配がある。隣人について困っている。
⑫ 生活上の困り事：生活上の困り事や病気などで身体の不自由な時にすぐに来てくれる人はいない。はっきりと「自分は孤独である」と言っていた。生活保護を受けているため「最低生活をしている」と何度も言っていた。そのため友人や親族にも生活保護のことについては話していない。心臓の病気をもっているため将来に対して不安があり，また住宅に対しても不満がある。
⑬ 諸制度の利用状況：会食サービス，配食サービス，高齢者訪問電話，おむすびサービス，福祉会館は利用していない。「ふれあい協力員」制度を，寂しいので相談相手がほしいという理由で声かけによる見守りを利用したい，「いきいきサロン」事業についても利用したいと答えている。
⑭ その他（調査員の所見等）：家が老朽化していて隙間があるため暖房の効きが悪くとても寒かった。住宅に対して不満があり，都営住宅に申し込んでいるがなかなか当たらないため行政に対する不満もかなりあるようだ。区役所に話しても都庁に話してもダメでもう限界なのでよろしくお願いしますとのこと。また生活保護に関して「最低の生活をしている」と何度も言い，そのため日頃交流のある親族や友人にも相談できない。狭心症のため将来に不安がある。

事例2-3 女性，72歳
① 住宅状況：都営住宅に1970年代から在住。部屋が3室ありひとりで住むには十分広い。住宅に関して困っていることはない。
② 就労状況：現在仕事はしていない。最長職は指圧師であるが，詳しく聞くことはできなかった。
③ 収　入：主な収入は国民年金。年収は50〜99万円。経済的には「かなり苦しい」。
④ 健康・身体状況：健康状態は「まあ健康」。現在通院していて，週1回リハビリと週1回通院している。日常生活には支障あり。身体状況は大きな声で話せば聞き取れる。足が悪いようで杖が必要。
⑤ 生活歴：出身は北海道の炭鉱のあった町で，はっきりとした地名は聞くことができ

なかった。自分の生まれや兄弟のことは話そうとしない。職歴についても詳しく聞くことができず，指圧師をしていて，未婚である。

⑥ 現在の生活：起床は7時で日中はほとんど家で過ごし，食事は自分で作り，就寝は9時。週1回ヘルパーさんが訪問し，外出は週1回リハビリと他の病院への通院を週1回。

⑦ 親族，友人について：未婚なので子供はいない。日頃行き来している親族も友人もいない。

⑧ 正月三が日の過ごし方：ひとりで過ごし，近くのお寺にお参りに，足が悪いためゆっくり行く。近年はほとんどひとりで過ごし，おせち料理を作り・食べるということはしていない。

⑨ 近所づきあい：近所の人とは顔を会わせたら挨拶を交わす程度。以前の民生委員さんとはそれなりに関係があったようだが，民生委員さんが変わってしまい誰であるかわかっていない。

⑩ 社会活動：生活上の楽しみはなく，社会参加活動は何もしていない。参加しない理由は「体の調子が悪い」「一緒に参加する仲間や友人がいない」である。

⑪ 地域環境：地域環境は近くに買い物するところがなく，週に1回のヘルパーと車いすでスーパーに行くか，その他は近くのコンビニに行っている。また「防犯上の不安がある」と答えている。

⑫ 生活上の困り事：日常生活では「バスや電車・車を使っての外出」「買い物」「区役所での手続き」に困っている。困り事がある時相談する人も病気などでからだが不自由な時にすぐに来てくれる人もいない。孤独感について聞くことができなかったが，ヘルパーしか接する人がいないようで，人と接することが好きではないようだった。そのヘルパーともほとんど話していないようだった。

⑬ 諸制度の利用状況：会食サービス，配食サービス，高齢者訪問電話，おむすびサービス，福祉会館は利用していないし，高齢者訪問電話は知らないと答えている。「ふれあい協力員」制度は訪問協力員による声かけの見守りを利用したいと答えている。「いきいきサロン」事業には参加したくないと答えている。

⑭ その他（調査員の所見等）：ひとり暮らしで，身内が近くにいないため，死後に対する不安がある。兄弟が近くにいないためつきあいがまったくない。警戒しているのか自分の出身地すら話してくれない。話を聞こうとすると「そんなことまで話さなくてはいけないの？　アンケートなんて答えるんじゃなかった」と泣き出しそうであった。日中ほとんど家で，ひとりで過ごしているからひとりでいることに慣れてしまい，人とコミュニケーションをとろうとする意欲が感じられない。サービスの情報に関しては以前入院していた時に社協のおむすびサービスを利用していたようなので，ヘルパーなどを通して情報が入ってきているようであった。

3 類型3：150万円未満×正月ひとりではない×近所づきあいある×緊急時の支援者なし

該当事例なし

4 類型4：150万円未満×正月ひとりではない×近所づきあいない×緊急時の支援者なし

事例4-1 男性，77歳

① 住宅状況：民間賃貸アパートに在住。15畳ほどの1DK。片付けが苦手らしく，部屋中に物が散乱している。
② 就労状況：現在は無職だが，起業する意志あり（カートリッジ製作会社）。最長職は，自分で起業したデザイン事務所での工業デザインの仕事。
③ 収　入：年金と預金の引き出しによる生活。年収は49万円以下。「生活が苦しい」と1次調査で答えているが，2次調査では生活には「余裕がある」と答えた。
④ 健康・身体状況：過去にC型肝炎を患っている。去年ぎっくり腰になり，現在週に1回通院している。ADL（Activities of Daily Living：日常生活動作）に問題はない。
⑤ 生活歴：出身は神奈川県。3人兄弟の次男として生まれる。父は石炭会社勤務であった。音楽学校進学を希望していたが，父親に戦時中のため猛反対されて，海軍学校へ。そこを卒業後，A大学電気科に入学。28歳で父親の石炭会社を手伝い，30歳になると従業員5名を雇うデザイン事務所を設立。工業デザインで通産大臣賞を含むコンクール多数受賞。40歳で妻と見合い結婚し，妻には経理を手伝ってもらう。15年前に妻と死別，子供はいない。現住所には45年住んでいる。
⑥ 現在の生活：起床，就寝時間はまちまち。食事の内容は海軍時代と同じで，パン，味噌汁，コーヒー，オートミールである。ヘルパーが週に1回来ているが，部屋が大変散らかっている。日中は部屋に沢山あるオーディオ機器で軍歌や昔の曲を聴いたり，ビデオを見たりしている。
⑦ 親族，友人について：兄は戦死，弟とは仲が悪い（宗教的見地から対立している）。日ごろ行き来している親類はいとこ（母の兄の長男）であるが，会う頻度は年に2，3回程度。海軍兵学校時代の友人とは電話でよく話す。携帯と家の電話で月6000円かかっている。
⑧ 正月三が日の過ごし方：いとこ（母の兄の長男）の家に呼ばれて，泊まりで過ごした。
⑨ 近所づきあい：アパートの管理人とは顔見知り程度。
⑩ 社会活動：大田区のビデオを楽しむ会に月2度参加。B病院の合唱団に所属している。海軍の会合が年に数回ある。慰霊祭（沖縄）へは毎年参加している。
⑪ 地域環境：アパートは坂の途中にあり，周辺の歩道は車道へ向かって斜めに傾斜し

ていて歩きづらい。15分ほど歩くとスーパーやコンビニがある程度。
⑫　生活上の困り事：すぐ近くに買い物をする店がない。家の掃除，食事の準備に困っている。ヘルパーが来ているようだが，ヘルパーに食事の用意は頼んでいないと言う。掃除についてもヘルパーが何かをやった形跡はない。オーディオ機器が多く，コードも多いため知らない人は触れにくい環境ではある。孤独感については嵐の日の雨音を聞いているといった感じというが，軍歌を大音量で聴くと吹き飛ぶという。
⑬　諸制度の利用状況：会食・配食サービス，高齢者訪問電話，おむすびサービス，福祉会館のすべて利用していない。高齢者訪問電話，おむすびサービス，福祉会館については知らないと答えている。社協が始めようと検討中の「ふれあい協力員」については利用したいという。また「いきいきサロン」についても参加したいと答えている。
⑭　その他（調査員の所見等）：軍隊にいたときの思い出に浸るのが好きそうであった。海軍学校時代の友人や集会が定期的にあり孤独感は特に感じられなかった。寂しいと口にするが，まだまだやることはあると意欲的な方である。部屋が大変散らかっているのが気になる。台所も片付いているとは言えず，衛生的に心配であった。

事例4－2　女性，77歳

① 住宅状況：公団・公社の賃貸住宅（家賃3万1000円，共益費9570円）在住。トイレと風呂がなく，約5畳の広さ。共同のトイレは（階に洋和1つずつ）外にあるため遠くて，冬は寒くて困ると答えている。また夏の西日がひどく，部屋にいられないことにも困っているが，西日の射す時間は外出するなどして対処している。
② 就労状況：現在仕事をしていない。以前は飲食店勤務を転々としていて，最長職は7年間勤務した新橋のレストランである。
③ 収　入：主な収入は国民年金・厚生年金で月8万程度，年収は100万円弱と答えている。経済状況は「やや苦しい」と答えており，周囲の人から生活保護を受けている人は結構な額をもらっているという話を聞いて，本人も欲しがっていた。また年金を馬鹿正直に払っていたなんてバカバカしいと答えていた。
④ 健康・身体状況：健康状態は「まあ健康」で，現在病院には不定期に通っている（足がだるくなった時など）。身体状況はひざが痛む（けがではなく老化で），物忘れが多くなった（本人の電話番号や銀行の暗証番号など）。2月の終わりにひいた風邪がなかなか治らなかったと答えている。
⑤ 生活歴：茨城県に生まれる。家族は農家で食糧難の時も困らなかった。尋常小学校卒業後，高等小学校へ進む。1955年に上京し，台東区内の飲食店に就職する。以降転々と職を変えながら，50歳頃調理師免許取得，62歳で辞めてからはパートとして働く。未婚。
⑥ 現在の生活：7時前起床。食事は自炊で3食（りんごを毎日食べ，他は納豆・豆腐・にんじんなど）とっているが，まとめて作り置きしていることが多い。日中は月曜日，

水曜日，金曜日に福祉会館（入浴のため）に行き，他は散歩や買い物などをしたり電車で出かけたりして過ごしている。お風呂は毎日入っており（福祉会館や近所の銭湯や共同風呂）9時頃就寝。ヘルパーなどの定期訪問はない。以前は水泳や体操などをしていたが，現在はまったくやっていない。

⑦ 親族，友人について：日頃親しくしている親族はいない。姉が茨城県に，兄が神奈川県下の老人病院に入院しているが，冠婚葬祭の時に連絡をとる程度。近所に友人がいてよく話をしたり，電話をかけ合っている。

⑧ 正月三が日の過ごし方：ひとりで過ごした。近所に初詣に行った。そこで近所の人に会ったので話をした。

⑨ 近所づきあい：挨拶を交わす程度と答えているが，洗濯物を干す屋上や銭湯や外で近所の人と話したり情報交換をしたりしている様子。

⑩ 社会活動：社会参加活動は何もしていない。参加しない理由は「自分の興味をひくものがない」からと答えている。

⑪ 地域環境：特になし。夜は静かで，安全で，交通の便がよいと答えているが，青山3丁目はバスが通らないので困っていて，バスを通してほしいと答えている。

⑫ 生活上の困り事：困り事や悩みがある時相談できる人も，病気やからだの不自由な時すぐに来てくれる人もいない。いろいろな人と話すことで孤独感を紛わそうとしているようである。ヘルパーや民生委員の人は来ていない様子。

⑬ 諸制度の利用状況：福祉会館のみ，知っていると答えている。「ふれあい協力員」制度と「いきいきサロン」事業は参加したいと答えている。

⑭ その他（調査員の所見等）：本人は非常に明るく笑いの絶えない方で，話のなかに近所の方が多く出てきて自ら輪に溶け込んでいく力がある様子で，長い間ひとり暮らしをされているが孤独であるという雰囲気をあまり感じなかった。昨年の1〜5月，同じ建物の9階に住む方のお世話をされたようで，周囲の方に気を使うとても親切な方であると思った。引っ越しを望んでいるが，単身者向け住宅は宝くじに当たるのと同じ確率で当たらないので困っていた。階にある共同のトイレ・浴場スペースは近所の人と関わりあう空間というメリットがあると感じた。とても積極的なので，民生委員や行政のサービスについて情報提供をすれば，もっと暮らしやすくなるのではないかと思う。

5 類型5：150万円以上200万円未満×正月ひとり×近所づきあいある×緊急時の支援者なし

事例5-1 女性，71歳

① 住宅状況：分譲マンションに在住。ローンを組んで購入。部屋は3部屋で10畳ほど。トイレ，台所，風呂はそれぞれ別にある。当初は母親と2人暮らしをしていた（母親は現在，特別養護老人ホームに入所）。

② 就労状況：現在はシルバー人材センターを介して週に3回ほど働いている（美術館の監視業務）。一般企業に就職した後，資格の学校に入って検査技師の資格を取得した。その後，臨床検査技師として長く病院に勤めていた。
③ 収　入：主に年金。それとシルバー人材センターの収入。1年間の収入は150〜199万円。「母と2人暮らしの時と違い，今はひとりの年金分でしか暮らせないため，年金だけでは経済的に苦しい」と言っていた。
④ 健康・身体状況：健康状態は「まあ健康」で，現在も通院している。腰を痛めていて，リハビリのためプールに通ってウォーキングをしている。精神的に疲れる時もあるらしく，腰痛や精神的疲れはひとりで母の面倒をみていることに関係があるようだ。
⑤ 生活歴：東京出身。幼少期は叔父，叔母に預けられていた。学生時代を中目黒で過ごし，高校卒業後は入社した会社で英文タイプの勉強をした。その後，資格の学校に入学して検査技師の資格を取得。定年まで臨床検査技師として病院に勤めた。離婚歴あり，子どもはいない。病院勤めの頃は中野に住んでいたが，20年前に現在の家に移り住んだ。母と2人で暮らしていたが，数年前から母が特別養護老人ホームに入所することになってひとり暮らしとなった。
⑥ 現在の生活：日中は仕事，家事または母を訪問している。たまに友人と遊びに出かける。2日前は品川プリンスホテル内の水族館に，7日前は同所へ映画を見に行った。
⑦ 親族，友人について：子どもはいない。従兄弟の子どもと2カ月に1回ほど会い，月に数回ほど電話をしている。しかし，親族とのつきあいはあまりないようである。母のところへは週に1〜2回通っている。シルバー人材センターや俳句の会で知り合った友人と交流がある。お互い困ったことなどの相談をしているようだ。
⑧ 正月三が日の過ごし方：元旦—ひとりで家で過ごす。2日—母に会いに行く。3日—友人と隅田川七福神にお参りに行く。例年このような過ごし方をしている。
⑨ 近所づきあい：お隣と下の階の人の2人とはよく立ち話をする。「何かあったらよろしくね」とお互い声をかけ合っている。その他，会ったら少し立ち話する程度の人が2〜3人いる。あとは会ったら挨拶する程度の人が何人かいる。しかし，昔のような「近所づきあい」はあまりない。
⑩ 社会活動：生活上の楽しみはある。シルバー人材センターを介しての勤務や俳句の会，学習の会に参加している。
⑪ 地域環境：近所に買い物する店がない。また，仲間・友人などと集まる場所がない。港区の開発計画地域に含まれていて，立ち退きの可能性がある。一度その話は白紙に戻ったが，いつまた再開するかわからず不安を抱えている。
⑫ 生活上の困り事：病気や身体の不自由な時にすぐ来てくれる人はいない。ひとり暮らしをしているといろいろと不安や辛いことがある。母が亡くなった時を考えると，

自分はどうしたらよいかわからず，精神的に落ち込む時があるという。友人と会った時にいざという時の話はするが，心配事や困った事がある時に気軽に相談できる場がないからどうしたらよいかわからない。そういった場所がほしい。
⑬ 諸制度の利用状況：会食・配食サービス，高齢者訪問電話，おむすびサービス，福祉会館はすべて利用していない。高齢者訪問電話，福祉会館については知らないと答えている。社協が始めようと検討中の「ふれあい協力員」については利用したいという。また「いきいきサロン」については時間の余裕がなく行く気もないため参加したくないと言う。
⑭ その他（調査員の所見等）：実際の年齢よりも若く見え，元気で明るく，気さくな印象を受けた。受け答えもしっかりしており，健康上めだった不調はなかったように思う。家の中は綺麗に片付けられ，特に生活に困っているような印象は受けなかった。自分の今の生活，地域の状況，社会への関心は高く，自分なりに把握しているようだった。しかし母のことや，これからの生活をどうしていけばいいか，いざという時のことなどについての不安が大きいようだった。

6 類型6：150万円以上200万円未満×正月ひとり×近所づきあいない×緊急時の支援者なし

事例6-1 女性，79歳

① 住宅状況：公団賃貸住宅に在住。玄関を入るとすぐに台所があり，部屋は4.5畳の1部屋のみである。この1部屋にベッド，箪笥，棚，テレビが置いてあり，調査員2人が座るのにやっとのスペースである。専有トイレ・風呂はない。家賃は管理費込みで3万3000円である。

住宅に関する困り事は，電話の配線が悪く，電話に出るためにベッドから起きることが辛いこと，風呂場のタイルが滑りやすいこと，エレベーターがついていないため階段の昇降が大変であることについてあげている。またトイレをウォッシュレットにしてほしいという要望があり，管理人が横柄であることも訴えていた。アパートが取り壊しになるため，3年後に引っ越し予定。

② 就労状況：現在は仕事をしていない。最長職は労働組合の事務（経理等）である。
③ 収　入：収入は年金（国民年金・厚生年金）のみで，年間収入は150〜199万円。経済的には「やや苦しい」という。贅沢はできず，本心で言えば，1食の内容をもっと充実させたいがお金がかかってしまうからできないという。
④ 健康・身体状況：健康状態は「非常に弱い」，病院に通院中である。左耳が聞こえず，肥満傾向。糖尿病のため朝，夕にインシュリン注射を打っている。2004年7月に乳ガンのため右乳房を半分切除し，その際1カ月以上入院していた。訪問時は体調が悪く，ベッドで横臥位のままで調査を行った。体位変換，立ち上がりは自力で可能。

時系列で物事を考えることが困難であった。
⑤ 生活歴：5男6女の末っ子として台湾に生まれる。父は台湾で警察官であり，経済的には周囲と比較すると豊かであったという。台湾の日本人学校（高校）を卒業し，就職のため海南島へ移る。軍関係の貿易会社（従業員5～6人）で和文タイプや経理，総務などの事務職に就く。終戦後岡山へ住み，その2～3年後東京へ移った。家族とは死別し，30代でひとり暮らしとなった。未婚で子どもはいない。東京では労働組合の事務（経理等）に就き，56歳の定年を迎えるまで働く。退職後はボランティアとして聴覚障害者向けの着付け教室を港区社会福祉協議会で行っていた。
⑥ 現在の生活：7時30分起床。インシュリン注射を打つ。朝食は8時15分ごろ，主にパンを食べる。11時，腰痛治療のため徒歩10分程度のところにある外科へ通院。その後散歩をしながら朝食をとる。15時に帰宅し，インシュリン注射を打つ。19時30分に夕食をとり，20時30分～21時30分に1階にある共同浴場で入浴。24時就寝。以上が主な1日の生活である。

1週間の生活をみてみると，週に2回，2時間のヘルパー来訪と週に2回の配食サービスを利用している。昔の着物着付け教室の教え子が来訪することもある。
⑦ 親族，友人について：未婚で子どもはいない。姪と甥とは連絡をとっているが，ほとんど会っていないという。姪は電車で1時間程度の場所に住んでいる。甥がどこに住んでいるかは不明。姪も甥も電話でのやりとりが主であり，姪と最後に会ったのは，2004年7月に乳ガンで入院中，引っ越し（6階から2階への引っ越し）の手伝いに来たときである。姪は彼女の両親の面倒が大変であるという。友人はいない。
⑧ 正月三が日の過ごし方：ひとりで過ごした。1日中寝ていたり，テレビを観るなどして過ごした。年賀状は数通来たが，読むだけで疲れてしまうためまだ返事を書いていない。書きたいという気持ちはある。
⑨ 近所づきあい：ほぼない。挨拶を交わす程度。1人だけ手作りのおかずをおすそわけしてくれる人がいる。共同の風呂を使うときは転倒しないよう，協力してくれる。住んでいる人のほとんどが高齢であり，近所づきあいを面倒に感じると話す。
⑩ 社会活動：社会活動はしていない。参加しない理由は，自分に合った活動や集会がないこと，体の調子が悪いこと，参加したくないことであるという。
⑪ 地域環境：地域環境で困っているのは，八百屋がないこと，以前，手作りのポテトサラダ等をよく買っていた肉屋がなくなって不便であること，近所に銭湯がないことをあげている。肉屋がなくなり，現在は近所の弁当屋で弁当を購入するか，週2回の配食サービス（ニチイ学館より，1食500円）を利用している。
⑫ 生活上の困り事：病気などで身体の不自由な時にすぐに来てくれる人はいない。日常生活においても公共交通機関を使っての外出や，買い物，掃除，洗濯，食事の準備などの家事全般，銀行預金などの出し入れ，区役所での手続き，通院や薬とり，新聞等を読むことなど困り事は日常生活全般にわたる。こうした日常生活の困り事の支援

者は，介護保険のヘルパーやケアマネジャーである。ひとり暮らしについては「寂しく感じる」という。

⑬ 諸制度の利用状況：会食サービス，高齢者訪問電話，おむすびサービス，福祉会館は利用していないが，サービスは知っている。配食サービスは週に２回利用している。「ふれあい協力員制度」については「訪問協力員による声かけによる見守り」を希望している。「いきいきサロン」事業については参加は希望していない。

⑭ その他（調査員の所見等）：寂しい時や悩み事があった時の相談者も緊急時に来てくれる人もいない。しかし，「気を張って生きている」「寂しいとは思わないようにしている」と言い，ぬいぐるみや置物，絵本等で飾り付けをして，たとえ辛くとも極力笑顔を絶やさないようにしていると言う。日常の時間を共に過ごす人がいないことが一番辛い。暇な時間をつくらず忙しくしている。キリスト教を精神的拠り所とし，礼拝の録音テープを聴いている。

　本人は経済的には自立しているとの認識。しかし実際はそれほど高い生活水準ではない。孤独感は感じるものの，それをコントロールしようという気持ちをもっている。また宗教的な要素も心の支えとなっている。本人の一番の心配は病気のことで，特にかかりつけの病院への通院が継続できるのかどうか（近々引っ越しのため）が気がかりとなっている。ADLは一定残存しており，洗濯をメインにヘルパーが入るなど最低限のサービスにはつながっている。しかしインフォーマルなネットワークがほとんどなくなっており，今後外出が困難になってきた場合には，メンタル面でのケアを提供することが必要になる。現在，遠方への外出はむずかしいので，なるべく身近なところでのサロン活動などが必要ではないだろうか。

事例6-2 男性，68歳

① 住宅状況：公団住宅に在住。６畳の和室のほかに台所，リビング，トイレ，風呂がある。リビングには趣味のミニ盆栽やめずらしい石を美しく配列した棚がある。棚の前にコタツとテレビを置いている。住宅に関する不満はないが，家賃が高いこと（月額13万4000円）が悩みであるという。現在は働いて対処しているが，今後は家賃が安い場所への引っ越しも検討している。

② 就労状況：訪問調査時点では，都税事務所で受付・事務の仕事をしていた。しかし３月31日で契約が切れるため退職する。現在は次の仕事を探しているがまだ決まってはいない。最長職は建設関係であるが，職場は転々としてきた。35歳の時に独立し（建設関係），人を使って働いていたが，48歳で倒産。その後は知り合いの会社で事務職に就いていた。

③ 収　入：現在の収入は年金が月額17万円，仕事による収入で15万円，副収入（ライセンスの貸出）が10万円である。仕事による収入と副収入は不安定な収入であり，今後なくなることを不安に感じている。現在の経済状況について，「苦しい」と感じて

いる。
④ 健康・身体状況：5～6年前に糖尿病を発症。15日間の入院生活を送った。現在はインシュリンを打つ必要もなく，必要な時に通院する程度である。健康状態は「まあ健康」と表現された。
⑤ 生活歴：東京都に生まれる。小学校1年生の時に父を戦争で亡くす。戦後はおじの家（東京都）に引き取られる。弟，姉，妹はそれぞれ別の親戚に引き取られる。母は戦後，渋谷区内にある実家に子どもを連れて身を寄せるが，まもなく出る。工場の賄いをしていた時期もあるが，最長職は露天商である。おじは証券会社に勤めていた。本人は大学卒業後，経理の専門学校に通い，土木系等，さまざまなライセンスを取得する。卒業後，建設関係の仕事に従事し，35歳で独立。48歳の時に倒産し，知り合いの会社で事務職に就く。倒産の際に抱えた借金のことが原因で3～4年前に妻と別居。現在の住宅に単身で移り住んだ。
⑥ 現在の生活：起床は4時50分。食事は外食が多い。平日は3食とも外食ですませる。休日は自炊する。日中の過ごし方は，平日は仕事。休日は釣りや家事をして過ごす。就寝時間は22時。
⑦ 親族，友人について：連絡をとったり，行き来する親族はいない。息子が2人，娘が1人いるが，縁が切れている。「結婚したことも教えてくれなかった」ことがショックだという。「天涯孤独」という言葉を何度も使っていた。
釣り仲間とは一緒に釣りをしたり，時々はさばいた魚を一緒に食べる。東京生まれ，東京育ちのため，友人は多いという。
⑧ 正月三が日の過ごし方：ひとりで過ごした。釣り仲間と会う年もあったと言う。
⑨ 近所づきあい：挨拶をする程度。たまに釣りで釣った魚を近所の人に配っている。
⑩ 社会活動：生活上の楽しみは釣り。社会参加活動は何もしていない。参加しない理由は参加のきっかけがないため。
⑪ 地域環境：環境がよく，交通の便，買い物の便もよい。ただし，ゆりかもめの運賃が高いことが困る。
⑫ 生活上の困り事：現在は働くことができるが，今後働けなくなった時の経済的，物理的不安がある。家族に頼ることができず，すべてひとりで対処していくことに不安を感じていた。悩み事を相談する相手はいなく，病気などで身体の不自由な時にすぐに来てくれる人もいない。
⑬ 諸制度の利用状況：会食サービス，配食サービス，高齢者訪問電話，おむすびサービス，福祉会館のすべてのサービスを利用していない。またすべてのサービスを知らなかった。
⑭ その他（調査員の所見等）：対象の方は高収入を得ていた時代もあったようだが，現在では不安定な状況である。年金と仕事の収入を合わせても，家賃の支払いが困難であり，さらに将来のために蓄えることもむずかしく，将来に不安を感じているよう

であった。家族関係が断たれているため、動けなくなった時にも家族からの精神的サポートや金銭を含む物理的サポートは期待しにくい。「天涯孤独」という言葉を何度か使っていたことが印象に残る。また東京には長く住んでおり、知り合いは多いようだが、居住地を転々としており、近所の人とのつながりは強くはない。そのような方に対しては社会的なサポートが不可欠である。しかしどのようなサポートが必要か、さまざまな視点から考えていく必要性を改めて感じた。

事例6-3 男性, 69歳

① 住宅状況：海岸の民間借家在住。仮設住宅のようなプレハブ作りで、2部屋あり約8畳ほどの広さである。トイレが2個あり、風呂はない。玄関がなく、窓から出入りしている。高速道路・モノレールの真下にあり、騒音が激しい。倉庫街なので近所に住民がほとんどいなく、近くにコンビニや飲み屋がぽつぽつあるだけで生活するのに非常に不便。騒音の対策として窓を開けない、夏はクーラーをつける。

② 就労状況：現在仕事はしていない。20歳から60歳に定年退職するまで港湾労働（港に着く荷物を揚げる仕事）をしていた。

③ 収入：主な収入は年金で厚生年金が月19万円、年間収入は228万円。経済的には「余裕はないが生活していくには困らない」。生活するには特に困っている様子はなかった。

④ 健康・身体状況：健康状態は「弱い」。長年糖尿病を患っていて2週間に1回薬をもらいに通院している。それ以外は健康である。

⑤ 生活歴：九州出身で、生まれてから20歳まで九州で過ごす。20歳の時上京、就職し、横浜で52歳までひとり暮らしをしていたが、1989年に現在の住所に移り住んだ。未婚。

⑥ 現在の生活：5時に起床。3食はきちんととり、内容はご飯、味噌汁、惣菜（購入）。日中は家でテレビやラジオや新聞を読んだりコンビニに買い物に出かけたりしている。週に3回ほど近所の飲み屋に行っている。歩いて15分のところにある銭湯に行っている。健康なので認定が受けられずヘルパーなどの訪問はない。通院は2週間に1度。

⑦ 親族, 友人について：未婚のため子どもはいない。日頃最も行き来している親族は兄弟・姉妹。兄と妹がそれぞれ九州と名古屋にいるが、会うのは3年に1度程度で、電話は月に1回程度。兄からは九州のほうでケアハウス等を探してやると言われたが、それぞれに家庭もあるので迷惑はかけたくないと断った。結婚式や葬式がない限り遠いので会えない。日頃親しくしている友人・知人はいないと言っている。

⑧ 正月三が日の過ごし方：ひとりで過ごした。西葛西にある健康ランドにひとりで行き、他は家でテレビを見たり、ボーっとしたり、特に普段と変わらない生活をしていた。

⑨ 近所づきあい：近所の人とは挨拶を交わす程度。2カ月に1回程度，町内会の集まりがあり多い時には30人ほど集まる。すぐ近くに飲み屋があり週に3回ほど行く（経営者は65歳くらい）。3年くらい前までは近所の高齢者（本人よりやや年上）と交流があったが，亡くなったため今はほとんどつきあいはない。
⑩ 社会活動：生活上での楽しみはない。現在，町内会，老人クラブに参加している。
⑪ 地域環境：近所にコンビニが1軒あるだけで買い物がやや不便。15分ほど歩けば，スーパーのようなものもある。バス停が近くに2カ所あるがほとんど使わない。「仲間・友人などと集まる場所がない」。部屋の2戸隣りは暴力団の事務所なので，隣りはずっと空き家である。
⑫ 生活上の困り事：困り事や悩みがある時相談できる人も，病気やからだの不自由な時すぐに来てくれる人もいない。なにより周りに人がいないので相談相手もいない。いつもひとりで過ごしているので寂しいし不安を感じている。飲み屋に行く程度で，場所が場所だからしかたがないとあきらめている様子だった。
⑬ 諸制度の利用状況：会食サービス，配食サービス，福祉会館は知っているが，おむすびサービス，高齢者訪問電話は知らないと答えている。「ふれあい協力員」制度は訪問協力員による声かけの見守りを利用したいと答えている。「いきいきサロン」事業も参加したいと答えている。
⑭ その他（調査員の所見等）：本人はケアハウスへの入所を強く希望しているようだった。なかなか入れないので，あきらめている様子。有料老人ホームへの入所も考えていて，そのために保険も解約できると言っていた。

　ビルや倉庫に囲まれたとても人が住むようなところではない倉庫街に住んでいて，人気もなく住んでいる人がいないためとても孤立しているように感じる。近くにコンビニや飲み屋がぽつぽつあるだけで生活するには大変不便で孤独であると思った。区有地に住宅を建てたので，いっそのこと，区から追い出されて違うところで保護してほしいとおっしゃっていたのがとても印象的で，聞いていてとても辛かった。何かあっても誰にも気づいてもらえない環境（以前近所で死体が6カ月も気づかれなかったことがあったらしい）のため緊急時への不安，寂しさ，施設への入所を希望する思いがとても強く伝わってきた。ケアハウスへの申し込みは抽選であてにならず，どうすればよいか大変悩んでいるようだ。

7 類型7：150万円以上200万円未満×正月ひとりではない×近所づきあいない×緊急時の支援者なし

該当事例なし

8 類型8：200万円以上400万円未満×正月ひとり×近所づきあいある×緊急時の支援者なし

事例8-1 男性，74歳

① 住宅状況：民間賃貸マンション4階に在住。7畳1間，専有トイレ，専有台所，専有風呂があり家賃は8万円で高いと感じている。前の住居から持って来た仏壇を捨てたいと考えている。エレベーターはなく，1年前に転倒して骨折してからは階段が辛い。都営住宅，港南の郷に入居したく，申し込みを行っているが当選しない。

② 就労状況：現在は仕事をしていない。最長職は大手化粧品メーカー。

③ 収　入：主な収入は年金で，年間収入は200〜399万円。家賃が高く，医療費も7000円くらい高くなり，経済的には「やや苦しい」という。

④ 健康・身体状況：健康状態は「まあ健康」で，病院に通院中である。身体的に日常生活に支障があり，骨折をしてからは足の具合が悪いとのことだが，顔色はよく，話し方も元気で74歳には見えない。健康のことにも前向きで自分からよいと思うことは実行しているように見受けられる。リハビリのために温浴施設に通っている。

⑤ 生活歴：東京23区内で生まれ，戦争で浦和に疎開し，その後上野の中学へ。大学を卒業後，大手化粧品メーカーに入社。妻は専業主婦。何回かの転勤を繰り返し，60歳手前で退職。その後，自営業を始め，実用新案特許を取得するが，企業が始めてしまい，裁判中である。他にもいくつか実用新案特許があるが，更新等の費用に苦慮している。10年前，仕事を一緒にしていた仲間に騙されて，保証人となり，全財産をとられ，田園調布の家を売り払い，一家もバラバラとなり，妻とも離れ，友人，親戚とのつきあいもほとんどなくなってしまった。

⑥ 現在の生活：起床は7時。食事は冷凍食品の買い置きがあり，自分で工夫して作っている。日中は温浴施設に行ったり，リハビリのため歩いたり，買い出しに行ったりと外出する。就寝時間は10時。ヘルパーなどの定期訪問は週に1回。通院は週に1回。ほぼ毎日同じリズムで生活している。

⑦ 親族，友人について：離れた妻が福岡にいて年に1，2回会っている。娘が近くに1人いるが，仕事で海外出張が多く，年に数回しか会えない。電話もしていない。温浴施設（ゆとりーむ）で知り合った友人とは月に数回会っているが，電話はしない。

⑧ 正月三が日の過ごし方：ひとりで過ごした。

⑨ 近所づきあい：温浴施設で知り合った仲間とコーヒーを飲む，同じマンションの人とも温浴施設で知り合い，会えば話をする程度である。またマンション1階の事務所の人と茶飲み話をする。

⑩ 社会活動：生活上の楽しみはない。温浴施設の利用に参加している。温浴施設で友人ができた。

⑪ 地域環境：近所に買い物をするところ，外食するところがない。車の騒音がうるさい。買い物をする時はバスの無料パスを使って新橋の安売り店まで買い出しに行って

いる。
⑫ 生活上の困り事：病気や身体の不自由な時にすぐ来てくれる人はいない。ひとり暮らしをしていることについては気楽でよいと感じている。寂しいと感じることはないが，最近は葬式の心配をするようになった。日常生活で困った事があるとき手伝ってくれる人はいない。社会とも自らバランスを保ちながら関わっている。
⑬ 諸制度の利用状況：会食サービス，配食サービス，高齢者訪問電話，おむすびサービスについては知らず，利用をしていない。福祉会館は利用している。社協が始めようと検討中の「ふれあい協力員」については利用したいと言い，電話による情報提供を望んでいる。「いきいきサロン」についても利用したいと言う。
⑭ その他（調査員の所見等）：私たちが行く時間に暖かいお茶をコンビニで買って待っていてくださった。最初に目についたのは大きな立派な仏壇であった。ここへ来られる前の生活がこの仏壇で想像がついた。順調であった生活が保証人となった「印」1つで大きく狂ってしまったお話はまるでドラマのようであった。しかし，前向きにどんどん外へ出ている姿勢は，同年代の男性と比較すると，社交的でめずらしいと感じた。裁判もいくつか抱え，電話も度々かかってくるようだが，それがまた，本人の生き甲斐になっているように見受けられた。今はできるだけ情報がほしいとのことであった。

事例8-2 女性，81歳
① 住宅状況：持ち家の分譲マンション在住。2LDKで掃除が行き届いている。1階に住んでおり，マンションの中庭に面したベランダがあるため，とても住み心地がよいと自慢していらした。
② 就労状況：現在はフリーで文書校正の仕事や講演をしている。最長職は管理栄養士としての教員職。
③ 収　入：厚生年金，原稿料，講演料の3つ。税金の申告をしているので年収260万円以上。交際費として外食をしたりするが贅沢はせず，特に不自由ない生活を営める程度である。
④ 健康・身体状況：ADLに問題はない。多少腰が曲がってはいた。
⑤ 生活歴：2人姉妹の姉である。父親は船の船長をしていて戦死。母親は専業主婦で98歳で亡くなるまで現住所の自宅にて，本人が世話をしていた。専門学校の家政学部を卒業。学生時代に学徒出陣が始まり，1年早く卒業した。貧民屈の保育所でセツルメント活動を自主的に行い，それを元に卒業論文を書いたという。19歳で研究所に就職し，3年半勤務。同研究所で働いていた夫と24歳の時に結婚（夫は29歳）。その後，管理栄養士として教員をしていた。夫が34歳で結核により死亡。一人息子は19歳の時に骨肉腫で死亡。これを契機にひとりで暮らすようになり，現在10年以上になる。
⑥ 現在の生活：食事は本人が管理栄養士ということもあり，毎日自炊の和食である。

毎日ベランダ脇の草むしりを30分程度行い，書き物を1～5時間やる（長時間やるときは朝までやることもある）。買い物は近くのスーパーへ。外出が比較的多く，調査前1週間では見学会とリハビリのため2日間は出かけていた。この週は外出が少なかったと言う。

⑦ 親族，友人について：日頃行き来している親族は妹で，1カ月毎になにかしら連絡はとり合っている。妹の娘がキャリアウーマンで船舶会社の海外支店の副社長をしているので，妹と海外に行く計画もある。また大変親しくしているので，姪が老後の面倒をみてくれるとも話している。墓は新たに妹の墓の近くに購入済み。また住人同士との関係も良好で，差し入れをし合ったり，お茶を飲みにいったりと本当に親しそうである。少数だが友人としての質がよく，親友と言えるくらい深いつきあいだとおっしゃっていた。

⑧ 正月三が日の過ごし方：30，31日は大掃除と正月の準備。1日は年賀状を読んだり，テレビを見たり，妹や友人に電話で挨拶。2日は墓参り。3，4日は浅草へ。以前は七福神巡りもしていたが大変なのでやめたとのこと。

⑨ 近所づきあい：管理人や住人との連帯感もあり，快適に過ごしている。住人に親友がいる。

⑩ 社会活動：歴史関係の学会の評議委員をしている。月に2度の集まりがあり，その他に関東支部や特別部会がある。これの執筆活動を主に扱っている。また，戦没船員遺族会の役員もしていて慰霊祭等に出席している。

⑪ 地域環境：路地に立地しているので静かである。駅にもスーパーにも大変近く便利（徒歩4分）。

⑫ 生活上の困り事：特に何もないとのこと。孤独感については，友人もいるし，仕事もあるし，現在はやりたいことをしているので寂しさや孤独を感じた事はないと言う。生きがいをもって生活しているし，仕事の中の人脈などもあるためひとり暮らしは快適。専業主婦だった人とは違うのでひとりのほうが自由があってよいとも言っていた。

⑬ 諸制度の利用状況：会食・配食サービス，高齢者訪問電話，おむすびサービス，福祉会館のすべて利用していない。配食サービス，おむすびサービス，福祉会館については知らないと答えている。社協が始めようと検討中の「ふれあい協力員」については利用したいと言う。また「いきいきサロン」については自分のライフワークがあるので必要ないと言う。

⑭ その他（調査員の所見等）：とても生き生きしている方であった。自分の意見をしっかりともち，自分の生活を大切にしていらした。寂しさや困り事は何も感じられなかった。現在の住居や生活を満足そうに話していた。料理には自信があり，人に食べてもらうのを喜んでいた様子であった。福祉サービスについてもご自身の考えをしっかりもっていた。

金銭管理・緊急に入院した時の世話人についてのサービスは受けたいが，家事サービス中心のホームヘルプサービスの利用はしたくない。人に迷惑をかけたくないし，家のことに手を出されるのは嫌であり，またヘルパーと合う，合わないという面倒なことを避けたいという。しかし，100％ビジネスとしての家事援助サービスなら受けてもよいという。シルバーパスについては，70代と80代では利用率が違うのだから価格を一定額ではなく，分けたほうがよいと言っていた。

　ヘルパーについては，専門性が乏しく，普通の人が自分の生活に入り込むようなイメージをもっているような感じであった。

⑨ 類型9：200万円以上400万円未満×正月ひとり×近所づきあいない×緊急時の支援者なし

事例9-1 男性，79歳

① 住宅状況：分譲マンションに在住。室数は2部屋で約12畳。専有のトイレ，台所，風呂がある。1カ月の家賃は持ち家マンションなので支払い済み。住宅の困り事は，部屋が狭く，老朽していることである。掃除が大変である。ヘルパーさんが週に1回2時間ほど掃除をしに来ている。

② 就労状況：現在は仕事をしていない。最長職は，新聞社の記者。配偶者は主婦であった。

③ 収　入：主な収入は年金で，その他の収入は退職金。年間収入は200～399万円。経済的には「やや余裕がある」と言う。

④ 健康・身体状況：健康状態は「まあ健康」だが，病院には現在も通院している。身体状況は，糖尿病やアルコール肝炎などを患っている。一見元気そうに見えるが，朝からビールを飲み，手の震えが止まらない。

⑤ 生活歴：韓国に生まれる。父親が現地の銀行に勤めており，6人兄弟の末っ子。新聞社で39年間記者として勤めていた。現場が好きで常に記者で飛び回っていた。ひとり暮らしを始めたきっかけは，最初の結婚で妻が亡くなってしばらくはひとり。その後再婚したが，離婚して，再びひとり暮らしになる。

⑥ 現在の生活：起床は7時で，食事は1日2食（昼と夜）。朝は，コーヒーやビールをほぼ毎日飲み，同じようなリズムで過ごしている。時々居酒屋などにも出かけていく。外食・買い物はほぼ毎日。通院とリハビリの定期的な外出は週に2回で，ヘルパーの定期訪問があり，週に1回（2時間）。その他，老人の自立をめざし，リハビリ以外に週に1回水泳に行き，約1000m泳いでいる。

⑦ 親族，友人について：子どもは娘が1人いる。北海道に住んでいて，会うことはほとんどない（孫の結婚式の時ぐらい）。日頃親しくしている友人は学校時代の友人で，年に数回会ったり，電話をしている。

⑧ 正月三が日の過ごし方：ひとりで過ごした。
⑨ 近所づきあい：挨拶を交わす程度。隣が福祉会館でリハビリに行くが話が合わない。
⑩ 社会活動：生活上の楽しみはある。現在老人クラブ（会食のみ）や同窓会などに参加している。
⑪ 地域環境：500m先にスーパーが2軒あって便利だが，外食する店が少なく，あっても高いので困っている。
⑫ 生活上の困り事：日頃の困り事は，家の掃除と食事の準備である。家の掃除については週1回ヘルパーにお願いしている。日常生活で困ったことがあった時，娘の配偶者やヘルパーに頼むことはできるが，迷惑はかけられないと思い，誰にも手伝ってもらっていない。
⑬ 諸制度の利用状況：会食サービスと福祉会館は利用している。配食サービスと高齢者訪問電話，おむすびサービスは知らないと答えている。社協が始めようと検討中の「ふれあい協力員」は，訪問協力員による外からの見守りを利用したいと答えている。「いきいきサロン」については参加したくないと答えている。その理由としては，話の次元が低いから。
⑭ その他（調査員の所見等）：雪が舞う寒い日に訪れたが，玄関に入るとモダンジャズが流れ，コーヒーの香りがし，部屋は暖かかった。私たちは台所で食器を洗う間ずっと待たされ，話が始まる前に，ご本人はビール（私たちはジュース）を飲み始めた。かなり今まで，気ままに暮らしてきた印象であった。福祉会館に集まる人びとの会話を批判し，福祉会館のひとつひとつに批判的で，しかし，的を射ているので，こういった方の意見を吸い上げることは，これからの高齢者対策に意外とよい効果を上げそうな気がした。思うように気の向くままに生きてきた印象が強かったが，娘や薬剤師の孫の話になると顔の表情がやわらいだ。

10 類型10：200万円以上400万円未満×正月ひとりではない×近所づきあいある×緊急時の支援者なし

事例10-1 男性，68歳

① 住宅状況：都営住宅に在住。専用風呂なし。トイレは和式。
② 就労状況：現在，調査会社のアルバイトをしている。具体的には法務局に依頼された情報収集をするもの。最長職は家電メーカーでの営業職。
③ 収　入：厚生年金とアルバイト代（日払いで低賃金）。
④ 健康・身体状況：ADLに問題はない。今年の初め頃は入退院を繰り返していた。腎臓から膀胱まで管を通す手術をした。最近では本人は肩や背中が痛むと言っていた。
⑤ 生活歴：出身は京都。5人兄弟の末っ子。1961年，大学卒業後上京。家電メーカー

に就職16年勤務し，その後鉄道会社の職員を13年勤務，その後，銀行の都内の支店で総務を務める等職を転々としていた。1973年に妻と離婚。娘が2人いるが離婚後別居。

⑥　現在の生活：7時起床，朝食を作り出勤，18時退社し，パチンコへ，22時頃帰宅，就寝は0時過ぎ。アパートの近くはスーパーや商店街がなく，徒歩10分かけてスーパーまで行く。お風呂は仕事帰りにサウナか銭湯へ行っている。

⑦　親族，友人について：遊びに行く友人はいるが，深刻な話をする友人はいない。特に大きな問題を抱えていないので必要ないとのこと。親類は兄2人姉2人。次男以外はみな関西にいて，実質連絡をとっているのは次男のみ。子どもとは離婚後，子どもの結婚式までは会っていたが，それ以降は会っていない。

⑧　正月三が日の過ごし方：今年の正月は腎臓の手術により，入院していたが，最近では毎年温泉好きの友人と一緒に旅行に出かけている。

⑨　近所づきあい：住人同士の行き来やおすそ分け等の交流はある。本人はあまりかまわれたくなさそう。古くから住宅に住んでいる人とはうまくやっていかないと，とも言っていた。

⑩　社会活動：コーラスを高校時代より始め，40年やってきた。賞をとったこともあり，自ら合唱団を結成した。退団した時は団員に惜しまれた。その仲間に発表会に誘われたりする。

⑪　地域環境：近くに商店街やスーパーがない。スーパーまで行くには10分前後歩かないとならず，重い荷物を持ってくるのが大変。通りに放置自転車が多く汚い。

⑫　生活上の困り事：家のトイレが和式で使いづらく，洋式にしてほしいと嘆願書を出すも却下された。家賃が安いので我慢している。行きつけのバーの店長が亡くなり，バーに行けなくなってしまい寂しいと言っていた。年に1度店長の命日にバー仲間と集まって思い出話をしている。ひとり暮らしについては自分の性に合っていて気楽であると柔らかい表情で言っていた。

⑬　諸制度の利用状況：会食・配食サービス，高齢者訪問電話，おむすびサービス，福祉会館のすべて利用していない。会食・配食サービス，高齢者訪問電話，おむすびサービスについては知らないと答えている。「ふれあい協力員」「いきいきサロン」についても参加したくないと答えている。年寄り同士のもめ事が面倒くさい，ヘルパー利用についても，他人に迷惑をかけたくないとのこと。

⑭　その他（調査員の所見等）：現在も働いているせいか，実年齢より若く見える。家が汚いからと言われて中に入れさせてもらえなかったことや，訪問調査の予約電話の際になんで電話番号を知っているのか？と疑われた。人に対してある程度距離をおく方のような気がした。福祉のサービスについてもあまり良いイメージをもってはいない。生活内容を聞いていてもひとり暮らしが合っているようだと感じた。こういった方が実際サービスを利用するような状況になった場合，干渉されたくないという気持ちに対し，どのように関わるべきなのだろうか。必要になってから突然関わるよりも，

徐々にサービスの内容やイメージを自分のなかでふくらませてもらうような啓発があるとよいと感じた。

11 類型11：200万円以上400万円未満×正月ひとりではない×近所づきあいない×緊急時の支援者なし

事例11-1 女性，78歳

① 住宅状況：持ち家マンションに在住。4部屋23畳で専有トイレ・台所・風呂がある。老朽化しており，建て替えには1000万円以上かかるという。近隣に12階建てのマンションが建設中で，日当たりが悪化し，部屋が暗くなり，寒くなった。最近壁紙を全部換えて少し明るくなった。

② 就労状況：現在は仕事をしていない。最長職はコンピューターシステムのプログラム教則本の制作事務職であった。

③ 収　入：主な収入は年金で，年間収入は200～399万円。経済的には「余裕はないが生活していくうえでは困らない」というが，かなり余裕がありそうであった。

④ 健康・身体状況：健康状態は「弱い」で，2カ月に1回ほど通院している。身体的に不自由はなく，現在も行きたいところへ行き，ゴルフなどのスポーツを楽しんでおり，若々しい。

⑤ 生活歴：本人は日本橋で生まれ，その後鎌倉に移り住む。終戦後のA大学の大学院の1期生である。大企業で事務職として初めて就職をし，その後，25～30歳で高校の教師を7年間していたこともあったがからだを壊して辞めた。50歳前後は会社でフランス語のコンピューターシステムのプログラムの翻訳をし，日本で初めての教則本のようなものを作った。女性初の重役になり新聞にも載った。未婚であり，初めからひとり暮らしである。今のマンションは知人から25年くらい前に買い受けた。

⑥ 現在の生活：起床は7時頃であり，朝食は8時くらいからとる。日中は社会活動，同窓会の世話役，学習の会，ゴルフ，太極拳，ウォーキングなどをし，ほぼ毎日外出している。食事は体によいものを選んでおり，からだによい運動も意識的に行っている。就寝時間は決めていない。

⑦ 親族，友人について：未婚で子どもはいない。姉が都内でひとり暮らしをしており，月に数回電話で話し，会うのは月に1回くらいである。学校時代の友人とは月に数回電話で話し，月1回以上は会っている。

⑧ 正月三が日の過ごし方：都内に住むひとり暮らしの姉のところへ泊りがけで行き，そこで過ごした。

⑨ 近所づきあい：マンションの役員を長いことしているので，管理人をはじめ，マンションの役員の人達とはつきあいをしている。しかし最近マンションが賃貸化され，そこの人達とのつながりはほとんどない。

⑩ 社会活動：生活上の楽しみはあり，同窓会の世話役，学習の会，スポーツ，マンションの役員などに参加しており，ほぼ毎日外出している。
⑪ 地域環境：とても住みやすいが，近所に散歩するところがないことに困っている。
⑫ 生活上の困り事：病気や身体の不自由な時にすぐ来てくれる人はいない，ひとりで暮らしていることについては特になにも感じていない。困り事や悩み事がある時の相談相手は姉であり，彼女もひとり暮らしなので気がねなく出向き相談できると言う。家の掃除に困っているが，手伝ってもらう人はいない。
⑬ 諸制度の利用状況：会食サービス，配食サービス，高齢者訪問電話，おむすびサービスについては知らず，利用していない。福祉会館については知っているが利用はしていない。「ふれあい協力員」については，知らない人の訪問はわずらわしいので利用したくないと言う。「いきいきサロン」についても，知らない者同士の会話が面白いとは思えないので参加したくないと言う。
⑭ その他（調査員の所見等）：本人が言うには，現代は平均寿命に大幅な伸びがあってか，同年齢の老人のなかにも外見，体力，気力，知力等に大きな差があることが多くみられ，そのため高齢者サービスを考える場合も老人を単に「受ける」だけのものとするのではなく，経験，知識を「与える」者としても考えてほしいと言う。いわば老人に「働き場」を作ることだが，このようなことに生き甲斐を感じる老人も多いと言う。

　80歳近い方で，こんなにも姿勢がよく，明るく前向きな人を私は知らない。からだも気をつけているせいもあるが，丈夫そうで，歯もすべて自分の歯であるというから驚く。「女性で初めて」という枕詞がついてまわった人だが，その時代，その時代の先端を生きてこられたのは，それなりの苦労や努力があったに違いない。部屋には，ゴルフのパーショットや，ウォーキングマシンなどがあり，健康に気をつけていることが伝わってくる。またいろいろな役員を引き受け，ネットワークを広げている。パワーのある前向きな話をお聞きすると今までの「ひとり暮らし高齢者」のイメージとは，かなり違った形で伝わってきた。

⓬ 類型12：400万円以上×正月ひとり×近所づきあいある×緊急時の支援者なし
該当事例なし

⓭ 類型13：400万円以上×正月ひとり×近所づきあいない×緊急時の支援者なし
事例13-1 男性，80歳
① 住宅状況：分譲マンションに在住。室数は3部屋で約75㎡。専有のトイレ，台所，風呂がある。広すぎて掃除が大変と言う。
② 就労状況：現在は仕事をしていない。最長職は，貿易会社の役員。配偶者は専業主

婦であった。
③　収　入：主な収入は年金。年金と家賃で月60万円。年間収入は720万円程度。経済的には「やや余裕がある」という。年間600万円をフィリピンの職業訓練学校へ寄付している。こうした支出は「たいしたことはない，安い」と言う。
④　健康・身体状況：健康状態は「非常に健康」だが，病院には現在も通院している。しかし，日常生活への支障はない。
⑤　生活歴：福岡に生まれる。旧制中学校を卒業。その後は東京に移る。戦争中は技術者（機械屋）として，戦後は大学の助手を勤めた。その後，機械関係の工場に勤める。「工場にいつまでもいてはだめだ」「あまり良い工場がない」という理由で10名の仲間と貿易会社を始める。

　生育家族の職業は材木屋。兄弟姉妹は，男性1人と女性2人がいる。現在でも，行き来や連絡はある。兄弟姉妹のうち3人は東京，1人は福岡に住んでいる。ひとり暮らしを始めたきっかけは妻の死亡。5年前に現在のマンションに移った（それまでの家では広すぎるから）。2年前に妻がガンにかかり死亡。
⑥　現在の生活：起床は6時。食事は，朝8時30分。日中は手紙を読んだり，返事を書いたり，読書を読んだりする。夜はあまり遅くまで起きていない。
⑦　親族・友人について：子どもは3人いる。日頃最も行き来している家族または親族は娘とその配偶者で，年に数回会う。電話は月に数回かけ合っている。日頃親しくしている友人・知人は亡妻の友人で週に数回会っている。電話は週に数回かけ合っている。
⑧　正月三が日の過ごし方：ひとりで過ごした。
⑨　近所づきあい：同じマンションには60数件の世帯がいるが，声をかけ合うのはそのうちの5～6軒。他の人とは挨拶を交わす程度。
⑩　社会活動：キリスト教会に通っている。
⑪　地域環境：特に困っていることはない。
⑫　生活上の困り事：現在，日常生活で困っていることは，家の掃除と食事の準備で，誰も手伝ってくれる人がいない。
⑬　諸制度の利用状況：会食サービスは知っているが，利用はしていない。配食サービスと高齢者訪問電話はそのサービスを知らないと答えている。おむすびサービスと福祉会館は知っているが利用はしていない。社協が始めようと検討中の「ふれあい協力員」については利用したくないと答えている。その理由は，留守（旅行も含む）することが多いからかえって迷惑をかけることになるから。また「いきいきサロン」についても参加したくないと答えている。その理由は，老人ばかりの集まりでは話題が後ろ向きやぼやきとなり，自分には向かない。若い人も参加できるほうがよいのではないかとおっしゃっていた。
⑭　その他（調査員の所見等）：調査対象者の健康状態は良好であり，また住んでいる

ところは交通の便はとてもよいということである。買い物等も渋谷や銀座に出かけるほどなので，困っているということはなさそうである。高所得で生活は安定し，旅行や趣味等に関してもお金を気にせず使える生活を送っている。緊急時などの日常生活における困難場面では，教会関係の友人の訪問，サポートを受けている。生きがい（ボランティア）ももち，さまざまな友人とのつながりも健在である。しかし，本人は「ひとり暮らしは寂しい」と感じている。本人としては，友人とのつながりはあるが，家族はやはり特別な存在のようである。特に，妻を亡くして間もないことから，妻がいないことへの寂しさから「孤独」を感じている。

2　3階層別にみたひとり暮らし高齢者の具体的生活

　港区2004年調査では，年間収入を基軸にした不安定層から安定層までの階層ごとの具体的生活を把握することができた。1次調査の類型ごとに具体的事例を追うことができた調査はそれほど多くはないであろう。孤立問題をみても経済的不安定層と安定層では，性格がはっきりと異なるのである。ここでは大まかであるが，不安定層，一般層，安定層という3区分ごとにひとり暮らし高齢者の具体的生活を典型事例をもって描いてみたい。

（1）不安定層の具体的生活

　私たちの調査で，**類型1**（150万円未満×正月ひとり×近所づきあいある×緊急時の支援者なし）は最も下層に位置づけられるグループである。事例1-2の71歳の女性は，美容室を経営してきた方である。45歳で現在の店を開いている。当時は大使館関係の女性，有名なモデルやホステスが来店していて景気がよかったと言う。現在は，昔の馴染み客のみを対象にした完全予約制で仕事をしている。美容室の家賃は8万5000円，仕事の収入では不足で預金の引き出しでどうにかやっているとのこと。

　年金額は月5万円のみである。住居は木造の賃貸民間アパートで，お風呂がない。近くの銭湯が改装中のため，バスに乗って別の銭湯まで行っていた。

　1次調査の自由回答に3年前の引越時の段ボールを今もほとんど開かないで積んだままであるということが記載されていた。私たちはこの点が非常に気になった。幸いなことに2次調査を受け入れてくださり，訪問面接をすることが

できた。しかし本人の希望で仕事場での聞き取りとなったため自宅の様子を見ることができなかった。

　健康状態は良くなく，病気によって日常生活に支障がある。未婚で子どもはいない。ずーっとひとり暮らし。そろそろ美容室の閉店を考えている。行き来している親族はいない。甥・姪と年1回くらい電話で話す程度でほとんど会っていない。日頃親しくしている人は「アパートの家主の方」とのことで，月に数回会う程度という。親しい友人はいない。正月は1月7日に店を開けるまでひとりで過ごしている。近所づきあいについてはアパートの隣に住んでいる人と会うと世間話をする程度，社会参加活動はいっさい参加していない。

　病気や身体の不自由な時にすぐ来てくれる人はいない。将来への不安が大きい。日常生活で困っていることとしては，家の掃除と食事の準備をあげている。日常生活で困った時などは「介護保険以外のホームヘルパー」の援助を受けると答えている。社会福祉協議会関係のサービスについてはすべて知らない，福祉会館も知らない。いきいきサロン事業については，「収入がないし身体も疲れるので」参加したくないと答えていた。

　収入が低く，健康がすぐれず，そろそろ店を閉めようと考えているとのこと。美容室を閉店した後の生活がとても心配である。孤立することが予測される。

　次に，**類型6**（150万円以上200万円未満×正月ひとり×近所づきあいない×緊急時の支援者なし）も，階層的には不安定層に位置する。**事例6-3**の69歳の男性は，1次調査では年間収入を「150万円以上200万円未満」と答えていたが，2次調査では月19万円と答えており，年間収入は228万円となる。200万円を超えるが，ここでは類型6のなかに含めておく。この方は港湾労働者として働いてきた人である。海に近い高速道路・モノレールの真下にある仮設住宅に近いプレハブに1989年から住んでいる。区有地に住宅を建てたとのこと。2部屋あり約8畳ほどの広さである。トイレが2個あり，風呂はない。玄関がなく，窓から出入りしている。ケアハウスへの入居を希望しているが入れない。騒音が激しい。倉庫街で近くに住む人がほとんどいない。近くにコンビニや飲み屋が何軒かあるだけで生活するのに非常に不便。週に3回ほど近所の飲み屋に行っている。銭湯は歩いて15分のところにある。

　未婚で子どもはない。兄と妹がそれぞれ九州と名古屋にいるが，会うのは3年に1度程度で，電話は月に1回程度。日頃親しくしている友人・知人はいな

い。お正月三が日はひとりで過ごした。1日だけ西葛西にある健康ランドにひとりで行き，他は家でテレビを見ていた。近所の人とは挨拶を交わす程度。町内会，老人会には参加している。

困り事や悩みがある時相談できる人も，病気やからだの不自由な時すぐに来てくれる人もいない。なにより周りに人がいないので相談相手もいない。いつもひとりで過ごしているので寂しく不安を感じている。

以上，2つのケースとも現在の生活基盤は不安定で，未婚であり，親族とのつながり，友人とのつながりもほとんどなく，孤立状態にある。名目的自営業層，不熟練労働者層の高齢期の生活がここにある。

（2）一般層の具体的生活

一般層の例として，**類型9**（200万円以上400万円未満×正月ひとり×近所づきあいない×緊急時の支援者なし）の**事例9-1男性，79歳**をあげたい。この方は分譲マンションに住み，室数は2部屋で約12畳。住宅ローンは返済済み。部屋が狭く，老朽していることが悩み。ヘルパーが週に1回2時間ほど掃除をしに来ている。

最長職は，新聞社の記者で現在は仕事をしていない。年間収入は200～399万円で，経済的には「やや余裕がある」。

健康状態は「まあ健康」と答えているが，糖尿病と肝炎を患っている。朝からビールを飲み，手の震えが止まらない。

韓国生まれ。父親が現地の銀行に勤めていた。6人兄弟の末っ子。新聞社で39年間記者として勤めていた。最初の結婚で妻が亡くなってしばらくはひとり暮らし。その後再婚したが，離婚して，再びひとり暮らしになる。娘がいる。

起床は7時で，食事は1日2食（昼と夜）。朝は，コーヒーやビールをほぼ毎日飲む。外食・買い物はほぼ毎日。週に1回プールで約1000m泳いでいる。

子どもは娘が1人いる。北海道に住んでいて，会うことはほとんどない。日頃親しくしている友人は学校時代の友人で，年に数回会ったり，電話をしている。

正月三が日はひとりで過ごした。近所の人とは挨拶を交わす程度。隣が福祉会館でリハビリに行くが話が合わない。外食する店が少なく，あっても高いので困っている。

日頃の困り事は，家の掃除と食事の準備である。
　制度の利用としては，会食サービスと福祉会館を利用している。配食サービスと高齢者訪問電話，おむすびサービスは知らないと答えている。社協の「ふれあい協力員」は，訪問協力員による外からの見守りを利用したいと答えている。「いきいきサロン」については参加したくないと答えている。その理由としては，話の次元が低いからとのこと。
　以上のように，この方は朝からビールを飲み，手の震えが止まらない状態である。地域の高齢者の集まりへの参加については「話の次元が低い」ということで抵抗がある。子どもは1人で娘がいるが遠方に住み，接触はほとんどない。学校時代の友人とも年に数回会う程度である。正月もひとりで過ごしている。このケースは，経済的には一定の水準にあるが，孤立した生活を送っている。

（3）安定層の具体的生活

　安定層の例として**類型13**（400万円以上×正月ひとり×近所づきあいない×緊急時の支援者なし）の**事例13-1** 80歳，男性をあげよう。私たちの類型では収入の面で一番上に位置する。
　この方は，分譲マンションに住んでおり，広すぎて掃除が大変という。自分で貿易会社を創業。最長職は，貿易会社の役員。現在は仕事をしていない。年金と家賃で月60万円，年間収入は720万円程度である。年間600万円をフィリピンの職業訓練学校へ寄付している。健康状態は「非常に健康」。
　兄弟は，男性1人と女性2人がいる。現在でも，行き来や連絡はある。兄弟のうち3人は東京，1人は福岡に住んでいる。ひとり暮らしを始めたきっかけは，2年前に妻がガンにかかり死亡したことによる。5年前に現在のマンションに移った。それまでの家では広すぎるからとのこと。
　子どもは3人いる。日頃最も行き来している家族または親戚は娘とその配偶者で，年に数回会う。電話は月に数回かけ合っている。日頃親しくしている友人・知人は亡妻の友人で週に数回会っている。電話は週に数回かけ合っている。正月三が日はひとりで過ごした。
　同じマンションには60数件の世帯がいるが，声をかけ合うのはそのうちの5～6軒。他の人とは挨拶を交わす程度。クリスチャンでキリスト教会に通っている。

現在，日常生活で困っていることは，家の掃除と食事の準備で，誰も手伝ってくれる人がいないこと。
　制度利用については旅行等で留守することが多く，迷惑をかけることになるから使わない。また「いきいきサロン」については，老人ばかりの集まりでは話題が後ろ向きやぼやきとなり，自分には向かないとのこと。
　このケースは経済的には安定している。親族との接触，社会的ネットワークとも一定程度ある。ただ，配偶者を失ったことからの寂しさ，そして家事のことでの困り事がある。

第7章

鶴見区ひとり暮らし高齢者の具体的生活

　すでに述べたように，鶴見区調査は前期高齢者と後期高齢者とに分けて2つの調査を実施した。ここでは，前期高齢者と後期高齢者それぞれの訪問面接のデータにもとづいてひとり暮らし高齢者の具体的生活について記述しよう。

　私たちは，港区調査の2次調査同様，1次調査のデータを類型化し，類型ごとの生活実態の把握を訪問面接調査で実施しようとした。ただし，鶴見区調査での類型化については，港区調査と若干異なるところがあるので，ここで説明をしておきたい。最も大きな違いは，港区調査では年間収入を基軸に階層区分をしたが，鶴見区調査の場合は収入を調査項目に入れることができなかった。その代わり「経済状況に関する意識」を用い，階層区分の指標とした。その結果，意識と実態のずれがあり，各階層とは異なる生活内容の事例があった。

　ともあれ全体としては鶴見区調査の事例においても，安定層から不安定層までまんべんなく典型例を得ることができたと言える。

　まず，鶴見区調査の2次調査において，実際にどのように類型化し，調査を実施したのかについて述べ，ついで得られた事例を紹介しよう。

1　前期高齢者の訪問面接調査の事例

　鶴見区の訪問面接調査は2006年7～8月に実施された。調査員は筆者の研究室に所属する学部の学生および大学院生である。

① **類型化の方法**

　類型化の方法は次のとおりである。1次調査の質問項目から次の(a)から(e)の5つを指標として選び，類型化した。前述のとおり，鶴見区調査では収入を調査項目に入れることができなかったが，「経済状況に関する意識」を設問とすることができたので，それを代替項目としておいた。その他の指標はすべて孤立に関わるもので次のとおりである。

(a) 経済状況に関する意識
(b) 正月三が日をひとりで過ごした者
(c) 近所づきあいなしの者
(d) 緊急時の支援者なしの者（病気などで身体が不自由な時にすぐ来てくれる人がいない者）
(e) 外出が週1回以下の者

　経済状況に関する意識は，調査票では5区分となっているが，ここでは「かなり余裕がある」と「やや余裕がある」を「余裕がある」の1つにまとめ，①「かなり苦しい」，②「やや苦しい」，③「余裕はないが生活には困らない」，④「余裕がある」の4区分とした。また「近所づきあい」については，「挨拶を交わすくらい」と「まったくない」を「近所づきあいなし」とした。

　これに「正月三が日をひとりで過ごした者」，「緊急時の支援者なしの者」そして「外出が週1回以下の者」の指標を加え，組み合わせた結果が表7-1の4類型である。

② **類型ごとの対象ケースと調査の実施状況**

　2次調査については，1次調査の調査票の最後に，調査回答者に対して訪問面接調査の受け入れの可否を尋ねた。その結果，第1次調査の回答者の60.5%，1553名の方々が訪問の受け入れを承諾してくださった。

表7-1　鶴見区ひとり暮らし前期高齢者調査の2次調査の類型

類型	指　　標
1	かなり苦しい×正月ひとり×近所づきあいなし×緊急時の支援者なし×外出週1回以下
2	やや苦しい×正月ひとり×近所づきあいなし×緊急時の支援者なし×外出週1回以下
3	余裕はないが生活には困らない×正月ひとり×近所づきあいなし×緊急時の支援者なし×外出週1回以下
4	余裕がある×正月ひとり×近所づきあいなし×緊急時の支援者なし×外出週1回以下

この1553名のなかから，すでに述べた4つの類型の条件に合うケースを選び出した。その結果，全部で42ケースあった。4類型中，拒否，仕事の都合その他で調査ができなかったケースが23，実際に訪問できたケースは19となった。
　私たちは2次調査実施に際して，1週間の日記の記入をお願いした。対象者の負担を考えて，ごく簡単な項目すなわち何時に起きて，何を食べ，何をし，何時に寝たか程度でよいという説明を訪問時に行った。その結果，訪問できたこの19ケースのうち，12ケースの日記を得ることができた。
　類型条件で選び出されたケース数は以下のとおりである。なお（　）内は訪問調査が完了したケース数，また［　］内は日記を得ることができたケース数である。

　　類型1：10ケース（5）［4］　　　類型2：11ケース（4）［2］
　　類型3：20ケース（9）［5］　　　類型4：1ケース（1）［1］

③ 事例の記述

　以下に，訪問面接調査で得ることができた事例の中から類型ごとの代表的な事例を記述したい。ここでは1次調査で得られたデータを含めてまとめている。記述の柱は次のとおりである。

　①住宅状況　　　　　②就労状況　　　　　③収　　入
　④健康・身体状況　　⑤生活歴　　　　　　⑥現在の生活
　⑦親族，友人について　⑧正月三が日の過ごし方　⑨近所づきあい
　⑩社会活動　　　　　⑪地域環境　　　　　⑫生活上の困り事
　⑬諸制度の利用状況　⑭その他（調査員の所見等）

　なお，記述に際しては，プライバシー保護のため，地名等の省略や最低限の変更をしてある。また前述のように，調査員には学部学生も含まれており，所見は多少稚拙なものもあるが，あえてそのままにしてある。
　以下，類型ごとにひとり暮らし高齢者の生活の詳細を記述し，ついで日記を転載したい。

■1 類型1：経済的にかなり苦しい×正月ひとり×近所づきあいなし×緊急時の支援者なし×外出週1回以下

事例1-1 男性，68歳

① 住宅状況：駅から300mほど離れた住宅街にある木造2階建ての賃貸民間アパート。2階を借りている。専用のトイレ有，専有台所有，専有風呂有。部屋の数は台所以外に2部屋あり，それぞれ約4.5畳ずつ。1カ月の家賃は2万円。床や壁が薄く，近隣住民の足音で目が覚めてしまうほど。大家に問題の対処をお願いしたが，まだ落ち着いていない様子であった。
② 就労状況：最長職はとび職。職人として全国各地に仕事に行っていたそうである。60歳を過ぎるとどこの現場でも受け入れてくれなくなるため，職を失うことになった。資格をもっているのに年齢のせいで働けなくなってしまったと言っており，現在も働く意欲があるように感じられた。
③ 収　　入：月8万円の生活保護で生計を成り立たせている。貯金は2年前にガンになったときにすべて使い果たした。収入が少ないことによって経済状況はかなり苦しいと感じている。生活保護費が少なく，満足のいく生活が送れないと何度も訴えていた。月8万円の生活保護費から家賃2万円と光熱費を差し引くと週700円程度しか使えないと本人は話していた。
④ 健康・身体状況：ADLに問題はないようであったが，2年前にガンを患ったこともあり健康に対しての自己評価はあまり高くない。週1回の通院をしている。ジグソーパズルの作成，歩く，自転車に乗るなどによって認知症予防・うつ予防を行っている。食生活にはあまり気をつけていないようだ。
⑤ 生活歴：東北地方生まれ。父親は林業を営み，母親は専業主婦。12人兄弟。中等中学を卒業し，15歳の時就職のために東京に来た。その頃は渋谷周辺で，厨房の取り付けの営業を行っていた。

　20歳頃給与のよいとび職に転職。その仕事を60歳まで続ける。全国に仕事に出向いたり都内でも大きなビルの建築に携わったりしていた。

　財閥の娘との結婚を考えたこともあったが，周囲から反対され結婚には至らなかった。女性にあまりよい思い出がないようで，女性は信用できないと話していた。そのため現在まで未婚。
⑥ 現在の生活：週に1度通院をしている。最近は暑い日が続いているので，南武線に乗り立川，川崎間を行ったり来たりして涼み，時間をつぶしている。自転車に乗って外出したりもしている。

　カップ麺などを主食にしている。
⑦ 親族，友人について：親族，友人ともに交流はない様子。
⑧ 正月三が日の過ごし方：ひとりでいつもと変わらない生活をしていた。お金がかかる特別なことはしなかった。
⑨ 近所づきあい：会ったら挨拶を交わす程度。騒音トラブルがあったということもあり，特に真下の部屋の住民に対しては気を使っている。
⑩ 社会活動：人と接することが苦手らしい。もし参加するとすれば，以前の仕事を生

かした活動。ここでもまた，お金がないから何もできないと話していた。
⑪ 地域環境：隣には銭湯があるのだが風呂の臭いが気になったり，湯気によって室温があがったりと不快に感じている。駅から近く，スーパーも自転車ですぐ行けるので，立地条件に不便は感じていない。
⑫ 生活上の困り事：生活保護費が少なく，満足のいく生活ができない。アルミ缶を回収しお金を稼いでいる人やホームレスになっている人もいるが，自分はそんな生活はしたくないと話していた。

病気になった時，ひとり暮らしなので心配。
⑬ 諸制度の利用状況：生活保護を受けている。1次調査では民生委員が相談相手だとの回答だったが，実際は民生委員が変わるときに挨拶に来て話す程度で，相談相手と呼べるほど親密な関係ではない。
⑭ その他（調査員の所見等）：人生の半分以上がひとり暮らしということもあって，ひとりで生活することに抵抗は感じていない様子だった。生活保護を受けているということもあって生活は一定程度安定しているようにみえたが，やりがいも人を信じることもなく，死をただ待っているだけの生活は本当に孤独なのだろうと感じた。せっかく元気な体と強い意思をもっているのだから，地域に出て生きる楽しみを見つけてほしいと思った。

通された部屋以外の状況があまり把握できなかったのは残念だった。

日 記

7月6日（木）
　朝起床　8時30分
　ごはん1杯　みそ汁1杯　生玉子1ヶ
　終了
　寝る　11時30分
7月7日（金）
　朝起床　8時30分
　朝食事　パン1ヶ　牛乳1本　終了
　自転車で散歩　5時間　昼食事無し
　電車で散歩　終了
　夜　8時30分　食事　ラーメンライス
　終了
　寝る　11時30分
7月8日（土）
　朝起床　8時30分
　食事　パン1ヶ　月見そば
　家中の掃除を2時間
　自転車散歩　昼食事無し

　周囲をふらふらして終了
　夜食事　のり弁当1ヶ　みそ汁1杯　終了
　寝る　10時30分
7月9日（日）
　朝起床　8時30分　天ぷらそば1ヶ　終了
　自転車散歩　30分ふらふら
　昼食　ニラレバ炒め定食
　家中掃除　終了
　夜食事　8時30分　ラーメンライス　終了
　寝る　11時30分
7月10日（月）
　朝起床　8時30分
　パン1枚　牛乳1本　終了
　自転車散歩
　昼食事　天丼1ヶ　終了

夜食事　天ぷら定食　終了
寝る　11時00分
7月11日（火）
朝起床　8時30分
お新香　ナットウ　ライス　終了
部屋のお掃除　その他　終了
昼食事　もりそば大盛り1ヶ
自転車での散歩　終了
夜食事　刺し身定食　終了

寝る　11時30分
7月12日（水）
朝起床　7時50分
ラーメンライス　お新香　終了
お部屋の掃除　その他終了
昼食事　のり弁当　みそ汁で終了
自転車散歩に行く
夜食事　さばみそ煮定食　終了
寝る　10時50分

事例1-2 男性，73歳

① 住宅状況：住宅街にある2階建ての木造の賃貸民間アパート。2階の角部屋に住んでいる。専有のトイレ・台所あり。エアコン・扇風機・テレビあり。お風呂はない。部屋数は2部屋で合計7.5畳，日当たりは良好。1カ月の家賃は3万5000円。お風呂にはできるだけ入りたいそうだが（特に冬場は寒いので），1回400円と高いので，週1回が限度だそうである。銭湯は自転車で5分ぐらいの所にある。13年前に現在のところに引っ越して来た。特に困っていることはないとおっしゃっていたが足が悪いようなので，外出の際の階段の昇り降りが大変なのではないかと思う。

② 就労状況：最長職は冷暖房の配管工の仕事で，33歳から定年まで働いた。今は，仕事はしていない。

③ 収　入：年金額は月7万1000円で年間85万2000円。家賃，電気・ガス代（水道代は免除），銭湯代，電話代，食費で年金は手元には残らず，足りない時は貯金を切り崩している。

　　1次調査では自分の経済状況についてかなり苦しいと回答している。

④ 健康・身体状況：ADLは大きな問題はないが，歯が抜けているため，上手く聞き取れない時がある。ひとりでバス・電車を利用して外出できると答えているが，1次調査の健康状態についてでは「健康ではない」と答えている。2001年，68歳の時に心臓のバイパス手術を行い，右足の大動脈を移植したため，手術以降足が悪くなったが，ゆっくりなら歩くことはできる。また腎臓が悪く，毎週月曜，水曜，金曜に人工透析を行っている。部屋に血圧測定器が置かれていたので高血圧の可能性もある。

　　定期的に病院に通っているためか，毎年健康診断は受診している。煙草，飲酒の習慣はない。

⑤ 生活歴：東北地方の出身で，中学卒業までは東北で過ごす。両親は製鉄関係の仕事をしていた。5人兄妹の2番目で現在は両親と1番上の兄を亡くしている。3番目の弟は東京のパン屋で，4番目の妹はパーマ屋で働いており，5番目の妹は地方へ嫁いでいった。

中学卒業後，魚の加工の仕事のため北海道に行ったことがひとり暮らしのきっかけである。魚の加工の仕事は7～8年従事し，21歳から31歳までは新潟や富山などでダム建設に携わり，クレーン車の運転などをしていた。32歳で上京し，川崎で建設関係の仕事に就いたが，1年で辞め，その後は定年まで関東一円で冷暖房の配管工の仕事に従事していた。

　未婚で子どもはいない。中学卒業からずっとひとり暮らしである。

⑥　現在の生活：朝はだいたい5時には起床し，夜は21時には寝るようで規則正しい生活を送っているようである。人工透析の日は起床後すぐ食事を済ませ，7時30分には送迎バスに乗り病院へ向かい，家に帰ってくるのは3時頃になるそうである。その後は疲れてしまい，夕方まで寝るかテレビを見て過ごすようである。食事は自炊で，魚や肉を焼いたりして食べている。

　人工透析のない日は，たまにではあるが起床後，自転車に乗り散歩し，帰宅後朝食をとる。しかし，散歩に出ると疲れてしまい，夕方まで寝るか，テレビを見て過ごす。

　1次調査の外出頻度では1週間に1回以下と答え，理由として家にいるのが好き，身体の不自由・健康上の心配が大きいということをあげている。

⑦　親族，友人について：行き来している親族はいない。5年前の手術の際，兄妹が見舞いに来てくれたが，それ以降は金銭面で迷惑をかけたくないため会っていない。最後に連絡をとったのは3年前である。日頃行き来している友人はいない。

⑧　正月三が日の過ごし方：いつもと変わらず，ひとりで過ごした。

⑨　近所づきあい：同じアパートの人と顔を合わせた時，挨拶をする程度。

⑩　社会活動：からだの調子が悪い，費用がかかる，集団活動が苦手，おっくうであるという理由から社会参加団体や集まりにはいっさい参加していない。

　ただ神社やお寺を巡り，朱印を集めること，骨董品の収集の趣味があるらしい。今は集めてはいない。

⑪　地域環境：駅前の商店街で買い物ができるが，駅までは自転車で15分。途中，車道と歩道が分かれていない橋があり，危険であることと，行き帰りに長い坂があるので買い物は大変と話していた。アパートの裏にコンビニがあるので，たまに利用しているようである。ゴミ箱におにぎりのパッケージが捨ててあった。

⑫　生活上の困り事：災害時，病気や身体の不自由な時にすぐ来てくれる人はいない。孤独感については，孤独を感じないわけではないが考えてもしかたないので考えないようにしており，あきらめている部分がある。迷惑をかけたくないため，連絡をとりたい人もいないと答えていた。

　1次調査では災害時のこと，収入が少ないこと，健康のこと，体調を崩した時の身の回りのことを困っていること，心配事としてあげている。

⑬　諸制度の利用状況：介護保険，配食サービス，鶴見区社協あんしんセンターは利用していないが，サービスは知っている。ケアプラザについては何も知らないと答えて

いる。あんしん電話サービスは利用しているが，仕組みや使い方はよくわからないと話していた。

民生委員や区役所の方は知ってはいるが，迷惑をかけたくないため連絡はとっていない。

１次調査では認知症予防，フットケア，生活習慣病予防の参加を希望している。

情報は回覧板，広報，掲示板で収集している。

⑭　その他（調査員の所見等）：部屋も整理されており，毎日規則正しい生活をし，自炊されているということだったので自立し，かつ自律している方という印象を受けた。ただ，しきりに「誰にも迷惑をかけたくない」，「自分の生活が苦しいのは自分が悪いのだからしかたない」と話しており，自分を責めているところがあり，自分からサービスを利用するという意志はあまりないように感じた。あんしん電話サービスの設置はあったが使い方や仕組みがあまりわかっておらず，また使用する意志もあまりないように感じたため，設置されているから安心とは言えない。

利用できるサービスがあっても，サービスの利用自体に抵抗があるので，こちら側から働きかける必要があるのではないだろうか。

お風呂も週１回，食事も回数を少なくしているようだが，年金が少なく，足りない時には貯金を切り崩しての生活で不安定である。

趣味であった朱印収集や骨董収集の話をしているときは生き生きしており，楽しそうであった。週３回人工透析のため病院に通っているので完全に孤立しているわけではないが，趣味を生かせる地域活動が何かあれば地域との結びつきもでき，生きがいがもてるのではないか。また，昔集めた骨董品などが棚の上に置かれていたので地震が来たとき危険だと感じた。

訪問の際，マンゴーを出してもてなしてくれたが，味が少しおかしかった。また，自炊しているということであったが，ゴミ箱にコンビニのおにぎりのパッケージも捨ててあったりした。栄養指導や食料の管理が必要なのではないか。

日　記

7月13日（木）
　暑い中，明治学院大学社会学部の学生さん調査，ご苦労さん。
　有難う御座いました。
　朝　６時30分　起床
　アパートの庭の草取り，約１時30分。
　スーパーに行く
　昼に外食　夕食６時
　　９時30分　休む
7月14日（金）
　起床６時　朝食の支度
　７時25分　人工透析のためクリニック
　北朝鮮のミサイル発射の話題
　昼食は食堂　美味しかった
　夕食　６時　10時休む
7月15日（土）
　６時起床　運動約１時間
　朝めし　７時
　０金利解除　低金利策継続　0.25%
　昼めし　外食　夕めし　魚調理

9時30分　休む
7月16日（日）
　6時起床
　朝めし　7時
　テレビからのニュース北朝鮮決議
　一本化調整不調，英，ロ，などが修正案
　昼めし
　下着洗濯
　夕食　魚調理
　10時　休む
7月17日（月）
　起床　5時30分
　朝めし6時30分　昼めし
　透析のため7時25分　クリニックへ
　検査後　透析4時間　今日は疲れ休む
　夕食　6時
　10時　休む
7月18日（火）
　起床　6時30分
　運動　約40分
　朝めし　6時30分
　本日　雨のため　予定中止
　昼めし　12時
　夕めしは野菜・豚肉いため
　心臓病　透析の本見る
　10時　休む
7月19日（水）
　起床　5時30分
　自転車で運動　約1時間
　朝めし　6時50分
　透析のためクリニック　7時25分
　透析時間　4時間　血圧下がり疲れた
　恒例の日帰りバス旅行の話有り
　河口湖の予定　欠席
　昼めし　2時
　夕めし　7時
　9時30分　休む

2 類型2：経済的にやや苦しい×正月ひとり×近所づきあいなし×緊急時の支援者なし×外出週1回以下

事例2-1　男性，71歳

① 住宅状況：専有トイレあり，専有台所あり，専有風呂あり。室数は2部屋，畳数約8畳である。木造賃貸アパートで家賃は月5万円である。
　2階に住んでいることもあって，風通しもよく，特に困ったことはない。小さい虫が出ることが悩みの種とのこと。
② 就労状況：現在仕事はしていない。最長職は建築業。
③ 収　入：生活保護を受けている。月12万8000円を受給。
④ 健康・身体状況：まあまあ健康である。年に1回心臓の検診を受け，また半年に1回は脳の検診を受けている。タバコを1日1箱程度吸う。
⑤ 生活歴：出身は北海道で，父の職業はサラリーマンであった。ひとり暮らしのきっかけは配偶者との離別による。最終学歴は中学校卒。
⑥ 現在の生活：起きる時間や食事の時間，寝る時間は不規則である。日中は小説や新聞を読む。日記をつけている。料理は肉より魚が好きとのこと。
⑦ 親族，友人について：行き来はない。
⑧ 正月三が日の過ごし方：ひとりで過ごした。小説を読むなどして過ごした。

⑨ 近所づきあい：なし。
⑩ 社会活動：なし。参加しない理由としては，どこにどんな活動があるかわからないという。今後，囲碁やマージャンの会には参加したいと思っている。
⑪ 地域環境：ゴミ出しのルールが厳しい。何日かためると虫が寄ってきてしまう。買い物の場所が遠い。バス停まで5～6分歩く。散歩がてら買い物に行く。
⑫ 生活上の困り事：なにかあった時の相談者は生活保護のワーカー。困った時は電話で連絡するか，直接区役所に行く。孤独感はなし。逆に近所づきあいを望んでいない。
⑬ 諸制度の利用状況：なし。
⑭ その他（調査員の所見等）：調査対象者は，今は介護を受ける必要もなく，体調も良好のようなので，喫煙をしていることや，地域の人びととまったくつながりをもっていなくても心配はない，ひとりを好んでいると言っていたが，緊張時などには地域の人びととのつながりをもてたほうが望ましいように思われる。地域活動に参加する機会を提供することが求められる。月1回対象者の家を訪問している生活保護のワーカーに，困り事の相談をしていることには安心できた。今後，加齢にともなって起こり得る困難については，生活保護ワーカーだけではない関わりが必要になってくるように思われる。

日 記

昭和9年8月生まれ，71歳になる男性
独身生活30年余　結婚歴有り　子供　男2人
生活保護受け4年　高齢に付き仕事なく収入なくて1ヶ月7万5千円　市から受給され，それなりに生きている。
映画好きで年に10回は見に行き，本も好きで年間50冊は立ち読みしてる。
阪神タイガースが60年位前からファンでテレビで見る。
1ヶ月に1回はキャバクラに行き，20代前後の女性と語り合う。
そんな人間で私生活も毎日あまり変化なく生きてる。
当然食は自分で作り，外掃除とかも1人でやってる。
月1回病院で検査してる。
昨日　明治学院大学生男女2人がみえ，生活状況アンケートに来て1週の生活書いてくれとの事なので，こんな事書いている。
別に変わってないけど，一応書く。
別に毎日，日記は付けてはいるけど内容は読書の事，映画の事，野球の阪神の事，それだけのどれか書いてるだけ。
たまに月1～2度，対女性の件位かなぁー。

7月17日（月）祭日，曇
7時半頃目覚め　毎朝のことながら新聞（スポーツ）読み出す。
コーヒー飲みながら，2時間かかる。前日阪神タイガースが試合あれば，その記事は丁寧に読む。50年位続いている習慣です。
読み終わり寝る。今日は2時間位寝たかなぁ。
外は曇っていて，1時小雨降っていた。真夏日3日位続いたけど，今日は少し楽だね。
新聞読み終わり2時間位寝る。

午後本読み出す。今，大沢在昌の読み終わったの全部再読中。

家に彼の本30冊以上ある。本によっては3回目位読んだのもある。

夕方1時間位又寝て，夜少し2時間位テレビ見て，又本読み，今日は野球当然阪神がないので，11時頃寝てしまう。

外は降ってる。

だいたいこんな感じで一日過ごすのです。

合間に食事してね。

7月18日（火）雨

今日も7時少し過ぎ起きる。外は昨夜からずっと降り続いてる。今週はずっと雨の予想で，梅雨も終わりかも。

真夏日が何日かあったけど，これからは本格的に続くと考えると気が重くなる。暑さ寒さに弱い？クーラーはあまり使用しないのでね。

火曜日はスーパーの1軒はヤサイ100円セールの日なんだけど，雨なのででかけたくない。1週間分のヤサイ不足。

午前中2時間，雨の音聞きながら寝た。聞こえてくるのは雨音だけ。気持ちよく寝れるね。

起きてからは本読み，今日はずっと本ばかり読んでた。途中今日の野球阪神は中止と聞いたので，本当に本ばかり読み，終わる。

400頁もある大作。3度目かなぁ，この本。

外は一日中雨。テレビも見ず，読書で一日過ごしたね。

7月19日（水）雨

6時に起き出す。3日続けて今日も雨。今週いっぱい続く予想。梅雨の最後かね。

12時過ぎに寝てもこんな時間に起きることも多い。そして夜中1度か，時には2度トイレに起きるのも毎日。年齢のせいだね。

12時過ぎ寝て，6時頃起きる日は日中午前，午後と合わせて5時間寝る習慣になってる。

昨夜も野球阪神雨で中止。試合のない次の日の新聞楽しみ半分だね。

4時過ぎ，スーパーにでかける。おかず何もなくなった。雨ばかりで，買い物にも行けずだったので。

帰ってきてラジオで阪神巨人聞き，7時からテレビ見る。結果1対0で阪神勝った。明日の新聞楽しみだね。風呂入り，又本読み出す。

11時過ぎ，テレビのスポーツニュース見て，阪神の快勝に喜ぶ。

12時に寝る。

7月20日（木）曇

8時前に起きる。ゴミ出し，新聞読む。阪神勝った記事のある新聞楽しいね。オールスター前の最後の試合で阪神らしく1対0の勝利。投手が押さえ，ワンチャンスをものにして勝つ強いチームでなければ出来ない。今日は今の所，雨降ってないけど，夕方から降る予想。全国各地で水の災害多く出てるとのニュース。大変だね。

午前中少し寝て，本読み，途中で寝て，夕方本少し読み，又寝る。

そのまま寝てしまう。今日は寝てばかりで一日過ごした。

こんな日は月に1度位かなぁ。なので記すこともない。

7月21日（金）雨

5時頃トイレに行き，そのまま起き出しテレビ見る。

30分位見て，新聞来たので読み出す。野球ないのであまり読む記事もない。川崎競馬位かなぁ。

今日は月1の検査で病院に行く日なのだけれど、この雨では嫌だね。病院の帰り、川崎に行き、映画の予定だったけどね。
2時からの病院1時過ぎ家を出る。毎月の検査をして終わったら雨もあがってたので、電車で川崎に映画見に行く。
トム・クルーズのM.I.Ⅲ見た。面白かった。アクションもすごかったね。
オールスター見る。3対1でセが勝ったけど、阪神の藤川すごかった。オール直球153kで三振本当にすごいね。
野球終わり、本読み、12時前に寝る。
2時頃起き、テレビで映画見るも、途中で寝てしまった。

7月22日（土）曇
今朝4時頃寝たのだけれど、起きたのは8時。小雨降ってる。昨日は映画見て来た。M.I.Ⅲ、トム・クルーズの面白かったね。
日中午前も午後も本読んでは寝て、起きては本読んで寝ての繰り返し。夕方野球中止との事で又本読み、9時からテレビでトム・クルーズの映画見る。M.I、昨日、劇場で見てきたのがⅢで、面白かったけど、初作のはあまり面白くなかった。当然前に劇場でも見たんだけどね。

映画終わり、又本読み出し、1時頃結局大沢在昌の天使の牙という上下巻3日で読み終わった。3回目だね。今は彼の本に夢中。30冊以上溜まってるね。幾度も読み直してる。新宿鮫も3回位全部読み返したね。
1時過ぎ寝る。

7月23日（日）雨のち曇
夜中に2度トイレに行くため目覚める。やっぱ、年のせいだね。
今朝2度目、5時半に起き、そのまま新聞読み出す。
外は雨が降ってる。太陽見なくなり、10日位経つのでないかな？
これが過ぎれば梅雨も上がるだろう。
子供たちは昨日から夏休みとか、早く快晴になってほしい。
新聞読み終わり少し寝て、1時頃からテレビに見てた。ずっと。
テレビばかり見、6時から野球オールスター見る。好きな阪神の選手すごい、全員ヒット打ち、ミーツ、ホームラン含む3安打。藤本MVP、藤川3人押さえる。明日から中日2勝1負で行って欲しい。
12時頃までテレビ見てて寝る。

事例2-2　男性，70歳

① 住宅状況：面接は対象者の自宅で行われた。住宅街にある木造の古い賃貸民間アパートで，30年は経つだろうと思われる。周辺のアパートも同様に古い感じのものが多かった。周りには，スーパーやコンビニ，銭湯があり，距離的にも遠くない。また公園や学校など公共施設も近くにある。専有のトイレ・台所あり，風呂はない。部屋は1K（6畳と台所3畳）で，2階に居住（6世帯入居）しているため，外階段を上がるのが大変である。1カ月の家賃は3万9000円。大家と会ったことはない。

　壁が薄く（ベニヤ1枚），隣人の騒音に悩まされている。隣人のイビキも聞こえるという。また，下の階からの音も響くので，朝はその音で起こされる。

　角部屋ではあるが，階下にゴミ集積所があり，ゴキブリが入ってくることが多く，ひと夏で殺虫剤を3本使い切ってしまうという。そのため，部屋は常に綺麗にしてお

り，茶碗等も戸棚にしまいゴキブリに汚染されないようにしている。

トイレは和式である。近所に銭湯はあるが，鉄パイプにブルーシートを固定したものにお湯をためて，入浴（行水？）をしている。快適だという。室内はきちんと整理整頓されているが，アパートそのものが老朽化しており，傾いているのがわかるし，台所の床下も朽ちているようで歩くとブカブカする。

このような住宅状況にあるため，次こそは公団が当たって出て行きたいと考えている。

② 就労状況：最長職は溶接工で，現在は無職である。終戦直後にガラスメッキを作る職人になり，その後印刷屋など，いろいろな職業に就いた。

離婚後から，溶接工として，全国各地を回っていた。そのなかでも，石油タンクを作る仕事が一番長かった。常に命がけで，原発でも仕事をしており，けがや火傷などは日常茶飯事で，労災認定はなく，給与保障のみであった。というのも，労災になると周りの仕事も停止してしまうため，他の人に迷惑がかかるから，という意識をもっていたからである。そこでの仕事は，他にも電機屋などいろいろな業種の者と一緒に仕事をしており，そういった環境から生まれた意識であろうか。

定年制のない会社であったが，65歳の時に会社が倒産してしまい，離職することになった。以下は，対象者の言葉。「鍛冶屋だったんだよ。青森県六ヶ所村，福井，熊本，博多，大分，仙台小野川，山梨県上九一色村，その他関東諸々……いろんな場所でいろんなタンク作ったんだ。1枚の鉄板が15トンもあるんだよ。事故なんてしょっちゅうさ。自分だって，足2回ぐらい折ったよ。労災なんてないない。給与保障だけだね。1度，瞳をけがしたとき，15日続けて，眼球に注射されたぁ。あれはね，小便ちびっちゃうよ，ホント，それほど痛い。でもさぁ，でっかい石油タンクとかさ，原子炉とか，あと横須賀米軍基地にあったミッドウェーの溶接もしたんだよ」。「定年がなければ今でも働いていたかな。でもバブル崩壊のあとで会社が潰れちゃった」。

③ 収　入：生活保護受給世帯，1次調査では経済的にはやや苦しいと答えている。風呂屋の値段が高いと言っていた。

昔の職業柄（当時は，周りに娯楽がなく，何をするにも賭け事をして楽しんでいたという），賭け事が唯一の娯楽となっているため，生活に困らない程度に競馬を楽しんでいるとのこと。

④ 健康・身体状況：4年前に脳血栓にて入院。今年に入ってすでに3回入院している。狭心症もあり，ニトログリセリンはいつも手元に置いてある。薬は数種類服用している。脳血栓による顕著な麻痺はないが，常にしびれ感がある。医師から適度な運動を薦められているが，「心臓がバクバクする」ため，外出はもっぱら自転車を利用している。健康面に気を使っており，野菜中心の食生活である。嗜好品はコーヒー，タバコ。

もともと，溶接工時代から怪我などは多かったが，肝臓，脳，喉など，これほどま

でに患っているのは，原発などという労働環境にいたことも影響の1つと考えられるかもしれない。
⑤ 生活歴：東京都内のある区部に生まれ，横浜に転居したのは戦後の混乱時期だった。さまざまな職を経て，1度は家庭ももち，1女をもうけたが，ほどなく離婚。それがきっかけとなり，ひとり暮らしになった。鶴見に移り住んで溶接の仕事に就いた。将来娘と一緒に暮らすことを希望にして対象者は再婚をしなかったのだが，34年ぶりに連絡のとれた娘とはうまくいかず，ずっとひとり暮らしが続いている。

以下は，対象者との聞き取りから。「バカだったんだよ〜。娘の居場所をずっと探していて，再婚しそこねちゃったんだよ」。やっと探し当てた娘は九州に住み，子ども3人育てていると言う。「3度電話したんだけどさ，『話すことなんてない』『お金の算段？』なんて言われちゃってさ，もう電話しないよ。集中豪雨が続いて，アイツんちなんて流れちゃえばいいんだ」。決して本音ではない言葉を自嘲気味に話した。元妻は彼との離婚後，再婚したがその結婚生活も短かったそうだ。兄弟姉妹の関係は「離婚してカッコ悪いじゃん」と言って，もう約30年連絡をとっていないと言う。どこに住んでいるか，生きているかもわからないと言う。

⑥ 現在の生活：近隣の騒音のため，朝5時半ごろに起きることが多い。週に1度は通院をしている。その他スーパーに買い物に行く以外は，家にいることが多い。時々，競馬場に行く。移動手段は，自転車である。夕方には，帰るようにしていると言う。
⑦ 親族，友人について：前述のとおり，元妻，実子，兄弟との連絡をとり合うことはない。

鶴見駅近辺の公営住宅に住む以前勤めていた会社の同僚と頻繁というほどではないが，行き来することがある。ひとり暮らし，公営住宅，入院経験と，対象者との共通性が多い。その人は沖縄出身で，魚が好きとのこと（食事の好みを知っているくらいの仲）。
⑧ 正月三が日の過ごし方：ここ数年ひとりで過ごしている。
⑨ 近所づきあい：基本的にはない，下の階の人の顔も見たことがない。つきあいは嫌いではないが，今から何かをするのは面倒くさいという。また，周りは堅気，自分は流れ者という意識をもっている点も，近所づきあいに影響していると思われる。

以前住んでいたアパートの大家とは仲がよかった。大家の甥が同じ会社にいたこともあり，家賃の融通が利くほどの仲であった。そのアパートが取り壊しのため転居。現在居住しているアパート住民との会話はない。
⑩ 社会活動：社会参加団体や集まりにはいっさい参加していない。希望するものとして「マージャン」をあげていたが，それには「賭け」の2文字がつくため，制度的な社会参加団体としては自然と却下されてしまうとのこと。
⑪ 地域環境：京浜工業地帯に隣接する住宅地。産業道路からほど近い。古い木造住宅と新しい住宅やマンションが混在する街。徒歩3分程度の場所に商店街や自転車移動

範囲内でスーパーがある。対象者曰く，周りにはひとり暮らしの人が多いらしい。
⑫　生活上の困り事：緊急時に来てくれる人は誰もいない。孤独感というわけではないが，生き別れた娘と暮らしたいという夢・希望を長年もち，ずっと探し続けていたが，その夢・希望が壊された時のショックはいまだに癒えていない様子である。

　重い内疾患があるので，健康不安から逃れられない。健康に留意しながらも，他方，時々，自殺の方法を考えることもある。「このまま生き続けてどうなるのか」と思う気持ちと，「もう少し生きてみようか」という気持ちが入り混じっている。

　仕事をしていた時は楽しかったが，現在は生活になんの変化がないことも上記のような気持ちになる理由の1つであろう。対象者は，これまでに実際に2度ほど自殺をはかっている。1度目は首吊り，2度目は絶食（1週間何も食わず）と自殺を試みたが，どちらも発作的なもので，鶴見に来てからは自殺の研究をしていると言う。

⑬　諸制度の利用状況：生活保護以外のサービス・施設すべて利用していない。生活保護を利用しているが，その他の高齢者向けサービスを利用する気にならないという。理由は，初めて会う人との交流が億劫だし，行ってもおもしろい内容がなさそうだから。以前，賭け事が好きだったと聞いたため，「高齢者どうしで麻雀をやる場所もあるそうですよ」と水を向けたが，「代打ちまでやった人間がお遊び麻雀なんて，つまらなくてできない」と言う。

⑭　その他（調査員の所見等）：現在，住宅のことで非常に困っている。公団も数回応募してハズレており，当選するのを心待ちにしている状況である。

　今回うかがった対象者は，たった1つの夢・希望であったものが打ち砕かれ，単調になりつつある生活に飽き，自殺をはかっている。しかし，けっして人とのつきあいは嫌いではなく，これまでの生活暦が外に出ることを奪っており，機会があれば変われるのではという感じが見受けられた。あるいは，表面的には現れないが，変わりたいと思っていたのかもしれない。そうでなければ，2次調査を受けてくれることはなかったであろう。はたして，こうした例は，特殊な例であるのか。否，けっして特殊な例なんかではなく，潜在的な問題として地域に眠っていると考えられる。今後，孤独死のなかで自殺の問題が増加する可能性があるため，こうした問題にも対策が必要である。

　鍛冶仕事に地方都市に出るというのは，なかば飯場生活を送るようなものだったらしい。娯楽施設なんてないから，現役時代の彼の楽しみは酒と博打だった。「酒はね，朝ひっかけて，夕方ご飯食べて飲んで，博打しながら飲んだ，ちゅうか，浴びてたんだね」と笑う彼は，4年前に脳血栓が数箇所みつかり，あげく狭心症も併発，現在お酒を飲めないからだになった。転居し近隣とのつながりはなく，生活保護を受給し，まして，せっかく探し当てた娘から邪険にされたとあれば，失意のもと，自殺願望が生じるのは，当然の成り行きとも言える。

　閉じこもりがちの人をどう家から出かけようという気持ちにさせるかは一番むずか

しい問題だ。彼の場合，調査を通じて感じたことは，「人と接するのが億劫だ」と言いながら，調査面接に来る日程を気にし，面接当日は1時間以上もよどみなく，また「自殺したいと思うことがある」という気持ちまで露呈してくれた。けっして人嫌いではないはずだと確信できる。そしてSOSを出しているとも……。

彼にとって，いわゆる「高齢者向け」プログラムでは心が動かされないだろうと推測される。わたしの感想ではあるが，彼は今まで以上に狭心症の発作を起こすようになれば，不安神経症等の鬱的症状を呈するリスクが高いと思われた。このような人を外にいきなり連れ出すのではなく，保健師等による巡回相談などが社会的交流への第1歩になるのではないだろうか。

```
┌─ 日 記 ──────────────────────────────────
│ 7月14日（金）晴              12時食事 又テレビ
│ 朝6時目覚め NHKニュース見て， テレビ
│ コーヒーを飲む                ↓
│ 9時 テレビ見ながら食事       6時 食事
│ 10時 自転車で運動に出る 約2キロ テレビ
│ 歩いて2キロ                   ↓
│ 公園で一休憩後，13時帰宅 コーヒー飲 23時30分 就寝
│ む                            7月16日（日）晴
│ 暑さの為，テレビ見ながらゴロ寝 7時 起きる コーヒー飲む ニュース
│ テレビ                            見る
│ ↓    3時 お茶    ゴロ寝      8時 テレビ
│ ↓       コーヒー    〃       9時30分 ↓    朝食
│ ↓       コーヒー    〃       10時    ↓    コーヒー
│ ↓       コーヒー    〃       11時    ↓    コーヒー
│ ↓                            12時    ↓
│ ↓    6時 夕食                13時    ↓    お茶
│ ↓       コーヒー  ごろ寝     14時    昼食 うどん
│ ↓       コーヒー    〃       15時    テレビ
│ ↓       コーヒー    〃       16時    ↓    お茶
│ テレビ23時 就寝              17時    ↓    コーヒー
│ 7月15日（土）晴              18時    行水
│ 今日も6時目覚め，ニュース見て朝の 19時  テレビ
│   コーヒー飲む                20時    ↓
│ 8時30分 食事                 21時    夜食
│ 9時 ゴミ出し 今日も暑い      22時    ↓    コーヒー
│ 10時 テレビ見てゴロ寝 只今何の予定 23時   テレビ 就寝
│   なし。                     7月17日（月）曇り，雨
```

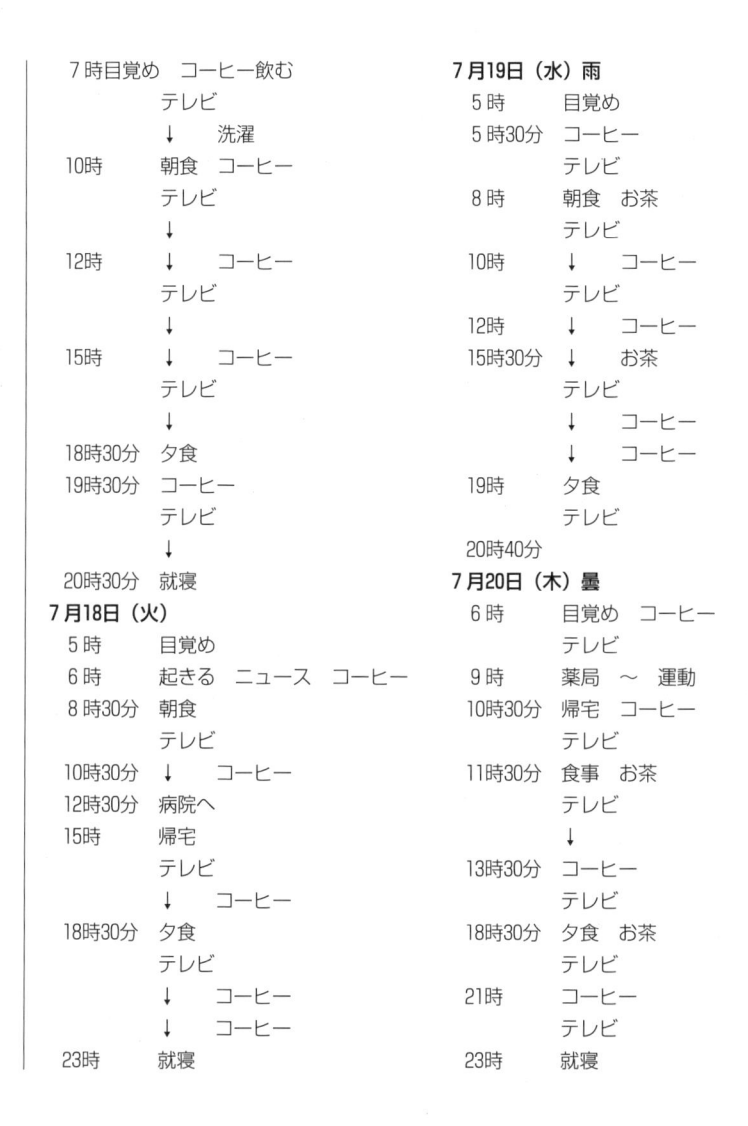

7時	目覚め　コーヒー飲む	7月19日（水）雨	
	テレビ	5時	目覚め
	↓　　洗濯	5時30分	コーヒー
10時	朝食　コーヒー		テレビ
	テレビ	8時	朝食　お茶
	↓		テレビ
12時	↓　コーヒー	10時	↓　コーヒー
	テレビ		テレビ
	↓	12時	↓　コーヒー
15時	↓　コーヒー	15時30分	↓　お茶
	テレビ		テレビ
	↓		↓　コーヒー
18時30分	夕食		↓　コーヒー
19時30分	コーヒー	19時	夕食
	テレビ		テレビ
	↓	20時40分	
20時30分	就寝	7月20日（木）曇	
7月18日（火）		6時	目覚め　コーヒー
5時	目覚め		テレビ
6時	起きる　ニュース　コーヒー	9時	薬局　〜　運動
8時30分	朝食	10時30分	帰宅　コーヒー
	テレビ		テレビ
10時30分	↓　コーヒー	11時30分	食事　お茶
12時30分	病院へ		テレビ
15時	帰宅		↓
	テレビ	13時30分	コーヒー
	↓　コーヒー		テレビ
18時30分	夕食	18時30分	夕食　お茶
	テレビ		テレビ
	↓　コーヒー	21時	コーヒー
	↓　コーヒー		テレビ
23時	就寝	23時	就寝

3 類型3：経済的に余裕はないが生活には困らない×正月ひとり×近所づきあいなし×緊急時の支援者なし×外出週1回以下

事例3-1 男性，65歳

① 住宅状況：住宅街にある木造の民間賃貸アパートに居住。2階建て2階の真ん中の家。専有トイレ・台所・風呂あり。部屋数は1部屋で約6畳。狭いが足に障害をもつ

本人にとっては物につかまって歩いたり，起き上がったりの際に今ぐらいの広さのほうが便利。ただ，トイレはもう少し広いほうがよいと言う。壁が薄く趣味の音楽を聞くのに隣に気を使い，時間を決めている。足に障害をもっているため，階段の上り下りが大変で，特に雨の日の下りは転倒に注意している。部屋はとてもきれいに掃除されており，物もきちんと整理されていた。エアコン，コンポ，テレビ，DVD，パソコンなどの電化製品もそろっていた。詳しい金額までは聞けなかったが，家賃はそれほど高くないようだった。

② 就労状況：現在は無職。定年後パソコンの講師に誘われたが，年齢的に断った。最長職は大手電気通信メーカーの研究所にて機器分析の仕事をしていた。力仕事ではなく，座ってできる仕事であったので本人に合っている仕事だった。

③ 収　入：収入は年金。詳しい額は聞けなかった。1度，老人ホームへの入居を考え，入居金の見積もりをした際に，負担額が最高所得層と判定された。経済的には困った様子はなさそうだった。

④ 健康・身体状況：日常生活動作にはほぼ問題ない。幼い頃，母を結核で亡くし，本人も結核がうつったが，治療により現在結核は完治している。その後遺症から足に障害がある。その後骨折をしてしまい，左足に針金が入っている。そのため左足が思うように動かず，外出の際などは杖を使用している。定期的に通院している。現在，障害者等級は3級。医師からは2級をとれると言われたが，重くなったことで別に得することはないと，申請していない。歳をとるにつれ高音が聞きにくく，細かい文字が見えにくくなっている。

⑤ 生活歴：東北南部地方の生まれ。幼い頃，母を結核で亡くし，本人もその結核がうつり，治療のため小学校は4年生までしか通えなかったが，なんとか卒業できた。中学校には1日も通っていない。全寮制の身体障害者雇用所で1年過ごし，その後既製の制服や洋服を作る仕立て会社に勤める。その後，郷里を離れ横浜に単身で移ってきた。個人の仕立屋で洋服を作る仕事をするが，続かず中小企業で電子部品を作る仕事に就く。40歳の頃，夜間高校に通う。義務教育を受けていないため，入学が認められず自ら文部科学省に出向くなどして調べ受験をした。少し頑張りすぎたこともあったが，この頃が人生で一番楽しかったと本人は言っている。その後，職業訓練校に1年間通う。40歳前後から電気通信メーカーに勤務する。初めは検査課に配属。その後最長職となる研究所で定年まで勤務。定年後パソコンの講師を頼まれた。働きたいとは思ったが，年齢的なことも考え断った。

　未婚で子どもはいない。上京後からずっとひとり暮らし。

⑥ 現在の生活：起きる時間は午前2時頃。寝る時間は午後8時頃。食事はほとんど自炊。料理が好きで，テレビやパソコンでレシピを調べて作る。買い物も好きで運動にもなるしストレス解消にもなるので，安いスーパーなどを調べ，天気がよい時は週に3回は行く。ダイソーがお気に入り。ヘルパーなどの定期訪問はない。夕方，近くの

居酒屋にお酒を飲みに行く。
　音楽を聞くのが好きだが，隣人のことも考え，夕方の4～5時の間と決めている。
　日大付属病院に定期的に通っている。雨天の日以外はほぼ毎日外出している。雨天の日は転倒の危険が増すのでなるべく外出は避けたいが，病院は予約制のため無理してでも行かなければいけないことが悩みである。

⑦　親族・友人など：上京以来，親族とはほとんど会っていない。先日兄の法事で実家に帰った。神奈川県下に兄が住んでいて，電話をする程度。兄が本人宅に訪問したいと言うが，断ってしまう。3カ月に1回ぐらいは会っている。兄弟には迷惑をかけたくない。本当に困った時には兄家族に頼むようにしている。親しい友人はいない様子。

⑧　正月三が日の過ごし方：自宅にてひとりで過ごした。10年ほどは1度も親族と過ごしていない。

⑨　近所づきあい：アパートの隣人とは挨拶をする程度で交流はほとんどない。

⑩　社会活動：障害などの理由から社会活動には参加していない。昔は旅行が好きで，よく1人旅をしていた。今でもしたいとは思うが体力的にむずかしい。

⑪　地域環境：自宅は駅から5分程度と近く，その途中に銀行，郵便局，スーパーが数軒あり生活には困らない。市から市営バス・地下鉄の無料パスが支給されているが，近くに路線がないためほとんど使えない。しかし駅が近いので不便はしていない。外出先のトイレが汚いことが困り事。

⑫　生活上の困り事：ゴミ収集所は近くにあるが，新聞を出すときは重く困る。特に雨の日などは傘をさしてゴミを持って階段を降りるのがこわい。外出の際，地面に唾液がおちていると杖がすべって危ないので困る。
　電車やバスに乗る際，杖を使っているので気を使って席を譲ってくれるのはありがたいのだが，針金が入っているため足を曲げることができないのでかえって立っていたほうが安心する。
　E-mail を使っているが，DM がたくさん来て困る。しかしアドレスを変えて誰からもメールがこないのも寂しい。誰かメールをする相手がほしい。
　定年になったら実家に帰るつもりでいたが，誰からも誘いがなく自分からも行きづらいので鶴見にいる。郷里の東北南部地方の老人ホームに入所することも考えたが，自己負担額が高く，そのことが嫌でやめた。しかし，兄の死をきっかけに今後体調のことなども考え，高くてもいいから最期までみてくれる老人ホームを探そうと思っている。
　1次調査で「病気などの時にすぐ手伝ってくれる人は」いないと答えていたが，以前急に腰痛がひどくなって困った時は，神奈川県下にいる兄に頼んで助けてもらったと言っていた。

⑬　諸制度の利用状況：介護保険のサービス，配食サービス，あんしん電話サービス，あんしんセンター，すべて利用していない。介護保険以外のサービスについてはサー

ビス自体を知らない。介護保険制度については，内容は大体理解しているようで，使いたい時に使えない，本当に困った人に手厚くすべきと言っていた。ただ，介護保険などを安易に使いすぎると甘えてしまってだめになると言っていた。

民生委員については，いざという時は助けてもらいたいが，元気な時に定期的に訪問されるのはかえって迷惑だと言っていた。

⑭　その他（調査員の所見等）：左足に障害をもっているが，とても頭がきれ，しっかりされている方だった。家の中はきちんと掃除されていてきれいだったし，最新の電化製品をそろえており，パソコンも使いこなせている。経済的には余裕のあるように感じられた。長い間，横浜近辺で生活しているということで土地観もあり，介護保険に関しても詳しく知っており，自立した生活を送っていけるように努力していることが見受けられた。未婚であり，実家も遠く，家族単位で兄弟と集まるという機会が減っているということで，話の節々で寂しさや孤独感が感じられた。しっかりしすぎているぶん，ひとりで全部を背負ってしまい，人の世話になることをすごく拒んでおり，人と接する機会が少なく，悩みや心配事など弱い部分を打ち明けられる相手がいないことが心配である。

日　記

7月16日（日）
AM 5：15　新聞配達される　毎日新聞を読むのが楽しみ。床で一時間位かけて読む。
AM 6：20　起床
AM 8：00　朝食（ソーメン　生野菜　残り物）
AM10：30～11：30　散歩　帰宅後シャワー　下着変える
PM 1：00～1：40　買い物
PM 1：45　昼食（みどりのたぬき）
PM 4：50　飲みに出る（養老の瀧）
PM 6：15　帰宅
PM 7：30　就寝

7月17日（月）
AM 1：00　目覚める　ラジオ　NHK第一　深夜便　朝まで聞いたり寝たり
AM 4：45～5：45　新聞読む
AM 6：30　朝食　ソーメン　昨日の残り
PM12：00～12：40　買い物
PM 1：00　昼食
PM 3：15　銭湯
PM 5：30　夕食　冷やし中華
PM 8：00　就寝
PM11：00　右腰痛のため，目覚める　外用薬を貼る。

7月18日（火）
AM 5：00～5：45　新聞読む
AM 6：10　起床
AM 8：00　朝食　和風スパゲッティ
PM12：30　昼食　ご飯　ナス・ピーマン炒め
PM 1：30～3：00　昼寝　雨で涼しいせいか眠い
PM 5：30　夕食　即席ラーメン　玉子
PM 8：30　就寝

7月19日（水）
AM 5：00～6：00　新聞読む
AM 6：15　起床
AM 9：15　朝食　ソーメン　生野菜
AM10：00　コーヒー

PM12：45　昼食
　PM 3：45　中華店に飲酒に行く　老酒
　　2杯　チューハイ1杯　麻婆豆腐　他
　PM 7：20　就寝
7月20日（木）
　AM 1：30～3：30　目覚める　深夜便
　　（NHK第一）聞きながら
　AM 4：45～5：45　新聞
　AM 6：10　起床
　AM 7：00～8：00　洗濯（二槽式）雨
　　がやんだので。
　AM 9：15～9：50　家賃振込　帰り
　　立ちソバ屋でソバ食べる
　AM10：00～12：00　2回買い物　午後
　　から雨の予定の為
　PM12：30　昼食　パン　ヨーグルト
　　バナナ　なすとピーマン炒め　生野菜
　PM 3：15　銭湯
　PM 4：50～6：10　養老の瀧へ飲みに
　　行く
　PM 7：40　就寝
7月21日（金）

　AM 4：00　目覚める
　AM 5：15～6：00　新聞配達される
　　遅い　新聞読む
　AM 6：15　起床
　AM 8：20～9：00　台所仕事
　AM 9：15　朝食　ソーメン　生野菜
　AM10：00～11：00　台所仕事
　PM 0：45　昼食　スパゲッティ他
　PM 4：55～6：15　養老の瀧　飲みに
　　行く
　PM 7：50　就寝
7月22日（土）
　AM 1：00　目覚める　深夜便聞く
　AM 2：00　又眠りに入る
　AM 4：50～5：45　新聞読む
　AM 6：00　起床
　AM 9：00　朝食　即席ラーメン　生野
　　菜　ヨーグルト
　AM11：00　洗濯
　PM 3：30　銭湯
　PM 4：50　飲みへ　養老の瀧
　PM 7：30　就寝

事例3-2 女性，74歳

① 住宅状況：住まいは駅から徒歩約15分のところにある。周囲は，病院やスーパー・飲食店・商店街などがある立地条件のよい住宅地。木造2階建ての持ち家である。この家は，本人が飲み屋を経営するために購入・改装をしたもので，玄関にはその当時のままのカウンター席が残る。専有のトイレ・風呂・台所あり。部屋数は3つ（カウンター席は除く）で，広さは約18畳。カウンターと奥の部屋とをつなぐ大きな段差がある。またトイレは2階にあり，手すり付きではあるが，かなり急な階段であった。

② 就労状況：最長職は自営業で，飲み屋（本人は「水商売」と表現）を経営。以前は，約10年間，都内の飲み屋で働いていたが，その後，鶴見に移り経営を行う。現在は働いておらず，お店も閉めてそこを持ち家として生活している。

③ 収　入：収入は国民年金のみで，年収額約80万円。

④ 健康・身体状況：現在は，耳鼻科に2週間に1度，内科・眼科に月1度の通院を行うものの，家の中にある大きな段差や急な階段を上り下りできることから，本人の意識としても「まあまあ健康である」という評価である。しかし，当人は10年ほど前に，脊髄の手術とリハビリを行っている。その後の経過もよく，今では不自由なく行動で

きるまでに回復したが，時折足や腰に違和感を覚えること（よろめく感じなど）もある。そのため自転車にはこわくて乗れない。身体的には小さな不安を抱えながら生活している。

⑤ 生活歴：生まれは関東南部地方。5，6歳の頃に，家族に連れられ上京。父は造船所で下請けの仕事などをし，母は町工場に勤めていた。鶴見の女学校2年生の時に疎開で郷里の実家に帰るが，その後はまたこちらに戻り，ひとりで都内の飲み屋に勤め始める。約10年働いた後，現在の鶴見区の家を購入・改装し，居酒屋を経営。今から10年ほど前の手術（脊髄の）以降も，数年はお店を続けるが，生活に大変さを感じ経営を閉めて現在に至る。

⑥ 現在の生活：炊事・洗濯・掃除等も自分で行っている。通院や買い物をするために外出し，また，時には近くの飲食店で外食をすることもある。普段は，テレビを見たり小説を読んだりして過ごしている。本を読むことが好きで，古本屋に行くことも多い。1週間の過ごし方については，耳鼻科・内科・眼科への通院と，買い物，お風呂や家の前の掃除をした。また，テレビを見て好きな小説を読んで過ごした。

⑦ 親族，友人について：普段行き来している親族はいないが，近くに弟夫婦が住んでおり，会おうと思えば会うことができる。友人との交流については，学生時代の友人とお花見や温泉などの行事でのつきあいを続けている。

⑧ 正月三が日の過ごし方：ひとりで過ごした。1日目に初参りに行き，2日目と3日目はテレビや本を見て過ごす。

⑨ 近所づきあい：近所の人たちとは，バスツアーや親交会などに参加して交流している。しかし，日頃から行き来をするなどのつきあいをしているわけではなく，挨拶を交わす程度。

⑩ 社会活動：耳鼻科，内科，眼科と通院しているので，日程が合わずに参加できないことがあるため，現在は社会活動には参加しないことが多い。ただし，バスツアーや旅行などの行事には参加している。

⑪ 地域環境：住居は駅からもほど近く，各病院やスーパー，床屋，本屋，飲食店など商店街が近辺にあるため，困っていることはない。家のすぐ前にはゴミの収集所もある。また近くに地域ケアプラザもあるので（現在は利用していないが）今後利用することも可能である。

⑫ 生活上の困り事：住宅に関しても，地域環境に関しても不満はなく，困っていることは特にない。孤独感も特になく，ひとりの生活に慣れて，テレビを見て笑ったり小説を読んでいろいろ考えたりするのが楽しいと感じている。昨年，母が他界した時にはさすがに寂しいと感じたが，基本的には自分は芯が強い性格だと言う。

⑬ 諸制度の利用状況：病院に通院をしているものの，諸制度の利用はしていない。

⑭ その他（調査員の所見等）：調査対象者は，脊髄の手術を行って以降はリハビリの成果もあり，現在では日常生活に支障ないほどまでに回復している。しかし，時折足

や腰に違和感を覚えることや，その事に対する不安もあるようで，今後とも注意が必要であると思われる。特に，カウンター席と奥の部屋とのつなぎめにある大きな段差や，急な階段はこれからの加齢のことを考えると，なんらかの改善が必要であると思う。加えて，今は日頃から行き来はしていないようだが，家の近くには弟夫婦も住んでいるということなので，緊急時の連絡先として地域の住民等の第三者がそのことを把握できていれば望ましい。現状としては，まず日常の生活動作を考慮して，カウンターと客間との間にある大きな段差に注意が必要であると思う。

　また，調査対象者には，明るく活発な印象を受けた。対象者のような元気な高齢者が地域活動に参加することで，地域の活動がより活発になるのではないかと感じた。現在は，地域の活動には何も参加していない対象者だが，何か興味をひくような活動があれば，参加することができるのではないかと思う。

　今は心身的にも経済的にも困ることなく生活できている対象者だが，これから加齢にともなう身体的な負担や危険を減らすために，親族や第三者の目が必要になってくると感じた。

日　記

7月17日（月）
　曇りときどき雨
　朝7時頃起きる
　8時頃朝食
　かたづけ物をして2階に上がる
　雑用も無いので10時半頃よりテレビを見る
　12時頃食事をする
　2時頃お風呂に入り　3時頃お茶を飲む
　夕食までの間，小説を読む
　夕食をすまして7時頃寝る
　テレビを見る
　朝食　キャベツの千切り　野菜コロッケ
　　　お新香　梅干し　納豆　トマト
　昼食　すいとん汁
　夕食　味噌汁　まぐろの照り焼　コゴメ
　　　のおひたし　お新香

7月18日（火）
　雨
　朝7時頃起きて　8時頃朝食
　朝食が終わって，冷凍室の掃除をする
　10時半頃テレビを見る

　食事をしてほころび物を繕い，小説を読んで夕食
　7時頃寝る　歯を磨く
　朝　目玉焼き　キャベツ千切り　納豆
　　　トウモロコシ　お新香　梅干し　トマト
　昼　ひやむぎ　ゆで卵
　　　お茶　オレンジ　おせんべい
　夕　カレーライス　お新香　ラッキョウ
　　　トウモロコシ

7月19日（水）
　今月も1日雨で涼しかった
　朝7時に起き，トマトを丸のままかじりました。おいしかった
　それから朝食の用意して食す
　片づけものをして，2階の掃除をしました　午後2時頃
　今月はお風呂に入り，冷たいお茶を飲む
　笹団子1ケにオレンジを食べる
　夕食はテレビを見ながら食す
　朝　ヒレカツ　キャベツ千切り　お新香
　　　梅干し　トウモロコシ　納豆　トマト

昼　クロッワサン　牛乳
お茶の時間　カンテン菓子　おせんべい
夕　味噌汁　お新香　サバの水煮　玉子1ケ

7月20日（木）
曇り　夕方から雨　涼しかった
7時頃起きて朝食の用意をして，雑用を終わって2階に上がる
買い物をして10時半ごろテレビを見る
昼食を取って，1時間位してから病院に行く用意をして出かける
帰りにまた，買い物をして3時20分頃着く
買い物の始末をして，テレビを見る
夕食を取りながらテレビを見て，7時頃寝る
朝　キャベツの千切り　イカの天ぷら　お新香　トウモロコシ　残りもの（サバの水煮）
昼　クロワッサン　紅茶
お茶の時間　カンテン菓子　おせんべい　オレンジ
夕　うなぎ　お新香　ラッキョウ　トマト

7月21日（金）
雨が降ったりやんだり
朝7時頃起きて，朝食の用意する
8時頃朝食を済まし後，片付けをして2階に上がる
10時半からテレビを見る
昼食を取って2時頃風呂に入る
3時頃　お茶を飲む
5時頃からテレビを見ながら夕食
7時半頃　休む
朝　納豆　トウモロコシ　キャベツ千切り　野菜いため（シイタケ　もやし　豚挽肉　ニラ　赤ピーマン）
昼　バターロール　紅茶

お茶の時間　カンテン菓子
夕　お新香　奴豆腐　味噌汁　イカの煮付け　玉子

7月22日（土）
曇り
7時頃起きて朝食の準備
洗濯をして，出掛ける用意をして，川崎大師へ行く
ふうりんまつりで人出がすごくありました
色々なふうりんでその中にも24万もするプラチナのふうりんがありました
蒸し暑かった
帰りにザルそばを食べました
駅ビルで買い物をして，バスに乗る
5時頃夕食を取り，身体をふいて寝る
朝　納豆　キャベツの千切り　野菜いため　梅干し　玉子　味噌汁　トマト
昼　ザルそば　麦茶
お茶の時間　おせんべい　オレンジ
夕　おいなりさん　味噌汁　お新香　イカ

7月23日（日）
朝7時頃起きて朝食の用意をする
雑用を済まして上下の掃除をする
10時半頃テレビを見て，12時頃昼食を取る
午後になって雨がやんだので，お風呂に入る
お茶を飲みながらテレビを見る
夕食を済まして　寝る
朝　とりのから揚げ　キャベツの千切り　お新香　納豆　トマト
昼　バターロール　カップスープ
夕　うなぎ　味噌汁　お新香　奴豆腐
一日にコーヒーアメを2ケ位
たまには散歩もします　30分位

4 類型4：経済的に余裕がある×正月ひとり×近所づきあいなし×緊急時の支援者なし×外出週1回以下

事例4−1 男性，66歳

① 住宅状況：面接は，鶴見区役所の応接室で行われた。自宅についての状況は，聞き取りによるものである。本人の説明によると区役所はよく来るので，ここのほうがよいかと思って希望した。家が片付いていないのも理由のひとつであるとのことである。掃除は時々しているとのこと。

　自宅は川崎に近い。自宅の周辺は何もなく，コンビニが1軒あるだけでマンションや町工場がある地域である。日常の買い物は，駅周辺の商店街を利用することが多く時には区役所近くの商店街で買い物をすることもあるという。自宅は，築30年ほどの10階建てのマンションの5階である。専有トイレ，台所，風呂があり，大きさは40㎡。部屋数は2部屋。自分で購入している。川崎に住んでいたが，1989年に鶴見に転入。

　このマンションは，築30年くらいのものであるため，エレベーターがない。これが住まいについての困り事となっている。本人は，1991年に片肺の摘出手術を受けており，「リハビリにいい」とエレベーターのないことをそのように説明しているが，いったん5階から降りてしまうと，忘れ物をして取りに行けないことが辛いという。

② 就労状況：最長職は，大手電気メーカー社員。20歳の時に入社。60歳で定年退職。それ以降は何もしていない。中学を卒業して以来働いてきた。この電気メーカーで働く前は，プラスチック関係の町工場で働いていた。そこで電話機を作っていた。この町工場は，「けんかをして辞めて，しばらく何もせず遊んでいたら親戚に怒られた。親戚がこの電気メーカーで働いていて，それでこの会社で仕事をするようになった」と言う。

③ 収　入：年金が収入であるが，40年勤務で月約25万円である。年金の種類は国民年金と企業年金である。

④ 健康・身体状況：1991年に左肺摘出。よく生きていると思っている。生活に不自由はないが，運動や走るようなことはできない。トイレが最近近くなり，不安である。3〜4時間に1回トイレに行かなければならない。また月に1度病院に通院している。2年くらい前に咳が出て，病院へ行った。風邪だろうと言われた。この病院の内科に，月に1度通院している。今は2カ月に1回くらい病院に行き，薬をもらっている。血糖値が高く，220〜230位ある。3カ月に1回採血検査をしている。

　生活習慣病防止のために介護予防に参加したい。身体のことをかなり気にしている様子で，足腰を鍛えておかなければと思って，できるだけ外出するようにしている。外出は夕食の支度のため，スーパーに1日おきくらいに出かけていると言う。

⑤ 生活歴：両親は中部地方の出身。父親は三菱で働いていた。戦時中は，中部地方のある都市でエンジンを作っていた。本人は両親と同じ都市の生まれ。父親の仕事の関係で7人兄弟のうち，2，3人が同じ中部の都市の生まれである。本人は2歳くらい

まで郷里で生活。その後静岡，そして終戦になって神奈川に戻ってきた。ふるさとは神奈川だと言う。

本人は中学卒業である。卒業以来働いており，20歳の時に電気メーカーに入った。以来，60歳の定年まで働き続けた。32歳の時，結婚をしたが，1年で別れる。「もう面倒くさい，それ以来ひとりでいる」とのこと。

兄弟は7人兄弟姉妹で，皆健在である。本人は，上から5番目の3男で，1番上の兄は，終戦後結核を患い，現在は酸素を使っている。すぐ上の姉は，中部地方の都市に在住している。甥や姪はいるが，向こうから会いに来るということはなく，こちらから年に1，2回行くのみである。

⑥ 現在の生活：ひとり暮らしの生活は，現在はまだ片肺ながらなんとか自分の生活ができているので，誰かに助けてもらおうとは思わないが，動けなくなったらと思うと，そういう前に老人ホームに入ることも必要かと考えている。5階の階段も今はいいが，そのうちに足が動かなくなるのではないか。有料のホームもいいが高いから，県とか市のホームが安いかとか考える。

部屋の掃除は，時々，気が向いた時にやっている。洗濯は，週に1回くらい，若い時は汚れたら捨てていた。食事は，ひとりだと残っても置いておけないし，飽きてしまうので，できたものを買っている。焼そばや野菜炒めくらいは作る。出前を頼めばあるが，そういうものは面倒くさい。

生活の楽しみとしては，年に2，3回ひとりで旅行に出かける。京都とか神社仏閣めぐり。好奇心が強い。趣味でご朱印を集めている。初めはいやだと思っていたが，なかなか面白い。マージャンが好きで，昔働いていた会社の仲間と月1回くらい，卓を囲むこともある。横浜まで出かけて，飲まないで，夢中になってしまう。

最近は若い人が麻雀を知らないので，教えに行こうかなと意欲的な気持ちを見せる。やる人はいるが，少なくなってきた。雀荘に行くが，みな年寄りばかり。麻雀は，兄から教えられ，若い時から家でいつもやっていた，というよりやらされて，それで覚えた。市の麻雀のサークルでもあればいいが，聞いたことない。教えることはむずかしいもので，会社でも教えたことがあるが，むずかしかった。教えてもらうことはやさしい。

コンピューターは，ワードくらいはできるが，インターネットがわからない。会社で少し習った程度で，覚えるきっかけがなかった。覚えて旅行などに使えればいいと思っている。郊外に住んでの生活，土いじりもいいかと思うが，時々はいいが，いつもでは寂しいのではないかと思う。わずらわしい。

⑦ 親族，友人について：昔の職場の友人とは月に1回くらい，麻雀をする。楽しみにしている。

緊急の場合には，電話をすれば，親戚，神奈川県下に住む兄が来ると思う。年に1〜2回気が向いたら会っている。万が一の時は，ひとりだから，どうしようもない。

緊急連絡のサービスのことはわからない。
⑧ 正月三が日の過ごし方：お正月はひとり自宅で過ごした。お参りに行くこともあるが、兄弟に誘われれば行く。お正月のにぎやかなのもいいが、年寄りだから静かなほうがいい。
⑨ 近所づきあい：近所づきあいというものはない。マンションの住人の理事会が交代である。出たくないが、6軒で1年間、会長など回り持ちでくる。それがいやで、でも今まで2回くらいやっている。夜7時から1時間くらい会合がある。集まってやることが苦手である。

　マンションでも、隣とは顔なじみがない。階段に沿って住んでいる人しかわからない。最近は挨拶しても返さないようになっているみたいで、だんだんつきあいというのがなくなるのではないか。
⑩ 社会活動：近所づきあいはないが、仲間がいると騒ぐ。昔の仲間との月1回の麻雀が楽しみである。横浜まで出かけている。

　現在コンピューターのインターネットの使い方を習って、趣味の旅行の時に活用できたらいいと考えている。勤め先で少しやったので、あまり初歩的なスクールには行きたくないような口ぶりであるが、調査員に、区報に載っている「高齢者パソコン教室」の勉強会の記事を見せて、確かめている様子は、かなり積極的な気持ちであることが表れていた。
⑪ 地域環境：自宅の周辺の環境については、まあまあな環境ととらえているようである。防犯についても、マンションは、管理人が9時から5時まで勤務しており、警備会社とも契約し、警備員が常駐しているので安心とのこと。
⑫ 生活上の困り事：片肺摘出という身体障害をもっており（障害手帳4級）、現在居住しているマンションは5階で、エレベーターがない。リハビリのためと現在はなんとか上がり降りしているが、動けなくなったらどうなるかという心配がある。あまり高額でない公共住宅への転居を考えていないわけでない。兄が神奈川県下に住んでいるので、なにかの折には連絡をとり合っているが、万が一という場合は、しかたがないと思っている。

　身体障害のほかに、年齢相応の健康面での心配があり、病院通いをしているが、最近は排尿間隔が短くなったようで、気になっている。
⑬ 諸制度の利用状況：現在特に福祉サービスを受けてはいない。食事を作るのが面倒なので、コンビニでできたものを買うことが多い。食事の配達もあるようだが、面倒である。

　マンションのなかに民生委員がいるようであるが、あまりよくわからない。今回の調査票は民生委員が持ってきた。区の情報など、もう少し知りたいと言う。
⑭ その他（調査員の所見等）：自宅での訪問を断ったのは、部屋をあまりきれいにしてないので、いつも慣れている区役所のほうがいいかと思ったということであった

が,「なにか書かされるのではないか」「なにか調べられるのではないか」とかなり神経質になっていた。本人は,こざっぱりとしたポロシャツを着て,約束の時間前には,区役所のいすに腰をかけて待っていた。区役所のほうで用意してくださった応接室に座った本人は,かなり緊張した面持ちであった。しかし,調査の趣旨を説明し,一般的な挨拶から面談にはいってゆくと,10分もしないうちにその緊張はほぐれ,話はかなりスムースに核心にふれていったと思う。

生活のほうは,長年の電気メーカー勤務による企業年金と国民年金の収入があり,余裕がある。旅行,気の合った仲間との麻雀など,身体に障害がありながらも,生活を楽しんでいる。しかし年齢による体の不調を本人も予測しており,特に,エレベーターのないマンションの5階での生活は,片肺の本人にとっては早急に解決を迫られる問題ではないだろうか。親族とも一定の距離を置いてつながっているのであるが,緊急の場合の対策は,本人もしかたがないと「腹をくくっている」状態である。

本人はコンピューターを習いたい,麻雀を若い人に教えてもいいなどと前向きで好奇心旺盛である。高齢者の力を引き出し,やる気を何かの形にしてゆくことが,これからの元気な高齢者対策には必要であると思われるが,そのためにも,区の情報がしっかり地域の高齢者ひとりひとりに届いていて,自宅から引っ張り出すこと,そのための方策が考えられなければならないであろう。本人も,区の情報がもっとほしいと述べている。また民生委員がマンションにいるが,民生委員との関係がこの調査を契機としてより進展することを願っている。

日 記

7月11日(火)晴

8時前　目覚める　生きていた　今日何をするか考える。

8:15　NHKドラマ純情きらりを見る。

8:30　テレビ朝日に切り替える　北朝鮮問題　討論見る。

9:30　終了

9:55　地井武夫散歩　日本橋界隈見て,いつか行ってみようと思う。

10:20頃　終了　東京都市図を見て,どこを歩いたか調べる。ついでに明治学院大学も。三田線で白金台下車,八芳園の隣りにある。

10:30　NHK知るを楽しむ(趣味悠々)を見る。里山歩き歴史を見る。

11:00迄　あきるの　五日市スタート　阿伎留神社が出てきてびっくり　今年2月11日(祝)建国記念日,紀元節に参拝に行ってきた所がTVに出た。

11:30〜　食事の準備　食事　食後のお茶　せんべい2枚

12:40迄　後片付け

15:00〜　昼寝(TVを見ていたら寝てしまった)17:00迄

17:15　尻手駅近くのスーパーへ

17:45頃　帰る　自転車で買い物(おかず,野菜)

18:10　ご飯を炊く(2合茶碗3杯)

20:00　TV見ながら　食事準備　食事後片付け

21:00　TV東京　なんでも鑑定団

23：00　ゲーム脳を鍛える　任天堂　12
　　日1：00頃寝る
7月12日（水）曇
　7：00　目覚める　TVつける　TBS
　　みのもんた　朝ズバ
　8：15　NHK　純情きらり
　8：30　BSニュース
　9：30　NHK　MLBオールスター野球
　12：00過ぎ　終了　食事の準備　味噌汁
　　作り（1ℓ位　お椀6杯位）
　30分位　大根1/3位　白菜2枚　ニラ
　　1束
　13：00　食事終了　後片付け
　TV見る　NHK BS 列島ニュース
　15：00　明日　廃プラスチック出す日
　　出せる様に整理し準備する
　パソコンでゲーム
　19：00　食事準備　食事　片付け
　20：00　TV　テレビ朝日　いい旅夢気
　　分　石垣島, 竹富島, 西表島
　　今年5月に行っていい思い出だったの
　　で, 懐かしく, 又行きたくなった。
　21：00　NHKニュースを見る
　23時頃　寝た
7月13日（木）曇
　7時前目覚める　TV見る　テレ朝
　　TBS　みのもんた　純情きらり
　8：30　廃プラ捨てに行く
　NHK　体感旅　アグネスチャン北海道
　　富良野　美瑛　3年位前6月末に行っ
　　たので懐かしく見ていた。ラベン
　　ダー, 花畑　また行きたくなる。
　10：30　NHK　趣味悠々　里山歩き
　11：00　キャンパス探検で明治学院大学
　　（横浜市戸塚区）を紹介していたので
　　良く見た。モットーは人のため, 他者
　　への貢献ということ, 夏休みのボラン
　　ティアとか。学校の一部が判った。
　11：30　焼きそば作って食べた

　14：00～15：00　昼寝
　15：00～　TV　大相撲名古屋場所
　15：45～　シャワー
　16：30～　15分位体乾かす　べとべとが
　　なくなる迄
　17：10～　おかず　買い物　自転車で
　17：45　尻手駅近くのスーパー　雨にぬ
　　れた
　18時過ぎ　姉（長女）よりTEL有り。
　　明日墓参りに行くということなので,
　　一緒に行くことにした。
　21：00　食事し後片付け
　24：00　寝る
7月14日（金）晴のち曇
　6：55　目覚める　TV　みのもんたの
　　朝ズバ　純情きらり　ゴミ捨て
　9：00　一握り位　ご飯食べる
　お盆
　10：30　自宅発　墓参り　京急川崎駅前
　　待ち合わせ（姉と）
　11：00　2人で川崎発→梅屋敷駅
　　商店街で花買い, 墓へお参り　11：40
　　終わり
　京急川崎に戻り昼食し, 100円ショップ
　　で雑貨を買う。コーヒーを飲み, 本屋
　　へ寄る。
　ジャンボ宝くじを買い, 駅で別れる。バ
　　スで帰宅。16：50
　17：00　TV　大相撲を見る
　18：00　ニュース　猛暑, 熱中症に注意
　　東京　横浜35℃
　19：00～　任天堂ゲーム　脳を鍛える
　　をやる
　21：00　ゲーム終了　寝る
7月15日（土）晴
　今日も暑そうだ
　6：00頃　目覚める　NHKニュース見
　　る
　眠いような眠くないような

8：00　TV消し，頭近くのラジオにスイッチ入れ，NHK聞きながら寝る。
10：15　目覚める　頭の中すっきりしたTVつける
10：30　MLB 野球見る　8回裏 ヤンキース対ホワイトS　5対3で，結果6対5でNYヤンキースの勝ち。押さえのリベラが打たれ，どうにか勝った試合。
11：00　終わり　食事準備　食事　後片付け
12：00　NHKニュース　生活笑百科　純情きらり　雷がなっている
14：00　NHKスタジオパーク　佐久間良子　功名が辻を語る
15：00　TV東京競馬中継　16：00迄
16：30　夕食のおかず買いに行く
17：50　帰宅
19：00～　TV東京　秘湯の宿
20：30　食事準備　食事　後片付け
21：30　TV　TBS　世界ふしぎ発見
22：00　日テレ　エンタの神様　寝る

7月16日（日）曇
3：00頃目覚め，5：00また寝る
9：40　目覚める
10：00　TV朝日　サンデープロジェクト見る　ご飯炊く（2合）
12：00　食事準備　食事　後片付け
13：00迄
　NHK　TV普段着の温泉
　フジ　26時間TV
14：00　NHK BS 2　大相撲（八日目）
15：45　新潟競馬（大雨）
18：00　ニュース　シャワー入る（40分位）
19：00　TBS　さんまのスーパーからくり
19：30　NHK　ダーウィンが来た　いきもの新伝説　モグラ

20：15　NHK BS 2　世界ふれあい街歩き　青島～中国
21：00　日テレ　行列のできる法律相談所
食事準備　食事　後かたづけ
　味噌汁　野菜炒め作る
22：00　NHK BS 2　功名が辻
23：00　NHK第一　世界遺産　フランス
23：50　寝る

7月17日（月）祝日・海の日　曇，雨ふったりやんだり
7：00　目覚める　TV　みのもんたの朝ズバ見る
8：30　NHK BS 2　特急列車の秘密　初め昭和4年　フジ，サクラ，それから日々改良され，より速くより安全により快適に，現在は個性豊かになっている。
9：00　テレ朝　スーパーモーニング
9：35　NHK第一　野生動物　マンボウの生態
10：00　NHK第一　プレミアム　富士山の四季　まだ登ってないので一度は…
11：30　NHK BS 2　MLB Wソックス対NYヤンキース
食事どうしようか？
12：30　食事準備　食事　後片付け
16：00迄　寝ていた　寝すぎたようだ。
NHK　大相撲見る　ご飯炊く（2カップ）
18：00　ニュース
19：30　食事準備　食事　後片付け
21：00　テレ朝　たけしのTVタックル
22：00　パソコンゲーム
24：15　TV東京　きらきらあふろ　面白い！！
1：00頃　寝る

2 後期高齢者の訪問面接調査の事例

　後期高齢者についても第1次調査の結果を類型化し，その類型ごとに生活状況を詳しく把握するため，訪問面接調査を実施した。調査の実施時期は2007年2～3月で，調査員は筆者の研究室に所属する学部の学生および大学院の学生である。

① 類型化の方法
　第1次調査の質問から後期高齢者の場合，次の4つを指標として選び，類型化した。
(a) 経済状況に関する意識
(b) 正月三が日をひとりで過ごした者
(c) 近所づきあいなしの者
(d) 外出頻度

　調査票では経済状況に関する意識は5区分で質問したが，ここでは「かなり余裕がある」と「やや余裕がある」を「余裕がある」の1つにまとめ，①「かなり苦しい」，②「やや苦しい」，③「余裕はないが生活には困らない」，④「余裕がある」，の4区分とした。

　また「近所づきあい」については，「挨拶を交わすくらい」と「まったくない」を「近所づきあいなし」とした。その他の「正月三が日をひとりで過ごした者」，「外出が週1回以下の者」，「外出が週1回以上の者」の指標を加え，組

表7-2　鶴見区ひとり暮らし後期高齢者調査の2次調査の類型

類型	指標	備考
1	かなり苦しい×正月ひとり×近所づきあいなし×外出週1回以下	
2	かなり苦しい×正月ひとり×近所づきあいなし×外出週2回以上	
3	やや苦しい×正月ひとり×近所づきあいなし×外出週1回以下	
4	やや苦しい×正月ひとり×近所づきあいなし×外出週2回以上	
5	生活していくには困らない×正月ひとり×近所づきあいなし×外出週1回以下	
6	生活していくには困らない×正月ひとり×近所づきあいなし×外出週2回以上	
7	余裕がある×正月ひとり×近所づきあいなし×外出週1回以下	該当ケースなし
8	余裕がある×正月ひとり×近所づきあいなし×外出週2回以上	

み合わせた。

　前期高齢者の２次調査での類型指標として「緊急時の支援者なしの者」という項目があったが，後期高齢者の場合，この指標を入れると該当ケースが少なくなったので除くことにした。以上の指標の組み合わせの結果が表7-2の8類型である。

② 類型ごとの対象ケースと調査の実施状況

　後期高齢者の場合も，第２次調査について第１次調査の調査票の最後に調査回答者に対して訪問面接調査の受け入れの可否を尋ねている。その結果は第１次調査の回答者の33.6％，558名もの方々が訪問の受け入れを承諾してくださった。

　この558名のなかから，すでに述べた８つの類型の条件に合うケースを選び出した。その結果，全部で68ケースとなった。２次調査はこの８類型から全部で30ケースほどとることを目標にした。

　類型ごとのケース数は次のとおりである。調査の結果，実際に訪問できたケースは20となった。なお類型7は，類型にもとづく条件に合うケースが１次調査結果から抽出されなかったので「該当ケースなし」となった。

　後期高齢者についても，１週間の日記をつけていただいた。その結果，7ケースが応じてくださった。（　）内は訪問調査が完了したケース数，［　］内は日記を得ることができたケース数である。

　　類型１：４ケース (2)［０］　　　類型２：９ケース (4)［０］
　　類型３：５ケース (1)［１］　　　類型４：12ケース (3)［１］
　　類型５：10ケース (3)［１］　　　類型６：23ケース (4)［１］
　　類型７：該当ケースなし　　　　　類型８：５ケース (3)［３］

　ここで，ひとつ説明しておかなければならないことは，１次調査の回答と２次調査の回答のずれである。特に直接訪問してお話をうかがってみて，１次調査の回答と異なった内容のケースが出てきたのは「正月三が日の過ごし方」であった。私たちが１次調査にもとづいて「正月三が日ひとりで過ごした」者を選んだが，訪問時の回答でそうではないケースも一部あった。ここでは，「正月を誰かと一緒に過ごした」者もその類型のなかにあえて残してある。「正月三が日の過ごし方」以外の項目の孤立の程度からして，正月の項目を無視して

も事例としての意味があると考えたからである。

③ 事例の記述

　以下に，訪問面接調査で得ることができた事例のなかから類型ごとの典型的な事例を記述したい。なお，1次調査で得られたデータを含めている。記述の柱は次のとおりである。

　　①住宅状況　　　　　②就労状況　　　　　③収　入
　　④健康・身体状況　　⑤生活歴　　　　　　⑥現在の生活
　　⑦親族，友人について　⑧正月三が日の過ごし方　⑨近所づきあい
　　⑩社会活動　　　　　⑪地域環境　　　　　⑫生活上の困り事
　　⑬諸制度の利用状況　⑭その他（調査員の所見等）

　なお，記述に際しては，プライバシー保護のため，地名等の省略や最低限の変更をしてある。また前述のように，調査員には学部学生も含まれており，所見は多少，稚拙なものもあるが，あえてそのままにしてある。

　以上の後に，1週間の日記を添付した。ただし，その日記は類型ごとには得られていないので，日記を載せることができないところもある。

　以下，類型ごとにひとり暮らし高齢者の生活の詳細を記述し，ついで日記を添付したい。**類型5の事例5-2**は，日記を2月18日〜4月21日（用意したノート全ページに）書いてくださったが，紙幅の関係で残念ながら最初の1週間のみとさせていただいた。

1 類型1：経済的にかなり苦しい×正月三が日ひとりで過ごした×近所づきあいなし×外出週1回以下

事例1-1 女性，81歳

① 住宅状況：入り組んだ場所にある古い木造賃貸アパートに住んでいる。入り口はとても狭く，調査員が住所を頼りにアパートを探してもなかなか気づかない場所にあり，わかりにくかった。1カ月の家賃は2万円で，共同トイレ，風呂はないので近くの銭湯を利用している。

　階段を上がってすぐの引き戸を開けると小さい台所スペースと，6畳くらいかと思われる部屋が1つのみあった。現在の住居には約18年間住んでいる。その前にも同じ鶴見区内に住んでいたとのことである。部屋の中はとても綺麗で，可愛い置き物や植物や，結婚式や犬の写真も綺麗に飾ってあった。

② 就労状況：現在は無職。結婚してしばらくは家業（農業）の手伝いをしていたが，その後，A会社の下請け会社で働き，失業保険受給を経て，清掃業にも従事していた。働くことが好きだと言っていた。
③ 収　入：現在は年金暮らしをしており，1カ月7万5000円の収入がある。
④ 健康・身体状況：最近，体調不良を感じ，医者に行き初めて点滴を打たれた。もらった薬を飲んだらすぐに良くなった。また，将来白内障になるかもしれないと言われていて，点眼薬をもらっているが，それ以外はいたって健康であり，あまり病院にも行かないのでかかりつけ医もいないということである。ADLは，普通に話も聞こえ，細かい字を読む時は眼鏡をかけるが普段はかけていない。歩行に関しても問題はない。
⑤ 生活歴：東北地方の出身。7人兄弟の4番目に生まれた。家は農家を営んでいた。地元で結婚したが，夫がひとり単身赴任で出稼ぎに行ってしまい，両親のもとで4人の子どもを育てていた。しばらくして子どもと共に夫のところまで出てきて家族6人で暮らした。しかし43歳の時に夫は亡くなり，それからはひとりで子どもを育てた。
⑥ 現在の生活：普段は家でテレビを見たりして過ごすことが多い。テレビショッピングで血圧計を買ったそうで，電池を入れるのを頼まれた。3時には銭湯へ行く。自転車で買い物に行ったり，散歩に行ったりする。園芸が趣味で，一昨日は園芸の店に行ったと話してくれた。
⑦ 親族，友人について：兄弟は東北地方の地元に住んでいて今は会うことはない。同じ横浜市内に長女が住んでいて，1年に1回電車に乗って泊まりに行く。この前，地震が起こった時も心配して電話をくれたと話していた。また，次男も時々会いに来るそうで，調査員の訪問時も次男が家を訪ねてきた。また，近所に同郷の友人が居て，困った時は助け合っている。調査員の訪問時にも，一緒にヨーカドーに買い物に行かないかと誘いの電話がきた。
⑧ 正月三が日の過ごし方：毎年長女の家に泊まりに行っている。今年は2晩泊まった。長女が介護の仕事をしていてあまり休みがとれないから，と話していた。
⑨ 近所づきあい：会うと挨拶程度のつきあいと言っていた。調査実施日，表へ出てわれわれ調査員を待っていてくれた間，寒いから中へ入って待っていればいいのに，と近所の人に言われたとのこと。
⑩ 社会活動：なし。
⑪ 地域環境：駅からは遠いが，周りは住宅街で，小さい医院もあり，家の近くに商店街や100円ショップなどがあった。お店がつぶれる前はよくパチンコにも行っていたとのこと。
⑫ 生活上の困り事：困っていることは特にない。今の生活に満足している様子がうかがえた。
⑬ 諸制度の利用状況：なし。

⑭ その他（調査員の所見を含む）：1次調査の結果を見た限りでは，非常に孤立したケースだと思っていたが，実際のところ近所の人ともそれなりに会話を交わしたりしており，本人にも孤独感をもっている感じはなかった。81歳という年齢の割には足腰も丈夫で，自転車に乗って買い物に行けたりしている。ただ，介護保険等の利用はなく，潮田の地域ケアプラザもご存知ではあったが公的なサービスとのつながりは特にない。かかりつけ医に関しても，いたほうがいいとは思っているが，健康体であることに誇りをもっている気持ちからあまり強く望んではいない。日頃生活していくうえでの不自由は感じられなかったが，緊急時の対応策があまり確保されていないことが気がかりだった。

事例1-2 男性，77歳

① 住宅状況：駅からすぐ近くの住宅地にある，民間賃貸アパートに住んでいる。築30年は経っていそうだ。2階建てのアパートにひとりで住んでいる。1階部分しか見ることができなかったが，台所，トイレ，風呂があり，6畳半ほどの居間がある。2階部分にはさらに2部屋あると思われる。家賃は月10万円で高いが，子供たちが援助してくれていると言う。

② 就労状況：現在，仕事はしていない。本人は，18歳の時に兵隊に入った。18～22歳まで兵役をしていた。海軍で飛行機に乗っていた。戦争から帰ってきてからは，神田にある家具屋で働いた。それから，熱海に行って5年間，家具屋の仕事をする。東京で働いていた頃は，皇居の家具や聖心女子大にある棚を作ったこともある。そして，横浜の家具屋で25年間，57歳まで働いていた。最長職は家具屋である。

　配偶者は，東北地方の出身。東京の有名な美容室で働いていた。2人めの子どもができたときに美容師をやめた。最長職は美容師。

③ 収　入：収入は，月20万円の年金のみ。

④ 健康・身体状況：心臓が悪く，狭心症や不整脈がある。足のしびれもあり，歩くのがゆっくりである。本人は，戦争の後遺症で耳が悪くなったと話す。胃に破片が刺さり，穴が開いたので手術をした。胃と胆のうを取った。それからは，おなかがすいたということはない。時間になったら食事をするという感じだという。

　心臓が悪いのも戦争の後遺症かもしれないと話していた。2006年の7月に川崎の病院で大動脈のバイパス手術をした。49日間入院した大きな手術だったと言う。

　1日に7～8種類の薬を飲むのだと，薬を見せながら話してくれた。薬づけの毎日で，間違って飲んでしまったり，飲みきれなくて残してしまったりすることもあるそうだ。不整脈の薬は絶対に飲むと決めていて，それ以外は優先順位をつけて自分で薬を調整して飲んでいると言う。

⑤ 生活歴：本人は長野県の出身，配偶者は東北地方の出身である。2人は東京で知り合い，本人が27歳か28歳の時に結婚。5人の子どもが生まれる。本人の両親は農業を

していた。主に米を作っていた。兄弟は2人で，本人には兄が1人いた。
　夫婦で2人暮らしをしていたが，妻が亡くなったためひとり暮らしとなった。妻は関節リウマチで13年間寝込んでいて，本人が看病をしていた。
　本人の最終学歴は高校。高校1年生まで学校に通っていた。高校1年生の時兵隊に呼び寄せられたので，1年間しか高校に通わなかったが卒業証書をもらうことができた。

⑥　現在の生活：昼過ぎに起きる（心臓が悪いため）。日中はテレビを見たり，家でゴロゴロしたりして過ごす。炊事や洗濯は自分でする。朝はほとんど食べない。昼食と夕食をとる。夕食は，夜食のようなものである。夜は睡眠剤を飲まないと寝られない。夜中に寝付く。
　外出は月2回の通院のみである。子どもが来れば，子どもと外出することはある。ホームヘルパーが週2回来てくれる。

⑦　親族，友人について：子どもや孫が近くに住んでいるので来てくれる。子どもはみな，鶴見区内に住んでいる。1人あたり週2回くらいの頻度で会いに来る。1日おきで誰かは来ると言う。
　病院で友達もできる。鹿児島や新潟から川崎の病院にかかりに来る友人もいるそうだ。

⑧　正月三が日の過ごし方：子どもや孫と過ごした。子どもたちが本人の家に遊びに来たり，本人が子どもたちの家に遊びに行ったりした。

⑨　近所づきあい：以前は，近所づきあいはしていた。駅のほうに行って頻繁に近所の人と交流はしていた。現在は，体の調子が悪いのでほとんど外出せず，向こう三軒両隣とつきあいをする程度。ほとんどつきあいがないと言ってもいいようだ。

⑩　社会活動：なし。

⑪　地域環境：家の前の通りは大きくはないが，1時間に1～2本はバスが通る。車の音がうるさいのが困ると話していた。車の音も住みやすいので我慢していると言う。

⑫　生活上の困り事：困り事は，発作が起こるのでひとりで外出できないこと。子どもが一緒じゃないと外出できないこと。
　具合が悪くなった時は，子どもがすぐにかけつけてくれる。救急車と子どもを同時に呼んでも子どものほうが早く着く時もある。
　妻が亡くなってひとり暮らしを始めたので，最初は寂しかった。3～4年はボーっとして毎日を過ごした。今は，1人のほうがゆっくりできていいと思う。最近は寂しいとかはない。
　経済的には，心臓が悪いので医療費がかかって大変。収入が年金のみで20万円，家賃が10万円で，残りはほとんど医療費。保険がきかないものもある。断層写真を撮るだけで6万円もかかってしまう。

⑬　諸制度の利用状況：利用しているサービスは，ホームヘルプサービスのみである。

今度，心臓のほうで内部障害としての身体障害者手帳をもらうために，申請しようと思っているそうだ。書類はもらってきてあるので，あとは主治医に書いてもらうだけだと言う。

⑭ その他（調査員の所見を含む）：心臓が悪いため，ほとんど外出せず，近所づきあいもほとんどないそうだ。子ども男4人女1人の5人が近くに住んでいるので，2日に1回くらいは誰かが様子を見に来てくれて緊急時にはすぐにかけつけてくれるそうだ。部屋にはお孫さんの写真や亡くなった奥さんの写真が飾られていた。家族を大切にしている人柄がうかがえた。ただ，心臓発作が頻繁に起こるなど，健康面が一番心配な点かもしれない。薬を何種類も服用していて，病院にも通わなくてはいけないため医療費の出費がかさむらしく，1次調査では「かなり苦しい」と回答していたが，子どもの援助もあり，そこまで苦しそうには見えなかった。

　ヘルパーの訪問もあるということで自ら外に出ることは少ないものの，外との交流はもっとあってもよいと思う。

　突然心臓発作が起こり，自分の対応だけではどうにもならなかった時に，痛みに耐えつつも子どもや病院に連絡できるのか少し不安である。

　夜はなかなか寝付けず睡眠薬を飲むため，朝がなかなか起きられずに午後にならないと活動できないそうだ。

　部屋には本人が作ったという大きくて立派な仏壇があった。家具屋をしていた時に使っていた道具は，「思い出深いので捨てられない」ので取ってあるそうだ。今でも体の調子さえよければ桐のたんすくらいは作れると話していた。昔の仕事を活かして，ものづくりができれば，生きがいや社会参加につながるかもしれない。

2 類型2：経済的にかなり苦しい×正月三が日ひとりで過ごした×近所づきあいなし×外出週2回以上

事例2-1 女性，89歳

① 住宅状況：鶴見駅から約1.6km，鶴見川近くの住宅街の中にある大きな木造のアパートの2階の角部屋に住んでいる。1カ月の家賃は2万2500円。専用トイレあり，専用台所あり，風呂はない。部屋数は1部屋で約5畳。窓が2面にあり，比較的明るい部屋だった。少し古いが生活するには困らない程度であると感じた。しかし2007年6月にこのアパートは壊されるそうで，その後どこに住めばよいのか大変悩んでいた。

② 就労状況：現在は働いていない。養父が亡くなってから，働くことを好まない養母のために女工として幼い頃から家計を支えてきた。その後56歳で結婚。配偶者が事業を行っていたため，その手伝いの仕事を九州で約10年間行う。

③ 収　入：月10万円の年金で生計を成立させている。年金の余り等貯金もしているようだ。

④ 健康・身体状況：肺気腫，喘息，薬アレルギー，高血圧がある。薬アレルギーのため高血圧の薬しか飲まない。念のため，心臓の薬も持っているそうである。

ADLは日常生活に問題はなさそうだったが，耳が遠くなっているようでゆっくりと話さなければ伝わらない時もある。足腰も年齢のわりに丈夫で，手押し車があればどこへでも歩いていくそうだ。

酒，タバコは好まない。

⑤ 生活歴：ひとり暮らしが始まったのは67歳の時。56歳の時に結婚した配偶者が亡くなり，居場所がなくなってしまったからだそうだ。それまで九州で生活していたのだが，上京してきて現在のところに住み始め現在に至る。

⑥ 現在の生活：午前5時に起床。食事は3度しっかりと食べるそうだ。魚やフルーツはあまり好きではないそうで，野菜と肉をよく食べる。それをおかずにご飯やうどんを食べる。

昼間は手押し車を押して友人の家へ遊びに行ったり，鶴見川の清掃を行ったりしている。月に1度近くの行きつけの病院へ薬をもらいに行く。99円ショップに買い物に出かけることもよくある。なるべく外に出かけることを心がけているそうだ。

午後10時に就寝。

⑦ 親族，友人について：親しい関係の親族はいない。

しかしこの方自身も言っていたが，友人・知人には恵まれているようで，病気の心配や日常生活の支援をしてくれているそうだ。そのたとえとして，頼んでもいないのに食品や衣類が集まってくると話してくれた。

⑧ 正月三が日の過ごし方：親族が集まるということはない。その代わり友人と三が日を過ごしたそうだ。友人と初詣にも行ったし，おせち料理も食べたとのこと。

⑨ 近所づきあい：アパートのなかにも親しい友人がいるが，それだけでなく幅広く友人・知人が多くいる。

⑩ 社会活動：サークルのようなものに参加はしていない。しかし，個人で鶴見川の清掃活動を行っているそうだ。

⑪ 地域環境：周囲は住宅街。近くにテニスコートや公園，川があり静かな地域だと感じた。バス停も近くにあるので，外出するのには便利な所だろう。

⑫ 生活上の困り事：今まではなんの困り事もなく生活をしていたのだが，今年6月に現在住んでいるアパートが取り壊されることが決まった。それにより，さまざまな不安事がより大きなことに感じられたようで，情緒不安定になってしまったらしい。精神的な面や新居はどうするのかなど困り事は多くあるようだ。

⑬ 諸制度の利用状況：介護保険制度は自分ではできない布団干しをやってもらうなど，有効に活用できていると思う。すべて任すのは嫌なのだと話していた。民生委員とも以前から面識があったようで，新居を探してもらったりしているようだ。

⑭ その他（調査員の所見を含む）：89歳の後期高齢者の調査だと聞き，どのような方

なのだろうか，健康に暮らしていらっしゃるのだろうかとさまざまな心配があったが，実際に訪問してみると明るく元気で，とても楽しい話をうかがうことができた。このようにいつまでも元気に生活することができるのはご本人の努力も大きいとは思うが，それだけではなく地域の人びとやホームヘルパーの支えがあるからだとうかがい，公的なサービスの充実だけでなく地域ぐるみでひとり暮らし高齢者を支えていくべきだと感じた。この方のように，明るく輝いている高齢者が1人でも多く増えてほしいと思った。

事例2-2 男性，80歳

① 住宅状況：最寄り駅からは徒歩15分くらいかかる。対象のお宅は賃貸アパートの2階にあるが，階段が非常に急勾配で，身体が不自由な対象者にとってはとても危険であるように感じた。本人は建物の柱等が弱いので地震がくればすぐ壊れるだろうと言っていた。線路がすぐ近くを通っている。部屋は，6畳1間と台所，トイレである。拾い物のキーボード，テレビ，ビデオデッキなどが置いてあり，本もかなりあった。押入れは開けっ放しにしてあり，中に酸素吸入器が入っていた。冷暖房器具が多く，訪ねたときは電気ストーブ，エアコン，扇風機，ホットカーペットがついていた。冬の光熱費は1万7000円もかかるという。家賃は5万円。

② 就労状況：現在は無職。若い頃からさまざまな仕事をやってきた。レンガ・ブロックの職人は長くやってきたとのこと。

③ 収　入：生活保護を受給している。

④ 健康・身体状況：1984年，仕事中の事故で右腕に大きなけがを負い，右手麻痺が残った。同時に心臓も悪くしてしまい，出かける前には酸素吸入が必要になった。歩く時は少しずつ休憩をとることが必要。右手は拾ってきたキーボードでリハビリをすることにより，回復してきているという。また，2年前には脳梗塞で倒れた。

⑤ 生活歴：ソウル郊外に生まれる。17，18歳の頃，犯罪により警察に捕まる。飛行学校に入り，少年飛行兵になった。戦時中は満州の部隊に配属された。終戦後，満州でロシア軍の仕事をやらされた後，ウランバートルに行き，その後，帰国した。父が関西で鋳物工場をやっていたため，父と同じ町で暮らし始め，本人は電気関係の仕事をしていた。22，23歳の時に仕事で盗みをして，1950年に東京に逃げてきた。東京では電気屋やミシンのセールスなどいろいろな仕事をした。

30歳で結婚して神奈川県下のある市に住むようになったが，公害がひどいので妻の実家がある横浜市内に引っ越したが，田舎の狭苦しい雰囲気は大陸育ちには合わなかったという。51歳で離婚して，妻子に財産はすべて残し，それ以降会っていない。本人は神奈川県下のある市に戻り，レンガ・ブロックの職人などの仕事をやった。仕事中に事故に遭ってからは清掃のパート等をやったが，70歳で生活保護を受け，今のところに引っ越してきた。

⑥　現在の生活：8時から9時までに起床し，ゴミ出し，食事，天気予報を見る。日・月・水・金曜日はヘルパーが10時から2時間来て，掃除，洗濯，食事作りなどをしてくれる。食事を自分で作るのをヘルパーさんが見守ってくれることもある。12時に昼食をとり，ビデオで時代劇を見る。その後，酸素吸入をして14時に散歩に出かける。散歩には万歩計を付けて行き，何歩歩いたかを日記に細かく記録している。家に戻ってから18時頃夕食をとり，20時頃銭湯に行く。銭湯は430円かかるため3日に1度しか入れない。帰ってから洗濯をして，0時から2時頃に就寝。

脳外科に2カ月に1度くらいのペースで通院している。その他，右手についても通院している。

⑦　親族，友人について：親族のつきあいはない。ヘルパーがかつての職人仲間の女の人で，自分で作った料理をもって来てくれたりする。いろいろと話ができる相手でもあるようだ。また，右手の調子が良くなってから年賀状でのつきあいも再開し，外地での同級生から年賀状や電話がくる。その他，銭湯で職人の人たちと知り合ったりするため，知り合いは多い。

⑧　正月三が日の過ごし方：今年の正月は散歩をし，またテレビを見たりしながら過ごした。あまり，寂しいという話はでなかった。

⑨　近所づきあい：挨拶程度が多いが，近くに住むおばあさんとは親しい。

⑩　社会活動：生活と健康を守る会に入っている。一時，その理事をやっていたこともある。現在は会費集めをやっている。

⑪　地域環境：最寄りの駅周辺は大通りが交わる交通量の多いところである。訪問したお宅があるアパートは大通りから少し入ったところにあり，入り組んだ区画の細い路地の先に建っている。近くには商店街があるがあまり活気があるとは言えない。

本人は近くの公園で初めて会う人と話すことが好きで，散歩に出かけると公園に立ち寄るそうである。

⑫　生活上の困り事：生活保護費のなかでは生活を充実させることはむずかしく，好きな映画を見たり，外でラーメンを食べたりすることもできないと言う。銭湯には毎日行きたいと言っていた。また，新しい服を買うなどやりたいことがいろいろあるようだ。冬季の暖房代の確保のために夏から貯金箱にお金を貯めていると言う。身体上，常時かなり強めの暖房が必要なようだ。

2カ月に1回の脳外科への通院の時は最寄り駅まで歩いていくが，駅の階段が辛いそうだ。ヘルパーとは病院で待ち合わせをしていると言う。

⑬　諸制度の利用状況：日・月・水・金曜日に来るヘルパーはかつての職人仲間が互助的に手伝ってくれているようだ。

⑭　その他（調査員の所見を含む）：大陸生まれという地域性，時代性が日本での暮らしをむずかしくしている印象を受けた。また，かつての職人仲間がヘルパーをやって，日・月・水・金と頻繁に手伝いに来てくれることは非常に大きな支えになっているよ

うである。ヘルパーの食事の差し入れ等が家庭的な雰囲気を味わうこともでき，また大きな助けになっていると言えよう。

また，このケースでは生活保護受給者の生活が実態的に明らかになる。高齢者加算がなくなってからの苦しさは，訴えからもかなり厳しい生活を強いられていることがわかる。

しかし，性格が楽天的・積極的なため，今も，楽譜を読みながらキーボードに向かったり，テレビを見たり本を読むことから物事を良く考えて自分なりに結論を出すなどの活動は，この方の生活のなかで重要な部分だと思われる。お金のかからない趣味等で，生活は不満多いのだろうが，消極的・悲観的なところはない。帰り際，また遊びに来てくれと言ったり，セールスマンを家に上げて長話をすることもあるというあたり，ひとりで家にいるのは寂しいのだと感じられた。現在は，まだ散歩等で外出しているが，外に出られなくなると一気に寂しさが増してしまうだろう。

ひとり暮らしで倒れ，奇跡的に救急車を呼ぶことができたと話してくださったが，緊急通報システムを設置するなど緊急時に向けての準備は必要であると感じた。

3 類型3：経済的にやや苦しい×正月三が日ひとりで過ごした×近所づきあいなし×外出週1回以下

事例3-1 男性，75歳

① 住宅状況：鶴見駅から徒歩10～15分，循環バスを利用すれば5分弱の，商店街から1本内側に入った通りにあるアパートの1階に住んでいる。築年数が相当経っているように見える。玄関の段差が高く，踏み段を作り解消している。

居間と寝室の2間と，キッチン，風呂，トイレがあり，すっきりと片付けられていた。玄関同様，風呂場も段差が激しく，すのこを使用するなどの工夫をしたこともあるが，現在は使用していないとのこと。周囲の建物が建て込んでいるため，日光が入ってこないため，1日中電気をつけている。周囲は静かで，生活騒音はない。家賃は月6万3000円。家賃の面，風呂などの面から，現在，市営住宅への入居申し込みをしている。

② 就労状況：現在は無職。出身である富山で，溶接の仕事に就き，子どもが学齢期になる頃に横浜へ。2002年に病気になるまで溶接の仕事をしていた。

③ 収入状況：現在は生活保護を受給している。家賃が6万3000円，光熱費が1万5000円から2万円かかるそうだ。また，あまり自炊をせず，日に2回の食事も，買ってきたお惣菜ですませることが多いことから，食費もかかっているようだ。生活はかなり苦しいと言っていた。

④ 健康・身体状況：2002年に直腸ガンを患い，入院，手術を受ける。それ以来，薬が手放せない。食事制限などはないが，トイレの調節が上手くできないため，外出など

が思うようにできない。外出ができないために，足腰が弱ってきている。ADLにはほとんど影響がない程度だが，室内での歩行を見る限りでは，少々困難なのではないだろうか。現在は月に1回程度近くの病院へ通院している。

⑤ 生活歴：富山県出身。父親は骨董商だった。子どもの頃養子に入った。富山で結婚し，息子が1人，娘が2人いる。40年ほど前仕事で横浜に移ってきた。仕事柄，ひとり暮らしの期間が長く，家族で暮らす時間は短かったようだ。奥さんは，早くに亡くなっている。現在の住居に移ってきて約1年。横浜市の他区から移り住んだ。

⑥ 現在の生活：朝4～5時の間にトイレのために起床。その後朝食を食べる。日中は，TVを見たり，パソコンのゲーム（囲碁・将棋）をしたりして過ごす。薬の影響でうとうとしてしまうこともあると言う。就寝は23時頃。

月に1～2回の通院と，週1～2回の銭湯へでかける以外は，あまり外出していない。

⑦ 親族・友人について：親族は，息子が1人，娘が2人いる。息子が同区内（車で5分）に住んでおり，たまに訪ねてくる。2人の娘はともに，千葉でそれぞれの家族とともに暮らしている。息子，娘家族との写真をたくさん見せてくれた。近所には，なにかと声をかけてくれる人がいるようだ。困った時は息子家族が相談にのってくれそうである。

⑧ 正月三が日の過ごし方：正月には子ども家族が対象者の家を訪れることが，ここ数年の定番になっているとのこと。孫，ひ孫などもやってきてにぎやかだそうだ。

⑨ 近所づきあい：アパートの住人同士のつきあいはほとんどない。同アパートは若い共働きの家族が多いらしく，日中はほとんど人がいないとのこと。

引っ越しの時に面倒をみてくれた電気屋さんや，町会長さんなど，気にかけてくれる人はいるようだ。

⑩ 社会活動：なし。買い物やパソコン教室に通ってみたいなど，意欲はあるが，体調の問題があり，積極的参加ができていない。

⑪ 地域環境：シャッターの閉まっている商店がめだつが，商店街がすぐ近くにあり，食事や日用品を買うことには事欠かない。最寄の鶴見駅へも循環バス（1時間に4本前後）が出ており，利用すれば，駅，区役所などへは出やすい。

周囲は対象者と同様のひとり暮らし高齢者が多く住んでいるという。情報は，広報から得ている。

⑫ 生活上の困り事：健康上の問題（トイレの心配）から，思うように外出できない。体調が思わしくなく，病院の検査・対応に疑問を感じている。できれば通院先を変えたいとのこと。市営住宅を申請しているが，なかなか当たらない。家賃があと1万円安ければ，生活しやすいと言う。相談事は，娘さんのほうが話しやすいと思うが，遠方に住んでいるため，なかなかできない。仕事をしている時から，人相手ではなかったので，ひとりには慣れている。孤独感や寂しいと感じることはない。

⑬ 諸制度の利用：現在，生活保護を受給している。民生委員は，担当がよく替わり，前任の民生委員は，よく来てくれたが，現在担当の民生委員は来ていない。
⑭ その他（調査員の所見を含む）：対象者はなんでも自分の力でこなす力をもっているし，住みにくい環境を工夫して変えていくことができる力をもっているように感じた。生活上の困り事の項目で，外出が思うようにならないというのがあったが，トイレの問題さえ，対象者の不安を取り除くことができれば，社会参加活動など地域に出て行けるのではないだろうか。

また，今回話を聞いてみて，この方は職人気質をもち，人とのつきあいという面では不器用さを感じた。

── 日 記 ──

2月21日（水）晴
今日は朝からよく晴れて，気持ちの良い一日になりそうだ。8時半頃にコーヒーを一杯と，みそ汁一杯飲む。
テレビをみる。新聞を読む。夕方買い物に出る。
朝　コーヒー一杯　みそ汁
昼　おにぎり一ヶ　お新香　お茶
夜　ご飯　肉じゃが　お新香

2月22日（木）晴
8時半頃に起きる。
コーヒー一杯飲んで，新聞をみる。
昼食事　10時半過ぎ。テレビを見て，夕方4時頃スーパーに買い物にでかける。
夕食の準備。
朝　コーヒー一杯
昼　おにぎり一コ　パン一切れ　みそ汁
夜　ご飯　マグロ刺し身　肉じゃが煮　みそ汁

2月23日（金）晴
8時半過ぎ起きる。
雨が降っているので，何となく気持ち朝からすっきりしない。
お湯を沸かしてコーヒーを入れる。テレビ，新聞を読む。
国会中継をみる。
昼は玉子うどん作って食べる。午後は国会中継をみる。終わるまで。
昼食の後，腹が痛くなる。7時半頃痛みが和らぐ。夜の食事をする。
生野菜，昨日のマグロの刺し身と玉子かけご飯，みそ汁。
10時半頃に寝る。
朝　コーヒー一杯
昼　玉子うどん　パン一切れ
夜　マグロ刺し身　生野菜　玉子かけご飯　みそ汁

2月24日（土）曇
8時に起きる。今日は病院に行く日。11時までにコーヒー飲んで出る。
12時半過ぎに病院から帰る。
その足でスーパーで買い物して帰る。
おにぎり食べながらテレビをみる。
11時頃に寝る。
朝　コーヒー一杯
昼　おにぎり　コーヒー一杯
夜　野菜の煮物　まぜご飯　みそ汁　お新香

2月25日（日）晴
今朝5時頃トイレに起きて，そのまま朝まで眠れなくて，8時半頃にコーヒー沸かして飲む。テレビ，新聞を読む。
昼におにぎり，みそ汁。

　　　　3時頃に銭湯に行く。　　　　　　　10時半頃に寝る。
　　　　夜までテレビをみる。5時頃に買い物に　朝　コーヒー一杯
　　　　出る。　　　　　　　　　　　　　　昼　おにぎり　みそ汁
　　　　7時頃に夕食をする。　　　　　　　　夜　白飯　肉じゃが　赤魚煮　みそ汁

■4 類型4：経済的にやや苦しい×正月三が日ひとりで過ごした×近所づきあいなし×外出週2回以上

事例4-1 男性，79歳

① 住宅状況：最寄りの駅から徒歩約5分くらいにある，線路沿いの2階建て民間賃貸アパートの1階に2年在住。1カ月の家賃は，6万5000円。トイレ，台所，風呂あり，約8畳の部屋が1つ。駅前にスーパーがあるため買い物には困っていない。部屋の中は布団がたたまれ，小さなテーブル，テレビ，むき出しの洋服掛けに洋服20着程度掛かっていた。掃除は行き届いている。私達調査者にインスタントコーヒーを入れ，クッキーを用意していた。住宅の困り事は，保証人である兄弟が高齢であるため，いつまで今の家に住むことができるのか不安に思っている。

② 就労状況：現在無職。最長職は，約30年間勤めたペイント工場での塗装業である。20～26歳までアメリカの映画の配給会社で勤務。当時，東芝の社員が月に3000円貰っていた時に，月に5000～8000円貰っていたそうだ。映画配給会社が倒産したため，26～29歳までアメリカの軍人向けのクラブやホテルで働く。その頃，銀座で女性と映画を見るなどよく遊んでいたそうだ。その後，親戚のペイント工場で塗装業の仕事をしないかと誘われ，一時は実家を改築し，独立して塗装業を行っていた。

③ 収　入：国民年金と厚生年金で月に18万円。生活するには困らないが，年金が少ないと思っている。

④ 健康・身体状況：ADLはすべて自立している。68歳の時に胃ガンの手術を行い，現在4分の3しか胃がない。そのため，1回の食事の量を少量ずつとっている。胃薬を常用している。

⑤ 生活歴：横浜市鶴見区出身。5人兄弟の長男。父親は会社員であった。戦時中は海軍に入った。母親は東北地方出身で元士族。幼少の頃，家族で松島に旅行した時の写真を見せてくれたが，裕福な暮らしをしていたようであったことがうかがえた。しかし未婚のため，56歳の時に知人の保証人になったことが原因により，親から譲り受けた鶴見区の土地と家を手放すこととなり，それ以降アパートでひとり暮らしとなる。

⑥ 現在の生活：朝は9時に起き，朝食にコーヒーを飲む。昼食は必ず食べ，夕食は食べたり食べなかったりする。外出は，主に買い物をする時のみ。日中は，テレビを見て過ごしている。外食のため築地へ行くこともあるが，ひとりで行く。年2回の兄弟・親戚と旅行に行っている。旅行の記念写真を見せてくれながら，とても楽しそうに旅

行の話をしてくれた。
⑦ 親族，友人について：親族との関係はとてもよく，神奈川県内に70歳の妹が在住。必ず月1回は電話で連絡をとっている。また，兄弟・親族と年2回必ず旅行へ出かけている。年1回の小学校の同窓会には必ず参加している。
⑧ 正月三が日の過ごし方：ひとりで過ごし，近くの神社に毎年初詣へ行く。
⑨ 近所づきあい：ほとんどなし。同じアパートの人と顔を合わせることはほとんどなく，会うことはあっても挨拶をする程度，どんな人が住んでいるかよくわからないと話していた。
⑩ 社会活動：まったくなし。苦手だと言っていた。
⑪ 地域環境：買い物は，駅前のスーパーまで買いに行く。
⑫ 生活上の困り事：緊急時には，川崎に住んでいる妹が来てくれる。賃貸契約の保証人の問題。
⑬ 諸制度の利用状況：介護保険は利用していない。民生委員との関係はよくないようで，民生委員に話をしても聞いてくれないと言っていた。
⑭ その他（調査員の所見を含む）：兄弟で旅行に行った写真を見せてもらい，1枚ずつ説明してもらった。説明している本人の表情が，とても嬉しそうだったのが印象的だった。日常，近所の人とつきあいがなく，話をする人がいないのか，いろいろな内容の話をしてくれた。また，コーヒーとクッキーをご馳走になり，カレンダーに本日学生が来るとの内容が書かれていたことから訪問調査を楽しみにしていたのではないかと思った。

　知人の連帯保証人を軽い気持ちで引き受けてしまい，結局自分の家と土地を失うこととなってしまった。未婚のためひとり暮らしであるが，兄弟・親族との関係がとてもよいようだ。生活に対する不安としては，アパートの契約時の保証人の問題である。保証人をお願いしている兄弟が高齢になり保証人になることができなくなり，賃貸契約ができなくなるのではないかと心配していた。また，健康に対する不安として，胃ガンの手術をしたことである。

　近所づきあいがほとんどなく，社会参加活動をまったくしていない。

事例4-2 女性，83歳
① 住宅状況：最寄りの駅から徒歩で約10分。駅前に商店街があり，スーパー，コンビニが近くにある。木造2階建て賃貸アパートの1階，2部屋の10畳ほどの広さの住まい。トイレ，台所あり，専有風呂なし。家賃は3万8000円。ホームヘルパーが入っているためか，室内はきれいであった。近くの銭湯に週に3回程度行っている。
② 就労状況：現在は，無職。最長職は，飲食店・販売の接客業。高等小学校を卒業後，15～21歳まで川崎の工場で働く。21～31歳まで住み込みで東京の飲食店で接客を行う。その後，店を転々としながら42歳まで飲食店で働く。42～65歳までテナント店の

販売，65～67歳まで病院の掃除の仕事を行う。
③　収　入：厚生年金と国民年金で月に8万円。今年の1月より生活保護で家賃の3万8000円の住宅扶助を受けている。
④　健康・身体状況：1990年に糖尿病による，心筋梗塞の手術を行う。転倒により救急車で運ばれる，体がむくみ肺と心臓に水がたまるなど，以降8回の入院暦がある。調査の当日，体調があまり良くない様子であった。体調が悪いと歩くこともできずほとんど寝て1日を過ごすとのこと。
⑤　生活歴：横浜市鶴見区生まれ。生育家族の職業は聞くことができなかったが，6歳の頃から兄弟の子守をさせられていた。8人兄弟である。高等小学校を卒業後，工場で働く。未婚のため，21歳から住み込みで働き始めて以来，ひとり暮らしである。
⑥　現在の生活：糖尿病のため，食生活に制限がある。9時に起き，朝食におかゆを食べる。昼食は13時にカップ麺のうどんにねぎなど野菜を刻んで入れて食べる。日中は，テレビを見て過ごし，23時に就寝。夕食は寝る前に食べる。体調がいいときは，川崎まで買い物に行く。
　　　ホームヘルパーが週1回，掃除をしてくれる。月に1回の通院，週3回銭湯に行っている。
⑦　親族，友人について：唯一，連絡をとっている弟が実家に住んでいるが，最近前立腺ガンの手術を行った。弟との関係がなくなってしまえば，親族との関係はなくなってしまう。
　　　もともと，接客業等をしていたので，社交的で人と話すのは好きといっていた。銭湯で話をする友達がいる。
⑧　正月三が日の過ごし方：今年は，入院中であった。毎年ひとりで過ごしている様子。
⑨　近所づきあい：近所づきあいは，好きではないと言っていた。大屋さんとの関係は良好である。
⑩　社会活動：ほとんど参加していない。
⑪　地域環境：近所にスーパー，銭湯があり生活するには困っていない。しかし，これ以上健康が悪くなってしまうと在宅では生活できなくなってしまうのではないか。
⑫　生活上の困り事：相談する人はいないようで，常にすぐに入院ができるように準備がしてある。「今の生活に満足している」と言いつつ，「毎日1回は，涙を流してしまう」「ずっとひとりで生きてきて，年金が足りない」「ずっと，働いてきた」と言って調査中，涙を流す場面が何回かあった。
⑬　諸制度の利用状況：ホームヘルパーが週に1回，民生委員が月に数回尋ねる。生活保護を受給しているのでワーカーが，月に1回ほど来る。ワーカーによく話を聞いてもらっているようで，とても感謝していた。
⑭　その他（調査員の所見を含む）：経済的に苦しく，近所づきあいがほとんどないため辛いことも多いようだ。入院の準備やお墓のことを気にして「後は死ぬのを待つだ

け」など言っていたが，くよくよしないで幸せだと思わなければと強い気持ちもみられた。しかし，話しながら泣いてしまうこともあり，寂しい思いは常にあるのだと感じた。また，毎日1回は泣いていると言っていたので，相談相手や話し相手がいたら，多少変わるのではないかと思う。私たちと話をしている時，特に若い頃の仕事の話を楽しそうにしてくれていた。一番充実していた時期なのかもしれない。

> **日 記**
>
> 2月8日（木）
> 　お手紙どうもありがとう。書くということは大変だ。今日は書留めた事を朝7時より書いています。
> 　一日の事まとめます。
> 　夜2回トイレ　1時30分　朝3時
> 　食事8時30分
> 　その後かゆみ止め　1日3回
> 　胸の貼る薬　朝　夕方
> 　頭が痛い　一日中足が痛い　腰が痛いの繰り返し
>
> 2月9日（金）
> 　2月8日の夜　1時トイレ　4時トイレ
> 　朝6時40分　お茶2杯
> 　朝8時10分　体にかゆみ止めをつける
> 　朝　ご飯　味噌汁　アジ　玉子
> 　昼　カップうどん
> 　夕　お赤飯
>
> 2月10日（土）
> 　いつも同じ
> 　かゆみ止め　トイレ11回
> 　野菜　きゃべつ　しめじ　エノキ　ネギ
> 　　（玉ねぎ少々）
> 　朝　ご飯　味噌汁　白菜のつけもの
> 　昼　野菜入りのおじや
> 　夜　ご飯　鮭のほぐし
>
> 2月11日（日）
> 　朝8時　おかず3品いただく
> 　パーマ屋さん　3日に1度位，干物他，色々いただく。30年位のお付き合い。
> 　パーマ屋さんも糖尿病。7，8年色々
> 　いただく。助かっています。
> 　朝　豆ご飯　野菜の煮物
> 　昼　ご飯　小豆とリンゴの煮たもの
> 　夕　うどん　野菜入り
>
> 2月12日（月）
> 　いつも同じ一日　いい事なし
> 　朝　ご飯　味噌汁
> 　昼　おじや
> 　夕　お弁当
>
> 2月13日（火）
> 　いつもと同じ
> 　朝　ご飯　味噌汁（玉子入り）
> 　昼　カップラーメン　色々野菜を入れる
> 　夕　お弁当
>
> 2月14日（水）
> 　訪問してくれた学生さんからお手紙いただく。嬉しかった。群馬生まれと書いてあったので私も父も母も群馬県生まれ。私も3歳まで群馬県にいた。
> 　朝　ご飯　味噌汁　煮物
> 　昼　おじや　野菜入り
> 　夕　お赤飯　煮物
>
> 2月15日（木）
> 　町内のゴミたくさん。風強し。ゴミが散らかる。隣の人に呼ばれる。二人で片付ける。右手が冷たい。痛む。
> 　朝　おじや（野菜入り）
> 　昼　ご飯　アジ　乾燥芋　バナナ
> 　夕　うどん　野菜色々　乾燥芋少々
> 　　コーヒー

5 類型5：経済的に生活していくには困らない×正月三が日ひとりで過ごした×近所づきあいなし×外出週1回以下

事例5-1 男性，79歳

① 住宅状況：バス通りから少し入った所にある専用の台所，トイレ，風呂がある民間賃貸アパート。広さは約20畳で，3部屋からなる。家賃は入居当初，駐車場代込みで月11万8000円だったが，現在は車を手放しているため，月7万8000円である。地震や火事などの際に，すぐに外に出られるよう1階の部屋を選んだ。また，アパートの端の部屋で窓があるぶん家賃が他の部屋よりも1000円高いと話していた。

② 就労状況：現在は無職である。新卒の頃は，自動車会社の製造部門に就職が決まっていたが，重労働により結核にかかることを恐れた父親が断ってしまった。そのため，最初の就職は土木建築系の会社であった。進駐軍に出入りすることも多い会社であったため，平均よりも高めの給料を手にすることができた。28歳の時には，銀座のキャバレーで支配人をしていた。その頃に，バーを経営していたこともあったが，1年ほどで閉めてしまった。次に，自営で焼鳥屋をし，妻との離別を機に，友人の紹介で酸素を病院におさめたりするガス屋をしていた。だが，会社が倒産してしまい，50歳頃に友人の紹介で自動車の部品を作る会社に入る。営業だけでなく，幅広い業務をこなし，68歳まで働く。最長職は自動車部品会社の会社員。

③ 収　入：年間300万円程度の年金をもらっている。特に困りはしていないが，要介護度の変更にともなう負担と生活状況の変化は気にかかっている。貯蓄はない。

④ 健康・身体状況：2003年3月，皮膚病のため1カ月入院する。「おしゃれの○○さん」と呼ばれていたこともあり，身だしなみには気をつかっていたため，病院の売店でバンダナを購入し，寝癖隠しに頭に巻いていた。今でもそれは続いており，調査当日もオレンジのバンダナを身につけていた。2003年6月には，胃痛でエコー検査を受ける。そこで前立腺の肥大が見つかり，12月に泌尿器科へ。翌2004年1月に精密検査を受け，前立腺ガンであること，余命5年であることが宣告される。治療に関しては，血液の流れをよくする薬を服用しているので，ガン細胞の摘出手術はできず，薬物治療を続けている。現在では，腰にまで転移している。ガンに対しては「出来てしまったものは仕方ない」と恐怖は感じていないものの，心疾患への不安は大きい。2004年には白内障を患い，現在も点眼薬を使用している。

医師の説明が理解できるように，本や新聞記事を利用して自分の病気のことを学んでいる。また，家の中を歩くだけでも息が切れてしまうため，台所と居間との間に休憩用のイスを置いている。自身の健康状態に対しては，情けないとも感じている。

ADLは，見聞き・会話は普通にでき，歩行も1歩ずつゆっくりならばひとりでできる。

⑤ 生活歴：4人兄弟の長男として生まれる。実家は横浜市内。理科が好きで，金属製錬を専門に学ぶ。いつ頃結婚したのかは，詳しく聞けなかったが，2度の離婚を経験

している。どちらにも1人ずつ娘がいるが，母親のもとで育てられ，離婚後は50年近く会っていない。離別を機に，ずっとひとりで生活しており，現住所には20年以上在住している。

⑥ 現在の生活：以前は7時に起床していたが，弟の病気が原因で気力が萎えてしまって，最近は8時頃に起きるようになった。食事は昼食を11時30分に，夕食を18〜22時くらいまでの4時間ほどかけてとっている。食事内容は心臓に負担がかかるとのことから，おかゆ（レトルト）を主食としている。それにお新香などを添えている。日中はテレビを見て過ごすことが多く，料理番組を好んで視聴している。床に就くのは，23時から0時の間である。睡眠薬を服用している。

　ここ1週間の間には，弟のお見舞いに出かけている。また，調査訪問日の午前中には，介護保険に関する件で区役所の職員と面談していた。要介護度の変更に対応するために，食器洗いを自分で行い，習慣づけるよう心がけている。

⑦ 親族，友人について：妹が嫁入りし千葉県で暮らし，末の弟は入院しているため，世話になれる人がいない。

⑧ 正月三が日の過ごし方：ひとりで過ごした。ひとり暮らしになり，最初の頃は，横浜のデパートにて少々おかずを購入してきて，それらを食べて過ごしていた。また体の調子が悪くなる少し前までは，鶴見駅のほうに出た際に中トロなどのよい刺身を調達し，冷凍保存して食していた。最近では，餅はのどに詰まらせる危険性があり，総入れ歯であるので，代わりにはんぺんを四つに切り，雑煮風にして食べている。おせちは食べない。

⑨ 近所づきあい：友人と呼べるほど，そこまで親しくはないが，つきあいのある人は近所に1人いる。1次調査においては，近所とは挨拶を交わす程度のつきあいであると答えている。

⑩ 社会活動：1次調査では，今後参加したい活動として「囲碁・将棋」をあげていたが，本人に直接尋ねてみたところ，ほとんど関心がなかった。退職後には写真を趣味で始め，地域の写真クラブにも所属し，区民まつりにも出展していた。家の中だけでなく，近くの公園まで足を伸ばし，1日かけて撮影をするようなこともあった。体が悪くなり，出歩けなくなってからは，水彩画を一時的にやっていた。しかし，それっきりしばらくは何もせず，最近になってまた通信で絵手紙を受講し始めた。このほかに，般若心経を勉強し直したり，市販の「脳を鍛えるドリル」等に取り組んだりすることで，退屈を紛らわせようとしている。

⑪ 地域環境：坂が多い。バス通りに出る少し手前に，コンビニが1軒ある。往復30分くらいの所にスーパーもある。買い物には出たいと思っており，歩行補助車の購入を検討している。

⑫ 生活上の困り事：鼻血が止まらなくなるなど，普段の自身の状況と異なる場面に遭遇した時に恐怖を感じるという。現住所に在住してからは，3回救急車を呼んで対応

してもらっている。緊急時にすぐに来てくれる人は特になく，1次調査においては「ヘルパー」としている。寂しさには飲酒で対処している。昼間から飲むことはなく，夕食時に御飯の合間に飲む。

⑬ 諸制度の利用状況：週に3日，ヘルパーが来ており，訪問看護，身体介護，生活援助のサービスを利用している。要介護度の変更にともない，介護用ベッドの自己負担額がぐんと増えてしまうので，購入も考えたが，断念する。あんしん電話を利用しており，近くの老人ホームにつながっている。また，送迎サービスを利用して，月に1度病院に通院している。民生委員とは顔見知りで，身近な相談者の1人には含まれている。

⑭ その他（調査員の所見を含む）：病気をたくさん持っていて，薬もいろいろな種類のものを飲んでいるようで，いつ倒れるかわからないという健康面への心配が強い。そのため，自分の病気のことや介護保険については書籍や新聞記事を用いて勉強しており，ある程度の知識があった。不安の裏返しとしての行動といえる。また，写真や絵などの芸術関係には一貫して興味があり，最近では絵手紙の講座を始めている。人とのつきあいはけっして多くないけれども，自分が今後生きていくうえで必要と考える情報に対しては，わりと意欲的に取得しようとする姿勢があった。

今一番気にかかっていることとして，要介護度の変更による自身の生活の変化がある。それに備えようと，いろいろな手立てを考えてはいるものの，まだまだ実現はできていない。外に出ようとする気持ちはもっているので，まずは移動（歩行）をしやすくする方法を一緒に考え，アドバイスしてくれる存在が必要と考えられる。

事例5-2 女性，82歳

① 住宅状況：低所得者用高齢者用住宅の3階に住んでいる。家賃は月1万8000円で，鉄筋造りのしっかりした建物。家の中にも外の階段にも手すりがついている。エレベーターもありとても住みやすい。6畳ほどの部屋が1部屋あり，キッチンも広めだった。目の前は通りに面していて外に出たらすぐバス停がある。駅まで遠いためバスかタクシーを利用しなくてはならない。

② 就労状況：現在は無職。若い頃は被服工業所で洋裁を主にしていたが，最長職は事務。

③ 収　入：年金による収入で月約10万。

④ 健康・身体状況：一昨年の9月にお風呂掃除をしている時に背中を骨折し，それ以降，背中がさらに曲がり7センチ縮んだという。そのためけがは治ったがコルセットを巻いていないと座っている状態がきつい。また，立ちっぱなし，長時間の歩行も体の負担になる。

⑤ 生活歴：東北地方の出身で40歳の時に横浜に出てきた。父親は大工，母親は農業をしていた。初めは被服工業所で軍隊のものを作っていた。その後も洋裁の仕事をし，

横浜に出てきてからは事務職をしていた。郷里から出てきたのがひとり暮らしをするきっかけだった。結婚はしていない。退職後は5年間弟のお嫁さんのお寺で掃除や手伝いをしていた。

⑥ 現在の生活：外出は月2～3回，お昼ごろ起床し，床に就くのは12時ごろ。しかしなかなか寝付けないときもある。食事は自分で作ったものを昼と夜の2食食べる。現在はヘルパーは利用しておらず，近くの特養に勤める看護婦さんが不定期だが，だいたい月に1回訪問してくれる。

⑦ 親族，友人について：川崎に住む親戚がたまに調味料など生活に必要なものを送ってくれたり電話で連絡をとったりする。最寄り駅近くに友人がいるが，バスを使っても30分ほどかかるため最近は家まで遊びに行くこともあまりなく，月に1，2回電話で話す程度。

⑧ 正月三が日の過ごし方：ひとり家で過ごした。元旦は家計簿をつけたり見直したり，2日と3日は箱根駅伝等をテレビで見ていた。

⑨ 近所づきあい：怪我をしたときには生ゴミを出してもらうことを近所の人に手伝ってもらったこともあったが，今はほとんど会うこともなく，挨拶を交わす程度。

⑩ 社会活動：特になし。

⑪ 地域環境：近くに私立高校があり人通りも適度にある。買い物をするところが近くにはなく，駅の近くまでバスやタクシーを使って行かなくてはならない。

⑫ 生活上の困り事：寂しいと思うことはあまりないが，ひとり暮らしのため，もし家にいるとき自分になにかあったらと心配になるときがある。

⑬ 諸制度の利用状況：けがをした時はヘルパーを利用していたが，現在は特に制度の利用はない。民生委員との関係はほとんどない。

⑭ その他（調査員の所見を含む）：からだの不自由はあるものの話し方もはっきりしていて目も耳も特に不自由そうな感じはなく年のわりにとてもしっかりしている印象を受けた。部屋も片付けられていてきれいだった。ただ近所づきあいや親戚づきあいが乏しいのが気になるところだ。

また，要介護1から要支援2に変更になったことでヘルパーを打ち切られたことが少し不満な様子だった。

年齢とけがのせいでいろいろなところに行きたいのに行けなくなってしまい，「もう行けないけどね」と残念そうに話す姿が印象的だった。老人ホームに入所したいという希望がある。

日　記

2月18日（日）雨のち晴
横浜市営高齢者住宅　大正14年生まれ
週2回相談員の人，午後2：15～4：45迄来てくれる。

朝8時～8：30　起床
仏前にお茶お水をあげて一日の無事を祈る。テレビは一日中つけっぱなし，ぼんやりと見てる。食事10～12時の間。1日

2食。
2005年，第12脊椎圧迫骨折で背中，腰まがり，ひざも痛く，長く立っても座ってもくるしくなるので，横になり2，3回身体をのばす。気の向くまま縫い物，手芸，編み物，好きなことをやる。
夕食5～7時の間。9～10時の間，入浴。
一日の無事ありがとうとお休みなさいと言って，11～12時床につく。
これが毎日の日課です。
寒い間，洗濯は1日おき，まとめ洗い。部屋の掃除など掃除機をかけたり，ぞうきんがけなど，かさならないようにやる。掃除機も面倒な時もあり，畳も雑巾がけすることもある。
動くのがきついけど，動かないと身体がだめになるから，動くように，又，テレビの体操を見てやるようにする。
調子の良い時，下へはエレベーターでおり，階段を43段てすりにつかまりあがる。先祖の命日月8回，お経をあげる。
（2日，4日，5日，9日，13日，21日，26日，30日）

2月19日（月）
8時半に起きて，生ゴミだし。
昨夜米洗うのを忘れて，朝ご飯なし。冷凍庫の赤飯，チンして食べる。
田舎の友に手紙を書く。
シラス干し，塩昆布，花カツオ，ごまなどで，ふりかけを作る。当分食べる。
あとかたづけ。床雑巾がけ。やっぱり疲れる。
教育テレビ夜10時から写経般若心経を書くを見る。しばらく書いてなかった。これから始めようと思った。

2月20日（火）曇
第3火曜日
新聞，ダンボール，古布などリサイクルの日。集めて出す。

ケガの前は花が好きで安いカメラを持って，花が咲けば近いところ待って写真を撮っていたのに，行けなくなった。
相談員の方，サイネリアの鉢植え持ってきてくれた。いつも水のやりすぎで根腐れでだめにしてしまうから，気をつけなければと思う。

2月21日（水）晴
ゴミ出し
今日は2歳で死んだ弟の月命日。何もなかったので，じゃがいもを甘く煮て，くずかけにして仏前にあげる。
午後から郵便局へ行く。
静かで良いけど，銀行や郵便局，店が遠くて不便である。10時にお経をあげる。

2月22日（木）晴のち曇
リサイクル，缶，ビン，ボトルの日
寝過ごしてまた間に合わなかった。毎日同じ日，何日か何曜か忘れている時，たびたびある。
4時頃相談室へ行き，5時までおしゃべりする。
カレーを作り，半分冷凍する。この頃太り気味。コルセットがきつくなってきた。これ以上太れない。コルセットがないと座っていると苦しくなる。

2月23日（金）曇，雨，夕方晴
8時に起きる。少しずつかたづけようと思ってひっぱったがすすまない。いつ何があるかわからないので，少しずつ整理しておかなければと思うけど，身体が思うように動かない。
ふらふらして，又けがをしないように気をつけて，もう少しあたたかくなってから誰かを頼んでやるしかない。
切り干しとにんじん，油揚げを煮る。
山菜みずのきんぴらを少しと思っても，いっぱいになる。小分けして冷凍する。

2月24日（土）晴

風が冷たい。午後買い物。グレープフルーツ,イヨカン,納豆,小松菜,ほうれん草,カボチャ,とり,豚肉,大根,まぐろ,ぶり,さけ,他買い,店員にタクシーまで運んでもらって帰る。買って調理して冷凍するまで大変。明日にしよう。

6 類型6：経済的に生活していくには困らない×正月三が日ひとりで過ごした×近所づきあいなし×外出週2回以上

事例6-1 女性,77歳

① 住宅状況：最寄りの駅からは徒歩で20分弱かかる。住まいは持ち家で約1年前にリフォームしたということから見た目はとても新しい。間取りは1階が4畳半2部屋と風呂とトイレ,2階が6畳と3畳の2部屋である。1階の4畳半の部屋でお話をうかがったが,部屋はよく整頓されていた。店をやっていたころの名残なのか,お酒（薬草酒）が何本か置いてあったが本人はほとんど飲まないようである。また,非常に大きな仏壇が部屋のかなりのスペースをとっていた。今のところ住宅について困っていることはないということだった。

② 就労状況：現在は無職。若い頃は料亭で働き,その後小料理店を始め,7年前までやっていた。

③ 収　入：国民年金のみ。1次調査では「生活していくには困らない」と答えている。

④ 健康・身体状況：小料理店をやっていた頃,カラオケを設置していたため耳が悪くなり,大きな声でゆっくりと話してもらわないと聞き取りにくい。また,若い頃から不整脈があり,薬を飲んでいる。1995年には大腸ガンを切除している。その後,特に問題はない。

　基本的に足腰はしっかりしており,買い物に行く時などは2リットルのミネラルウォーター6本セットを自転車に積み,帰ってくる。

⑤ 生活歴：横浜市に生まれ,戦後,千葉県下の父の実家で生活していた。その後,横浜市内の料亭で働くが,自分の店を持ちたくなり母にお金を借りてお店を出した。1973年にお店を移転し,7年前までやっていた。店舗付き住宅で,つぶれもしないが儲かりもしないくらいでやっていた。開発,立ち退きが迫ってきたので引っ越したが,買った時の権利金が無効になってしまい,経済的に大きな痛手だったと話していた。

　現在の家は貸家にしていたが,住人は家賃を滞納するうえ,使い方がひどく,家を傷つけられてしまった。1年前にリフォームし,きれいに直してから本人が住み始めた。

　小料理店をやっていた頃のことをいろいろと話してくださったが,若い頃の話や家族のことはあまり話したくないということだった。

⑥ 現在の生活：ここ1週間くらいは風邪をひいて家にいることが多かった。普段は8時半から9時までに起床し,朝食をとる。12時までに掃除をし,13時頃から買い物に

行く。買い物は近所にお店がないため自転車で鶴見駅付近まで行く。19時頃夕食をとり，21時に布団に入ってテレビを見る。なかなか寝付けないため睡眠導入剤を飲んでいる。酒は缶ビールをたまに飲むくらい，ひとりで飲むのはあまり好きではないと言う。

　1週間に1，2回，補聴器センターと眼科に通っている。またかつて，ぎっくり腰になったため整形外科に通っているが，近くの医療機関では合わないため，遠くの病院まで行っている。

⑦　親族，友人について：遠い親戚が千葉に1人いるがほとんどつきあいがなく，その他の親族はいない。母親の関係で入った宗教団体の人が気にかけてくれているが，本人はあまり快く思っていない。お店をやっていた頃は男性の客が圧倒的に多かったため，同性とのつきあいは苦手だと話していた。同性でも商売をやっているような積極的な人が好きで，平凡な専業主婦タイプは苦手なようだ。

⑧　正月三が日の過ごし方：ひとりで過ごす。若い頃はよく旅行をしていたが，今はテレビを見たり編み物をしたりして過ごす。少し前までは読書もしていた。あまり寂しくないと本人は言っていた。

⑨　近所づきあい：ほとんどつきあいはない。年齢を重ねてから戻ってきたため，近所に気がねしている。新しい人が溶け込めないような雰囲気を感じている。

⑩　社会活動：宗教団体の活動に参加するように誘われるが，参加してないそうだ。泳ぐことが好きで，お店をやっていた時はスポーツセンターに通い，500～600m泳いでいた。現在住んでいる所の近くに高齢者保養研修施設があるが，あまり雰囲気がよくないとのこと。スポーツセンターが地元にないことを寂しがっていた。

　お店をやっていた頃は老人会に入っていたが，こっちでは入りたくないとのこと。新しい者や意見を言うと煩わしがる閉鎖的な町会を批判していた。「あなたと話すと疲れる」と近所の人から言われたとのこと。

⑪　地域環境：最寄り駅周辺にはあまり店などはなく，本人のお宅に向かう途中の小さな商店街もそれほど活気があるわけではない。比較的大きな通りが近いが，通りに店はあまり並んでいない。このあたりで生活に必要なものすべてをそろえるのはむずかしそうである。

　本人のお宅近辺は非常に複雑な区画になっていて迷路のような細い路地が多い。昔から住み続けている人が多いようで古い家が多い。近くに町内会の掲示板があり，いくつか掲示物があった。

⑫　生活上の困り事：現在は大丈夫だが，これからずっと生活していくことを考えると経済的な不安がある。国民年金だけでは楽ではない。店を売った時にもう少し高く売れてお金が残ると思ったが，当てが外れたと話していた。貯金はほとんどないという。また，病気になった時の不安もあり，相談相手がほしいと思っている。宗教団体の人になにかあったら言ってほしいと言われたが，言えないと話していた。

また，亡くなった時に購入してあるお墓まで誰が入れてくれるかが，一番の心配だという。親戚には頼めないので，公共機関等を紹介してほしいと話していた。

⑬　諸制度の利用状況：民生委員は敬老の日に贈り物を届けてくれたが，日常的に関係はない。特に利用している制度もない。介護保険はほとんど知らないし，介護予防の制度は聞いたこともないと話していた。

⑭　その他（調査員の所見等）：現在，近所の医療機関との関係がよくないが，いつまでも遠くまで通い続けるのは大きな負担になるだろう。買い物に自転車で長時間かけて行くのも，今後加齢とともに大きな危険をともなう可能性が強いだろう。地域に溶け込めないのも，長年暮らしていた他の地域の雰囲気に慣れて，年をとってから現在の地域に無理して溶け込もうという意欲自体がないようだ。また，同性とのつきあいが苦手というのが大きなネックになっている。

　人と話すのが生きがいのように感じられたので，交流の機会が求められていると思うが，人の好き嫌いもはっきりしている。調査員への話し方をみると，本当はかなり寂しい生活をしているように感じられた。

　社交的な印象を受けたにもかかわらず結婚しなかったことについては父母の離婚が関係しているようだ。また，親戚づきあいがほとんどないことも父母の離婚が関わっているようである。将来のことを不安に感じており，「あんまり長生きするとお金に困る」「病気にならないように自分で頑張るしかない」というようなことをよく口にしていた。「風邪をひきやすくなった」と言うように健康の衰えと不安は隠せないようだ。今は，ひとりでそれなりに楽しめているようだが，孤独と隣り合わせにあるような話しぶりだった。緊急時の心身のセーフティネットが，ほとんどないように感じた。

日記

2月18日（日）雨
7：30　牛乳，ヨーグルト，クスリ
8：30　起床　掃除　其の他
11：00　食事
　　高菜の油炒め，雑穀米1膳，白菜と鳥肉と煮物
12：30　2Fでテレビ　新聞
雨でどこへも出ず
3時にデコポン半分を食す。クスリ。
6：30　夕食の支度
　　肉ジャガ，高菜油炒め，雪菜のおひたし，グリンピースの煮物，雑穀米，1膳。クスリと飲む。

9：30　風邪がなかなか抜けない。早めに床に入る。TVをみる。
10：00　床に入りTVを見て寝る。

2月19日（月）
6：30　目覚める，TVを見ながら（TBS）寒いので床の中で牛乳とヨーグルトを飲み，クスリ。
8：30　起床　掃除　洗濯　植木の水やり
TVを見ながら何となく過ごす。
11：30　食事の支度
　　目玉焼き，納豆，漬物，塩コンブ，雑穀米，1膳

12：30　スーパーへ自転車で買い物
1：30　TVを見ながら編み物をする。セーターもう少しでできあがる。
3：30　トースト1枚，ジャム，バター，牛乳，デコポン1／3
6：30　夕食　煮魚（かさご），新香，おひたし，豆の煮物
8：30　床に入る。風邪で風呂に入れない。

2月20日（火）

6：40　目覚める　TVをつける。牛乳，ヨーグルト，クスリ
8：30　起床　身支度をしてゴミ出し掃除，洗濯，食事の支度。
終わってから，新聞，TVを見て
11：30　食事
　若芽の酢の物，のり，目玉焼き，シャケ，雑穀米1膳　クスリを飲む
3：30　トースト　牛乳，デコポン1／3
6：30　夕食の支度　雨なのでどこへも出ず。
　ウインナーと野菜の炒め物，チャーハン1膳，とろろこんぶ1汁　クスリを飲む
8：00　早めにTVを見ながら寝る。

2月21日（水）

朝6：30　目覚める　TV聞く様な見る様な
昨夜風邪で2，3度汗を取ったので，寝不足。なかなか風邪が抜けない。
9：00　起床　身支度をしてゴミ出し掃除，洗濯，食事の支度
　ベーコンエッグ，梅干し，新香，シャケ半分，焼きのり，米飯1膳
12：30　スーパー買い物。自転車で。
　鶴見駅ビルまで折角来たのに，今日休み。西口の京急まで行く。
買い物から帰ってから洗濯物の手入れをする。
2：30　学会の並木さんが来，40分位話して帰る。（創価学会）
6：30　夕食の支度
　ヒレカツ一個，コロッケ一個，生野菜サラダ，高菜の油炒め，新香，米飯1膳，クスリ
8：00　2Fへ上がり，TVを見ながら床に入る。
10：30頃　眠れないので（ハルシオン）を飲む。
朝までよく眠れる。

2月22日（木）

6：00　目覚め　TVを見，目を閉じて聞いている。
7：00　牛乳，ヨーグルト，クスリ
寒いので床の中，新聞
8：40　床から出，身支度，ゴミだし
9：30　掃除，植木の水やり，家の前の清掃
10：30　食事
　シャケ，カサゴの煮付け，新香，梅干し，のり，うぐいす豆，米飯1膳
1：30　自転車で鶴見駅ビルまで買い物。1，2日買い物出来なかったので，色々と買う。
2：30　帰宅後，TV　編み物，少し編む。セーターがもう少しで出来上がる。
6：00　夕食の支度
　ひじき煮物，新香，若芽酢の物，ウインナーの油炒め，米飯1膳，うぐいす豆
9：00　床に入る。TVを見ながら寝る。

2月23日（金）

6：30　目覚める　起きて新聞を取りに下に。
牛乳，ヨーグルト，クスリ

TVを見ながら床の中へ
　8：30　今日はプラスチック出しの日
　　ゴミ出し
雨なので，掃除も簡単。ぼーっとして30
　分位。
　9：30　食事の支度
　　カワハギの煮付け，おひたし，シラス
　　のおろし和え，のり，梅干し，米飯1
　　膳
　　1人なのでTVはつけっぱなし。音が
　　しないと淋しい。
食事が済んで，2FでTVを見ながら編
　み物。
　3：00　牛乳，カステラ，デコポン半分
　　（おやつ）
　6：30　食事の支度
　　シャケ，新香，豚肉ともやしニラの油
炒め，トマト，米飯1膳
　9：00　床に入る。TVを見ながら。

2月24日（土）
　朝　6：00　目覚め　新聞を取りに下に
　　牛乳，ヨーグルト，クスリ
床の中でTVを見たり，新聞を見る。
　8：30　起床　掃除　洗濯　其の他
　　食事の支度　昨日の残りの野菜炒めと
　　佃煮，蕗の煮物，梅干し，新香，ウグ
　　イス豆
今夜は風呂に入りたい。風邪で入れな
　かったから。久しぶりにシャンプーし
　て，明日は横浜の方へ出掛けてみよう
　と思う。
天気が良いので，自転車で鶴見駅の方へ
　買い物に行こうと思う。

事例6−2 女性，80歳

① 住宅状況：近くに川があり，大通りに面した5階建てアパートの4階に住んでおり，現在住宅のすぐ裏が工事中であった。エレベーターが設置してあり，アパート自体の外観，入り口，廊下などもきれいになっている。少し前までは近隣のビルによって日当たりが悪く，日差しの照り返しなどで光熱費がかかっていたが，最近取り壊されたことで解消した。トイレとお風呂は別となっている。寝室約6畳（畳部屋）と居間約6畳（畳部屋）があり，キッチンダイニング約5畳（フローリング）とベランダもある。室内はとてもきれいで整頓されており，ご本人が物をあまり置かない主義だとおっしゃっていたとおり，余分なものはなかった。
　　アパートのすぐ下にゴミ収集所がある。駅，公共の施設（郵便局・役所・病院）なども徒歩5〜10分圏内にある。バスの停留所もすぐ近くにあり，交通の便はよい。大型スーパーやクリーニング店も近くにあり，レストラン・喫茶店なども多い。
　　住宅に関する困り事としては，現在，特にないが，以前，老朽化による上の階から水漏れがあった。そのような困り事には，すべて自費で対処しているため，修繕・改築・管理費にお金がかかって大変であるとのこと。
② 就労状況：現在は無職。17歳から仮就業し，20歳で東京ガスに本採用となる。55歳で定年退職となるまで勤め，退職後も仕事の面で頼られることもあったとのこと。
③ 収　入：厚生年金などの収入で月に25万円，年収では300万円ほどである。
④ 健康・身体状況：仕事のストレスにより，働いていたころに胃と胆のうを摘出。そのため食事制限がある。内科に月1回通院。数年前にひざを骨折し，後遺症が残って

いることから、整形外科に2～3カ月に1度通院。白内障・骨粗鬆症の傾向があり、耳も遠くなりつつある。耳に関しては昨年の肺炎による高熱が原因とのこと。

　　ADLに関してはまったく問題は見受けられず、話し方も流暢で、動きも非常にてきぱきとしていた。

⑤　生活歴：鶴見区出身、現在の家と実家の場所は近い。父母共に農業・漁業を営む。兄（戦時中に亡くす）・姉（結婚）・妹（結婚）・弟（最近，再会）がいる。高等学校を卒業後，20歳で職に就いたあとは亡き父・兄に代わって家計を支える。勤め始めてからは家族同居、ひとり暮らし、そして体調を崩し（胃を摘出した時期）再度同居を経て、ひとり暮らしになった。ひとり暮らしのきっかけは、55歳の時の母との死別と退職。退職金で当時新築アパートだった現在の家を購入した。

⑥　現在の生活：毎朝6時半頃に起きている。起きてから7時半頃までに朝食をすませる。朝食はパン・卵・トマト・レタス・チーズ・マーガリン・ブルーベリージャムと必ず決まっている。日中は鎌倉彫や硬筆のお稽古に行ったり、また友人との外出、自分の自由な時間を過ごしたりしている。昼食はほとんど外食。友人と食べることもあれば、ひとりのこともある。15時頃に行きつけの喫茶店に行き、お茶を飲むことが日課。その後、近くのスーパーで買い物をして帰宅する。家事はすべて自分でこなすのでヘルパーなどは利用していない。通院のほか、定期的な外出は月1回の墓参りと弟のお見舞い。また、友人との外出は週に1回程度で、美術館、観光地巡りや食事をする。就寝時間は24時頃。

⑦　親族、友人について：父母はすでに亡くし、結婚した姉も他界。姉、妹、弟の家族とはほとんど絶縁状態である。弟はしばらく音信不通で居場所がわからなかったが、自分で調べた結果、最近入居している老人ホームをつきとめ、現在は定期的にお見舞いに行っている。

　　これは、調査員の受けた印象ではあるが、アンケートでは頼れる親族がいないという答えだったが、逆に今まで家計を支えてきたという誇りゆえに、自分から頼ることに抵抗を感じている様子であることがうかがえた。

⑧　正月三が日の過ごし方：ひとりで過ごした。1日は初詣と年賀状整理を行う。2日は駅伝を見て、行きつけの喫茶店でお茶を飲む。3日は2日と同様。すべてひとりで過ごす。

⑨　近所づきあい：同アパートの住民との会話程度。アパートの管理についての相談や、時折様子うかがいに来てくれる人がいる。

⑩　社会活動：鎌倉彫のお稽古などでできた友人との交際。基本的にひとりで過ごすことが多いが、煩わしさを感じないため、それがよいと思っているようである。

⑪　地域環境：近くに川があり、散歩などをする人がいた。大きな道路に面しており、交通量もある。近くに高齢者住宅がある。

⑫　生活上の困り事：自宅に帰ってきて真っ暗な部屋に入る時や夜眠れない時、病気の

時に孤独感を感じる。帰ってきた時の暗さを解消するため，帰宅時に自動で点灯する電気に改築を検討中。夜眠れない時は２台のラジオやテレビを活用。病気の際はかかりつけ医に相談。医師との関係は良好。聴覚や白内障に関する不安は多少あるが，現在は元気である。

経済的には，お金が「足りない」と感じている。理由は，交友関係の確保やひとりで便利に過ごすための設備，寂しさを紛らわすための環境づくりに多額の費用を要するため。

⑬ 諸制度の利用状況：民生委員との関係は良好。２カ月に１回の定期訪問を受けている。電話番号を教えてもらい，緊急の時にはすぐに連絡してほしいと言われている。

⑭ その他（調査員の所見等）：本人の自宅は鶴見駅からほど近くにあり，郵便局や区役所などにも足を伸ばせる比較的良い立地条件にあった。部屋もきれいに片付けられており，不自由のない生活を送っておられるような印象を受けた。本人は現在80歳を超える高齢ながらとてもお元気でこれまで従事されたお仕事のお話の際にはとても活き活きされていたのではないかと感じる。

年収額や住宅環境をみればゆとりのある生活を送っておられるようだが，ひとり暮らしの寂しさを紛らわせるための趣味や友人との交際に多額の費用がかかり，やや満足されていない様子が垣間見えた。働く女性として生きてきた強さ，誇りを随所で感じたが，そのために今の生活を得て，満足されている様子である。ご自身でも，常に気を張りながらの生活を重要視されているため，現状の生活を維持できるうちは特に改善すべき点はないと思われる。

民生委員との関係やかかりつけ医との信頼関係も良好である。しかし，今後の加齢にともなう体調の変化には注意が必要で弟さんとの関係をうまく保つことが，精神安定のためには必要不可欠であると思われる。

女性でこのような生活ができる方は稀であると思う。行政を頼るというより，きちんと理解して「利用する」という感覚に近く，自力で解決するほうが早いと考えているように見受けられた。戦後から働く女性を貫いて生きてこられた姿からは自信が感じられる。80歳を超えても意識，行動力は高く，老後を楽しんでいるようだった。若い世代（私たちのような20代）との話の機会についても喜んでくださっているのが嬉しかった。

7 類型７：経済的に余裕がある×正月三が日ひとりで過ごした×近所づきあいなし×外出週１回以下

該当事例なし

8 類型8：経済的に余裕がある×正月三が日ひとりで過ごした×近所づきあいなし×外出週2回以上

事例8-1 男性，82歳

① 住宅状況：本人が経営しているお店で聞き取りをしたため室内の様子はわからなかった。商店街に面したお店（タバコ屋）のすぐ裏に木造2階建ての住まいがある。店とつながっているため玄関はほとんど使わず，店から出入りしているようだ。1階にはお風呂，トイレ，台所，居間，2m幅の廊下，2階には4部屋ある。実家なので古い建て物であったが充分な広さであった。住宅の困り事は広すぎて掃除ができないこと。自分の寝る部屋以外はほとんど使わないのだが，おっくうであるため掃除はほとんどしない。本人はほかの部屋の汚さを「豚小屋みたいだ」と言っていた。

② 就労状況：現在は実家のタバコ屋を経営している。女性を1人雇っている。最長職は神奈川県下の公務員で定年まで30数年間働く。

③ 収　入：店の売上と月60万円の家賃収入，年間500万円の年金がある。ほかにも株の収入があるとのこと。年間1000万円を超える裕福な生活である。

④ 健康・身体状況：特に持病はない。一昨年，白内障で入院。ヘルニア手術もしたが現在ADLに問題はない。5，6年前から年2回，定期的に健康診断を行っている。緊急時のためにお風呂以外は常に笛を首から下げているなど，健康，身体面にはかなり気を使っているようだ。

⑤ 生活歴：横浜生まれの長男で姉と弟がいる。代々，薬剤師の家庭であるようだ。親の反対を押し切って北海道の大学で6年間，農学・畜産を学び，卒業後，畜産製造で3年間働く。その後，実家の薬局を手伝いながら定年まで公務員として勤めた。

　29歳で結婚し，現在の家に姉と同居。息子が2人いる。奥さんは薬剤師で，亡くなるまで本人の薬局で働く。息子夫婦は現在東京で暮らしているが連絡は頻繁にはとっていないようだ。7年前に妻が他界してからは薬局をやめ，タバコ屋として経営しながらひとりで暮らしている。

⑥ 現在の生活：朝6時に起きて50分ほど散歩に出かける。銀行と買い物は毎日行っている。8時に朝食。市販の弁当が好きでないため食事はすべて自炊している。農学での知識を生かしながら，冷凍の野菜や大好きな豆類など，バランスのとれた食事を心がけているようだ。しかしどうしてもワンパターンになりがちだと言っていた。以前より食べる量も減らしたらしい。10時に開店し，昼食は14時頃。仕事の関係でたまには昼食が17時になることもあるという。20時に閉店，事務作業をして入浴後22時に夕食。22時半にテレビを見ながら就寝。毎日お店に来るいろいろな人と話す変化を楽しんでいる。日頃の生活には，女性の店員が手助けしてくれている。

　休日はテレビで馬を見たり買い物に出かけたりする。月に1度，近くに住む弟の見舞いに行く。

⑦ 親族，友人について：長男にはたまに連絡をとるが，嫁との関係がうまくいってい

ないようで，同居の話も流れた。次男とはまったく連絡をとっていない。弟がいるが，病気がちなので緊急時は長男または女性の店員に頼ることが多いとのこと。

⑧ 正月三が日の過ごし方：奥さんが亡くなってからはひとりで過ごしている。お店は閉めて，テレビを見ながら半年分の店の経理や整理をする。長男夫婦も海外に行くため正月らしいことはしないそうだ。

⑨ 近所づきあい：商店街としてのそれなりの近所づきあいはある。昔からの知人とは話すが，最近の人は挨拶しても無視される。町は変わったと言っていた。

⑩ 社会活動：特になし。

⑪ 地域環境：駅から5分程度で，通りの商店街には銀行やスーパー，ゴミ捨て場など日常生活に必要な物はほぼそろっていた。全体的に古い店が多かった。目の前の通りにはバスも通っていた。

⑫ 生活上の困り事：困った時の相談者は主に女性の店員で，入院の手伝いや日頃の手伝い，電話対応などをしてくれている。しかし，店が終わってからのひとりの時間や夜の生活にはなんとなく物足りないと寂しそうに話していた。風邪をこじらせた時などは不安で心細いという。日常の炊事，洗濯，特に掃除に困っているため，月に数回，手伝ってくれる人が来てほしいと希望している。ひとりだと億劫になってしまうので背中を押してくれる人が必要だという。

⑬ 諸制度の利用状況：特になし。

⑭ その他（調査員の所見等）：家にインターホンがなく，声をかけたところ店のほうに案内された。店にあるテーブルにイスが並べてあり，そこで話をうかがったため，中の様子を見ることができなかった。店からの出入りが中心のようだ。営業中だったのにもかかわらず明るく出迎えてくれたことが印象的である。女性の社員がお茶を出してくれた。

経済的に安定していることが健康面や毎日の生活によいリズムをもたらしているように思う。特に健康面では，自分で気を使い毎日の食事や定期的な健康診断に充分配慮している。また，緊急時に備えてお風呂以外は常に小さな笛を身につけている。自分のことは自分でなんとかしなければと思っているようだった。

お金があるからと息子に進められて競馬の馬主となっており，年間1000〜2000万円使い，休みの日にはテレビでチェックし，年に4回北海道まで馬を見に行くなど自分の時間を楽しんでいるように感じた。

心と身体が健康な今の生活を続けたいと話す姿は活き活きとしていた。女性の店員が近くにいることも安心感につながるだろう。この人を雇うことができる経済的な安定が高齢期の生活に安心と余裕のある生活を支えているのかもしれない。

日 記

2月7日（水）晴
午前
7：00　起床
7：10～8：00　散歩
8：00～9：30　炊事　食事
9：30～9：50　排便　洗面　着替え
10：00～　開店
午後
2：00～2：30　食事
2：30～3：00　銀行　買い物
8：00～　閉店
8：00～9：30　店関係事務（タバコ発注日）
9：30～10：00　入浴
10：00～11：00　炊事　食事
11：20～　就寝
食事
朝　米飯，煮魚（金目鯛），みそ汁（豆腐，チンゲン菜，長ねぎ，冷凍野菜（ニンジン，サトイモ，ハス，タケノコ，シイタケ，ゴボウ）毎回同じです．）箸休め（煮豆（6種），焼きのり，漬物（白菜），らっきょう漬，福神漬け，いか塩辛，わかさぎ煮）
昼　そば，（ネギ，鳥肉，焼きのり），箸休め，バナナ，牛乳（バターピーナッツ，炒り大豆）
夕　米飯，シューマイ，コーンポタージュスープ（インスタント），野菜（冷凍），カボチャ，ミックス野菜，インゲン，箸休め

2月8日（木）晴
7：00　起床
7：10～8：00　散歩
8：00～9：30　炊事　食事
9：30～9：50　排便　洗面　着替え
10：00～　開店
午後
1：30～2：00　食事
2：30～3：00　銀行　買い物
8：00～　閉店
8：00～8：40　店関係事務
8：40～9：10　入浴
9：20～10：30　炊事　食事
10：40　就寝（テレビ）
食事
朝　米飯，焼き魚（ししゃも），みそ汁（卵一ヶ追加），箸休め
昼　サンドイッチ，チーズ，牛乳，箸休め（焼きのりなし），バナナ（クッキー）
夕　米飯（カレーライス），箸休め（焼きのりなし），牛乳

2月9日（金）晴
7：00　起床
7：00～7：30　炊事（米飯準備）
7：40～8：30　散歩
8：30～9：30　炊事　食事
9：30～9：50　洗面　排便　着替え
10：00～　開店（タバコ配送日　受領検品　整理　11：00～12：30）
午後
2：00～2：30　食事
2：30～3：00　銀行　買い物
8：00～　閉店
8：00～8：40　店関係事務
8：40～9：10　入浴
9：20～10：30　炊事　食事
10：40～　就寝
食事
朝　米飯，焼き魚（ししゃも），みそ汁，生卵
昼　菓子パン，牛乳，チーズ，箸休め（除く焼きのり），バナナ（クッキー）
夕　米飯，ビーフステーキ，コーンポタージュスープ，野菜（冷凍），カボチャ，インゲン，ミックス野菜，箸休め

2月10日（土）晴
　7：00　起床
　7：10～8：00　散歩
　8：00～9：30　炊事　食事
　9：30～9：50　排便　洗面　着替え
　10：00～　開店
　午後
　2：00～2：30　食事
　2：30～3：00　買い物
　8：00～　閉店
　8：00～9：00　店関係事務
　9：00～9：30　入浴
　9：40～11：00　炊事　食事
　11：10　就寝
食事
　朝　米飯，焼き魚(ししゃも)，みそ汁，箸休め，納豆
　昼　うどん（ネギ，ウインナー，焼きのり，チンゲンサイ），箸休め，牛乳，バナナ（クッキー）
　夕　米飯，冷凍（牛肉コロッケ，エビチリ，しゅうまい，野菜（カボチャ，インゲン，ミックス野菜）），箸休め

2月11日（日）晴
　午前
　9：00　起床
　9：10～10：00　散歩
　10：00～11：00　炊事　食事
　11：00～11：20　洗面　排便
　11：30～12：30　買い物
　午後
　12：30～4：00　休養（テレビ（競馬等））
　（2：30～3：00　食事）
　4：00～6：30　タバコ自販機（商品補充等）
　6：30～7：50　炊事　食事
　8：00～8：50　入浴
　9：00　就寝（テレビ）

食事
　朝　米飯，みそ汁，焼き魚(ししゃも)，箸休め，生卵
　昼　焼豚チャーハン（冷凍），牛乳，箸休め，バナナ（最中）
　夕　米飯，さしみ（アジたたき），インスタントすまし汁（しいたけ風味）（追加で豆腐，チンゲン菜），箸休め

2月12日（月）
　午前
　9：00　起床
　9：10～10：00　散歩
　10：00～11：00　炊事　食事
　11：00～11：20　洗面　排便
　11：30～1：00　買い物
　午後
　1：00～4：00　休養（テレビ（競馬等））
　（2：30～3：00　食事）
　4：00～6：30　タバコ自販機（商品補充等）
　6：30～7：30　炊事　食事
　7：30～8：30　入浴
　9：00　就寝（テレビ）
食事
　朝　米飯，みそ汁，焼き魚(ししゃも)，納豆，箸休め
　昼　そば（鳥肉，チンゲン菜，ネギ），箸休め，バナナ（最中）
　夕　米飯（カレーライス），箸休め，牛乳

2月13日（火）
　7：00　起床
　7：10～8：00　散歩
　8：00～9：30　炊事　食事
　9：30～9：50　洗面　排便　着替え
　10：00～　開店（タバコ納品）
　午後
　1：50～2：30　食事

2：30～3：10　銀行　買い物 8：00～　　　閉店 8：00～8：30　店関係事務 8：30～9：00　入浴 9：10～10：300　炊事　食事 10：40～　　　就寝 食事	朝　米飯，みそ汁，生卵，箸休め 昼　サンドイッチ，牛乳，チーズ，箸休め，バナナ（団子（アン）） 夕　米飯，冷凍クリームコロッケ，野菜（カボチャ，インゲン，ミックス野菜），小龍包），ポタージュコーン（インスタント），箸休め

事例8-2 女性，78歳

① 住宅状況：住居は鶴見駅からバスで12分程度，バス停から5分程度の所にある分譲マンションの1階。マンションの近くは坂道が多く，スーパーマーケットなど店舗が少ない。間取りは6畳の和室1部屋と，同程度の広さの洋室3部屋の4LDKと広く，片付いていてとても綺麗である。旅先で購入したという陶器の人形などが多数飾ってあった。分譲マンションは死後処分に困るだろうから，賃貸にすればよかったと言っていた。

② 就労状況：現在は無職である。結婚以前に1年ほど翻訳の仕事をしていたが，結婚後は専業主婦となった。

③ 収　入：遺族年金（金額は不明）と国民年金（7万円ほど）。

④ 健康・身体状況：1998年に右肩を骨折したことで，現在も右の腕は肩以上には上がらない。2000年に乳ガンの手術をした。2005年に白内障の手術をした。現在は，健康面では特に問題はない。肩の調子も，日常生活では特に支障はない状態である。

⑤ 生活歴：生まれたのは都内で，育ったのは横浜市内である。4人兄妹の末っ子。父親は缶詰会社の社長であった。キリスト教系の女学校卒業後，東京にある大学の英文学科に進む。戦時中は工場で働く。終戦前年に父親が亡くなる。大学に入る頃，父親の会社の社宅に母親とすぐ上の姉と引っ越す。大学卒業後に旧農林省に臨時で1年間，翻訳家として勤める。20歳代後半で新聞社に勤めていた夫と結婚し，30歳前後に2人の子どもを生む。長男（49歳）は現在インク会社に勤めている。次男（47歳くらい）は東京都下に住み，公団に勤めている。1995年に夫が亡くなってから現住所に引っ越し，ひとり暮らしとなって12年目である。食事など日常生活のことはすべて自身でやっている。

⑥ 現在の生活：家の近くにスーパーマーケットなどがないため，生協の宅配サービスを利用している。ほかは，横浜まで出かけた時などにデパートなどにも寄る。1週間に1～3日は友人や従兄弟に会うため出かけている。モーツァルト愛好会の会合，カルチャースクールの歴史学習会がそれぞれ月に1度開かれ，参加している。

　　朝は7時～7時30分頃に起き，洗濯などをして9～10時頃に朝食，18時頃に夕食をとる。寝る時間は23時頃である。

家にいる時, テレビをよく見る。特に, 政治番組や相撲を見る。
⑦ 親族, 友人について：長男とはよく連絡をとっているようだが, 仕事が忙しいようで, 会うことは年に数回だという。9つ下の従兄妹や, モーツァルト愛好会の友人ともよく出かけるという。
⑧ 正月三が日の過ごし方：元旦に長男が来て一緒に過ごした。それ以外はひとりであった。
⑨ 近所づきあい：挨拶を交わす程度。
⑩ 社会活動：特になし。
⑪ 地域環境：細い道が多く, 起伏のある地域で, 住宅街である。
⑫ 生活上の困り事：右腕が高く上げられないため, 電球の交換などは, いつも近所の電気屋さんに頼んでやってもらう。電話をすると毎回来てくれる。何かあった時は長男に頼む。孤独感はないと言う。
⑬ 諸制度の利用状況：民生委員とは, 国勢調査の依頼時と喜寿を祝う時の2回会った。
⑭ その他（調査員の所見等）：出生家族の経済階層がきわめて高く, 戦時中に苦労はしたものの, 基本的には経済的に恵まれた教育歴・生活歴となっている。夫の遺族年金と本人の国民年金, 株式投資などを通じて経済的な生活基盤は十分であると言える。

　身体状況, 精神活動ともに良好で, 話の内容, 受け答えも非常に的確かつ正確で年齢を感じさせない。食事や掃除などもほとんど不自由がない。

　息子が2人いるが, 2人とも結婚しておらず, あまり接触頻度も高くない。とはいえ, なにか困った時の相談相手としては十分な家族関係となっているようだ。ただし, 3年前に現在のマンションに引っ越して来てからは, 近隣関係はほとんどない。趣味を通じた仲間や学生時代の同級生などのつながりは強く, 社会的活動は活発とみてよい。

　交通の便が悪く, 起伏の多い地域なので, 今後身体機能が低下した際の外出や移動支援が課題となると思われる。

　本人は将来介護が必要な状態になったら有料老人ホームやケア付き住宅等への入居を考えているようだが, 経済的にはおそらく十分な準備があると思われる。現在の友人・知人関係を維持できている限りは精神的な孤独感もなく, 必要なサービスは市場を通じて購入できるので, 生活上の心配は今のところほとんど顕在化していないようである。

日 記

2月24日（土）
定刻 AM 7 時半に起床, 簡単な掃除と洗濯を済ませてから朝食。毎日夜は6時以降何も食べない習慣なので, 朝の食事は

いつも美味しい。
今日はHさん(女学校時代の友人)との約束で横浜ルミネの"いらか"で会食。夕刻遅くなってから高島屋で別れて帰宅。

2月27日(火)
胆のうに細かいゴミのような石があるとかで、お茶の水の病院に月一回行く。別に診察受ける必要もないが、どうせひまだし、用心のために行く。特別の問題なし。帰途、日本橋へ。

3月1日(木)
カットのため美容室へ。さっぱりした。有隣堂で本2冊買う。最近よく耳にする渡辺淳一著の"鈍感力"と芥川賞受賞の"ひとり日和"(青山七恵著)を選ぶ。"鈍感力"は私のような取り越し苦労の人間には良い参考となる。

3月5日(月)
今日は朝日カルチャーセンターで受講中のA先生の「イギリスの歴史を辿る」の今期最終回だったが、天候悪く、少々風邪気味でもあって残念ながら休む。ほとんど食欲もなく、ぼんやりと過ごす。
夕方、カンナビヒ(1731年生まれ マンハイム楽派の作曲家)の交響曲をCDで聴きながら、マイセンのカップで紅茶をすする。至福のひとときだ。

3月7日(水)
従妹のYと日本橋高島屋の特食へ。1時に入ったのに4時ごろまで食事しながら話し、時計を見てびっくり。そのあと店内を少々見て、結局別れたのは6時になってしまった。

3　3階層別にみたひとり暮らし高齢者の具体的生活

　以上のとおり、鶴見区のひとり暮らし高齢者調査では、前期高齢者と後期高齢者に対して、それぞれ訪問面接による事例調査が実施された。そして、すべてではないが類型ごとに日記を示すことができたことは、高齢者個々の生活、日々の意識等を知るための貴重なものとなったと言えよう。前期高齢者と後期高齢者の事例調査では設定した類型数が異なる。後期高齢者の事例調査では外出の頻度について「1週間に1度以上の者」と「それ以下の者」とを区別して分類したことで類型数が多くなっている。
　ともあれ、最後に不安定層、一般層、安定層という3階層に分けてひとり暮らし高齢者のそれぞれの具体的生活を典型的事例によって描いてみよう。各層ごとの生活には特徴があり、またその差は明確である。

(1) 不安定層の具体的生活

　例えば、鶴見区・前期．事例1-2男性、73歳は**類型1**（経済的にかなり苦しい

×正月ひとり×近所づきあいなし×緊急時の支援者なし×外出週1回以下）である。

　木造の賃貸民間アパートに住み，お風呂はない。1カ月の家賃は3万5000円。銭湯は高いので，週1回が限度という。最長職は冷暖房の配管工の仕事で，33歳から定年まで働いた。

　年金額は月7万1000円で年間85万2000円。月の生活費では足りない時もあり，貯金を切り崩している。未婚で子どもはいない。中学卒業からずっとひとり暮らしである。

　人工透析患者で，たまにではあるが起床後，自転車に乗り散歩し，帰宅後朝食をとる。しかし，散歩に出ると疲れてしまい，夕方まで寝るか，テレビを見て過ごす。

　1次調査の外出頻度では1週間に1回以下と答え，理由として家にいるのが好き，身体の不自由・健康上の心配が大きいということをあげている。

　行き来している親族はいない。日頃行き来している友人はいない。正月三が日は「いつもと変わらず，ひとりで過ごした」という。近所づきあいは挨拶をする程度。社会活動は体の調子が悪い，費用がかかる，集団活動が苦手，おっくうであるという理由から社会参加団体や集まりにはいっさい参加していない。病気や身体の不自由な時にすぐ来てくれる人はいない。

　介護保険，配食サービス，鶴見区社協あんしんセンターは利用していないが，サービスは知っている。ケアプラザについては何も知らないと答えている。あんしん電話サービスは利用しているが，仕組みや使い方はよくわからないと話していた。民生委員や区役所の方は知ってはいるが，迷惑をかけたくないため連絡はとっていない。

　この事例は，不安定就業層に属する人の高齢期の生活を物語っている。中学卒業以来ひとり暮らしで，現在は親族，地域，社会参加活動も含めて関係が希薄である。日記に明らかなように，生活は単調で，透析患者であることから，医療機関とのつながりはあるものの，その他のサービス機関とのつながりのない孤立している事例と言える。

（2）一般層の具体的生活

　鶴見区調査は経済的状況を意識で尋ねたため，同じ類型のなかでも年間所得に差がでている。例えば，後期高齢者の**類型5**に分類されたケースでは，「経

済的に生活していくには困らない」と答えているものの，年間所得で鶴見・後期．**事例5-1**のように300万円の者と鶴見・後期．**事例5-2**のように120万円の者もいるのである。後者は生活保護基準以下の生活水準であり，一般層とは言えない。ここでは前者の**事例5-1**の生活をまとめてみよう。

　79歳の男性，**類型5**は「経済的に生活していくには困らない×正月三が日ひとりで過ごした×近所づきあいなし×外出週1回以下」という条件で抽出した事例である。民間賃貸アパートに住み，家賃が月7万8000円。最初の就職は土木建築系の会社であった。28歳の時には，銀座のキャバレーで支配人をしていた。その頃に，バーを経営していたこともあったが，1年ほどで閉めてしまった。次に，自営で焼鳥屋をし，妻との離別を機に，友人の紹介で酸素を病院におさめたりするガス屋をしていた。だが，会社が倒産してしまい，50歳頃に友人の紹介で自動車の部品を作る会社に入る。営業だけでなく，幅広い業務をこなし，68歳まで働く。最長職は自動車部品会社の会社員。貯蓄はない。

　4人兄弟の長男として生まれる。実家は横浜市内。理科が好きで，金属製錬を専門に学ぶ。2度の離婚を経験している。どちらにも1人ずつ娘がいるが，母親のもとで育てられ，離婚後は50年近く会っていない。離別を機に，ずっとひとりで生活しており，現住所には20年以上在住している。

　2003年6月に前立腺の肥大が見つかり，12月に泌尿器科へ。翌2004年1月に精密検査を受け，前立腺ガンであること，余命5年であることが宣告される。

　親族については，妹が嫁入りし千葉県で暮らし，末の弟は入院しているため，世話になれる人がいない。正月三が日はひとりで過ごした。ひとり暮らしになり，最初の頃は，横浜のデパートにて少々おかずを購入してきて，それらを食べて過ごしていた。またからだの調子が悪くなる少し前までは，鶴見駅のほうに出た際に中トロなどの良い刺身を調達し，冷凍保存して食していた。最近では，餅はのどに詰まらせる危険性があり，総入れ歯であるので，代わりにはんぺんを四つに切り，雑煮風にして食べている。おせちは食べない。

　友人と呼べるほど，そこまで親しくはないが，つきあいのある人は近所に1人いる。1次調査においては，近所とは挨拶を交わす程度のつきあいであると答えている。

　1次調査では，今後参加したい活動として「囲碁・将棋」をあげていたが，本人に直接尋ねてみたところ，ほとんど関心がなかった。退職後には写真を趣

味で始め，地域の写真クラブにも所属し，区民まつりにも出展していた。家の中だけでなく，近くの公園まで足を伸ばし，1日かけて撮影をするようなこともあった。体が悪くなり，出歩けなくなってからは，水彩画を一時的にやっていた。しかし，それっきりしばらくは何もせず，最近になってまた通信で絵手紙を受講し始めた。このほかに，般若心経を勉強し直したり，市販の「脳を鍛えるドリル」等に取り組んだりすることで，退屈を紛らわせようとしている。

以上は後期高齢者の事例である。ここでもう1つ，前期高齢者の一般層の事例をみてみたい。鶴見区・前期. **事例4-1**の男性，66歳で，**類型4**は「経済的に余裕がある×正月ひとり×近所づきあいなし×緊急時の支援者なし×外出週1回以下」という指標で分類されたものである。

面接は鶴見区役所の応接室で行われた。自宅は川崎に近いマンションや町工場がある地域にある。自己所有の自宅は築30年ほどの10階建てのマンションの5階である。面積は40㎡，部屋数は2部屋。エレベーターがなく，これが住まいについての困り事となっている。本人は，1991年に片肺の摘出手術を受けており，「リハビリにいい」とエレベーターのないことをそのように説明しているが，いったん5階から降りてしまうと，忘れ物をしても取りに行けないことが辛いという。

最長職は大手電気メーカー社員。60歳で定年退職。年金収入が年間約300万円（月約25万円）である。

1991年に左肺摘出。生活に不自由はないが，運動や走るようなことはできない。両親は中部地方の出身。父親は三菱で働いていた。本人は中学卒業である。32歳の時，結婚をしたが，1年で別れる。それ以来ひとり暮らし。

兄弟は7人兄弟姉妹で，みな健在である。本人は，上から5番目の3男で，1番上の兄は，終戦後結核を患い，現在は酸素を使っている。すぐ上の姉は，中部地方の都市に在住している。甥や姪はいるが，向こうから会いに来るということはなく，こちらから年に1，2回行くのみである。

ひとり暮らしの生活は，現在はまだ片肺ながらなんとか自分の生活ができているので，誰かに助けてもらおうとは思わないが，動けなくなったらと思うと，そういう前に老人ホームに入ることも必要かと考えている。5階の階段も今はいいが，そのうちに足が動かなくなるのではないか。

生活の楽しみとしては，年に2，3回ひとりで旅行に出かける。京都とか神

社仏閣めぐり。趣味でご朱印を集めている。マージャンが好きで，昔働いていた会社の仲間と月1回くらい，卓を囲むこともある。

　緊急の場合には，電話をすれば，親戚，神奈川県下に住む兄が来ると思う。年に1～2回，気が向いたら会っている。万が一の時は，ひとりだから，どうしようもない。緊急連絡のサービスのことはわからない。

　正月はひとり自宅で過ごした。お参りに行くこともあるが，兄弟に誘われれば行く。近所づきあいというものはない。マンションでも，隣とは顔なじみがない。

　現在特に福祉サービスを受けていはいない。食事を作るのが面倒なので，コンビニでできたものを買うことが多い。食事の配達もあるようだが，面倒である。マンションのなかに民生委員がいるようであるが，あまりよくわからない。

（3）安定層の具体的生活

　安定層の事例として，後期高齢者の**事例8-1**の男性（82歳）をあげよう。**類型8**は「経済的に余裕がある×正月三が日ひとりで過ごした×近所づきあいなし×外出週2回以上」であるが，この男性は年間収入が1000万円を超え，息子に進められて競馬の馬主となっており，年間1000～2000万円使い，休みの日にはテレビでチェックし，年に4回北海道まで馬を見に行くなど自分の時間を楽しんでいる。

　この男性は薬剤師の家庭に生まれ，親の反対を押し切って北海道の大学で6年間，農学・畜産を学び，卒業後，畜産製造で3年間働く。その後，実家の薬局を手伝いながら定年まで公務員として勤めた。

　29歳で結婚し，息子が2人いる。奥さんは薬剤師で，亡くなるまで本人の薬局で働く。息子夫婦は現在東京で暮らしているが連絡は頻繁にはとっていない。7年前に妻が他界してからは薬局をやめ，タバコ屋として経営しながらひとりで暮らしている。

　朝6時に起きて50分ほど散歩に出かける。銀行と買い物は毎日行っている。8時に朝食。市販の弁当が好きでないため食事はすべて自炊している。農学での知識を生かしながら，冷凍の野菜や大好きな豆類など，バランスのとれた食事を心がけている。

　毎日お店に来るいろいろな人と話す変化を楽しんでいる。日頃の生活には，

女性の店員が手助けしてくれている。休日はテレビで馬を見たり買い物に出かけたりする。月に1度，近くに住む弟の見舞いに行く。まさに安定層に位置し，安定した生活基盤のなかでのひとり暮らしの生活をみることができる。

終 章

大都市のひとり暮らし高齢者と社会的孤立

　本書では，まず初めにひとり暮らし高齢者の地域的偏在状況を国勢調査のデータを使って分析し，大都市部のひとり暮らし高齢者がどのような位置にあるのかについて述べた。ついで本書の中心テーマである社会的孤立について，その先行諸研究を検討し，研究視点を整理した。それにもとづいて港区と鶴見区におけるひとり暮らし高齢者の基本的特徴を把握し，それを類型化し，それぞれ類型にもとづく具体的生活状況を述べてきた。また，類型ごとの違いをさらにわかりやすくするために，不安定層，一般層，安定層の3階層に分けてひとり暮らし高齢者の生活実態をみたが，孤立状態にある者もそれぞれの層で問題状況は大きく異なることが明らかになった。

　筆者は，不安定層に位置し，生活基盤が脆弱で孤立している高齢者に特に注目してきた。その理由は，そうした社会の底辺で最も苦しむ人びとの生活を支えることが，その上に連なる層の生活の安定あるいは問題の予防に連なると考えているからである。

　終章として，ここでは不安定層の孤立状態にある高齢者に注目しつつ，大都市の孤立状態にあるひとり暮らし高齢者を量と質の2つの面からもう少し詳細に分析したい。さらに，以上のことをふまえて，最近の高齢者福祉政策と住民福祉活動への若干の提言を述べることとする。

1 孤立状態にあるひとり暮らし高齢者の量

　わが国において孤立状態にあるひとり暮らし高齢者はどのくらいいるのだろうか。今のところ全国の総量を示すデータはない。筆者はこれまでいくつかの地域で，自らの調査にもとづく推計を行ってきたにすぎない。そしてその量は地域によって異なっていた。本書で紹介してきた港区と鶴見区という首都圏の2つの地域でも，量的に違いがみられ，地域ごとの実態把握の必要性を改めて痛感させられた。ここではまず，本書でみてきた港区調査と鶴見区調査の結果から，それぞれの地域における孤立状態にあるひとり暮らし高齢者の量的把握を試みたい。

　さて，孤立状態にある者の量的把握は，前述のごとくタウンゼントによるものが嚆矢と言えよう。彼の量的把握の方法は，まず高齢者ごとの「社会的接触」状況を得点化し，1週間あたりの得点合計を算出しようとするものである。得点化するための領域として次の3つを設定している。第1は親族関係，第2は近隣関係，友人関係とサービス提供者との関係，第3は社会的活動である。

　確かにタウンゼントの指摘のように，孤立を量的に測定するには①ネットワーク量の測定をどのようにするのか，②ネットワークの範囲をいかに設定するかという2つの点を明確にする必要があるだろう。

　前述のとおり，タウンゼントやタンストールによる孤立の量的把握方法の特徴は高齢者世帯を対象にして個々の接触状況を得点化（スコア化）したことにある。また，後藤昌彦らは，タウンゼントの方法にヒントを得て，家族関係で6つの指標，地域関係で9つの指標を設定し，それぞれの指標で〇と×に分け，その×の数で類型化している。そして家族関係と地域関係の類型をクロス集計し，そのうちの主なものを類型として抽出した。

　筆者が行ってきた調査については，まずは得点化の方法をとらなかった。それは，タンストール自ら言うような「足切り点（カットオフ・ポイント）」の曖昧さを避けたいと思ったからである。また，同時に筆者は，彼らの測定方法では孤立の範囲が多少大きく切り取られるのではないかと考えていたこともある。

　筆者の社会的孤立に関する調査の出発点である港区の1995年調査では，まず

孤立の測定指標をいくつかあげ，その組み合わせから量的把握をしようとした。その指標とは，①子ども，親戚との関係，②正月三が日の過ごし方，③近隣関係，④友人関係，⑤社会参加状況，⑥緊急時の支援状況である。これらの項目の調査結果データについては，すでに本書第5章の「ひとり暮らし高齢者の親族・地域ネットワークと孤立問題」において，2004年調査をベースに，一部1995年調査と比較しつつ述べた。

ここでは，個々の指標のデータを基礎に孤立状態にあるひとり暮らし高齢者の量的把握を，まずは港区調査において行おう。ついで，鶴見区調査の結果データを使って同様の測定を行ってみたい。

（1）港区調査

1 1995年調査

孤立に関わる指標と調査結果のそれぞれの割合は次のとおりであった。
○子どもや親戚とはほとんど行き来がない者：8.4％
○親しい友人・知人がいない者：11.3％
○近所づきあいがあまり，あるいはまったくない者：44.1％
○相談相手がいない者：14.8％
○正月三が日をひとりで過ごした者：34.5％
○社会参加活動をしていない者：46.2％
○病気など緊急時に誰も来てくれる人がいない者：15.3％

さて，1995年調査の結果分析段階では，これらの孤立に関わる諸項目のなかからいくつかの項目を選び，その重なりの状況をみることから始めた。

図終-1は，①親族ネットワークの欠如，②友人・知人ネットワークの欠如と③「社会参加活動をしていない」という3項目の重なりの状況をみたもの，図終-2は，①「正月三が日をひとりで過ごしている」，②友人・知人のネットワークの欠如と③「社会参加活動をしていない」という3項目の重なり状況をみたもの，さらに，図終-3は①近隣ネットワークの欠如，②友人・知人ネットワークの欠如と③「社会参加活動をしていない」という3項目の重なりの状況をみたものである。

この3つの図について各項目の重なり具合をみてみよう。まず，図終-1においては，子ども，親戚等誰ともほとんど行き来がなく，なおかつ親しい友人・

図終-1　港区ひとり暮らし高齢者の親族，友人・知人ネットワークの欠如状況(1)

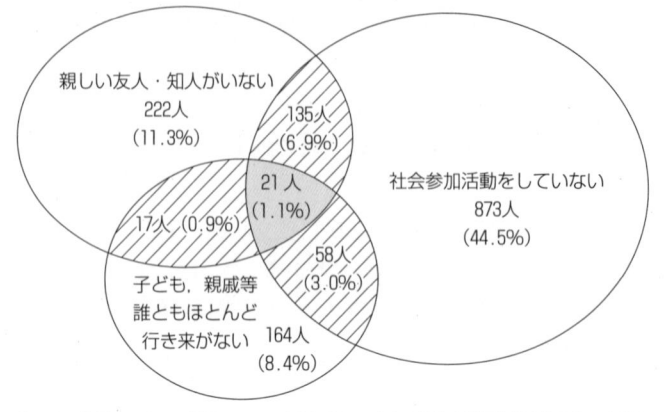

親しい友人・知人がいない
222人
(11.3%)

135人
(6.9%)

21人
(1.1%)

社会参加活動をしていない
873人
(44.5%)

17人 (0.9%)

58人
(3.0%)

子ども，親戚等誰ともほとんど行き来がない
164人
(8.4%)

注：1995年調査。3つの項目についてはそれぞれの該当人数と有効回答数全体からみた割合（％）であり，斜線の部分は2項目の重なり，アミの部分は3項目の重なり数値である。また，各％の母数は有効回答数1963である。

図終-2　港区ひとり暮らし高齢者の親族，友人・知人ネットワークの欠如状況(2)

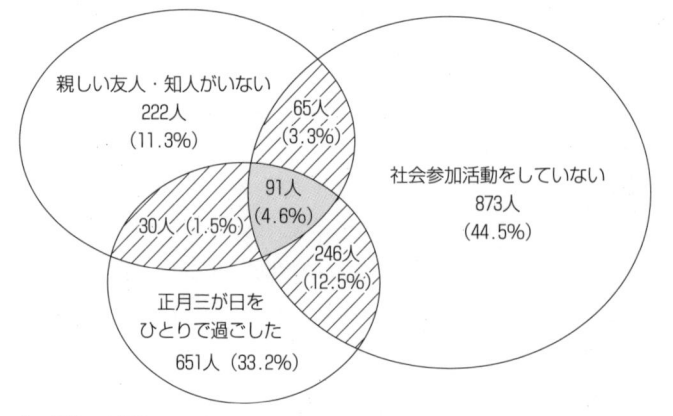

親しい友人・知人がいない
222人
(11.3%)

65人
(3.3%)

91人
(4.6%)

社会参加活動をしていない
873人
(44.5%)

30人 (1.5%)

246人
(12.5%)

正月三が日をひとりで過ごした
651人 (33.2%)

注：図終-1に同じ

知人がおらず，さらに社会参加活動を何もしていないという3つの重なり部分は少なく，全体の1.1％となっている。3項目の重なり部分を除いて2項目の重なりでみると，親しい友人・知人がおらず，社会参加活動を何もしていない者が6.9％，また子ども，親戚等誰ともほとんど行き来がなく，なおかつ社会

図終-3　港区ひとり暮らし高齢者の近隣，友人・知人ネットワークの欠如状況

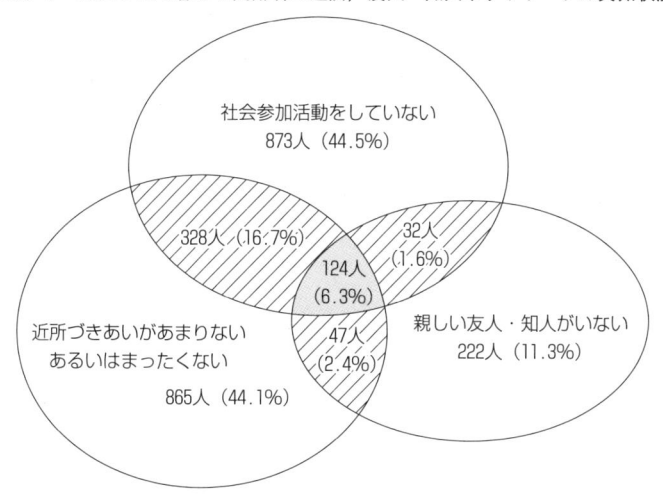

```
                社会参加活動をしていない
                873人（44.5%）

         328人              32人
        （16.7%）          （1.6%）
                  124人
                 （6.3%）
  近所づきあいがあまりない        47人        親しい友人・知人がいない
  あるいはまったくない         （2.4%）        222人（11.3%）
  865人（44.1%）
```

注：図終-1に同じ

参加活動を何もしていない者が3.0%，親戚等誰ともほとんど行き来がなく，なおかつ親しい友人・知人がいない者が0.9%であった。2項目以上が重なっている部分の総計は11.9%と1割程度である。

次に図終-2において，「正月三が日をひとりで過ごし，なおかつ親しい友人・知人がおらず，さらには社会参加活動を何もしていない」という3項目が重なっている者が4.6%を占めている。また，3項目の重なっている部分を除いて2項目の重なりをみると，「正月三が日をひとりで過ごし，親しい友人・知人がいない」者が1.5%，「親しい友人・知人がおらず，社会参加活動を何もしていない」者が3.3%，「正月三が日をひとりで過ごし，社会参加活動を何もしていない」者が12.5%となっている。2項目以上が重なっている部分の合計は21.9%と2割を占めた。

さらに図終-3においては，「親しい友人・知人がおらず，なおかつ近所づきあいがあまりない，あるいはまったくなく，さらには社会参加活動を何もしていない」という3項目が重なっている者が6.3%を占めている。また，3項目の重なっている部分を除いて2項目の重なりをみると，「近所づきあいがあまりない，あるいはまったくなく，社会参加活動を何もしていない」者が16.7%，「親しい友人・知人がおらず，社会参加活動を何もしていない」者が1.6%，「親

しい友人・知人がおらず，近所づきあいがあまりない」者が2.4％となっている。2項目以上の重なり部分を合計すると27.0％と，約3割となる。

　以上の3つの図を比べてみて，「正月」という親族との関係がみえる要素が含まれ，なおかつ「友人・知人関係と社会参加」という柱も入っている図終-2において，2項目以上の重なりの合計が2割であることに，筆者はまず注目したい。親族，友人，社会参加という3項目からみると，孤立状況にあるひとり暮らし高齢者が2割いると推計することができる。

　しかし，このように推計したにしても，これではタウンゼントが社会的接触状況の得点化の指標として設定した領域よりも狭いものであることは明らかである。筆者は，組み合わせによる孤立の量的測定と同時に，他方で孤立状況にあるかどうかがもっとわかりやすく，孤立していると誰もが認めることができるような明確な指標を考えていた。

　筆者は「病気など緊急時に誰も来てくれる人がいない」状態は明らかに孤立しているのではないかと考えた。1995年調査結果ではその量は15.3％であった。これはもともと「病気などで熱を出して寝込んでしまった時，すぐに来てくれる人は誰か」という設問であった。回答は，すでに述べたとおり「親族」が58.7％，「友人・知人，近所の人」が16.0％，そしてこの「誰も来てくれる人がいない」が15.3％となった。

　筆者は，とりあえずこの15.3％すなわち約1割半を〈少なく見積もった〉孤立状態にあるひとり暮らし高齢者と考えた。〈少なく見積もった〉と言うのは，筆者は組み合わせによる孤立の量的把握は補助的，限定的測定方法と考えているが，それでも前述の正月，友人・知人，社会参加といった指標で孤立している対象を切り取ると2割（図終-2），また近隣，友人・知人，社会参加の指標でみると3割（図終-3）になっている。このことから緊急時に支援者がいないという指標のみで孤立の対象を限定することは，厳しすぎるように思えるからである。

　ともあれ，以上のことから，〈少なく見積もった〉値ではあるが，港区のひとり暮らし高齢者で孤立状態にある者の量を1割半としたい。これを1995年調査からの量的測定値としよう。

2 2004年調査

では，上記調査の約10年後の2004年調査において，孤立状態にあるひとり暮らし高齢者はどのくらいいるのであろうか。この調査の分析段階では，筆者はまず「緊急時に支援者がいない者」に注目した。第5章の図5-10に示したように，緊急時に支援者のいない者は15.9％であった。1995年調査が15.3％であったので，2つの調査時点での差はほとんどなく，横ばいと言える。

なお，2004年調査の分析においても，1995年調査の分析と同様の指標の組み合わせから孤立の量をみた。ここで図として示すのは親族，友人・知人ネットワークの欠如状態のみとする（図終-4）。この図から明らかなように，2項目以上の重なり部分の合計は22.8％（母数推計人数948人）となる。同様の合計が1995年調査では21.9％であったので，これも量的にはほとんど変化がない。

その他の組み合わせについてはどうか。数値だけを示しておこう。図終-1に対応する親族，友人・知人ネットワークの欠如状況については，まず3項目の重なりは0.5％であった（1995年調査では1.1％）。次に2項目以上の重なり部

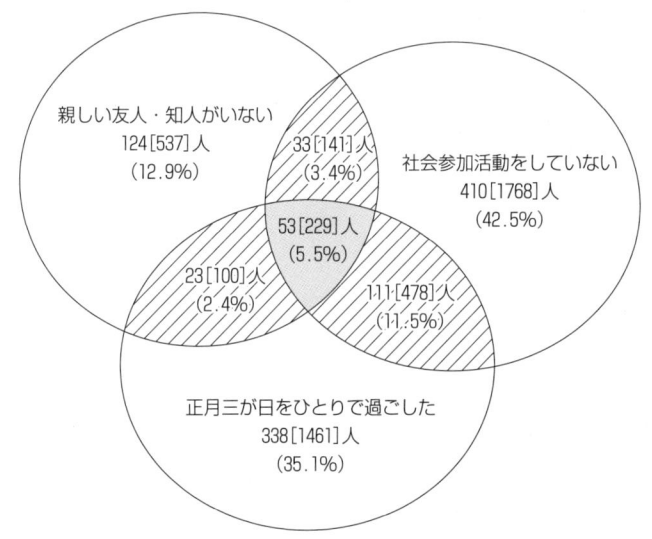

図終-4　港区ひとり暮らし高齢者の親族，友人・知人ネットワークの欠如状況

- 親しい友人・知人がいない　124[537]人（12.9％）
- 社会参加活動をしていない　410[1768]人（42.5％）
- 正月三が日をひとりで過ごした　338[1461]人（35.1％）
- 重なり部分：33[141]人（3.4％），23[100]人（2.4％），111[478]人（11.5％），53[229]人（5.5％）

注：2004年調査。3つの項目についてはそれぞれの該当人数と有効回答数全体からみた割合（％）であり，斜線の部分は2項目の重なりを，アミの部分は3項目の重なりの数値である。各％の母数は本調査の有効回答数964である。また［　］内は調査母数4161から算出した。

分の合計は10.4％（1995年調査では11.9％）であった。さらに図終-3に対応する近隣，友人ネットワークの欠如状況については，3項目の重なりは7.2％（1995年調査では6.3％），2項目以上の重なり部分の合計は25.4％（1995年調査では27.0％）となっている。

ともあれ，2004年調査でのひとり暮らし高齢者で孤立状態にある者の量的推計値も1995年調査と同様，1割半としたい。

（2）鶴見区調査

では，鶴見区の場合はどうか。ここでは港区の測定方法を用い，まず緊急時に支援者がいない者の割合をみてみよう。すでに第5章でふれたように，鶴見区の前期高齢者と後期高齢者の合計をみると，緊急時の支援者がいない者の割合は27.4％であった。すなわち鶴見区の場合，ひとり暮らし高齢者の全体の約3割は緊急時でも誰も来てくれる人がいないのである。

前述の港区調査と同様に，孤立に関わるいくつかの指標の組み合わせを行い，孤立の量をみるとどのようになるであろうか。図終-5は，鶴見区ひとり

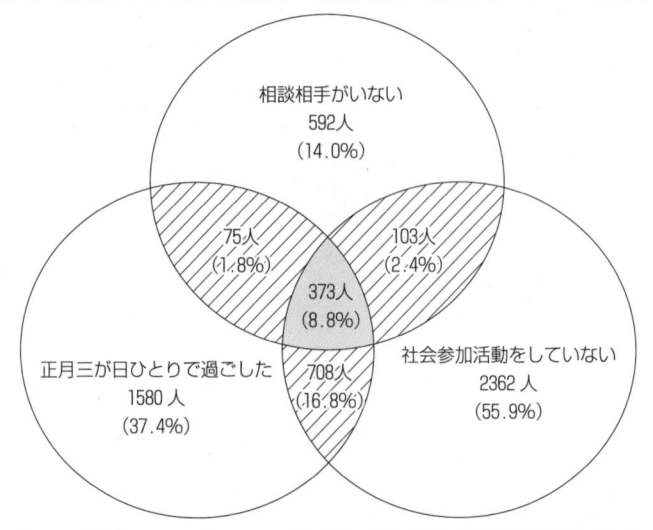

図終-5　鶴見区ひとり暮らし高齢者の親族，友人・知人ネットワークの欠如状況

（ベン図）
- 相談相手がいない　592人（14.0％）
- 正月三が日ひとりで過ごした　1580人（37.4％）
- 社会参加活動をしていない　2362人（55.9％）
- 75人（1.8％）
- 103人（2.4％）
- 708人（16.8％）
- 373人（8.8％）

注：2006年調査。3つの項目についてはそれぞれの該当人数と有効回答数全体からみた割合（％）であり，斜線の部分は2項目の重なり，アミの部分は3項目の重なりの数値である。また，各％の母数は有効回答数4226である。

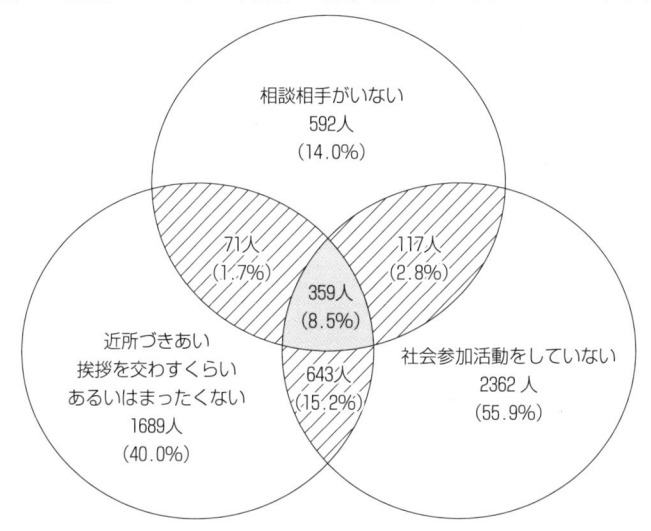

図終-6 鶴見区ひとり暮らし高齢者の近隣，友人・知人ネットワークの欠如状況

相談相手がいない
592人
(14.0%)

71人
(1.7%)

117人
(2.8%)

359人
(8.5%)

近所づきあい
挨拶を交わすくらい
あるいはまったくない
1689人
(40.0%)

643人
(15.2%)

社会参加活動をしていない
2362人
(55.9%)

注：図終-5に同じ

暮らし高齢者の親族，友人・知人ネットワークの欠如状況を各項目の重なりからみたものである。ただし，鶴見区調査では友人・知人の有無についての質問項目がないので，その代わりに「相談相手の有無」を用いてみてみよう。

この図のとおり①「正月三が日ひとりで過ごした」，②「相談相手がいない」，③「社会参加活動をしていない」という3項目についての重なり部分は8.8%，2項目以上の重なり部分の合計は29.8%となった。

また，図終-6は①「近所づきあいは挨拶を交わす程度あるいはまったくない」，②「相談相手がいない」，③「社会参加活動をしていない」という3項目について重なり具合をみたものである。3項目の重なりは8.5%，2項目以上の重なり部分の合計は28.2%であった。

さて，筆者としては，鶴見区におけるひとり暮らし高齢者で孤立状態にある者の量を，緊急時に支援者がいない者3割としたい。これは港区の2倍の数値である。これは筆者の予想をはるかに超えた衝撃的なものであった。

2 ひとり暮らし高齢者の孤立の質

(1) 港区1割半, 鶴見区3割の緊急時に支援者がいない者の基本的特徴

以上のとおり, 孤立の量の測定を「緊急時に支援者がいない者」という指標によって行うと, 港区で1割半, 鶴見区で3割という数値となった。これらは孤立状態にある者の全体量からすると, 若干少ない測定値と言えるかもしれないが, この数値に属する人びとは明確に孤立しているといえるだろう。では, こうした孤立しているひとり暮らし高齢者はどのような特徴をもっているのだろうか。

1 港区1995年調査

まず1995年調査によって, 緊急時に支援者がいない者の特徴をごく簡単にみよう。緊急時に支援者がいない者は男性が21.3%, 女性が78.3%と約8割が女性である。前期高齢者が70.7%, 後期高齢者が29.3%と若い層が7割を占める。未婚の者が37.7%と4割弱となっている。子どもがいる者は19.7%と2割程度であった。正月三が日をひとりで過ごした者は69.0%と約7割である。

ここで, クロス表を2つだけ示そう。1つは緊急時に支援者がいない者の有無を年間所得別にみたもの (表終-1), もう1つは同じく住宅の所有形態別にみたもの (表終-2) である。

年間所得別に緊急時に支援者がいない者の割合をみると (表中の「行%」を参照), 200万円未満層では19.0%, 200万円以上400万円未満層で15.0%, 400万

表終-1 港区ひとり暮らし高齢者の年間収入別にみた緊急時の支援者の有無

	いる			いない			合計		
	実数	行(%)	列(%)	実数	行(%)	列(%)	実数	行(%)	列(%)
200万円未満	745	81.0	54.7	175	19.0	65.8	920	100.0	56.5
200万円以上400万円未満	380	85.0	27.9	67	15.0	25.2	447	100.0	27.5
400万円以上	236	90.8	17.3	24	9.2	9.0	260	100.0	16.0
合　計	1361	83.7	100.0	266	16.3	100.0	1627	100.0	100.0

注:1. 1995年調査, $p<0.05$
　 2. 行は年間所得別内での割合を示し, 列は,「いる」「いない」それぞれのなかでの所得別の割合を示す (以下, 表終-6まで同様)。

表終-2　港区ひとり暮らし高齢者の住宅の所有形態別にみた緊急時の支援者の有無

	いる			いない			合計		
	実数	行(%)	列(%)	実数	行(%)	列(%)	実数	行(%)	列(%)
持ち家	661	85.6	43.9	111	14.4	37.6	772	100.0	42.9
民間賃貸マンション等	207	78.7	13.7	56	21.3	19.0	263	100.0	14.6
都営住宅	304	85.2	20.2	53	14.8	18.0	357	100.0	19.8
民間賃貸アパート	240	80.3	15.9	59	19.7	20.0	299	100.0	16.6
その他(社宅，管理人住宅，高齢者用住宅)	94	85.5	6.2	16	14.5	5.4	110	100.0	6.1
合　計	1506	83.6	100.0	295	16.4	100.0	1801	100.0	100.0

注：1995年調査，$p < 0.05$

円以上層で9.2%となっている。他方，支援者がいない者のなかでみると（表中の「列％」を参照），200万円未満が65.8%，200万円以上400万円未満が25.2%，400万円以上が9.0%を占めている。このように，所得が低くなるにしたがって支援者がいない者の出現率が高くなる傾向がある。

　また，住宅の所有形態別に支援者がいない者の割合をみると（表中の「行％」を参照），「民間賃貸マンション等」が21.3%，「民間賃貸アパート」が19.7%と，この２つが他の住宅形態より５～６ポイント高い。

2 港区2004年調査

　次に2004年調査についてみると，緊急時に支援者がいない者は男性が22.9%，女性が77.1%となっている。女性が約８割を占めていることは1995年調査と同様である。年齢については前期高齢者が62.1%，後期高齢者が36.6%であった。1995年調査との比較では男女比はそれほど変化はないが，年齢は高齢化が進み，後期高齢者が1995年調査で３割程度であったものが，2004年調査では４割に近づいている。

　緊急時に支援者がいない者で未婚の者が45.1%と４割半を占めている。ひとり暮らし高齢者全体での未婚者は27.1%であったので，支援者がいない者の未婚率は18.0ポイントも高くなっている。子どもがいる者は26.1%と２割半で，いない者は68.0%となっている。このように，緊急時に支援者がいない者で子どもがいない者は７割近くになっていることに注目したい。

　緊急時に支援者がいない者で相談相手がいない者は51.6%であるが，ひとり

暮らし高齢者全体のそれは11.3％であり，40.3ポイントもの差がある。近所づきあいについては，緊急時の支援者がいない者で「挨拶を交わす程度＋つきあいがない」者は62.1％であるが，全体のそれは42.6％と19.5ポイントの差がみられる。

ところで，緊急時に支援者がいない者で正月三が日をひとりで過ごした者は70.6％と7割を占めており，この割合は1995年調査とほぼ同じであった。なお，2004年調査によると，正月三が日をひとりで過ごした者は全体で35.1％だったので，緊急時に支援者がいない者の2倍の出現率となっている。

緊急時に支援者がいない者はどのような社会参加団体に所属しているのであろうか。所属団体の種類をみると（複数回答），「趣味の会」が18.3％と最も多く，ついで「スポーツ」が16.3％，「社会活動」（ボランティア，同窓会，PTA，生協活動など）が8.5％，「学習の会」が7.2％となっている。「老人クラブ」や「町内会」は参加率が高くない。なお，どの団体・集まりにも参加していない者が全体の45.8％となっている。2004年調査でみると，団体・集いに参加していない者は42.3％であったので，支援者がいない者と全体平均とはそれほどの違いはない。

次に，緊急時に支援者がいない者で，団体・集まりになぜ参加しないのかをみると（複数回答），「体調が悪い」が34.3％，「時間がない」が25.7％，「参加したくないから」が22.9％といった理由がみられる。しかし「自分にあった活動や集会がない」（21.4％），「活動を知らない」（18.6％），「一緒に参加する仲間や友人がいない」（25.7％），「参加のきっかけがない」（17.1％）といった参加の条件に関係する項目も一定数あることは注目したい。

調査の全体と比較すると，大きく異なるのは「一緒に参加する仲間や友人がいない」であり，10.6ポイントも支援者がいない者のほうが高い。以下，次のいずれの項目でも支援者がいない者のほうのポイントが高い。すなわち「活動を知らない」で6.9ポイント，「自分にあった活動や集会がない」で6.6ポイント，「時間がない」で8.9ポイントと，それぞれ高くなっている。

ここでは，とりわけ「一緒に参加する仲間や友人がいない」に一番差があることに注意を向けておきたい。緊急時に支援者がいない者に限らず，社会参加の条件として友人・知人のネットワークは重要な要素と言えよう。

さて，**表終-3**は年間所得別に緊急時の支援者の有無をみたものである。支

表終-3　港区ひとり暮らし高齢者の年間収入別にみた緊急時の支援者の有無

	いる			いない			合計		
	実数	行(%)	列(%)	実数	行(%)	列(%)	実数	行(%)	列(%)
200万円未満	339	79.6	51.7	87	20.4	65.9	426	100.0	54.1
200万円以上400万円未満	198	86.5	30.2	31	13.5	23.5	229	100.0	29.1
400万円以上	119	89.5	18.1	14	10.5	10.6	133	100.0	16.9
合　計	656	83.2	100.0	132	16.8	100.0	788	100.0	100.0

注：2004年調査，$p<0.05$

援者がいない者の割合については（表中の行％を参照），200万円未満層において20.4％，200万円以上400万円未満層において13.5％，400万円以上層において10.5％となっている。収入が低いほど支援者がいない者の出現率が高くなっていることがわかる。200万円未満層と400万円以上層では約10ポイントの差がある。

また表終-4は住宅の種類ごとに支援者の有無をみたものである。支援者がいない者の割合は（表中の行％を参照），「民間賃貸アパート，借家，間借り」が23.5％，「民間賃貸マンション，公社・公団賃貸住宅」が22.4％と，それぞれ2割を超えている。「都営住宅」で18.1％，「持ち家」では13.4％となっている。このように，住宅の種類別の緊急時に支援者がいない者の出現率は，持ち家で1割強，それ以外の賃貸住宅で2割前後となっている。

表終-4　港区ひとり暮らし高齢者の住宅の所有形態別にみた緊急時の支援者の有無

	いる			いない			合計		
	実数	行(%)	列(%)	実数	行(%)	列(%)	実数	行(%)	列(%)
持ち家	394	86.6	52.3	61	13.4	39.9	455	100.0	50.2
民間賃貸マンション，公社・公団賃貸住宅	90	77.6	12.0	26	22.4	17.0	116	100.0	12.8
都営住宅	167	81.9	22.2	37	18.1	24.2	204	100.0	22.5
民間賃貸アパート，借家，間借り	65	76.5	8.6	20	23.5	13.1	85	100.0	9.4
その他（社宅・管理人住宅・高齢者用住宅等を含む）	37	80.4	4.9	9	19.6	5.9	46	100.0	5.1
合　計	753	83.1	100.0	153	16.9	100.0	906	100.0	100.0

注：2004年調査，$p<0.05$

このように緊急時に支援者がいない者は低所得という要素と一定の関係性があり，また住宅の種類では，「民間賃貸マンション等」と「民間賃貸アパート」で支援者がいない者の若干の集中がみられる。

3 鶴見区2006年調査

　鶴見区調査において，緊急時に支援者がいない者は全体の27.4％と3割近くに及ぶが，性別をみると，男性が52.1％，女性が46.6％と男性のほうが若干多い。孤立している男性ひとり暮らし高齢者は港区の2004年調査において2割程度であったのと異なり，鶴見区では男性のほうが多い。これが，港区と大きく異なる点である。

　年齢については，前期高齢者のなかで緊急時に支援者がいない者は34.3％，後期高齢者のそれは16.8％と，前期高齢者のなかでの割合が高く，その差は17.5ポイントにもなっている。これを，緊急時に支援者がいない者のなかでみると，前期高齢者は71.8％，後期高齢者は22.8％と前期高齢者が7割を占めている。なお，緊急時に支援者がいない者の平均年齢は72.0歳である。

　緊急時に支援者がいない者で子どもがいる者は39.6％と4割程度である。「未婚」という選択肢を含むひとり暮らしになった理由についての設問は，前述のとおり前期高齢者調査にしかない。前期高齢者全体で「未婚」は21.4％であった。同じく前期高齢者で緊急時に支援者がいない者のなかでは「未婚」が30.3％となる。

　緊急時に支援者がいない者で正月三が日をひとりで過ごした者は65.9％，全体では37.4％であり，25.8ポイントもの差がある。

　同じく相談相手がいない者は42.2％，ひとり暮らし高齢者全体のそれは14.0％であり，28.2ポイントの差がある。近所づきあいについては，緊急時の支援者がいない者で「挨拶を交わす程度＋つきあいがまったくない」者が61.8％であるが，全体のそれは40.0％となっており，ここでも大きな違いがある。

　支援者がいない者で社会参加活動へ参加していない者は68.4％であるが，全体では55.9％と12.5ポイントの差がある。外出の頻度については，支援者がいない者で「1週間に1回以下」の者は13.4％であるが，全体では7.4％となっている。また支援者がいない者で介護保険サービスを利用している者は10.3％，ひとり暮らし高齢者全体では15.0％と，サービスの利用率は緊急時に

表終-5　鶴見区ひとり暮らし高齢者の経済状況に関する意識別緊急時の支援者の有無

	いる			いない			合計		
	実数	行(%)	列(%)	実数	行(%)	列(%)	実数	行(%)	列(%)
かなり苦しい	196	48.3	6.9	210	51.7	18.7	406	100.0	10.2
やや苦しい	500	62.5	17.5	300	37.5	26.7	800	100.0	20.1
余裕はないが生活には困らない	1718	76.0	60.1	544	24.0	48.4	2262	100.0	56.8
やや余裕がある	395	86.4	13.8	62	13.6	5.5	457	100.0	11.5
かなり余裕がある	48	84.2	1.7	9	15.8	.8	57	100.0	1.4
合　計	2857	71.7	100.0	1125	28.3	100.0	3982	100.0	100.0

注：2006年調査．$p<0.05$

支援者がいない者のほうが低い。この点は注目しておきたい。

　表終-5は「経済状況に関する意識」別に「緊急時に支援者の有無」をみたものである。支援者がいない者の出現率（表中の行％を参照）は、「かなり苦しい」層で51.7％、「やや苦しい」層で37.5％となっているが、他方、「かなり余裕がある」層では15.8％であり、経済状況が不安定な層ほど緊急時に支援者がいない者の出現率が高くなっている。

　緊急時に支援者がいない者の住宅の種類をみると（表終-6）、全体では「持ち家」が56.6％であったが、支援者がいない者で「持ち家」に住む者は38.8％と18.0ポイントも少ない。他方、「民間借家、民間賃貸アパート、間借り」は全体が29.9％であるのに対し、支援者がいない者が44.6％と14.7ポイントも多

表終-6　鶴見区ひとり暮らし高齢者の住宅の所有形態別にみた緊急時の支援者の有無

	いる			いない			合計		
	実数	行(%)	列(%)	実数	行(%)	列(%)	実数	行(%)	列(%)
持ち家	1823	80.6	63.7	439	19.4	38.8	2262	100.0	56.6
民間賃貸マンション	132	60.8	4.6	85	39.2	7.5	217	100.0	5.4
公団，公社，市営，県営住宅	156	71.9	5.4	61	28.1	5.4	217	100.0	5.4
民間借家，民間賃貸アパート，間借り	691	57.8	24.1	504	42.2	44.6	1195	100.0	29.9
社宅，管理人その他	39	60.9	1.4	25	39.1	2.2	64	100.0	1.6
高齢者用住宅	23	57.5	.8	17	42.5	1.5	40	100.0	1.0
合　計	2864	71.7	100.0	1131	28.3	100.0	3995	100.0	100.0

注：2006年調査．$p<0.05$

くなっている。緊急時に支援者がいないひとり暮らし高齢者は持ち家が少なく，民間アパートに暮らす者が多いことがわかる。住居の種類別に緊急時に支援者がいない者の出現率をみると（行％を参照），「高齢者用住宅」が42.5％，ついで「民間借家，民間賃貸アパート，間借り」が42.2％，「民間賃貸マンション」が39.2％となっている。

4 緊急時に支援者がいない者の基本的特徴

　以上のように，緊急時に支援者がいないひとり暮らし高齢者と言っても，港区と鶴見区では共通する面と異なる面があり，大まかにまとめると次のようになる。

　まず両区に共通して言えることは，緊急時に支援者がいないひとり暮らし高齢者，すなわち孤立しているひとり暮らし高齢者の7割程度が正月三が日をひとりで過ごしている。この期間中ひとりでいるということは，親族とのつながりが希薄とみてよい。また，4割から5割の者は困った時の相談相手がいない。近所づきあいについては，6割の者がつきあいがあまりないかまったくない。

　また，両区の共通項として重要なことは，緊急時に支援者がいない者が低所得という要素と相関があり，また住宅の種類では，民間賃貸住宅で支援者がいない者の出現率が高いということであった。

　他方，港区と鶴見区で数値に違いがあったのは，まず年齢で，港区の前期高齢者と後期高齢者の割合は6対4であるが，鶴見区のそれは7対3となっており，鶴見区のほうが前期高齢者の割合が多い。次に，港区は女性が約8割占めていたが，鶴見区は反対に男性が半数強を占めているように，男女の割合は港区と鶴見区で大きく異なっている。

　さらに，港区では未婚の者が4割半を占め，子どもがいる者は2割半と少ない。他方，鶴見区の場合，全体の未婚者の割合は不明であるが，前期高齢者では未婚者は3割であった。鶴見区では子どもがいる者が4割と港区より多くなっている。さらに，社会参加活動に参加していない者の割合については，港区は4割半であるのに対し鶴見区は7割と大きな差がみられた。

(2) 性別と年齢層の問題

　一般にひとり暮らし高齢者の男女比では，女性が大半を占める。すでにみたように，2005年の国勢調査によれば，ひとり暮らし高齢者の全国の男女比は3対7であった。

　港区の場合，2004年時点でのひとり暮らし高齢者の男女比は2対8であった。私たちが実施した2004年調査での実質ひとり暮らし高齢者の男女比は1.5対8.5と，女性がさらに多くなっている。

　他方，鶴見区のひとり暮らし高齢者の男女比を2005年の国勢調査によってみると，男女比は4対6となっている。私たちの調査における実質ひとり暮らし高齢者の男女比は3.5対6.5であった。すでにみたように鶴見区の場合，孤立している高齢者に限定すると男性が半数強を占めるが，全体では女性のほうが多いのである。

　ともあれ全体としては女性の割合が多いので，ひとり暮らし高齢者の問題は女性の問題と言うこともできる。筆者も港区調査のデータではひとり暮らし高齢者問題は女性の問題ととらえていた。ところが，鶴見区調査で，特に孤立している高齢者では男性の割合が多かったことから，男女別の分析を詳細に行った結果，男性の問題がみえてきた。

　表終-7を見ていただきたい。この表は，鶴見区の年齢層・性別に正月三が

表終-7　鶴見区ひとり暮らし高齢者の年齢階層別男女別にみた正月三が日を一緒に過ごした人（複数回答）

		子ども・子どもの配偶者		孫		兄弟姉妹		親族		友人・知人		近所の人		ひとりで過ごした		その他		合計	
		実数	(%)	実数	(%)	実数	(%)	実数	(%)	実数	(%)	実数	(%)	実数	(%)	実数	(%)	実数	(%)
前期高齢者	男	139	(14.4)	52	(5.4)	87	(9.0)	35	(3.6)	126	(13.1)	15	(1.6)	594	(61.7)	49	(5.1)	963	(100.0)
	女	675	(48.7)	290	(20.9)	270	(19.5)	116	(8.4)	189	(13.6)	27	(1.9)	367	(26.5)	48	(3.5)	1387	(100.0)
	合計	814	(34.6)	342	(14.6)	357	(15.2)	151	(6.4)	315	(13.4)	42	(1.8)	961	(40.9)	97	(4.1)	2350	(100.0)
後期高齢者	男	140	(42.0)	79	(23.7)	25	(7.5)	19	(5.7)	25	(7.5)	8	(2.4)	156	(46.8)	4	(1.2)	333	(100.0)
	女	597	(51.2)	299	(25.7)	125	(10.7)	103	(8.8)	97	(8.3)	26	(2.2)	373	(32.0)	33	(2.8)	1165	(100.0)
	合計	737	(49.2)	378	(25.2)	150	(10.0)	122	(8.1)	122	(8.1)	34	(2.3)	529	(35.3)	37	(2.5)	1498	(100.0)
合計	男	279	(21.5)	131	(10.1)	112	(8.6)	54	(4.2)	151	(11.7)	23	(1.8)	750	(57.9)	53	(4.1)	1296	(100.0)
	女	1272	(49.8)	589	(23.1)	395	(15.5)	219	(8.6)	286	(11.2)	53	(2.1)	740	(29.0)	81	(3.2)	2552	(100.0)
	合計	1551	(40.3)	720	(18.7)	507	(13.2)	273	(7.1)	437	(11.4)	76	(2.0)	1490	(38.7)	134	(3.5)	3848	(100.0)

注：2006年調査，$p < 0.05$

表終-8　港区ひとり暮らし高齢者の年齢階層別男女別にみた正月三が日を一緒に過ごした人
（複数回答）

		子ども・子どもの配偶者	孫	兄弟・姉妹	親戚	近所の人	友人・知人	ひとりで過ごした	その他	合計
		実数（％）	実数（％）	実数（％）	実数（％）	実数（％）	実数（％）	実数（％）	実数（％）	実数（％）
前期高齢者	男	19 (19.8)	7 (7.3)	7 (7.3)	3 (3.1)	0 (0.0)	18 (18.8)	58 (60.4)	6 (6.3)	96 (100.0)
	女	145 (39.9)	52 (14.3)	80 (22.0)	27 (7.4)	7 (1.9)	83 (22.8)	113 (31.0)	18 (4.9)	364 (100.0)
	合計	164 (35.7)	59 (12.8)	87 (18.9)	30 (6.5)	7 (1.5)	101 (22.0)	171 (37.2)	24 (5.2)	460 (100.0)
後期高齢者	男	24 (44.4)	7 (13.0)	5 (9.3)	4 (7.4)	0 (0.0)	7 (13.0)	19 (35.2)	3 (5.6)	54 (100.0)
	女	208 (53.4)	69 (17.7)	48 (12.3)	29 (7.4)	8 (2.1)	28 (7.2)	146 (37.4)	15 (3.8)	390 (100.0)
	合計	232 (52.2)	76 (17.1)	53 (11.9)	33 (7.4)	8 (1.8)	35 (7.9)	165 (37.2)	18 (4.1)	444 (100.0)
合　計	男	43 (28.6)	14 (9.3)	12 (8.0)	7 (4.7)	0 (0.0)	25 (16.7)	77 (51.3)	9 (6.0)	150 (100.0)
	女	353 (46.8)	121 (16.0)	128 (17.0)	56 (7.4)	15 (2.0)	111 (14.7)	259 (34.4)	33 (4.4)	754 (100.0)
	合計	396 (43.8)	135 (14.9)	140 (15.5)	63 (7.0)	15 (1.7)	136 (15.0)	336 (37.2)	42 (4.6)	904 (100.0)

注：前期高齢者　$p<0.05$
　　後期高齢者　$p>0.05$

日を一緒に過ごした人をみたものである。注目すべきは，「ひとりで過ごした」者の前期高齢者の男女別の数値である。前期高齢者男性の61.7％が正月三が日をひとりで過ごしているのに対し，前期高齢者女性は26.5％となっている。その差は35.2ポイントである。ところが，後期高齢者の男女の差は14.8ポイントとなっている。前期・後期の年齢層とも男性のほうが，ひとりで過ごした者が多いが，特に前期高齢者ではその差は著しいのである。

　港区の場合はどうか。同様の表が表終-8である。検定の結果，後期高齢者は有意水準にないので，前期高齢者の欄だけをみると，男性が60.4％，女性が31.0％と，ここでも鶴見区と同程度の差がある（29.4ポイントの差）。

　このように正月三が日をひとりで過ごした者は男性前期高齢者に出現率が高いのである。ともあれ，性別では男性のほうが，年齢層では前期高齢者のほうが，不安定で孤立していることは明白である。近隣関係，持ち家率，緊急時の支援者の有無等で男性が不利な条件にある。また前期高齢者と後期高齢者を比較すると後期高齢者のほうが安定していると言える。つまり，一定の生活条件，身体的条件がある者のみが後期高齢期をひとりで暮らしていると言ってよい。つまり後期高齢者の場合，一定の条件がない者はひとり暮らしの生活をすることができないのである。

(3) 階層と社会的孤立——不安定就労層の高齢期の貧困

　本書では，孤立問題の社会的側面を重視してきた。孤立問題は，個人的な事情ではない。家族ネットワーク・地域ネットワークの欠如のみが孤立をもたらすものでもない。孤立問題が生み出される社会的背景をみなければならない。その意味で，筆者は正式の用語としては，単なる「孤立」ではなく，「社会的孤立」を用いたいのである。もっとも本書では表記としてはそれほど厳密ではなく，「孤立問題」という用語を使ってきた。つまり，社会的な背景をもって生れる孤立問題を社会的孤立としたい。繰り返しになるが，筆者としては家族・地域ネットワークがない状態を社会的孤立とは表現しない。「社会的」という言葉の意味をもっと厳密にとらえるべきである。そして，社会的な状況は現在の状況と同時に過去の状況がともに大きな影響を与えていることも見過ごしてはならない。

　港区と鶴見区の2つの調査結果に共通することは，現在の状況として経済的不安定層ほど孤立している者が多いということであった。経済的不安定は，住宅状況にも現れ，「民間賃貸マンション等」と「民間賃貸アパート」で支援者がいない者の割合が多いことが示された。さらには，家族ネットワークや地域ネットワークの形成にも大きな影響を与えているのである。

　同時に，高齢者の社会的孤立は高齢期の現在の状況からのみではなく，高齢期以前の労働と生活の状況からもつくり出されている。このことは，第7章でみてきたように私たちの2次調査の事例が見事に示してくれた。ここで，もう一度，鶴見区の1つの事例を取り上げよう。

　この方は73歳の男性であり，類型は1で，経済的にかなり苦しく，正月三が日をひとりで過ごし，近所のつきあいがなく，緊急時に支援者がいない者である。事例の概要と1週間の日記を次に示そう。

事例の概要
　家は，2階建ての木造の賃貸民間アパートでお風呂はない。1カ月の家賃は3万5000円。お風呂にはもっと入りたいが，1回400円と高いので，週1回しか行けない。最長職は冷暖房の配管工の仕事で，33歳から定年まで働いた。
　年金額は月7万1000円。家賃，電気・ガス代（水道代は免除），銭湯代，電話代，食費で年金は手元には残らず，足りないときは貯金を切り崩している。経済状況について

はかなり苦しい。

　歯が抜けているため，上手く聞き取れないときがある。ひとりでバス・電車を利用して外出できるが，ゆっくりなら歩くことができる程度。また腎臓が悪く，人工透析に週3回行っている。人工透析のための通院は外出とは考えられず，「外出は週1回以下」と答えていた。

　東北地方の出身で，中学卒業までは郷里で過ごす。両親は製鉄関係の仕事をしていた。5人兄妹の2番目で，現在は両親と1番上の兄を亡くしている。3番目の弟は東京のパン屋で，4番目の妹はパーマ屋で働いており，5番目の妹は地方へ嫁いで行った。

　中学卒業後，魚の加工の仕事のため北海道に行ったことがひとり暮らしのきっかけである。魚の加工の仕事は7～8年従事し，21歳から31歳までは新潟や富山などでダム建設に携わり，クレーン車の運転などをしていた。32歳で上京し，川崎で建設関係の仕事に就いたが，1年で辞め，その後は定年まで関東一円で冷暖房の配管工の仕事に従事していた。未婚で子どもはいない。中学卒業からずっとひとり暮らしである。

　朝はだいたい5時には起床し，夜は21時には寝るようで規則正しい生活を送っている。人工透析の日は起床後すぐ食事を済ませ，7時30分には送迎バスに乗り病院へ向かい，家に帰ってくるのは3時頃になる。その後は疲れてしまい，夕方まで寝るかテレビを見て過ごす。食事は自炊。

　人工透析のない日は，たまにではあるが起床後，自転車に乗り散歩し，帰宅後朝食を摂る。しかし，散歩に出ると疲れてしまい，夕方まで寝るか，テレビを見て過ごす。

　行き来している親族はいない。5年前の手術の際，兄妹が見舞いに来てくれたが，それ以降は金銭面で迷惑をかけたくないため会っていない。最後に連絡をとったのは3年前である。日頃行き来している友人はいない。

　正月三が日の過ごし方は「いつもと変わらず，ひとりで過ごした」とのこと。近所づきあいについては「同じアパートの人と顔を合わせた時，挨拶をする程度」。

　社会参加活動については，体の調子が悪い，費用がかかる，集団活動が苦手，おっくうであるという理由から社会参加団体や集まりにはいっさい参加していない。ただ神社やお寺を巡り，朱印を集めること，骨董品の収集の趣味がある。今は集めてはいない。

　生活上の困り事については，災害時，病気や身体の不自由な時にすぐ来てくれる人がいない。孤独感については，孤独を感じないわけではないが考えてもしかたないので考えないようにしており，諦めている部分がある。迷惑をかけたくないため，連絡をとりたい人もいない。

　諸制度の利用状況については，介護保険，配食サービス，鶴見区社協あんしんセンターは利用していない。あんしん電話サービスは利用しているが，仕組みや使い方はよくわからないと話していた。

　民生委員や区役所の方は知ってはいるが，迷惑をかけたくないため連絡はとっていない。

行政の情報は回覧板，広報，掲示板で収集している。

　この方は7月13日から7月20日までの日記を書いてくださった。私たちは，調査対象者の負担を考えて，「何時に起きて，何を食べて，何をして，誰に会って，何時に寝たか」程度の簡単な記述をお願いした。人によって書かれた内容の程度は異なっている。詳細に書いてくださったものから，ごく簡単なものまでさまざまであった。

　この方の日記は非常に簡単で，むしろつまらないとさえ言える内容である。しかし，この単調な生活のなかに，私たちは社会的孤立状態にある生活の具体的な現実をみるのである。

日　記

7月13日（木）
暑い中，明治学院大学社会学部の学生さん調査，ご苦労さん。有難う御座いました。
朝　6時30分起床
アパートの庭の草取り，約1時30分
スーパーに行く
昼　外食
夕食　6時
9時30分　休む

7月14日（金）
6時起床　朝食の支度
7時25分　人工透析のためクリニック
北朝鮮のミサイル発射の話題
昼食は食堂　美味しかった
夕食　6時
10時休む

7月15日（土）
6時起床　運動約1時間
朝めし　7時
0金利解除　低金利策継続0.25％
昼めし　外食
夕めし　魚調理
9時30分　休む

7月16日（日）
6時起床
朝めし　7時
テレビからのニュース北朝鮮決議
一本化調整不調，英，ロ，などが修正案
昼めし
下着洗濯
夕食　魚調理
10時　休む

7月17日（月）
5時30分起床
朝めし　6時30分
昼めし
透析のため7時25分クリニックへ
検査後透析4時間
今日は疲れ休む
夕食　6時
10時　休む

7月18日（火）
6時30分起床
運動約40分
朝めし　6時30分
本日雨のため予定中止
昼めし　12時

終章　大都市のひとり暮らし高齢者と社会的孤立

夕めしは野菜・豚肉いため 心臓病，透析の本見る 10時　休む **7月19日（水）** 　5時30分起床 　自転車で運動約1時間 　朝めし　6時50分	透析のためクリニック　7時25分 透析時間4時間　血圧下がり疲れた 恒例の日帰りバス旅行の話有り 河口湖の予定　欠席 昼めし　2時 夕めし　7時 9時30分　休む

　この事例からみえてくることは次のことである。この方は，中学卒業後，魚加工の仕事をし，その後，21歳から31歳までは新潟や富山などでダム建設現場で働き，32歳から定年まで冷暖房の配管工の仕事に従事していた。まさに不安定就業層に属する。収入は年金の月額7万円のみである。中学卒業後，家を出て以来，家族を形成できないまま今日までひとり暮らしをしてきた。家族ネットワーク，地域ネットワークがまったくない。具体的な要求はなく，むしろ親戚にも行政にも「迷惑をかけたくない」ということで，控えめな生活を送っている。

　この事例はまさに不安定就業層の高齢期の貧困を具体的に示している。高齢期に至る前の時期の不安定な労働と生活，その貧困が高齢期の孤立状態に大きな影響を与えているのである。

　孤立問題の社会的背景とは，高齢期の時点の状態だけではなく，生涯のなかでの労働と生活の不安定性をもたらしているものにも目を向ける必要がある。さらには問題の予防ということを考えたとき，現在の状況での対応も重要であるが，現在を形成している過去の状況を考えざるを得ないのである。この視点からもネットワークの欠如をもって社会的孤立というのは，孤立問題を生み出す要素の一部を説明しているにすぎないと言わざるを得ない。生涯のなかでの労働と生活の不安定性＝貧困に加えて地域社会と家族の脆弱性が生み出す孤立問題を社会的孤立と言いたいのである。

　ともあれ，緊急時に支援者がいないひとり暮らし高齢者は，社会的に放置できない孤立状態にある。そして彼らはなんらかの社会的援助を必要としている。そうした人びとが港区で実質ひとり暮らし高齢者の1割半，鶴見区で3割存在しているのである。

3 政策と住民福祉活動への提言

(1) 社会保障・社会福祉の方向性

　2000年4月にスタートした介護保険制度により，わが国の高齢者介護の主力は社会福祉制度から社会保険制度へ移行された。社会保険制度である介護保険は，その理念に選択化，契約化を掲げている。そして，この制度の基礎的考え方を示したものが，1994年12月の厚生省「高齢者介護・自立支援システム研究会」報告書『新たな高齢者介護システムの構築を目指して』であった。このなかで，「福祉」について次のように述べている。

　　　今日に至るまで，高齢者介護に関する公的制度として中心的な役割を担ってきたのは，「措置制度」を基本とする老人福祉制度である。
　　　老人福祉に係る措置制度は，特別養護老人ホーム入所やホームヘルパー利用などのサービスの実施に関して，行政機関である市町村が各人の必要性を判断し，サービス提供を決定する仕組みである。その本質は行政処分であり，その費用は公費によって賄われるほか，利用者については所得に応じた費用徴収が行なわれている。……しかし，今日では，高齢者を「措置する」，「措置される」といった言葉そのものに対して違和感が感じられるように，高齢者をめぐる状況が大きく変化する中で，措置制度をめぐり種々の問題点が生じている。
　　　利用者にとっては，自らの意思によってサービスを選択できないほか，所得審査や家族関係などの調査を伴うといった問題がある。被保険者がサービスを積極的に受ける権利を持つ社会保険に比べると，国民のサービス受給に関する権利性について大きな違いがある。[1]

　さらに，この報告書では「サービス提供主体」について，「高齢者や家族に対しニーズに応じた多様で良質な介護サービスが十分に提供されるよう，多様な事業主体の参加を求め，市場における適切な競争を通じて，サービスの供給量の拡大と質の向上が図られる必要がある」[2]と述べている。
　ここで述べていることをまとめると，次のようになる。すなわち，①福祉制度ではサービスの選択ができないこと。②所得や家族の調査をもとに行政機関がサービスの必要性を判断することは問題であること。③社会保険制度のほう

が権利性が明確であること。④サービス提供主体として営利企業の参入，市場競争を解禁すること。

　ここから出てきた論理が選択化と契約化＝市場化であった。介護保険制度は，所得審査を外し，「誰でも」利用できるようにし，同時に株式会社も含めた民間事業者と利用者が契約を結んでサービスを利用するというシステムになった。

　この方式は高齢者分野での行政の守備範囲を急速に縮小させてきた。在宅サービスと施設サービスから行政の撤退が進み，行政による高齢者の生活問題把握が弱体化して行ったことは否めない。2005年の介護保険制度の見直しでも，400億円規模の高齢者福祉制度である「介護予防地域支えあい事業」が廃止された。この国庫補助事業が「地域支援事業」として再編され，介護保険という社会保険制度のなかに組み込まれることになったのである。地域支援事業費は介護保険給付の３％以内という枠が設けられている。事業内容は介護予防事業，包括的支援事業，任意事業の３つで，介護予防事業は高齢者のおおむね５％を対象とするとしている。この事業は介護保険の対象を多少広げたものの，中心は介護予防のサービスに限定された。

　こうした選択化・契約化の政策方向は，本書でみてきたひとり暮らし高齢者の生活実態とはかなりの乖離があると言わざるを得ない。例えば，すでにみたように鶴見区調査で介護保険サービスを利用している者は，緊急時に支援者がいない者の１割にすぎない。このことは鶴見区に限ったことではない。大方の孤立しているひとり暮らし高齢者は介護保険サービスを利用していないということである。彼らは介護サービスを必要としていないからだという言い方もあり得る。しかし現実には，介護サービスの必要性も含めて，いろいろな問題を抱えているにもかかわらず，諸制度を利用するという積極的な姿勢はなく，孤立し，ひっそり暮らしているのである。そこには「選択化・契約化」とは無縁の生活の現実がある。

　本書はひとり暮らし高齢者についてみてきたが，「選択化・契約化」と無縁の人びととは，ひとり暮らし高齢者のみならずその他の世帯にも言えることである。彼らの生活実態を正しく把握する必要がある。声をあげない人びとの生活困難の実態にこそ目を向けなければならない。少なくとも介護保険制度の対象になっていないところにも生活問題がある，ということを認識する必要があ

るだろう。

（2）住民福祉活動にできないこと

　1990年代に入り，孤独死あるいは餓死が社会問題として注目されるようになり，孤立問題にも関心が向けられるようになってきたことは，本書の第2章第2節ですでに述べた。餓死や孤独死の問題を解決する方策として注目されているのが，住民による見守り活動，支え合い活動である。こうした住民福祉活動について，本書で明らかになった事実に照らして若干述べておきたい。

　昨今，地域の見守り活動をはじめとする住民福祉活動が政策レベルで取り上げられている。1つは，孤独死を直接対象とした国の施策で，厚生労働省が2007年度から進めている「孤立死防止推進事業（孤立死ゼロ・プロジェクト）」である。もう1つは，2008年3月に発表された厚生労働省の「これからの地域福祉のあり方に関する研究会」報告書『地域における「新たな支え合い」を求めて—住民と行政の協働による新しい福祉』である。ともに国の予算が確保され具体的施策が展開されている。

　厚生労働省によれば，前者の「孤立死防止推進事業」は，2007年度予算で1.7億円が計上され，モデル地域を指定し，以下の取り組みを実施するとされている。①連絡相談窓口の設置，緊急情報体制の整備，②広報活動，シンポジウムの開催，③孤立死の事例収集・要因分析，④専門家によるハイリスク高齢者の精神的ケア，⑤地域支援ネットワークの整備（関連行政機関，民生委員，ケアマネジャーなど介護サービス事業者，社会福祉協議会，住民互助組織，NPOなどとの連携）[3]。

　この事業に関連して厚生労働省は2008年3月，「高齢者等が1人でも安心して暮らせるコミュニティづくり推進会議（「孤立死」ゼロを目指して）」の報告書を公表した[4]。このなかで最も重視されていることは「地域の低下したコミュニティ意識を掘り起こし，活性化すること」とされ，より具体的には「人とのかかわりが気楽にできる関係づくり，あいさつができる地域づくり，人があつまれる拠点づくり，適度な世話焼き（おせっかい）が可能な人間関係づくりを進めるとともに，コミュニティの構成員である住民が『孤立死』のデメリット，コミュニティ意識の重要性の認識を共有化する取組みが重要」とされている。つまり，住民によるコミュニティ活動の活性化に焦点が当てられている。

終章　大都市のひとり暮らし高齢者と社会的孤立　　311

他方,後者の「これからの地域福祉のあり方に関する研究会」報告書も上述の推進会議と同様の問題関心が述べられている。この研究会は,「地域社会で支援を求めている者に住民が気づき,住民相互で支援活動を行う等地域住民のつながりを再構築し,支え合う体制を実現するための方策」を検討するために設置されたとしている。

 そして,いま「公的な福祉サービスは,分野ごとに整備され,高齢者福祉や障害者福祉の分野では,質,量とも飛躍的に充実」したが,「地域には,・『制度の谷間』にある問題,・多様なニーズについて,全てを公的な福祉サービスでは対応できない,・複合的な問題に対し公的サービスが総合的に提供されていない,・社会的排除などの問題がある」ということから「地域における身近な生活課題に対応する,新しい地域福祉のあり方」として,住民による「『新たな支え合い』（共助）」の必要性を提言している。これを受けて,国は2008年度から「地域福祉活性化事業」を新規事業として実施している。

 以上の２つの政策的提言そして施策の展開のなかで言われる住民によるコミュニティ活動,見守りや支え合い活動は,確かに重要な現代的意味をもつものであろう。しかし,考えなければならないことは,こうした住民活動では解決することができない問題があるのではないかということである。

 例えば,自ら援助やサービスを拒否する人びとは住民活動にはなじまない。また,住民活動では入りこむことができない生活問題もある。とりわけ次に示すような生命に関わる問題を抱えた人びとへの対応は,住民レベルでは不可能であろう。

 住民活動にできることは多い。住民活動でなければできないことも確かにある。しかし,住民活動にはできないことがあることを想定すること,できないことは専門機関,行政につなげていくことが大切な点である。

（3）いのちを守る責任と国・地方自治体

 孤立している高齢者のなかには,生命に関わる深刻な生活問題を抱えた人びとが一定割合いることは明らかである。現場では,そうした人びとを多問題困難ケースと言ってきた。その現れ方はさまざまである。

 例えば,老朽化し苔の生えた家でゴミの山の中に暮らす人,お風呂にほとんど入らない人,食事の内容が貧しく偏っている人,病気を放置している人,生

活意欲を喪失している人,「困っていない」と言ってホームヘルプを受け入れない人, 精神的に余裕がなくなってヘルパーに無理難題を要求する人, 病気・障害からくる被害意識の強い人, アルコール依存で認知症の人, 夫婦がともに認知症の在宅高齢者, 虐待される高齢者等々……こうしたケースは地域に潜在化していることが多い。

　本書でみてきたひとり暮らし高齢者のうちで社会的孤立状態にある高齢者, すなわち港区の1割半, 鶴見区の3割のなかにはこうした多問題困難ケースも含まれている。こうしたケースに対しては, 介護保険制度スタート以前は公的ホームヘルパーが担い, 介護保険制度スタート以後は「介護予防生活支援事業」（2004年度より「介護予防地域支えあい事業」という名称に変更）のなかの, とりわけ「生活管理能力指導事業」が担うという位置づけがなされていた。しかし, すでに述べたように介護保険制度の見直しにより2006年度から「介護予防地域支えあい事業」は廃止され, 介護保険制度のなかの介護予防に特化された「地域支援事業」として再編された。国の在宅高齢者福祉制度が消滅し, 地域支援事業として新設の「地域包括支援センター」が, サービスの一部を引き受けることとなったのである。

　確かに地域包括支援センターの職員の業務には, 多問題困難ケースへの対応も含まれている。しかし, 現在の職員数では到底担えるものではない。他方, 行政の, 例えば「高齢者支援課」といったセクションで困難ケースへの対応をしているところもあるが, 配置されている職員が, できる範囲の仕事をしていると言わざるを得ない。限られた職員数のゆえに, 相談, 初期対応とその後の民間事業者への振り分けが主な仕事となっている。

　改めていま, 援助のネットワークが欠如し, 閉じこもりがちな人びとへの社会的な対応が求められている。本書では, ひとり暮らし高齢者の場合の社会的対応を必要とする人びとの推計量を示したが, 高齢者全体ではどのくらいの量になるのだろう。全体量の測定が課題となる。

　ともあれ, 困難な生活問題を抱え, 孤立し地域に潜在化している問題に目を向けること, 問題を総合的にみること, そして対応を総合化することが求められている。この仕事は, 民間事業者では担うことができない。各制度領域の連携を組織化できる立場にあり, 常勤で自由に動くことができる職種を行政内部に設置することを検討しなければならない時期にきているのではあるまいか。

いのちを守ること，それは国と地方自治体の責務である。

(1) 厚生省高齢者介護対策本部事務局監修『新たな高齢者介護システムの構築を目指して―高齢者介護・自立支援システム研究会報告書』（ぎょうせい，1995年）13-14頁。
(2) 同書，39頁。
(3) 全国介護保険・高齢者保健福祉担当課長会議（2007年2月19日）資料「孤立死防止推進事業について」104頁。
(4) 厚生労働省「高齢者等が1人でも安心して暮らせるコミュニティづくり推進会議（「孤立死」ゼロを目指して）」『高齢者等が1人でも安心して暮らせるコミュニティづくり推進会議（「孤立死」ゼロを目指して）』―報告書』2008年3月。
(5) これからの地域福祉のあり方に関する研究報告『地域における「新たな支え合い」を求めて―住民と行政の協働による新しい福祉』（全国社会福祉協議会，2008年）。

あとがき

　2003年8月1日，私は家族とともに夏休みを利用してイギリス北部のスカボローに滞在した後，ベルギーを経由してパリに入った。地下鉄のオデオン駅からすぐのすてきなホテルを予約していた。エアコンはないが，重厚で落ち着いた雰囲気のホテルであった。8月3日，妻の妹も合流し，みんなでベルサイユ宮殿に向かった。夏の厳しい太陽のもと，入場券を買うために野外の長い列に並んでいるとき，すぐ前の男性が熱射病で突然倒れるのを目撃した。室内も暑かったが，絶対王政時期の豪華な宮殿を楽しんだ。午後4時過ぎパリに戻り，凱旋門からシャンゼリゼ通りを散策し，夕食を食べてホテルに戻ると部屋はうだるような暑さであった。妻は北部イングランド地方の気候に合わせて用意していた子どもの長袖，長ズボンのパジャマをハサミで切って半袖，半ズボンに急遽「仕立て直し」をした。隣の部屋の客はベランダに毛布を持ち出して寝ようとしていた。テレビのニュースで，この日のパリの気温は38度だったと報道があった。

　例年の夏のパリは，昼間は少々暑くても夜には涼しくなり，エアコンもいらない街である。パリの地下鉄はいまだに冷房がないのである。

　さて翌日からパリは日中の最高気温が39～40度，夜の最低気温も20度を超えて，24～25度になっていた。8月5日，観光バスでシャルトルの大聖堂を見学に出かけた。ところがバスのエアコンが故障し，窓の開かない車内は大変な状況となる。途中でバスを乗り換えて一息着く。アメリカ人観光客のある人の「もう少しで溶けるかと思った」という発言に，一同大爆笑。しかし，体力の消耗は激しかった。

　8月7日，エッフェル塔に行ったところ，観光客向けにアジア系の人びとがミネラルウォーターをペットボトルごと凍らせて高く売っていた。40度の炎天下で，これが飛ぶように売れていた。私たち家族はパリを8月11日に発ち，日本に帰って来た。飛行機の中で読んだル・フィガロ紙は一面トップで猛暑（La canicule）がフランスを直撃し，この1週間でイル・ド・フランスで〈50人の死者〉が出たことを報じていた。

日本に帰国すると，パリで大変な事態が進んでいることを新聞でも報道し始めた。猛暑で多くの人，とりわけひとり暮らし高齢者が亡くなっていること，パリの救急体制がパンクしていること，死者が多すぎて埋葬が間に合わないこと等々である。
　さて，この同じ年の10～11月の2カ月間，私は特別研究のため単身パリに滞在した。8月とは打って変わってパリの街はさわやかな秋の風が吹いていた。8月の猛暑の中ではあったが，家族全員で元気にパリを楽しんでいた一方で，ひとり暮らしの高齢者を中心に孤独死が大量に起こっていたことから，私はこの猛暑（La canicule）と高齢者問題について調べなければならない，そんな心境で資料を集め，聞き取りを始めた。
　10月18日から22日まで，私はフランス北東部の都市ナンシーにいた。私の恩師であるナンシー大学のアンリ・アッツフェルド（Henri Hatzfeld）先生の所へ日本の雑誌のインタビューに出かけていた。20日に行われたインタビューの内容は「海外福祉情報　フランス　フランスの社会保障と民主主義―ナンシー大学名誉教授　アンリ・アッツフェルド(Henri Hatzfeld)氏に聞く―」(インタビューアー：河合克義)(『総合社会福祉研究』第24号，総合社会福祉研究所，2004年3月)をご覧いただきたい。無事にインタビューを終えた20日の夜，読まずに置いてあったル・モンド紙の19日付に，8月18日に国の健康局長を辞任して話題となっていたルシアン・アーベンハイム（Lucien Abenhaim）が『猛暑（Canicles）』というタイトルの本を20日に出版すると紹介していた。新聞の1頁全部を使っての異例の新刊案内であった。
　翌朝，ナンシー駅近くの本屋でこの本を入手することができた。この本の中で8月猛暑の犠牲者について，次のような経過が記載されていた。

○2003年8月1日　パリの気温は30度であったが，夜には16度と過ごしやすかった。
○8月4・5・6日　気温は地域によって異なったが，35度から39度であった。
海岸ではヴァカンスを楽しむ人びとが水を楽しんでいたが，パリでは風がなかった。パリでは噴水や広場の泉の水を浴びたり，冷房のある商業施設やスーパーで涼んだりしていた。またある人びとは教会に涼を求めた。
○8月4日　すでに400人が猛暑で死亡していたが，だれも知らなかった。
○8月5日　130年間，パリの気温は1947年7月に一度だけ40度を超えたことはあるが，それ以外は超えたことはないとル・パリジャン紙が報道。

○ 8月6日　すでに1700人の猛暑による死亡者がフランス全体で出ていた。孤立した高齢者，かれらは静かに耐え忍んでいた。

マスコミの口調が変わったのは 8月7日からであった。フランス気象台も 8月7日，最低気温が20度を超えて24～25度になり，最高気温は36～40度になること，そして高齢者，病人への注意を喚起した。

○ 8月7日　　2500人の死者
○ 8月10日　 6500人の死者，その内イル・ド・フランスだけで1350人の死者
○ 8月12日　 パリの救急車は1日で250回出動
○ 8月13日　 死者1万人突破
○ 8月21日　 猛暑による死者の埋葬が1万人に達したと葬儀社が発表
○ 8月29日　 救急診療研究所が1万1475人と死者数を推計
○ 9月25日　 国立衛生医学研究所が約1万5000人の犠牲者があったと公表

この国立衛生医学研究所によれば，8月4日から20日までの間に死亡した1万4802人のうち，パリ地域のみで約5000人にのぼること，また75歳以上の者が犠牲者の80％を占めていたとのことである (Lucien Abenhaim, *Canicules-La santé publique en question*, Fayard, 2003, pp. 19-31.)。

さて，本書第1章で紹介した国会議員クリスティーヌ・ブータン（Christine Boutin）委員長による孤立問題検討委員会の報告書（2003年9月），パリ市の「パリ市における猛暑の影響に関する調査および評価委員会報告」（2003年11月）および2004年2月に発表されることになったフランスの国民議会と元老院の2つの調査委員会での議論は，共通して猛暑という自然現象ではなく社会的孤立問題をテーマにしていたのである。

ブータン委員長による孤立問題検討委員会の報告書の冒頭で，「すべての死の根本的原因は猛暑にあるのではない。また高齢の問題でもない。それは孤立にある」，また「男性にしろ女性にしろ孤独死はいつも発生しており，猛暑であるからということではない」，さらに孤独死は民主主義の課題，政治の責任である，と記していた。これらの指摘は，これまでの孤立問題研究の視野を大きく広げるものであった。こうしたフランスの議論は，私が日本で調査してきた高齢者の孤立の実態から得ていた考え方と共通するものが多かった。

わが国の孤独死の議論では，孤立は家族と地域ネットワーク問題であり，対応策も家族と地域活動のあり方を問い直すといった流れが強いが，本書で提起した見方での問題解決の方向を探ることが必要ではないか。まさに社会的孤立

問題のさらなる研究，解決方策の新たな探求が求められていると言ってよい。

　本書の脱稿後，社会的孤立に関する斉藤雅茂・冷水豊らの調査研究，後藤広史の研究があることを知った。今，社会的孤立問題が研究の１つの焦点になりつつあることは喜ばしいことである。

　本書の分析対象となるデータは，港区の1995年調査と2004年調査，それに鶴見区の2006年調査であった。この３つの調査とも大規模な調査であり，多くの方のお世話になった。すべての方々の名前を挙げることはできないが，主な方々は次のとおりである。記して感謝申し上げたい。

　1995年の港区調査：調査全体の指導をしていただいた山崎美貴子先生（現在，神奈川県立保健福祉大学学長），約3000ものひとり暮らし高齢者のリストの整理を担った内田亮輔君，調査項目を内田亮輔君とともに検討した和田（星野）由美さん（当時大学院生），調査票の回収を担った港区の民生委員児童委員の方々。

　2004年港区調査：調査のきっかけをつくってくださった港区保健福祉部長（当時）の井伊俊夫さん，２次調査の費用を援助してくださった小野哲郎先生（現在，明治学院大学名誉教授）。

　なお，1995年調査と2004年調査の２回とも調査の粗品を購入する際，義父の友人で「㈱一富士」社長・宮本明さんにお世話になった。宮本さんは調査予算が乏しいことを察して，格安で納品してくださった。

　2006年の鶴見区調査：鶴見区側で支援してくださった深川敦子さん，秋山美帆さん，五嶋優子さん，伊勢本隆さん，１万1670世帯を訪問して，調査票を配布し，回収してくださった鶴見区の民生委員児童委員の方々。

　また，2004年の港区調査と2006年の鶴見区調査の全体を中心的に支えてくれた当時の大学院生の諸君（菅野道生，大平民生，藍早瀬，柏木美和子，佐々木愛佳，荒川麻姫，小栗由美，平井勝），３つの調査のコーデイングおよび訪問面接調査を担った学部の学生諸君。

　最後に，1995年調査と2004年調査の両方の報告書を作成し，発行してくださった港区社会福祉協議会には心より感謝申し上げる。２つの報告書は，すでに紹介したように，現在も港区社会福祉協議会のホームページにPDFファイルとしてあり，ダウンロードができるのはとても幸いなことである。

私の調査の経験のなかで特別の位置を占めるものの1つに，本書で紹介している世田谷区での高齢者調査があるが，江口英一先生とともに佐藤嘉夫先生から調査研究の方法について実に多くのことをお教えいただいた。またフランス研究については，吉原功先生を中心に，吉兼秀夫さん，都留民子さんを誘って何年にも及ぶ毎週の研究会を開催したことが，私にとっては大きな力となった。良き先生，そして良き仲間に感謝したい。

　最後に，これまでの研究を指導してくださった諸先生：白沢久一先生，天達忠雄先生，重田信一先生，原田正二先生，濱野一郎先生，江口英一先生，小川政亮先生，そしてアンリ・アッツフェルド先生に深く感謝申し上げたい。最近のフランスの孤立問題を研究するフィリップ・ピトー教授（プロヴァンズ大学）にも研究面で多くの指導をいただいていることを記しておきたい。

　そして厳しい出版事情のもと，図表の多い本書の刊行を引き受けてくださった法律文化社そして田靡純子さんに感謝したい。

　　　2009年8月

河 合 克 義

【追記】　本書は明治学院大学学術振興基金から出版補助を受けて刊行されていることを記しておく。　　　　　　　　　　　　　　　　　　　　　　（2009年12月）

参考文献

Abenhaim, Lucien [2003] *Canicules-La santé publique en question*, Fayard
藍　早瀬 [2008]「長野県高遠町におけるひとり暮らし高齢者の生活と介護予防の方向性」『賃金と社会保障』No. 1463，旬報社
藍　早瀬 [2009]「過疎地における高齢者2人世帯の生活と親族・地域ネットワーク——長野県高遠町での実態調査から」『賃金と社会保障』No. 1494，旬報社
青木紀・杉村宏 [2007]『現代の貧困と不平等——日本・アメリカの現実と反貧困戦略』明石書店
新井康友 [2007]「泉北ニュータウンの高齢者問題——調査結果から明らかになったこと」『総合社会福祉研究』第31号，総合社会福祉研究所
新井康友 [2008]「孤独死の実態と今後の課題——泉北ニュータウン調査から考える」『ゆたかなくらし』6月号（No. 314），本の泉社
浅川達人・古谷野亘・安藤孝敏・児玉好信 [1999]「高齢者の社会関係の構造と量」『老年社会科学』第21巻第3号，日本老年社会科学会
浅野　仁 [1982]「在宅障害老人の社会的孤立」『老年社会科学』No. 4，日本老年社会科学会
Assemblée Nationale [2004] *Rapport fait au nom de la commission d'enquête sur les conséquences sanitaires et sociales de la canicule*, No. 1455–Tome 1，Tome 2
Booth, Charles [1894] *The Aged Poor in England and Wales*, Macmillan And Co
カステル，ロベール／北垣徹訳 [2007]「社会的所有」『現代思想』Vol. 35-11，青土社
Cattan, Mima [2002] *Supporting older people to overcome social isolation and loneliness*, Leeds Metropolitan University
Chappell, Neena L., Mark Badger [1989] Social Isolation and Well-Being, *Journal of Gerontology: Social Sciences*, Vol. 44 No. 5
Dominique et al. [2004] *Prévenir l'isolement des personnes âgées-Voisiner au grand âge*, Dunod
デュルケーム，E／宮島喬訳 [1985]『自殺論』中公文庫
デュルケム，E／井伊玄太郎訳 [1989]『社会的分業論』講談社学術文庫
江口英一 [1979–80]『現代の「低所得層」——「貧困」研究の方法（上・中・下）』未来社
江口英一 [1981]『社会福祉と貧困』法律文化社
江口英一 [1982]「「低消費」水準生活と社会保障の方向」小沼正編『社会福祉の課題と展望——実践と政策とのかかわり』川島書店
江口英一 [1988]「世田谷調査の概要　1．調査の視点と方法」『地域福祉の確立めざして——巨大都市東京の福祉充足のあり方に関する調査報告書』東京都区職員労働組合

江口英一編［1990］『日本社会調査の水脈―そのパイオニアたちを求めて』法律文化社
江口英一編［1998］『改訂新版　生活分析から福祉へ―社会福祉の生活理論』光生館
江口英一・川上昌子［2009］『日本における貧困世帯の量的把握』法律文化社
Findlay, Robyn A. [2003] Interventions to reduce social isolation amongst older people: where is the evidence?, *Ageing and Society* 23, Cambridge University Press
後藤昌彦・山崎治子・飯村のぶこ・松坂裕子・菊池弘明［1990］「農村における老人の社会的孤立」『北海道高齢者問題研究』No. 6，北海道高齢者問題研究協会
後藤昌彦・山崎治子・飯村のぶこ・松坂裕子・菊池弘明［1991］「都市における高齢者の社会的孤立」『北海道高齢者問題研究』No. 7，北海道高齢者問題研究協会
後藤広史［2009］「社会福祉援助課題としての『社会的孤立』」『福祉開発研究』2号，東洋大学
萩原清子［2003］「いま、なぜ高齢者の孤立が問題か」『関東学院大学文学部紀要』No. 100
Halmos, Paul [1952] Solitude and Privacy- A Study of Social Isolation its Causes and Therapy, Routledge and Kegan Paul
橋本敏雄編著［2009］『沖縄　読谷村「自治」への挑戦―平和と福祉の地域づくり』彩流社
原田謙・浅川達人・斎藤民・小林絵理香・杉澤秀博［2003］「インナーシティにおける後期高齢者のパーソナル・ネットワークと社会階層」『老年社会科学』第25巻第3号，日本老年社会科学会
長谷川万希子・岡村清子・安藤孝敏・児玉好信・古谷野亘［1994］「在宅老人における孤独感の関連要因」『老年社会科学』第16巻第1号，日本老年社会科学会
平山正剛［2007］「会長談話(北九州市小倉北区の餓死事件について)」日本弁護士連合会
Hortulanus, Roelof, Anja Machielse, Ludwien Meeuwesen [2006] *Social Isolation in Modern Society*, Routledge
藤原武弘・来嶋和美・神山貴弥・黒川正流［1987］「独居老人の孤独感と社会的ネットワークについての調査的研究」『広島大学総合科学部紀要Ⅲ』第11巻，広島大学総合科学部情報行動科学教室
藤原武弘・来嶋和美［1988］「老人ホームの老人の孤立感と社会的ネットワークについての調査的研究」『広島大学総合科学部紀要Ⅲ』第12巻
藤藪貴治・尾藤廣吉［2007］『生活保護「ヤミの北九州方式」を糾す』あけび書房
金子勇・杉岡直人［1985］「都市高齢者の社会的ネットワーク」『高齢者問題研究』No. 1，北海道高齢者問題研究協会
金子勇［1987］「都市高齢者のネットワーク構造」『社会学評論』第38巻
河合克義［1991］『これからの在宅福祉サービス―住民のためのあるべき姿を求めて〔増補改訂版〕』あけび書房
河合克義編著［1998］『ホームヘルプの公的責任を考える―多面的徹底解明』あけび書房

河合克義［2004］『フランスの社会保障と民主主義―ナンシー大学名誉教授 アンリ・アッツフェルド（Henri Hatzfeld）氏に聞く』（インタビューアー：河合克義）『総合社会福祉研究』第24号，総合社会福祉研究所

河合克義・菅野道生［2006］「港区におけるひとり暮らし高齢者の生活と社会的孤立問題―孤立問題分析の基礎視角構築のために」『賃金と社会保障』No.1432，旬報社

河合克義［2008］「地域における見守り活動のあり方」『ゆたかなくらし』6月号（No.314），本の泉社

河合克義・板倉香子［2008］「沖縄県読谷村におけるひとり暮らし高齢者の生活状況と社会的孤立」『賃金と社会保障』No.1460，旬報社

河合克義・板倉香子［2008］「沖縄県読谷村における高齢者二人世帯の生活状況と社会的孤立」『賃金と社会保障』No.1471，旬報社

川上昌子［2003］『都市高齢者の実態―社会福祉学としての考察〔増補改訂版〕』学文社

川上昌子［2007］『社会福祉原論読本』学文社

小林江里香・杉原陽子・深谷太郎・秋山弘子・Jersey Liang［2005］「配偶者の有無と子どもとの距離が高齢者の友人・近隣ネットワークの構造・機能に及ぼす効果」『老年社会科学』第26巻第4号，日本老年社会科学会

越田明子［2008］「後期高齢者の生活変調と社会的孤立―過疎地域における単身高齢者の事例より」『長野大学紀要』第290巻第4号

厚生労働省［2001］『平成13年版厚生労働白書』厚生労働省

厚生労働省［2007］『平成19年版高齢社会白書』厚生労働省

古谷野亘・西村昌記・安藤孝敏・浅川達人・堀田陽一［2000］「都市男性高齢者の社会関係」『老年社会科学』第22号第1号，日本老年社会科学会

工藤力・西川正之［1983］「孤独感に関する研究（Ⅰ）―孤独感尺度の信頼性・妥当性の検討」『実験社会心理学研究』第22巻第2号，日本グループ・ダイナミックス学会

工藤力・長田久雄・下村陽一［1984］「高齢者の孤独に関する因子分析的研究」『老年社会科学』第6巻，日本老年社会科学会

空閑浩人［2006］「高齢者の社会的孤立の問題とソーシャルワークの課題―オランダ・SWOLの『高齢者社会的孤立防止プロジェクト』の活動から」『評論・社会科学』81号，同志社大学社会学会

黒岩亮子［2003］「『地域社会における孤立者』への福祉政策についての一考察―世田谷区の『地域住民巻き込み型』政策について」『社会福祉』第44号，日本女子大学社会福祉学科・日本女子大学社会福祉学会

黒岩亮子・岩田正美［2004］「高齢者の『孤立』と『介護予防』事業」『都市問題研究』第56巻第9号，都市問題研究会

黒岩亮子［2008］「高齢者の「孤立」に対応する福祉政策の変遷」『社会福祉』第49号，日本女子大学社会福祉学科・日本女子大学社会福祉学会

Le collectif［2006］*Combattre la solitude des personnes âgées*

前田尚子［1988］「老年期の友人関係─別居子関係との比較検討」『社会老年学』No. 28, 東京都老人総合研究所

Mairie De Paris［2003］*Mission D'Information Et D'Évaluation Sur Les Conséquences De La Canicule À Paris*

松崎粂太郎［1986］『老人福祉論─老後問題と生活実態の実証的研究』光生館

Mellor, Rosemary［1995］*Poverty and Social Isolation*, The University of Manchester

村木広子・久保田和江［1973］『一人ぐらし老人の孤独感についての研究』東京都老人総合研究所社会学部

内閣府［2005］『第6回高齢者の生活と意識に関する国際比較調査結果』内閣府

内閣府［2008］『平成20年度　高齢社会白書』内閣府

中里憲保［2008］『壊れた福祉』講談社

中沢卓実［2008］結城康博監修『常盤平団地発信　孤独死ゼロ作戦─生きかたは選べる！』本の泉社

根本博司・成田すみれ・堺園子・杉浦由美子・郷有美・高橋幸三郎・座間太郎［1988］「社会的孤立状態にある要介護独居高齢者へのソーシャルワーク実践に関する研究─在宅介護支援センターにおけるアウトリーチ実践の訪問聞き取り調査から」『研究助成論文集』第34号，安田生命社会事業団

NHKスペシャル取材班・佐々木とく子［2007］『ひとり誰にも看取られず─激増する孤独死とその予防策』阪急コミュニケーションズ

日本社会保障法学会［2001］『講座　社会保障法　第5巻　住居保障法・公的扶助法』法律文化社

野沢慎司［2009］『ネットワーク論になにができるか「家族・コミュニティ問題」を解く』勁草書房

額田勲［1999］『孤独死─被災地神戸で考える人間の復興』岩波書店

OECD編／井原辰雄訳［2005］「OECD加盟国における社会的孤立の状況　2001年」『世界の社会政策の動向─能動的な社会政策による機会の拡大に向けて』白石書店

小川栄二［2006］『要援護高齢者の援助拒否・社会的孤立・潜在化問題に関する調査報告書（第1次）』立命館大学医療・福祉エンパワーメントプロジェクト・サブプロジェクト高齢者の援助拒否・社会的孤立・潜在化問題研究会

大平民生［2008］「大井町におけるひとり暮らし高齢者の生活実態と孤立問題の地域性」『賃金と社会保障』No. 1468，旬報社

Putnam, Robert D.［2000］*Bowling Alone: The Collapse and Revival of American Community*, Simon & Schuster（パットナム，ロバートD.／柴内康文訳［2006］『孤独なボーリング─米国コミュニティの崩壊と再生』柏書房）

Paugam, Serge［2007］*Repenser La Solidarité-L'apport des sciences socials*, Presses Universitaires De France

ペプロー，L. A.・D. パールマン編／加藤義明監訳［1988］『孤独感の心理学』誠心

書房
Pitaud, Philippe [2004] *Solitude et isolement des personnes âgées*, Éditions Érès
リースマン [1964]『孤独な群衆』みすず書房
Rowntree, Seebohm [1947] *OLD PEOPLE: Report of a Survey Committee on the problems of ageing and the care of old people under the chairmanship of B. SEEBOHM ROWNTREE*, Oxford University Press
Russell, Cherry Toni Schofield [1999] Social isolation in old age: a qualitative exploration of service providers' perceptions, *Ageing and Society* 19, Cambridge University Press
Russell, Dan, Letitia A. Pepelau, Carolyn E. Cutrona [1980] The Revised UCLA Loneliness Scale: Concurrent and Discriminant Validity Evidence, *Journal of Personality and Social Psychology*, vol. 39 No. 3
斉藤雅茂 [2007]「高齢者の社会的孤立に関する類型分析—事例調査による予備的研究」『日本の地域福祉』第20巻, 日本地域福祉学会
斉藤雅茂・冷水豊・山口麻衣・武居幸子 [2009]「大都市高齢者の社会的孤立の発現率と基本的特徴」『社会福祉学』Vol. 50-1, 日本社会福祉学会
真田是 [1992]『地域福祉の原動力—住民主体論争の30年』かもがわ出版
真田是・宮田和明・加藤薗子・河合克義編 [2007]『図説 日本の社会福祉〔第2版〕』法律文化社
佐々木とく子 [2007]「(隣にある悲劇) 孤独死の大量発生が止まらない」『中央公論』第11月号, 中央公論新社
Sénat [2004] Rapport D'Information fait au nom de la mission commune d'information 《La France et les Français face à la canicule: les leçons d'une crise》
Shanas, Ethel, Peter Townsend, Dorothy Wedderburn, Henning Friis, Poul Milhøj, Jan Stehouwer [1968] *Old People In Three Industrial Societies*, Atherton Press
Sheldon, Joseph Harold [1948] *The Social Medicine of Old Age-Report of an inquiry in Wolverhampton*, The Nuffield Foundation
『しんぶん赤旗』[2006]「北九州市餓死の現場」, 日本共産党
新宿区社会福祉協議会 [2008]『戸山団地・くらしとコミュニティについての調査 報告書』新宿区社会福祉協議会
総務省自治行政局過疎対策室 [2007]『過疎地域の現況』総務省
総務省自治行政局地域振興課過疎対策室 [2007]『過疎地域における集落の現状と総務省の取組』総務省
須田木綿子 [1986]「大都市地域における男子ひとりぐらし老人の Social Network に関する研究」『社会老年学』No. 24, 東京都老人総合研究所
竹内孝仁 [2004]「高齢者支援をめぐる課題—孤立化、ひきこもり高齢者への対応」『社会福祉研究』第89号, 鉄道弘済会
玉野和志・前田大作・野口裕二・中谷陽明・坂田周一・Jersey Liang [1989]「日本の

高齢者の社会的ネットワークについて」『社会老年学』No. 30, 東京都老人総合研究所
樽川典子 [1981] 「老人の孤独」副田義也編『老年社会学Ⅰ　老年世代論』垣内出版株式会社
寺久保光良 [2004] 『貧困と闘う人びと』あけび書房
Townsend, Peter [1957] *The Family Life of Old People, An Inquiry In East London*, Routledge & Kegan Paul
Townsend, Peter, Dorothy Wedderburn [1965] *The Aged In The Welfare State*, The Chapel River Press Ltd
タウンゼント, P. ／山室周平監訳 [1974]『居宅老人の生活と親族網―戦後東ロンドンにおける実証的研究』垣内出版株式会社
Tunstall, Jeremy [1966] *Old and Alone: A sociological study of old people*, Routledge & Kegan Paul
タンストール, J.／光信隆夫訳 [1985]『老いと孤独―老年者の社会学的研究』垣内出版株式会社
Victor, Christina, Sasha Scambler, John Bond, Ann Bowling [2000] Being alone in later life: loneliness, social isolation and living alone, *Clinical Gerontology* 10
Weiss, Robert S. [1973] Loneliness, *The Experience of Emotional and Social Isolation*, The Massachusetts Institute of Technology
Weiss, Robert S. [1982] Issues in the Study of Loneliness, Leititia Peplau and Daniel Perlman (Eds.), *Loneliness: A Source Book of Current Theory, Research and Therapy*, John Wiley and Sons
Wenger, G. Claire, Richard Davies Said Shahtahmasebi, Anne Scott [1996] Social Isolation and Loneliness in Old Age: Review and Model Refinement, *Ageing and Society* 16, Cambridge University Press
Willmott, Peter, Michael Young [1960] *Family And Class In A London Suburb*, Routledge & Kegan Paul
山縣文治 [1987]「一人暮らし老人の孤独感について―D市における一人暮らし高齢者調査から」『大阪市立大学生活科学部紀要』第35巻
横山博子・芳賀博・安村誠司・蘭牟田洋美・植木章三・島貫秀樹・伊藤常久 [2005]「外出頻度の低い『閉じこもり』高齢者の特徴に関する研究―自立度の差に着目して」『老年社会科学』第26巻第4号，日本老年社会科学会
Young, Michael, Peter Willmott [1957] *Family And Kinship*, Routledge & Kegan Paul
[2003] *Pour sortir de l'isolement, un nouveau projet de société-Rapport au Premier minister*, La documentation Française

付表1　都道府県別ひとり暮らし高齢者出現率（2005年）

順位	都道府県	人口	65歳以上人口（割合：%）	単身高齢者数	高齢者のいる世帯数	出現率A（%）	出現率B（%）
	（全国）	127,767,994	25,672,005（20.1）	3,864,778	17,204,473	15.1	22.5
1	鹿児島県	1,753,179	434,559（24.8）	96,567	286,157	22.2	33.7
2	東京都	12,576,601	2,295,527（18.3）	498,443	1,611,556	21.7	30.9
3	高知県	796,292	206,375（25.9）	40,918	136,325	19.8	30.0
4	大阪府	8,817,166	1,634,218（18.5）	340,910	1,142,131	20.9	29.8
5	宮崎県	1,153,042	270,586（23.5）	47,402	177,239	17.5	26.7
6	山口県	1,492,606	373,346（25.0）	65,945	246,763	17.7	26.7
7	北海道	5,627,737	1,205,692（21.4）	212,086	793,637	17.6	26.7
8	愛媛県	1,467,815	351,990（24.0）	61,097	232,222	17.4	26.3
9	福岡県	5,049,908	997,798（19.8）	173,309	666,423	17.4	26.0
10	兵庫県	5,590,601	1,108,564（19.8）	194,292	757,522	17.5	25.6
11	広島県	2,876,642	600,545（20.9）	102,571	400,015	17.1	25.6
12	京都府	2,647,660	530,350（20.0）	92,218	359,875	17.4	25.6
13	和歌山県	1,035,969	249,473（24.1）	43,006	169,196	17.2	25.4
14	長崎県	1,478,632	348,820（23.6）	56,867	228,351	16.3	24.9
15	大分県	1,209,571	292,805（24.2）	47,379	192,023	16.2	24.7
16	沖縄県	1,361,594	218,897（16.1）	34,587	145,193	15.8	23.8
17	神奈川県	8,791,597	1,480,262（16.8）	226,119	1,007,366	15.3	22.4
18	徳島県	809,950	197,313（24.4）	28,080	126,707	14.2	22.2
19	岡山県	1,957,264	438,054（22.4）	62,674	285,502	14.3	22.0
20	熊本県	1,842,233	437,244（23.7）	61,234	281,541	14.0	21.7
21	香川県	1,012,400	235,508（23.3）	33,087	152,463	14.0	21.7
22	三重県	1,866,963	400,647（21.5）	52,833	265,712	13.2	19.9
23	愛知県	7,254,704	1,248,562（17.2）	167,609	846,253	13.4	19.8
24	奈良県	1,421,310	283,528（19.9）	36,985	189,915	13.0	19.5
25	青森県	1,436,657	326,562（22.7）	41,801	218,280	12.8	19.2
26	千葉県	6,056,462	1,060,343（17.5）	136,972	716,768	12.9	19.1
27	島根県	742,223	201,103（27.1）	24,452	128,687	12.2	19.0
28	山梨県	884,515	193,580（21.9）	24,122	128,803	12.5	18.7
29	石川県	1,174,026	245,739（20.9）	29,872	161,065	12.2	18.5
30	埼玉県	7,054,243	1,157,006（16.4）	143,923	788,411	12.4	18.3
31	鳥取県	607,012	146,113（24.1）	17,241	94,634	11.8	18.2
32	佐賀県	866,369	196,108（22.6）	22,705	127,386	11.6	17.8
33	群馬県	2,024,135	416,909（20.6）	48,843	274,493	11.7	17.8
34	秋田県	1,145,501	308,193（26.9）	33,280	200,138	10.8	16.6
35	長野県	2,196,114	521,984（23.8）	56,247	340,373	10.8	16.5
36	岩手県	1,385,041	339,957（24.5）	36,233	220,831	10.7	16.4
37	宮城県	2,360,218	470,512（19.9）	50,323	309,989	10.7	16.2
38	福島県	2,091,319	474,860（22.7）	49,675	310,655	10.5	16.0
39	静岡県	3,792,377	779,193（20.5）	82,716	517,530	10.6	16.0
40	栃木県	2,016,631	390,896（19.4）	41,400	261,501	10.6	15.8
41	滋賀県	1,380,361	249,418（18.1）	25,757	166,808	10.3	15.4
42	岐阜県	2,107,226	442,124（21.0）	44,731	293,189	10.1	15.3
43	富山県	1,111,729	258,317（23.2）	25,255	167,894	9.8	15.0
44	福井県	821,592	185,501（22.6）	18,020	120,330	9.7	15.0
45	茨城県	2,975,167	576,272（19.4）	56,804	382,163	9.9	14.9
46	新潟県	2,431,459	580,739（23.9）	53,138	375,341	9.2	14.2
47	山形県	1,216,181	309,913（25.5）	25,050	199,117	8.1	12.6

注：出現率A＝（単身高齢者数÷65歳以上人口）×100
　　出現率B＝（単身高齢者数÷高齢者のいる世帯数）×100
資料：2005年国勢調査にもとづき筆者が作成

付表2　全市区町村別ひとり暮らし高齢者出現率（2005年）

順位	都道府県名	自治体名	人口	65歳以上人口 （割合：％）	単身 高齢者数	高齢者のいる 世帯数	出現率A （％）	出現率B （％）
1	東京都	青ヶ島村	214	26 (12.1)	17	24	65.4	70.8
2	東京都	御蔵島村	292	47 (16.1)	23	34	48.9	67.6
3	大阪府	大阪市西成区	132,767	38,600 (29.1)	17,986	29,639	46.6	60.7
4	大阪府	大阪市浪速区	54,174	10,734 (19.8)	4,323	8,285	40.3	52.2
5	三重県	紀和町	1,623	867 (53.4)	272	584	31.4	46.6
6	大阪府	大阪市中央区	66,818	12,181 (18.2)	4,335	9,325	35.6	46.5
7	兵庫県	神戸市中央区	116,591	25,410 (21.8)	8,788	19,031	34.6	46.2
8	東京都	小笠原村	2,723	232 (8.5)	82	178	35.3	46.1
9	長崎県	宇久町	3,239	1,311 (40.5)	414	927	31.6	44.7
10	鹿児島県	三島村	462	139 (30.1)	44	100	31.7	44.0
11	島根県	知夫村	725	300 (41.4)	90	207	30.0	43.5
12	広島県	広島市中区	127,763	24,249 (19.0)	7,627	17,661	31.5	43.2
13	東京都	港区	185,861	32,983 (17.7)	10,559	24,789	32.0	42.6
14	兵庫県	神戸市兵庫区	106,985	27,741 (25.9)	8,594	20,274	31.0	42.4
15	東京都	利島村	308	70 (22.7)	21	50	30.0	42.0
16	東京都	豊島区	250,585	49,158 (19.6)	15,261	36,367	31.0	42.0
17	鹿児島県	瀬戸内町	10,782	3,551 (32.9)	1,000	2,385	28.2	41.9
18	鹿児島県	大浦町	2,678	1,170 (43.7)	311	749	26.6	41.5
19	鹿児島県	大和村	2,104	660 (31.4)	184	447	27.9	41.2
20	東京都	新宿区	305,716	56,746 (18.6)	17,237	41,938	30.4	41.1
21	奈良県	上北山村	802	279 (34.8)	82	201	29.4	40.8
22	徳島県	東祖谷山村	1,929	855 (44.3)	227	562	26.5	40.4
23	東京都	渋谷区	203,334	36,892 (18.1)	10,885	26,950	29.5	40.4
24	福岡県	福岡市博多区	195,711	28,898 (14.8)	8,286	20,527	28.7	40.4
25	福岡県	福岡市中央区	167,100	22,974 (13.7)	6,848	17,003	29.8	40.3
26	鹿児島県	十島村	673	215 (31.9)	62	154	28.8	40.3
27	愛知県	名古屋市中区	70,738	13,152 (18.6)	3,802	9,522	28.9	39.9
28	東京都	大島町	8,702	2,487 (28.6)	697	1,749	28.0	39.9
29	山梨県	早川町	1,534	743 (48.4)	211	530	28.4	39.8
30	北海道	泊村	2,185	696 (31.9)	159	400	22.8	39.8
31	大阪府	大阪市西区	72,591	10,553 (14.5)	3,056	7,695	29.0	39.7
32	山口県	上関町	3,706	1,762 (47.5)	494	1,244	28.0	39.7
33	奈良県	下北山村	1,212	501 (41.3)	138	348	27.5	39.7
34	栃木県	足尾町	3,248	1,450 (44.6)	363	921	25.0	39.4
35	鹿児島県	宇検村	2,048	797 (38.9)	210	533	26.3	39.4
36	大阪府	大阪市北区	100,385	17,653 (17.6)	5,078	12,898	28.8	39.4
37	北海道	札幌市中央区	202,801	35,156 (17.3)	9,245	23,496	26.3	39.3
38	鹿児島県	指宿市	29,649	8,216 (27.7)	2,096	5,332	25.5	39.3
39	東京都	三宅村	2,439	911 (37.4)	258	659	28.3	39.2
40	群馬県	草津町	7,602	2,035 (26.8)	558	1,432	27.4	39.0
41	鹿児島県	笠沙町	3,447	1,597 (46.3)	423	1,087	26.5	38.9
42	鹿児島県	住用村	1,784	564 (31.6)	144	371	25.5	38.8
43	三重県	熊野市	19,607	6,186 (31.5)	1,656	4,267	26.8	38.8
44	静岡県	熱海市	41,202	13,105 (31.8)	3,577	9,261	27.3	38.6
45	東京都	中央区	98,399	15,998 (16.3)	4,579	11,857	28.6	38.6
46	鹿児島県	喜界町	8,572	2,775 (32.4)	745	1,930	26.8	38.6
47	大阪府	大阪市住吉区	158,999	34,209 (21.5)	9,255	24,049	27.1	38.5
48	鹿児島県	坊津町	4,173	1,760 (42.2)	468	1,217	26.6	38.5
49	長崎県	五島市	44,765	13,639 (30.5)	3,450	9,015	25.3	38.3

50	三重県	御浜町	9,903	3,113 (31.4)	781	2,041	25.1	38.3
51	高知県	東洋町	3,386	1,210 (35.7)	335	876	27.7	38.2
52	鹿児島県	知覧町	13,256	4,272 (32.2)	1,081	2,828	25.3	38.2
53	福岡県	北九州市小倉北区	183,286	40,244 (22.0)	10,647	27,989	26.5	38.0
54	鹿児島県	大崎町	15,303	4,523 (29.6)	1,180	3,104	26.1	38.0
55	鹿児島県	蒲生町	7,261	2,530 (34.8)	633	1,673	25.0	37.8
56	鹿児島県	上屋久町	6,813	1,905 (28.0)	480	1,271	25.2	37.8
57	兵庫県	神戸市長田区	103,791	27,584 (26.6)	7,429	19,674	26.9	37.8
58	鹿児島県	枕崎市	25,150	7,391 (29.4)	1,864	4,949	25.2	37.7
59	鹿児島県	中種子町	9,194	2,948 (32.1)	755	2,020	25.6	37.4
60	大阪府	大阪市天王寺区	64,137	11,387 (17.8)	3,037	8,131	26.7	37.4
61	山口県	周防大島町	21,392	9,502 (44.4)	2,336	6,264	24.6	37.3
62	東京都	八丈町	8,837	2,524 (28.6)	668	1,793	26.5	37.3
63	兵庫県	神戸市灘区	128,050	26,908 (21.0)	7,043	18,929	26.2	37.2
64	和歌山県	古座川町	3,426	1,531 (44.7)	374	1,010	24.4	37.0
65	鹿児島県	徳之島町	12,892	3,396 (26.3)	824	2,231	24.3	36.9
66	大阪府	大阪市阿倍野区	107,354	24,283 (22.6)	6,438	17,453	26.5	36.9
67	和歌山県	新宮市	33,790	9,375 (27.7)	2,382	6,475	25.4	36.8
68	大阪府	大阪市東淀川区	178,343	30,493 (17.1)	8,191	22,271	26.9	36.8
69	東京都	杉並区	528,587	98,350 (18.6)	25,896	70,415	26.3	36.8
70	鹿児島県	西之表市	18,198	5,227 (28.7)	1,285	3,505	24.6	36.7
71	北海道	歌志内市	5,221	1,921 (36.8)	447	1,220	23.3	36.6
72	東京都	台東区	165,186	37,719 (22.8)	9,910	27,080	26.3	36.6
73	高知県	土佐清水市	17,281	5,985 (34.6)	1,496	4,098	25.0	36.5
74	大阪府	大阪市都島区	99,831	17,974 (18.0)	4,726	12,952	26.3	36.5
75	高知県	吉川村	2,038	573 (28.1)	141	387	24.6	36.4
76	鹿児島県	加世田市	23,506	6,475 (27.5)	1,525	4,190	23.6	36.4
77	鹿児島県	福山町	6,970	2,101 (30.1)	459	1,262	21.8	36.4
78	高知県	大川村	538	235 (43.7)	56	154	23.8	36.4
79	東京都	中野区	310,627	56,518 (18.2)	14,903	41,067	26.4	36.3
80	大阪府	大阪市淀川区	169,222	29,260 (17.3)	7,735	21,333	26.4	36.3
81	鹿児島県	牧園町	8,832	2,930 (33.2)	689	1,901	23.5	36.2
82	鹿児島県	東串良町	7,122	2,367 (33.2)	576	1,590	24.3	36.2
83	鹿児島県	志布志町	18,327	5,299 (28.9)	1,223	3,377	23.1	36.2
84	山口県	美川町	1,637	779 (47.6)	186	515	23.9	36.1
85	北海道	寿都町	3,744	1,211 (32.3)	296	821	24.4	36.1
86	和歌山県	北山村	570	244 (42.8)	58	161	23.8	36.0
87	京都府	京都市東山区	42,464	11,627 (27.4)	3,006	8,347	25.9	36.0
88	高知県	大豊町	5,492	2,788 (50.8)	659	1,830	23.6	36.0
89	熊本県	天草町	4,233	1,602 (37.8)	404	1,123	25.2	36.0
90	高知県	仁淀川町	7,347	3,395 (46.2)	808	2,247	23.8	36.0
91	大阪府	大阪市生野区	138,564	32,401 (23.4)	8,249	22,954	25.5	35.9
92	鹿児島県	名瀬市	41,049	8,885 (21.6)	2,175	6,066	24.5	35.9
93	大阪府	大阪市東住吉区	135,016	31,042 (23.0)	7,891	22,018	25.4	35.8
94	鹿児島県	大口市	22,119	7,514 (34.0)	1,720	4,800	22.9	35.8
95	鹿児島県	南種子町	6,751	1,955 (29.0)	474	1,324	24.2	35.8
96	鹿児島県	肝付町	18,307	6,362 (34.8)	1,500	4,191	23.6	35.8
97	東京都	千代田区	41,778	8,422 (20.2)	2,141	6,003	25.4	35.7
98	鹿児島県	横川町	5,235	1,709 (32.6)	405	1,136	23.7	35.7
99	鹿児島県	川辺町	14,809	5,035 (34.0)	1,167	3,274	23.2	35.6
100	北海道	夕張市	13,001	5,160 (39.7)	1,238	3,481	24.0	35.6
101	高知県	赤岡町	3,324	1,024 (30.8)	237	667	23.1	35.5

102	福岡県	山田市	11,034	3,246 (29.4)	751	2,114	23.1	35.5
103	北海道	上砂川町	4,770	1,805 (37.8)	434	1,226	24.0	35.4
104	鹿児島県	金峰町	7,873	3,013 (38.3)	690	1,950	22.9	35.4
105	大阪府	大阪市旭区	95,204	22,368 (23.5)	5,559	15,764	24.9	35.3
106	大阪府	大阪市東成区	78,929	16,723 (21.2)	4,235	12,035	25.3	35.2
107	愛知県	名古屋市東区	68,485	13,273 (19.4)	3,363	9,559	25.3	35.2
108	鹿児島県	湧水町	12,566	4,106 (32.7)	890	2,534	21.7	35.1
109	東京都	文京区	189,632	34,721 (18.3)	8,792	25,068	25.3	35.1
110	愛知県	名古屋市千種区	153,118	29,744 (19.4)	7,454	21,277	25.1	35.0
111	鹿児島県	伊仙町	7,255	2,501 (34.5)	590	1,685	23.6	35.0
112	福岡県	川崎町	20,115	5,170 (25.7)	1,221	3,500	23.6	34.9
113	大分県	別府市	126,959	31,746 (25.0)	7,401	21,241	23.3	34.8
114	鹿児島県	有明町	11,777	3,443 (29.2)	789	2,267	22.9	34.8
115	東京都	目黒区	264,064	46,361 (17.6)	11,526	33,204	24.9	34.7
116	神奈川県	横浜市中区	140,167	26,596 (19.0)	6,186	17,843	23.3	34.7
117	京都府	京都市下京区	75,437	17,145 (22.7)	4,200	12,117	24.5	34.7
118	東京都	北区	330,412	71,497 (21.6)	17,930	51,790	25.1	34.6
119	高知県	高知市	333,484	68,418 (20.5)	15,852	45,908	23.2	34.5
120	鹿児島県	鹿屋市	81,471	17,614 (21.6)	3,928	11,404	22.3	34.4
121	大阪府	大阪市港区	83,191	17,209 (20.7)	4,247	12,335	24.7	34.4
122	広島県	広島市南区	137,874	25,156 (18.2)	6,028	17,521	24.0	34.4
123	北海道	三笠市	11,927	4,569 (38.3)	1,034	3,006	22.6	34.4
124	和歌山県	すさみ町	5,293	2,083 (39.4)	477	1,387	22.9	34.4
125	福岡県	北九州市戸畑区	63,714	14,457 (22.7)	3,425	9,964	23.7	34.4
126	東京都	品川区	346,357	62,211 (18.0)	15,672	45,604	25.2	34.4
127	鹿児島県	日置市	52,411	14,605 (27.9)	3,257	9,479	22.3	34.4
128	鹿児島県	薩摩川内市	102,370	26,530 (25.9)	6,043	17,605	22.8	34.3
129	鹿児島県	龍郷町	6,002	1,746 (29.1)	385	1,124	22.1	34.3
130	鹿児島県	山川町	10,326	3,496 (33.9)	806	2,355	23.1	34.2
131	鹿児島県	開聞村	6,847	2,349 (34.3)	510	1,494	21.7	34.1
132	京都府	京都市南区	98,193	18,857 (19.2)	4,653	13,656	24.7	34.1
133	山口県	本郷村	1,239	580 (46.8)	120	353	20.7	34.0
134	福岡県	田川市	51,534	13,458 (26.1)	3,011	8,858	22.4	34.0
135	福岡県	糸田町	10,216	2,730 (26.7)	586	1,724	21.5	34.0
136	愛媛県	伊方町	12,095	4,462 (36.9)	1,041	3,063	23.3	34.0
137	鹿児島県	加治木町	22,908	5,656 (24.7)	1,163	3,422	20.6	34.0
138	福岡県	北九州市八幡東区	75,814	21,422 (28.3)	4,929	14,513	23.0	34.0
139	鹿児島県	南大隅町	9,897	4,080 (41.2)	924	2,723	22.6	33.9
140	大阪府	大阪市住之江区	130,627	24,470 (18.7)	5,898	17,405	24.1	33.9
141	福岡県	稲築町	19,160	5,180 (27.0)	1,173	3,464	22.6	33.9
142	高知県	大月町	6,437	2,296 (35.7)	549	1,624	23.9	33.8
143	広島県	江田島市	29,939	9,504 (31.7)	2,165	6,407	22.8	33.8
144	大阪府	大阪市福島区	60,959	11,424 (18.7)	2,771	8,205	24.3	33.8
145	和歌山県	高野町	4,632	1,496 (32.3)	340	1,008	22.7	33.7
146	東京都	板橋区	523,083	98,017 (18.7)	23,193	68,779	23.7	33.7
147	大阪府	大阪市此花区	63,809	13,622 (21.3)	3,333	9,889	24.5	33.7
148	三重県	紀宝町	7,811	2,252 (28.8)	514	1,530	22.8	33.6
149	東京都	武蔵野市	137,525	24,244 (17.6)	5,679	16,909	23.4	33.6
150	和歌山県	串本町	19,931	6,718 (33.7)	1,550	4,618	23.1	33.6
151	三重県	尾鷲市	22,103	6,875 (31.1)	1,579	4,705	23.0	33.6
152	高知県	室戸市	17,490	5,762 (32.9)	1,345	4,010	23.3	33.5
153	鹿児島県	吾平町	7,357	2,139 (29.1)	461	1,375	21.6	33.5

154	愛知県	名古屋市中村区	134,576	31,065 (23.1)	7,412	22,109	23.9	33.5
155	和歌山県	清水町	4,616	2,048 (44.4)	464	1,385	22.7	33.5
156	和歌山県	那智勝浦町	18,185	5,588 (30.7)	1,301	3,896	23.3	33.4
157	鹿児島県	曽於市	42,287	13,914 (32.9)	3,015	9,029	21.7	33.4
158	長崎県	新上五島町	25,039	7,432 (29.7)	1,678	5,034	22.6	33.3
159	東京都	世田谷区	841,165	142,197 (16.9)	33,767	101,337	23.7	33.3
160	鹿児島県	国分市	55,341	9,175 (16.6)	2,045	6,144	22.3	33.3
161	徳島県	西祖谷山村	1,604	689 (43.0)	147	442	21.3	33.3
162	大阪府	大阪市平野区	200,678	40,394 (20.1)	9,603	28,910	23.8	33.2
163	北海道	神恵内村	1,319	514 (39.0)	91	274	17.7	33.2
164	鹿児島県	串良町	13,272	3,691 (27.8)	825	2,485	22.4	33.2
165	鹿児島県	阿久根市	25,072	8,206 (32.7)	1,769	5,329	21.6	33.2
166	高知県	物部村	2,734	1,313 (48.0)	300	904	22.8	33.2
167	北海道	岩内町	15,744	4,159 (26.4)	982	2,960	23.6	33.2
168	北海道	長万部町	7,003	2,355 (33.6)	524	1,581	22.3	33.1
169	北海道	赤平市	14,401	4,988 (34.6)	1,046	3,162	21.0	33.1
170	沖縄県	竹富町	4,192	882 (21.0)	196	593	22.2	33.1
171	愛媛県	久万高原町	10,946	4,678 (42.7)	978	2,962	20.9	33.0
172	大阪府	大阪市城東区	160,925	31,221 (19.4)	7,348	22,280	23.5	32.9
173	和歌山県	太地町	3,506	1,225 (34.9)	250	759	20.4	32.9
174	神奈川県	横浜市西区	84,944	16,091 (18.9)	3,751	11,406	23.3	32.9
175	京都府	京都市中京区	102,129	21,491 (21.0)	5,070	15,436	23.6	32.8
176	鹿児島県	隼人町	36,693	7,775 (21.2)	1,666	5,079	21.4	32.8
177	大阪府	大阪市西淀川区	95,662	17,994 (18.8)	4,218	12,867	23.4	32.8
178	鹿児島県	錦江町	10,015	3,874 (38.7)	807	2,463	20.8	32.8
179	広島県	大崎上島町	9,236	3,666 (39.7)	813	2,484	22.2	32.7
180	長野県	平谷村	688	243 (35.3)	54	165	22.2	32.7
181	鹿児島県	垂水市	18,928	6,294 (33.3)	1,337	4,086	21.2	32.7
182	北海道	島牧村	1,996	703 (35.2)	157	480	22.3	32.7
183	兵庫県	尼崎市	462,647	91,322 (19.7)	21,563	65,939	23.6	32.7
184	大阪府	大阪市大正区	73,207	15,330 (20.9)	3,578	10,944	23.3	32.7
185	鹿児島県	天城町	7,020	2,139 (30.5)	464	1,420	21.7	32.6
186	鹿児島県	松山町	4,666	1,540 (33.0)	325	996	21.1	32.6
187	沖縄県	国頭村	5,546	1,508 (27.2)	333	1,023	22.1	32.6
188	北海道	豊浦町	4,771	1,532 (32.1)	289	888	18.9	32.5
189	広島県	広島市西区	184,795	29,411 (15.9)	6,634	20,438	22.6	32.5
190	福岡県	北九州市門司区	108,677	29,559 (27.2)	6,497	20,016	22.0	32.5
191	鹿児島県	頴娃町	14,126	4,626 (32.7)	981	3,025	21.2	32.4
192	沖縄県	粟国村	936	324 (34.6)	71	219	21.5	32.4
193	宮崎県	都城市	133,062	30,717 (23.1)	6,576	20,292	21.4	32.4
194	鹿児島県	菱刈町	9,380	3,235 (34.5)	679	2,096	21.0	32.4
195	兵庫県	神戸市垂水区	222,729	47,832 (21.5)	10,851	33,505	22.7	32.4
196	北海道	滝上町	3,366	1,220 (36.2)	247	763	20.2	32.4
197	高知県	本山町	4,374	1,657 (37.9)	354	1,094	21.4	32.4
198	鹿児島県	笠利町	6,784	2,235 (32.9)	473	1,462	21.2	32.3
199	宮崎県	西米良村	1,307	533 (40.8)	114	353	21.4	32.3
200	沖縄県	座間味村	1,077	224 (20.8)	51	158	22.8	32.3
201	兵庫県	神戸市東灘区	206,037	35,200 (17.1)	8,015	24,840	22.8	32.3
202	鹿児島県	さつま町	25,688	8,926 (34.7)	1,836	5,695	20.6	32.2
203	沖縄県	大宜味村	3,371	1,004 (29.8)	225	698	22.4	32.2
204	鹿児島県	串木野市	25,879	6,637 (25.6)	1,454	4,513	21.9	32.2
205	鹿児島県	鹿児島市	604,367	113,505 (18.8)	24,271	75,509	21.4	32.1

206	北海道	函館市	294,264	70,459 (23.9)	15,297	47,597	21.7	32.1
207	広島県	宮島町	1,944	636 (32.7)	147	458	23.1	32.1
208	鹿児島県	野田町	4,752	1,410 (29.7)	304	948	21.6	32.1
209	北海道	日高町	2,095	550 (26.3)	118	368	21.5	32.1
210	神奈川県	箱根町	14,206	3,405 (24.0)	739	2,307	21.7	32.0
211	北海道	積丹町	2,860	1,069 (37.4)	245	765	22.9	32.0
212	東京都	三鷹市	177,016	31,889 (18.0)	7,056	22,094	22.1	31.9
213	東京都	国立市	72,667	12,678 (17.4)	2,849	8,931	22.5	31.9
214	鹿児島県	霧島町	5,617	1,845 (32.8)	363	1,138	19.7	31.9
215	沖縄県	与那国町	1,796	347 (19.3)	74	232	21.3	31.9
216	北海道	大滝村	1,843	665 (36.1)	59	185	8.9	31.9
217	北海道	室蘭市	98,372	25,272 (25.7)	5,494	17,245	21.7	31.9
218	鹿児島県	出水市	39,155	9,787 (25.0)	2,046	6,438	20.9	31.8
219	愛知県	名古屋市昭和区	105,001	20,365 (19.4)	4,512	14,226	22.2	31.7
220	北海道	小樽市	142,161	38,984 (27.4)	8,288	26,157	21.3	31.7
221	大阪府	守口市	147,465	29,305 (19.9)	6,622	20,925	22.6	31.6
222	三重県	海山町	9,695	3,364 (34.7)	660	2,090	19.6	31.6
223	東京都	墨田区	231,173	46,658 (20.2)	10,626	33,716	22.8	31.5
224	三重県	鵜殿村	4,837	960 (19.8)	217	690	22.6	31.4
225	高知県	越知町	6,952	2,655 (38.2)	524	1,669	19.7	31.4
226	東京都	大田区	665,674	122,342 (18.4)	27,676	88,172	22.6	31.4
227	京都府	京都市上京区	83,534	19,733 (23.6)	4,336	13,842	22.0	31.3
228	東京都	小金井市	114,112	19,610 (17.2)	4,218	13,492	21.5	31.3
229	長崎県	小値賀町	3,268	1,279 (39.1)	270	866	21.1	31.2
230	高知県	奈半利町	3,727	1,341 (36.0)	264	848	19.7	31.1
231	宮崎県	三股町	24,545	5,076 (20.7)	1010	3,246	19.9	31.1
232	東京都	練馬区	692,339	130,755 (18.9)	28,418	91,529	21.7	31.0
233	愛媛県	上島町	8,098	2,775 (34.3)	595	1,918	21.4	31.0
234	奈良県	野迫川村	743	295 (39.7)	62	200	21.0	31.0
235	広島県	呉市	251,003	64,140 (25.6)	13,504	43,589	21.1	31.0
236	高知県	土佐町	4,632	1,879 (40.6)	339	1,095	18.0	31.0
237	大阪府	豊中市	386,623	71,067 (18.4)	15,468	50,001	21.8	30.9
238	東京都	立川市	172,566	30,918 (17.9)	6,645	21,524	21.5	30.9
239	高知県	北川村	1,478	564 (38.2)	121	392	21.5	30.9
240	鹿児島県	輝北町	4,108	1,588 (38.7)	314	1,018	19.8	30.8
241	北海道	浦河町	15,698	3,443 (21.9)	715	2,321	20.8	30.8
242	宮崎県	串間市	22,118	7,571 (34.2)	1,465	4,756	19.4	30.8
243	島根県	西ノ島町	3,486	1,280 (36.7)	254	825	19.8	30.8
244	沖縄県	金武町	10,619	2,332 (22.0)	466	1,514	20.0	30.8
245	鹿児島県	屋久町	6,948	1,878 (27.0)	397	1,292	21.1	30.7
246	山梨県	芦川村	521	270 (51.8)	55	179	20.4	30.7
247	北海道	平取町	6,173	1,591 (25.8)	332	1,081	20.9	30.7
248	愛知県	名古屋市北区	166,441	34,828 (20.9)	7,553	24,606	21.7	30.7
249	奈良県	川上村	2,045	960 (46.9)	205	668	21.4	30.7
250	大阪府	門真市	131,706	23,246 (17.6)	5,117	16,681	22.0	30.7
251	福岡県	小竹町	9,253	2,590 (28.0)	526	1,715	20.3	30.7
252	熊本県	牛深市	16,609	5,533 (33.3)	1,145	3,736	20.7	30.6
253	北海道	上川町	5,176	1,633 (31.5)	334	1,090	20.5	30.6
254	宮崎県	日南市	44,227	12,550 (28.4)	2,343	7,651	18.7	30.6
255	島根県	海士町	2,581	939 (36.4)	188	616	20.0	30.5
256	京都府	京都市左京区	169,587	35,116 (20.7)	7,259	23,790	20.7	30.5
257	北海道	歌登町	2,281	646 (28.3)	122	400	18.9	30.5

258	東京都	荒川区	191,207	39,762 (20.8)	8,588	28,161	21.6	30.5
259	広島県	広島市東区	121,222	21,431 (17.7)	4,336	14,224	20.2	30.5
260	北海道	札幌市豊平区	209,428	36,026 (17.2)	7,460	24,480	20.7	30.5
261	福岡県	福岡市城南区	128,663	19,483 (15.1)	4,132	13,594	21.2	30.4
262	京都府	京都市伏見区	285,419	52,446 (18.4)	10,778	35,542	20.6	30.3
263	山口県	錦町	3,792	1,754 (46.3)	339	1,118	19.3	30.3
264	徳島県	つるぎ町	11,722	4,426 (37.8)	892	2,942	20.2	30.3
265	鹿児島県	高尾野町	14,000	3,600 (25.7)	716	2,369	19.9	30.2
266	北海道	古平町	4,021	1,314 (32.7)	277	917	21.1	30.2
267	香川県	琴平町	10,747	3,403 (31.7)	646	2,142	19.0	30.2
268	福岡県	宮田町	20,934	5,888 (28.1)	1,123	3,729	19.1	30.1
269	高知県	夜須町	4,132	1,269 (30.7)	272	904	21.4	30.1
270	京都府	京都市	1,474,811	292,927 (19.9)	60,714	201,924	20.7	30.1
271	奈良県	黒滝村	1,076	418 (38.8)	89	296	21.3	30.1
272	兵庫県	芦屋市	90,590	18,422 (20.3)	3,833	12,758	20.8	30.0
273	宮崎県	高城町	11,944	3,423 (28.7)	671	2,235	19.6	30.0
274	北海道	増毛町	5,708	2,011 (35.2)	398	1,327	19.8	30.0
275	鹿児島県	始良町	44,671	9,692 (21.7)	1,963	6,548	20.3	30.0
276	北海道	虻田町	9,189	2,680 (29.2)	508	1,696	19.0	30.0
277	兵庫県	神戸市須磨区	171,628	35,749 (20.8)	7,392	24,682	20.7	29.9
278	北海道	札幌市白石区	201,307	32,567 (16.2)	6,549	21,870	20.1	29.9
279	鹿児島県	溝辺町	8,621	1,865 (21.6)	365	1,219	19.6	29.9
280	北海道	芦別市	18,899	6,423 (34.0)	1,248	4,171	19.4	29.9
281	北海道	様似町	5,711	1,575 (27.6)	326	1,090	20.7	29.9
282	長野県	天龍村	2,002	979 (48.9)	177	592	18.1	29.9
283	和歌山県	日置川町	4,436	1,684 (38.0)	338	1,131	20.1	29.9
284	群馬県	伊香保町	3,762	963 (25.6)	210	703	21.8	29.9
285	山口県	柳井市	35,927	10,769 (30.0)	2,139	7,163	19.9	29.9
286	福岡県	大牟田市	131,090	36,752 (28.0)	7,226	24,222	19.7	29.8
287	広島県	安芸太田町	8,238	3,512 (42.6)	666	2,233	19.0	29.8
288	神奈川県	横浜市南区	196,822	39,705 (20.2)	8,483	28,465	21.4	29.8
289	鹿児島県	市来町	7,114	2,014 (28.3)	370	1,246	18.4	29.7
290	鹿児島県	大任町	5,741	1,550 (27.0)	311	1,050	20.1	29.6
291	福岡県	飯塚市	79,365	17,230 (21.7)	3,465	11,708	20.1	29.6
292	京都府	京都市山科区	136,670	25,793 (18.9)	5,077	17,162	19.7	29.6
293	鹿児島県	和泊町	7,436	2,159 (29.0)	423	1,430	19.6	29.6
294	鹿児島県	知名町	7,115	2,043 (28.7)	392	1,326	19.2	29.6
295	福岡県	添田町	11,810	3,813 (32.3)	727	2,461	19.1	29.5
296	福岡県	碓井町	6,013	1,583 (26.3)	328	1,112	20.7	29.5
297	熊本県	水俣市	29,120	8,694 (29.9)	1,638	5,555	18.8	29.5
298	北海道	下川町	4,146	1,382 (33.3)	265	902	19.2	29.4
299	東京都	江東区	420,845	72,739 (17.3)	15,469	52,732	21.3	29.3
300	兵庫県	西宮市	465,337	78,006 (16.8)	15,802	54,024	20.3	29.2
301	神奈川県	川崎市川崎区	203,804	37,323 (18.3)	7,685	26,276	20.6	29.2
302	熊本県	河浦町	5,836	2,228 (38.2)	417	1,428	18.7	29.2
303	高知県	中土佐町	6,784	2,296 (33.8)	438	1,500	19.1	29.2
304	宮崎県	えびの市	23,079	7,700 (33.4)	1,467	5,026	19.1	29.2
305	山梨県	丹波山村	780	360 (46.2)	72	247	20.0	29.1
306	大阪府	東大阪市	513,821	94,644 (18.4)	19,517	66,959	20.6	29.1
307	北海道	江差町	10,131	2,679 (26.4)	484	1,661	18.1	29.1
308	北海道	白老町	20,748	5,883 (28.4)	1,126	3,870	19.1	29.1
309	沖縄県	伊是名村	1,762	491 (27.9)	95	327	19.3	29.1

310	北海道	奈井江町	6,836	2,095	(30.6)	386	1,330	18.4	29.0
311	長崎県	江迎町	5,922	1,640	(27.7)	305	1,054	18.6	28.9
312	和歌山県	美里町	3,791	1,644	(43.4)	310	1,072	18.9	28.9
313	東京都	福生市	61,074	10,291	(16.9)	2,036	7,042	19.8	28.9
314	愛媛県	八幡浜市	41,264	12,187	(29.5)	2,294	7,935	18.8	28.9
315	宮崎県	田野町	11,580	2,570	(22.2)	507	1,754	19.7	28.9
316	北海道	紋別市	26,632	6,594	(24.8)	1,273	4,410	19.3	28.8
317	福岡県	水巻町	30,679	6,620	(21.6)	1,314	4,557	19.8	28.8
318	大阪府	大阪市鶴見区	107,419	18,167	(16.9)	3,683	12,778	20.3	28.8
319	徳島県	牟岐町	5,391	1,995	(37.0)	358	1,245	17.9	28.8
320	宮崎県	山之口町	6,935	1,934	(27.9)	364	1,267	18.8	28.7
321	福岡県	芦屋町	16,247	3,358	(20.7)	670	2,334	20.0	28.7
322	宮崎県	宮崎市	310,123	57,434	(18.5)	10,938	38,118	19.0	28.7
323	福岡県	吉富町	7,053	1,680	(23.8)	329	1,147	19.6	28.7
324	長野県	中条村	2,525	1,126	(44.6)	209	729	18.6	28.7
325	山口県	下関市	290,693	73,990	(25.5)	14,140	49,330	19.1	28.7
326	東京都	調布市	216,119	36,007	(16.7)	7,143	24,922	19.8	28.7
327	福岡県	福岡市東区	274,481	42,065	(15.3)	8,125	28,366	19.3	28.6
328	福岡県	金田町	8,011	1,770	(22.1)	334	1,167	18.9	28.6
329	三重県	紀伊長島町	10,268	3,192	(31.1)	623	2,179	19.5	28.6
330	北海道	留萌市	26,826	6,221	(23.2)	1,210	4,234	19.5	28.6
331	大阪府	吹田市	353,885	57,131	(16.1)	11,337	39,696	19.8	28.6
332	北海道	札幌市南区	153,021	31,541	(20.6)	5,900	20,663	18.7	28.6
333	福岡県	福岡市南区	246,367	38,204	(15.5)	7,514	26,321	19.7	28.5
334	北海道	札幌市東区	253,996	41,129	(16.2)	8,012	28,069	19.5	28.5
335	北海道	門別町	12,635	3,058	(24.2)	563	1,973	18.4	28.5
336	愛知県	名古屋市瑞穂区	105,358	21,579	(20.5)	4,330	15,192	20.1	28.5
337	島根県	美郷町	5,911	2,449	(41.4)	463	1,625	18.9	28.5
338	沖縄県	渡嘉敷村	790	191	(24.2)	37	130	19.4	28.5
339	高知県	窪川町	14,057	4,896	(34.8)	915	3,216	18.7	28.5
340	和歌山県	白浜町	19,206	5,292	(27.6)	931	3,274	17.6	28.4
341	徳島県	池田町	15,690	5,479	(34.9)	969	3,409	17.7	28.4
342	山口県	岩国市	103,507	24,333	(23.5)	4,768	16,786	19.6	28.4
343	宮崎県	須木村	2,227	758	(34.0)	144	507	19.0	28.4
344	福岡県	穂波町	25,641	6,081	(23.7)	1,205	4,246	19.8	28.4
345	高知県	安芸市	20,348	5,931	(29.1)	1,114	3,926	18.8	28.4
346	東京都	足立区	624,807	123,586	(19.8)	24,692	87,029	20.0	28.4
347	東京都	狛江市	78,319	14,288	(18.2)	2,832	9,992	19.8	28.3
348	佐賀県	大町町	7,956	2,390	(30.0)	435	1,535	18.2	28.3
349	福岡県	福岡市早良区	209,570	31,730	(15.1)	6,181	21,821	19.5	28.3
350	山口県	美和町	4,855	1,715	(35.3)	324	1,144	18.9	28.3
351	愛媛県	新居浜市	123,952	30,610	(24.7)	5,657	19,975	18.5	28.3
352	愛媛県	松山市	514,937	98,265	(19.1)	18,646	65,865	19.0	28.3
353	愛知県	名古屋市名東区	157,125	22,796	(14.5)	4,383	15,511	19.2	28.3
354	北海道	静内町	22,467	5,103	(22.7)	935	3,309	18.3	28.3
355	北海道	追分町	3,906	1,148	(29.4)	212	751	18.5	28.2
356	東京都	清瀬市	73,529	15,777	(21.5)	2,866	10,168	18.2	28.2
357	高知県	馬路村	1,170	385	(32.9)	74	263	19.2	28.1
358	愛知県	名古屋市熱田区	63,608	13,611	(21.4)	2,647	9,412	19.4	28.1
359	宮崎県	高岡町	12,213	3,475	(28.5)	596	2,122	17.2	28.1
360	北海道	札幌市西区	207,329	37,510	(18.1)	7,048	25,120	18.8	28.1
361	東京都	西東京市	189,735	35,575	(18.7)	6,865	24,476	19.3	28.0

362	島根県	隠岐の島町	16,904	5,276 (31.2)	952	3,397	18.0	28.0
363	山口県	和木町	6,441	1,325 (20.6)	256	914	19.3	28.0
364	高知県	大方町	9,490	3,158 (33.3)	593	2,118	18.8	28.0
365	長崎県	長崎市	442,699	100,034 (22.6)	18,424	65,821	18.4	28.0
366	島根県	江津市	27,774	8,655 (31.2)	1,629	5,823	18.8	28.0
367	島根県	川本町	4,324	1,663 (38.5)	283	1,012	17.0	28.0
368	北海道	八雲町	20,131	4,867 (24.2)	914	3,270	18.8	28.0
369	北海道	美唄市	29,083	8,377 (28.8)	1,514	5,417	18.1	27.9
370	神奈川県	湯河原町	27,430	7,437 (27.1)	1,355	4,850	18.2	27.9
371	京都府	京都市北区	124,266	26,201 (21.1)	4,953	17,729	18.9	27.9
372	高知県	土佐山田町	22,182	5,907 (26.6)	1,090	3,902	18.5	27.9
373	大分県	豊後高田市	25,114	8,269 (32.9)	1,509	5,402	18.2	27.9
374	和歌山県	和歌山市	375,591	82,838 (22.1)	15,905	56,974	19.2	27.9
375	高知県	四万十市	37,917	10,249 (27.0)	1,844	6,611	18.0	27.9
376	北海道	新得町	7,243	2,040 (28.2)	355	1,275	17.4	27.8
377	奈良県	天川村	1,800	780 (43.3)	148	532	19.0	27.8
378	山口県	玖珂郡	52,636	16,027 (30.4)	2,826	10,164	17.6	27.8
379	大阪府	池田市	101,616	18,955 (18.7)	3,626	13,055	19.1	27.8
380	北海道	黒松内町	3,457	1,086 (31.4)	169	609	15.6	27.8
381	神奈川県	横浜市神奈川区	221,845	37,800 (17.0)	7,350	26,492	19.4	27.7
382	北海道	釧路市	181,516	38,103 (21.0)	7,228	26,065	19.0	27.7
383	福岡県	赤池町	9,592	2,512 (26.2)	428	1,545	17.0	27.7
384	栃木県	藤原町	10,684	2,909 (27.2)	571	2,063	19.6	27.7
385	大分県	中津市	84,368	20,319 (24.1)	3,770	13,640	18.6	27.6
386	北海道	弟子屈町	9,023	2,416 (26.8)	421	1,526	17.4	27.6
387	北海道	中川町	2,106	663 (31.5)	115	418	17.3	27.5
388	京都府	京都市右京区	202,356	39,646 (19.6)	7,499	27,266	18.9	27.5
389	大阪府	堺市	830,966	154,857 (18.6)	29,263	106,470	18.9	27.5
390	沖縄県	那覇市	312,393	51,356 (16.4)	9,829	35,814	19.1	27.4
391	和歌山県	田辺市	82,499	20,829 (25.2)	3,914	14,262	18.8	27.4
392	福岡県	頴田町	6,841	1,738 (25.4)	309	1,126	17.8	27.4
393	宮崎県	小林市	38,923	10,178 (26.1)	1,803	6,582	17.7	27.4
394	北海道	松前町	10,121	3,188 (31.5)	613	2,239	19.2	27.4
395	徳島県	海南町	5,789	1,838 (31.7)	340	1,242	18.5	27.4
396	福岡県	築城町	9,100	2,474 (27.2)	465	1,700	18.8	27.4
397	沖縄県	宮古島市	53,493	12,200 (22.8)	2,155	7,887	17.7	27.3
398	広島県	竹原市	30,657	8,872 (28.9)	1,569	5,743	17.7	27.3
399	香川県	直島町	3,538	990 (28.0)	178	652	18.0	27.3
400	北海道	余市町	22,734	6,394 (28.1)	1,143	4,191	17.9	27.3
401	北海道	天塩町	4,030	1,056 (26.2)	190	697	18.0	27.3
402	高知県	芸西村	4,208	1,289 (30.6)	221	811	17.1	27.3
403	長崎県	佐世保市	248,041	57,155 (23.0)	10,295	37,797	18.0	27.2
404	香川県	土庄町	16,411	5,036 (30.7)	918	3,371	13.6	27.2
405	東京都	東村山市	144,929	29,382 (20.3)	5,175	19,007	17.6	27.2
406	神奈川県	横浜市鶴見区	264,548	41,800 (15.8)	8,201	30,130	19.6	27.2
407	福岡県	鞍手町	18,204	4,378 (24.0)	821	3,017	18.8	27.2
408	沖縄県	伊平屋村	1,547	383 (24.8)	71	261	18.5	27.2
409	山口県	周東町	14,100	4,118 (29.2)	744	2,736	18.1	27.2
410	高知県	宿毛市	24,397	6,504 (26.7)	1,158	4,260	17.8	27.2
411	東京都	府中市	245,623	39,578 (16.1)	7,331	26,971	18.5	27.2
412	和歌山県	美浜町	8,462	2,286 (27.0)	391	1,439	17.1	27.2
413	山口県	萩市	57,990	18,307 (31.6)	3,311	12,186	18.1	27.2

414	高知県	香北町	5,341	2,109	(39.5)	345	1,270	16.4	27.2
415	愛媛県	今治市	173,983	44,319	(25.5)	8,051	29,639	18.2	27.2
416	長野県	浪合村	768	235	(30.6)	44	162	18.7	27.2
417	北海道	苫小牧市	172,758	31,234	(18.1)	5,640	20,768	18.1	27.2
418	徳島県	山城町	4,928	1,982	(40.2)	351	1,293	17.7	27.1
419	奈良県	十津川村	4,390	1,664	(37.9)	303	1,117	18.2	27.1
420	北海道	音威子府村	1,070	272	(25.4)	48	177	17.6	27.1
421	千葉県	千葉市中央区	184,637	33,680	(18.2)	6,281	23,175	18.6	27.1
422	香川県	内海町	11,841	3,843	(32.5)	686	2,535	19.4	27.1
423	愛知県	富山村	208	75	(36.1)	13	48	17.3	27.1
424	愛知県	名古屋市南区	143,973	30,818	(21.4)	5,710	21,091	18.5	27.1
425	北海道	木古内町	6,024	2,022	(33.6)	363	1,341	18.0	27.1
426	北海道	遠軽町	23,648	6,597	(27.9)	1,121	4,143	17.0	27.1
427	福岡県	桂川町	14,535	3,438	(23.7)	619	2,288	18.0	27.1
428	高知県	三原村	1,808	692	(38.3)	122	451	17.6	27.1
429	兵庫県	明石市	291,027	51,866	(17.8)	9,635	35,649	18.6	27.0
430	北海道	奥尻町	3,643	999	(27.4)	180	666	18.0	27.0
431	福岡県	北九州市若松区	87,340	20,538	(23.5)	3,771	13,961	18.4	27.0
432	大分県	宇佐市	60,809	17,591	(28.9)	3,128	11,619	17.8	26.9
433	北海道	帯広市	170,580	32,364	(19.0)	5,755	21,386	17.8	26.9
434	徳島県	由岐町	3,270	1,320	(40.4)	229	851	17.3	26.9
435	熊本県	熊本市	669,603	123,878	(18.5)	22,004	81,793	17.8	26.9
436	山口県	玖珂町	11,118	2,928	(26.3)	469	1,746	16.0	26.9
437	神奈川県	横浜市磯子区	163,525	31,543	(19.3)	5,880	21,897	18.6	26.9
438	山口県	周南市	152,387	34,886	(22.9)	6,295	23,456	18.0	26.8
439	静岡県	伊東市	72,441	19,740	(27.2)	3,675	13,699	18.6	26.8
440	兵庫県	洲本市	38,929	9,736	(25.0)	1,758	6,558	18.1	26.8
441	北海道	倶知安町	16,176	3,190	(19.7)	554	2,071	17.4	26.8
442	福岡県	香春町	12,369	3,416	(27.6)	627	2,344	18.4	26.7
443	大阪府	高石市	61,127	11,507	(18.8)	2,077	7,765	18.0	26.7
444	北海道	西興部村	1,224	383	(31.3)	54	202	14.1	26.7
445	鹿児島県	東町	6,955	2,111	(30.4)	368	1,378	17.4	26.7
446	広島県	海田町	29,137	4,588	(15.7)	858	3,213	18.7	26.7
447	宮崎県	高崎町	10,726	3,373	(31.4)	586	2,198	17.4	26.7
448	宮崎県	山田町	8,288	2,513	(30.3)	442	1,659	17.6	26.6
449	東京都	葛飾区	424,878	84,332	(19.8)	15,720	59,095	18.6	26.6
450	北海道	砂川市	20,068	5,616	(28.0)	968	3,640	17.2	26.6
451	北海道	陸別町	2,956	972	(32.9)	163	613	16.8	26.6
452	高知県	檮原町	4,625	1,664	(36.0)	273	1,027	16.4	26.6
453	福岡県	方城町	7,940	2,160	(27.2)	316	1,189	14.6	26.6
454	北海道	壮瞥町	3,473	1,218	(35.1)	144	542	11.8	26.6
455	徳島県	宍喰町	3,376	1,191	(35.3)	200	753	16.8	26.6
456	福岡県	北九州市八幡西区	260,070	54,179	(20.8)	9,673	36,448	17.9	26.5
457	宮城県	仙台市青葉区	281,218	47,627	(16.9)	8,463	31,896	17.8	26.5
458	長崎県	対馬市	38,481	10,081	(26.2)	1,793	6,760	17.8	26.5
459	北海道	乙部町	4,816	1,447	(30.0)	258	973	17.8	26.5
460	福岡県	直方市	57,497	14,568	(25.3)	2,555	9,636	17.5	26.5
461	北海道	せたな町	10,748	3,595	(33.4)	604	2,278	16.8	26.5
462	北海道	占冠村	1,819	315	(17.3)	57	215	18.1	26.5
463	山口県	阿武町	4,101	1,731	(42.2)	295	1,113	17.0	26.5
464	埼玉県	さいたま市浦和区	139,837	23,785	(17.0)	4,449	16,797	18.7	26.5
465	北海道	旭川市	355,004	78,781	(22.2)	13,686	51,673	17.4	26.5

466	北海道	利尻富士町	3,239	1,083 (33.4)	183	691	16.9	26.5
467	宮崎県	国富町	21,692	5,330 (24.6)	907	3,428	17.0	26.5
468	大阪府	八尾市	273,487	52,505 (19.2)	9,598	36,286	18.3	26.5
469	広島県	因島市	26,677	8,374 (31.4)	1,487	5,622	17.8	26.4
470	北海道	札幌市厚別区	129,720	23,010 (17.7)	4,020	15,203	17.5	26.4
471	山口県	宇部市	178,955	41,290 (23.1)	7,030	26,598	17.0	26.4
472	北海道	雄武町	5,507	1,399 (25.4)	253	958	18.1	26.4
473	北海道	留辺蘂町	8,400	2,736 (32.6)	465	1,761	17.0	26.4
474	福岡県	椎田町	11,737	3,168 (27.0)	536	2,030	16.9	26.4
475	北海道	福島町	5,897	1,834 (31.1)	336	1,273	18.3	26.4
476	徳島県	徳島市	267,833	54,922 (20.5)	9,382	35,550	17.1	26.4
477	東京都	国分寺市	117,604	20,437 (17.4)	3,670	13,915	18.0	26.4
478	北海道	森町	19,149	4,922 (25.7)	862	3,272	17.5	26.3
479	大阪府	泉大津市	77,673	12,770 (16.4)	2,344	8,902	18.4	26.3
480	北海道	滝川市	45,562	10,906 (23.9)	1,830	6,950	16.8	26.3
481	北海道	南富良野町	2,947	810 (27.5)	129	490	15.9	26.3
482	長崎県	鷹島町	2,570	928 (36.1)	164	623	17.7	26.3
483	高知県	安田町	3,297	1,160 (35.2)	211	802	18.2	26.3
484	北海道	札幌市北区	272,877	46,357 (17.0)	8,225	31,277	17.7	26.3
485	静岡県	下田市	26,557	7,597 (28.6)	1,343	5,120	17.7	26.2
486	東京都	昭島市	110,143	19,673 (17.9)	3,475	13,249	17.7	26.2
487	香川県	高松市	337,902	68,289 (20.7)	11,853	45,222	17.4	26.2
488	北海道	阿寒町	6,330	1,557 (24.6)	275	1,050	17.7	26.2
489	徳島県	上勝町	1,955	949 (48.5)	150	573	15.8	26.2
490	神奈川県	逗子市	58,033	14,680 (25.3)	2,644	10,102	18.0	26.2
491	埼玉県	蕨市	70,010	12,591 (18.0)	2,317	8,860	18.4	26.2
492	北海道	上士幌町	5,229	1,572 (30.1)	262	1,002	16.7	26.1
493	宮崎県	延岡市	121,635	28,987 (23.8)	5,024	19,219	17.3	26.1
494	群馬県	南牧村	2,929	1,565 (53.4)	260	995	16.6	26.1
495	神奈川県	川崎市幸区	144,487	25,108 (17.4)	4,674	17,892	18.6	26.1
496	北海道	岩見沢市	83,202	19,087 (22.9)	3,304	12,661	17.3	26.1
497	鹿児島県	長島町	5,003	1,619 (32.4)	271	1,039	16.7	26.1
498	沖縄県	名護市	59,463	9,365 (15.7)	1,626	6,238	17.4	26.1
499	島根県	吉賀町	7,362	2,812 (38.2)	440	1,692	15.6	26.0
500	神奈川県	川崎市中原区	210,543	27,662 (13.1)	5,019	19,301	18.1	26.0
501	長野県	八坂村	1,112	365 (32.8)	65	250	17.8	26.0
502	東京都	東久留米市	115,330	22,561 (19.6)	4,036	15,532	17.9	26.0
503	宮崎県	野尻町	8,670	2,728 (31.5)	443	1,706	16.2	26.0
504	北海道	羽幌町	8,740	2,704 (30.9)	457	1,761	16.9	26.0
505	愛媛県	大洲市	50,786	14,195 (28.0)	2,355	9,079	16.6	25.9
506	岡山県	岡山市	674,746	126,390 (18.7)	21,725	83,794	17.2	25.9
507	大阪府	寝屋川市	241,816	41,908 (17.3)	7,643	29,480	18.2	25.9
508	北海道	利尻町	2,951	995 (33.7)	165	637	16.6	25.9
509	奈良県	東吉野村	2,608	1,139 (43.7)	196	757	17.2	25.9
510	福岡県	中間市	46,560	11,832 (25.4)	2,086	8,061	17.6	25.9
511	徳島県	井川町	4,853	1,664 (34.3)	278	1,075	16.7	25.9
512	沖縄県	沖縄市	126,400	18,087 (14.3)	3,222	12,460	17.8	25.9
513	山梨県	甲府市	194,244	43,064 (22.2)	7,411	28,696	17.2	25.8
514	宮崎県	綾町	7,478	2,072 (27.7)	348	1,348	16.8	25.8
515	高知県	いの町	27,068	7,344 (27.1)	1,247	4,831	17.0	25.8
516	山梨県	鰍沢町	4,294	1,369 (31.9)	213	826	15.6	25.8
517	高知県	田野町	3,236	1,050 (32.4)	183	710	17.4	25.8

518	沖縄県	今帰仁村	9,476	2,434	(25.7)	392	1,521	16.1	25.8
519	沖縄県	北大東村	588	88	(15.0)	17	66	19.3	25.8
520	京都府	宮津市	21,512	6,930	(32.2)	1,174	4,558	16.9	25.8
521	北海道	由仁町	6,477	1,966	(30.4)	333	1,296	16.9	25.7
522	愛媛県	宇和島市	89,444	25,576	(28.6)	4,379	17,052	17.1	25.7
523	兵庫県	宝塚市	219,862	41,121	(18.7)	7,212	28,112	17.5	25.7
524	大分県	国見町	5,249	2,255	(43.0)	354	1,381	15.7	25.6
525	福岡県	豊前市	28,104	7,936	(28.2)	1,289	5,029	16.2	25.6
526	徳島県	海部町	2,342	860	(36.7)	153	597	17.8	25.6
527	高知県	日高村	5,895	1,735	(29.4)	291	1,136	16.8	25.6
528	群馬県	上野村	1,535	621	(40.5)	105	410	16.9	25.6
529	北海道	名寄市	26,590	6,206	(23.3)	1,010	3,946	16.3	25.6
530	愛知県	名古屋市西区	143,104	27,822	(19.4)	4,929	19,259	17.7	25.6
531	高知県	佐川町	14,447	4,374	(30.3)	706	2,762	16.1	25.6
532	千葉県	千葉市美浜区	145,541	19,281	(13.2)	3,559	13,933	18.5	25.5
533	大阪府	岬町	18,504	4,805	(26.0)	810	3,172	16.9	25.5
534	東京都	江戸川区	653,944	100,653	(15.4)	18,201	71,286	18.1	25.5
535	沖縄県	本部町	14,383	3,498	(24.3)	572	2,241	16.4	25.5
536	石川県	門前町	7,522	3,540	(47.1)	588	2,304	16.6	25.5
537	沖縄県	嘉手納町	13,629	2,683	(19.7)	442	1,733	16.5	25.5
538	北海道	新冠町	6,034	1,506	(25.0)	254	996	16.9	25.5
539	熊本県	人吉市	37,583	10,474	(27.9)	1,689	6,626	16.1	25.5
540	北海道	白糠町	10,397	2,832	(27.2)	505	1,982	17.8	25.5
541	愛媛県	西予市	44,948	15,421	(34.3)	2,504	9,844	16.2	25.4
542	福岡県	赤村	3,408	971	(28.5)	162	637	16.7	25.4
543	熊本県	御所浦町	3,615	1,310	(36.2)	227	893	17.3	25.4
544	北海道	登別市	53,135	13,065	(24.6)	2,154	8,478	16.5	25.4
545	千葉県	市川市	466,608	65,743	(14.1)	11,730	46,230	17.8	25.4
546	大分県	国東町	13,031	4,713	(36.2)	775	3,061	16.4	25.3
547	宮崎県	高原町	10,623	3,382	(31.8)	554	2,189	16.4	25.3
548	北海道	穂別町	3,837	1,093	(28.5)	169	668	15.5	25.3
549	福岡県	苅田町	34,387	6,492	(18.9)	1,079	4,274	16.6	25.2
550	神奈川県	横浜市保土ヶ谷区	204,266	38,605	(18.9)	6,640	26,302	17.2	25.2
551	愛媛県	鬼北町	12,432	4,493	(36.1)	717	2,849	16.0	25.2
552	長崎県	鹿町町	5,390	1,425	(26.4)	241	958	16.9	25.2
553	愛知県	名古屋市天白区	157,964	23,064	(14.6)	3,812	15,154	16.5	25.2
554	香川県	宇多津町	17,460	2,673	(15.3)	428	1,702	16.0	25.1
555	北海道	栗沢町	6,857	2,355	(34.3)	371	1,476	15.8	25.1
556	広島県	府中町	50,732	8,410	(16.6)	1,415	5,632	16.8	25.1
557	島根県	浜田市	63,046	18,061	(28.6)	2,999	11,949	16.6	25.1
558	山口県	山陽小野田市	66,261	16,051	(24.2)	2,708	10,804	16.9	25.1
559	静岡県	東伊豆町	15,165	4,330	(28.6)	708	2,827	16.4	25.0
560	山口県	防府市	116,818	26,387	(22.6)	4,419	17,647	16.7	25.0
561	北海道	伊達市	35,223	9,349	(26.5)	1,499	5,988	16.0	25.0
562	北海道	苫前町	4,202	1,381	(32.9)	226	904	16.4	25.0
563	三重県	宮川村	3,855	1,554	(40.3)	247	988	15.9	25.0
564	大阪府	島本町	29,052	4,920	(16.9)	854	3,422	17.4	25.0
565	広島県	大竹市	30,279	7,600	(25.1)	1,249	5,006	16.4	25.0
566	北海道	幌加内町	1,952	638	(32.7)	98	393	15.4	24.9
567	大分県	佐伯市	80,297	23,106	(28.8)	3,871	15,525	16.8	24.9
568	千葉県	館山市	50,527	14,172	(28.0)	2,399	9,628	16.9	24.9
569	北海道	清水町	10,464	2,909	(27.8)	458	1,841	15.7	24.9

570	和歌山県	湯浅町	14,742	3,656 (24.8)	617	2,482	16.9	24.9
571	福岡県	行橋市	70,070	14,505 (20.7)	2,415	9,715	16.6	24.9
572	北海道	忠類村	1,785	497 (27.8)	84	338	16.9	24.9
573	東京都	小平市	183,796	31,926 (17.4)	5,290	21,293	16.6	24.8
574	大阪府	松原市	127,276	24,343 (19.1)	4,229	17,023	17.4	24.8
575	三重県	津市	165,182	33,066 (20.0)	5,454	21,956	16.5	24.8
576	沖縄県	伊江村	5,110	1,251 (24.5)	205	826	16.4	24.8
577	兵庫県	家島町	7,724	1,544 (20.0)	268	1,081	17.4	24.8
578	沖縄県	渡名喜村	531	165 (31.1)	28	113	17.0	24.8
579	東京都	新島村	3,161	990 (31.3)	164	662	16.6	24.8
580	愛媛県	松野町	4,690	1,585 (33.8)	254	1,026	16.0	24.8
581	島根県	大田市	40,703	13,357 (32.8)	2,167	8,754	16.2	24.8
582	愛知県	名古屋市港区	151,872	26,552 (17.5)	4,498	18,179	16.9	24.7
583	大阪府	岸和田市	201,000	37,691 (18.8)	6,355	25,692	16.9	24.7
584	大分県	津久見市	21,456	6,306 (29.4)	1,052	4,254	16.7	24.7
585	京都府	舞鶴市	91,733	21,789 (23.8)	3,623	14,665	16.6	24.7
586	高知県	大正町	3,138	1,062 (33.8)	165	668	15.5	24.7
587	和歌山県	御坊市	27,053	6,531 (24.1)	1,115	4,518	17.1	24.7
588	北海道	和寒町	4,238	1,477 (34.9)	228	924	15.4	24.7
589	北海道	中頓別町	2,289	667 (29.1)	94	381	14.1	24.7
590	神奈川県	川崎市高津区	201,792	25,564 (12.7)	4,354	17,649	17.0	24.7
591	宮崎県	北郷町	5,073	1,612 (31.8)	237	962	14.7	24.6
592	高知県	南国市	50,758	11,786 (23.2)	1,852	7,522	15.7	24.6
593	広島県	尾道市	114,486	29,914 (26.1)	4,922	19,994	16.5	24.6
594	島根県	津和野町	9,515	3,673 (38.6)	585	2,379	15.9	24.6
595	北海道	幌延町	2,784	633 (22.7)	100	407	15.8	24.6
596	兵庫県	神戸市北区	225,945	42,965 (19.0)	7,011	28,558	16.3	24.6
597	北海道	小平町	4,272	1,328 (31.1)	212	864	16.0	24.5
598	北海道	喜茂別町	2,707	801 (29.6)	132	538	16.5	24.5
599	山口県	平生町	14,203	4,348 (30.6)	577	2,352	13.3	24.5
600	埼玉県	朝霞市	124,393	16,863 (13.6)	2,902	11,830	17.2	24.5
601	愛媛県	愛南町	26,636	7,892 (29.6)	1,271	5,183	16.1	24.5
602	広島県	三原市	104,196	26,714 (25.6)	4,223	17,235	15.8	24.5
603	北海道	上湧別町	5,841	1,797 (30.8)	278	1,136	15.5	24.5
604	愛媛県	西条市	113,371	28,375 (25.0)	4,499	18,390	15.9	24.5
605	青森県	野辺地町	15,218	3,847 (25.3)	632	2,585	16.4	24.4
606	広島県	北広島町	20,857	6,916 (33.2)	1,074	4,395	15.5	24.4
607	北海道	仁木町	3,967	1,219 (30.7)	191	783	15.7	24.4
608	山口県	阿武郡	11,721	4,862 (41.5)	1,003	4,112	20.6	24.4
609	宮崎県	高鍋町	22,522	5,048 (22.4)	814	3,337	16.1	24.4
610	北海道	ニセコ町	4,669	1,158 (24.8)	189	775	16.3	24.4
611	福岡県	北九州市小倉南区	214,624	40,586 (18.9)	6,535	26,804	16.1	24.4
612	宮崎県	西都市	34,087	9,251 (27.1)	1486	6,096	16.1	24.4
613	沖縄県	宜野湾市	89,769	11,589 (12.9)	1,939	7,956	16.7	24.4
614	北海道	浜頓別町	4,582	1,106 (24.1)	168	690	15.2	24.3
615	広島県	坂町	12,399	3,074 (24.8)	504	2,074	16.4	24.3
616	福岡県	庄内町	10,695	2,385 (22.3)	391	1,609	16.4	24.3
617	大阪府	高槻市	351,826	66,780 (19.0)	11,071	45,640	16.7	24.3
618	北海道	蘭越町	5,802	1,756 (30.3)	275	1,134	15.7	24.3
619	大阪府	摂津市	85,009	12,682 (14.9)	2,148	8,864	16.9	24.2
620	北海道	栗山町	14,352	4,149 (28.9)	629	2,596	15.2	24.2
621	兵庫県	伊丹市	192,250	31,709 (16.5)	5,304	21,899	16.7	24.2

622	北海道	興部町	4,589	1,181 (25.7)	194	801	16.4	24.2
623	北海道	豊富町	4,850	1,194 (24.6)	186	768	15.6	24.2
624	東京都	多摩市	145,877	22,980 (15.8)	3,751	15,488	16.3	24.2
625	熊本県	苓北町	8,927	2,867 (32.1)	426	1,759	14.9	24.2
626	山口県	光市	53,971	12,416 (23.0)	2,029	8,383	16.3	24.2
627	山口県	美祢市	17,754	5,218 (29.4)	843	3,484	16.2	24.2
628	大阪府	田尻町	7,240	1,472 (20.3)	248	1,025	16.8	24.2
629	北海道	鶴川町	6,765	1,819 (26.9)	291	1,203	16.0	24.2
630	北海道	千歳市	91,437	13,461 (14.7)	2,192	9,064	16.3	24.2
631	北海道	北見市	110,715	22,593 (20.4)	3,591	14,850	15.9	24.2
632	愛知県	名古屋市守山区	161,345	27,683 (17.2)	4,397	18,208	15.9	24.1
633	北海道	深川市	25,838	7,905 (30.6)	1,139	4,717	14.4	24.1
634	山口県	下松市	53,509	11,867 (22.2)	1,953	8,094	16.5	24.1
635	三重県	美杉村	6,392	2,823 (44.2)	449	1,863	15.9	24.1
636	大阪府	藤井寺市	65,780	12,639 (19.2)	2,088	8,664	16.5	24.1
637	大阪府	枚方市	404,044	65,468 (16.2)	10,757	44,650	16.4	24.1
638	千葉県	白浜町	5,589	2,069 (37.0)	344	1,429	16.6	24.1
639	東京都	町田市	405,534	73,705 (18.2)	12,043	50,046	16.3	24.1
640	北海道	津別町	6,222	2,091 (33.6)	325	1,351	15.5	24.1
641	北海道	厚沢部町	4,775	1,517 (31.8)	235	977	15.5	24.1
642	宮崎県	日向市	58,666	12,389 (21.1)	1,956	8,132	15.8	24.1
643	兵庫県	相生市	32,475	8,235 (25.4)	1,294	5,381	15.7	24.0
644	北海道	稚内市	41,592	8,631 (20.8)	1,435	5,971	16.6	24.0
645	大阪府	柏原市	77,034	13,050 (16.9)	2,199	9,165	16.9	24.0
646	徳島県	日和佐町	5,456	1,884 (34.5)	274	1,142	14.5	24.0
647	大阪府	四条畷市	57,342	8,991 (15.7)	1,488	6,205	16.5	24.0
648	京都府	和知町	3,666	1,453 (39.6)	230	960	15.8	24.0
649	東京都	東大和市	79,353	14,435 (18.2)	2,387	9,977	16.5	23.9
650	埼玉県	さいたま市大宮区	106,477	19,549 (18.4)	3,242	13,565	16.6	23.9
651	東京都	日野市	176,538	30,366 (17.2)	4,898	20,498	16.1	23.9
652	高知県	大野見村	1,536	626 (40.8)	91	381	14.5	23.9
653	北海道	斜里町	13,431	3,184 (23.7)	505	2,116	15.9	23.9
654	高知県	津野町	6,862	2,461 (35.9)	372	1,559	15.1	23.9
655	香川県	池田町	5,416	1,915 (35.4)	267	1,119	19.4	23.9
656	長崎県	小浜町	10,623	3,050 (28.7)	480	2,014	15.7	23.8
657	熊本県	荒尾市	55,960	14,996 (26.8)	2,317	9,727	15.5	23.8
658	山梨県	身延町	16,334	5,979 (36.6)	932	3,913	15.6	23.8
659	山口県	長門市	41,127	12,992 (31.6)	2,020	8,488	15.5	23.8
660	北海道	美深町	5,512	1,706 (31.0)	256	1,077	15.0	23.8
661	長野県	大鹿村	1,356	653 (48.2)	96	404	14.7	23.8
662	神奈川県	横浜市	3,579,628	603,839 (16.9)	97,621	410,830	16.2	23.8
663	高知県	須崎市	26,039	7,230 (27.8)	1,133	4,769	15.7	23.8
664	大阪府	忠岡町	17,586	3,489 (19.8)	575	2,422	16.5	23.7
665	宮城県	仙台市宮城野区	182,678	26,695 (14.6)	4,334	18,281	16.2	23.7
666	北海道	置戸町	3,699	1,252 (33.8)	173	730	13.8	23.7
667	大分県	竹田市	26,534	10,080 (38.0)	1,522	6,425	15.1	23.7
668	山口県	由宇町	9,454	2,828 (29.9)	388	1,638	13.7	23.7
669	大阪府	茨木市	267,961	41,564 (15.5)	6,612	27,934	15.9	23.7
670	大阪府	箕面市	127,135	21,409 (16.8)	3,376	14,263	15.8	23.7
671	神奈川県	横浜市港北区	311,722	44,795 (14.4)	7,315	30,909	16.3	23.7
672	長野県	上松町	5,770	1,918 (33.2)	296	1,251	15.4	23.7
673	兵庫県	姫路市	482,304	88,944 (18.4)	14,493	61,264	16.3	23.7

674	三重県	大紀町	10,788	3,804 (35.3)	576	2,436	15.1	23.6
675	北海道	網走市	42,045	8,418 (20.0)	1,322	5,593	15.7	23.6
676	長野県	美麻村	1,235	382 (30.9)	60	254	15.7	23.6
677	北海道	大樹町	6,407	1,728 (27.0)	246	1,042	14.2	23.6
678	和歌山県	上富田町	14,775	2,854 (19.3)	471	1,997	16.5	23.6
679	広島県	大野町	26,442	6,094 (23.0)	942	3,994	15.5	23.6
680	沖縄県	石垣市	45,183	7,585 (16.8)	1,182	5,013	15.6	23.6
681	山口県	山口市	191,677	40,166 (21.0)	6,088	25,837	15.2	23.6
682	千葉県	松戸市	472,579	76,971 (16.3)	12,603	53,491	16.4	23.6
683	広島県	安芸高田市	33,096	10,741 (32.5)	1,588	6,742	14.8	23.6
684	熊本県	有明町	6,057	2,173 (35.9)	313	1,329	14.4	23.6
685	神奈川県	鎌倉市	171,158	41,830 (24.4)	6,589	27,978	15.8	23.6
686	長崎県	西海町	33,680	10,011 (29.7)	1,535	6,523	15.3	23.5
687	大阪府	貝塚市	90,314	16,545 (18.3)	2,541	10,805	15.4	23.5
688	北海道	枝幸町	7,534	1,819 (24.1)	289	1,229	15.9	23.5
689	福島県	昭和村	1,632	855 (52.4)	126	536	14.7	23.5
690	北海道	本別町	9,072	2,652 (29.2)	397	1,689	15.0	23.5
691	岩手県	釜石市	42,987	13,411 (31.2)	2,100	8,935	15.7	23.5
692	岡山県	笠岡市	57,272	16,154 (28.2)	2,380	10,129	14.7	23.5
693	埼玉県	和光市	76,688	9,148 (11.9)	1,446	6,158	15.8	23.5
694	熊本県	五木村	1,358	541 (39.8)	85	362	15.7	23.5
695	沖縄県	東村	1,825	463 (25.4)	77	328	16.6	23.5
696	北海道	月形町	4,785	1,366 (28.5)	177	755	13.0	23.4
697	山口県	阿東町	7,620	3,131 (41.1)	481	2,053	15.4	23.4
698	埼玉県	戸田市	116,696	14,042 (12.0)	2,286	9,765	16.3	23.4
699	静岡県	西伊豆町	10,372	3,758 (36.2)	594	2,540	15.8	23.4
700	大阪府	大東市	126,504	20,434 (16.2)	3,314	14,178	16.2	23.4
701	青森県	三沢市	42,425	7,692 (18.1)	1,223	5,237	15.9	23.4
702	愛知県	豊根村	1,309	604 (46.1)	84	360	13.9	23.3
703	島根県	邑南町	12,944	5,117 (39.5)	726	3,113	14.2	23.3
704	熊本県	本渡市	39,944	9,760 (24.4)	1,432	6,144	14.7	23.3
705	岡山県	玉野市	67,047	16,977 (25.3)	2,568	11,037	15.1	23.3
706	山口県	秋芳町	5,971	2,042 (34.2)	323	1,390	15.8	23.2
707	愛知県	名古屋市中川区	215,809	38,953 (18.0)	6,166	26,537	15.8	23.2
708	群馬県	六合村	1,842	609 (33.1)	92	396	15.1	23.2
709	大分県	豊後大野市	41,548	14,617 (35.2)	2,141	9,229	14.6	23.2
710	千葉県	千葉市稲毛区	149,685	24,592 (16.4)	3,957	17,060	16.1	23.2
711	高知県	佐賀町	3,947	1,174 (29.7)	183	789	15.6	23.2
712	北海道	上ノ国町	6,417	1,888 (29.4)	295	1,272	15.6	23.2
713	福岡県	豊津町	8,552	2,085 (24.4)	317	1,367	15.2	23.2
714	大阪府	泉佐野市	98,889	18,421 (18.6)	2,865	12,360	15.6	23.2
715	長崎県	平戸市	38,389	11,455 (29.8)	1,782	7,692	15.6	23.2
716	福岡県	新吉富村	4,128	1,073 (26.0)	164	708	15.3	23.2
717	福岡県	星野村	3,554	1,364 (38.4)	182	786	13.3	23.2
718	青森県	むつ市	64,052	14,271 (22.3)	2,249	9,714	15.8	23.2
719	奈良県	御杖村	2,366	959 (40.5)	153	661	16.0	23.1
720	徳島県	神山町	6,924	3,053 (44.1)	440	1,901	14.4	23.1
721	秋田県	小坂町	6,824	2,249 (33.0)	342	1,478	15.2	23.1
722	福岡県	犀川町	7,141	2,389 (33.5)	363	1,569	15.2	23.1
723	香川県	坂出市	57,266	15,069 (26.3)	2,234	9,660	14.8	23.1
724	北海道	上磯町	37,258	7,139 (19.2)	1,125	4,866	15.8	23.1
725	香川県	善通寺市	35,495	8,726 (24.6)	1,253	5,421	14.4	23.1

726	山口県	田布施町	16,287	4,019	(24.7)	625	2,705	15.6	23.1
727	大分県	大分市	462,317	81,479	(17.6)	12,381	53,593	15.2	23.1
728	広島県	瀬戸田町	9,062	3,006	(33.2)	459	1,988	15.3	23.1
729	北海道	初山別村	1,511	489	(32.4)	72	312	14.7	23.1
730	埼玉県	さいたま市南区	166,674	22,150	(13.3)	3,603	15,618	16.3	23.1
731	大分県	安岐町	9,974	3,091	(31.0)	448	1,942	14.5	23.1
732	静岡県	南伊豆町	10,003	3,416	(34.1)	516	2,240	15.1	23.0
733	大阪府	羽曳野市	118,695	22,822	(19.2)	3,494	15,200	15.3	23.0
734	北海道	池田町	8,193	2,534	(30.9)	375	1,632	14.8	23.0
735	広島県	広島市佐伯区	134,022	21,970	(16.4)	3,287	14,308	15.0	23.0
736	北海道	共和町	7,112	1,741	(24.5)	273	1,189	15.7	23.0
737	長崎県	松浦市	21,221	5,639	(26.6)	838	3,652	14.9	22.9
738	岡山県	美作町	32,479	10,933	(33.7)	1,608	7,010	14.7	22.9
739	北海道	礼文町	3,410	1,026	(30.1)	159	694	15.5	22.9
740	福岡県	福岡市西区	179,387	30,026	(16.7)	4,375	19,102	14.6	22.9
741	奈良県	奈良市	370,102	71,884	(19.4)	11,141	48,660	15.5	22.9
742	山梨県	小菅村	1,018	367	(36.1)	56	245	15.3	22.9
743	北海道	根室市	31,202	7,025	(22.5)	1,087	4,759	15.5	22.8
744	広島県	廿日市市	87,144	16,231	(18.6)	2,433	10,663	15.0	22.8
745	広島県	三次市	59,314	17,753	(29.9)	2,548	11,169	14.4	22.8
746	京都府	向日市	55,041	9,371	(17.0)	1,460	6,404	15.6	22.8
747	京都府	京都市西京区	154,756	24,872	(16.1)	3,883	17,037	15.6	22.8
748	北海道	三石町	4,798	1,498	(31.2)	218	957	14.6	22.8
749	京都府	井手町	8,951	1,984	(22.2)	300	1,320	15.1	22.7
750	京都府	笠置町	1,876	607	(32.4)	94	414	15.5	22.7
751	群馬県	新町	12,433	2,781	(22.4)	435	1,916	15.6	22.7
752	長崎県	大村市	88,040	16,032	(18.2)	2,410	10,626	15.0	22.7
753	東京都	武蔵村山市	66,553	11,482	(17.3)	1,797	7,924	15.7	22.7
754	和歌山県	高野口町	14,600	3,682	(25.2)	588	2,594	16.0	22.7
755	北海道	遠別町	3,421	1,052	(30.8)	148	653	14.1	22.7
756	神奈川県	川崎市多摩区	205,389	27,078	(13.2)	4,156	18,348	15.3	22.7
757	宮崎県	門川町	19,207	4,574	(23.8)	671	2,963	14.7	22.6
758	青森県	今別町	3,816	1,417	(37.1)	218	963	15.4	22.6
759	埼玉県	さいたま市中央区	90,381	14,100	(15.6)	2,170	9,589	15.4	22.6
760	栃木県	栗山村	1,933	629	(32.5)	100	442	15.9	22.6
761	北海道	早来町	5,225	1,276	(24.4)	185	818	14.5	22.6
762	岡山県	津山市	110,569	25,900	(23.4)	3,774	16,691	14.6	22.6
763	京都府	綾部市	37,755	11,492	(30.4)	1,677	7,417	14.6	22.6
764	石川県	金沢市	454,607	83,479	(18.4)	12,340	54,582	14.8	22.6
765	福岡県	大平村	4,044	1,286	(31.8)	196	867	15.2	22.6
766	福岡県	大野城市	92,748	13,521	(14.6)	1,972	8,726	14.6	22.6
767	北海道	標茶町	8,936	2,287	(25.6)	337	1,493	14.7	22.6
768	岩手県	岩泉町	11,914	4,084	(34.3)	623	2,761	15.3	22.6
769	熊本県	倉岳町	3,493	1,259	(36.0)	187	829	14.9	22.6
770	長野県	木曽福島町	7,599	2,228	(29.3)	332	1,474	14.9	22.5
771	宮崎県	南郷村	2,342	936	(40.0)	138	613	14.7	22.5
772	埼玉県	川口市	480,079	74,801	(15.6)	11,888	52,858	15.9	22.5
773	大分県	杵築市	33,567	9,807	(29.2)	1,412	6,285	14.4	22.5
774	神奈川県	藤沢市	396,014	65,408	(16.5)	10,007	44,564	15.3	22.5
775	香川県	琴南町	2,866	1,080	(37.7)	161	717	14.9	22.5
776	北海道	真狩村	2,354	646	(27.4)	88	392	13.6	22.4
777	熊本県	五和町	9,932	3,609	(36.3)	478	2,130	13.2	22.4

778	京都府	福知山市	67,858	14,468 (21.3)	2,162	9,636	14.9	22.4
779	沖縄県	糸満市	55,816	8,838 (15.8)	1,218	5,429	13.8	22.4
780	神奈川県	横須賀市	426,178	89,292 (21.0)	13,659	60,967	15.3	22.4
781	岡山県	高梁市	38,799	12,862 (33.2)	1,786	7,977	13.9	22.4
782	神奈川県	大和市	221,220	33,883 (15.3)	5,253	23,472	15.5	22.4
783	北海道	富良野市	25,076	6,168 (24.6)	870	3,889	14.1	22.4
784	長野県	北相木村	942	366 (38.9)	51	228	13.9	22.4
785	北海道	士別市	23,411	6,763 (28.9)	968	4,330	14.3	22.4
786	和歌山県	野上町	7,852	2,450 (31.2)	340	1,523	13.9	22.3
787	宮崎県	清武町	28,696	3,832 (13.4)	565	2,531	14.7	22.3
788	和歌山県	由良町	7,179	1,928 (26.9)	299	1,340	15.5	22.3
789	東京都	八王子市	560,012	96,210 (17.2)	14,075	63,084	14.6	22.3
790	高知県	野市町	17,759	3,805 (21.4)	542	2,430	14.2	22.3
791	長野県	軽井沢町	17,144	3,842 (22.4)	573	2,569	14.9	22.3
792	広島県	広島市安芸区	76,656	13,072 (17.1)	1,931	8,659	14.8	22.3
793	大阪府	富田林市	123,837	21,757 (17.6)	3,290	14,755	15.1	22.3
794	福島県	金山町	2,834	1,467 (51.8)	204	915	13.9	22.3
795	長崎県	口之津町	6,286	2,101 (33.4)	289	1,297	13.8	22.3
796	宮崎県	木城町	5,531	1,508 (27.3)	217	974	14.4	22.3
797	東京都	稲城市	76,492	10,888 (14.2)	1,590	7,143	14.6	22.3
798	大阪府	和泉市	177,856	28,000 (15.7)	4,217	18,961	15.1	22.2
799	長野県	泰阜村	2,062	765 (37.1)	104	468	13.6	22.2
800	沖縄県	南大東村	1,448	300 (20.7)	46	207	15.3	22.2
801	大分県	武蔵町	5,952	1,602 (26.9)	231	1,040	14.4	22.2
802	熊本県	上天草市	32,502	9,898 (30.5)	1,433	6,452	14.5	22.2
803	青森県	青森市	311,508	63,457 (20.4)	9,557	43,151	15.1	22.1
804	北海道	知内町	5,447	1,454 (26.7)	213	962	14.6	22.1
805	千葉県	御宿町	7,942	2,819 (35.5)	410	1,852	14.5	22.1
806	香川県	多度津町	23,613	5,797 (24.6)	835	3,772	14.4	22.1
807	愛媛県	内子町	19,620	6,467 (33.0)	903	4,082	14.0	22.1
808	栃木県	日光市	16,379	4,880 (29.8)	723	3,270	14.8	22.1
809	神奈川県	茅ヶ崎市	228,420	41,721 (18.3)	6,266	28,347	15.0	22.1
810	青森県	弘前市	173,221	38,942 (22.5)	5,785	26,184	14.9	22.1
811	徳島県	美馬町	34,565	10,367 (30.0)	1,461	6,613	14.1	22.1
812	北海道	猿払村	2,940	624 (21.2)	93	421	14.9	22.1
813	東京都	檜原村	2,930	1,190 (40.6)	153	693	12.9	22.1
814	熊本県	高森町	7,081	2,325 (32.8)	334	1,513	14.4	22.1
815	兵庫県	淡路市	49,078	14,488 (29.5)	2,076	9,413	14.3	22.1
816	佐賀県	佐賀市	206,967	42,342 (20.5)	6,158	27,937	14.5	22.0
817	島根県	益田市	52,368	14,818 (28.3)	2,129	9,659	14.4	22.0
818	宮崎県	北郷町	1,958	837 (42.7)	113	513	13.5	22.0
819	高知県	春野町	15,506	4,025 (26.0)	588	2,670	14.6	22.0
820	神奈川県	横浜市旭区	249,680	50,552 (20.2)	7,310	33,209	14.5	22.0
821	福岡県	勝山町	7,205	1,978 (27.5)	239	1,086	12.1	22.0
822	埼玉県	さいたま市桜区	92,889	12,741 (13.7)	1,970	8,957	15.5	22.0
823	兵庫県	高砂市	94,813	16,662 (17.6)	2,511	11,423	15.1	22.0
824	和歌山県	海南市	57,744	15,813 (27.4)	2,327	10,588	14.7	22.0
825	岡山県	新庄村	1,019	389 (38.2)	56	255	14.4	22.0
826	沖縄県	浦添市	106,049	13,169 (12.4)	1,936	8,817	14.7	22.0
827	長崎県	壱岐市	31,414	9,337 (29.7)	1,352	6,159	14.5	22.0
828	大阪府	大阪狭山市	58,208	9,997 (17.2)	1,470	6,697	14.7	22.0
829	北海道	えりも町	5,796	1,343 (23.2)	203	925	15.1	21.9

830	香川県	丸亀市	110,085	23,082 (21.0)	3,242	14,773	14.0	21.9
831	北海道	赤井川村	1,310	336 (25.6)	50	228	14.9	21.9
832	秋田県	八森町	4,402	1,509 (34.3)	220	1,004	14.6	21.9
833	茨城県	水戸市	262,603	49,935 (19.0)	7,255	33,113	14.5	21.9
834	沖縄県	多良間村	1,370	329 (24.0)	51	233	15.5	21.9
835	三重県	南伊勢町	16,687	6,244 (37.4)	916	4,189	14.7	21.9
836	福岡県	春日市	108,402	14,023 (12.9)	2,117	9,682	15.1	21.9
837	広島県	広島市安佐南区	219,343	30,725 (14.0)	4,541	20,772	14.8	21.9
838	京都府	美山町	4,855	1,845 (38.0)	257	1,176	13.9	21.9
839	鳥取県	日南町	6,112	2,744 (44.9)	375	1,716	13.7	21.9
840	長野県	王滝村	1,097	351 (32.0)	52	238	14.8	21.8
841	北海道	美幌町	22,819	5,498 (24.1)	776	3,552	14.1	21.8
842	岡山県	瀬戸内市	39,081	10,017 (25.6)	1,447	6,624	14.4	21.8
843	沖縄県	うるま市	113,535	18,376 (16.2)	2,653	12,153	14.4	21.8
844	福岡県	久留米市	306,434	59,168 (19.3)	8,646	39,607	14.6	21.8
845	宮城県	仙台市若林区	129,942	20,968 (16.1)	3,117	14,279	14.9	21.8
846	長崎県	島原市	38,316	10,408 (27.2)	1,417	6,492	13.6	21.8
847	岡山県	美咲町	16,577	5,642 (34.0)	788	3,611	14.0	21.8
848	京都府	長岡京市	78,335	13,614 (17.4)	1,973	9,042	14.5	21.8
849	北海道	愛別町	3,739	1,254 (33.5)	168	770	13.4	21.8
850	大阪府	泉南市	64,683	12,029 (18.6)	1,678	7,697	13.9	21.8
851	北海道	足寄町	8,317	2,585 (31.1)	359	1,647	13.9	21.8
852	徳島県	三野町	5,099	1,567 (30.7)	204	936	13.0	21.8
853	岡山県	久米南町	5,690	2,072 (36.4)	287	1,317	13.9	21.8
854	神奈川県	横浜市金沢区	210,658	38,023 (18.0)	5,666	26,039	14.9	21.8
855	神奈川県	平塚市	258,958	45,563 (17.6)	6,722	30,920	14.8	21.7
856	三重県	御薗村	9,115	1,685 (18.5)	251	1,156	14.9	21.7
857	岡山県	備前市	40,241	10,809 (26.9)	1,549	7,139	14.3	21.7
858	神奈川県	真鶴町	8,714	2,320 (26.6)	363	1,673	15.6	21.7
859	宮崎県	北浦町	4,389	1,297 (29.6)	197	908	15.2	21.7
860	長野県	売木村	735	319 (43.4)	44	203	13.8	21.7
861	北海道	今金町	6,466	1,945 (30.1)	260	1,200	13.4	21.7
862	福井県	敦賀市	68,402	14,260 (20.8)	2,039	9,414	14.3	21.7
863	北海道	七飯町	28,424	6,925 (24.4)	946	4,370	13.7	21.6
864	千葉県	船橋市	569,835	93,543 (16.4)	13,872	64,091	14.8	21.6
865	熊本県	水上村	2,597	973 (37.5)	130	601	13.4	21.6
866	奈良県	大和高田市	70,800	12,944 (18.3)	1,966	9,090	15.2	21.6
867	群馬県	高崎市	245,100	47,077 (19.2)	6,777	31,339	14.4	21.6
868	北海道	浦幌町	6,068	1,833 (30.2)	251	1,161	13.7	21.6
869	長崎県	佐々町	13,697	2,701 (19.7)	383	1,772	15.2	21.6
870	東京都	奥多摩町	6,741	2,465 (36.6)	303	1,403	12.3	21.6
871	奈良県	下市町	7,737	2,497 (32.3)	363	1,681	14.5	21.6
872	北海道	広尾町	8,325	2,137 (25.7)	299	1,385	14.0	21.6
873	徳島県	小松島市	42,115	9,748 (23.1)	1,387	6,433	14.2	21.6
874	長野県	信州新町	5,535	2,250 (40.7)	304	1,410	13.5	21.6
875	長野県	下諏訪町	22,863	6,098 (26.7)	879	4,078	14.4	21.6
876	北海道	江別市	125,601	22,481 (17.9)	3,239	15,041	14.4	21.5
877	北海道	洞爺村	2,154	776 (36.0)	71	330	9.1	21.5
878	京都府	八幡市	74,252	12,401 (16.7)	1,854	8,618	15.0	21.5
879	北海道	佐呂間町	6,393	1,875 (29.3)	254	1,182	13.5	21.5
880	滋賀県	大津市	301,672	52,212 (17.3)	7,487	34,848	14.3	21.5
881	香川県	詫間町	14,935	4,394 (29.4)	600	2,798	13.7	21.4

882	三重県	伊勢市	97,777	23,814 (24.4)	3,404	15,900	14.3	21.4
883	長野県	小川村	3,371	1,375 (40.8)	196	916	14.3	21.4
884	北海道	厚岸町	11,525	2,930 (25.4)	423	1,977	14.4	21.4
885	青森県	五所川原市	62,181	15,553 (25.0)	2,197	10,281	14.1	21.4
886	高知県	土佐市	30,011	8,146 (27.1)	1,133	5,302	13.9	21.4
887	北海道	音別町	2,632	684 (26.0)	94	440	13.7	21.4
888	三重県	久居市	42,191	9,166 (21.7)	1,236	5,789	13.5	21.4
889	大分県	臼杵市	43,352	12,905 (29.8)	1,803	8,453	14.0	21.3
890	秋田県	秋田市	333,109	70,371 (21.1)	9,826	46,073	14.0	21.3
891	鳥取県	倉吉市	52,592	13,725 (26.1)	1,850	8,683	13.5	21.3
892	宮崎県	南郷町	11,614	3,172 (27.3)	434	2,037	13.7	21.3
893	沖縄県	久米島町	9,177	2,198 (24.0)	310	1,456	14.1	21.3
894	広島県	東広島市	184,430	30,235 (16.4)	4,216	19,807	13.9	21.3
895	熊本県	合志町	22,571	4,231 (18.7)	593	2,786	14.0	21.3
896	愛媛県	四国中央市	92,854	21,948 (23.6)	3,066	14,418	14.0	21.3
897	秋田県	能代市	51,703	14,373 (27.8)	2,018	9,491	14.0	21.3
898	北海道	清里町	5,025	1,476 (29.4)	196	922	13.3	21.3
899	岡山県	建部町	6,524	2,216 (34.0)	311	1,463	14.0	21.3
900	広島県	熊野町	25,103	5,041 (20.1)	739	3,479	14.7	21.2
901	千葉県	習志野市	158,785	24,921 (15.7)	3,630	17,096	14.6	21.2
902	愛媛県	松前町	30,564	6,726 (22.0)	938	4,419	13.9	21.2
903	鳥取県	境港市	36,459	8,546 (23.4)	1,214	5,720	14.2	21.2
904	北海道	湧別町	4,917	1,382 (28.1)	189	891	13.7	21.2
905	岩手県	盛岡市	287,192	52,546 (18.3)	7,372	34,757	14.0	21.2
906	神奈川県	座間市	128,174	19,387 (15.1)	2,889	13,622	14.9	21.2
907	愛媛県	伊予市	39,493	10,185 (25.8)	1,409	6,645	13.8	21.2
908	広島県	広島市安佐北区	152,716	28,584 (18.7)	3,995	18,853	14.0	21.2
909	北海道	中標津町	23,792	4,005 (16.8)	570	2,690	14.2	21.2
910	北海道	浦白町	2,417	813 (33.6)	111	524	13.7	21.2
911	兵庫県	神戸市西区	243,637	35,912 (14.7)	4,987	23,594	13.9	21.1
912	徳島県	那賀町	10,695	4,038 (37.8)	542	2,567	13.4	21.1
913	長野県	清内路村	777	267 (34.4)	38	180	14.2	21.1
914	石川県	加賀市	74,982	18,260 (24.4)	2,498	11,836	13.7	21.1
915	北海道	秩父別町	3,003	1,012 (33.7)	130	616	12.8	21.1
916	青森県	深浦町	10,910	3,717 (34.1)	513	2,434	13.8	21.1
917	鳥取県	米子市	149,584	32,139 (21.5)	4,412	20,940	13.7	21.1
918	徳島県	鳴門市	63,200	15,124 (23.9)	2,016	9,569	13.3	21.1
919	奈良県	三郷町	23,062	5,019 (21.8)	652	3,095	13.0	21.1
920	宮崎県	都農町	11,811	3,169 (26.8)	443	2,103	14.0	21.1
921	兵庫県	川西市	157,668	33,134 (21.0)	4,653	22,100	14.0	21.1
922	新潟県	佐渡市	67,386	23,514 (34.9)	3,209	15,249	13.6	21.0
923	広島県	神石高原町	11,590	4,958 (42.8)	632	3,006	12.7	21.0
924	熊本県	津奈木町	5,424	1,738 (32.0)	239	1,137	13.8	21.0
925	福井県	和泉村	669	208 (31.1)	29	138	13.9	21.0
926	大分県	姫島村	2,469	766 (31.0)	108	514	14.1	21.0
927	長崎県	加津佐町	7,722	2,376 (30.8)	318	1,514	13.4	21.0
928	京都府	伊根町	2,718	1,114 (41.0)	156	743	13.9	21.0
929	三重県	四日市市	303,845	56,609 (18.6)	8,048	38,382	14.2	21.0
930	岐阜県	岐阜市	399,931	83,809 (21.0)	11,837	56,473	14.1	21.0
931	青森県	佐井村	2,843	873 (30.7)	131	625	15.0	21.0
932	長崎県	小佐々町	6,982	1,556 (22.3)	223	1,064	14.3	21.0
933	福岡県	矢部村	1,613	681 (42.2)	88	420	12.9	21.0

934	石川県	穴水町	10,549	3,789 (35.9)	494	2,358	13.0	20.9
935	福岡県	岡垣町	31,332	7,724 (24.7)	1,037	4,957	13.4	20.9
936	愛知県	東栄町	4,347	1,943 (44.7)	245	1,172	12.6	20.9
937	和歌山県	日高川町	11,305	3,446 (30.5)	472	2,258	13.7	20.9
938	宮崎県	佐土原町	32,981	6,622 (20.1)	924	4,422	14.0	20.9
939	北海道	北広島市	60,677	11,032 (18.2)	1,461	7,000	13.2	20.9
940	北海道	京極町	3,583	1,030 (28.7)	121	580	11.7	20.9
941	福島県	会津若松市	122,248	27,786 (22.7)	3,823	18,327	13.8	20.9
942	岩手県	久慈市	36,009	8,213 (22.8)	1,134	5,437	13.8	20.9
943	埼玉県	さいたま市北区	132,109	19,412 (14.7)	2,794	13,400	14.4	20.9
944	広島県	庄原市	43,149	15,600 (36.2)	2,042	9,794	13.1	20.8
945	秋田県	上小阿仁村	3,107	1,255 (40.4)	162	777	12.9	20.8
946	鳥取県	日野町	4,185	1,602 (38.3)	208	998	13.0	20.8
947	熊本県	湯前町	4,726	1,565 (33.1)	213	1,022	13.6	20.8
948	静岡県	静岡市葵区	262,764	57,947 (22.1)	8,087	38,837	14.0	20.8
949	京都府	宇治市	189,591	32,968 (17.4)	4,594	22,067	13.9	20.8
950	岡山県	佐伯町	3,931	1,361 (34.6)	179	860	13.2	20.8
951	岡山県	吉備中央町	14,040	4,988 (35.5)	626	3,008	12.6	20.8
952	千葉県	鴨川市	36,475	11,022 (30.2)	1,477	7,098	13.4	20.8
953	佐賀県	有田町	12,296	3,132 (25.5)	446	2,145	14.2	20.8
954	福岡県	筑紫野市	97,571	15,459 (15.8)	2,132	10,256	13.8	20.8
955	福岡県	筑穂町	10,815	2,779 (25.7)	391	1,882	14.1	20.8
956	京都府	大江町	5,426	2,057 (37.9)	265	1,276	12.9	20.8
957	福井県	越廼村	1,629	542 (33.3)	75	362	13.8	20.7
958	熊本県	球磨村	4,786	1,722 (36.0)	241	1,164	14.0	20.7
959	岩手県	川井村	3,338	1,362 (40.8)	183	884	13.4	20.7
960	栃木県	宇都宮市	457,673	77,026 (16.8)	10,819	52,291	14.0	20.7
961	福岡県	古賀市	55,943	9,188 (16.4)	1,227	5,936	13.4	20.7
962	北海道	幕別町	25,083	5,572 (22.2)	728	3,523	13.1	20.7
963	熊本県	栖本町	2,794	983 (35.2)	127	615	12.9	20.7
964	兵庫県	加古川市	267,100	44,564 (16.7)	6,213	30,090	13.9	20.6
965	長野県	栄村	2,488	1,029 (41.4)	141	683	13.7	20.6
966	鳥取県	若桜町	4,378	1,601 (36.6)	215	1,042	13.4	20.6
967	北海道	札幌市手稲区	137,601	24,328 (17.7)	3,105	15,056	12.8	20.6
968	宮城県	鳴子町	8,526	2,875 (33.7)	391	1,897	13.6	20.6
969	神奈川県	川崎市麻生区	153,101	24,890 (16.3)	3,316	16,092	13.3	20.6
970	鳥取県	三朝町	7,509	2,314 (30.8)	308	1,495	13.3	20.6
971	千葉県	千葉市若葉区	149,898	29,048 (19.4)	3,985	19,343	13.7	20.6
972	群馬県	神流町	2,757	1,331 (48.3)	175	850	13.1	20.6
973	沖縄県	与那原町	15,343	2,351 (15.3)	315	1,530	13.4	20.6
974	石川県	珠洲市	18,050	6,740 (37.3)	929	4,514	13.8	20.6
975	東京都	青梅市	142,354	26,814 (18.8)	3,172	15,429	11.8	20.6
976	高知県	香我美町	6,288	1,720 (27.4)	230	1,119	13.4	20.6
977	群馬県	桐生市	128,037	31,429 (24.5)	4,294	20,894	13.7	20.6
978	長野県	根羽村	1,253	534 (42.6)	69	336	12.9	20.5
979	沖縄県	宜野座村	5,042	1,026 (20.3)	123	599	12.0	20.5
980	福岡県	宗像市	94,148	18,281 (19.4)	2,492	12,145	13.6	20.5
981	神奈川県	葉山町	31,531	7,423 (23.5)	1,043	5,084	14.1	20.5
982	千葉県	千葉市花見川区	181,708	30,290 (16.7)	4,259	20,789	14.1	20.5
983	神奈川県	川崎市宮前区	207,895	26,551 (12.8)	3,673	17,938	13.8	20.5
984	北海道	音更町	42,452	8,736 (20.6)	1,121	5,476	12.8	20.5
985	千葉県	鋸南町	9,778	3,273 (33.5)	452	2,208	13.8	20.5

986	茨城県	大洗町	19,205	4,543 (23.7)	634	3,098	14.0	20.5
987	群馬県	前橋市	318,584	65,441 (20.5)	8,858	43,331	13.5	20.4
988	岩手県	湯田町	3,710	1,500 (40.4)	185	906	12.3	20.4
989	宮城県	仙台市太白区	222,447	37,476 (16.8)	5,143	25,191	13.7	20.4
990	三重県	志摩市	58,225	16,311 (28.0)	2,222	10,892	13.6	20.4
991	佐賀県	嬉野町	18,917	4,946 (26.1)	606	2,971	12.3	20.4
992	山梨県	小淵沢町	5,975	1,447 (24.2)	206	1,010	14.2	20.4
993	北海道	雨竜町	3,316	1,017 (30.7)	117	574	11.5	20.4
994	北海道	沼田町	4,041	1,285 (31.8)	153	752	11.9	20.3
995	岡山県	寄島町	6,511	1,935 (29.7)	261	1,284	13.5	20.3
996	北海道	当麻町	7,473	2,365 (31.6)	306	1,507	12.9	20.3
997	和歌山県	桃山町	7,879	2,056 (26.1)	280	1,379	13.6	20.3
998	大分県	日出町	27,640	6,086 (22.0)	815	4,017	13.4	20.3
999	山梨県	北荘市	42,169	12,056 (28.6)	1,617	7,972	13.4	20.3
1000	佐賀県	唐津市	128,564	30,806 (24.0)	4,101	20,236	13.3	20.3
1001	香川県	東かがわ市	35,929	10,551 (29.4)	1,393	6,875	13.2	20.3
1002	長野県	諏訪市	53,240	11,423 (21.5)	1,548	7,640	13.6	20.3
1003	和歌山県	かつらぎ町	19,670	5,643 (28.7)	779	3,845	13.8	20.3
1004	北海道	恵庭市	67,614	11,847 (17.5)	1,557	7,691	13.1	20.2
1005	埼玉県	所沢市	336,100	55,566 (16.5)	7,580	37,446	13.4	20.2
1006	沖縄県	恩納村	9,635	1,876 (19.5)	252	1,245	13.4	20.2
1007	青森県	碇ヶ関村	3,166	1,140 (36.0)	143	707	12.5	20.2
1008	神奈川県	横浜市港南区	221,837	39,338 (17.7)	5,377	26,613	13.7	20.2
1009	大分県	玖珠町	18,276	5,167 (28.3)	685	3,391	13.3	20.2
1010	宮崎県	川南町	17,323	4,177 (24.1)	554	2,744	13.3	20.2
1011	神奈川県	横浜市緑区	169,831	26,693 (15.7)	3,542	17,548	13.3	20.2
1012	岡山県	倉敷市	469,377	89,304 (19.0)	11,842	58,715	13.3	20.2
1013	茨城県	高萩市	32,932	7,208 (21.9)	969	4,806	13.4	20.2
1014	北海道	東川町	7,701	1,960 (25.5)	252	1,250	12.9	20.2
1015	神奈川県	相模原市	628,698	92,011 (14.6)	12,519	62,174	13.6	20.1
1016	徳島県	三加茂町	9,617	2,695 (28.0)	337	1,675	12.5	20.1
1017	北海道	小清水町	5,753	1,683 (29.3)	213	1,059	12.7	20.1
1018	香川県	庵治町	6,121	1,764 (28.8)	237	1,181	13.4	20.1
1019	神奈川県	小田原市	198,741	39,538 (19.9)	5,403	26,887	13.7	20.1
1020	奈良県	王寺町	22,751	4,164 (18.3)	591	2,941	14.2	20.1
1021	長崎県	福島町	3,202	1,007 (31.4)	128	637	12.7	20.1
1022	埼玉県	ふじみ野市	101,960	17,298 (17.0)	2,384	11,868	13.8	20.1
1023	神奈川県	横浜市瀬谷区	127,405	23,329 (18.3)	3,133	15,605	13.4	20.1
1024	静岡県	河津町	8,303	2,541 (30.6)	333	1,660	13.1	20.1
1025	山口県	美東町	6,114	2,112 (34.5)	245	1,222	11.6	20.0
1026	埼玉県	新座市	153,305	24,576 (16.0)	3,372	16,839	13.7	20.0
1027	福島県	いわき市	354,492	79,472 (22.4)	10,717	53,533	13.5	20.0
1028	広島県	福山市	418,509	82,934 (19.8)	11,017	55,083	13.3	20.0
1029	長野県	開田村	1,922	719 (37.4)	89	445	12.4	20.0
1030	愛知県	名古屋市緑区	216,545	33,253 (15.4)	4,511	22,562	13.6	20.0
1031	愛知県	清須市	55,038	9,853 (17.9)	1,352	6,763	13.7	20.0
1032	沖縄県	北谷町	26,848	3,796 (14.1)	481	2,408	12.7	20.0
1033	北海道	石狩市	60,104	11,591 (19.3)	1,490	7,461	12.9	20.0
1034	宮崎県	西郷村	2,574	1,010 (39.2)	124	621	12.3	20.0
1035	北海道	妹背牛町	3,943	1,265 (32.1)	163	817	12.9	20.0
1036	長野県	南木曽町	5,238	1,831 (35.0)	235	1,178	12.8	19.9
1037	京都府	夜久野町	4,453	1,701 (38.2)	226	1,133	13.3	19.9

1038	岡山県	瀬戸町	14,902	3,656 (24.5)	457	2,292	12.5	19.9
1039	東京都	羽村市	56,514	8,912 (15.8)	1,163	5,843	13.0	19.9
1040	奈良県	御所市	32,273	8,689 (26.9)	1,118	5,618	12.9	19.9
1041	福岡県	嘉穂町	9,722	2,871 (29.5)	360	1,810	12.5	19.9
1042	愛媛県	東温市	35,278	7,625 (21.6)	965	4,854	12.7	19.9
1043	熊本県	八代市	136,886	35,137 (25.7)	4,517	22,735	12.9	19.9
1044	埼玉県	草加市	236,316	34,922 (14.8)	4,902	24,680	14.0	19.9
1045	北海道	豊頃町	3,732	1,133 (30.4)	144	725	12.7	19.9
1046	群馬県	中之条町	17,556	5,206 (29.7)	643	3,238	12.4	19.9
1047	石川県	輪島市	25,301	7,941 (31.4)	1,048	5,282	13.2	19.8
1048	宮崎県	新富町	18,608	3,690 (19.8)	489	2,465	13.3	19.8
1049	群馬県	渋川市	47,961	10,444 (21.8)	1,344	6,783	12.9	19.8
1050	埼玉県	本庄市	60,807	12,032 (19.8)	1,534	7,745	12.7	19.8
1051	神奈川県	二宮町	30,247	6,650 (22.0)	894	4,514	13.4	19.8
1052	神奈川県	横浜市青葉区	295,603	36,502 (12.3)	4,753	24,007	13.0	19.8
1053	長崎県	時津町	29,127	4,446 (15.3)	587	2,965	13.2	19.8
1054	愛知県	半田市	115,845	19,650 (17.0)	2,630	13,286	13.4	19.8
1055	三重県	松阪市	168,973	37,541 (22.2)	4,904	24,774	13.1	19.8
1056	京都府	三和町	4,240	1,507 (35.5)	190	960	12.6	19.8
1057	長崎県	愛野町	5,191	1,149 (22.1)	132	667	11.5	19.8
1058	石川県	能登町	21,792	7,728 (35.5)	978	4,942	12.7	19.8
1059	大阪府	交野市	77,644	12,805 (16.5)	1,708	8,634	13.3	19.8
1060	三重県	鳥羽市	23,067	6,123 (26.5)	811	4,100	13.2	19.8
1061	宮崎県	日之影町	5,031	1,912 (38.0)	241	1,219	12.6	19.8
1062	東京都	神津島村	2,068	514 (24.9)	66	334	12.8	19.8
1063	静岡県	三島市	112,241	21,419 (19.1)	2,890	14,626	13.5	19.8
1064	茨城県	日立市	199,218	41,537 (20.9)	5,513	27,902	13.3	19.8
1065	千葉県	八千代市	180,729	29,444 (16.3)	3,917	19,853	13.3	19.7
1066	岩手県	二戸市	26,496	6,774 (25.6)	902	4,573	13.3	19.7
1067	和歌山県	九度山町	5,516	1,750 (31.7)	229	1,161	13.1	19.7
1068	大分県	由布市	35,386	9,432 (26.7)	1,158	5,873	12.3	19.7
1069	青森県	外ヶ浜町	8,215	2,824 (34.4)	366	1,858	13.0	19.7
1070	宮城県	女川町	10,723	3,217 (30.0)	431	2,189	13.4	19.7
1071	群馬県	沼田市	53,177	12,909 (24.3)	1,702	8,646	13.2	19.7
1072	北海道	芽室町	18,300	3,926 (21.5)	494	2,510	12.6	19.7
1073	埼玉県	鳩ケ谷市	58,355	11,287 (19.3)	1,517	7,716	13.4	19.7
1074	青森県	三戸町	12,261	3,665 (29.9)	477	2,427	13.0	19.7
1075	愛知県	設楽町	6,306	2,583 (41.0)	315	1,603	12.2	19.7
1076	宮崎県	東郷町	4,889	1,706 (34.9)	213	1,084	12.5	19.6
1077	北海道	上富良野町	12,352	2,733 (22.1)	354	1,802	13.0	19.6
1078	岡山県	和気町	12,249	3,460 (28.2)	426	2,169	12.3	19.6
1079	神奈川県	横浜市戸塚区	261,616	43,752 (16.7)	5,656	28,806	12.9	19.6
1080	青森県	大間町	6,212	1,462 (23.5)	201	1,024	13.7	19.6
1081	福島県	西会津町	8,237	3,272 (39.7)	412	2,099	12.6	19.6
1082	長野県	坂北村	2,111	685 (32.4)	92	469	13.4	19.6
1083	長野県	小谷村	3,920	1,225 (31.3)	160	816	13.1	19.6
1084	北海道	美瑛町	11,628	3,553 (30.6)	443	2,260	12.5	19.6
1085	奈良県	大和郡山市	91,672	17,899 (19.5)	2,357	12,025	13.2	19.6
1086	福島県	舘岩村	2,219	787 (35.5)	107	546	13.6	19.6
1087	埼玉県	坂戸市	98,964	15,199 (15.4)	2,085	10,643	13.7	19.6
1088	北海道	大野町	10,798	2,315 (21.4)	300	1,532	13.0	19.6
1089	埼玉県	毛呂山町	39,122	6,823 (17.4)	863	4,408	12.6	19.6

1090	大阪府	阪南市	57,616	10,043 (17.4)	1,334	6,817	13.3	19.6
1091	福岡県	太宰府市	67,087	12,359 (18.4)	1,555	7,954	12.6	19.5
1092	熊本県	玉名市	45,341	11,095 (24.5)	1,381	7,069	12.4	19.5
1093	福岡県	福津市	55,677	12,231 (22.0)	1,503	7,695	12.3	19.5
1094	青森県	八戸市	244,700	47,912 (19.6)	6,320	32,382	13.2	19.5
1095	香川県	牟礼町	17,863	3,666 (20.5)	469	2,404	12.8	19.5
1096	福岡県	志免町	40,557	6,632 (16.4)	857	4,395	12.9	19.5
1097	新潟県	山北町	7,291	2,800 (38.4)	346	1,775	12.4	19.5
1098	岡山県	新見市	36,073	11,859 (32.9)	1,479	7,599	12.5	19.5
1099	群馬県	松井田町	16,268	4,866 (29.9)	617	3,174	12.7	19.4
1100	福岡県	宇美町	39,136	5,988 (15.3)	772	3,973	12.9	19.4
1101	岩手県	山形村	3,132	1,077 (34.4)	136	700	12.6	19.4
1102	富山県	宇奈月町	6,151	1,792 (29.1)	235	1,210	13.1	19.4
1103	奈良県	五條市	37,375	9,580 (25.6)	1,223	6,302	12.8	19.4
1104	埼玉県	志木市	67,448	10,326 (15.3)	1,388	7,155	13.4	19.4
1105	香川県	豊浜町	8,554	2,443 (28.6)	305	1,573	12.5	19.4
1106	島根県	松江市	196,603	43,849 (22.3)	5,448	28,114	12.4	19.4
1107	岩手県	宮古市	60,250	15,963 (26.5)	2,054	10,602	12.9	19.4
1108	千葉県	勝浦市	22,198	6,409 (28.9)	821	4,242	12.8	19.4
1109	広島県	世羅町	18,866	6,585 (34.9)	817	4,226	12.4	19.3
1110	福岡県	杷木町	8,151	2,223 (27.3)	297	1,537	13.4	19.3
1111	長野県	三岳村	1,799	637 (35.4)	78	404	12.2	19.3
1112	福島県	白河市	47,854	9,447 (19.7)	1,232	6,384	13.0	19.3
1113	北海道	女満別村	5,715	1,501 (26.3)	188	975	12.5	19.3
1114	岩手県	一戸町	15,549	4,977 (32.0)	621	3,222	12.5	19.3
1115	神奈川県	三浦市	49,861	11,903 (23.9)	1,514	7,860	12.7	19.3
1116	北海道	比布町	4,340	1,411 (32.5)	174	904	12.3	19.2
1117	徳島県	羽ノ浦町	12,163	2,598 (21.4)	316	1,642	12.2	19.2
1118	千葉県	富山町	5,751	1,918 (33.4)	243	1,263	12.7	19.2
1119	北海道	中札内村	3,983	906 (22.7)	109	567	12.0	19.2
1120	北海道	常呂町	4,781	1,275 (26.7)	155	807	12.2	19.2
1121	福岡県	新宮町	23,447	3,227 (13.8)	427	2,224	13.2	19.2
1122	千葉県	浦安市	155,290	14,201 (9.1)	1,929	10,051	13.6	19.2
1123	青森県	横浜町	5,097	1,446 (28.4)	188	980	13.0	19.2
1124	岡山県	赤磐市	43,913	10,224 (23.3)	1,286	6,704	12.5	19.2
1125	埼玉県	秩父市	70,563	17,544 (24.9)	2,243	11,697	12.8	19.2
1126	福岡県	篠栗町	30,985	5,295 (17.1)	617	3,219	11.7	19.2
1127	北海道	鹿追町	5,876	1,380 (23.5)	160	835	11.6	19.2
1128	北海道	釧路町	21,855	3,428 (15.7)	451	2,354	13.2	19.2
1129	奈良県	橿原市	124,728	21,959 (17.6)	2,875	15,007	13.1	19.2
1130	佐賀県	多久市	22,739	6,052 (26.6)	748	3,905	12.4	19.1
1131	岩手県	大槌町	16,516	4,705 (28.5)	616	3,217	13.1	19.1
1132	秋田県	大館市	82,504	23,816 (28.9)	3,006	15,702	12.6	19.1
1133	神奈川県	横浜市栄区	123,802	22,721 (18.4)	2,965	15,488	13.0	19.1
1134	愛知県	岩倉市	47,926	7,672 (16.0)	1,004	5,245	13.1	19.1
1135	長野県	松本市	227,627	48,217 (21.2)	6,081	31,778	12.6	19.1
1136	福島町	三島町	2,250	973 (43.2)	115	601	11.8	19.1
1137	徳島県	吉野川市	45,782	12,848 (28.1)	1,533	8,012	11.9	19.1
1138	長野県	生坂村	2,160	800 (37.0)	103	539	12.9	19.1
1139	群馬県	大間々町	21,427	4,901 (22.9)	624	3,266	12.7	19.1
1140	和歌山県	印南町	9,192	2,652 (28.9)	354	1,853	13.3	19.1
1141	徳島県	三好町	6,009	1,653 (27.5)	204	1,066	12.3	19.1

1142	沖縄県	具志頭村	8,035	1,528 (19.0)	191	1,000	12.5	19.1
1143	和歌山県	日高町	7,344	1,955 (26.6)	254	1,330	13.0	19.1
1144	埼玉県	狭山市	158,074	26,966 (17.1)	3,442	18,028	12.8	19.1
1145	青森県	鰺ヶ沢町	12,662	3,981 (31.4)	497	2,606	12.5	19.1
1146	長崎県	川棚町	15,158	3,384 (22.3)	438	2,298	12.9	19.1
1147	奈良県	吉野町	9,984	3,372 (33.8)	429	2,251	12.7	19.1
1148	兵庫県	赤穂市	51,794	11,507 (22.2)	1,438	7,548	12.5	19.1
1149	福島県	只見町	5,284	2,095 (39.6)	253	1,329	12.1	19.0
1150	群馬県	みなかみ町	23,310	6,715 (28.8)	848	4,455	12.6	19.0
1151	熊本県	山鹿市	57,726	16,696 (28.9)	2,018	10,607	12.1	19.0
1152	長崎県	諫早市	144,034	29,614 (20.6)	3,590	18,870	12.1	19.0
1153	群馬県	下仁田町	10,144	3,658 (36.1)	455	2,392	12.4	19.0
1154	愛媛県	砥部町	22,424	4,719 (21.0)	575	3,024	12.2	19.0
1155	熊本県	美里町	12,254	4,398 (35.9)	508	2,672	11.6	19.0
1156	熊本県	新和町	3,960	1,359 (34.3)	169	889	12.4	19.0
1157	大阪府	河内長野市	117,239	22,600 (19.3)	2,841	14,947	12.6	19.0
1158	茨城県	土浦市	135,058	24,418 (18.1)	3,136	16,512	12.8	19.0
1159	熊本県	長洲町	17,381	4,146 (23.9)	514	2,708	12.4	19.0
1160	岡山県	奈義町	6,475	1,769 (27.3)	219	1,154	12.4	19.0
1161	福岡県	粕屋町	37,685	5,032 (13.4)	659	3,473	13.1	19.0
1162	埼玉県	富士見市	104,748	16,067 (15.3)	2,101	11,075	13.1	19.0
1163	和歌山県	那賀町	8,347	2,246 (26.9)	291	1,534	13.0	19.0
1164	栃木県	足利市	159,756	34,662 (21.7)	4,408	23,270	12.7	18.9
1165	北海道	当別町	19,982	4,052 (20.3)	496	2,619	12.2	18.9
1166	長野県	南相木村	1,151	454 (39.4)	57	301	12.6	18.9
1167	岡山県	勝央町	11,263	3,024 (26.8)	358	1,891	11.8	18.9
1168	岡山県	鏡野町	14,059	4,678 (33.3)	565	2,986	12.1	18.9
1169	石川県	七尾市	61,871	16,423 (26.5)	1,999	10,567	12.2	18.9
1170	香川県	観音寺市	44,086	10,917 (24.8)	1,319	6,978	12.1	18.9
1171	千葉県	千倉町	12,381	4,185 (33.8)	527	2,789	12.6	18.9
1172	熊本県	芦北町	20,840	6,902 (33.1)	836	4,425	12.1	18.9
1173	熊本県	阿蘇市	29,636	8,941 (30.2)	1,031	5,459	11.5	18.9
1174	新潟県	出雲崎町	5,338	1,927 (36.1)	233	1,234	12.1	18.9
1175	和歌山県	岩出町	50,834	6,873 (13.5)	872	4,619	12.7	18.9
1176	静岡県	松崎町	8,104	2,727 (33.7)	348	1,844	12.8	18.9
1177	福島県	福島市	290,869	59,911 (20.6)	7,436	39,410	12.4	18.9
1178	宮崎県	北方町	4,680	1,579 (33.7)	196	1,039	12.4	18.9
1179	沖縄県	北中城村	15,790	2,928 (18.5)	314	1,667	10.7	18.8
1180	神奈川県	相模湖町	10,347	2,132 (20.6)	263	1,397	12.3	18.8
1181	三重県	川越町	13,048	2,169 (16.6)	271	1,440	12.5	18.8
1182	奈良県	大淀町	20,070	4,407 (22.0)	533	2,833	12.1	18.8
1183	埼玉県	三郷市	128,278	17,961 (14.0)	2,382	12,664	13.3	18.8
1184	新潟県	阿賀町	14,703	5,750 (39.1)	679	3,610	11.8	18.8
1185	奈良県	上牧町	24,953	4,471 (17.9)	491	2,612	11.0	18.8
1186	福島県	檜枝岐村	706	199 (28.2)	25	133	12.6	18.8
1187	群馬県	東村	2,948	1,016 (34.5)	131	697	12.9	18.8
1188	大分県	日田市	74,165	19,681 (26.5)	2,399	12,771	12.2	18.8
1189	愛知県	瀬戸市	131,925	25,125 (19.0)	3,188	16,977	12.7	18.8
1190	長野県	小諸市	45,499	10,368 (22.8)	1,276	6,800	12.3	18.8
1191	徳島県	北島町	20,703	3,778 (18.2)	457	2,439	12.1	18.7
1192	神奈川県	横浜市都築区	179,008	18,921 (10.6)	2,330	12,440	12.3	18.7
1193	長野県	上田市	123,680	27,033 (21.9)	3,373	18,009	12.5	18.7

1194	北海道	標津町	6,063	1,305	(21.5)	163	871	12.5	18.7
1195	茨城県	取手市	111,327	20,515	(18.4)	2,671	14,275	13.0	18.7
1196	静岡県	沼津市	208,005	43,202	(20.8)	5,488	29,337	12.7	18.7
1197	福島県	田島町	12,934	3,806	(29.4)	473	2,529	12.4	18.7
1198	兵庫県	播磨町	33,545	5,459	(16.3)	713	3,813	13.1	18.7
1199	高知県	十和村	3,332	1,233	(37.0)	152	813	12.3	18.7
1200	兵庫県	佐用町	21,012	6,662	(31.7)	767	4,103	11.5	18.7
1201	兵庫県	五色町	11,101	3,131	(28.2)	383	2,050	12.2	18.7
1202	愛知県	豊山町	13,565	2,079	(15.3)	277	1,483	13.3	18.7
1203	奈良県	桜井市	61,130	13,196	(21.6)	1,671	8,947	12.7	18.7
1204	和歌山県	橋本市	53,929	10,379	(19.2)	1,264	6,771	12.2	18.7
1205	富山県	朝日町	14,700	4,479	(30.5)	573	3,071	12.8	18.7
1206	和歌山県	粉河町	15,594	4,246	(27.2)	522	2,798	12.3	18.7
1207	北海道	風連町	5,038	1,674	(33.2)	194	1,041	11.6	18.6
1208	熊本県	御船町	18,116	4,632	(25.6)	560	3,005	12.1	18.6
1209	北海道	長沼町	12,401	3,234	(26.1)	375	2,013	11.6	18.6
1210	滋賀県	彦根市	109,779	19,718	(18.0)	2,493	13,389	12.6	18.6
1211	岡山県	西粟倉村	1,684	573	(34.0)	70	376	12.2	18.6
1212	山梨県	韮崎市	33,801	6,867	(20.3)	846	4,547	12.3	18.6
1213	鹿児島県	与論町	5,731	1,630	(28.4)	190	1,023	11.7	18.6
1214	千葉県	茂原市	93,260	18,828	(20.2)	2,332	12,564	12.4	18.5
1215	京都府	大山崎町	15,191	3,008	(19.8)	373	2,011	12.4	18.5
1216	北海道	士幌町	6,755	1,696	(25.1)	196	1,057	11.6	18.5
1217	京都府	城陽市	81,636	14,785	(18.1)	1,845	9,951	12.5	18.5
1218	三重県	大台町	7,244	2,108	(29.1)	261	1,408	12.4	18.5
1219	宮城県	七ヶ宿町	1,871	792	(42.3)	86	464	10.9	18.5
1220	秋田県	北秋田市	40,049	13,160	(32.9)	1,563	8,438	11.9	18.5
1221	千葉県	柏市	380,963	62,383	(16.4)	7,720	41,687	12.5	18.5
1222	佐賀県	北方町	8,314	2,026	(24.4)	258	1,394	12.7	18.5
1223	宮崎県	高千穂町	14,778	4,830	(32.7)	559	3,022	11.6	18.5
1224	佐賀県	三田川町	9,860	1,911	(19.4)	244	1,321	12.8	18.5
1225	青森県	南部町	5,834	1,726	(29.6)	204	1,105	11.8	18.5
1226	神奈川県	厚木市	222,403	30,590	(13.8)	3,850	20,882	12.6	18.4
1227	熊本県	小国町	8,621	2,667	(30.9)	320	1,741	12.0	18.4
1228	青森県	十和田	68,359	14,586	(21.3)	1,739	9,472	11.9	18.4
1229	三重県	小俣町	18,986	3,486	(18.4)	425	2,317	12.2	18.3
1230	埼玉県	神泉村	1,243	387	(31.1)	42	229	10.9	18.3
1231	和歌山県	広川町	8,071	1,891	(23.4)	243	1,325	12.9	18.3
1232	千葉県	成田市	100,717	14,147	(14.0)	1,728	9,423	12.2	18.3
1233	熊本県	南関町	11,203	3,506	(31.3)	421	2,297	12.0	18.3
1234	愛知県	春日井市	295,802	48,009	(16.2)	6,007	32,786	12.5	18.3
1235	福岡県	若宮町	9,696	2,668	(27.5)	326	1,780	12.2	18.3
1236	千葉県	木更津市	122,234	23,413	(19.2)	2,912	15,901	12.4	18.3
1237	茨城県	北茨城市	49,645	11,439	(23.0)	1,407	7,687	12.3	18.3
1238	新潟県	村上市	30,685	8,252	(26.9)	978	5,347	11.9	18.3
1239	京都府	丹波町	8,280	2,277	(27.5)	274	1,500	12.0	18.3
1240	広島県	松崎町	14,926	2,484	(16.6)	279	1,529	11.2	18.2
1241	静岡県	伊豆の国市	50,011	10,849	(21.7)	1,337	7,344	12.3	18.2
1242	島根県	飯南町	5,979	2,281	(38.2)	251	1,379	11.0	18.2
1243	千葉県	岬町	14,777	4,398	(29.8)	513	2,820	11.7	18.2
1244	長野県	富士見町	15,528	4,231	(27.2)	492	2,705	11.6	18.2
1245	滋賀県	豊郷町	7,418	1,627	(21.9)	186	1,023	11.4	18.2

1246	徳島県	板野町	14,519	3,324 (22.9)	391	2,153	11.8	18.2
1247	愛知県	豊橋市	372,479	65,305 (17.5)	7,888	43,449	12.1	18.2
1248	福岡県	八女市	38,951	9,253 (23.8)	1,073	5,911	11.6	18.2
1249	青森県	風間浦村	2,603	810 (31.1)	104	573	12.8	18.2
1250	滋賀県	木之本町	8,519	2,362 (27.7)	288	1,587	12.2	18.1
1251	埼玉県	川越市	333,795	55,929 (16.8)	6,902	38,063	12.3	18.1
1252	千葉県	銚子市	75,020	19,404 (25.9)	2,330	12,865	12.0	18.1
1253	千葉県	大原町	19,917	5,656 (28.4)	700	3,868	12.4	18.1
1254	岩手県	水沢市	60,239	14,299 (23.7)	1,653	9,141	11.6	18.1
1255	熊本県	西合志町	29,076	5,345 (18.4)	611	3,381	11.4	18.1
1256	秋田県	二ツ井町	11,155	4,023 (36.1)	482	2,672	12.0	18.0
1257	岡山県	真庭市	51,782	16,512 (31.9)	1,890	10,488	11.4	18.0
1258	兵庫県	篠山市	45,245	11,974 (26.5)	1,419	7,876	11.9	18.0
1259	京都府	加悦町	7,526	2,138 (28.4)	257	1,427	12.0	18.0
1260	愛知県	知立市	66,085	9,257 (14.0)	1,120	6,222	12.1	18.0
1261	神奈川県	大磯町	32,590	7,407 (22.7)	902	5,013	12.2	18.0
1262	熊本県	甲佐町	11,604	3,637 (31.3)	411	2,287	11.3	18.0
1263	岐阜県	北方町	17,547	2,675 (15.2)	337	1,877	12.6	18.0
1264	熊本県	大津町	29,107	5,553 (19.1)	625	3,487	11.3	17.9
1265	北海道	札幌市清田区	112,783	17,777 (15.8)	2,020	11,273	11.4	17.9
1266	北海道	東藻琴村	2,677	733 (27.4)	82	458	11.2	17.9
1267	鳥取県	鳥取市	201,740	42,577 (21.1)	4,975	27,795	11.7	17.9
1268	北海道	新十津川町	7,684	2,257 (29.4)	242	1,353	10.7	17.9
1269	佐賀県	伊万里市	58,190	14,035 (24.1)	1,618	9,049	11.5	17.9
1270	奈良県	生駒市	113,686	19,056 (16.8)	2,313	12,939	12.1	17.9
1271	青森県	平内町	13,483	3,599 (26.7)	430	2,406	11.9	17.9
1272	山梨県	山梨市	38,686	9,715 (25.1)	1,127	6,309	11.6	17.9
1273	神奈川県	秦野市	168,317	26,502 (15.7)	3,167	17,741	12.0	17.9
1274	神奈川県	松田町	12,399	2,714 (21.9)	341	1,911	12.6	17.8
1275	埼玉県	春日部市	238,506	38,834 (16.3)	4,816	26,995	12.4	17.8
1276	広島県	府中市	45,188	12,351 (27.3)	1,414	7,926	11.4	17.8
1277	福島県	富岡町	15,910	3,156 (19.8)	368	2,063	11.7	17.8
1278	千葉県	一宮町	11,656	2,989 (25.6)	357	2,002	11.9	17.8
1279	栃木県	佐野市	123,926	27,066 (21.8)	3,289	18,452	12.2	17.8
1280	群馬県	鬼石町	6,808	2,055 (30.2)	229	1,285	11.1	17.8
1281	福井県	小浜市	32,182	8,373 (26.0)	985	5,534	11.8	17.8
1282	千葉県	我孫子市	131,205	23,588 (18.0)	2,826	15,881	12.0	17.8
1283	熊本県	山都町	18,761	6,943 (37.0)	763	4,288	11.0	17.8
1284	愛知県	武豊町	40,981	6,399 (15.6)	773	4,345	12.1	17.8
1285	愛知県	蟹江町	36,750	6,193 (16.9)	755	4,245	12.2	17.8
1286	福岡県	甘木市	41,674	10,003 (24.0)	1,149	6,463	11.5	17.8
1287	青森県	大鰐町	11,921	3,593 (30.1)	443	2,492	12.3	17.8
1288	北海道	留寿都村	2,165	484 (22.4)	52	293	10.7	17.7
1289	秋田県	藤里町	4,348	1,544 (35.5)	178	1,003	11.5	17.7
1290	奈良県	天理市	71,152	12,984 (18.2)	1,476	8,325	11.4	17.7
1291	奈良県	曽爾村	2,193	768 (35.0)	92	519	12.0	17.7
1292	京都府	日吉町	5,951	1,887 (31.7)	206	1,163	10.9	17.7
1293	富山県	富山市	421,239	90,503 (21.5)	10,351	58,498	11.7	17.7
1294	埼玉県	鷲宮町	34,062	4,793 (14.1)	597	3,374	12.5	17.7
1295	埼玉県	さいたま市見沼区	152,611	25,329 (16.6)	2,947	16,660	11.6	17.7
1296	福島県	広野町	5,533	1,244 (22.5)	150	848	12.1	17.7
1297	沖縄県	玉城村	10,568	2,095 (19.8)	237	1,341	11.3	17.7

1298	愛知県	常滑市	51,265	11,451 (22.3)	1,362	7,709	11.9	17.7
1299	北海道	厚真町	5,240	1,541 (29.4)	170	963	11.0	17.7
1300	北海道	中富良野町	5,707	1,578 (27.7)	180	1,020	11.4	17.6
1301	埼玉県	上尾市	103,529	35,558 (34.3)	4,293	24,356	12.1	17.6
1302	和歌山県	有田市	32,143	7,584 (23.6)	915	5,195	12.1	17.6
1303	香川県	さぬき市	55,754	14,516 (26.0)	1,601	9,109	11.0	17.6
1304	山梨県	塩山市	25,227	6,695 (26.5)	781	4,438	11.7	17.6
1305	群馬県	安中市	46,911	10,667 (22.7)	1,231	6,998	11.5	17.6
1306	長野県	長野市	378,512	81,813 (21.6)	9,371	53,296	11.5	17.6
1307	福岡県	遠賀町	19,279	4,115 (21.3)	475	2,702	11.5	17.6
1308	大分県	九重町	11,108	3,787 (34.1)	416	2,367	11.0	17.6
1309	群馬県	長野原町	6,563	1,634 (24.9)	184	1,047	11.3	17.6
1310	山梨県	甲斐市	74,062	11,327 (15.3)	1,343	7,644	11.9	17.6
1311	奈良県	安堵町	8,257	1,664 (20.2)	191	1,088	11.5	17.6
1312	埼玉県	さいたま市西区	82,342	14,762 (17.9)	1,701	9,692	11.5	17.6
1313	愛知県	東海市	104,339	16,385 (15.7)	1,950	11,114	11.9	17.5
1314	京都府	瑞穂町	4,947	1,637 (33.1)	190	1,083	11.6	17.5
1315	福岡県	須恵町	25,601	4,611 (18.0)	508	2,897	11.0	17.5
1316	静岡県	駿河区	208,055	39,168 (18.8)	4,622	26,359	11.8	17.5
1317	群馬県	館林市	79,454	15,219 (19.2)	1,786	10,193	11.7	17.5
1318	静岡県	伊豆市	36,627	10,254 (28.0)	1,173	6,697	11.4	17.5
1319	熊本県	菊池市	51,862	13,487 (26.0)	1,519	8,674	11.3	17.5
1320	秋田県	鹿角市	36,753	11,265 (30.7)	1,287	7,350	11.4	17.5
1321	長野県	阿南町	5,972	2,301 (38.5)	225	1,285	9.8	17.5
1322	佐賀県	鳥栖市	64,723	11,681 (18.0)	1,331	7,603	11.4	17.5
1323	宮崎県	諸塚村	2,119	747 (35.3)	85	486	11.4	17.5
1324	神奈川県	横浜市泉区	152,349	27,073 (17.8)	3,083	17,631	11.5	17.5
1325	長野県	麻績村	3,204	1,213 (37.9)	130	744	10.7	17.5
1326	兵庫県	上郡町	17,603	4,261 (24.2)	505	2,892	11.9	17.5
1327	熊本県	宇城市	63,089	16,088 (25.5)	1,777	10,201	11.0	17.4
1328	千葉県	鎌ヶ谷市	102,812	17,685 (17.2)	2,064	11,851	11.7	17.4
1329	千葉県	市原市	280,255	46,373 (16.5)	5,484	31,553	11.8	17.4
1330	岩手県	山田町	20,142	5,651 (28.1)	667	3,839	11.8	17.4
1331	福岡県	筑後市	47,844	9,980 (20.9)	1,131	6,514	11.3	17.4
1332	長崎県	深江町	8,228	2,097 (25.5)	222	1,279	10.6	17.4
1333	神奈川県	伊勢原市	100,579	15,367 (15.3)	1,798	10,359	11.7	17.4
1334	京都府	京丹後市	62,723	17,575 (28.0)	2,015	11,617	11.5	17.3
1335	長崎県	長与町	42,655	6,792 (15.9)	760	4,384	11.2	17.3
1336	三重県	河芸町	17,968	3,729 (20.8)	430	2,482	11.5	17.3
1337	三重県	伊賀市	100,623	25,298 (25.1)	2,833	16,361	11.2	17.3
1338	長野県	佐久市	100,462	24,416 (24.3)	2,718	15,705	11.1	17.3
1339	長崎県	千々石町	5,456	1,461 (26.8)	178	1,029	12.2	17.3
1340	熊本県	多良木町	11,398	3,562 (31.3)	402	2,325	11.3	17.3
1341	福島県	郡山市	338,834	60,160 (17.8)	6,853	39,657	11.4	17.3
1342	北海道	鶴居村	2,672	693 (25.9)	66	382	9.5	17.3
1343	長野県	丸子町	24,541	6,794 (27.7)	695	4,023	10.2	17.3
1344	青森県	田子町	6,883	2,246 (32.6)	251	1,453	11.2	17.3
1345	北海道	剣淵町	3,952	1,202 (30.4)	129	747	10.7	17.3
1346	長野県	大町市	29,798	7,820 (26.2)	904	5,244	11.6	17.2
1347	茨城県	大洋村	11,444	3,388 (29.6)	393	2,280	11.6	17.2
1348	長崎県	西有家町	8,197	2,343 (28.6)	264	1,532	11.3	17.2
1349	岐阜県	大垣市	151,030	29,459 (19.5)	3,413	19,822	11.6	17.2

1350	兵庫県	朝来市	34,791	9,738 (28.0)	1,078	6,274	11.1	17.2
1351	福岡県	那珂川町	46,972	6,235 (13.3)	726	4,226	11.6	17.2
1352	千葉県	流山市	152,641	26,046 (17.1)	3,001	17,471	11.5	17.2
1353	埼玉県	熊谷市	191,107	35,094 (18.4)	4,063	23,712	11.6	17.1
1354	長野県	岡谷市	54,699	13,422 (24.5)	1,511	8,819	11.3	17.1
1355	岩手県	葛巻町	8,021	2,827 (35.2)	306	1,787	10.8	17.1
1356	愛知県	津島市	65,547	12,736 (19.4)	1,429	8,348	11.2	17.1
1357	山梨県	笛吹市	71,190	15,086 (21.2)	1,701	9,950	11.3	17.1
1358	三重県	二見町	9,095	2,035 (22.4)	234	1,369	11.5	17.1
1359	奈良県	室生村	5,786	1,896 (32.8)	208	1,217	11.0	17.1
1360	京都府	久御山町	16,610	2,917 (17.6)	340	1,990	11.7	17.1
1361	京都府	京田辺市	64,008	9,877 (15.4)	1,085	6,355	11.0	17.1
1362	三重県	亀山市	49,253	10,062 (20.4)	1,125	6,593	11.2	17.1
1363	静岡県	川根本町	8,988	3,516 (39.1)	387	2,269	11.0	17.1
1364	三重県	白山町	13,040	3,794 (29.1)	418	2,452	11.0	17.0
1365	宮城県	塩釜市	59,357	13,943 (23.5)	1,612	9,457	11.6	17.0
1366	千葉県	九十九里町	19,009	4,787 (25.2)	558	3,275	11.7	17.0
1367	熊本県	三加和町	5,373	1,978 (36.8)	209	1,227	10.6	17.0
1368	北海道	羅臼町	6,540	1,278 (19.5)	156	916	12.2	17.0
1369	長崎県	有家町	8,847	2,455 (27.7)	266	1,562	10.8	17.0
1370	新潟県	新潟市	785,134	160,386 (20.4)	17,647	103,665	11.0	17.0
1371	滋賀県	長浜市	62,225	11,791 (18.9)	1,363	8,009	11.6	17.0
1372	山梨県	市川三郷町	17,939	5,275 (29.4)	599	3,520	11.4	17.0
1373	福島県	大熊町	10,992	2,232 (20.3)	227	1,334	10.2	17.0
1374	埼玉県	越谷市	315,792	47,559 (15.1)	5,611	32,974	11.8	17.0
1375	奈良県	三宅町	7,764	1,738 (22.4)	205	1,205	11.8	17.0
1376	長野県	茅野市	57,099	11,634 (20.4)	1,318	7,749	11.3	17.0
1377	奈良県	斑鳩町	27,816	5,477 (19.7)	641	3,770	11.7	17.0
1378	三重県	桑名市	138,963	25,998 (18.7)	2,920	17,176	11.2	17.0
1379	長野県	日義村	2,580	791 (30.7)	90	530	11.4	17.0
1380	福井県	名田庄村	2,747	847 (30.8)	101	595	11.9	17.0
1381	山形県	酒田市	98,278	24,629 (25.1)	2,761	16,270	11.2	17.0
1382	福井県	福井市	252,220	52,822 (20.9)	5,831	34,369	11.0	17.0
1383	鳥取県	智頭町	8,647	2,798 (32.4)	315	1,857	11.3	17.0
1384	奈良県	高取町	7,914	2,163 (27.3)	235	1,387	10.9	16.9
1385	岡山県	井原市	45,104	12,961 (28.7)	1,430	8,443	11.0	16.9
1386	千葉県	富浦町	5,451	1,678 (30.8)	193	1,140	11.5	16.9
1387	群馬県	大泉町	41,466	5,496 (13.3)	635	3,752	11.6	16.9
1388	茨城県	龍ケ崎市	78,950	12,043 (15.3)	1,394	8,238	11.6	16.9
1389	岡山県	里庄町	10,823	2,519 (23.3)	279	1,649	11.1	16.9
1390	長崎県	北有馬町	4,149	1,291 (31.1)	141	834	10.9	16.9
1391	茨城県	常陸大宮市	47,808	12,959 (27.1)	1,435	8,495	11.1	16.9
1392	奈良県	菟田野町	4,623	1,296 (28.0)	141	835	10.9	16.9
1393	富山県	魚津市	46,331	11,358 (24.5)	1,232	7,299	10.8	16.9
1394	長野県	長和町	7,304	2,331 (31.9)	256	1,519	11.0	16.9
1395	青森県	下田町	14,171	2,362 (16.7)	266	1,579	11.3	16.8
1396	熊本県	菊陽町	32,434	5,171 (15.9)	540	3,207	10.4	16.8
1397	岐阜県	笠原町	11,055	2,547 (23.0)	293	1,743	11.5	16.8
1398	兵庫県	養父市	28,306	8,750 (30.9)	942	5,610	10.8	16.8
1399	福島県	山都町	4,055	1,576 (38.9)	163	971	10.3	16.8
1400	埼玉県	飯能市	84,860	16,589 (19.5)	1,778	10,592	10.7	16.8
1401	長崎県	布津町	4,715	1,378 (29.2)	143	852	10.4	16.8

1402	岡山県	総社市	66,584	13,768	(20.7)	1,515	9,027	11.0	16.8
1403	長野県	木祖村	3,361	1,129	(33.6)	124	739	11.0	16.8
1404	北海道	北竜町	2,376	781	(32.9)	79	471	10.1	16.8
1405	愛知県	西春町	34,190	5,261	(15.4)	601	3,586	11.4	16.8
1406	福岡県	東峰村	2,749	1,013	(36.8)	103	615	10.2	16.7
1407	山梨県	増穂町	13,111	3,271	(24.9)	369	2,204	11.3	16.7
1408	山梨県	大月市	30,879	7,881	(25.5)	892	5,330	11.3	16.7
1409	和歌山県	金屋町	9,053	2,950	(32.6)	318	1,902	10.8	16.7
1410	熊本県	玉東町	5,626	1,581	(28.1)	177	1,059	11.2	16.7
1411	長崎県	南有馬町	5,901	1,939	(32.9)	206	1,233	10.6	16.7
1412	徳島県	石井町	26,068	6,120	(23.5)	661	3,958	10.8	16.7
1413	徳島県	阿南市	54,925	13,884	(25.3)	1,489	8,916	10.7	16.7
1414	香川県	国分寺町	24,028	4,071	(16.9)	447	2,680	11.0	16.7
1415	埼玉県	鶴ケ島市	69,783	8,823	(12.6)	1,039	6,225	11.8	16.7
1416	兵庫県	南あわじ市	52,283	14,058	(26.9)	1,498	8,983	10.7	16.7
1417	群馬県	富岡市	49,038	11,364	(23.2)	1,186	7,113	10.4	16.7
1418	新潟県	糸魚川市	49,844	15,379	(30.9)	1,666	9,992	10.8	16.7
1419	群馬県	吾妻町	14,515	4,205	(29.0)	457	2,743	10.9	16.7
1420	秋田県	男鹿市	35,637	10,842	(30.4)	1,183	7,102	10.9	16.7
1421	千葉県	和田町	5,495	1,990	(36.2)	210	1,261	10.6	16.7
1422	奈良県	大宇陀町	8,225	2,297	(27.9)	258	1,551	11.2	16.6
1423	静岡県	静岡市清水区	230,067	50,147	(21.8)	5,685	34,182	11.3	16.6
1424	福岡県	小郡市	57,481	11,406	(19.8)	1,168	7,024	10.2	16.6
1425	山梨県	昭和町	16,764	2,363	(14.1)	258	1,552	10.9	16.6
1426	愛知県	尾張旭市	78,394	12,698	(16.2)	1,406	8,459	11.1	16.6
1427	沖縄県	読谷村	37,306	5,611	(15.0)	627	3,773	11.2	16.6
1428	兵庫県	西脇市	43,953	10,519	(23.9)	1,177	7,086	11.2	16.6
1429	千葉県	大多喜町	11,514	3,589	(31.2)	368	2,216	10.3	16.6
1430	沖縄県	東風平町	17,086	2,679	(15.7)	278	1,675	10.4	16.6
1431	北海道	鷹栖町	7,261	1,822	(25.1)	193	1,163	10.6	16.6
1432	沖縄県	佐敷町	11,456	2,267	(19.8)	219	1,320	9.7	16.6
1433	香川県	香川町	24,220	4,637	(19.1)	498	3,002	10.7	16.6
1434	石川県	羽咋市	24,517	6,550	(26.7)	722	4,353	11.0	16.6
1435	長野県	飯田市	108,624	28,094	(25.9)	3,009	18,142	10.7	16.6
1436	和歌山県	みなべ町	14,200	3,620	(25.5)	408	2,460	11.3	16.6
1437	茨城県	常陸太田市	59,802	15,891	(26.6)	1,732	10,448	10.9	16.6
1438	栃木県	栃木市	82,340	18,351	(22.3)	2,042	12,321	11.1	16.6
1439	愛知県	岡崎市	354,704	53,558	(15.1)	5,957	35,962	11.1	16.6
1440	千葉県	横芝町	14,129	3,603	(25.5)	397	2,398	11.0	16.6
1441	三重県	朝日町	7,114	1,431	(20.1)	162	979	11.3	16.5
1442	岩手県	田野畑村	4,241	1,274	(30.0)	137	828	10.8	16.5
1443	熊本県	南阿蘇村	12,254	3,571	(29.1)	364	2,200	10.2	16.5
1444	宮崎県	椎葉村	3,478	1,243	(35.7)	133	804	10.7	16.5
1445	奈良県	河合町	19,446	4,226	(21.7)	448	2,714	10.6	16.5
1446	愛知県	蒲郡市	82,108	17,508	(21.3)	1,958	11,867	11.2	16.5
1447	福岡県	瀬高町	23,762	6,360	(26.8)	667	4,043	10.5	16.5
1448	新潟県	柏崎市	94,648	24,015	(25.4)	2,596	15,749	10.8	16.5
1449	熊本県	西原村	6,352	1,549	(24.4)	161	977	10.4	16.5
1450	和歌山県	貴志川町	20,991	3,689	(17.6)	423	2,568	11.5	16.5
1451	石川県	野々市町	47,977	6,153	(12.8)	636	3,863	10.3	16.5
1452	香川県	仲南町	4,558	1,533	(33.6)	152	924	9.9	16.5
1453	兵庫県	三田市	113,572	16,104	(14.2)	1,654	10,058	10.3	16.4

1454	福井県	美浜町	11,023	3,008 (27.3)	335	2,038	11.1	16.4
1455	長野県	大桑村	4,457	1,482 (33.3)	165	1,004	11.1	16.4
1456	滋賀県	余呉町	3,931	1,221 (31.1)	140	852	11.5	16.4
1457	岐阜県	揖斐川町	26,192	6,903 (26.4)	748	4,555	10.8	16.4
1458	神奈川県	海老名市	123,764	17,644 (14.3)	1,950	11,881	11.1	16.4
1459	茨城県	大子町	22,103	7,565 (34.2)	813	4,954	10.7	16.4
1460	岡山県	早島町	11,921	2,417 (20.3)	264	1,609	10.9	16.4
1461	熊本県	宇土市	38,023	8,412 (22.1)	878	5,357	10.4	16.4
1462	埼玉県	八潮市	75,507	11,648 (15.4)	1,282	7,823	11.0	16.4
1463	栃木県	那須塩原市	115,032	19,523 (17.0)	2,143	13,079	11.0	16.4
1464	静岡県	函南町	38,803	7,660 (19.7)	818	4,993	10.7	16.4
1465	岐阜県	多治見市	103,821	18,549 (17.9)	2,063	12,600	11.1	16.4
1466	埼玉県	寄居町	37,061	7,538 (20.3)	837	5,114	11.1	16.4
1467	熊本県	あさぎり町	17,300	4,860 (28.1)	515	3,147	10.6	16.4
1468	長野県	武石村	4,120	1,168 (28.3)	126	770	10.8	16.4
1469	群馬県	藤岡市	62,480	12,421 (19.9)	1,346	8,227	10.8	16.4
1470	宮城県	仙台市泉区	208,813	29,029 (13.9)	3,186	19,476	11.0	16.4
1471	鳥取県	湯梨浜町	17,525	4,527 (25.8)	486	2,971	10.7	16.4
1472	宮崎県	北川町	4,478	1,595 (35.6)	158	969	9.9	16.3
1473	三重県	一志町	14,853	3,365 (22.7)	364	2,233	10.8	16.3
1474	愛知県	豊明市	68,285	11,265 (16.5)	1,187	7,283	10.5	16.3
1475	埼玉県	幸手市	54,006	9,456 (17.5)	1,039	6,375	11.0	16.3
1476	京都府	亀岡市	93,996	15,824 (16.8)	1,730	10,619	10.9	16.3
1477	群馬県	伊勢崎市	202,447	36,547 (18.1)	3,940	24,213	10.8	16.3
1478	長野県	本城村	2,076	690 (33.2)	75	461	10.9	16.3
1479	京都府	岩滝町	6,539	1,718 (26.3)	185	1,138	10.8	16.3
1480	長野県	佐久穂町	12,980	3,808 (29.3)	405	2,492	10.6	16.3
1481	和歌山県	打田町	15,051	3,437 (22.8)	366	2,255	10.6	16.2
1482	愛知県	豊川市	120,967	20,728 (17.1)	2,231	13,766	10.8	16.2
1483	埼玉県	越生町	13,356	2,812 (21.1)	310	1,913	11.0	16.2
1484	佐賀県	脊振村	1,907	613 (32.1)	58	358	9.5	16.2
1485	岩手県	遠野市	31,402	10,125 (32.2)	1,048	6,470	10.4	16.2
1486	徳島県	上板町	13,123	3,018 (23.0)	322	1,989	10.7	16.2
1487	千葉県	佐倉市	171,246	29,138 (17.0)	3,202	19,781	11.0	16.2
1488	京都府	南山城村	3,466	1,032 (29.8)	111	686	10.8	16.2
1489	鳥取県	江府町	3,643	1,347 (37.0)	137	847	10.2	16.2
1490	埼玉県	皆野町	11,518	3,044 (26.4)	320	1,979	10.5	16.2
1491	沖縄県	西原町	33,733	4,024 (11.9)	429	2,654	10.7	16.2
1492	長崎県	国見町	11,151	2,919 (26.2)	313	1,937	10.7	16.2
1493	福島県	喜多方市	36,410	10,454 (28.7)	1,030	6,376	9.9	16.2
1494	沖縄県	中城村	15,798	2,627 (16.6)	260	1,610	9.9	16.1
1495	埼玉県	入間市	148,576	23,063 (15.5)	2,548	15,800	11.0	16.1
1496	兵庫県	新温泉町	17,467	5,185 (29.7)	557	3,454	10.7	16.1
1497	京都府	野田川町	10,841	2,830 (26.1)	306	1,898	10.8	16.1
1498	茨城県	ひたちなか市	153,639	25,739 (16.8)	2,804	17,417	10.9	16.1
1499	福井県	大飯町	6,470	1,497 (23.1)	160	994	10.7	16.1
1500	兵庫県	太子町	32,555	5,165 (15.9)	577	3,585	11.2	16.1
1501	東京都	瑞穂町	33,691	5,721 (17.0)	573	3,563	10.0	16.1
1502	愛知県	江南市	99,055	17,872 (18.0)	1,944	12,103	10.9	16.1
1503	茨城県	鹿嶋市	64,435	11,278 (17.5)	1,200	7,471	10.6	16.1
1504	青森県	名川町	8,694	2,666 (30.7)	283	1,762	10.6	16.1
1505	佐賀県	鹿島市	32,117	7,781 (24.2)	831	5,179	10.7	16.0

1506	青森県	六ヶ所村	11,401	2,126 (18.6)	232	1,446	10.9	16.0
1507	北海道	端野町	5,469	1,379 (25.2)	132	823	9.6	16.0
1508	香川県	綾南町	19,121	4,428 (23.2)	466	2,906	10.5	16.0
1509	宮城県	石巻市	167,324	40,435 (24.2)	4,330	27,015	10.7	16.0
1510	沖縄県	南風原町	33,537	4,461 (13.3)	414	2,585	9.3	16.0
1511	埼玉県	さいたま市岩槻区	108,976	19,619 (18.0)	2,155	13,462	11.0	16.0
1512	兵庫県	大河内町	5,043	1,439 (28.5)	149	932	10.4	16.0
1513	三重県	名張市	82,156	14,893 (18.1)	1,619	10,127	10.9	16.0
1514	山梨県	都留市	35,017	7,154 (20.4)	760	4,754	10.6	16.0
1515	岩手県	大野村	6,036	1,576 (26.1)	169	1,058	10.7	16.0
1516	埼玉県	さいたま市緑区	104,018	15,332 (14.7)	1,630	10,205	10.6	16.0
1517	愛知県	甚目寺町	38,563	5,637 (14.6)	631	3,951	11.2	16.0
1518	滋賀県	多賀町	8,145	2,181 (26.8)	228	1,428	10.5	16.0
1519	神奈川県	綾瀬市	81,767	12,496 (15.3)	1,378	8,634	11.0	16.0
1520	青森県	黒石市	38,455	8,761 (22.8)	951	5,959	10.9	16.0
1521	熊本県	綿町	11,647	2,706 (23.2)	292	1,831	10.8	15.9
1522	愛知県	日進市	78,591	11,288 (14.4)	1,178	7,388	10.4	15.9
1523	徳島県	那賀川町	10,914	2,551 (23.4)	262	1,644	10.3	15.9
1524	千葉県	東金市	61,701	10,967 (17.8)	1,174	7,367	10.7	15.9
1525	三重県	香良洲町	5,174	1,285 (24.8)	138	866	10.7	15.9
1526	京都府	木津町	39,129	5,072 (13.0)	543	3,409	10.7	15.9
1527	香川県	三木町	28,790	6,395 (22.2)	666	4,182	10.4	15.9
1528	福岡県	上陽町	3,867	1,207 (31.2)	123	773	10.2	15.9
1529	滋賀県	虎姫町	5,582	1,313 (23.5)	147	924	11.2	15.9
1530	愛知県	師勝町	43,888	7,158 (16.3)	778	4,891	10.9	15.9
1531	福島県	原町市	47,456	10,945 (23.1)	1,115	7,014	10.2	15.9
1532	千葉県	蓮沼村	4,645	1,212 (26.1)	122	768	10.1	15.9
1533	長野県	小海町	5,663	1,878 (33.2)	188	1,184	10.0	15.9
1534	福井県	池田町	3,405	1,323 (38.9)	132	832	10.0	15.9
1535	埼玉県	東松山市	91,302	14,998 (16.4)	1,630	10,280	10.9	15.9
1536	宮崎県	五ヶ瀬町	4,812	1,546 (32.1)	153	966	9.9	15.8
1537	三重県	菰野町	38,986	7,869 (20.2)	796	5,026	10.1	15.8
1538	長野県	御代田町	14,124	2,826 (20.0)	280	1,768	9.9	15.8
1539	岩手県	種市町	13,488	3,629 (26.9)	380	2,400	10.5	15.8
1540	佐賀県	神埼町	19,762	4,301 (21.8)	433	2,735	10.1	15.8
1541	兵庫県	三木市	75,087	15,856 (21.1)	1,636	10,336	10.3	15.8
1542	青森県	中泊町	14,184	4,072 (28.7)	432	2,731	10.6	15.8
1543	長野県	青木村	4,774	1,497 (31.4)	152	961	10.2	15.8
1544	福島県	浪江町	21,615	5,203 (24.1)	552	3,493	10.6	15.8
1545	沖縄県	知念村	6,024	1,263 (21.0)	125	791	9.9	15.8
1546	千葉県	丸山町	5,440	1,795 (33.0)	185	1,171	10.5	15.8
1547	千葉県	成東町	24,132	5,502 (22.8)	591	3,741	10.7	15.8
1548	奈良県	川西町	9,174	1,986 (21.6)	218	1,382	11.0	15.8
1549	福井県	あわら市	31,081	7,472 (24.0)	771	4,892	10.3	15.8
1550	京都府	加茂町	15,607	3,077 (19.7)	323	2,050	10.5	15.8
1551	北海道	別海町	16,460	3,141 (19.1)	332	2,108	10.6	15.7
1552	埼玉県	久喜市	72,522	11,715 (16.2)	1,260	8,013	10.8	15.7
1553	愛知県	一宮市	371,687	67,968 (18.3)	7,279	46,305	10.7	15.7
1554	山梨県	上九一色村	1,521	492 (32.3)	52	331	10.6	15.7
1555	岐阜県	笠松町	22,696	4,619 (20.4)	465	2,962	10.1	15.7
1556	埼玉県	長瀞町	8,352	2,067 (24.7)	216	1,376	10.4	15.7
1557	熊本県	菊水町	6,527	2,089 (32.0)	202	1,287	9.7	15.7

1558	山梨県	田富町	17,267	2,492 (14.4)	276	1,759	11.1	15.7
1559	福井県	高浜町	11,630	2,826 (24.3)	288	1,836	10.2	15.7
1560	三重県	鈴鹿市	193,114	31,934 (16.5)	3,355	21,394	10.5	15.7
1561	群馬県	太田市	213,299	36,504 (17.1)	3,804	24,264	10.4	15.7
1562	宮城県	気仙沼市	58,320	15,289 (26.2)	1,577	10,067	10.3	15.7
1563	滋賀県	近江八幡市	68,530	12,833 (18.7)	1,356	8,659	10.6	15.7
1564	秋田県	琴丘町	5,769	1,875 (32.5)	197	1,258	10.5	15.7
1565	埼玉県	小鹿野町	14,479	3,872 (26.7)	391	2,497	10.1	15.7
1566	長野県	山ノ内町	14,704	4,410 (30.0)	458	2,928	10.4	15.6
1567	静岡県	浜松市	804,032	160,086 (19.9)	16,241	103,847	10.1	15.6
1568	栃木県	今市市	62,047	13,332 (21.5)	1,405	8,987	10.5	15.6
1569	群馬県	倉渕村	4,427	1,437 (32.5)	152	973	10.6	15.6
1570	東京都	あきる野市	79,587	15,308 (19.2)	1,499	9,596	9.8	15.6
1571	兵庫県	たつの市	81,561	16,823 (20.6)	1,753	11,231	10.4	15.6
1572	新潟県	湯沢町	8,713	2,232 (25.6)	229	1,468	10.3	15.6
1573	愛知県	知多市	83,373	13,465 (16.2)	1,422	9,126	10.6	15.6
1574	長野県	須坂市	53,668	12,361 (23.0)	1,251	8,032	10.1	15.6
1575	岐阜県	岐南町	22,776	3,312 (14.5)	363	2,333	11.0	15.6
1576	静岡県	清水町	31,961	5,437 (17.0)	567	3,645	10.4	15.6
1577	岡山県	矢掛町	15,713	4,867 (31.0)	484	3,112	9.9	15.6
1578	秋田県	五城目町	11,678	3,879 (33.2)	389	2,504	10.0	15.5
1579	佐賀県	武雄市	33,697	7,890 (23.4)	804	5,176	10.2	15.5
1580	石川県	宝達志水町	15,236	3,979 (26.1)	408	2,628	10.3	15.5
1581	長野県	伊那市	62,869	14,185 (22.6)	1,473	9,490	10.4	15.5
1582	愛知県	刈谷市	142,134	18,910 (13.3)	1,962	12,645	10.4	15.5
1583	徳島県	阿波市	41,076	11,054 (26.9)	1,115	7,190	10.1	15.5
1584	埼玉県	横瀬町	9,684	2,206 (22.8)	220	1,421	10.0	15.5
1585	長野県	高遠町	6,820	2,441 (35.8)	239	1,544	9.8	15.5
1586	秋田県	八郎潟町	7,093	2,033 (28.7)	202	1,305	9.9	15.5
1587	佐賀県	東脊振村	6,240	1,110 (17.8)	107	692	9.6	15.5
1588	福島県	相馬市	38,630	9,221 (23.9)	943	6,099	10.2	15.5
1589	富山県	高岡市	167,685	39,633 (23.6)	4,057	26,246	10.2	15.5
1590	京都府	園部町	17,061	3,652 (21.4)	350	2,274	9.6	15.4
1591	福島県	楢葉町	8,188	1,976 (24.1)	203	1,319	10.3	15.4
1592	徳島県	藍住町	32,286	4,375 (13.6)	447	2,905	10.2	15.4
1593	山形県	米沢市	93,178	21,976 (23.6)	2,205	14,356	10.0	15.4
1594	埼玉県	北本市	70,126	11,461 (16.3)	1,196	7,788	10.4	15.4
1595	香川県	綾上町	6,507	2,180 (33.5)	211	1,374	9.7	15.4
1596	愛知県	小牧市	147,182	21,471 (14.6)	2,251	14,659	10.5	15.4
1597	石川県	志賀町	23,790	7,408 (31.1)	735	4,791	9.9	15.3
1598	佐賀県	みやき町	27,157	6,536 (24.1)	647	4,220	9.9	15.3
1599	岩手県	大船渡市	43,331	11,716 (27.0)	1,188	7,759	10.1	15.3
1600	宮城県	多賀城市	62,745	9,600 (15.3)	991	6,474	10.3	15.3
1601	埼玉県	深谷市	119,594	18,017 (15.1)	1,841	12,027	10.2	15.3
1602	福岡県	前原市	67,275	11,170 (16.6)	1,141	7,458	10.2	15.3
1603	山梨県	上野原市	28,986	6,638 (22.9)	669	4,374	10.1	15.3
1604	埼玉県	日高市	53,619	9,471 (17.7)	970	6,345	10.2	15.3
1605	千葉県	大網白里町	49,548	9,582 (19.3)	983	6,435	10.3	15.3
1606	福岡県	うきは市	32,902	8,404 (25.5)	838	5,486	10.0	15.3
1607	徳島県	勝浦町	6,303	2,016 (32.0)	197	1,291	9.8	15.3
1608	愛知県	長久手町	46,493	5,093 (11.0)	511	3,349	10.0	15.3
1609	福岡県	山川町	5,391	1,529 (28.4)	157	1,029	10.3	15.3

1610	岩手県	花巻市	72,407	17,160 (23.7)	1,730	11,342	10.1	15.3
1611	奈良県	香芝市	70,998	10,696 (15.1)	1,082	7,103	10.1	15.2
1612	埼玉県	行田市	84,720	15,676 (18.5)	1,607	10,553	10.3	15.2
1613	茨城県	那珂市	54,705	11,599 (21.2)	1,136	7,461	9.8	15.2
1614	秋田県	山本町	7,708	2,461 (31.9)	245	1,611	10.0	15.2
1615	兵庫県	福崎町	20,669	4,210 (20.4)	402	2,644	9.5	15.2
1616	岐阜県	恵那市	55,761	14,681 (26.3)	1,462	9,621	10.0	15.2
1617	山形県	山形市	256,012	55,560 (21.7)	5,464	35,965	9.8	15.2
1618	岩手県	普代村	3,358	936 (27.9)	90	593	9.6	15.2
1619	鳥取県	琴浦町	19,499	5,638 (28.9)	553	3,644	9.8	15.2
1620	兵庫県	丹波市	70,810	18,715 (26.4)	1,843	12,152	9.8	15.2
1621	秋田県	潟上市	35,814	8,034 (22.4)	796	5,250	9.9	15.2
1622	熊本県	植木町	30,772	6,952 (22.6)	679	4,479	9.8	15.2
1623	長野県	辰野町	21,801	5,797 (26.6)	578	3,815	10.0	15.2
1624	岩手県	軽米町	10,997	3,367 (30.6)	326	2,154	9.7	15.1
1625	佐賀県	江北町	9,628	2,486 (25.8)	241	1,593	9.7	15.1
1626	岐阜県	関ケ原町	8,618	2,269 (26.3)	220	1,456	9.7	15.1
1627	大阪府	太子町	14,483	2,391 (16.5)	242	1,602	10.1	15.1
1628	神奈川県	寒川町	47,457	7,243 (15.3)	730	4,834	10.1	15.1
1629	佐賀県	太良町	10,660	3,000 (28.1)	292	1,935	9.7	15.1
1630	滋賀県	草津市	121,159	16,738 (13.8)	1,695	11,233	10.1	15.1
1631	岡山県	鴨方町	18,475	4,539 (24.6)	451	2,989	9.9	15.1
1632	北海道	訓子府町	5,981	1,630 (27.3)	156	1,034	9.6	15.1
1633	長野県	千曲市	64,022	15,284 (23.9)	1,504	9,976	9.8	15.1
1634	千葉県	四街道市	84,770	14,851 (17.5)	1,496	9,923	10.1	15.1
1635	山形県	鶴岡市	142,384	37,630 (26.4)	3,750	24,878	10.0	15.1
1636	千葉県	酒々井町	21,385	3,405 (15.9)	361	2,396	10.6	15.1
1637	青森県	板柳町	16,222	4,210 (26.0)	436	2,894	10.4	15.1
1638	滋賀県	高島市	53,950	13,517 (25.1)	1,328	8,816	9.8	15.1
1639	福井県	三国町	22,936	5,305 (23.1)	538	3,574	10.1	15.1
1640	長野県	長谷村	2,099	823 (39.2)	65	432	7.9	15.0
1641	埼玉県	鴻巣市	56,693	19,677 (34.7)	1,987	13,214	10.1	15.0
1642	沖縄県	豊見城市	52,516	6,704 (12.8)	619	4,117	9.2	15.0
1643	長野県	池田町	10,630	2,946 (27.7)	284	1,890	9.6	15.0
1644	岐阜県	高山市	96,231	22,982 (23.9)	2,268	15,095	9.9	15.0
1645	兵庫県	豊岡市	89,208	23,059 (25.8)	2,265	15,081	9.8	15.0
1646	愛知県	大治町	28,501	3,837 (13.5)	396	2,638	10.3	15.0
1647	愛知県	南知多町	21,909	5,844 (26.7)	573	3,821	9.8	15.0
1648	石川県	小松市	109,084	22,118 (20.3)	2,211	14,748	10.0	15.0
1649	石川県	内灘町	26,896	4,075 (15.2)	410	2,735	10.1	15.0
1650	岐阜県	下呂市	38,494	11,469 (29.8)	1,096	7,316	9.6	15.0
1651	北海道	鹿部町	4,919	1,117 (22.7)	106	708	9.5	15.0
1652	長野県	駒ヶ根市	34,417	8,103 (23.5)	764	5,106	9.4	15.0
1653	岡山県	金光町	12,341	3,279 (26.6)	314	2,100	9.6	15.0
1654	茨城県	笠間市	29,668	6,942 (23.4)	702	4,695	10.1	15.0
1655	埼玉県	吉川市	60,284	8,116 (13.5)	825	5,519	10.2	14.9
1656	愛知県	大府市	80,262	11,788 (14.7)	1,193	7,985	10.1	14.9
1657	沖縄県	大里村	11,603	2,001 (17.2)	184	1,232	9.2	14.9
1658	静岡県	長泉町	38,716	6,274 (16.2)	622	4,169	9.9	14.9
1659	福井県	南越前町	12,274	3,552 (28.9)	338	2,267	9.5	14.9
1660	青森県	七戸町	18,471	4,893 (26.5)	476	3,193	9.7	14.9
1661	香川県	仁尾町	6,796	2,023 (29.8)	188	1,262	9.3	14.9

付表2

1662	山形県	小国町	9,742	3,037 (31.2)	290	1,951	9.5	14.9
1663	佐賀県	上峰町	9,090	1,697 (18.7)	163	1,098	9.6	14.8
1664	富山県	上市町	23,039	5,708 (24.8)	569	3,834	10.0	14.8
1665	佐賀県	小城市	45,852	9,605 (20.9)	944	6,361	9.8	14.8
1666	岩手県	北上市	94,321	19,274 (20.4)	1,908	12,862	9.9	14.8
1667	埼玉県	児玉町	21,150	4,206 (19.9)	427	2,879	10.2	14.8
1668	京都府	八木町	8,869	2,749 (31.0)	236	1,592	8.6	14.8
1669	埼玉県	上里町	30,855	4,934 (16.0)	484	3,265	9.8	14.8
1670	富山県	滑川市	34,002	7,498 (22.1)	733	4,945	9.8	14.8
1671	埼玉県	桶川市	73,677	13,020 (17.7)	1,296	8,744	10.0	14.8
1672	千葉県	富津市	50,162	12,758 (25.4)	1,249	8,438	9.8	14.8
1673	栃木県	鹿沼市	94,009	19,213 (20.4)	1,902	12,850	9.9	14.8
1674	鳥取県	岩美町	13,270	3,738 (28.2)	362	2,446	9.7	14.8
1675	三重県	芸濃町	8,492	2,346 (27.6)	217	1,467	9.2	14.8
1676	香川県	満濃町	12,472	3,528 (28.3)	334	2,258	9.5	14.8
1677	岐阜県	土岐市	62,102	14,802 (23.8)	1,442	9,749	9.7	14.8
1678	栃木県	矢板市	35,685	7,286 (20.4)	712	4,816	9.8	14.8
1679	熊本県	南小国町	4,687	1,493 (31.9)	138	934	9.2	14.8
1680	長崎県	琴海町	12,507	2,790 (22.3)	266	1,801	9.5	14.8
1681	熊本県	城南町	19,641	4,811 (24.5)	413	2,803	8.6	14.7
1682	千葉県	白子町	12,850	3,377 (26.3)	343	2,328	10.2	14.7
1683	兵庫県	滝野町	11,967	2,236 (18.7)	200	1,358	8.9	14.7
1684	香川県	香南町	7,991	1,887 (23.6)	162	1,100	8.6	14.7
1685	千葉県	千葉市緑区	112,850	15,340 (13.6)	1,456	9,894	9.5	14.7
1686	熊本県	岱明町	14,180	3,709 (26.2)	355	2,413	9.6	14.7
1687	愛知県	美浜町	26,294	4,901 (18.6)	470	3,200	9.6	14.7
1688	岐阜県	瑞浪市	42,065	9,657 (23.0)	925	6,300	9.6	14.7
1689	山形県	上山市	36,013	10,256 (28.5)	950	6,472	9.3	14.7
1690	熊本県	嘉島町	8,492	2,026 (23.9)	190	1,295	9.4	14.7
1691	兵庫県	安富町	5,650	1,246 (22.1)	118	805	9.5	14.7
1692	山梨県	大和村	1,496	450 (30.1)	47	321	10.4	14.6
1693	秋田県	仙北市	31,868	9,837 (30.9)	929	6,346	9.4	14.6
1694	埼玉県	小川町	35,401	7,207 (20.4)	715	4,885	9.9	14.6
1695	兵庫県	香美町	21,439	6,470 (30.2)	634	4,336	9.8	14.6
1696	富山県	新湊市	36,547	8,830 (24.2)	850	5,824	9.6	14.6
1697	奈良県	榛原町	18,549	4,181 (22.5)	396	2,717	9.5	14.6
1698	福岡県	久山町	7,858	1,719 (21.9)	168	1,153	9.8	14.6
1699	岩手県	野田村	5,019	1,344 (26.8)	128	879	9.5	14.6
1700	大阪府	熊取町	44,505	6,929 (15.6)	636	4,368	9.2	14.6
1701	山梨県	富士吉田市	52,572	10,529 (20.0)	1,044	7,175	9.9	14.6
1702	福島県	伊南村	1,784	746 (41.8)	65	447	8.7	14.5
1703	宮城県	古川市	75,154	14,014 (18.6)	1,328	9,138	9.7	14.5
1704	熊本県	氷川町	13,232	3,661 (27.7)	339	2,333	9.3	14.5
1705	岩手県	住田町	6,848	2,497 (36.5)	232	1,597	9.3	14.5
1706	福島県	双葉町	7,170	1,754 (24.5)	168	1,157	9.6	14.5
1707	長野県	東御市	31,271	7,180 (23.0)	687	4,738	9.6	14.5
1708	埼玉県	嵐山町	19,479	3,707 (19.0)	349	2,408	9.4	14.5
1709	愛知県	高浜市	41,351	6,601 (16.0)	630	4,354	9.5	14.5
1710	群馬県	群馬町	36,764	6,340 (17.2)	589	4,074	9.3	14.5
1711	三重県	勢和村	5,146	1,559 (30.3)	145	1,003	9.3	14.5
1712	愛知県	東浦町	48,046	7,899 (16.4)	760	5,259	9.6	14.5
1713	岐阜県	中津川市	84,080	21,229 (25.2)	2,009	13,902	9.5	14.5

1714	福岡県	高田町	14,219	4,187 (29.4)	390	2,701	9.3	14.4
1715	岐阜県	八百津町	12,935	3,887 (30.1)	360	2,496	9.3	14.4
1716	長野県	信濃町	9,927	3,001 (30.2)	288	1,998	9.6	14.4
1717	岐阜県	七宗町	4,870	1,637 (33.6)	153	1,062	9.3	14.4
1718	静岡県	新居町	16,937	3,464 (20.5)	338	2,347	9.8	14.4
1719	京都府	山城町	8,913	2,049 (23.0)	196	1,361	9.6	14.4
1720	神奈川県	津久井町	28,695	5,053 (17.6)	508	3,528	10.1	14.4
1721	愛知県	七宝町	22,869	4,244 (18.6)	412	2,862	9.7	14.4
1722	秋田県	由利本荘市	89,555	24,197 (27.0)	2,213	15,390	9.1	14.4
1723	福岡県	広川町	20,248	4,300 (21.2)	379	2,637	8.8	14.4
1724	福島県	南郷村	2,933	1,123 (38.3)	101	703	9.0	14.4
1725	宮城県	白石市	39,492	10,218 (25.9)	925	6,440	9.1	14.4
1726	熊本県	相良村	5,398	1,647 (30.5)	147	1,024	8.9	14.4
1727	長野県	野沢温泉村	4,259	1,303 (30.6)	121	843	9.3	14.4
1728	奈良県	平群町	20,286	4,519 (22.3)	430	2,997	9.5	14.3
1729	長野県	塩尻市	68,346	14,145 (20.7)	1,327	9,249	9.4	14.3
1730	熊本県	益城町	32,782	7,036 (21.5)	622	4,339	8.8	14.3
1731	長崎県	東彼杵町	9,657	2,652 (27.5)	226	1,577	8.5	14.3
1732	千葉県	印西市	60,060	7,668 (12.8)	754	5,262	9.8	14.3
1733	千葉県	八街市	75,735	11,480 (15.2)	1,119	7,819	9.7	14.3
1734	岩手県	一関市	125,818	34,778 (27.6)	3,184	22,254	9.2	14.3
1735	茨城県	牛久市	77,223	11,841 (15.3)	1,149	8,031	9.7	14.3
1736	静岡県	富士宮市	121,779	22,901 (18.8)	2,235	15,627	9.8	14.3
1737	愛知県	豊田市	412,141	55,246 (13.4)	5,360	37,488	9.7	14.3
1738	山梨県	南部町	10,254	3,136 (30.6)	290	2,029	9.2	14.3
1739	神奈川県	城山町	23,067	3,544 (15.4)	352	2,463	9.9	14.3
1740	岐阜県	美濃加茂市	52,133	9,302 (17.8)	865	6,054	9.3	14.3
1741	愛知県	犬山市	74,294	14,404 (19.4)	1,347	9,434	9.4	14.3
1742	茨城県	阿見町	47,994	8,133 (16.9)	767	5,374	9.4	14.3
1743	大阪府	千早赤阪村	6,538	1,586 (24.3)	153	1,073	9.6	14.3
1744	茨城県	玉里村	8,882	1,854 (20.9)	154	1,081	8.3	14.2
1745	北海道	東神楽町	9,194	1,799 (19.6)	153	1,074	8.5	14.2
1746	宮城県	大河原町	23,335	4,634 (19.9)	441	3,096	9.5	14.2
1747	北海道	更別村	3,326	833 (25.0)	74	520	8.9	14.2
1748	千葉県	佐原市	45,965	11,405 (24.8)	1,071	7,530	9.4	14.2
1749	福岡県	二丈町	13,409	3,227 (24.1)	301	2,119	9.3	14.2
1750	千葉県	八日市場市	32,067	8,137 (25.4)	741	5,217	9.1	14.2
1751	青森県	福地村	7,024	1,636 (23.3)	145	1,021	8.9	14.2
1752	京都府	和束町	4,998	1,458 (29.2)	138	973	9.5	14.2
1753	静岡県	蒲原町	12,837	3,127 (24.4)	305	2,151	9.8	14.2
1754	茨城県	城里町	22,993	5,676 (24.7)	524	3,702	9.2	14.2
1755	茨城県	古河市	145,265	25,324 (17.4)	2,435	17,205	9.6	14.2
1756	石川県	中能登町	18,959	5,163 (27.2)	483	3,413	9.4	14.2
1757	福島県	柳津町	4,260	1,565 (36.7)	138	976	8.8	14.1
1758	岩手県	八幡平市	31,079	9,064 (29.2)	800	5,658	8.8	14.1
1759	千葉県	長生村	14,543	3,249 (22.3)	303	2,143	9.3	14.1
1760	秋田県	にかほ市	28,972	7,707 (26.6)	713	5,045	9.3	14.1
1761	兵庫県	宍粟市	43,302	11,132 (25.7)	1,043	7,380	9.4	14.1
1762	長野県	立科町	8,237	2,234 (27.1)	208	1,472	9.3	14.1
1763	茨城県	東海村	35,450	6,012 (17.0)	555	3,928	9.2	14.1
1764	青森県	つがる市	40,091	11,038 (27.5)	1,001	7,087	9.1	14.1
1765	福島県	川俣町	17,034	4,943 (29.0)	446	3,158	9.0	14.1

1766	秋田県	峰浜村	4,610	1,438 (31.2)	133	943	9.2	14.1
1767	群馬県	榛名町	21,756	5,186 (23.8)	447	3,171	8.6	14.1
1768	福岡県	柳川市	74,539	17,985 (24.1)	1,649	11,700	9.2	14.1
1769	長崎県	吾妻町	7,330	2,080 (28.4)	187	1,327	9.0	14.1
1770	北海道	浜中町	7,005	1,672 (23.9)	159	1,130	9.5	14.1
1771	千葉県	君津市	90,977	17,751 (19.5)	1,600	11,376	9.0	14.1
1772	栃木県	那須烏山市	31,152	8,113 (26.0)	734	5,231	9.0	14.0
1773	宮城県	小牛田町	19,611	4,942 (25.2)	452	3,222	9.1	14.0
1774	神奈川県	藤野町	10,823	2,500 (23.1)	201	1,433	8.0	14.0
1775	山形県	新庄市	40,717	9,892 (24.3)	903	6,442	9.1	14.0
1776	千葉県	野田市	151,240	26,459 (17.5)	2,503	17,878	9.5	14.0
1777	千葉県	富里市	51,370	7,068 (13.8)	660	4,720	9.3	14.0
1778	神奈川県	清川村	3,507	717 (20.4)	59	422	8.2	14.0
1779	栃木県	小山市	160,150	26,130 (16.3)	2,450	17,526	9.4	14.0
1780	長野県	宮田村	8,968	1,982 (22.1)	182	1,302	9.2	14.0
1781	静岡県	小山町	21,478	4,298 (20.0)	401	2,874	9.3	14.0
1782	兵庫県	小野市	49,761	9,798 (19.7)	908	6,511	9.3	13.9
1783	埼玉県	三芳町	37,050	6,420 (17.3)	538	3,861	8.4	13.9
1784	岩手県	岩手町	16,254	4,658 (28.7)	423	3,039	9.1	13.9
1785	新潟県	村松町	19,680	5,572 (28.3)	491	3,528	8.8	13.9
1786	福島県	矢吹町	18,735	4,145 (22.1)	361	2,595	8.7	13.9
1787	岩手県	滝沢村	53,560	7,339 (13.7)	665	4,782	9.1	13.9
1788	静岡県	御殿場市	85,976	14,818 (17.2)	1,348	9,695	9.1	13.9
1789	北海道	新篠津村	3,737	1,008 (27.0)	78	561	7.7	13.9
1790	長崎県	南串山町	4,471	1,236 (27.6)	113	814	9.1	13.9
1791	岩手県	陸前高田市	24,709	7,528 (30.5)	678	4,888	9.0	13.9
1792	神奈川県	山北町	12,655	3,128 (24.7)	294	2,121	9.4	13.9
1793	愛知県	安城市	170,250	23,553 (13.8)	2,242	16,178	9.5	13.9
1794	岐阜県	東白川村	2,854	1,021 (35.8)	89	643	8.7	13.8
1795	長野県	松川村	10,072	2,423 (24.1)	215	1,554	8.9	13.8
1796	埼玉県	加須市	67,662	11,683 (17.3)	1,075	7,779	9.2	13.8
1797	岐阜県	各務原市	144,174	25,516 (17.7)	2,374	17,179	9.3	13.8
1798	岐阜県	白川村	1,983	486 (24.5)	46	333	9.5	13.8
1799	富山県	黒部市	36,543	8,472 (23.2)	756	5,474	8.9	13.8
1800	福島県	棚倉町	15,795	3,698 (23.4)	340	2,462	9.2	13.8
1801	長野県	白馬村	9,500	2,031 (21.4)	180	1,305	8.9	13.8
1802	福島県	磐梯町	3,951	1,267 (32.1)	109	791	8.6	13.8
1803	奈良県	田原本町	33,029	6,606 (20.0)	614	4,467	9.3	13.7
1804	滋賀県	栗東町	59,869	7,279 (12.2)	683	4,972	9.4	13.7
1805	滋賀県	志賀町	22,047	4,469 (20.3)	410	2,985	9.2	13.7
1806	群馬県	妙義町	4,727	1,311 (27.7)	117	852	8.9	13.7
1807	岐阜県	飛騨市	28,902	8,657 (30.0)	757	5,515	8.7	13.7
1808	長野県	飯山市	24,960	7,273 (29.1)	651	4,746	9.0	13.7
1809	岐阜県	白川町	10,545	3,697 (35.1)	318	2,319	8.6	13.7
1810	宮城県	松島町	16,193	4,320 (26.7)	385	2,808	8.9	13.7
1811	長野県	安曇野市	96,266	22,216 (23.1)	1,980	14,460	8.9	13.7
1812	神奈川県	愛川町	42,045	6,445 (15.3)	607	4,434	9.4	13.7
1813	奈良県	葛城市	34,985	6,538 (18.7)	597	4,361	9.1	13.7
1814	群馬県	嬬恋村	10,858	2,729 (25.1)	246	1,797	9.0	13.7
1815	宮城県	涌谷町	18,410	4,835 (26.3)	435	3,180	9.0	13.7
1816	茨城県	友部町	35,526	6,327 (17.8)	579	4,234	9.2	13.7
1817	福岡県	黒木町	13,615	4,297 (31.6)	377	2,759	8.8	13.7

1818	岐阜県	美濃市	23,390	5,866	(25.1)	540	3,952	9.2	13.7
1819	青森県	百石町	10,001	2,110	(21.1)	192	1,406	9.1	13.7
1820	茨城県	潮来市	31,524	6,424	(20.4)	583	4,270	9.1	13.7
1821	京都府	精華町	34,236	4,621	(13.5)	430	3,152	9.3	13.6
1822	滋賀県	東近江市	78,803	15,589	(19.8)	1,390	10,193	8.9	13.6
1823	鳥取県	大山町	18,897	5,906	(31.3)	501	3,675	8.5	13.6
1824	千葉県	旭市	70,643	15,645	(22.1)	1,386	10,167	8.9	13.6
1825	秋田県	湯沢市	55,290	16,493	(29.8)	1,473	10,817	8.9	13.6
1826	群馬県	片品村	5,478	1,502	(27.4)	136	1,000	9.1	13.6
1827	埼玉県	都幾川村	7,777	1,702	(21.9)	160	1,177	9.4	13.6
1828	愛知県	東郷町	39,384	5,418	(13.8)	495	3,642	9.1	13.6
1829	香川県	豊中町	11,526	3,149	(27.3)	272	2,002	8.6	13.6
1830	岐阜県	群上市	47,495	14,236	(30.0)	1,225	9,020	8.6	13.6
1831	栃木県	茂木町	16,403	4,991	(30.4)	432	3,181	8.7	13.6
1832	神奈川県	南足柄市	44,134	8,800	(19.9)	798	5,878	9.1	13.6
1833	群馬県	吉井町	24,987	5,445	(21.8)	480	3,536	8.8	13.6
1834	福島県	小野町	12,105	3,206	(26.5)	287	2,115	9.0	13.6
1835	福岡県	筑前町	29,353	6,286	(21.4)	506	3,732	8.0	13.6
1836	宮城県	柴田町	39,809	7,417	(18.6)	669	4,938	9.0	13.5
1837	兵庫県	香寺町	19,326	3,610	(18.7)	337	2,489	9.3	13.5
1838	長野県	坂城町	16,463	3,995	(24.3)	354	2,618	8.9	13.5
1839	千葉県	白井市	53,005	7,382	(13.9)	678	5,022	9.2	13.5
1840	茨城県	神栖市	91,867	13,104	(14.3)	1,195	8,860	9.1	13.5
1841	静岡県	富士市	236,474	42,699	(18.1)	3,903	28,940	9.1	13.5
1842	埼玉県	宮代町	34,620	6,207	(17.9)	570	4,233	9.2	13.5
1843	福井県	勝山市	26,961	7,577	(28.1)	640	4,753	8.4	13.5
1844	長野県	坂井村	1,515	510	(33.7)	46	342	9.0	13.5
1845	岩手県	浄法寺町	4,981	1,705	(34.2)	149	1,108	8.7	13.4
1846	愛知県	美和町	23,875	4,314	(18.1)	393	2,926	9.1	13.4
1847	栃木県	那須町	26,693	6,684	(25.0)	583	4,348	8.7	13.4
1848	青森県	五戸町	20,138	5,560	(27.6)	488	3,643	8.8	13.4
1849	福井県	松岡町	10,965	2,241	(20.4)	201	1,501	9.0	13.4
1850	兵庫県	社町	20,732	4,005	(19.3)	369	2,758	9.2	13.4
1851	山梨県	玉穂町	10,787	1,387	(12.9)	115	860	8.3	13.4
1852	和歌山県	吉備町	14,971	3,261	(21.8)	274	2,050	8.4	13.4
1853	福島県	鏡石町	12,746	2,419	(19.0)	218	1,634	9.0	13.3
1854	広島県	神辺町	40,578	8,498	(20.9)	749	5,617	8.8	13.3
1855	福島県	二本松市	35,107	7,812	(22.3)	672	5,040	8.6	13.3
1856	石川県	津幡町	35,712	5,803	(16.2)	520	3,904	9.0	13.3
1857	千葉県	山武町	19,351	3,578	(18.5)	319	2,395	8.9	13.3
1858	群馬県	東村	2,332	696	(29.8)	63	473	9.1	13.3
1859	新潟県	上越市	208,082	50,341	(24.2)	4,396	33,016	8.7	13.3
1860	宮城県	岩出山町	13,254	4,193	(31.6)	362	2,719	8.6	13.3
1861	青森県	鶴田町	15,218	4,084	(26.8)	355	2,667	8.7	13.3
1862	岐阜県	山形市	30,316	6,679	(22.0)	595	4,471	8.9	13.3
1863	宮城県	松山町	6,944	1,844	(26.6)	158	1,189	8.6	13.3
1864	茨城県	石岡市	81,887	18,333	(22.4)	1,542	11,608	8.4	13.3
1865	兵庫県	夢前町	21,228	4,262	(20.1)	369	2,779	8.7	13.3
1866	福島県	須賀川市	80,364	16,074	(20.0)	1,393	10,495	8.7	13.3
1867	青森県	東北町	20,016	5,270	(26.3)	435	3,283	8.3	13.3
1868	千葉県	三芳村	4,656	1,431	(30.7)	111	838	7.8	13.2
1869	長野県	真田町	11,310	2,788	(24.7)	246	1,858	8.8	13.2

1870	兵庫県	市川町	14,150	3,501 (24.7)	316	2,389	9.0	13.2
1871	青森県	階上町	15,356	2,764 (18.0)	242	1,832	8.8	13.2
1872	福井県	美山町	4,942	1,621 (32.8)	137	1,038	8.5	13.2
1873	青森県	蓬田町	3,405	1,011 (29.7)	89	675	8.8	13.2
1874	香川県	高瀬町	16,437	4,500 (27.4)	370	2,807	8.2	13.2
1875	宮城県	東松島市	43,235	8,849 (20.5)	779	5,913	8.8	13.2
1876	千葉県	袖ケ浦市	59,108	9,620 (16.3)	838	6,362	8.7	13.2
1877	山梨県	南アルプス市	72,055	13,821 (19.2)	1,209	9,180	8.7	13.2
1878	島根県	出雲市	146,307	35,752 (24.4)	2,993	22,727	8.4	13.2
1879	新潟県	粟島浦村	438	174 (39.7)	15	114	8.6	13.2
1880	愛知県	稲沢市	136,965	24,229 (17.7)	2,156	16,394	8.9	13.2
1881	福井県	越前市	87,742	19,072 (21.7)	1,618	12,307	8.5	13.1
1882	岐阜県	墨俣町	4,617	1,130 (24.5)	103	784	9.1	13.1
1883	滋賀県	米原市	41,009	9,564 (23.3)	842	6,413	8.8	13.1
1884	埼玉県	蓮田市	63,474	11,499 (18.1)	1,010	7,696	8.8	13.1
1885	福島県	猪苗代町	17,009	5,004 (29.4)	418	3,188	8.4	13.1
1886	神奈川県	開成町	15,123	2,807 (18.6)	222	1,698	7.9	13.1
1887	愛知県	小坂井町	21,881	4,307 (19.7)	369	2,823	8.6	13.1
1888	福島県	下郷町	7,053	2,417 (34.3)	201	1,538	8.3	13.1
1889	長野県	原村	7,456	1,871 (25.1)	153	1,171	8.2	13.1
1890	富山県	立山町	28,011	6,541 (23.4)	566	4,342	8.7	13.0
1891	北海道	北村	3,618	1,095 (30.3)	89	683	8.1	13.0
1892	福島県	会津坂下町	18,274	5,165 (28.3)	439	3,370	8.5	13.0
1893	大阪府	豊能町	23,928	4,625 (19.3)	407	3,126	8.8	13.0
1894	島根県	奥出雲町	15,812	5,419 (34.3)	435	3,342	8.0	13.0
1895	新潟県	加茂市	31,482	8,088 (25.7)	702	5,396	8.7	13.0
1896	鳥取県	北栄町	16,052	4,039 (25.2)	343	2,638	8.5	13.0
1897	愛知県	碧南市	71,408	12,629 (17.7)	1,093	8,409	8.7	13.0
1898	岩手県	江刺市	32,544	9,887 (30.4)	807	6,218	8.2	13.0
1899	新潟県	新発田市	104,634	25,318 (24.2)	2,115	16,299	8.4	13.0
1900	青森県	藤崎町	16,495	4,235 (25.7)	356	2,745	8.4	13.0
1901	滋賀県	湖南市	55,325	7,120 (12.9)	613	4,728	8.6	13.0
1902	香川県	山本町	7,409	2,187 (29.5)	175	1,350	8.0	13.0
1903	佐賀県	基山町	18,889	3,630 (19.2)	268	2,071	7.4	12.9
1904	北海道	南幌町	9,564	1,927 (20.1)	154	1,191	8.0	12.9
1905	大阪府	能勢町	12,897	2,912 (22.6)	243	1,880	8.3	12.9
1906	滋賀県	甲良町	8,103	1,800 (22.2)	166	1,285	9.2	12.9
1907	茨城県	岩間町	16,303	3,759 (23.1)	318	2,466	8.5	12.9
1908	岐阜県	御嵩町	19,272	4,159 (21.6)	353	2,740	8.5	12.9
1909	長野県	南箕輪村	13,620	2,413 (17.7)	206	1,600	8.5	12.9
1910	岐阜県	柳津町	13,436	2,102 (15.6)	172	1,341	8.2	12.8
1911	愛知県	御津町	13,456	2,977 (22.1)	249	1,943	8.4	12.8
1912	長野県	阿智村	6,003	1,680 (28.0)	134	1,047	8.0	12.8
1913	群馬県	玉村町	38,168	4,854 (12.7)	413	3,227	8.5	12.8
1914	奈良県	広陵町	32,810	5,082 (15.5)	442	3,454	8.7	12.8
1915	埼玉県	美里町	11,963	2,655 (22.2)	220	1,722	8.3	12.8
1916	富山県	小杉町	32,948	5,692 (17.3)	487	3,812	8.6	12.8
1917	千葉県	松尾町	10,896	2,711 (24.9)	228	1,785	8.4	12.8
1918	鳥取県	南部町	12,070	3,273 (27.1)	266	2,083	8.1	12.8
1919	新潟県	長岡市	236,344	51,622 (21.8)	4,232	33,141	8.2	12.8
1920	福島県	西郷村	19,494	3,315 (17.0)	260	2,039	7.8	12.8
1921	福島県	本宮町	22,180	4,667 (21.0)	375	2,943	8.0	12.7

1922	千葉県	夷隅町	7,611	2,325	(30.5)	185	1,453	8.0	12.7
1923	長崎県	瑞穂町	5,776	1,635	(28.3)	118	927	7.2	12.7
1924	福島県	川内村	3,125	1,056	(33.8)	88	692	8.3	12.7
1925	長崎県	波佐見町	15,367	3,601	(23.4)	294	2,312	8.2	12.7
1926	新潟県	津南町	11,719	4,125	(35.2)	318	2,504	7.7	12.7
1927	千葉県	光町	11,852	3,135	(26.5)	254	2,002	8.1	12.7
1928	滋賀県	能登川町	23,148	4,252	(18.4)	364	2,870	8.6	12.7
1929	埼玉県	羽生市	158,074	11,280	(7.1)	925	7,302	8.2	12.7
1930	熊本県	山江村	3,901	1,069	(27.4)	87	687	8.1	12.7
1931	岐阜県	関市	92,597	18,481	(20.0)	1,538	12,146	8.3	12.7
1932	長野県	木島平村	5,312	1,651	(31.1)	133	1,051	8.1	12.7
1933	新潟県	妙高市	37,831	10,383	(27.4)	853	6,744	8.2	12.6
1934	新潟県	巻町	28,713	6,609	(23.0)	549	4,342	8.3	12.6
1935	滋賀県	日野町	22,809	5,332	(23.4)	440	3,480	8.3	12.6
1936	福岡県	大川市	39,213	9,701	(24.7)	785	6,211	8.1	12.6
1937	長崎県	有明町	11,729	2,961	(25.2)	234	1,854	7.9	12.6
1938	栃木県	大田原市	79,023	15,541	(19.7)	1,273	10,090	8.2	12.6
1939	富山県	入善町	28,005	7,274	(26.0)	601	4,765	8.3	12.6
1940	愛知県	弥富町	36,957	6,247	(16.9)	537	4,260	8.6	12.6
1941	福井県	大野市	37,174	10,207	(27.5)	819	6,498	8.0	12.6
1942	栃木県	さくら市	41,383	8,186	(19.8)	673	5,342	8.2	12.6
1943	秋田県	大仙市	93,352	27,639	(29.6)	2,220	17,624	8.0	12.6
1944	群馬県	箕郷町	19,452	3,848	(19.8)	292	2,322	7.6	12.6
1945	岩手県	九戸村	6,974	2,221	(31.8)	175	1,392	7.9	12.6
1946	長野県	川上村	4,759	1,152	(24.2)	98	781	8.5	12.5
1947	愛知県	西尾市	104,321	17,848	(17.1)	1,503	12,004	8.4	12.5
1948	長野県	波田町	14,914	3,055	(20.5)	255	2,037	8.3	12.5
1949	栃木県	国分寺町	17,765	3,144	(17.7)	261	2,086	8.3	12.5
1950	大阪府	河南町	17,545	3,432	(19.6)	282	2,255	8.2	12.5
1951	青森県	新郷村	3,143	1,149	(36.6)	88	704	7.7	12.5
1952	岩手県	東和町	10,054	3,247	(32.3)	263	2,104	8.1	12.5
1953	福島県	会津美里町	24,741	7,463	(30.2)	582	4,659	7.8	12.5
1954	富山県	氷見市	54,495	15,015	(27.6)	1,221	9,775	8.1	12.5
1955	栃木県	壬生町	40,107	7,275	(18.1)	622	4,981	8.5	12.5
1956	山梨県	富士河口湖町	23,943	4,287	(17.9)	371	2,977	8.7	12.5
1957	山形県	長井市	30,929	8,466	(27.4)	663	5,321	7.8	12.5
1958	新潟県	栃尾市	23,168	7,169	(30.9)	576	4,624	8.0	12.5
1959	三重県	美里村	4,094	1,206	(29.5)	95	763	7.9	12.5
1960	愛知県	扶桑町	32,535	6,166	(19.0)	509	4,089	8.3	12.4
1961	静岡県	湖西市	44,057	7,571	(17.2)	625	5,022	8.3	12.4
1962	鳥取県	伯耆町	12,343	3,662	(29.7)	274	2,202	7.5	12.4
1963	熊本県	富合町	7,962	2,390	(30.0)	177	1,423	7.4	12.4
1964	埼玉県	杉戸町	46,646	7,673	(16.4)	651	5,235	8.5	12.4
1965	埼玉県	神川町	13,819	2,646	(19.1)	214	1,721	8.1	12.4
1966	静岡県	裾野市	53,062	8,453	(15.9)	702	5,650	8.3	12.4
1967	東京都	日の出町	15,941	3,799	(23.8)	236	1,901	6.2	12.4
1968	宮城県	栗原市	80,248	24,804	(30.9)	1,954	15,750	7.9	12.4
1969	福島県	塙町	10,619	3,139	(29.6)	244	1,967	7.8	12.4
1970	兵庫県	猪名川町	30,021	5,195	(17.3)	385	3,104	7.4	12.4
1971	愛知県	新城市	52,178	13,266	(25.4)	1,054	8,498	7.9	12.4
1972	兵庫県	中町	11,256	2,800	(24.9)	221	1,782	7.9	12.4
1973	三重県	多気町	10,647	2,720	(25.5)	212	1,710	7.8	12.4

1974	栃木県	石橋町	20,494	3,685 (18.0)	315	2,543	8.5	12.4
1975	岐阜県	上石津町	6,423	1,923 (29.9)	159	1,284	8.3	12.4
1976	秋田県	八竜町	6,961	1,905 (27.4)	157	1,269	8.2	12.4
1977	栃木県	野木町	25,907	4,367 (16.9)	360	2,910	8.2	12.4
1978	宮城県	岩沼市	43,921	7,703 (17.5)	624	5,045	8.1	12.4
1979	兵庫県	稲美町	31,944	5,762 (18.0)	470	3,800	8.2	12.4
1980	埼玉県	江南町	13,568	2,315 (17.1)	175	1,418	7.6	12.3
1981	岩手県	藤沢町	9,904	3,244 (32.8)	248	2,011	7.6	12.3
1982	新潟県	五泉市	37,282	9,129 (24.5)	742	6,017	8.1	12.3
1983	長野県	南牧村	3,494	927 (26.5)	72	584	7.8	12.3
1984	熊本県	天水町	6,843	1,902 (27.8)	145	1,177	7.6	12.3
1985	茨城県	伊奈町	24,656	4,939 (20.0)	423	3,439	8.6	12.3
1986	島根県	東出雲町	14,193	2,801 (19.7)	220	1,792	7.9	12.3
1987	新潟県	関川村	7,019	2,353 (33.5)	177	1,442	7.5	12.3
1988	静岡県	焼津市	120,109	24,354 (20.3)	1,972	16,095	8.1	12.3
1989	福島県	北塩原村	3,475	935 (26.9)	77	629	8.2	12.2
1990	静岡県	富士川町	16,823	3,751 (22.3)	309	2,525	8.2	12.2
1991	岐阜県	瑞穂市	50,009	6,789 (13.6)	565	4,617	8.3	12.2
1992	岐阜県	垂井町	28,895	5,954 (20.6)	458	3,745	7.7	12.2
1993	石川県	白山市	109,450	19,545 (17.9)	1,599	13,078	8.2	12.2
1994	千葉県	睦沢町	7,838	2,080 (26.5)	161	1,319	7.7	12.2
1995	山梨県	鳴沢村	2,958	648 (21.9)	51	418	7.9	12.2
1996	島根県	安来市	43,839	12,374 (28.2)	939	7,697	7.6	12.2
1997	石川県	かほく市	34,847	7,345 (21.1)	582	4,772	7.9	12.2
1998	千葉県	栄町	24,377	4,213 (17.3)	345	2,830	8.2	12.2
1999	青森県	尾上町	10,110	2,589 (25.6)	205	1,682	7.9	12.2
2000	長野県	喬木村	6,912	1,978 (28.6)	155	1,275	7.8	12.2
2001	福岡県	志摩町	17,290	4,030 (23.3)	301	2,480	7.5	12.1
2002	茨城県	美野里町	25,051	4,821 (19.2)	379	3,125	7.9	12.1
2003	群馬県	榛東村	14,158	2,435 (17.2)	191	1,575	7.8	12.1
2004	三重県	いなべ市	46,446	9,661 (20.8)	779	6,430	8.1	12.1
2005	岐阜県	可児市	97,686	15,298 (15.7)	1,243	10,261	8.1	12.1
2006	滋賀県	愛知川町	11,715	1,829 (15.6)	157	1,297	8.6	12.1
2007	岐阜県	坂祝町	8,552	1,358 (15.9)	109	901	8.0	12.1
2008	兵庫県	東条町	7,271	1,863 (25.6)	149	1,235	8.0	12.1
2009	埼玉県	東秩父村	3,795	1,071 (28.2)	84	697	7.8	12.1
2010	新潟県	荒川町	11,105	2,824 (25.4)	227	1,886	8.0	12.0
2011	福井県	越前町	23,995	6,146 (25.6)	462	3,839	7.5	12.0
2012	福島県	飯野町	6,488	1,801 (27.8)	144	1,200	8.0	12.0
2013	愛知県	三好町	56,252	5,888 (10.5)	459	3,825	7.8	12.0
2014	神奈川県	大井町	17,530	2,763 (15.8)	226	1,885	8.2	12.0
2015	埼玉県	栗橋町	26,675	4,715 (17.7)	377	3,145	8.0	12.0
2016	茨城県	つくば市	200,528	28,419 (14.2)	2,214	18,470	7.8	12.0
2017	茨城県	美浦村	18,118	3,310 (18.3)	257	2,149	7.8	12.0
2018	秋田県	横手市	103,652	30,489 (29.4)	2,334	19,580	7.7	11.9
2019	愛知県	一色町	24,068	5,325 (22.1)	415	3,486	7.8	11.9
2020	岐阜県	羽島市	66,730	11,909 (17.8)	961	8,082	8.1	11.9
2021	栃木県	大平町	28,813	5,082 (17.6)	402	3,385	7.9	11.9
2022	茨城県	鉾田市	27,857	6,378 (22.9)	503	4,238	7.9	11.9
2023	福島県	高郷村	2,321	805 (34.7)	61	514	7.6	11.9
2024	香川県	三野町	9,561	2,345 (24.5)	179	1,509	7.6	11.9
2025	千葉県	小見川町	25,399	5,856 (23.1)	447	3,772	7.6	11.9

2026	埼玉県	鳩山町	15,985	3,291 (20.6)	244	2,059	7.4	11.9
2027	山形県	南陽市	35,190	9,323 (26.5)	711	6,002	7.6	11.8
2028	愛知県	阿久比町	24,577	4,870 (19.8)	370	3,124	7.6	11.8
2029	福島県	塩川町	10,354	2,685 (25.9)	207	1,749	7.7	11.8
2030	宮城県	名取市	68,662	11,876 (17.3)	911	7,706	7.7	11.8
2031	宮城県	丸森町	16,792	5,353 (31.9)	396	3,350	7.4	11.8
2032	福岡県	大木町	14,282	2,941 (20.6)	230	1,947	7.8	11.8
2033	新潟県	寺泊町	11,636	3,334 (28.7)	240	2,032	7.2	11.8
2034	福井県	鯖江市	66,831	13,697 (20.5)	1,023	8,665	7.5	11.8
2035	群馬県	笠懸町	27,740	4,280 (15.4)	330	2,805	7.7	11.8
2036	長野県	下條村	4,210	1,209 (28.7)	84	714	6.9	11.8
2037	青森県	東通村	8,042	2,059 (25.6)	158	1,344	7.7	11.8
2038	佐賀県	久保田町	8,214	1,663 (20.2)	126	1,072	7.6	11.7
2039	茨城県	守谷市	53,700	6,491 (12.1)	529	4,510	8.1	11.7
2040	福島県	国見町	10,692	2,807 (26.3)	224	1,910	8.0	11.7
2041	群馬県	甘楽町	14,313	3,347 (23.4)	257	2,194	7.7	11.7
2042	福島県	伊達町	10,958	2,654 (24.2)	202	1,727	7.6	11.7
2043	佐賀県	東与賀町	7,930	1,590 (20.1)	123	1,052	7.7	11.7
2044	埼玉県	白岡町	48,389	7,922 (16.4)	620	5,306	7.8	11.7
2045	福井県	春江町	23,968	4,435 (18.5)	351	3,007	7.9	11.7
2046	岩手県	大迫町	6,585	2,224 (33.8)	159	1,365	7.1	11.6
2047	静岡県	磐田市	170,899	32,295 (18.9)	2,454	21,100	7.6	11.6
2048	青森県	岩木町	11,982	3,234 (27.0)	237	2,041	7.3	11.6
2049	千葉県	下総町	7,702	1,875 (24.3)	145	1,249	7.7	11.6
2050	徳島県	佐那河内村	2,800	964 (34.4)	70	603	7.3	11.6
2051	佐賀県	白石町	27,057	7,540 (27.9)	545	4,703	7.2	11.6
2052	群馬県	高山村	4,351	1,223 (28.1)	82	708	6.7	11.6
2053	宮城県	山元町	17,713	4,918 (27.8)	356	3,074	7.3	11.6
2054	茨城県	結城市	52,460	10,369 (19.8)	795	6,870	7.7	11.6
2055	宮城県	角田市	33,199	8,203 (24.7)	602	5,203	7.3	11.6
2056	福岡県	朝倉町	9,560	2,822 (29.5)	207	1,795	7.3	11.5
2057	鳥取県	日吉津村	3,073	699 (22.7)	52	451	7.4	11.5
2058	愛知県	額田町	9,103	2,272 (25.0)	166	1,441	7.3	11.5
2059	鳥取県	八頭町	19,434	5,238 (27.0)	395	3,431	7.3	11.5
2060	宮城県	鹿島台町	13,500	3,457 (25.6)	251	2,181	7.3	11.5
2061	岩手県	沢内村	3,665	1,401 (38.2)	98	852	7.0	11.5
2062	兵庫県	神崎町	8,034	2,099 (26.1)	158	1,374	7.5	11.5
2063	福島県	三春町	19,194	4,530 (23.6)	339	2,956	7.5	11.5
2064	石川県	能美市	47,207	8,677 (18.4)	654	5,704	7.5	11.5
2065	富山県	南砺市	58,140	16,561 (28.5)	1,209	10,547	7.3	11.5
2066	千葉県	野栄町	10,019	2,481 (24.8)	183	1,597	7.4	11.5
2067	福岡県	立花町	11,662	3,360 (28.8)	257	2,245	7.6	11.4
2068	山形県	遊佐町	16,852	5,105 (30.3)	386	3,375	7.6	11.4
2069	山梨県	道志村	2,051	553 (27.0)	43	376	7.8	11.4
2070	新潟県	魚沼市	43,555	11,890 (27.3)	877	7,674	7.4	11.4
2071	新潟県	吉田町	24,893	5,277 (21.2)	395	3,461	7.5	11.4
2072	三重県	明和町	22,618	4,966 (22.0)	371	3,255	7.5	11.4
2073	新潟県	三条市	104,749	24,691 (23.6)	1,806	15,852	7.3	11.4
2074	静岡県	藤枝市	129,248	25,764 (19.9)	1,938	17,031	7.5	11.4
2075	静岡県	島田市	96,078	21,423 (22.3)	1,609	14,145	7.5	11.4
2076	長野県	高森町	12,976	3,361 (25.9)	240	2,111	7.1	11.4
2077	滋賀県	西浅井町	4,622	1,297 (28.1)	98	862	7.6	11.4

付表2

2078	群馬県	邑楽町	27,372	4,710	(17.2)	365	3,211	7.7	11.4
2079	佐賀県	山内町	9,486	2,443	(25.8)	173	1,522	7.1	11.4
2080	青森県	六戸町	10,430	2,749	(26.4)	198	1,742	7.2	11.4
2081	滋賀県	甲賀町	93,853	18,627	(19.8)	1,393	12,260	7.5	11.4
2082	青森県	田舎館村	8,541	2,248	(26.3)	179	1,576	8.0	11.4
2083	茨城県	小川町	19,332	3,753	(19.4)	278	2,448	7.4	11.4
2084	愛知県	音羽町	8,690	1,644	(18.9)	126	1,110	7.7	11.4
2085	愛知県	愛西市	65,556	12,881	(19.6)	987	8,703	7.7	11.3
2086	福岡県	大刀洗町	15,400	3,095	(20.1)	228	2,012	7.4	11.3
2087	埼玉県	南河原村	4,095	829	(20.2)	60	530	7.2	11.3
2088	滋賀県	守山市	70,823	10,540	(14.9)	791	6,996	7.5	11.3
2089	群馬県	赤城村	11,981	3,218	(26.9)	235	2,080	7.3	11.3
2090	埼玉県	伊奈町	36,535	4,955	(13.6)	371	3,284	7.5	11.3
2091	新潟県	燕市	43,255	9,543	(22.1)	714	6,326	7.5	11.3
2092	栃木県	塩谷町	13,462	3,415	(25.4)	265	2,350	7.8	11.3
2093	栃木県	市貝町	12,401	2,625	(21.2)	197	1,747	7.5	11.3
2094	岐阜県	本巣市	34,603	6,973	(20.2)	514	4,560	7.4	11.3
2095	千葉県	長南町	9,824	2,975	(30.3)	215	1,909	7.2	11.3
2096	静岡県	由比町	9,600	2,550	(26.6)	193	1,714	7.6	11.3
2097	岩手県	矢巾町	27,085	4,670	(17.2)	327	2,905	7.0	11.3
2098	茨城県	筑西市	112,581	23,521	(20.9)	1,726	15,365	7.3	11.2
2099	三重県	玉城町	14,888	3,142	(21.1)	218	1,943	6.9	11.2
2100	福島県	保原町	24,521	5,532	(22.6)	408	3,639	7.4	11.2
2101	岐阜県	川辺町	10,838	2,632	(24.3)	186	1,660	7.1	11.2
2102	長野県	箕輪町	26,276	5,373	(20.4)	400	3,571	7.4	11.2
2103	滋賀県	浅井町	12,937	2,882	(22.3)	219	1,957	7.6	11.2
2104	岩手県	雫石町	19,055	4,913	(25.8)	334	2,989	6.8	11.2
2105	滋賀県	安土町	12,080	2,483	(20.6)	184	1,648	7.4	11.2
2106	長野県	中野市	46,788	11,014	(23.5)	796	7,133	7.2	11.2
2107	佐賀県	川副町	18,250	4,580	(25.1)	329	2,949	7.2	11.2
2108	熊本県	産山村	1,708	565	(33.1)	40	359	7.1	11.1
2109	新潟県	弥彦村	8,545	1,875	(21.9)	138	1,240	7.4	11.1
2110	栃木県	真岡市	66,362	10,770	(16.2)	794	7,137	7.4	11.1
2111	栃木県	那珂川町	19,865	5,433	(27.3)	395	3,552	7.3	11.1
2112	栃木県	都賀町	13,565	2,923	(21.5)	219	1,975	7.5	11.1
2113	香川県	財田町	4,516	1,408	(31.2)	98	884	7.0	11.1
2114	島根県	雲南市	44,403	13,929	(31.4)	950	8,574	6.8	11.1
2115	埼玉県	岡部町	18,305	3,695	(20.2)	270	2,437	7.3	11.1
2116	福島県	石川町	18,921	4,840	(25.6)	344	3,106	7.1	11.1
2117	岐阜県	池田町	24,559	4,784	(19.5)	341	3,081	7.1	11.1
2118	福井県	若狭町	16,780	4,730	(28.2)	331	3,005	7.0	11.0
2119	茨城県	下妻市	36,895	7,086	(19.2)	508	4,615	7.2	11.0
2120	愛知県	春日町	8,320	1,381	(16.6)	90	818	6.5	11.0
2121	香川県	大野原町	12,586	3,533	(28.1)	244	2,219	6.9	11.0
2122	長野県	中川村	5,263	1,450	(27.6)	106	964	7.3	11.0
2123	埼玉県	菖蒲町	21,425	4,105	(19.2)	307	2,794	7.5	11.0
2124	兵庫県	加西市	49,396	11,242	(22.8)	815	7,430	7.2	11.0
2125	栃木県	藤岡町	18,056	4,438	(24.6)	324	2,957	7.3	11.0
2126	新潟県	十日町市	62,058	18,398	(29.6)	1,276	11,659	6.9	10.9
2127	栃木県	益子町	25,080	5,165	(20.6)	362	3,308	7.0	10.9
2128	青森県	平賀町	22,060	5,382	(24.4)	390	3,566	7.2	10.9
2129	福島県	桑折町	13,411	3,631	(27.1)	250	2,286	6.9	10.9

2130	群馬県	子持村	11,722	2,784 (23.8)	199	1,822	7.1	10.9
2131	栃木県	高根沢町	30,915	5,439 (17.6)	383	3,510	7.0	10.9
2132	宮城県	蔵王町	13,318	3,567 (26.8)	248	2,273	7.0	10.9
2133	岩手県	玉山村	13,554	3,631 (26.8)	237	2,174	6.5	10.9
2134	佐賀県	西有田町	9,274	2,243 (24.2)	156	1,432	7.0	10.9
2135	秋田県	東鳴瀬村	3,180	1,023 (32.2)	71	654	6.9	10.9
2136	福島県	霊山町	9,259	2,654 (28.7)	192	1,770	7.2	10.8
2137	静岡県	川根町	6,030	1,979 (32.8)	138	1,274	7.0	10.8
2138	愛知県	幡豆町	12,802	2,881 (22.5)	208	1,922	7.2	10.8
2139	熊本県	横島町	5,487	1,613 (29.4)	109	1,009	6.8	10.8
2140	埼玉県	花園町	12,635	2,336 (18.5)	167	1,546	7.1	10.8
2141	福島県	新地町	8,584	2,188 (25.5)	152	1,411	6.9	10.8
2142	佐賀県	千代田町	11,868	2,787 (23.5)	199	1,851	7.1	10.8
2143	群馬県	富士見村	22,320	4,184 (18.7)	303	2,819	7.2	10.7
2144	新潟県	胎内市	32,813	8,327 (25.4)	563	5,239	6.8	10.7
2145	栃木県	河内町	35,176	5,457 (15.5)	387	3,603	7.1	10.7
2146	岩手県	金ヶ崎町	16,396	4,082 (24.9)	277	2,581	6.8	10.7
2147	岩手県	前沢町	15,131	4,465 (29.5)	292	2,724	6.5	10.7
2148	新潟県	見附市	42,668	10,031 (23.5)	707	6,618	7.0	10.7
2149	岐阜県	養老町	32,550	6,736 (20.7)	481	4,510	7.1	10.7
2150	滋賀県	野洲市	49,486	8,340 (16.9)	596	5,598	7.1	10.7
2151	茨城県	稲敷市	49,689	11,496 (23.1)	793	7,451	6.9	10.7
2152	宮城県	登米市	89,316	24,579 (27.5)	1,669	15,693	6.8	10.7
2153	福井県	丸岡町	32,461	6,154 (19.0)	434	4,085	7.1	10.6
2154	山形県	八幡町	7,067	2,154 (30.5)	145	1,365	6.7	10.6
2155	群馬県	吉岡町	18,060	3,243 (18.0)	207	1,952	6.4	10.6
2156	青森県	西目屋村	1,597	572 (35.8)	39	368	6.8	10.6
2157	山形県	朝日町	8,593	2,876 (33.5)	186	1,757	6.5	10.6
2158	埼玉県	松伏町	30,857	4,631 (15.0)	322	3,042	7.0	10.6
2159	岩手県	石鳥谷町	15,982	4,449 (27.8)	285	2,705	6.4	10.5
2160	富山県	砺波市	49,429	11,111 (22.5)	746	7,082	6.7	10.5
2161	福島県	河東町	9,141	2,398 (26.2)	168	1,596	7.0	10.5
2162	富山県	福岡町	13,544	3,245 (24.0)	212	2,015	6.5	10.5
2163	三重県	東員町	25,897	4,171 (16.1)	283	2,696	6.8	10.5
2164	奈良県	明日香村	6,343	1,731 (27.3)	114	1,088	6.6	10.5
2165	福島県	鮫川村	4,322	1,285 (29.7)	88	840	6.8	10.5
2166	岩手県	衣川村	4,955	1,472 (29.7)	96	917	6.5	10.5
2167	静岡県	袋井市	82,991	14,291 (17.2)	959	9,188	6.7	10.4
2168	茨城県	水海道市	41,867	9,046 (21.6)	615	5,895	6.8	10.4
2169	茨城県	茨城町	35,008	8,183 (23.4)	535	5,130	6.5	10.4
2170	秋田県	羽後町	18,267	5,578 (30.5)	379	3,639	6.8	10.4
2171	長野県	飯島町	10,570	2,816 (26.6)	190	1,825	6.7	10.4
2172	宮城県	南三陸町	18,645	5,147 (27.6)	343	3,296	6.7	10.4
2173	福島県	田村市	43,253	11,533 (26.7)	775	7,456	6.7	10.4
2174	福島県	小高町	13,274	3,587 (27.0)	240	2,309	6.7	10.4
2175	山梨県	勝沼町	9,199	2,433 (26.4)	163	1,572	6.7	10.4
2176	山形県	大江町	9,915	3,102 (31.3)	193	1,862	6.2	10.4
2177	京都府	宇治田原町	10,060	1,939 (19.3)	136	1,313	7.0	10.4
2178	福島県	鹿島町	12,107	3,304 (27.3)	221	2,140	6.7	10.3
2179	埼玉県	玉川村	5,494	1,105 (20.1)	76	736	6.9	10.3
2180	長野県	高山村	7,654	1,827 (23.9)	125	1,211	6.8	10.3
2181	静岡県	芝川町	9,697	2,353 (24.3)	166	1,609	7.1	10.3

2182	宮城県	本吉町	11,588	3,246 (28.0)	219	2,123	6.7	10.3
2183	奈良県	山添村	4,595	1,548 (33.7)	98	954	6.3	10.3
2184	千葉県	芝山町	8,389	2,111 (25.2)	132	1,285	6.3	10.3
2185	静岡県	森町	20,273	5,277 (26.0)	349	3,400	6.6	10.3
2186	埼玉県	大利根町	14,521	2,892 (19.9)	202	1,970	7.0	10.3
2187	宮城県	亘理町	35,132	7,226 (20.6)	495	4,828	6.9	10.3
2188	秋田県	美郷町	23,038	6,831 (29.7)	451	4,400	6.6	10.3
2189	福島県	葛尾村	1,625	510 (31.4)	33	323	6.5	10.2
2190	群馬県	千代田町	11,620	2,320 (20.0)	160	1,568	6.9	10.2
2191	新潟県	田上町	13,363	2,985 (22.3)	205	2,013	6.9	10.2
2192	福島県	浅川町	7,272	1,721 (23.7)	111	1,090	6.4	10.2
2193	三重県	安濃町	11,152	2,417 (21.7)	151	1,483	6.2	10.2
2194	山形県	天童市	63,864	13,763 (21.6)	891	8,775	6.5	10.2
2195	長野県	朝日村	4,875	1,152 (23.6)	76	750	6.6	10.1
2196	福島県	矢祭町	6,740	2,066 (30.7)	134	1,323	6.5	10.1
2197	新潟県	分水町	15,121	3,624 (24.0)	238	2,352	6.6	10.1
2198	山梨県	西桂町	4,850	930 (19.2)	66	653	7.1	10.1
2199	千葉県	長柄町	8,564	2,301 (26.9)	139	1,377	6.0	10.1
2200	静岡県	掛川市	117,857	23,404 (19.9)	1,502	14,908	6.4	10.1
2201	埼玉県	滑川町	15,434	2,541 (16.5)	165	1,640	6.5	10.1
2202	山形県	松山町	5,302	1,703 (32.1)	103	1,026	6.0	10.0
2203	岩手県	紫波町	33,692	7,384 (21.9)	485	4,838	6.6	10.0
2204	栃木県	粟野町	10,139	2,677 (26.4)	178	1,776	6.6	10.0
2205	山形県	西川町	6,917	2,386 (34.5)	147	1,469	6.2	10.0
2206	茨城県	桜川市	48,400	11,527 (23.8)	748	7,476	6.5	10.0
2207	岐阜県	大野町	23,788	4,284 (18.0)	288	2,882	6.7	10.0
2208	福島県	熱塩加納村	3,256	1,080 (33.2)	71	711	6.6	10.0
2209	宮城県	南郷町	6,718	1,939 (28.9)	122	1,223	6.3	10.0
2210	山形県	最上町	10,761	3,215 (29.9)	199	1,996	6.2	10.0
2211	山梨県	豊富村	3,596	864 (24.0)	58	583	6.7	9.9
2212	愛知県	大口町	21,602	3,619 (16.8)	220	2,213	6.1	9.9
2213	岐阜県	神戸町	20,830	3,941 (18.9)	265	2,667	6.7	9.9
2214	佐賀県	塩田町	11,475	2,954 (25.7)	180	1,815	6.1	9.9
2215	佐賀県	玄海町	6,738	1,594 (23.7)	100	1,010	6.3	9.9
2216	愛知県	吉良町	22,041	4,579 (20.8)	309	3,130	6.7	9.9
2217	千葉県	多古町	16,950	4,648 (27.4)	295	2,990	6.3	9.9
2218	富山県	大島町	10,305	2,044 (19.8)	124	1,257	6.1	9.9
2219	茨城県	かすみがうら市	44,603	8,750 (19.6)	559	5,667	6.4	9.9
2220	兵庫県	吉川町	9,274	2,247 (24.2)	129	1,308	5.7	9.9
2221	長野県	飯綱町	12,504	3,417 (27.3)	217	2,207	6.4	9.8
2222	新潟県	与板町	7,273	1,829 (25.1)	117	1,190	6.4	9.8
2223	山形県	平田町	6,930	2,005 (28.9)	129	1,313	6.4	9.8
2224	栃木県	岩舟町	19,011	4,096 (21.5)	265	2,701	6.5	9.8
2225	岩手県	平泉町	8,819	2,486 (28.2)	152	1,550	6.1	9.8
2226	茨城県	利根町	18,024	3,585 (19.9)	241	2,464	6.7	9.8
2227	秋田県	井川町	5,847	1,689 (28.9)	99	1,014	5.9	9.8
2228	富山県	大門町	12,390	2,799 (22.6)	179	1,836	6.4	9.7
2229	静岡県	榛原町	24,989	5,395 (21.6)	349	3,584	6.5	9.7
2230	茨城県	旭村	11,753	2,555 (21.7)	161	1,655	6.3	9.7
2231	山形県	真室川町	10,054	3,062 (30.5)	190	1,954	6.2	9.7
2232	栃木県	西方町	6,978	1,625 (23.3)	105	1,080	6.5	9.7
2233	宮城県	川崎町	10,583	2,920 (27.6)	165	1,700	5.7	9.7

2234	宮城県	加美町	27,212	7,663 (28.2)	483	4,979	6.3	9.7
2235	新潟県	刈羽村	4,806	1,300 (27.0)	86	887	6.6	9.7
2236	福島県	月舘町	4,394	1,340 (30.5)	81	837	6.0	9.7
2237	長野県	松川町	14,117	3,638 (25.8)	229	2,368	6.3	9.7
2238	千葉県	印旛村	12,652	2,324 (18.4)	142	1,470	6.1	9.7
2239	神奈川県	中井町	10,173	1,944 (19.1)	116	1,205	6.0	9.6
2240	群馬県	北橘村	10,049	2,277 (22.7)	132	1,381	5.8	9.6
2241	山梨県	山中湖村	5,440	1,118 (20.6)	67	701	6.0	9.6
2242	千葉県	本埜村	8,390	1,375 (16.4)	84	882	6.1	9.5
2243	愛知県	一宮町	16,450	2,935 (17.8)	182	1,911	6.2	9.5
2244	新潟県	和島村	4,803	1,324 (27.6)	87	915	6.6	9.5
2245	山梨県	中道町	5,505	1,347 (24.5)	84	884	6.2	9.5
2246	新潟県	小千谷市	39,956	10,388 (26.0)	626	6,594	6.0	9.5
2247	山形県	庄内町	24,677	7,012 (28.4)	424	4,470	6.0	9.5
2248	福島県	梁川町	20,157	5,316 (26.4)	325	3,430	6.1	9.5
2249	静岡県	相良町	25,656	6,206 (24.2)	378	4,024	6.1	9.4
2250	群馬県	昭和村	7,783	1,967 (25.3)	121	1,289	6.2	9.4
2251	宮城県	利府町	32,257	4,456 (13.8)	265	2,832	5.9	9.4
2252	宮城県	七ヶ浜町	21,068	3,847 (18.3)	243	2,601	6.3	9.3
2253	富山県	小矢部市	33,533	8,901 (26.5)	513	5,498	5.8	9.3
2254	茨城県	新治村	9,002	2,212 (24.6)	133	1,431	6.0	9.3
2255	長野県	豊丘村	7,068	2,041 (28.9)	121	1,304	5.9	9.3
2256	滋賀県	高月町	10,242	2,146 (21.0)	139	1,498	6.5	9.3
2257	千葉県	大栄町	12,720	3,005 (23.6)	168	1,812	5.6	9.3
2258	愛知県	田原市	66,390	13,210 (19.9)	797	8,609	6.0	9.3
2259	宮城県	富谷町	41,593	4,725 (11.4)	286	3,094	6.1	9.2
2260	三重県	度会町	9,057	2,230 (24.6)	132	1,431	5.9	9.2
2261	山形県	舟形町	6,671	2,121 (31.8)	115	1,248	5.4	9.2
2262	宮城県	村田町	12,740	3,149 (24.7)	184	1,997	5.8	9.2
2263	新潟県	阿賀野市	47,043	11,573 (24.6)	683	7,420	5.9	9.2
2264	栃木県	南河内町	20,873	2,961 (14.2)	176	1,916	5.9	9.2
2265	埼玉県	吉見町	22,217	3,871 (17.4)	241	2,625	6.2	9.2
2266	富山県	舟橋村	2,673	423 (15.8)	24	262	5.7	9.2
2267	山梨県	忍野村	8,490	1,166 (13.7)	68	744	5.8	9.1
2268	茨城県	河内町	10,959	2,829 (25.8)	168	1,846	5.9	9.1
2269	福島県	表郷村	7,111	1,787 (25.1)	102	1,126	5.7	9.1
2270	山形県	白鷹町	16,331	4,878 (29.9)	283	3,125	5.8	9.1
2271	山形県	尾花沢市	20,695	6,434 (31.1)	354	3,915	5.5	9.0
2272	新潟県	朝日村	11,489	3,618 (31.5)	200	2,214	5.5	9.0
2273	滋賀県	湖北町	8,926	1,995 (22.4)	125	1,384	6.3	9.0
2274	茨城県	境町	26,468	5,246 (19.8)	309	3,423	5.9	9.0
2275	宮城県	田尻町	12,783	3,527 (27.6)	206	2,284	5.8	9.0
2276	宮城県	三本木町	8,330	1,883 (22.6)	114	1,264	6.1	9.0
2277	兵庫県	加美町	7,204	1,899 (26.4)	114	1,265	6.0	9.0
2278	千葉県	神崎町	6,705	1,587 (23.7)	92	1,022	5.8	9.0
2279	滋賀県	秦荘町	8,014	1,877 (23.4)	113	1,256	6.0	9.0
2280	群馬県	川場村	4,179	1,556 (37.2)	57	634	3.7	9.0
2281	静岡県	吉田町	28,648	5,358 (18.7)	314	3,515	5.9	8.9
2282	山形県	東根市	45,834	10,641 (23.2)	598	6,706	5.6	8.9
2283	青森県	相馬村	3,840	1,023 (26.6)	60	675	5.9	8.9
2284	山形県	山辺町	15,415	4,067 (26.4)	225	2,538	5.5	8.9
2285	山形県	飯豊町	8,623	2,681 (31.1)	147	1,659	5.5	8.9

2286	福島県	飯舘村	6,722	1,888 (28.1)	103	1,167	5.5	8.8
2287	佐賀県	七山村	2,552	744 (29.2)	41	466	5.5	8.8
2288	新潟県	神林村	10,135	2,951 (29.1)	163	1,856	5.5	8.8
2289	岐阜県	海津市	39,453	8,027 (20.3)	466	5,332	5.8	8.7
2290	群馬県	明和町	11,326	2,263 (20.0)	132	1,515	5.8	8.7
2291	福島県	古殿町	6,511	1,929 (29.6)	108	1,240	5.6	8.7
2292	滋賀県	蒲生町	14,846	2,399 (16.2)	143	1,648	6.0	8.7
2293	長野県	小布施町	11,477	2,776 (24.2)	155	1,790	5.6	8.7
2294	岐阜県	富加町	5,710	1,292 (22.6)	70	813	5.4	8.6
2295	千葉県	東庄町	16,166	3,957 (24.5)	217	2,522	5.5	8.6
2296	福井県	清水町	10,353	2,279 (22.0)	120	1,395	5.3	8.6
2297	埼玉県	川本町	11,992	2,360 (19.7)	136	1,583	5.8	8.6
2298	新潟県	南魚沼市	63,329	15,699 (24.8)	854	9,950	5.4	8.6
2299	福島県	泉崎村	6,761	1,464 (21.7)	82	957	5.6	8.6
2300	栃木県	上三川町	31,592	4,656 (14.7)	263	3,073	5.6	8.6
2301	山形県	川西町	18,769	5,575 (29.7)	297	3,478	5.3	8.5
2302	埼玉県	北川辺町	13,307	2,409 (18.1)	132	1,553	5.5	8.5
2303	長野県	山形村	8,195	1,697 (20.7)	91	1,072	5.4	8.5
2304	愛知県	幸田町	35,596	5,325 (15.0)	289	3,410	5.4	8.5
2305	宮城県	大和町	24,509	4,836 (19.7)	248	2,932	5.1	8.5
2306	茨城県	行方市	40,035	10,295 (25.7)	560	6,642	5.4	8.4
2307	福島県	大信村	4,789	1,150 (24.0)	59	705	5.1	8.4
2308	茨城県	石下町	24,669	4,557 (18.5)	254	3,036	5.6	8.4
2309	山形県	寒河江市	43,625	10,816 (24.8)	577	6,903	5.3	8.4
2310	静岡県	菊川市	47,502	9,457 (19.9)	508	6,103	5.4	8.3
2311	福井県	永平寺町	6,385	1,527 (23.9)	83	999	5.4	8.3
2312	埼玉県	川島町	22,906	4,238 (18.5)	227	2,734	5.4	8.3
2313	福島県	安達町	11,578	2,713 (23.4)	148	1,786	5.5	8.3
2314	山形県	高畠町	26,026	6,631 (25.5)	358	4,360	5.4	8.2
2315	山形県	村山市	28,192	8,412 (29.8)	435	5,314	5.2	8.2
2316	山形県	金山町	6,949	1,918 (27.6)	102	1,248	5.3	8.2
2317	栃木県	二宮町	16,640	3,873 (23.3)	209	2,564	5.4	8.2
2318	福島県	岩代町	8,693	2,530 (29.1)	135	1,657	5.3	8.1
2319	兵庫県	八千代町	5,844	1,528 (26.1)	76	933	5.0	8.1
2320	福島県	湯川村	3,570	1,002 (28.1)	54	663	5.4	8.1
2321	埼玉県	騎西町	20,007	3,692 (18.5)	200	2,468	5.4	8.1
2322	千葉県	山田町	10,778	2,987 (27.7)	148	1,847	5.0	8.0
2323	山形県	河北町	20,738	5,818 (28.1)	289	3,611	5.0	8.0
2324	群馬県	小野上村	1,994	585 (29.3)	32	400	5.5	8.0
2325	静岡県	御前崎市	35,272	7,330 (20.8)	364	4,616	5.0	7.9
2326	岐阜県	安八町	15,263	2,663 (17.4)	140	1,778	5.3	7.9
2327	山形県	戸沢村	5,915	1,780 (30.1)	88	1,122	4.9	7.8
2328	栃木県	芳賀町	16,367	3,815 (23.3)	198	2,525	5.2	7.8
2329	静岡県	岡部町	12,696	3,055 (24.1)	152	1,946	5.0	7.8
2330	山形県	中山町	12,523	3,201 (25.6)	159	2,042	5.0	7.8
2331	福井県	上志比村	3,414	959 (28.1)	46	591	4.8	7.8
2332	島根県	斐川町	27,444	6,298 (22.9)	311	4,011	4.9	7.8
2333	茨城県	谷和原村	15,518	2,783 (17.9)	143	1,869	5.1	7.7
2334	福島県	天栄村	6,486	1,688 (26.0)	82	1,072	4.9	7.6
2335	滋賀県	びわ町	7,514	1,822 (24.2)	90	1,179	4.9	7.6
2336	福島県	平田村	7,538	1,789 (23.7)	88	1,156	4.9	7.6
2337	茨城県	千代川村	9,540	2,053 (21.5)	99	1,305	4.8	7.6

2338	群馬県	板倉町	15,865	3,490 (22.0)	179	2,363	5.1	7.6
2339	茨城県	坂東市	57,516	11,396 (19.8)	561	7,439	4.9	7.5
2340	新潟県	川口町	5,233	1,453 (27.8)	70	932	4.8	7.5
2341	福島県	東和町	7,800	2,398 (30.7)	111	1,491	4.6	7.4
2342	宮城県	大郷町	9,424	2,548 (27.0)	115	1,551	4.5	7.4
2343	三重県	木曽岬町	6,965	1,224 (17.6)	59	797	4.8	7.4
2344	福井県	坂井町	12,953	2,821 (21.8)	133	1,802	4.7	7.4
2345	山形県	大石田町	8,824	2,520 (28.6)	120	1,629	4.8	7.4
2346	栃木県	上河内町	9,547	2,003 (21.0)	98	1,342	4.9	7.3
2347	宮城県	大衡村	5,607	1,288 (23.0)	60	827	4.7	7.3
2348	福島県	東村	5,953	1,339 (22.5)	62	860	4.6	7.2
2349	茨城県	八千代町	23,609	5,026 (21.3)	241	3,347	4.8	7.2
2350	山形県	三川町	8,003	2,368 (29.6)	99	1,380	4.2	7.2
2351	山形県	大蔵村	4,226	1,269 (30.0)	56	788	4.4	7.1
2352	福島県	玉川村	7,602	1,631 (21.5)	74	1,052	4.5	7.0
2353	岩手県	胆沢町	17,302	4,822 (27.9)	211	3,074	4.4	6.9
2354	千葉県	栗源町	5,190	1,459 (28.1)	59	877	4.0	6.7
2355	新潟県	聖籠町	13,497	2,667 (19.8)	117	1,775	4.4	6.6
2356	福島県	中島村	5,174	1,089 (21.0)	47	714	4.3	6.6
2357	静岡県	大井川町	22,992	4,447 (19.3)	194	2,951	4.4	6.6
2358	宮城県	唐桑町	8,103	2,396 (29.6)	102	1,570	4.3	6.5
2359	茨城県	五霞町	9,873	1,860 (18.8)	77	1,247	4.1	6.2
2360	愛知県	十四山村	5,618	1,206 (21.5)	49	815	4.1	6.0
2361	滋賀県	竜王町	13,280	2,263 (17.0)	90	1,531	4.0	5.9
2362	福島県	白沢村	9,187	2,171 (23.6)	77	1,342	3.5	5.7
2363	富山県	下村	2,019	438 (21.7)	17	302	3.9	5.6
2364	山形県	鮭川村	5,447	1,631 (29.9)	58	1,032	3.6	5.6
2365	石川県	川北町	5,677	1,023 (18.0)	38	691	3.7	5.5
2366	愛知県	飛島村	4,369	1,071 (24.5)	34	630	3.2	5.4
2367	宮城県	色麻町	7,856	2,044 (26.0)	67	1,284	3.3	5.2
2368	福島県	大玉村	8,464	1,875 (22.2)	64	1,230	3.4	5.2
2369	岐阜県	輪之内町	9,419	1,743 (18.5)	56	1,157	3.2	4.8
2370	秋田県	大潟村	3,256	678 (20.8)	12	399	1.8	3.0

注：出現率A＝（単身高齢者数÷65歳以上人口）×100
　　出現率B＝（単身高齢者数÷高齢者のいる世帯数）×100
資料：2005年国勢調査にもとづき筆者が作成

付表3　東京都におけるひとり暮らし高齢者出現率（1995年）

順位	市区町村	人口	65歳以上人口（割合:%）	単身高齢者数	高齢者のいる世帯数	出現率A(%)	出現率B(%)
	(東京都全体)	11,773,605	1,530,695 (13.0)	264,636	1,109,672	17.3	23.8
	(特別区部)	7,967,614	1,092,278 (13.7)	206,194	805,459	18.9	25.6
1	青ヶ島村	237	33 (13.9)	17	30	51.5	56.7
2	御蔵島村	275	50 (18.2)	17	37	34.0	45.9
3	大島町	9,693	2,212 (22.8)	567	1,570	25.6	36.1
4	小笠原村	2,809	204 (7.3)	56	157	27.5	35.7
5	利島村	317	62 (19.6)	16	45	25.8	35.6
6	三宅村	3,831	919 (24.0)	226	660	24.6	34.2
7	新宿区	279,048	42,357 (15.2)	10,160	31,621	24.0	32.1
8	豊島区	246,252	38,208 (15.5)	9,139	28,561	23.9	32.0
9	港区	144,885	23,545 (16.3)	5,599	17,775	23.8	31.5
10	八丈島町	9,476	2,101 (22.2)	467	1,506	22.2	31.0
11	渋谷区	188,472	28,633 (15.2)	6,456	21,107	22.5	30.6
12	中央区	63,923	11,247 (17.6)	2,516	8,387	22.4	30.0
13	中野区	306,581	44,434 (14.5)	9,825	32,873	22.1	29.9
14	目黒区	243,100	35,841 (14.7)	7,815	26,429	21.8	29.6
15	文京区	172,474	28,261 (16.4)	6,007	20,893	21.3	28.8
16	武蔵野市	135,051	18,740 (13.9)	3,819	13,579	20.4	28.1
17	品川区	325,377	47,260 (14.5)	9,631	34,921	20.4	27.6
18	杉並区	515,803	72,918 (14.1)	14,512	53,323	19.9	27.2
19	北区	334,127	53,313 (16.0)	10,599	39,512	19.9	26.8
20	千代田区	34,780	7,018 (20.2)	1,343	5,020	19.1	26.8
21	台東区	153,918	28,715 (18.7)	5,522	20,691	19.2	26.7
22	世田谷区	781,104	104,398 (13.4)	19,522	76,409	18.7	25.5
23	荒川区	176,866	29,211 (16.5)	5,199	21,372	17.8	24.3
24	板橋区	511,415	64,464 (12.6)	11,204	46,197	17.4	24.3
25	大田区	636,276	89,203 (14.0)	15,809	65,766	17.7	24.0
26	三鷹市	165,721	21,156 (12.8)	3,550	15,131	16.8	23.5
27	江東区	365,604	44,664 (12.2)	7,786	33,720	17.4	23.1
28	墨田区	215,681	33,304 (15.4)	5,694	24,676	17.1	23.1
29	福生市	61,497	6,310 (10.3)	1,053	4,637	16.7	22.7
30	国立市	66,719	7,921 (11.9)	1,296	5,806	16.4	22.3
31	調布市	198,574	22,685 (11.4)	3,674	16,547	16.2	22.2
32	足立区	622,270	74,107 (11.9)	12,118	54,973	16.4	22.0
33	練馬区	635,746	76,964 (12.1)	12,189	56,005	15.8	21.8
34	小金井市	109,279	13,500 (12.4)	2,099	9,670	15.5	21.7
35	狛江市	74,656	9,036 (12.1)	1,407	6,541	15.6	21.5
36	立川市	157,884	18,120 (11.5)	2,805	13,058	15.5	21.5
37	葛飾区	424,478	56,143 (13.2)	8,958	41,802	16.0	21.4
38	清瀬市	67,386	8,783 (13.0)	1,217	5,685	13.9	21.4
39	東久留米市	111,097	11,707 (10.5)	1,715	8,509	14.6	20.2
40	府中市	216,211	24,277 (11.2)	3,457	17,258	14.2	20.0
41	保谷市	100,260	13,220 (13.2)	1,875	9,436	14.2	19.9
42	江戸川区	589,414	58,070 (9.9)	8,591	43,426	14.8	19.8
43	田無市	74,813	8,958 (12.0)	1,276	6,452	14.2	19.8
44	昭島市	107,292	12,371 (11.5)	1,702	8,642	13.8	19.7
45	国分寺市	105,786	12,529 (11.8)	1,735	8,952	13.8	19.4
46	武蔵村山市	67,015	6,338 (9.5)	903	4,672	14.2	19.3
47	小平市	172,946	19,404 (11.2)	2,607	13,680	13.4	19.1
48	東村山市	135,112	17,895 (13.2)	2,087	11,329	11.7	18.4
49	日野市	166,537	17,784 (10.7)	2,345	12,845	13.2	18.3
50	東大和市	76,355	7,738 (10.1)	978	5,636	12.6	17.4
51	多摩市	148,113	11,508 (7.8)	1,364	7,958	11.9	17.1
52	町田市	360,525	39,288 (10.9)	4,551	27,544	11.6	16.5
53	稲城市	62,806	5,300 (8.4)	611	3,737	11.5	16.4
54	奥多摩町	8,257	2,203 (26.7)	204	1,269	9.3	16.1
55	新島村	3,163	861 (27.2)	89	568	10.3	15.7
56	八王子市	503,363	56,175 (11.2)	5,846	37,310	10.4	15.7
57	神津島村	2,276	419 (18.4)	45	300	10.7	15.0
58	羽村市	55,095	4,629 (8.4)	458	3,239	9.9	14.1
59	青梅市	137,234	17,536 (12.8)	1,184	9,806	6.8	12.1
60	あきる野市	75,355	9,656 (12.8)	756	6,288	7.8	12.0
61	檜原村	3,560	1,073 (30.1)	70	619	6.5	11.3
62	瑞穂町	32,714	3,303 (10.1)	182	2,126	5.5	8.6
63	日の出町	16,701	2,413 (14.4)	116	1,379	4.8	8.4

注：出現率A＝（単身高齢者数÷65歳以上人口）×100
　　出現率B＝（単身高齢者数÷高齢者のいる世帯数）×100
資料：1995年国勢調査にもとづき筆者が作成

付表4　東京都におけるひとり暮らし高齢者出現率（2000年）

順位	市区町村	人口	65歳以上人口（割合:%）	単身高齢者数	高齢者のいる世帯数	出現率A(%)	出現率B(%)
	（東京都全体）	12,064,101	1,910,456 (15.8)	388,396	1,366,487	20.3	28.4
	（特別区部）	8,134,688	1,336,289 (16.4)	299,358	975,955	22.4	30.7
1	御蔵島村	308	54 (17.5)	22	41	40.7	53.7
2	青ヶ島村	203	26 (12.8)	9	21	34.6	42.9
3	豊島区	249,017	45,770 (18.4)	13,898	34,468	30.4	40.3
4	港区	159,398	28,510 (17.8)	8,233	21,420	28.9	38.4
5	新宿区	286,726	48,803 (17.0)	13,794	36,588	28.3	37.7
6	大島町	9,224	2,400 (26.0)	609	1,691	25.4	36.0
7	渋谷区	196,682	33,256 (16.9)	8,731	24,331	26.3	35.9
8	小笠原村	2,824	230 (8.1)	61	171	26.5	35.7
9	目黒区	250,140	41,718 (16.7)	10,810	30,627	25.9	35.3
10	中央区	72,526	13,215 (18.2)	3,327	9,770	25.2	34.1
11	三鷹市	171,612	28,174 (16.4)	6,908	20,346	24.5	34.0
12	杉並区	522,103	87,295 (16.7)	21,358	63,435	24.5	33.7
13	品川区	324,608	55,986 (17.2)	13,830	41,329	24.7	33.5
14	八丈島町	9,488	2,385 (25.1)	566	1,701	23.7	33.3
15	世田谷区	814,901	128,000 (15.7)	30,828	93,653	24.1	32.9
16	文京区	176,017	31,458 (17.9)	7,529	23,047	23.9	32.7
17	中野区	309,526	50,350 (16.3)	11,890	36,678	23.6	32.4
18	板橋区	513,575	83,675 (16.3)	19,432	60,164	23.2	32.3
19	千代田区	36,035	7,522 (20.9)	1,700	5,374	22.6	31.6
20	武蔵野市	135,746	21,762 (16.0)	4,870	15,500	22.4	31.4
21	北区	326,764	62,885 (19.2)	14,468	46,086	23.0	31.4
22	台東区	156,325	32,988 (21.1)	7,317	23,376	22.2	31.3
23	大田区	650,331	105,917 (16.3)	21,661	76,945	20.5	28.2
24	荒川区	180,468	34,045 (18.9)	6,964	24,758	20.5	28.1
25	墨田区	215,979	39,148 (18.1)	7,752	28,638	19.8	27.1
26	江東区	376,840	57,345 (15.2)	11,492	42,529	20.0	27.0
27	国立市	72,187	10,419 (14.4)	1,983	7,378	19.0	26.9
28	練馬区	658,132	101,039 (15.4)	19,263	72,147	19.1	26.7
29	立川市	164,709	23,603 (14.3)	4,450	16,781	18.9	26.5
30	利島村	302	72 (23.8)	13	50	18.1	26.0
31	足立区	617,512	98,080 (15.9)	18,458	71,653	18.8	25.8
32	小金井市	111,825	16,550 (14.8)	2,969	11,530	17.9	25.8
33	福生市	61,427	8,174 (13.3)	1,447	5,712	17.7	25.3
34	狛江市	75,711	11,680 (15.4)	2,096	8,305	17.9	25.2
35	調布市	204,759	29,337 (14.3)	5,159	20,817	17.6	24.8
36	葛飾区	421,519	70,172 (16.6)	12,547	50,854	17.9	24.7
37	江戸川区	619,953	79,112 (12.8)	14,076	58,085	17.8	24.2
38	昭島市	106,532	15,771 (14.8)	2,627	10,861	16.7	24.2
39	府中市	226,769	31,325 (13.8)	5,110	21,724	16.3	23.5
40	清瀬市	68,037	11,927 (17.5)	1,784	7,608	15.0	23.4
41	国分寺市	111,404	16,219 (14.6)	2,643	11,356	16.3	23.3
42	東村山市	142,290	23,768 (16.7)	3,513	15,226	14.8	23.1
43	東久留米市	113,302	16,810 (14.8)	2,734	11,934	16.3	22.9
44	田無市	78,165	11,924 (15.3)	1,870	8,237	15.7	22.7
45	保谷市	102,720	16,909 (16.5)	2,645	11,692	15.6	22.6
46	小平市	178,623	25,701 (14.4)	3,912	17,660	15.2	22.2
47	武蔵村山市	66,052	8,524 (12.9)	1,316	6,126	15.4	21.5
48	多摩市	145,862	16,164 (11.1)	2,342	11,023	14.5	21.2
49	稲城市	69,235	7,983 (11.5)	1,160	5,512	14.5	21.0
50	日野市	167,942	23,383 (13.9)	3,360	16,257	14.4	20.7
51	町田市	377,494	54,109 (14.3)	7,504	37,390	13.9	20.1
52	東大和市	77,212	10,701 (13.9)	1,436	7,540	13.4	19.0
53	新島村	3,147	966 (30.7)	118	626	12.2	18.8
54	八王子市	536,046	74,468 (13.9)	9,070	48,609	12.2	18.7
55	羽村市	56,013	6,554 (11.7)	783	4,380	11.9	17.9
56	檜原村	3,256	1,187 (36.5)	116	689	9.8	16.8
57	奥多摩町	7,575	2,386 (31.5)	227	1,371	9.5	16.6
58	神津島村	2,144	508 (23.7)	51	318	10.0	16.0
59	青梅市	141,394	21,960 (15.5)	1,956	12,284	8.9	15.9
60	あきる野市	78,351	12,374 (15.8)	1,099	7,760	8.9	14.2
61	瑞穂町	32,892	4,336 (13.2)	325	2,710	7.5	12.0
62	日の出町	16,631	3,344 (20.1)	175	1,595	5.2	11.0
63	三宅村	—	—	(—)	—	—	—

注：出現率A＝（単身高齢者数÷65歳以上人口）×100
　　出現率B＝（単身高齢者数÷高齢者のいる世帯数）×100
資料：2000年国勢調査にもとづき筆者が作成

◆著者紹介▶

河合　克義（かわい　かつよし）

1949年北海道生まれ
明治学院大学大学院社会学研究科社会学・社会福祉学専攻博士課程修了
フランス　ナンシー大学社会学研究所客員研究員（1981～82年）
明治学院大学社会学部長，副学長，学校法人明治学院理事を歴任
現在，明治学院大学社会学部教授，専攻は地域福祉論

【主な著書】

『増補改訂版　これからの在宅福祉サービス』（編著，あけび書房，1991年）
『住民主体の地域保健福祉計画』（編著，あけび書房，1993年）
『社会福祉の利用者負担を考える』（小川政亮・垣内国光との共編著，ミネルヴァ書房，1993年）
『ホームヘルプの公的責任を考える』（編著，あけび書房，1998年）
『現代地域福祉の課題と展望』講座21世紀の社会福祉　第5巻（真田是監修，岡崎祐司・藤松素子との共編，かもがわ出版，2002年）
『図説　日本の社会福祉〔第2版〕』（真田是・宮田和明・加藤薗子との共編，法律文化社，2007年）
『沖縄読谷村「自治」への挑戦―平和と福祉の地域づくり』（分担執筆，橋本敏雄編著，彩流社，2009年）

【主な調査報告】

『地域福祉の確立をめざして―巨大都市東京の福祉充足のあり方に関する調査報告』（東京都区職員労働組合，1988年）
『東京都港区におけるひとり暮らし高齢者の生活と社会的孤立に関する調査報告書―地域ネットワークの新たな展開を求めて』（東京都港区社会福祉協議会，1995年）
『東京都中野区における高齢者2人世帯の生活と親族・地域ネットワークに関する調査報告書』（東京都中野区社会福祉協議会，1996年）
『沖縄県読谷村における高齢者の生活と「ゆいまーる共生事業」（ミニデイ・サービス）に関する調査報告書』（読谷村・読谷村社会福祉協議会，2001年）
『読谷村におけるひとり暮らし高齢者の生活実態と社会的孤立に関する調査報告書』（明治学院大学社会学部付属研究所，2006年）
『港区におけるひとり暮らし高齢者の生活実態と社会的孤立に関する調査報告書』（東京都港区社会福祉協議会，2006年）
『横浜市鶴見区におけるひとり暮らし前期高齢者の生活と介護予防に関する実態調査報告書』（横浜市鶴見区福祉保健センターサービス課，2007年）
『横浜市鶴見区におけるひとり暮らし後期高齢者の生活と介護予防に関する実態調査報告書』（横浜市鶴見区福祉保健センターサービス課，2007年）
『東京都葛飾区におけるひとり暮らし高齢者の生活と意識―「ひとりぐらし高齢者毎日訪問事業」利用者調査報告書』（東京都葛飾区社会福祉協議会，2009年）

Horitsu Bunka Sha

2009年11月20日　初版第1刷発行
2010年6月15日　初版第3刷発行

大都市のひとり暮らし高齢者と
社会的孤立

著者　河合克義
（かわい かつよし）

発行者　秋山　泰

発行所　株式会社 法律文化社

〒603-8053　京都市北区上賀茂岩ヶ垣内町71
電話 075(791)7131　FAX 075(721)8400
URL:http://www.hou-bun.co.jp/

Ⓒ 2009 Katsuyoshi Kawai Printed in Japan
印刷：西濃印刷㈱／製本：㈱藤沢製本
装幀　白沢　正
ISBN 978-4-589-03188-4

江口英一・川上昌子著
日本における貧困世帯の量的把握
●4830円

貧困線と社会階層の分析による2つの手法により貧困量を測定した長年の研究の成果。多くの議論を呼んだ1972年の中野区調査とそれ以降の測定結果を収録。貧困の質を強調する社会的排除論を検証し，量的研究に基づいた政策の重要性を示す。

江口英一編著
社会福祉と貧困
●7875円

1970年代後半の，高度経済成長がもたらした国民生活を住宅，教育，雇用などの諸側面から実証的に明らかにし，大衆化した貧困＝生活問題に対する社会福祉のあり方と「公的責任」を確認する。今日の貧困問題を考える基本文献。

真田是・宮田和明・加藤薗子・河合克義編
図説 日本の社会福祉〔第2版〕
●2625円

初版（04年）以降の制度の動向，改変をふまえ，加筆修正を施した最新版。人権としての社会保障の視点から，制度の現実を直視して問題点と課題を整理し，今後の展望を示す。左頁に本文，右頁に資料を収載したハンドブック。

中村健吾・都留民子・平川茂ほか編著
欧米のホームレス問題 (上) 実態と政策　●4725円
　　　　　　　　　　　　　(下) 支援の実例　●4410円

英・独・仏・米・EUのホームレス生活者の実態と支援の政策・制度およびその実例を総合的かつ具体的に紹介。長い歴史をもつ諸国の問題の捉え方や正負双方の経験から，貧困・社会的排除に対する施策のあり方，福祉国家とは何かを考え，日本の実態・政策のあり方を問う。

上巻では，貧困や社会的排除に対する施策のあり方を提示し，下巻では，各国の事情に即した具体的な支援策を紹介し検証する。

〈シリーズ・新しい社会政策の課題と挑戦【全3巻】〉

〈今そこにある問題〉や〈新しく浮上してきた問題〉の本質を論究し，解決の道筋を描く。第Ⅰ部で歴史や理論を整理し，第Ⅱ部で日本の政策や事例を取り上げる。

●各3465円

1 社会的排除／包摂と社会政策　　　　　　　　　福原宏幸編著
2 ワークフェア──排除から包摂へ？　　　　　　埋橋孝文編著
3 シティズンシップとベーシック・インカムの可能性　武川正吾編著

法律文化社

表示価格は定価（税込価格）です